환상 분석

환상 분석

초판 1쇄 발행 2019년 3월 31일

원제 Interpretation of Visions
지은이 칼 구스타프 융
옮긴이 정명진
펴낸이 정명진
디자인 정다희
펴낸곳 도서출판 부글북스
등록번호 제300-2005-150호
등록일자 2005년 9월 2일

주소 서울시 노원구 공릉로63길 14(하계동 청구빌라 101동 203호)
(01830)
전화 02-948-7289
전자우편 00123korea@hanmail.net
ISBN 979-11-5920-101-1 03180

환상 분석

Interpretation of visions

이 책에 대하여

칼 구스타프 융은 1930년 가을부터 1934년 봄까지 '사이콜로지 클럽 취리히'(Psychology Club Zurich: 1916년에 칼 융 부부와 맥코믹 록펠러(McCormick-Rockfeller)부부가 연구 결과를 놓고 서로 토론을 벌이기 위해 창설했으며 지금도 활동 중이다/옮긴이)에서 환자들과 제자들을 대상으로 매주 한 차례 세미나를 열었다. '환상 해석'(Interpretation of Visions)이라는 제목으로 영어로 진행된 이 세미나의 내용은 참가자들에게만 공개하는 것으로 엄격히 제한되었으나 1957년에 최종적으로 일반에 공개되었다. 당시 세미나에 참석했던 사람은 영국인과 미국인, 독일인, 스위스인 등 30명 내지 40명이었다.

이 세미나는 칼 융이 환자가 의식과 무의식의 통합을 통해 개성화를 이뤄가도록 돕는 과정을 그대로 보여준다. 분석 대상이 된 환자는 미국의 화가이자 심리학자인 크리스티아나 모건(Christiana Morgan:

1897-1967)이다. 모건이 칼 융과 함께 분석 작업을 벌이는 과정에 경험한 꿈과 공상, 환상 등이 세미나 자료로 쓰이고 있다. 원형과 자기, 아니마, 아니무스, 그림자, 페르소나 등 칼 융의 주요 개념들이 두루 소개된다. 상징이 인간의 정신에서 어떤 식으로 작용하는지를 엿보게 한다.

칼 융의 다른 저서와 마찬가지로, 이 책에서도 동서양의 신비주의와 철학, 인류학, 역사 분야에 대한 융의 해박한 지식이 유감없이 발휘되고 있다.

칼 융의 '환상 해석'은 분량이 방대하다. 이번에 『환상 분석』이라는 제목으로 번역한 부분은 2018년 6월에 『환상 해석』으로 번역 소개한 부분 그 다음 부분이며, 나머지도 『환상 강의』라는 제목으로 빠른 시일 안에 번역할 계획이다.

차례

1강

1931년 11월 11일

지난번 세미나[1]에 대해 간단히 언급한 다음에 환상 해석에 들어갈 생각이다. 기독교 신화가 나왔다. 그러나 거기선 그리스도라는 인물이 소위 흑인 메시아로 표현되었다. 그것은 예전에 내가 언급한 내용과 연결된다. 그 어떤 것도 무의식이 흑인 메시아를 엮어내는 것을 막지 못한다고 한 말 말이다. 여기서 그 말이 진리인 것으로 확인되고 있다. 그리스도 형상이 흑인으로 나타나고 있으며, 그의 옆구리에서 흘러내리는 피는 기독교 상징과 비슷하지만 여기선 전형적인 기독교 상징과 다른 의미를 지닌다.

흑인 메시아에게서 나오는 피는 기독교 신비와 어떻게 다른가? 지금 나는 훗날의 해석과 꽤 달랐던, 초기 기독교에서 통용되던 포도주의 의미가 아니라, 현대 기독교에서 포도주가 지니는 의미와 어떻게 다른지를 묻고 있다. 현대 기독교에서는 포도주가 피를 의미하고, 우

....

1 1931년 6월 24일자 세미나. 2018년 번역 소개한 『환상 해석』에 담겨 있다.

리 환자의 환상에서는 피가 포도주를 의미한다. 완전히 거꾸로 되어 있다.

이 환상 속의 포도주는 정말로 디오니소스의 포도주이다. 강조의 대상에 변화가 있다. 꽤 다른 무엇인가에 방점이 찍히고 있다. 성찬식 상징에 특이한 변화가 일어나고 있는 것이다. 기독교 성찬식에서 포도주는 피를 의미한다. 환상에선 흑인의 옆구리에서 솟고 있는 피는 포도주를 의미한다. 그 차이는 두 숭배의 종교적 사상 사이의 차이에 있다. 디오니소스 숭배에선 피가 포도주이고, 기독교 숭배에선 포도주가 피다. 디오니소스 숭배에서 피는 정말로 피이고 땅의 정수(精髓)이고 '위대한 어머니'의 피이며, 후에 피가 포도주가 되고 포도주는 그 자체로 구체적인 신성한 대상이다. 그러나 고대가 아닌 현대의 기독교 숭배에서, 포도주는 피를 의미한다. 그러면 피는 구체적인 것인가?

기독교 사상은 물질을 정신으로 정신적인 것으로 바꿔놓는다. 피를 의미하는 포도주는 추상적인 그 무엇이다. 왜냐하면 가톨릭교회뿐만 아니라 루터 교회에도 성변화(聖變化) 교리가 있음에도 불구하고, 그 피가 진짜 피가 아니기 때문이다. 피는 진짜인 것으로 여겨지고 있지만 확실히 진짜가 아니다. 사람이 포도주를 마시고 성찬 빵을 먹는다 하더라도 진짜 피나 진짜 살의 맛을 볼 수는 없기 때문이다. 그것은 정신적인 현실이 실제의 현실을 능가한다는 단언이나 마찬가지이다.

이런 예는 많은 원시적인 숭배에서도 발견된다. 예를 들면, 토템 숭배에 사람들이 1년에 한 번씩 토템 동물을 먹는 의식이 있다. 토템 동물은 토템 숭배 중에 공동체 구성원들이 함께 식사를 하는 자리에서 먹히며, 부족의 모든 마을에서 먹는 토템 동물은 모두 똑같은 동물로 통한다. 만약에 25개의 마을이 있다면, 각 마을에서 토템 새를 한 마리씩 죽일 것이며, 따라서 죽는 새는 당연히 25마리가 될 것이다. 그러나 그렇지 않다. 25마리는 모두 똑같은 새로 여겨진다. 마을마다 다 다른 산타클로스가 나타나도 오직 한 명의 산타클로스가 있는 것으로 여겨지는 것과 똑같다. 아이들의 공상에서 산타클로스는 여러 명이 아니다. 산타클로스는 어딜 가나 똑같다. 한 사람이다. 이것은 정신적 현실이 현실 속의 사실을 능가하는 예들이다.

기독교 교리는 포도주의 실제적인 특징을 부정하는 경향을 보인다. 기독교 교도들은 포도주는 포도주가 아니고 피임에도 불구하고 피는 하나의 정신적 요소라고 주장한다. 그러나 디오니소스 숭배에서는 완전히 거꾸로 된다. 디오니소스 숭배에서, '위대한 어머니'의 피로 여겨지는 피는 포도주라는 구체적인 형태로 나타난다. 피는 포도주 자체이다. 포도주는 어떤 정신인 사실이 아니며, 포도주는 위대한 어머니의 정신을 포함하고 있는 하나의 구체적인 사실이다.

"실질"과 "의미"에 관한 유명한 논쟁이 있다. 루터 교회는 가톨릭 교회에 다수의 양보를 했다. 교회 자체가 하나의 양보이다. 종교 개혁 당시에 개혁을 주도했던 사람들은 교회 자체를 제거하려 시도했으나 그것이 불가능하다는 사실을 깨달았다. 이유는 교회라는 존재가 전통과 대단히 깊이 연결되어 있고 인간 존재의 일부가 되어 있었기 때문이다. 그래서 종교 개혁을 주도한 사람들은 교회라는 개념을 포기하지 못했다.

교회를 없애는 문제에 있어서는 루터(Martin Luther)가 츠빙글리(Huldrich Zwingli)보다 더 소극적이었다. 루터는 교회가 제시하는 은총이라는 수단에 매달려야 했다. 이는 곧 성찬의 은총 없이는 구원을 받을 수 없다는 것을 의미하며, 성찬은 오직 성직자에 의해서, 말하자면 교회에 의해서만 주어질 수 있다. 그래서 포도주와 빵은 피와 살이 되어야 하고, 빵과 포도주에 성변화가 일어나야 한다.

그러나 츠빙글리는 이와 다른 견해를 가졌다. 츠빙글리는 인문주의자였고, 매우 합리적인 사람이었다. 그래서 그는 그 길을 따라 더욱 멀리 보았다. 그는 성찬식은 일종의 회상을, 상징적인 기억을, 즉 그리스도가 죽음을 맞기 직전에 사도들과 함께 한 마지막 식사를 비유적으로 의미한다고 말했다. 흥미롭게도, 이 같은 견해는 이단으로 여겨졌던 초기 기독교 저술가인 오리게네스(Origen)의 견해와 정확히 일치한다. 오리게네스는 2세기 중엽에 살았던 그리스인이었다.

지난번 세미나는 환자의 종교적 사상이 아주 흥미로운 방식으로 기독교 이전의 관점으로 돌아가는 것에 대해 논하다가 끝났다. 그녀가 그런 관점으로 돌아간다는 것은 무슨 의미인가? 그런 관점이 일련의 환상들과 어떤 식으로 맞아떨어지는가? 우리는 그녀의 태도를 다시 구성해야 한다.

그녀의 환상은 현대적인 관점에서 시작해 거꾸로 매우 빠른 속도로 시대를 거슬러 올라가면서 기독교가 지배하던 중세에 닿았으며, 거기서 다시 고대 로마와 그리스의 신전을 지나서 동물의 왕국의 경계선까지 갔다. 거기서 본 그녀의 마지막 환상은 동물의 눈, 즉 동물의 영혼이었다. 그런 다음에 그녀는 다시 올라오기 시작했다. 그녀는 태양 숭배로 시작했지만, 이번에는 결정적인 어떤 경험을 통해 그런 숭배가 의미하는 바를 완전히 이해한 상태에서 시작할 수 있었다. 물론, 그녀가 얻었던 경험 외에 그 경험에 관한 그녀의 견해는 여전히 현대인의 견해였다. 말하자면 예전에 행해졌던 것들이 현대를 사는 사람에게 어떤 의미를 지니는지를 보고 있다는 뜻이다. 그녀가 그런 특별한 길을 밟아야 하는 이유는 무엇인가?

그녀가 자신의 뿌리를 다시 확립해야 하기 때문이다. 그것은 후기 기독교 시대에 그녀가 더 이상 생명력이 없는 어떤 영역에 도달한 까닭에 생명의 샘이나 새로운 싹을 틔울 뿌리를 찾아야 하는 것과 비슷하다. 시작부터 그녀는 인간이 아득한 과거에 겪었던 것들을 경험하고 있다. 목적은 그 뿌리로부터 생명력 넘치는 새로운 나무를 현재에 맞는 형태로, 그녀가 계속 살 수 있는 형태로 키워내는 것이다. 왜냐하면 그녀가 옛날 형태로는 더 이상 앞으로 나아가지 못하게 되었기 때문이다. 이 낡은 형태가 다소 쓸모없게 된 것이다.

그녀는 지금 초기 기독교 시대에 와 있다. 그 시대에 디오니소스 숭배로부터 기독교 이상으로 전환하는 일이 벌어졌다. 그러나 그녀는 이 전환을, 디오니소스 숭배로부터 기독교로, 그러니까 앞쪽으로 겪는 것이 아니라 기독교로부터 디오니소스 숭배로 거꾸로 겪고 있다. 그녀는 디오니소스의 사상으로부터 새로운 무엇인가를 발달시키려고 노력하고 있다. 그것은 과거에 두 가지 서로 다른 원리를 대표하는 두 인물, 즉 디오니소스와 그리스도가 우뚝 서 있는 상황과 비슷하다. 디오니소스의 원리는 틀림없이 원시적인 원리였으며, 그리스도는 그 원리에 반대하던 인물이다.

그 시대에 이 같은 대립은 너무나 생생했다. 그래서 초기 교회의 아버지 중 한 사람으로 2세기 후반부를 살았던 순교자 유스티노(Justinus Martyrus) 같은 사람은 그리스도가 세상에 메시지를 전파하지 못하도록 막기 위해 악마가 만들어낸 것이 디오니소스 숭배였다고 주장하기도 했다. 그리스도 탄생까지 여덟 번 내지 아홉 번의 세기를 남겨 놓은 시점에 악마가 언젠가는 하느님이 인간을 구하기 위해 자신의 아들을 보낼 것이라는 것을 알아챘으며, 따라서 악마가 어떤 수단을 써서라도 그런 일을 막아야 했다는 주장이었다. 그래서 악마는 세상 사람들에게 그리스도의 전설과 너무나 비슷한 디오니소스 전설을 가르쳤다. 그러면 그리스도가 세상에 정말로 올 때, 이교도들이 "아, 그건 이미 옛날 이야긴데."라는 식으로 말하면서 그리스도의 가르침에 관심을 주지 않게 될 테니까.

그 시대의 사람들에게 그리스도가 진정으로 의미하는 바를 가르치기 위해서는 그런 식의 주장이 필요했다. 왜냐하면 그리스도가 바쿠스(그리스 신화의 디오니소스에 해당한다/옮긴이)와 동일하다는 의견도 있었기 때문이다. 실제로 예수를 바쿠스로 부른 비문이 있다. 그리고 예수를 큰 포도나무 가지에 앉은 모습으로 그린 그 유명한 다마스쿠스 잔이 있다는 이야기도 앞에서 한 바 있다. 이 그림 속의 예수는 영락없는 디오니소스다. 이 유물은 그 시대에 포도주가 곧 피로 통하고 있었다는 점을 보여준다. 그리스도는 고대 세계를 진정으로 지배해 오던 디오니소스의 사상들이 하나의 추상적인 관념으로 변해가던 전환기에 서 있었다.

지금 우리는 우리 환자가 바로 그 지점에 서 있는 것을 보고 있다. 그러나 순서는 거꾸로다. 그녀가 기독교의 추상적 관념에서 시작해 디오니소스의 구체성으로, 말하자면 피가 포도주가 되고, 포도주가 신성한 것이 되는 그런 시대로 내려가고 있다는 뜻이다.

여기서 개인적인 것에 대해 언급하고 싶다. 이 지점에서, 그녀는 현실 속에서 포도주의 의미를 발견하고 훌륭한 포도주 감식가가 되었다. 미국인들은 포도주가 저마다 개성을 갖고 있다는 점을 거의 이해하지 못한다. 미국인들에게 포도주는 그냥 백포도주나 적포도주나 샴페인일 뿐이다. 그 이상의 것은 절대로 아니다. 이런 생각은 지나치게 야만스럽다.

포도주는 영혼을 갖고 있으며, 포도주는 살아 있는 무엇이며, 포도주는 영적인 존재이다. 그녀에게 이것은 위대한 발견이었으며, 훌륭한 포도주가 발휘하는 영적 효과도 마찬가지로 위대한 발견이었다. 당신에게 알코올 중독자가 되라고 권하지는 않지만, 정말로 포도주에는 특별한 무엇인가가 있다. 나는 도수가 높은 독주에 대해서도 말을 많이 하지 않으며, 맥주에 대해서도 마찬가지로 말을 많이 하지 않지만, 포도주는 특별한 마나(mana: 초자연적 힘)를 갖고 있다. 그것을 과학적으로 증명하지는 못하지만, 포도주 감정가에게 물어보면 아주 흥미로운 이야기를 들려줄 것이다. 포도주 감정가가 되는 것은 그만한 가치가 있는 일이다. 그리고 이 여자는 이런 환상들을 보게 된 바로 그 시점에 이런 것을 깨닫기 시작했다. 그때 그 깨달음은 그녀에게 개인적인 경험이 되었다.

이 환상에서 중요한 또 다른 한 가지는 흑인에게서 쏟아져 나오는 것이 피만은 아니라는 점이다. 흑인은 땅의 꽃과 열매도 제공하고 있다. 여기서 열매는 무슨 의미일까?

피는 포도주이며, 환자가 그린 그림에서 몸에서 나오는 것이 피다. 디오니소스 숭배에서 진짜 피는 매우 중요한 역할을 했다. 디오니소스 숭배자들은 날고기 축제라 불린 것을 즐겼다. 그들은 술을 마시며 흥청대는 의식(儀式)을 치르는 동안에 날고기를 먹고, 진짜 피를 마셨다. 물론, 피를 마시는 의식은 진짜 피가 흐르는 제물을 바쳤던 예전의 숭배에서 비롯되었다. 피가 흐르는 제물을 바치던 관행은 세월이 흐르면서 채소를 공물로 바치는 관행으로 바뀌었다. 그래서 피 대신에 포도주가, 살점 대신에 빵이 바쳐졌으며, 포도주와 빵은 똑같이 식물에서 나온다. 지금 여기엔 빵 대신에 열매가 있다. 열매와 빵의 차이는 무엇인가? 빵은 밀이고, 밀은 열매라 불릴 수 있다.

열매는 원래의 형태로 있고, 전혀 변형되지 않았으며, 인간의 간섭을 받지 않은 상태다. 반면에 빵은 밀이라는 마른 씨앗을 갈아서 구운 것이며, 일종의 기계적 과정을 거쳤다. 열매의 의미는 심리학적으로 무엇인가?

열매는 인간 안에 있는 본성을 표현한다. 변화시키거나 다듬어진 것이 전혀 없는 상태의 본성 말이다. 그러나 피는 예외다. 피가 포도주인 것이다. 포도주는 하나의 변화된 산물인 것이다. 포도주는 빵만큼은 아니라 할지라도 마찬가지로 어떤 과정을 거친 발효성 즙이다.

여기서 상기할 것이 한 가지 더 있다. 흑인이 환상의 끝부분에서 이렇게 말한다. "이제 당신은 나와 결혼했소." 이어서 그는 그 말을 재차 반복한다. 이것은 틀림없이 그녀가 지금 새로운 구세주와, 그 이상한 디오니소스 정신과 결합되어 있다는 것을 의미한다. 그리고 만약에 그녀가 정말로 새로운 정신과 결합되어 있다면, 그 정신은 그녀의 안에서 일종의 선동자가 되어 계속 작동하면서 그녀를 삶의 특별한 길로 안내할 것이다. 그 정신이 없다면, 그녀는 자신의 삶에 나타나는 문제들을 옛날의 기독교적 관점에서 볼 것이다. 그녀를 신경증 환자로 만들었던 그 생기 없고, 슬프고, 칙칙한 관점을 계속 간직했을 것이란 뜻이다.

그러나 지금 그녀는 생기 없는 것과 거리가 먼 다른 관점을 갖고 있다. 이 관점은 충만의 정신을, 어떤 탐닉을 보이고 있으며, 이 같은 태도가 그녀에게 매우 이상한 방향으로 영향을 미칠 것이다. 그녀는 자신의 길을 걸으면서 아주 놀라운 문제들에 봉착할 것이다. 그렇다면 다음 환상에서 그녀가 검은 디오니소스와 함께 길을 걷지 않도록 막을 심각한 장애들이 나타날 것이라고 예상할 수 있다. 다음 환상은 이렇게 시작한다.

검은 종마(種馬)가 한 마리 보였다. 이 종마가 발굽으로 바위를 쳐서 불을 일으켰다. 그때 바다 속에 있던 나는 말에게 태워달라고 외쳤다. 그러자 말이 물 가장자리로 내려왔으며, 그래서 나는 말 등에 올랐다.

이 검은 종마는 무엇인가? 중세의 심리에 따르면, 악마는 검은 종마를 타고 다닌다. 이 종마는 지옥처럼 검다. 검은 말은 기질이 특별히 사납거나 신경질적이라는 말이 있다. 플라톤(Plato)의 그 유명한 묘사를 보면, 인간은 두 마리의 말을 모는 마부와 비교된다. 두 마리의 말 중에서 한 마리는 희고 온순하고 경건하고, 다른 한 마리는 검고, 거칠고, 반항적이다.

검은 말은 틀림없이 사악한 말이다. 옛날에 검은 말이 색깔뿐만 아니라 사악하고 위험한 기질 때문에 나쁜 것으로 이해되었기 때문이다. 그렇다면 수컷인 이 검은 말은 여기서 무엇을 의미하는가? 그것은 아니무스의 힘이다. 사이콜로지 클럽[2]에서 지난 시간에 라이히슈타인(Tadeus Reichstein) 박사가 연금술에 대해 강의했을 때에도 이 문제를 다뤘다. 그는 연금술에서 정령은 언제나 여자인 반면에 아니무스는 남자라고 말했다.

은밀한 숭배에서 정령이 종종 여자로 여겨진다는 말은 맞는 말이다. 그것은 은밀한 숭배들이 남자들의 일이었다는 사실에서 비롯된다. 남자들에게 무의식적인 정령은 여자이며, 그것이 바로 아니마이다. 그러나 여자에게 무의식은 남자에 의해 표현되며, 우리 환자의 경우에 무의식은 검은 말에 의해 표현되고 있다. 지금 무의식적 리비도, 즉 정신적 에너지는 냉철해야 하며, 검은 종마처럼 성적 성격이

....

2 1916년에 칼 융의 주도로 취리히에 설립되었다.

강한 동물에 의해 표현되어서는 안 된다. 그녀의 무의식적 리비도는 그런 형태를 취하면서 무엇을 암시하는가?

그 아니무스가 그녀의 리비도를 갖고 있다는 것을 뜻한다. 아니무스가 그녀의 리비도와 동일하며, 아니무스는 검은 종마다. 그럼에도 그녀의 무의식적 리비도는 정말로 무심한 그 무엇이다. 그녀의 무의식적 리비도는 단순히 에너지일 뿐이며, 그래서 그것이 그녀에게 속하기 때문에 여자의 형태를 취하고 있다고 할 수도 있겠지만, 그녀의 무의식적 리비도는 어디까지나 아니무스에 속한다. 그래서 그녀의 환상은 지금 그녀를 태워 가려고 하는 것이 그녀 자신이 아니라 그녀의 아니무스라는 사실을 그녀가 알도록 하고 있다. 이런 식으로 진행되는 것이 위험하거나 잘못된 것일까? 사건들의 자연스런 흐름이 대단히 불리할 때가 간혹 있다. 만약에 그런 일이 당신에게 닥친다면 당신은 그것을 어떤 식으로 받아들일 것 같은가? 예를 들어, 그런 일이 나에게 일어난다면, 나는 "어쨌든 이것이 나의 삶이야. 그러니 당연히 받아들여야지."라고 말할 것이다. 나에게 예술적인 관심이 있는 경우에 그 관심을 받아들이는 것과 똑같다. 나 자신이 그런 특별한 관심을 갖고 있기 때문에, 그 관심은 나의 나머지와도 잘 어울리고 나도 그것을 쉽게 동화시킬 수 있다. 그러나 검정색 암말이 나타난다면, 나는 그 말이 나에게 속한다는 확신을 그다지 강하게 품지 못할 것이다.

여기서 이 여자 환자의 입장이 되어 보자. 당신이 현실 속에서 검은 종마를 마주하고 있다고 가정해 보라. 당신은 절대로 그것이 당신 자신이라고 확신하지 못할 것이다. 아시다시피, 일반적인 편견은 그것이 그녀라는 쪽이지만, 그건 그녀가 아니다. 그렇다면 그녀에게 이상한 일들이 닥쳤을 가능성이, 심리적 비아(非我)가 그녀의 내면에 모습을 드러냈을 가능성이 꽤 크다. 그 검정색 종마는 그녀에게 속하지 않는 그 무엇이며, 그녀가 그것을 자신의 개인적 심리로 단정하는지 여부에 따라 문제는 완전히 달라진다.

악마가 당신에게 어떤 검은 말을 제공한다고 가정해 보자. 그런 경우에 당신은 그 말을 탈 것인가? 이 대목에서 그녀는 돌연 이상한 남자의 리비도를, 그녀 자신이 아닌 것이 거의 확실한 무엇인가를 직면하고 있다. 게다가, 검은 종마는 사악한 존재로 여겨진다. 그런데 그녀가 어떻게 그 말에 자신을 맡길 수 있겠는가?

이 말은 일종의 구출자로 왔으며, 그녀가 거기서 멀리 벗어날 수 있는 유일한 수단은 그 말뿐이다. 그런데 그녀가 바다에 있는 이유는 무엇인가?

당연히 그것은 그녀가 무의식의 상태에 있다는 뜻인데, 그녀는 어떻게 바다에 닿았는가? 지난번 환상에서 그녀는 지하 동굴로부터 땅의 표면으로 올라왔다. 그런데 지금 그녀는 다시 바다에 있다. 그녀가 갑자기 무의식에 빠져 있는 것이다. 그녀가 흑인 구세주를 알게 된 뒤로 무슨 일이 일어났을 수 있을까? 흑인 구세주가 "지금 나는 당신과 결혼을 했소."라는 말을 두 번이나 한 것이 기억날 것이다. 그는 그 점을 아주 강하게 강조했다. 그녀는 흑인 구세주와 결혼했다는 사실로부터 벗어나지 못한다. 그 같은 사실에서 벗어나지 못할 경우에 어떤 결과가 나타날 수 있는가?

그녀는 황홀경, 다시 말해 '탐닉'의 상태에 있는 그 원시적인 흑인처럼 무의식이 될 것이다. 이것이 바로 이 환상과 그 앞의 환상 사이에 벌어진 일이며, 그래서 그녀가 지금 바다 속에 있다. 그녀는 무의식의 상태에 빠져 있다. 만약에 어떤 사람이 탐닉이라는 디오니소스의 정신을 따른다면, 그 사람은 예를 들어 합리적인 수준을 넘어 취하게 될 것이다. 그러다 그는 무의식적이게 되고, 그러면 무엇인가가 그에게 다가와서 그를 끌어내게 된다.

더욱이, 바다 속에 있다는 것은 땅의 높이보다 아래에 있다는 것을, 달리 표현하면 지나치게 낮은 상태에 있다는 것을 의미한다. 그 사람은 보다 높은 상태로 끌어 올려져야 하고, 그렇게 하는 데에는 본능적인 힘이 최고다. 무의식 상태에 있을 때에는 우리의 의지는 종종 실패한다. 그런 상태에서 우리는 의지력을 발휘하지 못한다. 그렇기 때문에 무엇인가가 우리를 걷어차서 무의식으로부터 빠져나오도록 해 줘야 한다. 이 환상에서 바로 그런 본능이 종마에 의해 표현되고 있다.

이 여자가 그 상태에서 빠져나올 수 있는 유일한 길은 말의 등에 올라타는 것이다. 검은 말과 흑인 사이에 밀접한 연결이 보인다. 똑같이 검으며, 사실상 똑같은 생각을 표현하고 있다. 그렇다면 그녀를 무의식으로 내려보낸 바로 그것이 그녀를 무의식에서 빠져나오도록 하고 있다. 이것은 매우 역설적인 표현이지만, 고대 동양의 지혜의 한 조각이다.

이런 속담이 있다. 땅으로 떨어진 사람은 일어설 때 반드시 그 땅의 도움을 받을 것이라는 속담 말이다. 사람이 떨어지도록 만든 바로 그것이 그 사람이 다시 일어서도록 할 것이라는 뜻이다. 그렇듯 흑인이 그녀를 무의식으로 떨어뜨렸고, 검은 종마가 다시 그녀를 그 암흑으로부터 끌어 올릴 것이다. 지금 공상은 이런 식으로 이어진다.

> 우리는 먼 길을 달렸다. 그러다 마침내 우리의 길을 가로막고 서 있는 거인에게 닿았다. 그때 종마는 서서히 땅 속으로 사라졌으며, 그래서 나는 혼자 거인을 마주하게 되었다. "거인이시여, 당신은 누구신가요?" 내가 그에게 물었다. 그러자 그가 "나는 세상의 목

소리라네."라고 대답했다. 그의 이빨은 길었으며, 그의 입에서 불이 뿜어져 나왔다. 나는 그를 지나치려 애썼으나 그렇게 할 수 없었다.

거인은 누구인가? 전에도 거인을 만난 적이 있다. 세상의 목소리, 즉 여론이 다시 그녀의 길을 가로막고 있다. 이 거대한 인간 존재는 사회를 상징하고 있다. 내가 이전에 그녀가 과거를 모두 지고 가려 한다고 말한 적이 있다. 그렇게 말한 이유는 우리 인간의 사회나 우리 인간의 모든 기능, 여론이 과거의 결과물이고, 따라서 여론은 거대하기 때문이다. 오래된 것은 모두 크다. 그러나 새로운 것은 지나치게 작고 약하고 부드럽다. 지금 그녀는 거대한 어떤 힘에 맞서고 있다.

거인은 그녀가 몸담고 살고 있는 세상의 여론을, 현재 우리 사회의 확신들을 나타내고 있다. 그런데 거기서 종마가 차츰 사라진다. 그녀가 리비도를 필요로 하는 바로 그 순간에 리비도가 사라져야 하는 이유는 무엇인가? 그녀가 자신을 높고 메마른 곳으로 옮겨 주었던 바로 그 본능적인 힘에 의해 거기에 홀로 남겨졌다는 것이 대단히 유감스러운 일인 것 같다. 그처럼 강력하고 생기 넘치는 동물이 갑자기 완전히 붕괴해야 하는 이유는 무엇인가?

당연히 종마는 아니무스 의견이다. 그것이 내가 세상의 아니무스 의견이 그녀의 길을 가로막고 있다고 말한 이유이다. 그리고 그것은 또한 아니무스 의견인 종마가 세상을 직면할 때 사라지는 이유이다. 종마가 그 의견과 동일하기 때문이다.

아니무스 말(馬)은 의견을 가진 아니무스의 형식으로 나타나는 리비도라는 것을, 또 그 말이 동시에 공공 여론이라는 것을 당신은 잘 알고 있다. 아니무스 의견은 언제나 공공 여론이고, 일반적인 여론이다. 그래서 나는 당신이라면 그 말을 당장 탈 것 같으냐고 물었다. 그것은 다소 위험하긴 하지만 필요한 일이었다.

중요한 것은 그녀가 흑인 구세주를 따라 무의식 속으로 들어갔다는 점이다. 그것은 그다지 나쁘지 않았지만, 그녀는 그 구멍에서 다시 나와야 했으며 그녀가 구멍에서 빠져나오도록 돕는 것이 여론이다. 왜냐하면 여론이 사람이 바다 속에서 하는 일은 모두 나쁘다고 말하기 때문이다. 여론은 "이제 인간이 되어라. 퇴보하지 말고, 도덕적으로 책임지는 사람이 되어라."라고 말하고 있다. 아주 일반적인 슬로건이다. 그 슬로건의 등에 얹혀 그녀는 다시 땅으로 온다. 이어서 그녀는 아름다운 말에 매료되어 앞으로 더 멀리 나아간다. 그러다가 그녀는 갑자기 여론에, 그녀를 무의식에서부터 위로 태워다 준 바로 그것에 완전히 압도당한다. 그녀는 더 이상 앞으로 나아가지 못한다. 그녀가 여론이었던 아니무스 말을 타고 그 지점까지 올라왔기 때문이다. 그리고 이 거인도 하나의 의견이며, 거인과 종마는 똑같은 재료로 만들어졌다. 그것이 종마가 그녀를 높고 황량한 곳에 거인과 함께 있도록 남겨두고 사라진 이유이다. 이제 그녀는 거인을 어떤 식으로 다룰까?

그녀의 길을 가로막고 있는 이 거대한 장애는 그녀의 심리에서 아니무스 의견으로 작용하고 있는 여론이며, 종마는 거대한 여론 앞에서 사라져 버린다. 이유는 종마가 바로 그 여론의 에너지이기 때문이다. 오늘날 여론이나 인습적인 도덕, 인습적인 생각은 당연히 아주 유익하다. 그런 것들은 무엇인가에 도움이 되지 않는다면 존재하지 않았을 것이다. 바다 속에 있는 사람들에게 인습적인 생각들은 대단히 큰 도움이 된다. 그러나 만약에 당신이 지나치게 멀리 나아간다면, 당신의 무의식적 리비도가 사라질 것이기 때문에 결국엔 당신 자신이 완전히 버려지게 될 것이다. 당신은 어느 지점 그 너머까지 자신을 몰아붙이지 못한다. 인습적인 관점의 경계선 안에서 사는 한, 당신은 그런 종류의 심리를 따르기만 하면 된다. 만약에 개인적인 경로를 시도한다면, 당신은 집단적인 리비도에 의해 버려질 것이다. 왜냐하면 당신이 정상적인 인간이라는 허구 아래에서 살고 있는 한에서만 인습적인 기준에 당신 자신을 맡길 수 있기 때문이다. 만약에 그 너머까지 나가려고 시도한다면, 당신은 거인을 맞닥뜨리게 된다. 그러면 말은 당신을 홀로 남겨두고 사라질 것이다. 당신이 집단적인 본능이라고 부를 수 있는 것에 의해 버림을 받는 것이다.

이젠 완전히 새로운 문제가 일어난다. 당신의 본능마저 당신을 버리면, 이제 무엇이 당신을 도울 수 있는가? 당신이 본능에 실려 옮겨지고 있을 때, 일들은 비교적 순조롭게 흘러가고, 삶도 쉽고, 당신은 무난하게 나아갈 수 있다. 당신이 실수를 많이 저지른다 해도 그다지 심각한 문제가 되지 않는다. 이유는 당신이 당신의 본능과 함께 있고 당신이 다소 무의식적인 상태에 있기 때문이다. 그러나 당신이 거대한 여론과 맞서고 있을 때 무엇이 당신을 도울 수 있을까? 예를 들어, 당신의 본능들이 붕괴하면서 두려움으로 바뀔 때 말이다. 그때 무엇이 당신을 더 멀리 나아가도록 할 수 있을까? 그 문제가 집단적인 문제가 아니기 때문에 "이것을 해야 한다"는 식의 가르침이나 훈계는 전혀 없고, 아무도 당신에게 지지를 보내지 않을 것이다. 당신이 더 나아갈 때, 그것은 완전히 개인의 모험이 된다.

우리 환자는 거인을 능가하는 것이 불가능하다는 사실을 깨달을 때 이렇게 말했다. "거인 너머로 하얀 도시가 보였다. 나는 재차 그에게 '당신을 넘어가야 해.'라고 말했다. 그러나 그는 웃기만 했다." 하얀 도시는 무엇인가? 앞길에 하얀 도시가 보이는 것은 심리학적으로 무슨 뜻인가?

앞에 희망이 있다는 격려의 뜻이다. 그녀가 그 장애를 극복할 경우에 따르게 될 것을 보고 있는 것이나 마찬가지이다. 그것은 하나의 약속이며, 그래서 하얀 도시, 약속의 도시이다. 당신은 그것이 무엇인지 아는가?

그것은 천상의 예루살렘이지만, 또 다른 예도 있다. 기독교가 전 세계를 지배하고 있는 것은 아니다. 수적으로, 아마 사상적으로도 기독교보다 더 큰 종교들이 있다. 예를 들면, 브라만교[3]가 있다. 브라흐마[4]의 도시는 세상에서 가장 높은 도시이고, 그것은 히말라야에 있는 거대한 도시이다. 나는 그것이 다이아몬드로, 흰빛을 내는 무엇인가로 만들어졌다고 생각한다. 그 도시는 어떤 산 위에 자리 잡고 있는데, 이 산의 네 모퉁이는 서로 다른 4개의 산들에 의해 떠받쳐지고 있다.

그것은 여기 이 센터[5] 위에 있는 센터이며, 산꼭대기에 있는 가장 높은 센터이다. 하얀 천상의 도시는 목표의 개념을, 말하자면 최종적이고 명확하고 완전한 상태를 떠올리게 한다.

이 천상의 도시는 분명히 집단적인 것이지만, 우리는 먼저 그것을 그녀에게만 속한다는 관점에서 보아야 한다. 왜냐하면 그녀가 자신에게만 속하는 것처럼 보이는 것이 실은 가장 집단적이라는 것을 아직 모르고 있기 때문이다. 그 같은 깨달음은 한참 뒤에나 오게 되어 있다. 최초의 깨달음은 내면 가장 깊은 곳에 있는 것, 말하자면 그 사람 자신에게만 속하는, 절대적으로 유일한 것에 관한 것이다. 이런

....

3 고대 인도에서 브라만 계급을 중심으로 형성된 종교로 힌두교의 전신으로 여겨진다.

4 힌두교의 창조주.

5 '쿤달리니 요가'에서 말하는 '차크라'를 뜻한다. 차크라는 산스크리트어로 원 또는 바퀴를 의미한다.

것이 집단적이라는 것은 지독한 역설이 아닐 수 없다.

이것이 집단적이기 때문에 그걸 피할 수 있는 길은 없지만, 우리는 그 역설을 약화시키기 위해 그것이 말에서 그치고 있는 동안에 그것에 대해 말하면서 그것을 가능한 한 집단적인 것으로 만들어야 한다. 그것이 하나의 사실로 굳어지고 나면, 그것을 집단적인 것으로 만드는 것은 거의 불가능해진다. 이것은 다소 어렵다. 그래서 지금 우리는 그녀가 미리 보고 있는 것을 상징적으로나 비유적으로 해석하는 작업에 집중하는 것이 바람직하다. 그녀가 보고 있는 것은 천상의 예루살렘이다. 이 천상의 도시는 일종의 만다라이다.

우리는 성경을 읽어야 한다. 그렇지 않으면 심리를 이해하지 못한다. 우리의 심리와 우리의 삶 전체, 우리의 언어와 상상은 성경 위에 구축되고 있다. 성경에 대해 거의 아무것도 모르는 사람들의 무의식에서도 성경이 거듭해서 발견되고 있다. 그런 사람들의 꿈에도 성경의 비유가 나타난다. 그 비유가 우리의 피 속에 있기 때문이다. 성경의 한 대목을 읽을 것이다.

> 그리고 나(요한)는 거룩한 도시, 새 예루살렘이 하늘에서 하느님으로부터 내려오는 것을 보았는데, 마치 신부가 남편을 위해 단장한 것 같았다.[6]

(만다라는 일종의 여음상(女陰像)이며, 그래서 여기서 만다라는 신부이다.)

> 마지막 일곱 가지 재앙을 담은 일곱 개의 병을 가진 일곱 천사들

....

6 '요한계시록' 21장 2절

중 하나가 나에게 와서 이렇게 말했다. 이리로 오너라. 내가 너에게 신부를, 어린양의 아내를 보여주리다.

그리고 그가 성령으로 나를 높고 위대한 산으로 데리고 가서 그 위대한 도시가, 거룩한 예루살렘이 하늘에서 하느님으로부터 내려오는 것을 보여주었다.

하느님의 영광이 있고, 거룩한 예루살렘의 빛이 지극히 귀한 보석 같고 벽옥같이 수정처럼 맑았다.

그리고 크고 높은 성벽이 있고 열두 개의 문이 있으며, 문에는 저마다 이스라엘의 자손 열두 개의 종족 이름이 적혀 있고 열두 천사가 있었다.

동쪽에 세 개의 문이, 북쪽에 세 개의 문이, 남쪽에 세 개의 문이, 서쪽에 세 개의 문이 있었다.

도시의 성벽에는 열두 개의 기초석이 있었고, 거기엔 어린양의 열두 사도의 이름들이 적혀 있었다.

그리고 나와 말한 자는 도시와 도시의 문, 도시의 성벽을 측정할 황금 갈대 자를 갖고 있었다.

도시는 정사각형이었으며, 길이와 폭이 똑같았다. 그가 갈대 자로 도시를 측정했더니 12,000펄롱(furlong)[7]이었다. 도시의 길이와 넓이, 높이는 똑같았다.

이어 도시의 성벽을 쟀더니 144 큐빗[8]이었으며, 사람의 측량에 따르면 그것은 곧 천사의 측량이었다.

도시의 성벽은 벽옥으로 되어 있었으며, 도시는 순금이었는데 맑

7 옛 길이 단위로, 이랑(furrow)의 평균 길이를 바탕으로 했다. 8펄롱이 1마일로 여겨졌다.

8 가운데 손가락 끝에서 팔꿈치까지의 길이.

은 유리 같았다.[9]

열 두 개의 문은 열 두 개의 진주였으며, 모든 문은 하나의 진주로 만들어졌으며, 도시의 거리는 순금이었으며 맑은 유리 같았다.

그 안에서 나는 신전을 하나도 보지 못했다. 이것은 전능하신 신이신 하느님과 어린양이 그 도시의 신전이기 때문이다.

구원 받은 자들의 국가들은 도시의 빛 속을 다니고, 땅의 왕들은 자신의 영광과 명예를 갖고 그곳으로 들어갈 것이다.

그리고 그 도시의 문들은 절대로 닫히는 법이 없다. 거기엔 밤이 전혀 없기 때문이다.

사람들이 만국의 영광과 명예를 갖고 그 도시로 들어갈 것이다.

더럽히거나, 혐오를 불러일으키거나 거짓말을 하는 사람들은 결코 그 도시로 들어가지 못할 것이고, 오직 어린양의 생명의 책에 기록되어 있는 자들만이 거기로 들어갈 것이다.[10]

그것이 가장 아름다운 만다라이며, 정사각형의 상징이며, 4개의 모퉁이다. 그것은 불교 만다라의 한가운데에 있는 수도원 같은 사각형이다. 만다라는 개성화의 상징이며, 그래서 하얀 도시는 개성화의 도시이다. 그것은 완벽한 주거지이며, '우파니샤드'에 언급되어 있듯이, 해도 모르고 달도 모르는 영원한 주거지이다.

야즈나발키아(Yajnavalkhya)[11]와 왕의 대화를 보면, 왕이 이렇게 물었다. "사람은 무슨 빛으로 밖에 나가서 일을 하고 돌아오는가?" 이에 야즈나발키아는 "해의 빛으로."라고 대답했다. 왕과 그의 대화

....

9 '요한계시록' 21장 9-18절

10 '요한계시록' 21장 21-27절

11 B.C. 7세기와 8세기 사이에 살았던 인도의 전설적인 현자.

는 이런 식으로 이어졌다. "해가 꺼지면?" "달의 빛으로." "달이 꺼지면?" "불의 빛으로." "불이 꺼지면?" "그러면 사람은 '자기'의 빛으로 밖에 나가서 일을 하고 돌아오지요." 이것도 똑같은 사상이다. 도시 자체가 순수한 빛으로 만들어져 있기 때문에 해도 필요하지 않고 달도 필요하지 않다.

그 빛은 의식을 상징하지만, 자아의식이 아닌 의식을 상징한다. 도시의 집단적인 측면은 도시는 절대로 하나의 에고가 아니고 다수의 에고라는 사실에서 비롯된다. 그래서 우리는 무서운 역설 앞에 서게 된다. 자기는 개별적인 존재의 가장 깊은 독특성과 단일성을 의미함에도 불구하고 하나의 도시로 상징되고 있다. 이것은 초기 기독교의 사상이기도 하다.

1904년경 이집트 옥시링쿠스에서 발굴된, A.D. 1세기의 그 유명한 파피루스 유물들에서도 이 같은 사상이 발견된다. 그리스도와 사도들 사이의 어느 대화에서, 사도들이 그리스도에게 자신들이 하늘의 왕국에 이르는 방법에 대해 묻는다. 그러자 그리스도는 그들을 그곳으로 이끌 동물들에 대해 놀라운 이야기를 들려준다. "그러므로 그대들은 자신을 알도록 노력하라. 그러면 그대들은 자신이 하느님 아버지의 아들이라는 것을 알게 될 것이고, 그대들은 하느님의 도시 안에 있고 그대들이 그 도시라는 것을 알게 될 것이다." 이 말은 하느님의 왕국은 우리 안에 있다는 복음서의 가르침과 완전히 일치한다. 하늘의 왕국은 우리의 가장 깊은 본성이며, 일부 신학자들이 생각하는 바와 같이 우리들 '사이'에 있는 그 무엇은 절대로 아니다. 하느님의 왕국이 사람들 사이에 있다고 말하는 것은 타락한 신학이다. 아니, 하느님의 왕국은 완전한 사람이고, 한 개인의 완전성과 전체성이다. 하느님의 왕국은 자아와 같지 않으며, 자아는 절대로 자기가 아니다.

자아는 완전한 인간을 포함하지 않는다.

우리는 언제나 자신이 충분히 의식적이지 못하다는 사실 때문에, 우리가 우리의 내면에 있는 것을 전부 알지 못한다는 사실 때문에 고통을 당한다. 왜 사람들이 신경증을 보이게 되는가? 자아의식이 너무 좁기 때문이다. 이상한 그 비아(非我)가 무엇으로 구성되어 있든, 우리의 자아의식이 전체를 감당하기엔 불충분하다는 사실은 분명하다. 그래서 자기를 상징하는 것은 자아와 같지 않은 어떤 전체성의 개념이다. 자기는 우리의 의식과 동일하지 않은 어떤 의식, 우리의 빛과 동일하지 않은 어떤 빛이다.

이 같은 해석은 내가 이전에 한 말과 일치한다. 이 환상들은 의식적인 자아의 삶과는 아무런 관계가 없는 심리적 과정이다. 환상들은 심리적 비아의 표현인 것이다. 심리적 비아는 자아의식에서 벗어나서 '절대' 의식 또는 비개인적 의식, 사람 그 너머에 있는 의식의 비전 속으로 확장하는 것이다. 이 말이 대단히 추상적이고 형이상학적으로 들릴지 모르지만, 그 과정은 절대로 형이상학적이지 않다. 그것은 오직 보다 폭넓고 보다 추상적인 어떤 의식의 발달을 의미할 뿐이다. 보다 폭넓은 이 의식은 당연히 보다 좁고 보다 구체적인 의식과 관계가 있다. 두 가지 의식 사이의 관계는 대수학(代數學)과 일반적인 산수, 또는 추상적인 사고와 사실에 입각한 사고의 관계와 똑같다. 그래서 보다 높은 의식은 보다 추상적이고 보다 비개인적인 의식이다.

그리고 우리 환자가 거인 그 너머로 보고 있는 도시의 환상은 자아의식 그 너머에 있는 의식, 다시 말해 보다 완전하고 보다 완벽하고 보다 초연한 그 의식에 대한 직관적 통찰이다. 하얀 도시 안에서 사람은 틀림없이 주변의 파괴에 맞서며 강화된 상태에 있을 것이다. 그 도시는 언제나 성벽과 망루, 해자(垓字)에 둘러싸여 있어서 방어가

견고한 곳이라는 생각을 불러일으킨다. 안에 있으면 사람이 보호받을 수 있는 그런 곳이다.

그러나 나는 이 대목에서 하나의 집단적인 상징으로서의 자기에 대해 더 이상 논하지 않을 것이다. 여기서 이 방향으로 더 깊이 들어가는 것은 적절하지 않다. 환상은 이렇게 이어진다. "나는 거인에게 재차 말했다. '나는 당신을 통과해야 해요.' 그러나 그는 웃기만 했다." 틀림없이, 하얀 도시가 등장하는 이 환상은 그녀를 돕기에 충분하지 않다. "그가 웃고 있는 동안에 많은 난쟁이들이 땅에서 솟아나와 나의 옷을 찢었다. 그래서 나는 발가벗은 몸이 되었다."

여기선 거인에 맞서는 엄지만한 작은 존재라는 모티프가 작용하고 있다. 난쟁이들은 고대에 엄지만한 존재였다. 난쟁이들은 손가락을 뜻하는 '닥틸루스'(dactylus)라는 이름으로 불렸다. 아시다시피, 난쟁이들은 본능 그 이상이다. 온갖 종류의 동물들은 본능을 상징하며, 난쟁이들은 신화적인 존재로서 다소 다르다. 본능들은 종종 뱀의 형태로 땅에서 올라오지만, 신화적인 존재들도 땅에서 올라오며, 이번에는 그것이 난쟁이들이다. 이 난쟁이들이 그녀가 발가벗은 몸이 될 때까지 그녀의 옷을 찢는다. 이런 것을 설명하려면 지식이 필요하다. 난쟁이에 관한 문학을 공부해야 한다.

난쟁이들은 원래 선생이었다. 난쟁이들은 온갖 종류의 예술과 공예를 가르쳤다. 난쟁이들은 특별한 지혜를 갖고 있는 것으로 여겨졌으며, 따라서 그들은 종종 교육적인 의미를 지녔다. 예를 들면, 젊은 호루스도 난쟁이 베스(Bes)로부터 교육을 받았으며, 지크프리트(Siegfried)는 난쟁이 미미르(Mimir)에 의해 양육되었다.

난쟁이들은 정말로 땅에 묻힌 지혜를, 자연의 특별한 교활함과 솜씨를 나타낸다. 난쟁이들은 언제나 땅속의 비밀스런 보물을 지키는 존재이며, 그들은 귀중한 금속이 어디에 있는지를 알고 있다. 여기서 우리는 자기와의 연결을 본다. 난쟁이가 이 여자의 옷을 찢는 이유는 무엇인가? 그녀가 계속 외양을 지켰기 때문이다. 그녀는 여론에 영합하기 위해 특정한 옷을 입고 있고, 어떤 외적 태도를 취하고 있다. 발가벗은 그녀는 자연이다. 그녀가 자연의 모든 힘을 자기편으로 만들면, 사물들도 변하고 여론은 허물어질 것이다. 여기서 난쟁이들은 심리학적으로 사물들에 고유한 정령을 의미한다.

2강

1931년 11월 18일

지난 시간에 우리 환자가 거인 뒤로 본 하얀 도시의 환상에 대해 논했다. 그러면서 나는 옥시링쿠스에서 발굴된 파피루스에 담긴 예수의 말을 인용했다. 그 부분과 관련해 이런 질문이 제기되었다. "예수께서 이런 말씀을 하셨습니다. '왕국이 하늘에 있다면 우리를 왕국으로 데리고 갈 자는 누구인가, 라고 그대들이 물었다. 하늘의 새들과 땅 위와 아래의 모든 짐승들, 바다의 물고기들, 이런 것들이 그대를 데려갈 것이다. 그리고 하느님의 왕국은 그대들 안에 있으며, 자신을 잘 아는 사람은 누구나 그 왕국을 발견할 것이다. 그러니 그대 자신을 알도록 노력하라. 그러면 그대는 자신이 아버지의 아들이라는 것을 알게 될 것이다. 그리고 그대가 신의 도시에 있고 그대가 그 도시라는 것을 알게 될 것이다.' 이것은 인도의 힌두교에서 말하는 아트만-브라만(Atman-Brahman) 개념과 같지 않습니까? 인간의 안에 있는 영원한 생명의 불꽃 말입니다. 우리의 안에 있는 지극히 개인적인 경험이면서 동시에 대단히 집단적인 경험인 그 불꽃에 대해 말하는 것 같습니다. 브라만이 모든 창조와 창조 그 너머에 있는 생명이니까요."

그것은 정확히 똑같은 사상이다. 초기 기독교가 동양의 영향을 받은 것으로 짐작되지만, 그 영향이 어느 정도였는지를 밝히는 것은 어려운 일이다. 크리슈나(Krishna)[12]의 젊은 시절에 관한 전설이 그리스도에 관한 전설과 너무나 비슷하기 때문에, 기독교인들은 크리슈나의 전설이 기독교 국가에서 시작되었거나 기독교의 영향을 받았을 것이라고 말하는 반면에, 힌두교 신자들은 정반대의 이야기를 한다. 다른 시기에 힌두교와 기독교 사이에 그런 연결이 존재했음에도 불구하고, 초기에 힌두교와 기독교 사이에 영향력이 어떤 식으로 오갔는지에 대해선 사실 아무도 확실히 말하지 못한다. 당연히, 브라흐마를 의미하는 브라만이라는 도시의 개념은 기독교보다 훨씬 더 오래되었다.

동양과 서양 사이에 연결이 있었던 것은 분명해 보인다. 우리 시대의 학자들 중에서 페르시아가 초기 기독교의 개념에 영향을 미쳤다는 점을 부정하는 사람은 하나도 없다. 예를 들어, 천국과 지옥이라는 기독교 사상은 전형적으로 페르시아의 사상이다. 그러나 예수가 탄생하기 200년 전쯤에 페르시아에 불교 수도원이 있었음에도 불구하고, 힌두 철학의 영향은 여전히 의문의 대상이 되고 있다. 그렇다면 불교의 영향이 페르시아를 거쳐 근동에, 아마 알렉산드리아에 닿아서 그곳에서 기독교의 기원에 영향을 미친 종교 혼합주의적인 요소로 환영을 받았을 수 있다는 가설이 가능해진다. 기독교가 그 시대의 혼합주의의 산물 중 하나이기 때문에, 알렉산드리아에 있던 인도 사상들과 직접적 연결이 이뤄졌을 수도 있다.

그러나 그 같은 사상이 자생적으로 성장했을 수도, 말하자면 똑같

....

12 힌두교의 주요 신 중 하나로, 최고신인 비슈누의 여덟 번째 화신이다.

은 사상이 근동과 극동에서 따로 비롯되었을 가능성도 있다. 환자들을 분석하는 과정에 나는 꿈과 공상에서 동양의 사상과 매우 유사한 것을 거듭 확인한다. 그럼에도 꿈을 꾼 사람은 자신이 그런 사상을 재현하고 있다는 것에 대해선 전혀 아무것도 모른다. 쿤달리니 요가[13]가 탁월한 예이다.

아주 먼 펀자브에도 그리스 식민지들이 있었다. 투루판을 탐험한 사람들이 발견한 유물 중에서 흥미로운 것이 아주 많다. 서너 명으로 구성된 독일 탐험대는 투루판에서 그리스 문명이라 부를 수 있는 문명을 발견했다. 이는 그리스 예술이 인도 예술, 특히 불교 예술에 엄청난 영향을 미쳤다는 점을 보여준다. 비잔틴의 영향도 있었다. 일부 불교 조각은 꼭 비잔틴 조각처럼 보인다. 그것이 바로 그리스와 힌두 문명의 결합인 간다라 문명이다.

그런 영향은 알렉산드로스(Alexander)의 인도 정벌 시대로 거슬러 올라간다. 알렉산드로스는 지금도 거기서 전설적인 인물로 통하고 있다. 이시칸다르(Ishkandar)는 알렉산드로스를 부르는 아랍어 표현이다. 아랍 사람들은 모두 이 이름을 알고 있으며, 알렉산드로스는 인도에도 잘 알려져 있다. 이는 700년 내지 800년까지도 극동에서 시작해 인도와 중국, 중앙아시아를 거쳐 비잔티움까지 가는 도로들이 열려 있었기 때문에 가능했다. 그때만 해도 강에 물이 많이 흘렀기 때문에 길이 열려 있었던 것이다. 그러나 8세기와 9세기에 강들이 말랐고, 이어 도로는 완전히 지워져 버렸다.

몇 년 전에, 어느 영국인이 옛날에 대상(隊商)들이 이용했던 길을 탐험했다. 그건 아주 특별한 모험이었으며, 그는 갈증으로 죽을 고비를

13 '탄트라'가 제시하는 요가 수행법의 일종. 산스크리트어로 쿤달리니는 모든 사람에게 내재하는 우주의 기를 뜻하며 똘똘 감긴 뱀으로 표현된다.

넘기며 고생한 끝에 중국에서 비잔티움에 이르는 옛길을 발견할 수 있었다. 길의 대부분은 사막을 통하고 있었다. 그는 귀중한 서적과 비단, 보석들을 숨겨놓던 비밀 저장소도 발견했으며 길에서 주화를 줍기도 했다. 그건 아마 그 길을 마지막으로 이용했던 대상들이 떨어뜨린 주화일 것이다. 누군가의 주머니에 구멍이 났고, 그 구멍으로 주화가 길에 떨어졌다가 이 영국인에게 발견되었을 것이다. 그 이후로 그 길에서는 아무런 일이 일어나지 않았으니까. 주화는 천 년 전에 떨어진 상태 그대로 거기에 있었다. 더 이상 아무도 그곳을 여행하지 않았고, 옛날의 저자들이 언급한 강들은 모두 말라 버렸기 때문이다. 그런 길들이 존재했다는 사실은 동양이 서양과 밀접한 관계를 유지했다는 것을 보여주고 또 그리스 문화가 인도에서 발견되는 이유를 설명해준다.

근동의 일부 종교적 신념이 중국을 침투했다. 예를 들면, 마니교 문서들이 중국에서 발견되었다. 페르시아어나 위구르어를 바탕으로 중국어로 번역한 문서들이었다. 그런 문서들은 동(東) 투르키스탄에서도 발견된다. 기독교인들도 중국으로 들어갔다. 시안(西安)에 있는 네스토리우스 교파의 유명한 기념물은 781년에 세워졌으며, 비문은 중국어와 시리아어로 쓰였다. 빌헬름(Richard Wilhelm)도 『황금꽃의 비밀』(The Secret of the Golden Flower)을 번역한 책에서 그것에 대해 말하고 있으며, 이 책의 텍스트도 기독교 사상의 영향을 받았을 가능성을 배제하지 못한다. 그리스 주화는 노르웨이에서도 발견되었다. 얼마 전에는 취리히에서 20마일 떨어진 고인돌에서도 그리스 주화가 발견되었으며, 그리스의 글은 고대 로마의 정복이 있기 전에 이곳에 알려져 있었다.

지난 시간에 난쟁이를 다루었는데, 그것은 매우 중요한 모티프이다. 난쟁이들은 무엇인가? 지난 시간에 난쟁이를 두고 사물들의 정령이라고 했는데, 모두 이해했는지 궁금하다. '카노포이'(Kanopoi)라는 것이 있다. 이것은 그릇들의 정령이고, 항아리 같은 것들의 정령이다. 조상들의 혼령이 집안에서 쓰이는 그릇 안에, 단지와 솥 같은 것 안에 여전히 살고 있다는 사상이 있다. 아마도 옛 문명에서 죽은 자들이 큰 포도주 항아리나 단지 안에 묻힌 사실에서 비롯된 사상일 것이다. 근동뿐만 아니라 페루에서도 죽은 자들은 그런 용기 안에 묻혔다. 혹은 시신을 태울 때에는 그 재를 단지에 담았다. 아마 그것이 이 사상의 합리적인 기원일 것이지만, 전설에 따르면 난쟁이들이 집안일을 했다는 사실에서 이보다 훨씬 더 심리학적인 설명을 끌어낼 수 있다.

예를 들어, 어떤 여자가 친절해서 난쟁이들을 위해 무엇인가를, 예를 들어 우유 몇 방울을 남겨놓을 때, 그러면서도 난쟁이들에게 특별히 호기심을 품지 않는다면, 난쟁이들이 밤에 솔과 물로 집안을 깨끗하게 씻었다. 여자가 이튿날 아침에 일어날 때, 전체 집안은 깨끗하게 정리되어 있었다. 그 모든 것을 밤 사이에 난쟁이들이 한 것이다. 난쟁이들을 일컫는 독일어 단어는 하인첼매너(Heinzelmänner)이다. 에른스트 바를라흐(Ernst Barlach)라는 독일 예술가가 사물들의 정령에 대해 쓴 '죽은 날'(Der Tote Tag)이라는 제목의 아름다운 드라마가 있다. 그는 작가가 아니며, 조각가 혹은 화가이다. 그는 사물들의 정령에 이름을 붙여주고 있는데, 밤에 집을 깨끗하게 청소하는 정령을 빗자루 다리라는 뜻으로 '베센바인'(Besenbein)이라고 부른다.

물건들이 그런 이상한 생기를 갖고 있다는 사상의 기원은 심리학적이다. 그 사상은 우리 인간의 심리는 처음에 결코 '우리'의 심리가 아니었으며 세상의 모든 것이 '신비적 참여'(participation mystique)를 통해 정신적이었다는 사실에서 비롯된다. 그것을 두고 투사라고 부르는 사람도 있겠지만, 그것은 절대로 투사가 아니다. 투사된 것은 전혀 없었다. 투사라는 것은 정말로 그릇된 개념이다. 투사라는 단어는 엉터리이다. 그것은 언제나 밖에 있었으며, 그것이 안에 있었던 적은 한 번도 없었다. 소위 투사는 단지 밖에 있는 것으로 '발견된' 하나의 사물에 지나지 않으며, 이어서 이 사물은 발견자에 의해서 그 사람 자신과 통합되었다. 우리의 심리는 모두 바깥에서 발견되었으며, 우리의 심리가 우리의 주머니 안에 있었던 적은 한 번도 없었다. 원시인도 마찬가지이다. 원시인의 심리적 기능은 외면화되며, 그 기능은 사물들과 동일하고 사물들은 원시인의 정신이다.

스위스처럼 오랜 전통을 가진 모든 나라는 나라 전체가 무의식의 그물망으로 덮여 있다. 우리는 아직도 전설과 관련 있는 장소들을 두고 있다. 만약 당신이 어느 농부에게 그곳의 전설을 다 들려주면 20프랑의 수고비를 주겠다고 제안한다면, 그 사람은 당신이 무슨 말을 하는지 잘 모를 것이다. 그러나 밤에 맥주잔을 기울이거나 담배를 피울 때면, 그는 "저쪽은 나쁜 터지요. 그래서 거기다가 외양간을 짓는 사람은 힘든 일을 겪게 되어 있어요."라는 식으로 말한다. 농부들은 자신들의 심리의 한 부분을, 어떤 심리적 효과를 어떤 장소로 투사하기로 합의했으며, 만약 당신이 그 땅을 사서 거기다가 외양간을 짓는다면, 당신은 그 땅과 연결되게 되고 따라서 그것은 하나의 정신적 사실이 될 것이다. 그곳은 지금도 여전히 살아 있는, 사람들의 일반적인 무의식의 일부다.

그래서 원시인에겐 주변의 땅과 강, 숲, 언덕도 살아 있을 뿐만 아니라 그의 개인적 소유물, 이를테면 창과 칼, 카누도 살아 있다. 그런 인식은 언어에도 생생하게 표현되고 있다. 모든 원시인의 언어를 보면, 물건이 살아 있는지 죽었는지를 표현하기 위해 접두사와 접미사를 두고 있다. 그냥 "재떨이"라고 하지 않고, 재떨이가 남자인지 여자인지, 혹은 중성인지, 아니면 살아 있는지 죽었는지에 대해서까지 말한다. 프랑스어나 독일어조차도 남성적인 재떨이라는 식으로 표현한다. 원시인의 언어라면 "살아 있는 재떨이"라는 식으로 말할 것이다. 일부 언어의 경우에는 더 나아가서 그것이 똑바로 서 있는지 누워 있는지, 안에 있는지 밖에 있는지를 말해야 한다. 재떨이에 대해 말한다면, 재떨이가 집 안에 있는지, 남성적인지, 살아 있는지, 똑바로 앉아 있는지에 대해 말해야 한다. 만약에 그것이 나에게 속하는 것이면 살아 있고, 당신에게 속하는 것이면 죽어 있다. 집단에 속하는 재떨이인 경우에 죽은 재떨이로 표현한다. 반면에 나의 책이나 파이프, 특히 나의 파이프는 생명력으로 충만하며 신성하기까지 하다. 아무도 그걸 건드리지 않을 것이다.

그래서 특별히 사랑받거나, 무기처럼 주인의 삶과 밀접히 연결된 물건들은 그들만의 성(性) 또는 생명을 갖고 있는 것으로 여겨지지만, 그것은 언제나 소유자의 생명이며 소유자의 심리 일부를 살고 있다. 그것이 지금도 영어에서 선박을 'she'로 표현하는 이유이다. 그리고 지중해의 선박들은 눈을 갖고 있다. 물론, 우리는 그 눈에 대해 나쁜 영향을 물리치는 액막이라고 설명하지만, 그 같은 생각의 바닥에는 배가 살아 있으며 눈으로 앞을 볼 수 있다는 사상이 작용하고 있다. 또 원시인들은 말을 하지 않는 물건은 세상에 하나도 없다고 확신한다. 예를 들면, 나무도 말할 수 있다. 모든 것이 생명력으로 가득하기 때문이다. 물론 그것은 정신의 완전한 외면화이다.

이 모든 것은 난쟁이들의 기원을, 사물들 속의 정령을 보여주고 있다. 난쟁이들은 대상들이 '나'의 생명이고 '나'의 생명이 대상들이던 그런 원래의 정신적 상태의 마지막 흔적이다. 그리고 그 심리적 부분들, 즉 난쟁이들은 의인화되고 있다. 왜냐하면 정신의 각 부분은 한 사람의 사람이기 때문이다. 각 부분은 인간의 목소리를 내면서 활기

차게 나타난다. 그렇기 때문에 그것을 한 사람의 사람으로 봐야 한다. 광인들은 대상들로부터, 아주 작은 것들로부터, 아마 성냥으로부터도 목소리를 들으며, 그 목소리들은 마치 하나하나가 작은 인간 존재인 것처럼 개인적인 목소리이다. 따라서 그런 사람들에게 그 목소리가 현실이 아니라는 점을 설득시키기가 대단히 어렵다.

바로 이런 점 때문에 광인을 치료하는 것은 거의 불가능해진다. 만약에 광인들이 이 단계를 넘어설 수 있다면, 그래서 인격이 다시 통합된다면, 그들도 그 목소리들이 밖에 있는 그 무엇이라는 사실을 깨달을 수 있다. 그러나 목소리들이 들리는 한, 광인들은 목소리들이 진짜라는 확신에 강하게 매달린다.

살아 있는 대상은 당신에게 어떻게 해달라는 식으로 자신의 뜻을 표현하기도 한다. 장자(莊子)의 글에 이를 보여주는 아름다운 이야기가 담겨 있다.

> 어느 목각사(木刻師)가 종 틀을 하나 제작했다. 이것을 보는 사람마다 정령들의 작품 같다며 경탄을 아끼지 않았다. 루(Lû) 후작도 그것을 보고는 목각사에게 어떤 예술가의 소질을 가졌기에 그런 작품을 창작할 수 있었는지를 물었다. 그러자 목각사는 이렇게 대답했다. "저는 일개 장인에 불과합니다. 그런 저에게 어떤 예술적 소질이 있겠습니까? 그럼에도 한 가지만은 말씀드릴 수 있습니다. 작업에 임할 때 저는 저의 활력을 다른 생각에 쏟지 않으려고 무척 애를 썼습니다. 저의 가슴이 차분해지도록 하기 위해 3일은 단식해야겠다는 느낌이 들었습니다. 사흘 동안 식음을 전폐한 뒤, 저는 감히 그 작업으로 얻을 세속적 이익이나 명예에 대해 생각하지 않게 되었습니다. 단식 5일 뒤에는 작업에 따를 수 있는 칭송이나

비난에 대해 생각하지 않을 수 있게 되었습니다. 또 작업이 드러낼 기술에 대해서 생각하지 않게 되었습니다. 단식 7일 뒤에는 육체와 사지를 망각했습니다. 그리고 저는 전하와 궁정에 대해 더 이상 생각하지 않게 되었습니다. 그리하여 저는 저 자신을 예술에 온전히 투입할 수 있는 상태가 되었으며, 외부 세계에서 오는 온갖 쓸모없는 유혹도 사라졌습니다. 이어 저는 숲 속으로 들어가 나무들을 보면서 그 형태와 성장 태도를 살폈습니다. 그러다 제대로 된 나무 앞에 섰을 때, 저는 종 틀이 마무리된 상태에서 저 앞에 서 있는 것을 볼 수 있었습니다. 그런 나무라면 저는 그냥 손을 대기만 하면 됩니다. 그런 나무를 발견하지 못한다면, 저는 그 작업을 포기해야 합니다. 하늘이 내리신 저의 기술과 역시 하늘이 내리신 나무의 본성이 함께 어우러지면서 나무를 깎는 셈이지요. 그런 식으로 저의 영혼이 종 틀 제작에 관여했으며, 그래서 사람들이 그것을 신성한 작품이라고 생각하게 되었답니다."

이 이야기를 읽으면 옛날의 중국 조각가가 재료에 대해 느끼는 특별한 감정이 이해된다. 조각 작품에 쓸 재료가 조각가에게 말을 거는 것이다. 고대 그리스 조각의 대리석은 예술가에게 그가 제작하려는 상이나 기둥이 어떠해야 한다는 식으로 말하거나 자신이 어떤 것이 되고 싶어 하는지를 말했던 것 같다. 예를 들어, 피렌체의 보볼리 정원에 있는 두 개의 야만인 노예 조각상을 기억하는가? 다음번에 피렌체를 방문할 기회가 생기면, 먼저 메디치(Medici)의 무덤에 가서 미켈란젤로(Michelangelo)의 대리석 조각을 본 다음에 곧바로 택시를 타고 창밖을 보지 않은 채 보볼리 정원으로 가서 그 노예 조각상을 보라고 권하고 싶다. 그러면 거기서 차이를 분명히 느낄 것이다.

두 야만인 노예들은 돌에 의해 암시되고 있으며, 돌이 말을 한다. 그건 진정으로 돌이다. 반면에 미켈란젤로의 조각에서 돌은 한마디도 하지 않는다. 아마 당신은 미켈란젤로의 작품을 보면서 히스테리에 가까운 인상을 받을 것이다. 미켈란젤로가 건드리지 말았어야 하는 돌에 무슨 짓인가를 한 것처럼 느껴질 것이다. 나는 혐오감을 느꼈다. 나는 "이건 히스테리야."라고 말했다. 그것이 바로크 양식의 시작이며, 거기선 돌이 암시하는 것은 아무것도 없다. 고딕 양식도 돌의 본질에 충실하지 않기 때문에 어떻게 보면 똑같이 히스테릭하다는 인상을 준다. 건축가들이 돌에다가 나무의 본질을 새기려 노력했고, 따라서 식물을 닮은 건축물을 만들었기 때문이다.

고대의 건축가들은 돌을 돌 자체로 두지 않고 담쟁이덩굴 같은, 돌을 끌어안는 산 장식을 만들었다. 우리 현대인은 고대의 돌의 활성으로부터, 말하자면 정령이 아직 대상 속에 있고 또 대상이 예술가들에게 스스로에 대해 암시하던 그런 시대로부터 아주 멀리 벗어나 있다. 고대의 예술가들이나 건축가들에게 재료는 무엇인가를 제안하는 것이었다. 술잔이나 칼은 "주인님께서 저를 이런저런 식으로 장식해 주셔야 합니다."라고 말했다. 혹은 카누는 "주인님께서 저를 물감으로 칠하고, 눈도 주셔야 하고, 제가 주인님을 사랑하니 저를 아름답게 장식해 주셔야 합니다."라고 말했다. 고대인이 대상의 마법에 걸린 상태에 살았기 때문에, 그것은 어디까지나 관계였다.

예를 들어 보자. 어느 원주민이 카누를 지극정성으로 깎고 있었다. 카누를 만드는 데 얼마나 많은 시간과 공을 들였던지, 그가 배의 꼬리 부분을 만들고 있을 때에 이미 뱃머리가 썩고 있었다. 배가 이 원주민에게 "저를 깎아 주셨으면 합니다."라고 말했다. 그래서 그는 배를 깎고 또 깎았으며, 그 사이에 그가 가장 먼저 깎은 부분은 이미 썩기 시작했다. 만약에 이 원주민이 주인이었다면, 그는 틀림없이 자신이 원하는 쪽으로 카누를 쉽게 깎을 수 있었을 것이다. 그럼에도 그는 그렇게 하지 않았다. 배가 그의 상관이고, 배가 그에게 할 일을 지시하기 때문이다. 그래서 그는 몇 년 동안 보트 깎는 작업을 계속했고, 그 사이에 배는 점점 썩어가고 있었다. 이는 대상의 생기라는 것이 어떤 의미인지를 보여준다.

나는 원시인의 발명도 그런 식으로 이뤄졌을 것이라고 확신한다. 또 많은 독초나 약초도 경험에 의해서가 아니라 대상의 암시에 의해서 발견되었을 것임에 틀림없다. 왜냐하면 원시인들이 나무들이 그들에게 이런저런 말을 한다고 말할 때, 그 말이 진실일 것이기 때문이다. 그 말 자체는 맞는 말이 아닐 수 있지만, 원시인의 무의식이 전적으로 원시인의 밖에, 다시 말해 대상의 안에 있을 때 할 수 있는 일들은 놀랍다.

영매나 매우 예민한 사람에게서도 이와 똑같은 것을 볼 수 있다. 영매나 매우 예민한 사람은 아직도 문 하나가 열려 있다. 그들의 마음 중 어느 한 부분은 그들의 것이 아닌 것이다. 그 부분은 밖의 어떤 대상 안에 있으며, 그 마음은 그 대상이 알고 있는 것을 알고 있다. 그런 사람은 타인의 생각을 만들어낼 수 있다. 마치 그 사람이 타인의 물건을 소유하고 있는 것처럼 말이다. 그리고 그런 경험을 근거로, 우리는 인간의 마음이 아직 대상들 안에 있던 초기의 마음 상태에 대한 결론을 끌어낼 수 있다. 그런 시대에 인간은 단지 지각만 하고 사물 자체가 암시하는 것을 그대로 하기만 하면 되었다. 지금도 다소 원시적인 예술가들이라면 이와 비슷한 말을 한다. 어떤 재료가 이런저런 형태나 창조를 암시한다는 것이다.

이런 사실들로부터, 난쟁이에 관한 생각들이 나왔다. 우리는 지금 현대에 살고 있으며, 지금과 같은 보다 높은 차원에서 난쟁이들은 집 안에서 활동하는 정령으로서의 역할을 잃어버렸지만, 심리학적으로 보면 그들은 여전히 정령으로 거기에 그대로 있다. 말하자면, 난쟁이들이 아직 자아의식의 일부가 되지 않았다는 뜻이다. 사실은 난쟁이들이 자아의식의 일부가 될 수 있을 것인지 의문스럽다.

그러나 난쟁이들은 더 이상 사물 안에서 발견되지 않는다. 난쟁이들은 지금 우리의 무의식에 있으며, 거기서 난쟁이들은 대상과 동등하다. 무의식 안에서 난쟁이들은 예전에 물건들이 했던 것과 똑같은 방식으로 심리적으로 작동하고 있다. 말하자면 난쟁이들이 무의식 속에서 암시를 제시하고 있다는 뜻이다. 이 암시는 이로울 수도 있고 해로울 수도 있다. 물론, 당신은 암시가 자신에게 제시되는 것이 아니라 그냥 암시가 당신의 마음에 들어온다는 식으로 말할 수 있다. 암시의 기원을 추적할 수 없기 때문에, 당신은 그것이 암시되고 있다는 점을 부정하려는 경향을 보인다. 왜냐하면 당신 생각에 그것이 거의 병적으로 여겨지고, 당신이 목소리를 듣거나 당신이 인정하지도 않는 무엇인가에 의존하고 있다는 비난을 들을 것 같기 때문이다.

그러나 당신이 그것들을 어떤 식으로 이해하든 그것들은 목소리이며, 당신은 우리 환자의 환상에서 그 예를 직접 보고 있다. 이 여자에게 도움을 줄 이 힘들은 그녀에게 발가벗어야 한다고 암시하고 있다. 발가벗는 것은 그 사람의 실제 모습을 지킨다는 것을 의미한다. 특별한 장식도 전혀 하지 않고, 소란도 전혀 떨지 않고, 다른 사람이나 자신을 속이기 위한 인습적인 화장도 전혀 하지 않은 상태로 자신의 모습을 드러낸다는 뜻이다. 그녀는 자신과 외부 사이에 아무런 장막을 치지 않은 채 자기 자신이 되어야 한다. 왜 그런 태도가 필요한가? 그녀는 지금 하얀 도시로 가는 길을 막고 있는 거인을 지나가길 원하고 있다.

거인은 기본적으로 그녀의 옷과 똑같은 재료로 만들어졌다. 그래서 그녀가 옷을 벗어던진다면, 그 같은 행위 자체가 거인의 힘을 빼앗아 버릴 것이다. 그녀의 옷도 페르소나이다. 그녀가 베일이나 기만을 벗어 던지는 것, 바로 그것이 '공감 주술'(sympathetic magic)일 것이다. 마법으로 비를 내리게 하기 위해서는 먼저 물이나 우유, 피를 땅에 뿌려야 하고, 비가 내리는 분위기를 조성하기 위해 비나 바람 소리를 모방해야 한다. '리그베다'의 소위 개구리 노래가 좋은 예이다. 이 노래의 역사는 7,000년 내지 8,000년이나 되며, 비를 내리게 하는 부적으로 받아들이지 않으면 이해가 꽤 어렵다. 성직자들이 개구리처럼 모여 노래를 한다. 비가 내릴 때면 언제나 개구리들이 노래를 하기 때문이다. 그런 식으로 성직자들은 비의 분위기를 창조한다. 그렇듯, 그녀는 그녀 안에 있는, 장애물 같은 것을 벗어던짐으로써 장애를 물리치거나 극복할 것이다. 그녀의 환상은 이런 식으로 이어진다.

> 나는 거인에게 돌을 던져 그의 눈을 하나 멀게 만들었다. 그래도 그는 그대로 버티고 서 있었다. 그래서 나는 그의 가슴을 여러 차례 찔렀다. 그래도 그는 그대로 버티고 있었다. 나는 하늘을 올려다보았다.

거인에게 돌을 던지고 한쪽 눈을 멀게 만드는 것은 유명한 이야기를 떠올리게 한다. 예를 들면, '구약 성경'에 나오는 다윗과 골리앗의 신화가 있다. 이런 이야기들은 우리 서양인의 뼛속 깊이 박혀 있다. 사람들은 언제나 성경 속의 이야기들과 비슷한 것을 어디서 끌어내는지 궁금해 한다. 서양인의 조상들의 정신에 그런 이야기들이 깊이 스며들었다. 거인에 맞서는 손가락만한 존재가 거인의 한쪽 눈을 보지 못하게 만드는 것은 오래된 신화이며, 오디세우스와 외눈박이 키클롭스 폴리페모스의 이야기와도 연결된다. 그러나 여기서 그녀는 거인에게 전혀 아무런 인상을 주지 못한다. 거인의 기세가 꺾이지 않은 것이 분명하다. 그녀가 가슴을 찔렀는데도, 거인은 끄떡없다. 그렇다면 낡은 수단, 즉 장애물에 반항하거나 장애물을 공격하는 방법은 성공하지 못했다. 그래서 그녀는 새로운 방법을 발명해내야 한다. 그녀는 이렇게 말한다.

> 나는 하늘을 올려다보았다. 별이 하나 보였다. 이 별이 나의 이마에 빛을 쏘았다. 초승달이 나의 머리 위로 내려왔다. "보라." 나는 거인에게 말했다. 그래도 거인은 그대로 서 있었다.

아주 순진하게 그녀가 자기 머리 위에 있는 초승달을 가리켰는데, 그런 조치조차도 아무런 효력을 발휘하지 못한다. 그녀의 머리에 초승달이 박혀 있다는 것은 무엇을 암시하는가?

그녀가 달의 여신이라는 뜻이다. 그러나 그것조차도 거인에게 아무런 인상을 남기지 못한다. 이유는 그것이 허풍이기 때문이다. 그것은 진짜가 아니다. 그녀는 달의 여신이 절대로 되지 못한다. 그것은 단순히 자아 팽창일 뿐이다. 그녀는 허세를 부리며 그를 속이려 들고 있다. 당신도 그런 사람을 잘 알고 있다. 여론을 두려워하는 상황에서 도움을 바라며 재빨리 신성이나 다른 것과 자신을 동일시하는 그런 사람 말이다. 그러나 그런 태도는 허풍이기 때문에 절대로 도움이 되지 않는다. 그래서 달의 여신과의 동일시는 아무 소용이 없는 것으로 드러난다.

환자의 이런 몸짓은 결코 특별한 것이 아니다. 이미 말한 바와 같이, 사람들은 곤경에 처할 경우에 강렬한 인상을 주면 극복할 수 있다고 믿으면서 그런 짓을 종종 한다. 아시다시피, 그것은 그녀를 매혹하는 어떤 힘과 비슷하다. 그녀는 자신만의 개념 안에, 자신만의 말 안에 갇혀 있다. 그녀가 무의식에서 비롯된 자아 팽창으로 인해 스스로 신성하다는 감정을 느끼고 있기 때문이다. 그녀가 지속적으로 이런 무의식적 개념들에 집착하고 있는 것이 그녀에게 권력의 감정과 중요한 존재라는 감정을 안겨주었는데, 이 감정은 집단 무의식과의 접촉으로 인해 일어나는 자아 팽창에 비하면 훨씬 약하다.

이런 팽창을 겪고 있는 사람은 시간이 조금 지나면 그 감정이 오히려 단순하고 매우 아름답다는 것을, 사람이 그런 경이로운 것들을 보기 위해선 재능이 탁월해야 한다는 것을, 그 감정은 그런 그림들로 사람을 채우고 있는 신성한 흐름임에 틀림없다는 것을 느끼게 된다. 또한 그것이 창조적인 자신의 내면 깊은 곳에서 올라오고 있다는 생각은 그 사람이 창시자라는 점을 암시할 것이며, 그래서 신과 동일시하는 태도가 본인의 뜻과 상관없이 서서히 그 사람의 심리로 스며들게 되어 있다. 그러면 그 사람은 짐짓 겸손한 척하면서 "물론 나는 신은 아니지만, 어쨌든 사람이 할 수 있는 일은 너무나 경이롭고 사람이 보는 것은 너무나 아름다워."라고 말한다.

그런 가운데 그 사람은 그런 멋진 것들에 익숙해지게 되고, 따라서 시간이 조금 더 지나면 적어도 자신은 매우 특이한 존재임에 틀림없다고 결론 내리게 된다. 이어서 어려움이 닥치면, 그 사람은 나폴레옹(Napoleon Bonaparte)처럼 행동하거나 그 비슷한 것에 의지하게 된다. 그것은 일종의 무의식적 허세이다. 그것도 어느 선까지는 꽤 정당하지만, 우리 여자 환자의 경우엔 도움이 되지 않는다. 거인이 인간이 아니고, 따라서 일상적인 허풍으로는 죽지 않기 때문이다. 허풍은 이 거인과 똑같은 재료로 만들어졌고, 거인은 허풍에 대해 모든 것을 알고 있다. 그것은 다시 하나의 장막이며, 이번에는 장막이 신성한 발가벗음으로 나타나고 있다.

사람들은 루터가 보름스 회의에서 황제 앞에서 한 것과 같은 말을 하기를 다소 좋아한다. "나는 물러서지 않습니다. 달리 방법이 없습니다. 신이시여, 저를 도와주소서!" 이런 말을 통해서 자신이 루터가 처한 상황과 비슷한 상황에 처해 있다는 감정을 얻을 수 있기 때문이다. 그러면 사람들은 자신이 위대한 개혁가나 위대한 순교자가 된 듯한 느낌을 받는다. 그것이 효과를 발휘해야 하지만, 그것도 마찬가지로 거인과 다름없는 허풍이고, 망상이고, 기만의 장막일 뿐이다.

특별히 어려운 상황에 직면하지 않은 때에도, 사람들은 스스로에게 위대성과 중요성을 상기시키는 경향이 있다. "내가 누군지 당신은 정말 모르는 거야?"라는 식이다. 스위스 취리히에서 일어난 일이다. 매우 인기 있는 어떤 사람이 거리에서 공놀이를 하는 소년들을 몇 명 만나 아주 바보 같은 몸짓을 하며 그들과 어울려 놀았다. 한참 뒤에 그가 더 이상 그런 행동을 할 수 없게 되었다. 그가 생각해도 바보처럼 굴며 아이들과 어울려 놀았던 것이 매우 놀라운 일이었지만, 그래도 아이들이 집에 가서 누구와 놀았다는 이야기는 할 수 있어야 할 것 같다는 생각이 들었다. 그래서 그는 한 소년에게 "너희들이 지금 누구와 놀고 있는지 아니? 내가 누군지 알아?"라고 물었다. 그러자 소년은 "물론이죠. 아저씨가 바보 멍청이라는 걸 잘 알고 있어요."라고 대답했다. 아시다시피, 그 아이에겐 장막을 뚫어보는 눈이 있었다. 거짓말을 하는 사람의 눈에는 보이지 않는 옷감으로 만든 새 옷을 가졌다고 선언한 왕에 관한 안데르센(Hans Christian Andersen)의 아름다운 동화처럼, 그가 바보 멍청이라는 사실은 오직 진실을 말하는 사람에게만 보였다. 그 동화 속의 왕은 속옷 차림으로 교회로 들어갔다. 물론 그곳의 사람들은 한결같이 옷을 보았다고 말했다. "저 사람은 왜 속옷 바람으로 다니죠?"라고 말할 만큼 정직했던 사람은 어린아이 한 사람뿐이었다. 어쨌든, 환상은 이렇게 이어진다.

> 이어서 나는 숲 속에서 나를 손짓해 부르는 파우나(fauna)[14]를 보았다. 파우나가 나에게 잔을 주며 마시라고 권했다. 내가 잔에 든 것을 마시자, 엄청난 힘이 나에게 들어왔으며, 그런 상태로 나는 다시 거인에게로 갔다. 하얀 새 한 마리가 거인의 목으로 날아가 목의 피를 빨았다. 거인이 땅 속으로 가라앉을 때까지. 이어서 나는 거인을 건너뛰어 하얀 도시로 들어갔다. 빛이 눈이 부실 정도로 강했으며, 하얀 돌들이 발을 아프게 했다.

그것은 틀림없이 공상의 주제이다. 어쨌든 파우나는 고대의 기억을 떠올리게 한다. 그것이 숲 속으로의 퇴행이기 때문이다. 그녀는 디오니소스의 사고방식까지 거슬러 올라간다. 따라서 디오니소스 숭배에 쓰이는 술잔이 나오고 피나 포도주가 나온다. 그리고 땅과의 접촉은 그녀에게 거인을 극복할 만큼 강한 힘을 주기에 충분하다. 거인을 쓰러뜨리는 것은 그녀가 아니라, 거인에게 날아가는 하얀 새이다.

이 하얀 새는 인디언이 죽였던 그 새이다. 디오니소스적인 '막간극'이 있은 뒤에, 새가 다시 나타났다. 마치 그녀가 하얀 새를 소유하고 있는 것처럼 보이지만, 새는 그녀의 소유물로서 나타나는 것이 아니라 그녀에게 도움을 주는 전형적인 동물로 나타난다. 그녀가 자신에게 손짓을 하는 파우나를 따랐기 때문이다.

....

14 로마 신화에서 염소의 귀와 뿔, 뒷다리를 가진 목축의 신으로, 그리스 신화에서 사티로스에 해당한다.

피를 마시는 것은 자연과 다시 동일시를 이룬다는 것을 의미한다. 디오니소스 숭배에서, 그 같은 행위가 문명 때문에 인간의 길에서 벗어난 인간을 자연과 화해시키듯이 말이다. 원래의 야생이 별안간 나타나곤 하던 고대에, 그런 결합은 간혹 아주 강렬하게 표현되었다. 신들의 열광한 시녀들은 이빨로 살아 있는 동물의 살점을 뜯기도 했다. 환상에서 자연과의 이 같은 동일시가 이뤄진 지금, 자연은 하얀 새를 보내면서 이롭게 작용하는 것으로 드러난다. 현대의 기독교 심리학에서, 하얀 새는 언제나 성령과 연결되지만, 여기서 성령이 어떤 식으로 현장에 들어오는지를 이해하는 것은 대단히 어려운 일이다. 디오니소스 신비에 대한 숭배가 벌어지고 있는 때에 어떻게 성령이 나타날 수 있을까?

한쪽 극단에 이르는 바로 그 시점에, 다른 쪽 극단을 만나게 된다는 진리를 잊지 말아야 한다. 그것이 바로 헤라클레이토스(Heraclitus)가 제시한 '에난티오드로미아'(enantiodromia)의 법칙이다. 사물이 정점에 달할 때, 그 사물 자체가 반대의 성격을 지니는 쪽으로 변화한다는 원칙이다. 이것은 곧 『역경』(易經)의 가르침이다. 그렇다면 이 여자는 파우나와 함께 한쪽 극단으로, 기독교 이전의 숭배로 돌아갔는데, 바로 그 순간에 전환이 일어난다. 예를 들어, 성 바오로는 최악의 죄를 짓는 순간에 그리스도의 계시를 받았다. 그가 분명히 그리스도로부터 가장 멀리 벗어나 있을 때, 기독교 교도들을 진정으로 박해하고 있을 때, 최악의 임무를 맡아 다마스쿠스로 가고 있을 때, 바로 그때 그는 그리스도의 환상을 보았다. 긍정이 부정과 가까이 있다는 것을 모른다면, 이 사건을 이해하는 것은 거의 불가능해진다.

그렇다면 여기서도 상황이 꽤 바뀌는 즉시, 새는 정말로 자연의 정령이고 성령이다. 성령은 언제나 불이나 새 같은 자연적인 것에 의해 표현된다. 이 두 가지 상징은 쉽게 사라지거나 지워지지 않는 까닭에 교회의 규범적인 글에 포함되었다. 오늘 내가 읽은 인용에서, 예수는 사도들을 왕국으로 이끄는 것이 동물이라고 했다. 당신이 당신 안에 있는 동물을 알지 못하고 어떻게 당신 자신을 이해할 수 있겠는가? 그러나 당신은 당신 자신에 관한 지식을 피한다. 그런 경우에 당신은 스스로 그 지식을 피하는 이유가 무엇인지 물을 것이며, 그에 대한 대답은 그 거인 때문이라는 것이다.

당신은 당신의 안에 진정으로 닿을 수 있을 때에만 당신 자신을 알 수 있으며, 당신이 동물의 안내를 받아들일 때에만 당신 자신을 아는 것이 가능해진다. 당신은 교회가 예수의 말씀 중에서 동물에 관한 부분을 지워야 했던 이유를 충분히 이해할 수 있다. 그것이 너무나 거북했기 때문이다. 동물들은 '신약 성경'에서 전혀 아무런 역할을 하지 않는다. 딱 한 군데 예외가 있다. 성 바오로가 구원의 위대한 신비에 포함되는 것으로 언급한 아포카타스타시스(apokatástasis)[15]에 대해서 한 그 유명한 구절이다. 그렇다면, 디오니소스적인 관점으로의 퇴행을 통해서, 땅과의 접촉을 통해서, 안타이오스(Antaeus)[16]의 기적이 일어났다고 볼 수 있다.

안타이오스는 거인이었다. 그 유명한 헤라클레스도 안타이오스가 땅의 아들이라는 사실을 알 때까지 결코 이길 수 없었다는 전설이 내려오고 있다. 안타이오스는 땅의 아들이기 때문에 땅과 접촉하고 있으면 아무도 무찌르지 못하는 대단히 막강한 존재가 되었다. 그래서 헤라클레스는 그를 번쩍 들어 올렸고, 안타이오스는 땅과의 접촉을 잃는 순간 무력해졌다. 그리하여 헤라클레스는 쉽게 안타이오스를

....

15 원래의 상태로 복구한다는 뜻으로 만물회복설로 번역된다.

16 그리스 신화에서 포세이돈과 가이아의 아들로 반(半) 거인이다.

이길 수 있었다. 그렇듯 땅으로 내려가 닿는 것은 힘을 의미한다. 이어서 거기서 부정할 수 없는 사실들을 접하게 된다. 그리고 땅이 건드려지는 즉시, 자연에 속하는 다른 현상이 나타난다. 이 보상적인 현상이 바로 정신이다.

그래서 디오니소스 숭배에서 그 두 가지를 한꺼번에 볼 수 있다. 실레누스는 언제나 디오니소스와 함께 있다. 실레누스는 현명한 늙은 새이고 언제나 술에 취해 있지만, 포도주의 지혜를 말하고 땅의 지혜를 말한다. 실레누스와 디오니소스는 술에 취해 있는 신이지만, 한편으로 보면 그들은 둘 다 예언의 신이다. 그래서 디오니소스가 아폴론과 나란히 델포이 신탁소의 공동 소유자로 여겨진다. 폼페이에서 발굴된 빌라 데이 미스테리(Villa dei Mysteri)의 프레스코 벽화를 통해서도, 실레누스의 정령이 디오니소스 신비에 포함되었다는 것을 알 수 있다.

바쿠스와 그리스도 사이의 닮은 점 또는 동화(同化)에서도 그 점이 분명히 드러난다. 세상에 정령을 갖지 않은 것은 하나도 없다. 왜냐하면 정령이 사물들의 안에 있는 것처럼 보이기 때문이다. 디오니소스는 사물들의 외형에, 손에 만져지는 형태에, 흙으로 만들어진 모든 것에 관심을 두고 있지만, 그 안에 사물들의 영혼인 정령이 있다. 그것이 우리 자신의 정신인지 아니면 우주의 정신인지 우리는 모르지만, 땅을 건드리는 사람은 정령을 피하지 못한다. 만약에 디오니소스처럼 정령을 다정하게 건드린다면, 자연의 정령은 이롭게 작용할 것이다. 그러나 불쾌하게 건드리면, 자연의 정령은 사람에게 맞설 것이다. 그래서 사물의 정령을 화나게 한 사람들의 전설이 수없이 많은 것이다.

원시인들은 그릇된 일을 하는 것을 대단히 두려워하고, 정령에게 불손하게 대하지 않았는지 걱정한다. 어떤 장소에 가면 반드시 절을 해야 하거나 귀신을 달랠 말을 속삭여야 한다. 정령에 관심을 줘야 하기 때문이다. 현대인은 그런 관심을 전혀 주지 않는다. 그래서 우리는 아마 늘 사물들의 정령을 화나게 하고 있을 것이다. 우리가 공손하게 굴지 않기 때문에, 사물들의 정령은 우리를 미워할 것이고, 이것이 우리가 우리 자신의 본성과 더욱더 멀리 분리되도록 만들 것이다.

하얀 새가 거인의 피를 빠는 것은 그 정령에 의해 여론의 힘이 완전히 빠져버린다는 의미이다. 정령은 우리를 자유롭게 만드는 존재이며, 이 여자는 자연의 정령의 도움을 받는 즉시 인습의 무게로부터 해방된다. 이 정령이 없으면, 그녀는 꽤 무력하다. 지금 이 정령은 무엇인가? 정령은 어떤 태도이다. 사람은 어떤 정신으로 뭔가를 한다는 식으로 말한다. 혹은 어떤 정령이 사람을 움직이도록 한다고 말한다. 이는 곧 일종의 일반적인 사상을, 혹은 원형을 의미한다. 그러나 그 사상은 인간이 만든 것이 아니다. 인간이 만든 사상은 어떤 것도 사람을 움직이지 못한다.

이 여자가 할 수 있었던 최선의 방법은 달의 여신이라는 아이디어였다. 그 같은 아이디어는 그녀 자신의 발명이었으며, 그것은 전혀 아무런 효과가 없는 것으로 드러났다. 그러나 만약에 그 새가 그녀의 편에 선다면, 거인은 붕괴할 것이다. 말하자면, 자연스런 정신적 태도는 존재하는 즉시 작동하게 된다는 뜻이다. 그러면 마치 거인이 존재하지 않았던 것처럼, 인습이 전혀 없었던 것처럼 될 것이다.

오늘날 인습을 갖는 것이 필요하다. 인습을 파괴하는 것보다 더 어리석은 짓은 없다. 진정으로 필요하지 않았더라면, 인습이란 것은 아예 존재하지 않았을 것이다. 그리고 인습 앞에서 붕괴하는 것은 잘못된 것이 아니며, 우리는 그런 거대한 것 앞에서 붕괴하게 되어 있다. 그렇게 하지 않으면, 우리는 그 거인을 극복하지 못할 것이다. 인습은 전혀 아무런 도움이 되지 않을 것이며, 인습은 삶에서 언제나 지나치게 일찍 나타날 것이다. 그런 상황에선 우리가 붕괴하는 것이 훨씬 더 바람직하다. 왜냐하면 그렇게 할 경우에 우리가 적어도 안정적인 상태에 남을 수 있기 때문이다. 시시한 논쟁으로 인습과 맞서 싸우고 사회를 공격하고 나서봐야 우리 앞에 새로운 인습이, 그 전의 것보다 더 나쁜 인습이 나타날 것이다.

우리는 정말로 인습을 우회하지 못한다. 인습을 깨뜨릴 수 있는 유일한 것은 정신이다. 새로운 정신을 위해서 인습을 깨뜨리는 것은 그만한 가치가 있는 일이다. 일시적 기분이나 유행을 위해 인습에 반대하는 것은 인습 타파에 성공한다 하더라도 어리석은 파괴에 불과하다. 그러나 정신에게 인습은 다른 그 무엇이다. 정신은 건설적이며, 정신에서 무엇인가가 나올 수 있다. 정신이 살아 있고, 비옥하게 하기 때문이다. 자연히 정신은 단순한 인습보다 훨씬 더 강력한 힘을 발휘한다. 인습은 절대로 창조적이지 않지만, 정신은 언제나 창조적이다. 당신은 성 바오로의 서신에서 이런 심리를 발견할 수 있다. 여기서 내가 정신에 대해 말하고 있는 모든 것은 성 바오로가 이미 한 말이다.

거인이 붕괴하자, 그녀는 그의 몸을 건너뛰어 하얀 도시로 걸어간다. 말하자면 그녀가 자기에게 도달한 것이다. 여기서 무엇인가 매우 인상적인 일이 일어날 것이라고 기대할 수 있다. 그러나 빛이 그녀의 눈을 부시게 만들고 하얀 돌이 그녀의 발을 아프게 하고 있다. 그래서 그녀가 하얀 도시에 도착한 것은 정말로 의기양양한 모습이어야 할 텐데도 그다지 멋지지 않다.

그녀는 아직 자기를 만날 준비가 되어 있지 않은 것 같다. 어쩌면 그녀가 어떤 망상을 품고 있을지도 모른다. 그녀는 멀리서 하얀 도시를 보면서 다른 사람들과 마찬가지로, 저기에 휴식의 장소가, 완성의 장소가, 진정한 목표가 있구나, 라고 생각할 것이다. 그곳이 그런 목표가 달성되는 곳이라면 당연히 모든 면에서 대단히 만족스러울 것이라고 우리는 단정하지만, 그녀의 환상은 절대로 그렇지 않다고 말하고 있다. 종종 일은 그런 식으로 진행된다. 완벽하고, 거의 천국 같은 상태를 구원의 개념과 연결시키는 것은 기독교의 편견이다. 우리는 이승에서는 아닐지라도 적어도 사후에 구원을 받을 때에는 지복의 상태에 있을 것이라고 짐작한다. 그러나 실제로 보면 그것이 그처럼 간단하지 않다.

'자기'는 대단히 어려운 과제일 수 있으며, 종종 그런 것으로 드러난다. 그것이 사람들이 자기를 피하는 이유이다. 그런 사람들은 자신과 친하지 않기 위해, 자기 자신이 되지 않기 위해 최선을 다한다. 자기 아닌 다른 모든 것이 더 쉬워 보이기 때문이다. 마치 사람들이 자기에 대해 아주 명쾌하게 잘 알고 있고, 따라서 자기와 친하게 되면 문제가 발생할 것이기 때문에 자기를 피하려고 극도로 조심하는 것처럼 보인다.

예수는 사람이 자기 자신이 될 때 일어나는 일을 보여준 최초의 인간이었으며, 우리는 그 정도로까지 멀리 갈 준비가 되어 있지 않다. 예수는 무시무시한 곤경에 처했으며, 예수의 추종자들은 초기 몇 세기 동안에 온갖 나쁜 구멍에 다 빠졌다. 일부 추종자들은 원형경기장으로 끌려갔고, 일부 추종자들은 네로(Nero)에 의해 타르를 칠하고 깃털을 묻힌 뒤 횃불로 이용되었다. 다른 추종자들은 성 베드로처럼 십자가에 거꾸로 매달려 처형을 당하거나 성 바오로처럼 참수형에 처해졌다. 그런 사태는 절대로 동의할 만한 것이 아니었다. 오늘날엔 원형경기장들은 훨씬 더 세련된 성격을 갖게 되었고, 우리 시대에 사물들은 뒤뜰이나 귀퉁이로 밀리면서 매우 정신적인 것으로 되고 눈에 훨씬 덜 두드러지게 되었다. 고문도 훨씬 더 세련되어졌지만, 그럼에도 삶은 어느 모로 보나 더 쉬워지지 않았다.

3강

1931년 11월 25일

지난 시간에 동 투르키스탄의 간다라 문명과 소위 투르판 탐험에 대해 언급했다. 오늘은 그곳에서 발견된 흥미로운 것들을 담은 사진을 몇 점 갖고 왔다. 그리스의 영향을 보여주는 사진들도 있다. 페플로스(peplos)[17]를 걸친 이 불교도의 조각은 그리스의 영향을 특별히 분명하게 보여주고 있다. 이어서 나는 투르키스탄을 통했던 이 길이 서양의 종교가 중국까지 파고드는 길이었다는 사실에 대해 말했다. 기독교의 한 종파인 네스토리우스 교파에 대해서도 논했고, 페르시아에서 중국으로 전파된 마니교에 대해서도 논했다. 중국에서 아주 중요한 발견이 이뤄졌다. 그래서 마니교 유물을 보여주는 사진도 몇 점 갖고 왔다. 위구르어 텍스트가 담긴 문서이다.

과일, 특히 멜론과 포도로 기념하는 마니교 성찬식을 보여주는 자료가 여기 있다. 멜론은 그 모양이 태양을 닮았기 때문에 가장 신성

....

17 고대 그리스의 여자들이 입던 긴 원피스.

한 과일로 여겨졌다. 멜론은 빛의 씨앗을 품고 있는 것으로 통했다. 그래서 사람들은 몸 속에 빛의 분자들을 가능한 한 많이 받아들이기 위해 멜론을 먹었다.

강과 숲의 이름으로 연설을 한 콩고의 추장에 대해 언급한 바 있다. 이 추장은 자신을 소개하면서 스스로를 자기 나라의 다양한 곳들의 이름으로 불렀다. 스위스 사람이라면 베른 주, 융프라우, 라인 강 등의 이름으로 연설을 한 셈이다. 스위스 사람이 이런 식으로 연설했다면, 그것은 자신이 수도 베른처럼 스위스에서 가장 중요한 중심부이고, 융프라우처럼 웅장하고 위압적이며, 라인 강이 조성하는 그 모든 비옥의 원천이라는 뜻이다.

광인들의 내면에서도 이런 종류의 원시적인 사고방식이 여전히 확인된다. 나도 그런 환자를 한 사람 기억하고 있다. 자신을 사물들의 이름으로 부르던 여자 환자였다. 그녀는 '나는 두 배의 폴리테크니쿰(Polytechnikum)'이라는 식으로 말했다. 그것은 '나는 폴리테크니쿰(과학기술전문학교)보다 배 더 중요하다'는 뜻이었다. 그리고 그녀는 자신이 로렐라이라고 말했다. 하이네(Heinrich Heine)의 시에 나오는, 라인 강의 바위 위에서 영원히 머리를 빗질하고 있다는 그 유명한 여자들 말이다. 배를 타고 강을 오르내리는 사람들은 배나 급류에 신경을 쓰지 않고 그 여자들을 올려다보다가 영원히 사라지곤 했다. 그렇다면 이 여자 광인은 라인 강의 급류였다고 할 수 있다. 그리고 그녀는 매우 보수적인 단체가 모임을 갖는, 서재가 딸린 도시의 어느 주택이었다. 도시의 유명인들 모두가 회원이었으며, 그 모임은 일종의 독서 클럽이었다. 이 여자는 출생이 대단히 비천하고 재단사였기 때문에 어느 모로 보나 그 모임의 회원이 될 수 없었지만, 그녀는 자신을 자기 나라의 지방들뿐만 아니라 제도나 집, 교회를 빌려서 표현했다. 그리고 그녀는 나폴리였으며, 자기 나라에 나폴리가 생산하는 마카로니를 공급하고 있다고 생각했다. 말하자면, 그녀는 자기 나라에 식량을 공급하며 생명을 주는 신성한 존재였던 것이다. 또 다른 때에 그녀는 자신을 은(銀)의 섬이라고 불렀다. 그녀는 또 프레디거키르헤(Predigerkirche: 예언자의 교회라는 뜻)였다. 그녀는 자신이 어떤 생각을 품는 데 대한 이유를 언제나 갖고 있었다. 그녀는 자신을 은의 섬이라고 부르고 교회라고 불렀다. 이유는 그녀가 언젠가 프레디거키르헤가 바닥부터 천장까지 자신의 5프랑짜리 은전으로 가득 차는 꿈을 꾸었기 때문이다. 그녀는 자신을 섬으로 부르기도 했다. 이유는 그녀가 정신병동에 갇힌 채 세계와 완전히 단절되어 있기 때문이라는 것이다. 그녀는 그 문제를 두고 정신병동의 책임자와 의사에게 불평을 터뜨렸다. 내가 방문할 때마다, 이 여자 환자는 문을 열어달라고 간청했다. 독일에 '웅변은 은이고, 침묵은 금'이라는 속담이 있다. 그 여자는 절대로 침묵하지 않았다. 그녀는 언제나 무슨 말인가를 했다. 그녀가 자신을 은의 섬이라고 부르는 또 다른 이유이다. 은의 섬이라는 표현은 그녀에게 완전히 논리적이었다.

이제 우리 환자의 환상으로 돌아가도록 하자. 그녀는 하얀 도시로 들어갔다. 그런데 이 하얀 도시가 다소 불쾌한 것으로 드러났다. 돌들이 그녀의 발을 아프게 하고 빛이 눈을 부시게 하기 때문이다. 그것은 단순히 그녀가 빛을 만나거나 받아들일 준비가 되어 있지 않다는 점을 보여준다. 그녀는 눈부신 의식을 감당하지 못한다. 그녀는 틀림없이 대단히 큰 장애물인 거인을 극복하고 하얀 도시로 들어가기만 하면 기독교 신자가 천상의 예루살렘을 들어가는 것과 같은 장면이 펼쳐질 것이라고 기대했을 것이다. 그러나 이 천상의 예루살렘은 불쾌한 것으로 확인되었다. 천상의 특별한 조건을 즐길 능력을 갖추지 못한 사람에겐 당연히 그렇게 느껴질 것이다.

천국은 누구에게나 적절한 그런 곳이 절대로 아니다. 음악에 취미가 없는 사람들에겐 천국에 들어갔다가 그곳 사람들이 늘 음악을 연주하고 있다는 사실을 발견하는 것은 정말로 끔찍한 일일 것이며, 지속적으로 눈부신 빛이 비치는 것도 감당하기 힘들 것이다. 그런 조건이 만족스럽게 다가오기 위해선 특별한 성취를 이룰 필요가 있다.

어쨌든 그녀는 새로운 상황이 마음에 들지 않는다는 것을 확인했다. 그러나 그때 돌연 그녀는 무엇인가를 보았다. 그녀가 본 그것이 아마 그녀가 그 하얀 눈부심을 감당하지 못하는 이유를, 그곳에서 특별히 구원을 받았다는 느낌을 받지 못하는 그녀의 상태를 설명할 것이다. 그녀의 환상은 이런 식으로 이어진다.

> 좌대 위에 서 있는 황금 수소를 숭배하는 군중이 보였다. 수소가 나에게 물었다. "여인이여, 그대는 어디서 길을 잃었는가?" 나는 "잔에 든 것을 마실 때까지 거인을 통과할 수 없었어요."라고 대답했다. 수소는 "그 잔으로부터 그대는 그대의 힘을 영원히 새롭게 할 것이다. 다시 마시도록 하라."고 말했다. 그래서 나는 좌대 위에 헌주로 남아 있던 잔을 마셨다. 그러자 수소가 좌대에서 내려와 내 옆에 드러누웠다.

이건 분명히 미트라교의 수소 신이다. 아니면 이집트의 수소 신인 아피스 숭배에 등장하는 황금 송아지이다. 황금 수소는 대단히 오래된 태양 수소의 숭배를 의미할 것이다. 태양 수소의 숭배는 B.C. 4000년에서 B.C. 2000년 사이에 해당하며, 완벽한 의식(意識)의 장소여야 하는 천국의 도시에서 그 숭배가 나타날 것이라고는 어느 누구도 기대하지 않을 것이다. 만약 수소가 여전히 그 천국의 도시에 있다면, 당연히 그녀는 세상의 산에 있는 그 하얀 도시를 견뎌내지 못할 것이다. 천상의 예루살렘, 신의 도시, 혹은 자기의 도시는 당연히 그런 땅 속의 케케묵은 숭배와는 전혀 아무런 관계가 없다. 그것은 단지 그녀의 안에 있는, 땅의 성격이 매우 강한 무엇인가가 하얀 도시라는 관념에 저항하고 있다는 사실을 말해주고 있다. 지금 당신은 그런 환상을 품고 있는 사람에 대해 어떤 식으로 설명할 것인가? 그 사람이 대단히 내향적인 직관을 가진 여자라는 사실을 망각해서는 안 된다.

당연히 하얀 도시는 그녀의 실제 상태와 많이 동떨어져 있다. 수소 숭배라는 생각이 그녀를 다시 현재로 데려오고 있다. 그것은 그녀의 강력한 직관과 실제 상황 사이에 간극이 아직 크다는 점을 암시한다. 생명을 주는 물질, 즉 피나 포도주를 담은 잔은 수소 숭배를 강조하고 천상의 도시라는 개념과 정반대인 그 무엇인가를 암시한다. 그것은 대단히 물질적인 어떤 태도이며, 현세에 속하는 그 무엇이다. 그래서 수소는 포도주를 다시 마시라고 하고, 그것이 그녀를 강화할 것이라고 말한다. 그러나 그녀가 수소의 피를 마셨을 때 그녀의 내면에서 강화된 것은 무엇인가?

디오니소스 숭배의 특징으로 꼽히는 모든 것이 강화되었다. 트라키아인이 숭배한 디오니소스의 형태는 자그레우스였다. 디오니소스는 디오니소스 자그레우스라고 불리기도 한다. 전설은 이렇다. 디오니소스가 티탄들에게 쫓기고 있었다. 그래서 그는 티탄들을 피하기 위해 온갖 동물로 변신했다. 마지막으로 그는 수소로 변신했다. 티탄들은 수소로 변신한 디오니소스를 잡아서 갈가리 찢어 솥에 넣고 끓여 잔치를 벌였다. 그때 제우스가 티탄들이 한 짓을 알아챘고 그때까지도 살아 있던 디오니소스의 심장을 구출해서 자신의 허벅지에 넣고 꿰맸다. 이런 버전이 있는가 하면, 제우스가 디오니소스를 먹었다고 전하는 버전도 있다. 어느 경우든 제우스가 디오니소스를 부활시킨 셈이다.

잘 아시다시피, 니체(Friedrich Nietzsche)는 미친 상태에서 자신과 자그레우스를 동일시했으며, 심지어 편지에 자그레우스라고 사인을 하기도 했다. 왜냐하면 디오니소스 자그레우스가 육신이 갈기갈기 찢긴 신의 가장 대표적인 형태이고, 디오니소스가 동시에 다산과 희생적인 죽음을 상징하기 때문이다. 기독교 전설을 보면, 군인들이 십자가 밑의 외투를 놓고 주사위를 던진 뒤에 그것을 서로 나눠 가졌다. 이것도 예수가 신자들 사이에 나눠지는 영성체 사상의 또 다른 형태일 뿐이다. 성찬 빵에서도 예수는 모두에게 먹힌다. 그것은 디오니소스 숭배의 오래된 사상이다.

그래서 이 수소는 우리 환자에게 생명의 잔에 담긴 것을 마시라고 권하며, 그녀는 그렇게 함으로써 하얀 도시로부터 완전히 벗어난다. 아직 그 도시로 들어갈 때가 되지 않은 것이다. 그녀의 길에 있던 거인은 어떤 목적을 갖고 있었다. 만약 그녀가 거인에게 복종했다면, 그녀는 그 자리에서 삶으로 돌아갔을 것이다. 그러나 그녀는 거인을 넘어 앞으로 나아갔고 거기서 하얀 도시가 불쾌한 곳이라는 사실을 깨달았다. 이유는 그녀가 육체를 가진 채 그곳으로 들어갔기 때문이다. 누구도 육체를 가진 상태에서 그곳으로 들어가지 못한다. 그곳은 영혼들의 왕국이기 때문이다.

그녀는 아직 죽지 않았다. 그러므로 그녀는 이 땅에서 살며 생명의 포도주를 마시는 것이 더 낫다. 그녀도 삶을 영위하다가 때가 되면 천상의 상태에 이를 수 있겠지만 아직은 때가 아니다. 직관적인 유형은 종종 이 점을 망각한다. 직관적인 유형은 망원경을 통해 먼 곳에 있는 산꼭대기를 볼 때면 언제나 이미 자신이 거기에 가 있다고 단정한다. 그의 직관, 다시 말해 그의 망원경이 그를 그곳으로 데려다 주는 것이다. 그러나 그는 정상보다 4,000m나 5,000m 아래에 있으며, 거기까지 올라가는 과정을 거쳐야 한다.

지금 여기서 거인의 이로운 역할이 드러날 것이다. 또 그가 그렇게 완강하게 버텼던 이유도 이해될 것이다. 거인은 그녀가 귀신이 되어 날아서 자기를 지나칠 수 있게 될 때까지 그녀를 이곳 이승의 삶에 묶어두기를 원했던 것이다. 그리고 그것이 거인의 생혈을, 거인이 힘을 잃고 쓰러질 때까지 그의 피를 흡입한 성령의 새를 설명해준다. 거기서 작용하고 있는 생각은 귀신은 거인을 극복할 수 있지만 살아있는 존재는 그렇게 하지 못한다는 것이다. 그녀는 육체 안에 있는 한에는 거인을 지나갈 수 없지만 정령으로 변하면 그를 쉽게 지나칠 수 있다. 육체에게, 그녀가 찾고 있는 주거지는 틀림없이 살 수 없는 곳이다. 그러므로 수소의 유령은 삶을 피하려는 직관적인 시도에 대한 일종의 보상이다.

지금 수소가 좌대에서 내려와 그녀의 옆에 눕는다. 비유적으로 들린다. 이 수소는 수소 신 아피스이다. 태양신이기도 하다. 수소는 좌대에 있는 동안에는 신의 역할을 한다. 지금 수소는 신의 집을 버리고 보통 수소처럼 행동하지는 않지만 매우 합리적인 수소처럼 행동한다. 수소가 땅으로 내려와 그녀의 옆에 눕는다. 이제 신성한 힘이 길들여졌다. 그녀가 삶을 있는 그대로의 모습으로 받아들임에 따라, 신성한 힘이 길들여진 것이다.

우리는 성찬 빵을 먹을 수 있듯이 신도 먹을 수 있다. 신을 먹는 것은 파라오의 특권이었으며, 이 사상은 대단히 흔한 종교 의식인 영성체가 되었다. 제5왕조의 이집트 왕이었던 우나스(Unas)의 텍스트에 대해 말한 적이 있다. 아마 B.C. 3000년경에 제작된 텍스트일 것이다. 사카라에 있는 그의 피라미드에서 '사자의 서'(Book of the Death) 중 유명한 부분이 발견되었다. 이 텍스트에 따르면, 왕은 저녁 식사용으로 작은 신들을, 아침 식사용으로 큰 신들을, 점심 식사용으로 중간 신들을 먹는다. 왕은 그런 식으로 자신의 위대성을 보여주었다. 왕은 최고이며, 또 신을 먹기 때문에 모든 신들보다 위이다. 그것은 토템 동물을 먹는 토템 식사에서 시작되었으며, 수천 년의 세월이 흐르는 동안에 보다 일반적인 형식의 신을 먹는다는 사상으로 변질되었다. 그보다 더 뒤에는 이 의식이 왕을 먹는다는 사상으로 이어졌다. 왕이 죽음을 당하고 먹혔던 것이다.

왕을 죽이는 것은 자연히 신의 아들을 죽이는 기독교 전설로 이어졌다. 여기서 두 가지, 즉 토템 동물을 먹고 왕을 죽이는 행위가 함께 결합한다. 그리스도는 죽음을 당한 왕이고, 그래서 'INRI'(라틴어 'Iesus Nazarenus Rex Iudaeorum'의 약자로 '유대인의 왕, 나사렛의 예수'라는 뜻이다/옮긴이)라는 글귀가 모든 십자가상에 적혀 있다. 이어서 그는 먹힌다. 옛날의 카니발리즘(식인)이 영성체의 중심 사상이 되었지만, 한때 왕족의 특권이었던 것이 지금은 거의 모든 사람을 위한 의식이 되었다. 신은 죽음만 당하는 것이 아니라 동화까지 된다. 신은 찢어져 아주 작은 단위로 나뉘어 군중에게 먹힌다. 그래서 신은 사라지지만 모든 사람의 가슴 안에서 다시 나타난다. 디오니소스가 최고의 신인 제우스의 안에 다시 나타나서 하나의 신이 된 것처럼 말이다.

이 전설들의 전체 구조는 매우 신비하지만 유사한 이런 공상에 의해 설명된다. 잘 아시다시피, 그녀는 포도주를 마심으로써, 말하자면 이 땅에서의 삶을 있는 그대로 받아들임으로써 본능들 안에 있는 신성한 힘을 극복한다. 바꿔 말하면, 본능들이 압도적인 힘을 갖고 있긴 하지만 단지 그 사람이 본능에 반대할 때에만 그런 힘을 발휘하게 된다는 뜻이다. 삶을 있는 그대로의 모습으로 받아들이기만 하면, 그 사람은 본능과 함께 있게 되고 따라서 본능의 저항을 느끼지 않게 된다. 그것은 허리케인 한가운데에서 기구(氣球)를 타고 여행하는 것과 비슷하다. 바람과 함께 가는 한, 바람의 힘이 거의 느껴지지 않을 것이다. 기구 안에서 성냥으로 담뱃불을 붙일 수도 있고, 초도 흔들리지 않고 잘 탈 것이다. 그러나 폭풍을 거슬러 가려 하며, 기구는 그 즉시 찢어질 것이다. 아니면 그것은 급류 위의 배와 비슷하다. 강의 흐름을 타고 내려갈 경우에, 배를 젓는 것이 꽤 쉽지만, 흐름을 거슬러 노를 젓는 것은 여간 힘든 일이 아니다.

그렇듯, 생명의 본능들을 받아들이면, 어려움이 전혀 없고 낙원과 비슷해질 것이다. 그러나 만약에 그것이 낙원이 되어서는 안 되는 상황이라면, 만약에 사람이 너무 많은 것을 알고 있다면, 그 사람은 본능을 직면하게 되고 따라서 문제가 일어날 것이다. 그래서 아주 많은 사람들이 수소에 관한 꿈을, 야생 수소가 자신의 뒤를 쫓는 꿈을 꾼다. 그런 경우에 꿈을 꾼 사람은 언제나 본능에 맞서고 있을 것이다. 그것이 언제나 성욕을 의미하는 것은 아니다. 사람들은 수소에게 고통당하는 꿈을 꾸면 억눌린 성욕 때문이라고 짐작하지만, 절대로 그렇지 않다. 자신의 집단적 본능을 위반하는 죄를 저지를 때, 예를 들어, 집단적인 조건에 적응하는 것을 게을리할 때, 그 사람은 군집 본능을 대표하는 수소에게 박해를 받을 수 있다. 수소는 심지어 경찰을 상징하기도 한다.

그렇다면 수소가 좌대에서 내려오는 여기서는 수소의 본능적이고 세속적인 힘은 더 이상 신성하지 않다. 말하자면 수소가 신성할 필요가 없다는 뜻이다. 수소는 그녀의 숭배를 요구하지 않는다. 지금 그녀가 수소를 받아들였기 때문이다. 수소는 단순히 그녀의 삶의 한 부분이 되었으며, 수소에겐 이제 신성한 것은 전혀 없다. 수소는 저항 불가능한 그런 성격을 잃었다. 이제 우리는 지금 다른 무엇인가가 신성한 원리가 되었다고 단정할 수 있다. 아니면 신성한 원리가 다른 형식을 취하고 있다고 할 수 있다.

최고의 원리는 더 이상 본능적인 수소가 아니다. 이어서 그녀는 이렇게 말한다. "좌대 위에서 푸른 나무가 한 그루 솟아올랐다. 나무에 새들이 많이 앉아 있었다. 나는 새들 쪽으로 두 손을 들어올렸다. 그랬더니 새들이 나에게로 내려왔다." 지금 어떤 나무가 수소의 자리를 이어받고 있다. 이건 무슨 의미인가?

우리는 수소를 받아들일 때처럼 이 나무를 물질적인 측면에서 받아들여야 한다. 먼저 수소는 신성한 원리이고, 따라서 그녀가 그것을 받아들인다. 그녀는 피를 마신다. 그런 다음에 그녀는 수소의 친구가 된다. 수소가 그녀의 옆에 누워 있기 때문이다. 그녀는 지금 암소나 마찬가지이다. 그녀는 한 마리 동물이다.

이 같은 사상은 고대의 숭배에 종종 표현되었다. 예를 들어, 아르테미스(Artemis)[18]의 추종자들은 자신을 '곰'이라는 뜻으로 '아르크토이'(Arktoi)라고 불렀다. 곰이 아르테미스가 사냥하던 동물 중 하나라는 이유에서였다. 또 미트라 숭배에서 입교자들은 사자와 천사, 군인 등 몇 가지 계급 또는 등급으로 나뉘었다. 또 태양을 닮았을 것으로 짐작되지만 일종의 천사인 '헬리오드로모이'(heliodromoi)라는 계급도 있는데, 이들은 태양의 사자(使者)들이고 하늘 위를 달리

....

18 그리스 신화에서 사냥과 야생동물, 식물, 순결, 출산의 여신이다.

는 작은 태양들이었다. 마니교 숭배에도 이와 비슷한 계급들이 있지만, 이 계급들은 동물로 상징되지 않고 '엘렉티'(electi)라 불렸다. 거의 모든 종교를 보면, 그 같은 위계 조직이 있지만, 그런 것을 동물 상징으로 표현하는 것은 매우 오래된 숭배에만 있었다. 그래서 이 여자는 신성한 암소일 것이며, 그래서 그녀가 앞에서 하토르(Hathor)[19]로서 초승달 모양의 암소 뿔을 왕관처럼 두른 달의 여신 이시스와 동일시했던 것이다.

당신이 이 비유의 의미를 충분히 이해했는지 궁금하다. 지금 여기서 중요한 것은 이 여자의 심리 안에 있는 자아의 문제가 아니라 비아(非我)의 문제이며, 그녀는 비아에 관심을 두고 있다. 우리는 어떤 비개인적인 정신을 다루고 있으며, 그녀의 개인적 심리를 다루고 있지 않다. 그것은 그녀의 무의식의 발달 또는 변화이지만, 그녀가 곧 그 무의식인 것은 아니다. 무의식이 그녀에게 오고 있고, 그 무의식을 제대로 다루는 것이, 말하자면 필요한 행동을 모두 하는 것이 그녀의 과제이다. 그러면 무의식은 그녀의 의식적인 태도를 통해서 변화될 것이다. 그녀는 무의식의 어떤 부분을 변화시키는 신성한 과제를, 다시 말하면 무의식을 길들이거나 변화시키는 임무를 안고 있는 것이나 마찬가지이다. 그녀가 이 환상들에서 보고 있는 것은 집단 무의식의 맹목적인 힘을 의식적인 무엇인가로, 인간 같은 무엇인가로 바꾸기 위해 그녀의 안에서, 또 그녀를 통해서 성취되어야 하는 그 위대한 과업의 일부이다. 그러나 집단 무의식은 절대로 인간 자체가 되지는 않으며, 인간을 능가한다.

여기서 우리는 이 변형의 중요한 한 단계를 보고 있다. 그녀가 수소의 형태로 나타난 본능들의 신성한 힘을 받아들이고 있으며, 그래

....

19 이집트 신화에서 사랑과 번식, 육아의 여신.

서 그녀는 필히 암소가 된다. 그녀는 자신이 이시스와 동일해지는 것을, 그리고 초승달을 자신의 이마에 새기게 된 것을 꽤 기쁜 마음으로 받아들이면서 거인에게 "자, 나를 봐요."라고 말한다. 그러나 그녀는 "자, 나를 봐요. 내가 암소니까요."라고 말하는 것이 강한 인상을 남기지 못할 것이라고 짐작할 것이다. 그녀가 암소가 되는 것이 단순히 여신이 되는 그 이상의 중요성을 지니는데도 말이다. 사실은 암소가 되는 것이나 여신이 되는 것이나 똑같다. 사람이 동물을 좋아하는 감정을 품은 가운데 암소의 눈을 들여다본다면, 그 사람은 암소의 두 눈이 특별히 슬픈 표정을 짓고 있다는 것을 알게 될 것이다. 우리는 우리의 우울을 동물들의 눈으로 투사하고, 우리는 단지 한 마리의 동물만을 보기 때문에 슬픔을 느낄 많은 이유를 갖고 있다. 그러나 다른 한편으로 보면 "동물만"이라는 그것이 위대하다. 사람은 바로 그 동물의 눈에서 진정으로 신성한 무엇인가를 본다. 거기서 창조적인 의지와 창조적인 정신을 보는 것이다. 그래서 그녀는 한 마리의 암소가 되면서 그 고대의 여자처럼, 한 마리 동물이 될 뿐만 아니라 신성을 갖춘 존재가 될 것이다.

암소는 자신이 암소라는 사실을 받아들일 뿐만 아니라 암소처럼 양순해지기도 한다. 암소는 똑같은 사상을 보다 고상하게 표현한 한 형태이다. 왜냐하면 암소 같은 온순함이라는 중국의 개념이 곧 도(道)의 길이기 때문이다. 그러므로 현대의 모든 여성에게 대단히 역겹게 다가오는 개념인 암소 같은 온순함을 받아들이는 것이 그럼에도 불구하고 완전에 가장 가까운 길이다. 이 여자가 피나 포도주를 통해서 암소 같은 온순함을 받아들인 것이 그녀를 동물의 조건으로, 동물 왕국의 리듬으로 이끈다. 그렇다면 그녀에게 여전히 신성할 수 있는 유일한 것은, 말하자면 그녀 옆에 서서 그녀를 보상하는 힘을 의미하는 유일한 것은 식물이고 나무이다. 식물은 동물과 완전히 다른 원리를 상징한다. 식물과 동물의 차이는 무엇인가?

식물은 인간과 절대로 연결되지 않지만, 동물, 적어도 온혈 동물은 인간과 연결될 수 있다. 그러나 그것은 밖에서 볼 때의 이야기이다. 안쪽에서 보면 어떻게 되는가? 지금 나는 나무에 대해 말하고 있는데, 식물의 원리는 점진적으로 조금씩 커지는 성장이다. 식물은 엄청난 나이에 이를 수 있다. 돌연 죽음이 끼어들 때까지, 식물의 성장은 계속된다.

반면에 동물의 경우에는 일종의 정점이 있고 이어 쇠퇴가 따른다. 대체로 점진적인 쇠퇴다. 그렇다면 나무의 생명의 리듬은 틀림없이 동물과 다르다. 나무는 폭력적인 열정이나 충동, 공황을 전혀 갖고 있지 않으며, 나무는 땅에 뿌리를 내리고 그 자리를 지킨다. 그렇다면 나무의 상징적 원리는 동물의 그것과 정반대이다. 더욱이, 모든 동물은 정말로 식물의 기생충이나 다름없다. 동물들이 원소들을 동화시키지 못하기 때문이다. 식물은 공기로부터 이산화탄소를 흡수하고 산소를 생산하며, 흙에서 미네랄을 직접 빨아들인다. 동물은 두 가지 다 하지 못한다. 그렇다면 동물들이 식물을 먹고 살기 때문에, 직관적인 관점에서 보면 식물이 정말로 모든 생명의 어머니이고, 동물의 생명보다 훨씬 더 오래되었고, 기본적으로 훨씬 더 중요하다고 할 수 있다. 따라서 나무는 언제나 우리의 동물적인 삶의 바탕을 상징한다. 나무도 생명이지만, 우리의 이해의 범위를 벗어나 있는, 아득히 먼 생명이다. 우리는 식물에서 생명을 강하게 느끼지 못한다. 물론 우리는 시적인 감상을 품고, 우리가 꽃 같다는 식으로 말할 수 있지만, 그것은 내면으로부터 이뤄지는 이해는 아니다. 식물의 생명은 도롱뇽이나 물고기의 생명보다 훨씬 더 낯설다.

이 대목에서 고딕 양식과 노르만 또는 로마네스크 양식을 비교해 보는 것도 재미있을 듯하다. 노르만 양식은 피렌체의 보볼리 정원에 있는 미개인 노예들의 조각에 대해 논할 때 한 말처럼 돌에게 표현을 허용하고 있다. 노르만 교회들은 엄청나게 거대하고 단단하며, 거기엔 대단히 두드러진 무엇인가가 있다. 아마 당신은 이탈리아 북부에서 그런 양식의 교회를 보았을 것이다. 거기엔 특히 롬바르드 족이 남긴 교회들에서 발견되는, 포르티코(portico)[20] 위의 프리즈(frieze)[21]가 있다. 베로나에 있는 성 제노 바실리카가 유명한 예이다. 프리즈에는 대체로 동물들 사이의 싸움을 그린, 상상 가능한 동물의 온갖 열정을 그린 일련의 장면들이 새겨져 있다. 그리고 노르만 양식을 한 교회들의 기둥머리와 회랑은 온갖 형태의 동물이 온갖 활동을 하는 모습을 보여주고 있다.

따라서 그런 것을 바탕으로 그 시대의 심리 일부를 이해할 수 있다. 땅은 여전히 땅이었고, 인간은 여전히 동물이었다. 동물들 사이의 싸움도 있었고, 인간과 동물 사이의 싸움도 있었고, 그리핀(griffin)[22]을 비롯한 온갖 괴물들 사이의 싸움도 있었다. 땅과 싸움을 벌이는 인간은 한 마리 동물로서 그런 싸움에 임했다. 그 시대에 인간이 어떤 식으로 느꼈는지를 매우 분명하게 보여주는 자료들이다. 그 시대엔 땅이 여전히 인간에겐 살아 있었고, 돌은 말을 하고 나름의 존재와 법을 갖고 있었다.

그러나 고딕 양식에서 새로운 무엇인가가 일어난다. 돌이 일종의 식물이 되고, 인간의 감정이 식물처럼 되고, 인간의 정신적 감정이

....

20 기둥으로 받쳐진 지붕이 있는 현관.

21 띠 모양의 장식.

22 독수리의 머리와 날개, 사자의 몸뚱이를 가진 괴물.

식물로 표현된다. 인간은 더 이상 동물에 관심을 두지 않는다. 인간 조각상들은 일종의 기둥처럼 줄을 지어 서 있다. 인간 조각상들은 솔방울 같거나 기둥의 부분들이다. 인간 자체가 일종의 식물이 되었다. 바젤에 있는 성당에 유명한 조각상이 있다. 고딕 양식에서 인간 존재가 얼마나 정적으로 서 있을 수 있는지를 확인하게 하는 조각상이다. 그것은 세속적인 욕망 또는 허영을 표현하고 있는 여자의 형상이지만, 그 여자가 너무나 정적으로 서 있기 때문에 뱀과 두꺼비가 그녀의 등을 타고 올라가는 것이 마치 나무를 타고 올라가는 것처럼 보인다. 그리고 교회 입구에 있는, 고딕 양식으로 제작된 성인들의 조각상은 건물의 일부처럼, 그러니까 전체적으로 위로 향하는 그 움직임의 일부처럼 보인다. 인간은 분명히 인간이 되었다. 그 전까지 인간은 다른 동물들 틈에서 살아가는 동물에 지나지 않았다. 성자들은 그 점에서 꽤 예외였지만, 초기의 성자들의 조각상은 개성을 거의 또는 전혀 보이지 않는다. 이 조각상들은 나중에 고딕 시대에 가까워지면서 영혼을 얻는 것처럼 보인다. 그때는 인간이 다소 명확한 인간 개인이 되었지만, 그 전까지 인간은 건축 양식의 일부에 불과했다.

그 같은 사실은 언제나 헤로도토스(Herodotus: B.C. 484?-B.C. 425?)가 성역을 모독하는 행위와 관련해서 한 말을 상기시킨다. 당시에 신전의 성역은 인간에 의해 더럽혀져서는 안 된다는 식의 논의가 있었다. 예를 들면, 성역에선 성교를 해서는 안 되었다. 그러나 헤로도토스는 "다른 동물들이 다 하는 짓을 인간이 하지 말아야 하는 이유가 무엇인가?"라고 물었다. 그리고 원시인들은 살아 있는 존재 중에서 가장 경이로운 것은 코끼리이며, 그 다음이 사자이고, 그 다음이 비단뱀이고, 그 다음이 인간이고, 그 다음이 원숭이라고 말한다. 인간이 피조물의 맨 꼭대기에 위치하지 않으며, 인간은 자연의 훌륭한 신사들 중 하나일 뿐이며 절대로 지배자는 아니다.

동물들이 존경스럽게 다뤄지는 아프리카에 가면 그런 감정을 느낄 수 있다. 예를 들어, 코끼리들도 관습이 있다. 한동안은 그 나라의 특정 지역에서 살고, 그 다음에는 다른 지역으로 이주하는 그런 규칙 같은 것이 있는 것이다. 그래서 원시인들은 코끼리가 지금 거기에 있다는 이유로 어떤 지역을 통과하지 못한다고 말한다. 이것은 오늘날로 치면 귀족이 거주한다는 이유로 어떤 성을 볼 수 없다고 말하는 것이나 다름없다. 아니면 야영장 근처에서 거대한 동물 발자국이 방금 지나간 것처럼 선명하게 남아 있을 때, 원주민들은 그것을 매우 신중하게 살핀 뒤에 "아, 이건 '우리' 사자야."라고 말한다. 그것은 곧 그 사자가 언제나 이곳에서 자기 아내와 살고 있는 사자라는 뜻이다. 사냥철에 스코틀랜드 황야에서 들꿩을 사냥하는 신사처럼 말이다. 그것은 곧 사자가 우리의 영주(領主)라는 뜻이다. 아무도 사자를 방해하고 있다거나 사자에게 방해를 받고 있다는 식으로 생각하지 않는다.

나는 거대한 야수의 발자국을 보고는 꽤 놀랐다. 그때 우리는 텐트 안에서 조용히 자고 있었다. 그랬기 때문에 사자는 당연히 모든 것을 무너뜨리면서 단 한 번의 공격으로도 두 사람을 죽일 수 있었다. 그래서 나는 놀란 표정으로 원주민들을 바라보았으나, 그들은 웃으면서 "고약하지 않아요. 우리의 사자니까요."라고 말했다.

나는 아프리카로 가기 전에 우간다 철도 근처에서 농장을 하던 동생을 만나러 런던에서 곧장 아프리카로 갔던 어떤 사람에 관한 이야기를 읽었다. 그는 황량하기 짝이 없는 곳에서 기차에서 내렸다. 골함석으로 지은 역이었다. 바로 옆에 벽돌로 만든 오두막이 있었는데, 그곳의 문은 제대로 잠기지도 않았다. 힌두교도인 역장은 그가 밤에 도착했기 때문에 그곳에 머물러도 좋다고 했다. 그 사람은 문도 제대로 닫을 수 없었고, 원주민의 침대 뼈대는 생가죽으로 만든 것이었다. 그는 그 위에 담요를 펴고 잠을 청하게 되어 있었다. 밤에 그는 짐승의 포효 같은 것을 들으면서 폭풍우가 다가오고 있겠거니 하고 생각했으나 그것이 사자였다. 그는 자신을 보호하기 위해 침대를 문에 바싹 붙였다. 사자는 점점 가까이 다가왔으며 마침내 문 주위로 고양이처럼 코를 킁킁거렸다. 마침내 사자가 돌아갔지만, 그 사람은 무서워 죽을 지경이었다. 그는 식은땀을 쏟았으며, 오두막 밖으로는 나갈 엄두도 내지 못했다. 잠도 싹 달아났다. 잠시 후 그가 먼 곳에서 긴 포효를 들은 뒤로는 더 이상 아무 일도 없었으나, 그는 해가 어느 정도 떠오른 뒤에야 감히 문을 열 수 있었다. 그때 역장이 얼굴을 내미는 것이 보였다. 그래서 그는 "사자 소리 들었어요?"라고 물었다. "그럼요. 사자는 매일 밤 와요. 아주 착한 사자지요. 와서 탱크의 물을 먹고 가요." 엔진들이 담겨 있는 탱크의 물을 먹으러 사자가 온다는 것이었다. 그것도 역시 "우리의 사자"였다.

이런 식으로 동물과 이웃처럼 지내다 보면 인간과 동물 사이에 특별한 관계가 형성된다. 개인이 동물들과 어느 정도의 '신비적 참여'를 유지하지 않을 경우엔 사실상 잊어버리게 되는 그런 어떤 감정이 생기는 것이다. 오늘날엔 건축에서 그 같은 영향력을 보지 못한다. 고딕 시대 이후로 하나의 양식으로서 그런 영향력은 완전히 사라졌다. 고딕 시대 이전에 인간은 동물과 가까운 감정을 느꼈음에 틀림없다. 만물이 나름의 정신을 갖고 또 나름의 법을 가졌던 고대엔, 그 감정이 훨씬 더 강했다. 고대에는 새점(占) 같은 것이 여전히 유효한 것으로 여겨졌지만, 오늘날 유럽에는 동물의 간이나 창자를 보고 예언할 수 있는 사람은 아무도 없다. 그 옛날엔 동물의 내장을 살피고 동물의 행동을 살피는 것이 일상이었다. 오늘날에는 동물의 행동에 관심을 주는 사람은 매우 드물며, 그런 사람들은 분석가가 되기 쉽다. 그러나 고대엔 동물의 행동이 대단히 중요했다. 동물들이 인간과 완전한 신비적 참여를 이루는 상태에서 살았기 때문이다.

무의식에서는 여전히 이런 것들이 유효하지만, 동물의 행동을 지속적으로 관찰하는 것은 우리 시대에 쓸모가 없다. 새점은 한때 공식적인 제도였으며, 사람들은 그에 대해 대가를 지급했다. 새점이 완전히 허튼소리라고 단정하기 쉽지만, 그런 식의 해석은 너무나 얕은 접근이다.

인간의 정신이 변화하고, 인간의 정신이 바뀌면 사실도 바뀐다는 점을 우리는 늘 고려해야 한다. 만약 사람의 마음이 다른 기질을 보인다면, 그 사람의 마음이 품고 있는 사실들도 약간 변화하고 다른 일들이 일어나게 된다. 지적인 어떤 중국 신사는 마법을 믿지만 그 마법이 유럽인에게는 통하지 않을 것이라고 단정한다. 유럽인은 중국인과 다르기 때문이다. 그럼에도 이 중국 신사는 그 마법이 자신에게는 통한다고 생각한다.

우리는 이 중국인이 미신이 중국에서는 통하지만 유럽에서는 통하지 않는다고 믿는 그런 멍청이라고 판단하면 안 된다. 그 사람은 그것을 미신으로 보지 않으며, 그보다는 그는 자신이 거기에 부합하는 사고방식을 갖고 있기 때문에 일어나는 자연스런 어떤 효과로 본다. 그리고 사람의 사고방식이 어떤 방식으로 변하면, 공간이 갑자기 유령으로 가득해질 수 있다.

'파우스트' 2부에 그것을 아름답게 묘사한 대목이 나온다. 괴테가 세상을 완전히 다른 두 개의 영역으로 나누고 있는 것이 분명히 확인된다. 한 영역은 사람이 합리적이고, 모든 것이 낮의 빛이고, 맑고, "정해진 일만 일어나는" 그런 세계이다. 그러다 갑자기 다른 세계가 나타난다. 거기선 사물들이 꽤 다르고, 사물들이 마법적인 목표 또는 매력을 갖고, 일어나서는 안 되는 일들이 일어난다. 그것은 단순히 우리의 심리에 일어나는 어떤 변화일 뿐이다. 우리의 심리가 특이한 방식으로 바뀌면, 리비도의 어떤 부분들이 의식에 의해 표현되지 않고 무의식의 과정에 의해 표현되기 때문이다. 그런 경우에 사람은 뭔가 일어날 것 같거나 일어나고 있다는 이상한 느낌을 받게 된다. 원시인들 사이에 이런 것들이 관찰된다.

나는 아프리카에서 어느 추장과 그의 수행원들이 나의 무의식적 의도에 따라 행동하는 것을 경험한 적이 있다. 이 무의식적 의도를 나는 알 수 없었기 때문에 당연히 모르고 있었다. 추장과 수행원들은, 마치 내가 명령하고 있는 것처럼, 그들이 나의 무의식을 읽어내고 있는 것처럼, 모든 것을 그런 식으로 조직했다.

당시에 우리는 어떤 나라를 관통해 여행한다는 명확한 계획을 갖고 있었으며, 그 계획에 따라 여행을 준비하고 있었다. 그런 경우에 다음 마을의 추장에게 하루나 이틀 전에 사자(使者)를 보내 필요한 짐꾼을 확보하도록 해야 한다.

그래서 나는 꽤 지적이었던 추장에게 지시를 했다. 그는 전쟁 동안에 연락관으로 활동하며 훈장도 여러 개 받았으며 내가 하는 말의 뜻을 잘 이해했다. 그러나 우리가 짐꾼들이 있어야 할 곳에 도달했을 때, 거기에 짐꾼이 있었지만 다른 곳에서 온 사람들이었다. 그래서 나는 추장에게 "어떻게 이런 일이 일어날 수 있어요? 우리가 갈 곳을 미리 알려주었는데."라고 말했다.

그러자 그는 왜 그랬는지 이유는 모르겠지만 다른 곳에서 짐꾼들을 불렀다고 했다. 우리가 가려는 길과 다른 길은 서로 직각을 이루고 있었다. 우리는 특정한 곳으로 가기를 원했다. 이 문제를 놓고 논의를 하면서 내가 추장을 흥분시키고 있을 때, 다소 낡은 포드 자동차가 한 대 왔고 거기서 영국군 장교가 내렸다. 그는 자신을 우리가 가고 싶어 하지 않는 나라의 부영사라고 소개했으며, 이어 내가 계획했던 길로는 절대로 가면 안 된다고 말했다. 그래서 나의 추장이 반대 방향의 짐꾼을 부른 것이 갑자기 가장 잘한 일이 되어 버렸다. 그것이 현실과 정확히 맞아떨어졌기 때문에, 그가 나의 무의식을 읽었음에 틀림없다.

이런 일을 놓고 단지 우연에 지나지 않는다고 말하기 쉽다. 그러나 나는 그 원주민들이 아주 미묘한 방식으로 무의식에 대답하는 것을 종종 확인할 수 있었다. 이것은 단지 그들이 그들 안에도 있을 뿐만 아니라 부분적으로 밖에도 있을 수 있는, 말하자면 사물들의 안이나 다른 인간 존재들의 내면에도 있을 수 있는 그런 마법적인 원시적 사고방식을 갖고 있기 때문에 가능한 일이다. 그리고 원시인들의 마음은 다른 인간 존재들뿐만 아니라 동물들의 안에도 있다. 예를 들면, 당신이 엽총만 소지하고 다른 큰 무기를 갖고 있지 않을 경우에 표범이 당신과 함께 사냥에 나선다는 사실이 있다. 그건 나의 창작이 아니다. 당신도 케냐의 수렵 감시인이 쓴 책에서 읽을 수 있다. 만약 당신이 엽총을 들고 사냥에 나서면, 표범이 당신과 함께 사냥에 나설 것이다. 나는 그런 경우를 많이 보았다. 예를 들어, 우리가 어느 날 뿔닭을 쏘았는데, 표범이 그것을 갖고 갔다. 표범이 종종 새들을 챙겨 간 것이다.

이보다 더 흥미롭고 불가사의한 것은 벌꿀 길잡이 새이다. 이 새는 당신에게 팔을 뻗으면 잡힐 것 같은 거리까지 아주 가까이 접근한다. 이 새는 가지에 앉아 지저귀기 때문에 당신이 잡을 수 있을 것처럼 보인다. 그러나 당신이 팔을 뻗기만 하면, 새는 다른 가지로 옮겨간다. 만약에 새를 계속 쫓아가면, 당신은 최종적으로 꿀에 닿게 된다. 원주민들에 따르면, 이때 새를 위해 꿀을 조금 남겨놓지 않고 모두 갖고 가버리면 새가 다음에는 당신을 위험한 곳으로 안내한다고 한다. 나도 그 새를 한번 따라간 적이 있다. 그것은 매우 재미있는 감정이며, 마치 새가 개인적으로 이렇게 말하는 것처럼 보인다. "지금 이리로 서둘러 오세요. 그리고 나를 따르세요!" 새는 나를 원주민들이 만든 인공 벌집으로 이끌었다. 원주민들은 나무의 큰 가지의 속을 긁어낸다. 벌들이 들어가서 꿀로 채울 공간을 만드는 것이다. 물론, 그 꿀을 갖고 가지는 못한다. 그것이 근처 원주민들의 것이기 때문이다. 케냐의 수렵구 관리인들은 책에서 상처 입은 사자의 굴로 안내를 받은 적도 있고, 맘바 독사의 굴로 간 적도 있다고 썼다. 그런 것들은 참으로 이상하다. 만약에 그런 것들이 다반사로 일어나는 그런 환경에서 살며 호흡하고 있다면, 당신은 원시인의 사고방식을 조금 더 이해하기 시작할 것이다. 동물과 인간 사이에 그런 식으로 지속적으로 이뤄지는 친밀한 관계는 너무나 경이롭다.

잘 아시다시피, 당신은 지팡이를 짚고서 '세상 정말로 아름답지 않은가!'라며 여유롭게 돌아다니지 못한다. 왜냐하면 독사를 비롯한 나쁜 것들을 밟지 않도록 조심해야 하기 때문이다. 당신은 아름다움만 생각하면서 숲 속으로 들어갈 수도 있지만, 에티켓을 늘 기억해야 한다. 들소에게 당신이 가고 있다는 것을 선언하기 위해서 휘파람을 불거나 소리를 지르거나 노래를 해야 한다. 들소가 그곳을 떠나도록 하기 위해서 말이다. 그렇게 하지 않으면, 당신은 갑자기 들소와 마주칠 수 있다. 들소는 놀라면 당신을 공격한다. 그런 경우에 당신이 재빨리 총을 쏘지 않으면 위험한 상황에 처할 것이다. 들소가 그 즉시 당신을 덮칠 것이기 때문이다.

그렇듯 당신은 아프리카에서 꽤 다른 사회에서 살게 되며, 그 사회의 구성원들은 인간이 아니다. 당신은 눈에 보이지 않는 동물들을 끊임없이 배려하면서 살아야 한다. 그런 나라에서 인간은 오직 묵인의 대상이 되고 있다는 느낌을 받지 않을 수 없다. 인간에겐 장원(莊園) 안에서 산책하는 것만 허용된다. 내가 야생 속으로 나설 준비를 할 때, 나는 그곳에서 40년을 산 늙은 농장 경영자를 만났다. 내가 그 나라를 찾은 것이 처음이라는 소리를 들은 그는 몇 가지 조언을 해도 괜찮은지를 물었다. 그래서 나는 "물론이지요. 당신에게 빚을 많이 져야 할 것 같습니다."라고 대답했다. "그렇다면 말씀드리지요. 이 나라는 인간의 나라가 아니고 신의 나라랍니다. 그러니 혹시 어떤 일이라도 일어나면, 그 자리에 앉아서 걱정하지 않도록 하십시오." 대단히 현명한 조언이었다. 그런 것이 바로 원시적인 사고방식이다.

그곳은 인간의 사회가 아니다. 거기선 '아, 저기, 사자 아주머니가 있구나, 여긴 코끼리 아저씨, 또 물소 아저씨가 있어.'라는 식으로 통한다. 당연히 에티켓도 다르다. 인간 존재들을 만나는 것은 인간화이고, 당신은 완전히 인간적인 존재가 된다. 반면에 이것은 동물화이지만, 당신은 자연의 정중함을 배우고 숲의 에티켓을 배울 수 있다. 그리고 일어날 수 없는 일이, 전혀 예측하지 않은 일이, 불가능한 일이, 원시인들이 마법이라고 부르는 온갖 것들이 일어나는 그런 특이한 '신비적 참여'가 이뤄진다. 아시다시피, 그런 곳에선 정말로 신비적 참여가 일어난다. 그것이 바로 그렇게 많은 백인들이 병에 걸릴 때 원시적인 주술사를 부르는 이유이다.

나는 놀라운 결과를 낳은 마법의 예를 몇 가지 알고 있다. 그런 마법은 지금도 이뤄지고 있다. 단지 친한 친구들 사이가 아니고는 아무도 그런 이야기를 털어놓지 않고 있을 뿐이다. 그러나 그런 마법은 지금도 살아 있으며, 그런 마법보다 약간 더 위에 있는 의식(意識)에 가려져 있을 뿐이다. '정신 수준의 저하'(abaissement du niveau mental)[23]를 통하면, 누구나 그런 상태가 될 수 있다. 그러면 그런 불가사의한 일들이 정말로 일어날 수 있는 상태가 조성되고, 그런 일이 일어날 것이다. 그런 경우에 세상이 인간의 의식과 이상한 종류의 관계를 맺게 되지 않을지, 그리고 세상이 우리의 인식에 따라 변화하지 않을지, 나는 자신 있게 말하지 못한다.

동양은 그런 사상에 꽤 호의적이다. 아인슈타인(Albert Einstein)은 상대성 이론에서 물리적인 물체의 행동에 관해 그와 비슷한 말을 하고 있다. 그렇다면 마음에도 그와 비슷한 일이 일어날 가능성이 꽤 크다. 비아(非我)와의 신비적 참여는 당신 자신의 안에서뿐만 아니라 주변의 상태에도 어떤 변화를 의미할 수 있다. 분석을 통해서 드러난 사실들 중에서 가장 불가해한 것 한 가지는 당신이 어떤 사람을 분석할 때 당신이 그 사람 한 사람을 책임지고 있는 것이 아니라 전체 집단을 분석하고 있는 것이나 마찬가지라는 점이다. 분석은 먼 곳까지, 그 환자와 직접적으로 연결되지 않는 사람들에게까지 효과를 발휘한다. 예를 들어, 무의식적인 형상들, 즉 아니무스와 아니마가 당신의 무의식적 마음 안에서 작용하기 시작할 때, 말하자면 아니무스와 아니마가 건드려질 때, 아니무스와 아니마는 마법의 효과를, 이상한 최면의 효과를 발휘한다. 이 같은 사실은 비아(非我)에 의식에는 존재하지 않는 연결들이 있다는 사실을 다시 뒷받침하고 있다.

....

23 프랑스 심리학자 피에르 자네(Pierre Janet: 1859-1947)가 제시한 개념으로, 금지의 약화 등을 통해서 정신의 집중과 주의를 느슨하게 풀어놓는 것을 말한다.

4강

1931년 12월 2일

환상 강의를 시작하기 전에, 그림을 몇 점 보여주고 싶다. 지난 시간에 우리는 로마네스크 또는 노르만 양식이 고딕 양식으로 변화하는 과정에 대해 설명했다. 여기에 그 과정을 보여주는 사진들이 몇 점 있다. 주로 프랑스의 노르만 교회들의 사진이다. 특별히 흥미로운 사진은 순수한 노르만 모티프가 두드러지는 사진이다. 동물들이 서로의 머리를 밟고 기둥을 올라가고 있고, 맨 위에 사람이 있다.

또 전형적인 기둥머리들이 있다. 거기엔 동물들과 신화 속의 괴물들이 인간들과 싸우는 장면이 그려져 있다. 사진 하나는 소위 변화 중에 있는 양식의 원칙들을 보여주고 있다. 거기선 동물들이 식물로 대체되기 시작하고, 물론 이 양식이 곧장 고딕 양식으로 이어진다.

그 일련의 시리즈 중 마지막은 밤베르크 대성당에 있는 그 유명한 프린스의 문이다. 여길 보면 고딕 조각상들의 식물 같은 성격이 특별히 두드러진다. 한 조각상이 다른 조각상의 어깨 위에 서 있다. 조각상들은 기둥처럼 보이며, 기둥들은 언제나 나무의 특성을 갖고 있다. 고딕 성당은 사람에게 너도밤나무나 소나무 목재 같은 인상을 주며, 여기서 인간의 모습도 똑같은 성격을 지닌다.

지난 시간에, 동물이 식물로 변화하는 것과의 관련 속에서 두 가지 원형적인 양식에 대해 설명했다. 수소가 제대(祭臺)에서 내려오고 그 제대 위에서 나무가 자라는 이상한 사실이 관심사였다. 지금 우리의 환자는 나뭇가지에 사는 새들에게 간청하고 있는 것 같다. 새들이 그녀에게로 내려왔으니 말이다. 이 새들이 무엇을 상징하는지 궁금하다.

튈르리 정원에서 참새들에게 빵부스러기를 먹이는 사람이 기억나는가? 새들이 그 남자에게 내려오지만, 그 참새들은 성령과 아무런 관계가 없다. 비둘기가 여자들에게 내려앉은 모습을 그린 그림들을 종종 볼 것이다. 그런 경우에 그림 속의 비둘기를 성령으로 여기지 않는다. 그런 비둘기들에 대해선 오히려 관능적인 생각을 품는다. 하얀색 비둘기는 무엇을 연상시키는가?

비둘기는 베누스의 새이고, 사랑의 여신 아스타르테(Astarte)[24]의 새이며, 신성하지 않은 새이다. 쿠스나흐트의 소네 호텔에 살던 어느 여인이 기억난다. 그곳의 비둘기들이 대단히 품위 없는 짓을 한다고 불평을 터뜨리던 여자였다. 그녀는 비둘기들이 베누스의 새라고 불리는 이유를 깨달았다. 비둘기는 정말로 대단히 에로틱한 동물이다. 그렇기 때문에 그런 새가 성령이어야 한다는 생각은 이상하다. 그런 새는 매우 흥미로운 여성의 본성을 보여주며, 성령의 숨겨진 이야기 한 조각을 들려준다. 그 여자의 이름은 원래 소피아였으며, 영지주의의 가르침에 따르면, 소피아는 다소 수치스런 일련의 여자들의 형태

....

24 고대 셈족의 풍요와 생식의 여신.

중에서 마지막 형태였다.

소피아는 언제나 충격을 안겨주지만, 그래도 여기서 소피아에 대해 언급해야 한다. 소피아는 지혜를 뜻하는 그리스 단어이다. 초기 교회에서 성령은 남자 신에 부수하는 여자, 즉 신의 아내이자 구세주의 어머니 소피아로 이해되었다. 훗날 그 같은 견해는 이단으로 몰리게 되었지만, 지금도 여전히 그 흔적은 남아 있다. 그 흔적이 바로 비둘기이다.

소피아는 영지주의에서 추상적인 개념인 지혜를 뜻하지만, 그럼에도 소피아는 아주 많이 의인화되었다. 성경에서도 그녀가 발견된다. '잠언' 마지막 장과 '전도서'에 그녀가 묘사되고 있다. 소피아는 거의 한 사람의 개인에 가까우며, 아주 구체적이다. '전도서'는 비교적 후에 쓰였으며 따라서 알렉산드리아 철학의 영향을 받았다. '전도서'는 아주 두드러진 철학 같고 세속적이며 비종교적인 책이다.

지금 지혜의 그 형상은 어머니의 형상이다. 그것은 가장 높은 형태의 아니마이며 그녀를 두고 영적인 여자 또는 우주의 어머니라 부를 수 있지만, 그녀는 만물이 시작될 때에는 원초적인 대지의 어머니인 하와 또는 이브로 시작했다. 그 일련의 여자들은 4단계로 되어 있었다. 하와가 첫 번째 단계였고, 소피아가 네 번째 단계이다. 두 번째가 트로이의 헬레네이며, 그런 헬레네는 '사도행전'에서 그런 역할을 하는 시몬 마구스(Simon Magus)의 전설에서 언급되고 있다.

시몬 마구스는 현대의 신학에도 등장하는 유명한 인물이다. 그 유명한 튀빙겐 학파는 마구스가 곧 성 바오로라고 주장한다. 그 같은 주장은 의문스럽지만, 그럼에도 하나의 진정한 가능성으로 논의되고 있다. 시몬 마구스는 성 베드로의 강력한 반대자였으며, 시몬 마구스와 성 베드로의 경쟁에 성 베드로의 초기 교회와 성 바오로의 주장들 사이에 있었던 초기의 차이가 나타난다는 말도 있다. 물론, 그 후로 교회는 그 논란의 흔적을 지우기 위해 갖은 노력을 다 기울였다.

전설에 따르면, 시몬 마구스는 위대한 마법사였으며, 대(大)이단자라 불렸으며 그노시스의 아버지로 여겨졌음에 틀림없다. 사실은 그는 그노시스의 아버지가 아니었다. 그는 분명히 사도들과 동시대인이었으며, 그노시스는 그 전에 이미 존재했다. 영지주의 수도원은 A.D. 20년에 유태인 필론(Philo the Jew)에 의해 묘사되었다. 또한 그리스도를 입회시킨 사람이 세례자 요한이었으며, 요한은 틀림없이 그리스도보다 앞서는 사람일 것이라고 단정해야 한다. 시몬 마구스는 현자였으며, 또 한 사람의 위대한 마법사로 시몬 마구스와 매우 비슷했던 티아나의 아폴로니오스(Apollonius of Tyana)처럼 방랑자였던 것으로 전해진다.

시몬 마구스는 페니키아의 티루스로 여행을 갔으며, 그곳 매음굴에서 트로이의 헬레네가 환생한 소녀를 발견했다. 그녀는 꽤 어린 소녀였는데, 그는 그녀를 거기서 빼낸 뒤로 줄곧 그녀와 함께 여행을 했다. 그렇다면 이 현자는 평판이 나쁜 여자, 즉 매춘부와 함께 지냈다는 말이 된다. 잘 아시다시피, 트로이의 헬레네는 평판이 꽤 나빴던 여자였지만, 상징적으로 그녀는 보편적인 어머니의 두 번째 단계이다.

세 번째 단계가 신의 어머니인 마리아이다. 그것이 가장 충격적이다. 교회는 그 같은 사상을 증오했으며, 따라서 그 사상은 억압되었다. 당연히 그 사상은 호교론자의 문헌에 의해서 영지주의 죄를 보여주는 특별한 한 예로 여겨졌다. 그럼에도 그 이야기는 그 옛날의 영지주의가 남긴 단편적인 자료에 남아 있으며, 그것은 아니마의 진정하고 순수한 발달로 해석될 수 있다.

남자가 품는 최초의 형태의 아니마는 바로 그의 어머니이다. 이브는 모든 인간 존재들의 어머니이며, 그 일련의 형태는 소피아로 절정에 달한다. 그것이 바로 서구 형식의 쿤달리니 요가이다.

일련의 여자들 중에서 두 번째 단계는 부정한 여자의 전형인 헬레네이다. 그녀는 대단히 존경스런 남편을 버리고 발렌티노(Rudolph Valentino)[25]처럼 잘생긴 파리스와 눈이 맞아 달아났다. 그들은 함께 트로이로 갔으며, 이어서 그 무서운 전쟁이 벌어졌다. 정말 끔찍한 존재이지 않은가! 그 유명한 미국인이 트로이의 헬레네에 대해 쓴 책[26]을 읽지 않았다면, 당신은 그 책을 꼭 읽어야 한다. 그 책은 대단히 교훈적이며, 심리학의 걸작이라 해도 손색이 없다. 그때 헬레네는 간통한 여자였으며, 편견이 없는 눈으로 볼 수 있다면, 마리아도 마찬가지로 간통한 여자였다. 마리아는 성령과 비합법적인 관계를 가졌으며, 그리스도는 사생아였을 것이다. 이 이야기는 예수의 기원에 관한 유태인의 전설이 담긴 『톨레도 예수』(Toldoth Jeshu)라는 책에서 발견된다.

이 책은 대단히 신성모독적인 것으로 여겨졌기 때문에 중세에 여러 차례 교회에 의해 불태워졌다. 이 책을 보면, 마리아는 왕족의 피를 물려받았음에도 매우 가난했다. 그래서 그녀는 어느 여자의 미용사로 일했으며, 그녀는 판디라(Pandira)라는 이름의 이집트 군인과 관계를 가졌다. 이 비합법적인 관계에서 태어난 소년이 예수라 불렸다. 말하자면 예수는 판디라의 아들이었던 것이다. 그래서 성령의 이야기는 매우 개인적이고 미묘한 사건이 되어 버린다. 그럼에도 성령의 그런 비합법적인 관계는 언제나 고차원적인 일로 여겨진다. 그것은 더 이상 평범한 간부(姦婦)이거나 거리의 매춘부가 아니다. 그것

....

25 이탈리아 태생의 미국 미남 배우(1894-1926).

26 존 어스킨(John Erskine: 1879-1951)의 『트로이의 헬레네의 사생활』을 말한다.

은 정신의 매춘이다. 이 전형과 다른 전형을 서로 잇는 다리는 '히에로둘'(hierodule)이라는 고대의 개념이다. '둘로스'(doulos)는 노예를 뜻하는 그리스 단어인데, '히에로스'(hieros)가 붙으면 신성한 노예가 된다. 그들은 성역의 노예인 것이다. 여자 사제를 둔 신전들이 있었는데, 이 여사제들은 매춘부이기도 했으며, 그곳의 매춘은 일종의 신성한 의식이었다. 이 개념이 헬레나와 마리아라는 두 가지의 전형을 결합시킨다. '히에로둘'은 낮은 형태인 헬레네와 높은 형태인 마리아를 동시에 포함하고 있는 것이다.

하와에서 헬레네에 이르는 길은 분명하다. 하와는 태양에 의해 비옥해지는 매우 수동적인 대지이며, 전혀 활발하지 않고, 단지 임신만 하는 원초적인 여자이다. 그 다음 단계는 일종의 진전이다. 단순히 임신만 하는 여자는 더 이상 없으며, 쾌락을 추구하고 분명한 누군가를 추구하는 여자이다. 거기엔 선택의 요소가 있다. 대지의 여자는 그녀를 밟는 모든 존재에 의해 비옥해질 수 있지만, 두 번째 단계는 이미 추구하고 선택하며, 집단적이면서도 선택적인 활동을 하는 여자이다. 이어 세 번째 단계에서 집단적인 성격이 종말을 맞는다. 이제 정신의 영역에 발을 담그고 있는 배타적인 여자이다. 소피아에서, 우리는 세속적인 특성들이 모두 사라지고, 따라서 개인적 또는 인간적 성격이 사라지는 단계에 이른다. 하와는 인간적이기보다는 대지에 더 가깝고, 소피아는 인간보다는 정신에 더 가깝다. 헬레네는 인간의 단계이다. 이 일련의 여자들에 대해 조금 깊이 생각해 본다면, 남자의 아니마에 대해 많은 것을 배울 수 있다. 또한 여자들의 성격에 대해서도 많은 것을 배울 수 있다. 그러나 그것을 편견이 없는 눈으로 볼 수 있어야 하고 충격을 받지 않아야 한다. 진리는 언제나 특별히 모순적인 측면을 갖고 있기 때문이다.

재미있는 것은 우리 문명은 맨 꼭대기에서 시작한다는 점이다. 우리는 자신이 소피아를 소유하고 있는 행복한 존재라고 상상한다. 그리고 자신이 마리아와, 특히 오해받을 때의 마리아와 비슷하다는 생각을 품지 않은 여자는 아마 거의 없을 것이다.

'파우스트'도 아니마의 발달에 관한 역사를 담고 있으며, 그레트헨이 그 첫 번째 단계이다. 그레트헨은 헬레네까지 올라오고 있는 무의식적인 여자일 것이다. 마리아는 '파우스트'의 2부에 나온다. 이 같은 개념은 이집트의 마리아라는 전설에도 담겨 있다. 그녀의 초기 삶은 매춘부였지만 훗날 위대한 성인이 되었다. 그녀가 교회를 위해 여행을 해야 했을 때, 다시 말해 죽어가는 사람에게 성찬 빵을 갖다 줘야 했을 때, 그녀는 어떤 수단을 써서라도 강을 건너야 했다. 그러나 그녀를 강 저편으로 데려다 줄 남자가 그녀에게 뱃삯을 요구했다. 그러자 그녀는 신성한 목적을 이루기 위해 그 남자에게 몸을 팔아야 했다. 이 이집트의 마리아가 '파우스트'의 2부에서, 영광의 성모에게 간청하는 4명의 회개하는 여자들 중 한 사람으로 등장한다. 그레트헨이 또 다른 한 여자이며, 그 책을 더 읽다 보면 천상의 어머니가 등장한다. 2부 마지막 부분에 영원한 여자에 관한 글이 나오는데, 이 여자가 바로 소피아이다. 그렇다면 '파우스트'에 4가지 형태의 여자가 다 담겨 있다고 할 수 있다.

지금 우리 환자는, 헬레네와 마리아의 중간 어딘가에서 움직이고 있지만, 그 뜻은 정반대이다. 그녀는 이브로부터 발달하지 않았다. 그녀는 정말로 위에서 아래로 내려오고 있다. 상황이 거꾸로 되어 있는 것이다. 그녀는 아래로 내려오고 있다. 이는 우리의 문명이 마리아 단계까지만 내려가고, 그 아래는 무의식이기 때문이다. 우리는 모든 것이 천국에 있으며 이 땅에는 전혀 뿌리를 내리지 않았다고 상상한다. 정말로 모든 것이 땅에 뿌리를 내리지 않은 상태에 있다. 그것이 모든 것이 활력을 전혀 갖고 있지 못한 채 말라비틀어진 이유이다. 그러나 분석을 통해서, 혹은 하데스의 문을 열어젖힘으로써, 활력이 다시 높아지기 시작한다.

그녀는 지금 그 나무에서 나오는 생각들을 모으면서 위쪽 영역에 있다. 새들은 다시 안에서 오는 것으로 이해된다. 새들은 튈르리 정원의 비둘기들이 아니다. 마치 모든 운하가 원래의 물로 가득한 것처럼 보인다. 땅과의 접촉이 다시 확립될 때, 피가 솟구쳐 오르고 생기가 일어나면서 나무의 꼭대기 가지까지 다시 채운다. 그 나무는 지금 생기가 넘치고 있음에 틀림없다. 왜냐하면 나무가 지금 새와 더불어 살아 있기 때문이다.

새들은 상징이며, 날개를 가진 존재들은 아득한 옛날부터 정신적인 사실들을, 생각이나 사상, 직관을 의미했다. 마음과 관계있는 것은 무엇이든 공기의 특성을 갖고 있다. 물고기들이 언제나 바다, 즉 무의식의 내용물이듯이, 새들은 정신 또는 정령 또는 공기의 내용물, 말하자면 정신적 사실들이다.

그 나무는 우리가 그 전의 환상에서 만났던 것과 같은 나무이다. 그녀가 한 그루의 나무로 변했던 것을 기억하고 있는가? 그 환상에서 그녀는 그 나무와 동일했지만, 여기서는 나무가 하나의 분리된 환상으로 서 있다. 그것은 요가 트리이고, 의식과 무의식의 관계의 자연스런 성장이다. 혹은 생각들을 포함하고 있는 지식의 나무이거나 지혜의 나무이다. 그래서 그녀의 발달이 나무의 단계에 이르자마자, 나무는 나무의 생명의 결실인 새들을 통해서 역할을 하기 시작한다. 이 환상은 그녀가 지금 생각으로 가득하다는 말로 끝나지만, 그것이 어떤 생각인지에 대해서는 우리는 아무것도 모른다. 그 다음 환상 시리즈는 행진하는 남자들의 그림으로 시작한다.

> 많은 남자들이 행진하고 있는 것이 보였다. 나는 그들이 지나가는 것을 지켜보면서 길가에 군중과 함께 서 있었다. 그들이 큰 소리로 "우리가 곧 길이다!"라고 외쳤다. 이어서 나는 길가의 군중에서 벗어나 행진하는 남자들 틈에 끼어들었다.

이 그림에서 그 전의 환상과 어떤 연결을 볼 수 있는가? 많은 새 또는 많은 생각이 여기서 많은 남자들로 나타나고 있다. 많은 남자들은 당연히 다수의 아니무스를 의미한다. 새들이 남자들로 나타났다는 것은 무슨 의미인가?

이 대목에서, 상징들을 그 형태를 통해서 환자의 마음 상태를 알아내는 방향으로 해석하는 것이 중요하다는 점을 강조하고 싶다. 그럴 경우에 환자의 실제 마음 상태를 통제하거나 비판할 수 있게 되기 때문이다. 생각들이 새의 형태로 나타나느냐 인간의 형태로 나타나느냐에 따라 환자의 심리 상태는 크게 달라진다. 여기에 이성(異性)이 등장하고 끌림이 나타난다. 반대가 있는 곳에 끌림이 있으며, 그래서 생각들은 끄는 힘을 발휘할 것이다. 그것이 환상에 표현되고 있다. 그녀가 두 손을 높이 들고 있었고, 새들이 그녀에게로 왔던 것이다.

그러나 그것들이 새(鳥)로 남아 있는 한, 거기에는 정신적 관계가 거의 없을 것이다. 새들은 수줍음을 많이 타고 언제든 날아가 버리기 때문이다. 그러나 새들이 인간의 형태를, 특히 이성(異性)의 형태를 띨 때, 그것은 어떤 결합이 가능하다는 것을 의미한다. 무의식은 결합이나 화해를 표현하기 위해 그런 상징체계를 이용한다. 예를 들면, 소위 성적 전이가 무의식에 의해 하나의 다리로 이용되듯이 말이다. 분석가와 환자 사이에 넓은 간극이 있을 때, 그 간극을 메우기 위해 성적 전이가 나타난다. 그러다가 관계가 확립되기만 하면 충동적인 현상인 전이는 금방 사라진다. 그렇다면 여기서 인간의 형태로 나타나는 새들은 원래 수줍어하던 모습을 버리고 인간이 되어 그녀에게 접근한다. 처음에 그녀는 그들을 그냥 보기만 하다가 나중에는 군중에서 빠져나와 남자들의 대열에 합류한다.

이것은 생각들이 그녀를 받아들인다는 것을 의미한다. 아시다시피, 이것들은 살아 있는 생각들이다. 그 생각들이 일상적으로 생각이라고 부르는 것들과 같다고 생각하면 큰 실수가 될 것이다. 물론 추상적이고 창백한 이미지에 지나지 않는 생각도 있다. 그런 생각을 우리는 책장을 넘기듯 그렇게 다룰 수 있다. 이런 생각들 외에, 현실적이고 생명력이 가득한 그런 생각도 있다. 그런 생각들은 제 뜻에 따라 왔다가 사라진다. 예를 들면, 어떤 생각이 잠자리에서 일어나는 이른 아침에 떠올랐다가 한 시간쯤 지난 뒤로는 그 사람에게 다시는 떠오르지 않을 수도 있다. 아니면 점심을 먹기 전에는 무엇인가를 아주 잘 이해했다가도 점심을 먹고 난 뒤로 더 이상 그것을 이해하지 못하게 되는 경우도 있다. 이런 현상은 생각들이 살아 있는 생물이기 때문에 나타난다.

생각들은 여기저기 있을 수 있으며 사람의 뜻을 반드시 따를 필요도 없다. 그렇기 때문에 새의 형태를 취하고 있는 생각들은 쉽게 사라질 수 있다고 봐야 한다. 그러나 생각들이 남자의 형태를 취하고 있다면, 아마 그 생각들은 그녀의 통제 아래에 있을 것이다. 여자가 남자들을 통제할 수 있듯이 말이다. 그러나 남자들의 집단으로 나타나는 생각들의 성격은 아마 그녀가 통제하지 못한다는 것을 의미할 것이다. 그래서 그녀가 그들과 합류하기를 원한다면, 유일한 방법은 그녀가 그들에게 받아들여지는 것이다. 그렇다고 해서 그녀가 생각에 합류하는 것은 아니며, 생각이 그녀에게 합류하고 있다.

더욱이, 그것은 집단적인 사고이다. 그것은 일종의 퍼레이드처럼 보인다. 명확한 힘을 가진 군인들의 집단인 것 같다. 그래서 그것은 마음에서 일어나는 집단적인 어떤 사고 체계일 것이다. 그들은 아마 큰 군대의 일부이거나 큰 나라의 대표자들일 것이다. 아니면 어떤 집단적인 공적 기관을, 말하자면 명확한 비개인적 권력을 대표하는 남자들의 집단일 수 있다. 이런 경우에 그녀가 이 비개인적인 권력을 동화하지 않고 이 권력이 그녀를 동화하게 될 것이다. 그런 일들이 마음 안에서 일어날 수 있다. 사람이 무의식을 두려워하는 이유는 개인적인 성격이 아니라 집단적인 이상한 성격을 가진 생각의 열차가 있다는 것을 본능적으로 느끼기 때문이다. 이 생각의 열차가 당신을 붙잡고는 어디론가 갈 것처럼 느껴지니 무의식이 무섭게 다가올 수밖에 없다. 현실에서도 그런 일은 충분히 일어날 수 있다. 그녀는 남자들의 집단이 행진하는 것을 지켜보다가 그냥 거기에 합류한 다음 어디론가 간다. 이어서 그녀는 이렇게 말한다. "그들이 나를 높은 산으로 이끌었다. 거기서 그들은 해산했으며, 나는 눈 속에 홀로 서 있었다." 지금 무슨 일이 일어났는가? 이미 언급한 바가 있는, 매우 전형적인 어떤 일이 벌어졌다.

그들은 그녀를 받아들였는데, 그녀는 그들을 동화시키지 않았다. 여기서 남자들, 즉 아니무스는 하나의 독립적인 정신적 사실이다. 그렇기 때문에 아니무스는 거기 있을 수도 있고 다른 곳에 있을 수도 있다. 아니무스는 그녀를 떠날 수 있다. 이유는 그녀가 아니무스를 통제하지 못하기 때문이다. 만약에 그 남자들이 사라지면서 그녀를 어딘가 높고 거친 곳에 내버려 두는 쪽을 택한다면, 그들은 그냥 그렇게 한다. 이 환상의 경우에 그녀가 산 정상에 닿았을 때, 그들은 해산하고 그녀는 혼자 눈 속에 남는다. 이것은 무슨 의미인가?

추운 상태로 있는 것이나 외로운 상태로 있는 것이나 뜻은 똑같다. 군집 속에 있거나 인간들로 둘러싸여 있는 것은 언제나 아주 먼 때의, 우리 인간들이 나뭇가지에 오손도손 앉은 원숭이였을 때의 무엇인가를 갖고 있다. 따라서 사람들은 종종 군중 속에 있을 때, 특히 서로 몸을 밀착시키고 있을 때 좋은 기분을 느낀다. 그 사람들에게 그런 시절을 상기시키기 때문이다. 그것은 군집 본능만이 아니다. 그것은 육체적 온기이다. 그것은 그들이 좀처럼 인정하지 않으려 하는 특이성이다. 털 달린 다른 생명체의 육체적 온기를 좋아하는 것은 동물의 본능이다. 그것은 원숭이들이 추운 아침에 나뭇가지 위에 길게 쪼그리고 앉아서 서로를 껴안고 있는 이유이다.

그렇다면, 산 정상에서 눈 속에 홀로 남는 것은 단순히 인간적인 접촉의 부재를 의미한다. 그것은 그녀가 동물적 온기를 빼앗기고 있다는 것을 의미한다. 당연히, 아니무스는 여자를 인간적인 온기가 전혀 없는 비인간적인 영역으로 이끌기 쉽다. 아니무스가 인간적이지 않기 때문이다. 다음에는 어떤 일이 벌어질 것 같은가? 우리는 충분히 예측할 수 있다. 그녀는 어떤 사고 체계에 이끌려 높고 외롭고 추운 상황까지 올라갔다. 그렇다면 그 다음 정신적 사건은 무엇일까? 그녀의 이야기를 듣도록 하자.

> 사자가 내 앞에 나타났다. 그래서 나는 "오, 사자여, 내가 왜 여기 있는가?"라고 물었다. 그러자 사자가 "당신이 그 길을 따랐기 때문이지."라고 대답했다.

사자의 불가해한 대답이 우리를 다시 이전의 환상으로, 말하자면 우리가 논의하지 않은 사항으로, 행진을 벌이던 남자들이 똑같이 "우리가 곧 길이다!"라고 외친 사실로 안내한다.

그 외침은 그것이 그녀의 길이 아니고 군중의 길이라는 뜻이다. 예를 들어, 매우 자비로운 개인의 형태로 나타난 집단적인 길은 당신은 그렇고 그런 방식으로 살아야 한다고 말한다. 혹은 '성경'이나 법전은 당신은 어떤 식으로 처신해야 한다고 말한다. 또 아버지와 어머니, 학교 교사들, 대부와 대모도 마찬가지다. 그렇듯, 행진을 벌이던 이 남자들은 어떤 의견 체계가 길이라고 외치고 있었다. 우리는 그 체계를 잘 알고 있다. 그럼에도 정점에 이를 때, 그 사고 체계는 그냥 사라져 버린다. 그러면 사람은 자신이 대단히 불쾌한 상황에 홀로 남겨진 것을 깨닫는다. 그때 본능들이 나타난다.

이와 매우 비슷한 상황을 보여주는 또 다른 여자 환자의 환상이 있다. 이 여자의 경우에는 사고 체계가 남자들로 나타나지 않고 기독교 상징인 수도원으로 나타났다. 이 수도원이 그녀가 무의식에 깊이 빠지지 않도록 막았던 것이다. 물 아래로 내려가려던 그녀의 길에 갑자기 수도원이 나타났다. 그래서 그녀는 수도원에 갇혔다. 이어서 그 수도원에서부터 그녀는 산꼭대기까지 올라갔다. 거기서 그녀는 우리 환자와 아주 비슷한 상황에 처했다는 사실을 발견했다. 그 수도원은 또 다른 의견 체계를, 그녀의 기독교 교육과 기독교 사상을 나타내는 것이었다.

우리 환자의 환상은 그 남자들의 집단이 무엇인지에 대해서는 말하지 않고 있다. 그래서 우리는 그것이 어떤 생각을 나타내고 있는지 자신 있게 말하지 못한다. 그러니 그 문제는 그냥 모르는 상태로 남겨두기로 하자. 그렇다면 그녀의 현재 문제는 무엇일까? 이전의 환상에 이 문제에 대한 암시가 있었다.

그녀가 하얀 도시를 견디지 못한 것을 기억할 것이다. 그녀는 그곳에 가길 원했지만 거인이 길을 가로막았다. 그녀가 거인을 극복하고 하얀 도시에 도착했지만, 그녀는 그 도시를 견디지 못했다. 이어서 수소가 나타났다. 내려오는 길에, 그녀는 수소 숭배자들을 만나 대지의 피를 조금 마셨다. 이어서 다시 올라가는 길에 대한 암시가, 나무처럼 자라게 된다는 암시가 있었다. 그녀는 새들의 암시를 따라 올라가 공기의 왕국으로 들어갔다. 새는 또 정신의 상징이고, 공기는 바람이고, 영적인 신들은 처음에 바람 신이었다.

그녀는 다양한 암시를 따랐으며, 우리는 장기적으로 그것이 옳은지 잘못되었는지를 모른다. 그러나 이 구체적인 경우에 대해 말한다면, 그녀는 남자들의 암시를 따른 데 대해 비난을 듣게 되어 있다. 남자들이 그녀를 인간적인 분위기에서 끌어냈으며, 그래서 그녀가 남자들을 따른 것은 실수였다.

지금 그 사고 체계에 대한 일종의 보상 같은 것으로 사자가 등장하고 있다. 사자는 본능을 나타낼 것이지만, 그런 상징은 본능 같은 지나치게 모호한 단어에 의해서는 절대로 해석되지 않는다. 사람이 본능이라는 단어로 진정으로 뜻하는 바는 신만이 알 수 있을 뿐이다. 차라리 무의식의 암시를 따르면서 그 상징의 특징을 밝히려 노력하는 것이 더 바람직하다. 왜 독수리나 수소 또는 뱀이 나타나지 않고 사자가 나타날까?

사자는 미트라 숭배에서 좀 기이한 역할을 맡는다. 분명하지 않고 단지 상징적이기만 한 역할이다. 브리티시 박물관에 가면 미트라교에서 수소를 제물로 바치는 장면을 담은 소중한 유물들이 있다. 제단 뒤쪽의 벽장식 중에서 가장 세련된 것은 스트라스부르에 있다. 스트라스부르엔 원래 얕은 돋을새김으로 장식한 아름다운 신전이 있었으나 완전히 파괴되었다. 그래서 사람들이 땅에 묻힌 파편들을 발굴해야 했으며, 그 결과 전체 모습을 그려볼 수 있게 되었다. 묘사는 언제나 수소를 제물로 바치는 장면이다. 제대(祭臺)엔 미트라가 수소를 죽이는 장면이 그려져 있다. 사자는 제물로 바치는 장면 그 아래 어딘가에 나타난다. 사자는 위에서 벌어지는 의식과 아무런 관계가 없다. 사자는 간혹 뱀의 반대편에 나타나며, 둘 사이에는 암포라(amphora)[27]가 놓여 있다. 마치 사자와 뱀이 그 항아리에 누가 먼저 닿는지 경쟁을 벌이고 있는 것처럼 보인다.

어느 한 예를 보면, 암포라가 땅 위에 서 있고 항아리 주둥이로 불꽃이 뿜어져 나오고 있다. 사자는 항아리 위의 공중에서 항아리 속으로 몸을 던질 태세를 취하고 있는 것 같다. 항아리는 여자의 상징이며, 그것은 가마솥, 부활의 용기(容器) 또는 '교회의 자궁'의 의미를 갖고 있다. 그렇다면 사자는 틀림없이 불 속에서의 부활을 준비하고 있었다.

그 항아리는 크라테르(krater)라고 불린다. '섞다'라는 뜻의 그리스어 'kerannymi'에서 유래한 단어이다. 그것은 원래 바람과 물이 섞이는 그릇이었다. 지금은 불같은 액체 용암을 품고 있는 화산의 분화구에 그 단어를 쓰고 있다. 원래의 목적은 아마 비밀스런 의식에서 불이나 불타는 기름을 담는 용기로, 신비의 변형이 일어나는 용기로 쓸 생각이었을 것이다. 그것은 연금술의 도가니와 비슷했다.

크라테르의 불 속으로 몸을 던지고 있는 미트라교의 사자는 아마 연금술적인 상징이었을 것이다. 부활을 위해 크라테르 속으로 몸을 던진다는 생각은 아주 오래되었다. 그리스 철학자 엠페도클레스

....

27 목 부분이 몸통보다 좁고 양쪽에 손잡이가 달린 고대 그리스 항아리.

(Empedocles)는 에트나 산의 분화구에서 삶을 끝낸 것으로 전해지고 있다. 그는 늙어지자 죽음의 분화구에서 신들과 결합하여 신으로 다시 태어나기 위해 분화구의 불구덩이로 몸을 던졌다는 전설이 내려오고 있다.

우리는 그런 오래된 숭배의 주요 목적이 신으로 다시 태어나는 것이라는 점을 알고 있다. 예를 들어, 이시스 신비 의식에서 입교자들은 태양신 헬리오스로 다시 태어났고, 미트라 숭배에도 부활의 신비 의식이 있었다. 제단의 석판에 새겨진 작품에서 그런 것이 확인된다. 제단의 석판은 대체로 엄청나게 큰 돌이며, 축이 있어서 회전하도록 되어 있었다. 그래서 아마 신성한 의식이 치러질 때에는 석판이 돌려지고 다른 그림이 나타났을 것이다. 한쪽에는 대체로 제물을 바치는 장면이었다. 미트라가 수소에 칼을 깊이 찌르고 있는 모습이었다. 석판의 다른 면에는 수소가 죽어서 이미 변형의 상태에 있는 장면이 그려져 있었다.

수소는 죽음을 통해서 땅 위의 식물들에게 생명을 주었다. 수소의 척추에서 "55가지 종류의 곡식과 12가지 종류의 약초가 자랐다". 수소의 코로부터 마늘(지중해 주민들에게 가장 중요한 채소 중 하나이다)이 자랐고, 수소의 고환에서 온갖 종류의 가축이 나왔다. 수소의 뿔에서는 과일이, 수소의 피에서는 포도주가 나왔다. 그러나 수소는 오직 희생을 통해서만 그런 변형의 단계에 이를 수 있다. 그것이 핵심적인 사상이다. 헤데른하임에 있는 돋을새김의 반대편을 보면, 미트라가 죽은 수소의 몸통 옆에 태양신과 함께 서서 태양신의 손으로부터 포도 한 송이를 받고 있다.

지난주에 말한 바와 같이, 미트라교에서 어느 단계에 이른 회원들은 '레온테스'(leontes)라 불렸다. 아마 크라테르를 통한 불의 시련을 아직 거치지 않은 사람일 것이다. 짐작일 뿐이지만, 고대의 모든 숭배에는 낮은 계급의 사람들이 있었다. 사람들은 이 단계에서 다음 단계로 나아갔으며, 그들은 매번 가마솥을, 그러니까 부활 의식을 거쳐야 했다. 그리하여 그들은 다시 태어났다. 점성학적으로 보면, 사자는 하지 다음 달인 7월 말과 8월 초에 태양의 가장 높은 위치에 이르며, 그래서 그때가 1년 중에 가장 뜨거운 때이다.

아시겠지만, 황도 십이궁은 서구의 풍토에서 발명된 것이 아니다. 그것은 아마 메소포타미아에서 발명되었을 것이며, 7월의 온도는 그늘에서도 매일 섭씨 40도 이상이다. 그것이 사자이고, 불 같은 것이고, 건조하고 무서울 만큼 더운 것이다. 그리고 반대편에 있는 뱀은 차갑고, 축축하고, 야행성이고, 무시무시한 생명체이다. 그래서 다시 상반된 것들의 짝이 등장한다.

현대의 환자가 사자에 관한 꿈을 꾸거나 사자의 그림을 그린다면, 그것은 구체적인 사자를 의미하는 것이 아니라 신화적인 사자를 의미한다. 그러므로 사자가 일반적으로 널리 통하는 의미를 갖는다고 단정해도 무방하다. 그것은 불같고, 강하고, 고귀한 어떤 원리이고, 동물원에서 보는 사자와는 매우 다른 신화적인 특징일 것이다. 동물원의 사자는 절대로 당당하지 않으며, 힘이 대단히 큼에도 불구하고 겁쟁이이며, 현실 속에서 아무런 역할을 하지 못한다. 그러나 공상 속에서, 우리는 사람들이 언제나 사자와 연결시켜 온 그런 특징과 사자를 연결해야 한다. 이런 것들을 두루 이해하게 된 지금, 이 여자의 내면에서 사자로 표현해야 할 본질이나 본능은 무엇인가? 사자가 시간을 많이 잡아먹고 있지만, 우리가 그 속으로 깊이 들어간다고 느낄수록 거기서부터 더욱 확실히 빠져 나오게 될 것이다.

사자는 열정적이고, 불같고, 위험하고, 아주 남성적이다. 중국의 양

(陽) 원리는 사자의 특성을 표현하고 있다. 중국은 그 개념을 진정으로 다듬었으며, 나는 그 사상을 정확히 전할 서양의 표현을 알지 못한다. 서양의 철학적 문헌에는 당연히 사자가 존재하지 않지만, 서양인의 무의식에는 사자가 존재한다. 그래서 우리는 사자를 표현할 적절한 단어를 가져야 한다. 그리고 내가 아는 최고의 철학적 개념은 중국인이 말하는 양의 개념이다. 밝고, 빛나고, 남성적인 원리이며, 이 원리는 이 공상에서 눈(雪)과 차가움과 대조를 이룬다.

5강

1931년 12월 9일

지난 시간에 아니마의 발달에 나타나는 4가지 단계를 영지주의 사상에 따라 4명의 유명한 여자들을 통해 구체적으로 제시할 수 있다는 점을 보여주었다. 아니무스의 발달 단계도 그와 비슷한 방식으로 제시해 달라는 부탁이 있었다.

잘 아시다시피, 옛날에 철학은 곧 심리학이었으며 옛날 철학의 이런 온갖 단편들은 남자들에 의해 만들어졌다. 예를 들어, 일종의 심리학인 중국 철학은 전적으로 남자들의 발명품이었다. 왜냐하면 그 시절의 여자들은 남자들의 세계에서 전혀 아무런 역할을 하지 않았기 때문이다. 여자들은 오직 간접적으로만 영향을 미칠 수 있었을 뿐이다. 고대와 모든 원시 사회에서, "여자를 찾아라"(Cherchez la femme: 모든 사건에 여자가 개입되어 있다는 뜻으로 쓰이는 프랑스어 표현이다/옮긴이)라는 것이 영원한 진리였지만, 여자들은 인정을 받지 못했다. 남자들이 심리적인 문제를 건드리기 시작할 때, 그들은 여자들의 존재를 완전히 무시했다. 그렇기 때문에 우리가 아니마의 발달을 보다 깊이 분류한 내용을 갖게 되었다 해도 놀랄 일은 전혀 아니다. 그 분류의 역사는 2,000년도 넘는다. 우리는 아니무스에 대해서, 아니 아니무스의 존재에 대해서 아는 것이 거의 없다. 남자들은 걸핏하면 말싸움을 하려 드는 여자들의 태도를 놓고 그저 비난하기만 했을 뿐 그 문제를 과학적으로 연구할 생각은 절대로 하지 않았다. 그것은 과학의 주제가 될 만큼 충분히 품위 있는 것이 아니었다.

그러나 아니무스에 대해 추측하고 아니마의 발달 단계와 비슷한 공식 같은 것을 만들 수는 있다. 그러나 여기서도 다시 그 공식을 만드는 것이 남자이다. 그래서 내가 나의 분야가 아닌 곳을 침범하는 경우가 있더라도 용서해주길 바란다. 당신도 다른 분류가 있다면 언제든 제안할 수 있다. 그러니 나의 관점을 단지 경험에 근거한 하나의 제안 정도로만 고려해주길 바란다.

먼저 나는 영지주의의 아니마 분류를 다시 되풀이할 것이다. 그것은 하와로, 땅으로 시작한다. 그것은 또한 이브라 불리기도 한다. 그것은 비옥해져야 할 들판의 이랑이다. 그것은 정말로 여자의 성기라는 의미를 지닌다. 그래서 가장 낮은 이 단계는 '요니'[28] 단계라 불린다. 그 다음 단계가 트로이의 헬레네이다. 세 번째 단계가 신의 어머니 마리아이다. 그리고 네 번째가 소피아이다.

유명한 책이 하나 있다. 온전한 형태로 전해오는 영지주의 책들 중 하나이다. 빛의 영지란 뜻으로 '피스티스 소피아'(Pistis Sophia)라 불린다. 카이로의 오래된 콥트 교회의 서까래에서 발견되었다. 미드(G. R. S. Mead)의 『망각된 어느 종교의 파편들』(Fragments of a Faith Forgotten)에도 그 책에 관한 언급이 있으며 발췌한 내용도 있는 것

28 힌두교의 여음상(女陰像)을 일컫는다.

으로 기억된다.

아니마의 발전 단계에 상응하는 일련의 아니무스는 일종의 유추가 될 것이지만, 나는 아니마의 발달을 바탕으로 그것을 구상하지는 않았다. 그것은 아니무스에 관한 경험을 근거로 한 구성이다.

요니에 해당하는 상징은 남근일 것이다. 원시 종교의 남근 숭배는 곧 여자들의 다산 숭배라는 점을 당신은 잘 알고 있다. 우리 시대에도 남근 숭배가 있다. 불임 상태인 여자들은 링감(lingam)[29]에 기름을 바른다. 가장 흔하게 쓰이는 형태는 올리브유 압착기에 쓰이는 타원형의 붉은 돌이다. 거기엔 둥근 틀이 있고, 기름이 흐르는 작은 골이 파여 있다. 한가운데에 서 있는 돌은 열매를 가는 돌이며, 가장자리에 기름이 흐르는 골이 만들어져 있다. 인도에 가면 그런 물건이 자주 보이는데, 그곳 사람들은 그것을 관광객에게 판다. 이 형태는 또 신전에서도 신성한 상징으로 이용된다. 거기선 여자들이 출산 능력을 얻기 위해 이 상징에 기름을 바르곤 한다. 그것은 생식력에 대한 숭배인 옛날의 남근 숭배가 남긴 흔적이다. 그 다음 단계가 남편일 것이다. 남편 다음에는 연인이다. 그리고 마지막 단계를 나는 헤르메스라고 부를 것이다. 영혼들의 지도자 또는 목자, 다시 말해 이 환상에 자주 나오는 '영혼의 인도자' 말이다.

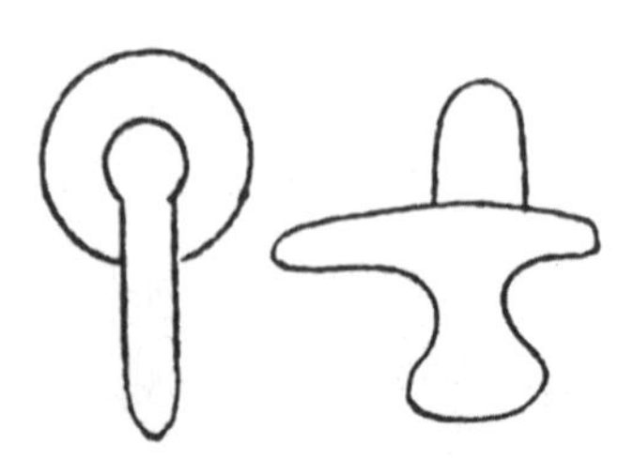

29 생식력의 상징으로 인도의 신전과 가정의 사당에 모셔져 있다.

헤르메스는 동시에 남근 신이다. 헤르메스는 처음에 남근 숭배였다. 헤르메스라는 이름은 그리스 예술의 역사에서 중요한 역할을 한다. 예를 들면, 그리스 양식의 흉상이 있다. 아래로 내려갈수록 가늘어지는 기다란 좌대 위에 남자의 머리가 놓여 있는 그런 조각상 말이다. 그런 두상은 '헤르메스의 두상'이란 뜻으로 'herm'이라 불린다. 이유는 남근처럼 생긴 기둥들이 원래 헤르메스의 조각상이었기 때문이다. 처음에 사람들은 남근의 의미를 가진 일종의 나무 막대기를 숭배했으며, 훗날 그런 의미를 표현한 것이 이런 흉상이었다. 흉상들은 그 위에 얹힌 머리와 관계없이 그림에서 보는 것처럼 언제나 남근의 상징으로 장식되었다.

아테네의 어느 긴 통로는 이런 흉상으로 길게 장식되어 있었다. 모두가 고대 그리스의 유명한 인물들을 새긴 조각이었다. 조각마다 남근 표시가 새겨져 있었다. 모두가 헤르메스, 영혼의 인도자, 영혼의 목자 같은 존재이기 때문이다. 지금 이 남근 상징은 매우 관능적인 성격을 갖고 있으며, 따라서 신성하다. 지하의 신 같다는 뜻이다. 위에도 신이 있다. 아래나 위나 똑같이 신성한 것이다. 요니가 관능적인 신성이고, 소피아가 하늘의 신성이듯이 말이다. 중간의 연결고리인 헬레네와 마리아는 인간이다. 헬레네는 하와와 가깝고, 마리아는 영혼의 인도자인 소피아와 가깝다.

남자의 네 단계는 이해력의 네 단계와 일치한다. 가장 낮은 단계에서 남자는 전혀 인격으로 보이지 않는다. 남자는 오직 생식의 한 요소로만 존재한다. 여자는 아이를 원하고, 따라서 여자는 남자를 원한다. 어떤 남자든 상관없다. 그것이 아이가 여자의 삶으로 들어오게 되는 길이다. 남자는 오직 아이를 낳는 남근으로서만 기능을 한다. 남자는 임신을 시키는 한에서만 주목을 받는다. 그렇지 않으면 남자는 존재하지 않는다. 이 말은 동물에게도 그대로 적용되며, 매우 원시적인 여자들에게도 그대로 적용된다.

그 다음 단계에서 인간적인 고려가 나타난다. 아이를 제공하는 남자가 여자에게 "나의 남자"로 불린다. 남자가 여자와 아이의 주변에 남을 사람, 다소 호의적이거나 비호의적인 모습을 보이면서 주변에 남을 사람, 즉 남편이 되는 것이다. 이제 그는 그곳에 있을 남자이다. 어쩌면 그는 소 4마리를 내놓고 여자가 사는 집을 방문해도 좋다거나 같이 살아도 좋다는 허락을 받은 사람일 것이다. 그래서 이 남자는 이제 그 여자가 결혼할 남자이다. 이때도 이 남자가 어떤 부류의 인간인가 하는 문제는 별로 중요하지 않다. 그가 "나의 남자"면 충분하다.

그 다음에 연인이 온다. 이제 매우 심리학적인 문제가 된다. 왜냐하면 명확한 선택이 이뤄지고, 배타성이 작용하기 때문이다. 이제 남자는 여자에게 신경을 집중할 것으로 여겨지고 그녀에게 매우 특별한 존재가 된다. 왜냐하면 그가 단순히 아이를 갖게 하는 존재도 아니고 가구처럼 절대적으로 객관적인 존재도 아니기 때문이다. 그것은 철저히 배타적인 선택이고 여자의 영혼에까지 영향을 미치는 선택이다. 따라서 남자는 다음 단계를 준비하는 사람인데, 그 다음 단계가 바로 헤르메스이다. 말하자면, 그 신이 이미 연인의 내면에 나타나고 있다는 뜻이다. 혹은 쿤달리니 요가 텍스트에 언제나 나타나는 또 다른 비유를 빌릴 수 있다. 쿤달리니 요가에 따르면, 이 낮은 센터, 즉 연인으로부터 당신은 신의 형상을 볼 수 있다. 남편으로부터 연인을 볼 수 있는 것처럼. 당신은 아직 거기에 닿지 않았지만, 당신은 이 센터로부터 그 신의 다음 단계를 볼 수 있다.

이것들은 아니마의 형태들에 해당하는 4가지 형태들이다. 그런 식의 일치가 있음에 틀림없다. 그렇지 않다면 남자와 여자는 서로 조화를 이루지 못할 것이다. 어떤 남자의 아니마는 어느 단계엔가 있는 여자와 맞아야 한다. 그렇지 않다면 그런 형상은 절대로 생겨나지 않았을 것이고, 남자는 여자와 절대로 조화를 이루지 못할 것이고, 여자도 남자와 절대로 조화를 이루지 못할 것이다. 각 단계는 반대편의 단계와 아주 미묘한 방식으로 조화를 이룬다. 가장 낮은 단계에 있는 두 사람이 어떤 식으로 서로 맞아떨어지는지를 보는 것은 쉬운 일이지만, 그 다음 단계의 존재인 남편과 헬레네가 조화를 이루는 것은 더욱 어려운 일이다. 그러나 국가가 눈감아 주는 공식적인 매춘이 총각이 아닌 기혼자들의 돈으로 굴러간다는 사실을 알게 될 때, 남편이 헬레네와 거리의 여자에 해당하는 이유가 이해된다.

그렇다면 마리아의 러브 스토리보다 더 아름다운 러브 스토리가 있을까? 너무도 감쪽같고 신성한 마리아의 러브 스토리는 우리가 알고 있는 하느님의 연애로 유일하다. 하느님은 구세주를 낳은 비합법적인 신성한 연인이다. 그렇다면 이 두 단계는 아주 비슷하다. 남자 연인은 사랑하는 사람에게서 언제나 신의 어머니 같은 무엇인가를 보고, 사랑받는 여인은 자신의 연인에게서 신성한 메시지를 갖고 오는 자를 본다.

헤르메스 단계는 완벽하고 신성한 성취이며, 이 성취는 다시 인간의 이해력을 벗어난다. 나의 주장은 이러하지만, 나의 제안보다 더 훌륭한 것을 찾아내는 과제를 여자들에게 넘기고 싶다. 그러나 이 자리에서 이 문제를 논하자는 뜻은 아니다. 그러다간 더 이상 환상을 분석하지 못하는 사태가 벌어질지 모른다. 이 주제는 우리의 환상과 거의 아무런 관계가 없는, 그야말로 지엽적인 것이다.

새로운 환상 시리즈의 시작은 행진을 벌이던 남자들에 관한 환상이었다. 우리 환자는 그 대열에 끼어들었고, 남자들이 그녀를 높은 산으로 이끌었다. 그런데 남자들은 거기서 다 사라지고 그녀만 눈 덮인 곳에 홀로 남게 되었다. 그때 사자가 한 마리 나타났고, 그녀는 사자에게 "오, 사자여, 내가 여기 있는 이유가 무엇인가?"라고 물었다. 그러자 사자는 "당신이 그 길을 택했기 때문이지."라고 대답했다. 우리는 행진을 벌이던 남자들을 또 다른 형태의 아니무스로, 일종의 영혼의 인도자로 보았다. 여기서 그녀를 그런 높은 곳까지 이끌고 있는 것은 어떤 일반적인 의견이다. 아시다시피, 그녀가 아니무스에 의해 그런 고립된 높이까지 끌려가는 것은 다시 보상적인 작용이다. 여기서 우리는 어떤 리듬을 파악하기 위해서 이런 것들을 서로 연결해야 한다. 앞의 환상 마지막 문장에서, 많은 새들이 그녀에게 내려왔다.

당신은 이 환상들의 구성이, 6개의 선이 그 다음 괘로 이어지는 운명의 전환 같은 것을 담고 있는 『역경』의 구성을 매우 많이 닮았다는 사실을 알고 있다. 그렇듯, 여기서도 마지막 문장은 이미 그 다음 환상으로 이어지고 있다. 마지막 문장은 하나의 모니프로 그 다음 환상을 포함하고 있다. 그러므로 우리는 마지막 환상의 중요한 내용으로, 수소와 피, 즉 헌주를 마시는 행위로 다시 돌아가야 한다.

수소 숭배는 언제나 땅 숭배이다. 지난 시간에 나는 점성술적으로 보면 수소는 땅의 상징이고, 황소자리는 금성이 사는 집이라고 말한 바 있다. 그래서 그녀는 땅의 수준으로 내려갔고, 거기서 수소에 바쳐진 헌주를, 땅의 포도주를 마신다. 그런 다음에 그 환상 마지막 부분에 요가 트리가 나타났다. 그것을 근거로 우리는 그녀가 '물라다라' 센터에, 나무의 뿌리에 있다고 결론을 내릴 수 있다. 바꿔 말하면, 그녀는 본능의 영역에, 육신과 교감하는 영역에 있다는 뜻이다. 그녀는 자연의 신들의 암시에 고분고분한 신성한 암소였다.

이것은 모두 비유적이지만, 그런 복잡한 심리를 설명하기 위해선 어쩔 수 없이 비유를 이용하지 않을 수 없다. 이 심리는 겉보기엔 아주 복잡해 보일지라도 우리의 감정에는 근본적으로 아주 단순하게 느껴진다. 그러나 과학은 우리가 동물의 관점을 인정하는 것을 허용하지 않는다. 그럼에도 우리는 그런 심리를 설명할 수 있는 과학적인 단어를 전혀 갖고 있지 않다. 우리는 그녀가 한 마리의 동물이고 또 경건하고 법을 지키는 방향으로 제 길을 추구하고 있는 본능적인 존재라는 식으로 양심의 가책을 전혀 느끼지 않고 말할 수 있다. 그것은 우리가 낮은 도덕적 및 정신적 상태라고 부르는 그것이며, 자연의 근본적인 법칙에 맹목적으로 순종하는 것을 말한다.

그러나 자연의 근본 법칙들은 하와의 법칙이며, 그 법칙들은 신성하다. 물론 그 법칙들은 전통적인 교회가 말하는 그런 의미에서 신성한 것은 아니다. 왜냐하면 교회가 그런 것들을 모조리 지워버리려고 신경을 대단히 많이 써왔기 때문이다. 그러나 기독교가 시작되던 때엔 기독교 신자들도 땅이 어떤 것인지를 잘 알았다. 그래서 동물에 관한 예수의 그 유명한 말도 있고, '신약 성경'에 들판의 백합에 관한 내용도 있다. 그러나 만약에 당신이 들판의 백합처럼 살려고 노력한다면, 당신은 일을 하지 않고, 당신의 영혼과 육체를 햇살에 노출시키고, 어떠한 저항도 하지 않고, 도덕적 성찰도 없이 그냥 자라기만 할 것이다. 현실 속에서 당신이 그런 식으로 지낸다면, 사람들은 아마 그런 당신을 정신병동에 가둘 것이고 당신은 전혀 적응을 하지 못하게 되고 대단히 비도덕적인 존재가 될 것이다.

원시적인 나라로 파견된 선교사들이 원주민들에게 옷을 입으라고 가르친다는 사실을 당신은 잘 알고 있다. 유럽의 여자들이 그곳의 가엾은 흑인들이 입거나 신을 양말과 바지, 점퍼를 만들기 위해 뜨개질을 하고 있다. 아프리카 흑인들이 흉측할 만큼 벗고 다니고 있기 때문이다. 그래서 이곳의 바보들은 흑인들에게 옷을 입히기 위해 돈을 보낸다.

자연 속에서 완벽하게 아름다운 존재인 흑인들은 유럽인보다 훨씬 더 건전하다. 동물이나 아름다운 꽃처럼 발가벗고 다니는 그들에게 우리 기독교는 옷을 입으라고 가르치고 있다. 그것은 나쁜 취미 정도가 아니라 가증스러운 짓이다. 예전에 그들이 우아한 육체로 걸어 다니면서 아름다울 수 있었던 정글에서, 그들은 지금 모자를 쓰고 다닌다. 아주 당당했던 원주민들이 지금 웃음거리가 되고 있다. 그건 유린이다. 그런 가르침의 도덕적 및 심리적 결과를 안다면, 그것은 통탄할 일에서 그치지 않으며 극악무도한 짓이다.

영국인들은 지금 이해력이 조금 나아진 것 같다. 그들은 폴리네시아 일부 섬들에 사는 원주민들이 바지를 입고 다니다 발각되면 체형을 가한다는 법을 선포했다. 영국인들은 원주민들을 다시 강제로 벗기려 들고 있다. 그곳 원주민들에게 옷을 입는 것이 건강에 아주 좋지 않기 때문이다.

예수의 말씀과 관련해 가르쳤던 온갖 악의를 별도로 친다면, 예수의 말씀은 원래 그 옛날에 하늘의 왕국으로 이어지는 자연적인 삶에 대해 품었던 사상의 흔적이다. 거기에 십자가형이라는 잔인한 의식(儀式)이 개입되긴 했지만 말이다. 그런데 교회는 원래 그리스도의 가르침을 지워버리고 그 자리에 교회의 가르침을 놓았다. 이 교회의 가르침은 인간에 의해 만들어졌고 꽤 인위적이다. 따라서 아주 공허하게 들리고, 결국엔 아무런 설득력을 발휘하지 못한다.

교회의 가르침에 따르면, 땅의 모든 것은 불순하고, 심지어 가톨릭 교회의 의식에 쓰인 물건까지도 불순했다. 성수(聖水), 그 물에 쓴 소금, 양초 밀랍, 그 밀랍에 곡식 알만한 크기로 넣는 향. 이런 것까지도 불순한 것으로 여겨졌다. 그래서 성직자는 이런 것들을 악마의 부정으로부터 분리시키기 위해서 특별한 의식을 치러야 한다. '아드믹스티오 디아볼리카이 프라우디스'(Admixtio diabolicae fraudis)가 그 의식의 공식 명칭이다. 그 모든 것 안에, 샘에서 길어온 물 안에, 땅에서 나온 소금 안에, 벌이 만든 밀랍 안에 악마가 깃들어 있다. 그래서 모든 것이 치료되어야 하고 살균되어야 한다. '축성 받은 샘'(benedictio fontis), '축성 받은 소금'(benedictio salis), '축성 받은 초'(benedictio cerei)는 지옥의 암시나 부패로부터 자유로워진 것들을 일컫는다. 옛날의 기독교인들에겐 심지어 자연의 아름다움을 경탄하는 것도 허용되지 않았다. 아름다운 것들이 땅에서 자라는 것이어서 불순하다는 이유에서였다. 물론 우리는 프로테스탄트 교회 안에서 더 이상 이런 가르침을 배우지 않지만, 그런 관점은 지금도 하나의 암시로 모든 곳으로 스며들고 있다.

그러면 당연히 우리는 땅의 신성한 것들에 큰 중요성을 부여하지 않으려 들 것이고, 따라서 사악한 것이 맨 아래에 있고, 신성한 것이 맨 위에 서는 것으로 여겨질 것이다. 그러나 그것은 실수이다. 시작도 신성하고, 마지막도 신성하며, 그 사이에 인간 존재가, 말하자면 땅에도 가까우면서 하늘에도 가까운 그런 존재가 있다. 그렇듯 초기의 분류에는 땅을 평가 절하하는 측면이 전혀 없었다. 그러나 교회의 해석이 우리의 체계로 스며들었으며, 그것이 결국엔 부정적인 것으로 드러나고 있다. 교회의 해석이 그릇된 가치들을 낳은 것이다.

오늘날 우리는 다시 육체를 존경하기 시작하고 있으며, 높은 산과 바다의 아름다움이나 숲의 아름다움, 계곡의 샘들의 아름다움에 경탄을 표하는 것을 더 이상 두려워하지 않는다. 우리는 심지어 자연에서 신을 발견한다는 생각까지 품는다. 우리는 일출을 보러 취리히의 우틸베르크 산으로 올라간다. 그런데 불행하게도, 그 같은 이동이 너무 멀리 나가버렸다. 사람들이 광적으로 변했고, 누드 숭배란 것까지 생겨나기에 이르렀으니 말이다.

그래서 우리 환자는 땅에 가까이 다가설 때 우리 시대의 모든 사람이 느끼는 바와 같이 아래로 낮아지는 느낌을 받지 않을 수 없었다. 그런 느낌을 받는 것이 우리의 천성이다. 원시인들에게도 어느 정도 들어맞는 말이다. 원시인이 거기에 우리만큼 가치를 두지 않을 수는 있지만 말이다. 원시인은 땅의 힘과 관련해서 두려움과 경외심을 동시에 느낀다. 원시인은 자연의 힘들을 숭배하면서도 두려워한다. 원시인은 자연의 힘들을 달래기 위해, 그리고 그 힘들을 자신에게 유리한 방향으로 돌려놓기 위해 숭배한다. 원시인은 자연의 힘들의 신성을 확신한다.

그러나 현대인은 자연의 힘에 대해서만 생각하면서 부도덕하게 유혹받거나 모욕당하고 있다고 느끼며 그 힘들을 두려워하지 않고 엉뚱하게 욕을 한다. 현대인은 경외감을 느끼는 사실 자체에 본능적으로 놀라움을 느낀다. 현대인은 자신이 그런 경외감을 품어야 하는 이유를 설명하지 못한다. 현대인의 합리적인 사고에 따르면, 그런 감정은 진정으로 신성한 것에만 어울릴 것이다. 악령들을 몰아내거나 덜 무서운 것으로 만들기 위해서 자연의 힘들을 합리적으로 설명하다 보니, 우리는 그런 힘들이 진정으로 신성하다는 점을 망각하기에 이르렀다. 그러나 자연의 힘들은 원래의 힘을 잃지 않았다. 자연의 힘들은 여전히 마법의 힘을 갖고 있다. 그것도 아주 강한 마법의 힘을. 그래서 계몽이 가장 많이 된 정신들까지도, 더없이 합리적인 사람들까지도 자연의 마법의 힘에 넘어간다.

예를 들어 보자. 최근에 나는 어떤 남자에게, 그러니까 꽤 유명한 어떤 과학자에게 사이콜로지 클럽에 나와서 우리와 대화를 좀 하자고 제안했다. 그는 꽤 적극적이었지만 이런 말을 했다. "그런데 거기엔 여자는 없겠지요?" "당연히 여자도 있지요." "그렇다면 제가 갈 수 없겠네요. 저는 여자들 앞에서 말을 하지 못하거든요." 나는 놀라서 그 이유를 물었지만 그는 대답을 하지 않았다. 그래서 이런저런 것을 물은 끝에, 그가 총각으로 지내다가, 총각들에게 자주 일어나듯이 가정부와 결혼을 하게 되었다는 사실이 확인되었다. 그렇다면 그 여자가 위험한 방식으로 그의 위에 서 있었던 것이 틀림없다.

그는 모든 것을 합리적으로 설명했지만, 그의 두려움은 그런 형식으로 나타났다. 당연히 그는 자신이 그런 식으로 원시적으로 반응하고 있다는 점을 인정하지 않을 것이다. 그러면서 그는 다른 설명을 제시할 테지만, 그 힘은 당연히 엄청나고 그 힘 앞에서 그는 벌벌 떨게 되어 있다. 성욕에 대한 두려움, 말하자면 남자가 자신을 유혹한 연인 앞에서 경험하는 두려움이나 남자를 사랑하는 여자의 두려움은 원래 외경심이며, 이 감정은 거기에 관계되어 있는 사람과는 아무런 관계가 없다.

미스 A와 미스터 B가 무도회에서 만났는데, 내가 미스 A에게 미스터 B를 어떻게 생각하느냐고 묻는다고 가정하자. 그러면 미스 A는 "꽤 훌륭한 남자인 것 같아요."라고 대답할 것이다. 이어 내가 "그 사람 무서워요?"라고 물으면, 그녀는 "왜 무서워해야 하죠?"라고 반문할 것이다. 그리고 일주일 뒤에 그녀는 비참한 상태가 되어 상담을 받으러 나를 찾는다. 그녀는 신경이 예민해져 잠을 이루지 못한다. 그래서 내가 "무슨 문제죠? 틀림없이 무서운 일이 일어난 것 같은데."라고 말한다. 그러면 그녀는 이렇게 말한다. "오, 그 남자 끔찍한 사람이에요. 그 사람이 나에게 프러포즈를 했는데, 어떻게 해야 할지 모르겠어요. 그 사람이 무서워요." 그 사람이 바로 그녀가 하나도 무섭지 않다고 했던 그 선한 남자이다. 갑자기 그가 온갖 사악한 것을 발산하기 시작했고, 돌연 선한 남자가 날개 달린 악마가 되었다. 그 뒤에 그 남자가 나에게 전화를 걸었다. 그에게 끔찍한 일이 벌어졌는데, 그 소녀와 사랑에 빠지게 되었다는 것이었다. 불과 일주일 전만 해도 그는 어느 친구에게 그녀를 두고 우스꽝스런 말괄량이에 지나지 않는다고 말했는데 말이다.

서로에게 끌린 두 사람의 내면에서 뭔가 방출되고 있다. 이 뭔가가 그들을 서로 무서워하도록 만드는 완벽한 악마로 바꿔놓고 있는 것이다. 바로 그런 것이 지하의 것들에 있는 신성한 악마이다. 그것은 단지 성적 끌림일 뿐이지만 신성하다. 그런데 우리는 그만 그 같은 사실을 망각하고 말았다. 만약에 우리가 자신의 두려움을 인정하고 그 대상이 두려워해야 하는 신성한 것이라는 생각을 받아들인다면, 그 문제는 훨씬 더 바람직한 방향으로 나아갈 것이다.

이 모든 것은 지금 전통적인 관점인 아니무스가 피를 마신 이 여자를 간섭하면서, 먼저 그녀를 매우 추운 곳으로 끌고 올라가서 그곳 눈 속에 홀로 남겨두는 이유를 설명해 준다. 거기서 그녀는 그 상황을 놓고 아니무스에 비춰가며 생각하거나 독립적으로 생각할 것이다. 이어서 그녀는 사자를 만난다. 그런 경우에 나는 이 미지(未知)의 환자를 고려하면서 사자를 해석하는 일이 없도록 하라고 조언해야 한다. 당신은 그녀에 대해 모르고 있으며, 그녀가 구체적으로 어떤 존재인가 하는 것은 전혀 중요하지 않다. 사자는 보편적인 상징이며, 사자는 어딜 가나 있다.

사자가 미트라 숭배의 상징이고 종종 뱀과 상반되는 짝으로 나타나지만, 사자에겐 우리가 도외시하는 다른 미덕들이 있다. 여기서 사자를 중국 철학의 언어로 뱀과 반대되는 것으로 설명하는 것은 지나친 일반화일 수 있다.

사자는 권력의 상징이다. 예를 들어, 사자는 로마의 권력을 상징했다. 노르만 교회들의 입구 기둥들은 웅크리고 앉은 사자들 뒤에 세워져 있는데, 이것은 기독교 교회가 이교 사상의 힘 위에 세워졌거나 이교 사상을 이겼다는 뜻이다. 이탈리아의 여행 가이드들은 모두 사자가 이교도 시대를, 제국주의 로마의 권력을 상징한다고 말할 것이다. 그리고 점성술에서 사자가 권력의 상징으로 통하는 것은 그것이 연중 가장 더운 시기의 별자리라는 사실에서 비롯된다. 그 시기에 천국의 지배자인 태양신이 최고도에 이른다. 또한 사자는 코끼리를 빼고 가장 힘이 센 동물로 이해되었으며, 서양인에겐 사자가 코끼리보다 훨씬 더 잘 알려져 있다. 이것이 아마 사자가 동물의 왕으로 여겨지는 이유일 것이다. 이것은 우리에게 사자의 또 다른 측면을, 왕권과 권력의 보다 심리적인 측면을 보여주고 있다.

사자는 액막이 역할도 한다. 사악한 눈길을 물리치고, 사악한 정령이 문으로 들어오지 못하도록 막아준다. 동양에서 예언자의 딸인 파티마(Fatimah)[30]의 손과 비슷하다. 그리고 원시인의 마을에 가면, 마을 입구에서 소위 '주주'(juju) 문이 발견된다. 대개 두 개의 막대기 꼭대기에 다른 막대기가 걸려 있으며, 가로 막대기엔 약초와 잎, 광물들을 담은 작은 주머니들이 매달려 있다. 그 길은 마을을 관통하며, 그 길로 오는 모든 정령은 이 주주 문에 의해 쫓겨났다. 동양이나 아프리카, 특히 옛날의 아라비아의 집에 가면, 속을 물건으로 채운 진짜 악어가 문 위에 놓여 있다. 이것도 마찬가지로 악귀를 쫓는 관행이다. 우리가 문에 "개 조심!"이나 "걸인 추방 협회 회원"이라는 글을 붙이듯이, 그것도 합리적인 형식이다.

그렇다면 중국의 사원 문에 있는 사자는 사원이나 사원의 보물에 손을 대려고 하는 사악한 사람들을 무섭게 하려는 사자의 정령을 나타내고 있다고 할 수 있다. 사악한 사람을 몰아내려는 부적이라면 당연히 매우 강하고 무서운 동물을 택하게 되어 있다. 권력을 표현하는 사자는 정말로 너무나 오래된 상징이다. 많은 원시 부족은 추장을 부족의 사자라고 불렀으며, 유다족에게 사자는 막강한 인물 유다를 의미했다. 그리고 사자를 죽인 삼손의 신화가 있다. 또 바빌론과 아시

30 이슬람의 창시자 무함마드의 딸.

리아의 왕들은 사자를 죽이는 자로 여겨졌으며, 사자보다 힘이 더 센 것으로 통했다. 슈퍼 사자라고나 할까. 그래서 왕은 사자 가죽을 입었다. 아비시니아[31]의 왕은 지금도 자신의 최고 권력을 나타내기 위해 사자의 갈기로 만든 왕관을 쓴다. 아시다시피, 사자의 그런 의미는 정말로 우리의 내면에서 생겨난다.

이젠 우리가 다루고 있는 주제와 아주 비슷한 무엇인가를 보여주고 싶다. 연금술에 관한 자그마한 책이다. 거길 보면 사자가 엄청난 역할을 한다. 사자와 새, 나무의 상징체계 사이에 특이한 연결이 있다. 우리 환자의 환상에서 아래에서부터 위로 성장한다는 주제가 기억나는가? 그녀가 포도주를 마시고 땅과 영적 교감에 들어간 뒤, 수소가 앉아 있던 좌대에서 나무가 자라났고 새들이 나타났으며, 이어 사자의 상징이 따랐다. 여기서 우리는 연금술의 어떤 상징을 보고 있다. 발가벗은 여자의 머리에서 나무가 자라고 있고, 새들이 주위를 날고 있는 그림이다. 그 여자는 불 위에 걸린 오븐 같은 연금술 도구 위에 서 있으며, 오븐 위에 증류기와 정화 장치가 놓여 있다. 원재료로부터 증류에 의해 에센스가 추출되고, 광물로부터 휘발성의 물질이 추출된다. 이 배열은 내가 힌두교의 링감을 설명하면서 그린 그림과 아주 비슷하다. 그것은 또 남자와 여자의 결합을 나타낸다. 증류기가 위에 있으며, 정화 장치는 증류기를 불로 데울 때 그 안에 있는 물질로부터 나오는 증기를 받아들이는 용기(容器)이다. 그것은 하나의 섹스 비유이며, 그래서 아래 땅 속에서 일어나는 연금술의 과정은 일종의 성적 과정이다. 여자는 이런 배열 위에 서 있으며, 그녀의 머리에는 독수리가 있고 주위에도 다른 새들이 많이 날고 있다.

31 에티오피아의 옛 이름

텍스트는 이렇게 말하고 있다. "나무는 남자와 여자의 정액으로부터 나온다. 정액이 땅 속에서 죽을 때, 거기서 나무가 생겨나고, 이후로 나무는 형용할 수 없는 과일을 맺고 다양한 결과를 낳는다. 새들은 태양의 정액이며, 그 새들은 달의 산맥을 뚫고 날아올라 천국의 높이까지 올라간다. 새들은 자신의 깃털을 물고 있다. 그런 다음에 새들은 다시 산으로 내려가서 거기서 순백의 죽음을 맞는다." 순백의 죽음은 연금술의 상징이지만, 우리 환자의 환상에서 그것은 눈이다.

"새들은 달의 정액이며, 그 새들은 자신들의 아버지와 수호자인 산맥을 뚫고 날아 천상의 높이까지 닿는다. 거기서 새들은 태양의 빛을 받고, 그리하여 깨끗해진다. 그런 다음에 새들은 다시 산으로 내려가 거기서 검은 죽음을 맞는다." 또 다른 형태의 죽음인데, 이것 역시 연금술의 상징이다. 잘 아시다시피, 새들이 아직 우리의 환상에서는 암시되지 않은 특이한 움직임으로 날아오르다가 떨어지지만, 그럼에도 그 그림은 우리의 상황과 아주 비슷하다.

그림을 보면 그녀의 왼쪽에 태양의 상징이 있고 오른쪽에 달의 상징이 있다. 이것도 다시 여자와 남자의 결합을 의미한다. 연금술의 과정과 똑같다. 그리고 왼쪽에서 태양의 새들이 순백의 죽음을 죽고 있고, 오른쪽에서 달의 새들이 검은 죽음을 죽고 있다.

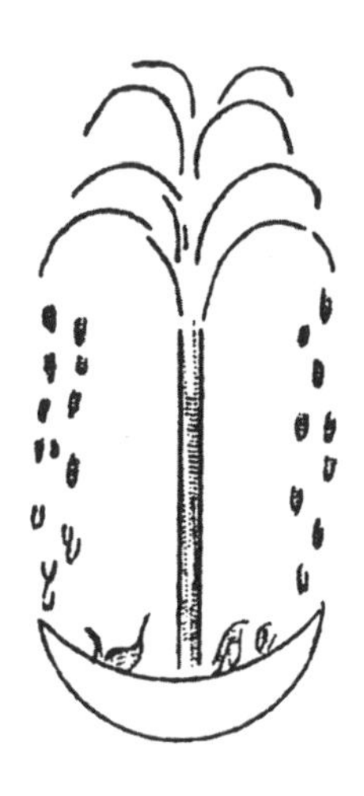

이 같은 생각은 또 잎을 떨어뜨리는 나무에 의해서 표현되었다. 잎이 오른쪽과 왼쪽으로 떨어지고 있다. 그런 다음에 그 과정이 다시 시작된다. 어떤 환자가 지금 내가 보여주고 있는 이상한 그림을 그린 적이 있다. 이 그림을 특별히 보여주는 이유는 그것도 앞의 생각과 아주 비슷한 생각을 표현하고 있기 때문이다. 아래에 어떤 용기(容器)가 있고, 그 안에 불이 있다. 불꽃은 푸른색이 감돈다. 그 불꽃 가운데에서 하나의 밝은 기둥이 자라고 있다. 나무줄기 같다. 나무줄기에서 아름다운 빛의 분수처럼 가지가 뻗어 나와 가지를 맞으려는 듯 피어오르고 있는 불 속으로 내려간다. 그것은 순환 과정이다. 나무가 불에서 자라서 나오고, 그런 다음에 잎을 뿌리며 불꽃을 키우면, 불이 다시 시작한다. 이와 똑같은 것이 연금술에서 서로를 삼키고 있는 용이나 그리핀, 뱀에 의해 표현된다.

그것은 상징적인 공식인데, 고대 그리스의 흥미로운 텍스트를 통해 고대의 심리학적인 철학에도 표현되고 있는 것이 확인된다. '수소는 뱀의 아버지이고 뱀은 수소의 아버지이다'(Tauros drakontos kai Taurou drakon pater)라는 대목에 그 같은 사상이 담겨 있다. 수소와 뱀은 서로에게 아버지이다. 또는 그 생각을 완전히 거꾸로 뒤집을 수도 있다. 수소가 뱀을 생겨나게 하고, 뱀이 수소를 생겨나게 하는 것이다. 그것은 하나의 원 속에서 영원히 이어지는 과정이다. 그리고 그것은 의식이 아무런 간섭을 하지 않을 경우에 틀림없이 무의식에서 일어나고 있는 과정이다. 만약에 사람, 그러니까 의식이 개입하지 않는다면, 새들은 영원히 위로 날다가 땅으로 다시 떨어질 것이다. 무의식적 과정은 그런 식으로 신비한 원을 그리며 이어진다. 무의식적 과정은 일어나고, 발달하고, 번영하고, 그러다 쇠퇴하고 죽어서 카오스 속으로 삼켜진다. 그런 다음에 다시 카오스로부터 무의식적 과정이 일어난다.

광인의 꿈에서 그런 순환 운동이 확인된다. 나는 간혹 너무나 아름답게 전개되는 일련의 꿈들을 관찰한다. 꿈 자체가 매우 아름답기 때문에, 무엇인가가 일어날 것임에 틀림없다는 느낌이 든다. 그러나 꿈은 그런 분위기를 풍기다가 갑자기 쇠퇴하며 카오스 속으로 빠져버린다. 그러다 시간이 지나면 꿈은 다시 시작한다. 그것이 무의식이 의식에 나타나는 전형적인 방식이다.

어떤 분석의 경우에 환자가 매일 밤 꾸는 꿈에서 그런 순환이 분명히 보인다. 환자가 꿈들이 어떻게 일어나는지를 보고 그것들을 파악하지만, 꿈이 의식에 의해 포착되는 것은 아니다. 그래서 꿈 자체가 카오스 속으로 흐릿하게 사라진다. 그러면 아무 일도 일어나지 않은 것처럼 보인다. 그러다 꿈이 다시 시작한다. 『그녀』(She)라는 작품 속의 생명의 기둥도 똑같은 사상을 표현하고 있다. 그 생명의 기둥은 저 아래 땅의 복부에 있는, 어떤 화산 안에 있는 산의 갈라진 틈을 리드미컬하게 통과하면서 땅의 배 속으로, 화산 속으로 내려간다. 그것은 매우 신비한 기적이며, 불과 같은 어떤 이상한 상태를 표현하고 있다. 라이더 해거드(Rider Haggard)는 뒷날 매우 흥미로운 책인 『지혜의 딸』(Wisdom's Daughter)에서 그것에 대해 설명한다. 생명의 기둥은 정말로 생명의 나무이고, 모든 존재들을 두루 포용하며, 동물과 인간을 포함한 온갖 형태의 생명의 소리로 비명을 지르고 있는 놀라운 사물이다. 그 생명의 기둥 안으로 들어설 때, "그녀"는 거의 불멸이 된다. 그러나 그 안으로 두 번째 들어설 때, 그녀는 말라비틀어지면서 쇠퇴해 금방 먼지가 되어 버린다. 그것도 똑같은 공식이다. 서로를 먹는 동물처럼, 또 높이 올라갔다가 아래로 떨어지는 새들처럼 말이다.

헤라클레이토스는 훨씬 더 일찍 다른 형태로 그 같은 사상을 표현했다. 그는 영혼이 물이 되었다가 흙이 되고 다시 물이 되었다가 최고천(最高天)의 불이 된다고 말했다. 최고천은 신들이 있는 높은 곳의 공간을 말한다. 헤라클레이토스는 또 남자가 포도주를 너무 많이 마시면 영혼이 습해져 다시 땅으로 돌아간다고 했다. 그래서 그는 영혼의 리듬을 묘사했다. 영혼은 언제나 위와 아래에서 변해야 한다. 그것도 똑같은 철학의 한 단편이다.

그림 속의 여자의 머리 위쪽은 형언할 수 없는 나무의 열매를 암시하고 있다. 독수리는 연금술에서 매우 특별한 새이다. 독수리는 언제나 전체의 위에 있으며, 마치 형언할 수 없는 열매처럼 보인다. 틀림없이 그 열매는 날개를 가진 존재가 될 것이며, 이런 존재는 옛날의 바빌론의 상징을 암시한다. 바빌론의 원통인장(圓筒印章)[32]을 보면, 생명의 나무가 보인다. 대체로 두 사람의 형상, 즉 숭배자들이 보인다. 양쪽에 한 사람씩 있으며, 나무로부터 날개 달린 원반, 십자가가 있는 원형의 상징이 나온다. 정말 흥미롭게도, 그것은 개성화의 상징이며, 개성화는 개인의 원형을 실현하는 '엔텔레키아'(entelechia)[33]를 말한다. 그것이 나무의 형언할 수 없는 열매이다. 개성화는 그 과정에서 나와야 한다. 그러나 만약에 의식이 간섭하지 않는다면, 열매는 절대로 나타나지 않고 새들은 올라가다가 다시 떨어지기만 할 것이다.

잘 아시다시피, 이것은 매우 철학적인 그림이다. 예를 들어, 분석 과정에 환자가 이상한 단계들을 여럿 거친다는 것은 잘 알려진 사실이다. 온갖 종류의 새들이 날아오르고 온갖 종류의 공상이 다 떠오르지만, 마지막에는 새들이 내려와서 실망을 안겨준다. 그러면 환자는 이렇게 생각한다. "오, 이건 아무것도 아니야. 공상일 뿐이야." 모든 것이 다 죽고, 사람은 다시 시작 단계에 서 있다. 그때 나무가 다시 위로 자라고, 새들이 나타난다. 그러면 환자는 "아, 지금이로군!"이라고 생각한다. 그러나 그것은 다시 똑같은 것이다. 환자는 공상 때문에 길을 잃게 되고 나무의 형언할 수 없는 열매에 집중하지 못한다.

다음 그림에는 사자가 있다. 사자는 1,500년 동안 나온 연금술 책에서 사라진 적이 한 번도 없었다. 사자는 보통 나무의 성장과 연결되어 있다. 나는 사자가 나무 꼭대기에 있는 그림도 알고 있다. 사자는 간혹 나무의 양 옆에도 나타나며, 다른 단계에서 사자는 발톱이

....

32 표면을 음각해 젖은 진흙에 굴릴 때 그 무늬가 나타나도록 한 인장으로, 고대 메소포타미아 문명의 대표적인 유물로 꼽힌다.

33 어떤 생물학적 체계에서 가능한 모든 것을 실현하는 것을 말한다. 아리스토텔레스가 처음 제시한 개념이다.

잘린다. 텍스트는 그 일에 대해 무엇인가를 말하고 있다.

여기선 나무라는 개념이 훨씬 더 복잡해진다. 이번에는 나무가 요새의 벽 같은 것으로 둘러싸인 하나의 탑이다. 잎이 달린 가지들이 탑의 꼭대기에서 나오고, 새들이 나뭇가지 위를 날고 있다. 아랫부분 왼쪽에는 사자가 벽을 향해 서 있고, 사자가 오른쪽에도 나타난다. 거기선 칼을 든 남자가 사자의 발을 자르고 있다. 텍스트는 이렇게 말한다. "사자의 피를 마셔 사자처럼 행동하는 자, 그리고 폭력을 휘둘러 자기 아버지의 육신을 이글거리는 불로 태운 다음에 그 재에 신성한 물을 붓는 자는 누구나 그것으로 만병을 치료하는 연고를 만들 것이다." 여기서 의식(意識)의 개입이라는 생각이 나타난다. 연금술사의 생각에 따르면, 사람이 개입하지 않으면, 자연적인 과정은 아마 계속될 것이다. 그러나 여기서 사람이 개입하여 사자의 발을 자르고 자기 아버지의 육체를 불에 태운 다음에 그 재에 신성한 물을 붓는다. 그러면 거기서 연고, 즉 '철학자의 돌'(Lapis philosophorum)이 나온다. 초기 기독교 교회는 그것을 '불멸의 약'이라고 불렀다.

이것은 매우 흥미로운 텍스트다. 사자는 분명히 권력 의지를 나타내고 있다. 이 권력 의지는 인간의 왕권과 동일하다. 인간의 의지가 인간이 자연을 이기는 무기라는 점에서 보면 그렇다. 그것이 인간과 동물의 차이이다. 동물은 복종적이고, 경건하고, 자연의 법칙을 따르지만, 동물은 오직 힘이 있는 한에서만 자연의 법칙을 따를 뿐이다. 그 힘은 동물 자신의 것이 아니다. 그것은 동물을 통해 나타나는 자연의 힘이다. 그러나 인간은 진정한 힘을 갖고 있다. 왜냐하면 인간은 자연에 불복하면서 자연에서 힘을 끌어내는 데 성공하고 그 힘을 자신의 의지력으로 만들었기 때문이다.

그러나 위험은 인간이 원래 동물이었다는 사실에 있다. 그 동물이 스스로 흥분하여 인간과 함께 달아날 수 있는 것이다. 그것은 일종의 자아 팽창이다. 프로메테우스의 신화를 통해 알고 있듯이, 인간은 신들로부터 무엇인가를 훔쳤기 때문에 신들의 처벌을 받고 있다. 의지력의 소유는 어느 정도의 오만을 부르며, 이 오만은 인간이 의식의 차원에서 지나치게 멀리 나아가도록 만든다. 인간이 사자의 발을 자르고, 따라서 자연의 과정에 순응하지 않고 인간의 의지 안에 있는 개별적인 충동에 순응하게 된다. 그러면 현재 우리의 문화적 상황에서 확인하듯이, 인간의 의지가 인간을 휩쓸어버릴 것이다.

예를 들면, 우리가 발명한 기계들이 지금 우리의 주인이 되어 있다. 기계들이 우리를 갖고 달아나고 있다. 기계들은 악마이다. 기계들은 인간이 원숭이처럼 살던 때에 두려워했던 거대한 뱀 같은 존재이다. 인간은 자신의 의지로 중생대 세계 같은 것을, 말하자면 목소리와 몸

무게로 수천 명을 짓밟을 수 있는 괴물들의 세계를 다시 발명했다. 공장의 거대한 기계와 거대한 선박, 거대한 기차와 자동차 등이 너무나 압도적이기 때문에 인간은 단순히 그런 것들의 희생자일 뿐이다.

뉴욕을 보라. 거기서는 어느 누구도 인간이 왕 같은 기분을 느낀다고 말하지 못한다. 그런 대도시에서 인간은 개밋둑에 붙어 있는 한 마리 개미에 불과하고 전혀 중요하지 않으며 여분에 지나지 않는다. 거기서 중요한 것은 개밋둑이다. 그곳은 거인들이 거주해야 할 도시이다. 그래서 나는 그 빌딩들이 거인들에게 속한다고 믿을 것이다. 졸라(Emile Zola)가 말한 대로, 거대한 도시는 인간애의 홀로코스트이다. 인간은 자신의 장례식용 장작더미를 스스로 쌓았으며, 그 더미가 인간을 파괴하고 있다. 그래서 우리의 전체 세계가 파괴되고 있다. 수백 만 명이 빵을 빼앗겼고, 그럼에도 생산은 여전히 미친 듯이 계속되고 있다. 그것이 실제 위기의 진정한 본질이다. 그렇다면 "인간의 의지가 곧 인간의 하늘의 왕국"이라는 속담이 뜻하는 바가 현실로 나타날 것이다. 인간의 의지가 인간의 신이 되며, 그 신은 먹잇감을 먹는 사자처럼 인간을 훔쳐 달아나는 그런 끔찍한 신이다. 그러므로 사람은 사자의 발을 잘라야 한다.

아버지의 육신을 태운다는 사상은 특별히 신비적인 의미를 지니지만, 그것은 또한 심리학적이기도 하다. 그것은 그때까지 있었던 사물들의 파괴를 의미한다. 아버지의 육신은 현재의 조건 이전에 지배적이었던 조건이며, 앞의 조건은 현재 조건의 아버지이다. 우리가 용의 상태에 있을 때, 수소가 우리의 아버지였으며 따라서 우리가 해방되기 위해서는 수소가 희생되어야 한다. 말하자면 우리가 미래를 밝히기 위해서는 과거를 희생시켜야 한다는 뜻이다. 만약 과거를 희생시키지 못한다면, 우리는 꼼짝 못하게 갇히고 말 것이다. 그래서 역사의 중요한 단계마다 정신적으로나 물질적으로 과거의 파괴가 거의 불가피했다. 만약 우리가 그런 변화를 이룰 수 있다면, 아버지의 육신을 파괴할 수 있다면, 사자의 발을 자를 수 있다면, 우리는 영생을 얻는 약을 만들 수 있을 것이다. 말하자면 삶이 앞으로 나아가는 것을 도울 수 있고, 우리의 삶을 과거로부터 단절하고 다시 살 수 있을 것이다. 이것은 연금술 철학의 일부이다.

물론 이 환상 속의 사자는 똑같은 역할을 하지는 않지만, 여기서도 꽤 적절한 상징이다. 왜냐하면 우리의 환자가 지금 그 다음 단계의 변형 쪽으로 나아가고 있기 때문이다. 말하자면, 우리의 환자가 이전의 굴욕적인 상태에서 벗어날 의지를 품고 있다는 뜻이다. 그래서 그녀는 일어선다. 그녀는 혼자 있는 동안에 사자를 만나고, 따라서 자신의 탁월한 의지력을 자각하고, 이 의지력이 그녀를 그 높은 곳까지 데려갔던 바로 그 힘이었다. 바꿔 말하면, 그녀가 땅과의 신비적 참여의 상태에 있던 자신을 거기서 끌어올렸으며, 그곳에서 사자를 만난다는 뜻이다. 그녀는 무슨 일이 일어났는지 모르고 있으며, 그래서 꽤 순진하게 "왜 내가 여기 있지요?"라고 묻는다. 왜 그렇게 고립되어 있느냐고 묻는 것이다. 그때 사자가 "당신이 그 길을 선택했으니까."라고 말한다. 그녀의 환상은 이렇게 이어진다.

> 그때 새 한 마리가 나에게로 왔고, 나는 그 새에게 "내가 이 만년설 속에 있는 이유가 뭐야? 온기가 간절히 필요해."라고 말했다. 그러자 새가 "나를 따라라."라고 했다. 나는 새가 시키는 대로 했는데, 새가 나를 사막의 스핑크스로 데려다 주었다.

그녀는 더 이상 사자를 따르지 않고 있다. 지금 그녀는 아주 다른 상징인 새를 선택하고 있다. 이 경우에 새는 매우 특별한 의미를 지닌다. 영웅이 궁지에 몰려 어디서 도움을 청해야 할지 모르는 상황에 처할 때, 새가 날아와서 그에게 어떻게 해야 하는지를 알려준다. 그것은 직관이다. 그러면 영웅은 어떤 예감이 떠오르고, 돌연 어떤 길이 머릿속에 떠오른다. 그렇듯, 여기서도 새는 새로운 가능성을 말해주는 직관이다. 그 가능성은 그녀가 생각하지 않았던 그 무엇일 것이다. 새가 느닷없이 나타나듯이, 어떤 생각이 그녀의 머리에 불쑥 나타나면서 새로운 가능성을 가져다준다. 지금 새는 그녀를 그곳으로부터, 또 사자로부터 완전히 끌어낸다. 그녀는 모험의 길을 따른다. 이제 그녀는 의도적인 선택을 포기하고 새로운 암시를 따른다.

6강

1931년 12월 16일

두 가지 질문이 제기되었다. 첫 번째 질문부터 보자. 내가 헤르메스를, 소피아와 대등한 최고의 형태로서 아니무스의 네 단계 중 맨 위에 올린 것을 기억할 것이다. 질문은 이것이다. "지혜와 과학의 신이고 글의 발명자인 헤르메스 트리스메기스투스(Hermes Trismegistus)가 교역과 도둑의 신으로 바뀐 이유가 무엇입니까?"

지혜와 과학의 신과 교역과 도둑의 신은 동일하지 않다. 그리스 신 헤르메스는 정말로 신들의 사자(使者)일 뿐만 아니라 돈이나 교환, 재화를 보내고 받는 일 등과 관련 있는 모든 것의 수호성인이기도 하다. 그러나 그리스 신 헤르메스는 원래 신들이 결정을 수행하거나 신들의 뜻을 인간들에게 전하기 위해 올림포스 산에서 내려온 사자였다. 그런 임무를 맡은 헤르메스는 이집트의 글의 신이자 지혜와 지성의 신인 토트(Thoth)와 동일했다. 또 헤르메스는 똑같은 성격을 지닌 로마의 신 메르쿠리우스와도 동일했다. 다수의 신들이 다소 동등

했다. 예를 들어, 옛날의 갈리아인과 켈트인의 신들은 로마의 신들과 동일했다. 그래서 우리는 고대에 프랑스 남부에 해당하는 갈리아 트란살피나 지역에서 켈트족 형태의 유피테르와 메르쿠리우스를 포함한 다양한 신들을 발견한다.

'세 배 위대한 헤르메스'[34]라는 뜻을 가진 헤르메스 트리스메기스투스는 완전히 전설적인 어떤 형상을, 신이 아니고 인간인 어떤 인물을 부르는 이름이다. 그것은 역사적인 사실이거나, 진정한 인간 존재로서 실제로 살았던 것으로 전해지는 오시리스처럼, 그리고 삼위일체 중 제2 위격인 그리스도처럼 어떤 전설적인 사실일 수 있다. 후자의 가능성이 더 크다. 전설은 그리스도와 오시리스가 신인(神人)이었다는 이야기를 들려주고 있다. 전설에 따르면, 이 헤르메스 트리스메기스투스도 신인이었고, 신성한 지혜로 넘쳐났으며, 소위 헤르메스 트리스메기스투스 서적들의 아버지였다. 이 책들은 특별한 종류의 옛 그리스 문학으로, 이집트 성직자의 지혜에서 비롯된 것으로 전해지고 있다. 이 문헌들은 지금도 존재하고 있다.

그렇다면 세 배 위대한 헤르메스라는 그 헤르메스와 그리스 신 헤르메스의 관계는 아주 멀어지며, 둘은 동일하지 않다. 우리가 여기서 논하고 있는 헤르메스라는 형상은 '헤르메스 사이코폼포스'(Hermes Psychopompos: '폼포스'(Pompos)는 인도자를 의미하고, '사이코'는 영혼을 의미한다. 말하자면, 영혼의 인도자란 뜻이다. 그러면 영혼의 인도자 헤르메스가 된다)라고 불렸던 그 그리스 신들의 사자와 더 가까울 것이다. 헤르메스 트리스메기스투스가 중요한 원형적인 인물이듯이, 헤르메스 사이코폼포스도 무의식에 매우 중요한 원형적인 인물이다. 늙은 현자의 원형이다. 원시 부족의 주술사가 최

34 연금술, 점성술, 마법에서 뛰어나다는 뜻이다.

초의 형태의 영혼의 인도자였으며, 그 다음에 치유자나 성직자, 분석가가 그 역할을 맡았다. 현대에는 모든 분석가가 '영혼의 인도자'가 되거나 그런 존재로 이해되는 매우 불쾌한 상황에 처해 있다. 분석가가 하는 일은 그런 것과 거리가 먼데도 말이다. 그것은 그 원형적 형상의 전이에 따른 효과 때문이다.

그런 인물을 현실 속에서 본다면 누구나 그 인물의 중요성을 당장 이해하게 된다. 예를 들어, 원시 부족에는 언제나 눈에 두드러지는 사람이 둘 있다. 한 사람은 전사이거나 행정가이며 매우 실용적인 존재인 추장이고, 다른 한 사람은 정치적 추장과 대등하거나 추장보다 훨씬 더 중요하거나 덜 중요한 주술사이다. 같은 사람이 두 가지 직책을 다 맡는 경우도 종종 있으며, 같은 가문에서 주술사와 추장 자리를 번갈아 맡기도 한다.

내가 관찰한 부족의 경우에 추장의 아들이 주술사였다. 이 주술사는 그때 이미 노인이었으며, 푸른원숭이 가죽으로 만든 매우 인상적인 의례용 복장을 하고 있었다. 매우 아름다운 옷이었다. 그는 또 긴 지팡이를 갖고 있었으며, 발목을 비롯한 그의 신체 부위 온 곳에 부적이 달려 있었다. 부족의 일들이 다소 정상적으로 돌아가는 한, 추장은 그 일들을 지휘하는 중요한 인물이다. 그러나 일상에서 크게 벗어난 일이 일어난다면, 모두가 주술사에게 간청한다. 삶의 어두운 면, 불가사의한 모든 일을 그에게 털어놓는 것이다. 혹시 주술사가 화가 났다는 생각이 들면, 부족민들은 그가 부족을 악으로부터 구하도록 하기 위해 먼저 그를 달래야 한다. 종교적인 문제뿐만 아니라 출생과 죽음, 질병, 악몽 또는 유령 같은 특별한 온갖 사건은 어김없이 주술사에게 전해진다.

원시인들은 종종 태양이나 달이 가려지는 사건이나 가축의 병 또는 다른 사악한 사건은 적대적인 부족의 주술사 때문에 일어난다고 단정한다. 그래서 자기 부족의 주술사도 그 효과를 상쇄하기 위해 마법을 행해야 한다고 생각한다. 그렇듯 원시인의 정신생활에서 주술사는 엄청난 역할을 하고 있으며 다른 사람들의 두려움의 대상이 되고 있다.

나는 불미스런 행동을 했다는 이유로 영국 당국에 의해 권력을 박탈당한 늙은 추장을 알고 지냈다. 그는 자신의 후계자인 현재의 추장과 주술사에게 원한을 품고 있었기 때문에 나에게 부족의 비밀을 다 수 들려주었다. 그러나 그는 나와 만나는 것이 탄로날까 두려워 언제나 노예를 두 명 데리고 다니면서 숲속에 보초를 서게 했다. 그러다 마침내 그가 내가 쉽게 찾을 수 있는 아주 외진 곳을 발견했다. 그런데 그는 이번에는 주술사가 그의 말을 엿들을 수 있다고 걱정했다. 주술사는 귀가 아주 길어서 모든 말을 다 듣는 것으로 여겨졌기 때문이다. 그래서 나는 그가 어떻든 독살되거나 상처를 입게 되지는 않을 것이라고 안심시키면서 그의 마음을 진정시켜야 했다. 주술사들이 매우 악의적인 사람이어서 독약을 곧잘 사용하는 것은 분명한 사실이다.

그것이 바로 우리 인간이 문명화된 상태에서 지낸 세월보다 몇 천 년이나 더 긴 세월 동안 지낸 상태를 생생하게 보여주는 그림이다. 그 기간에 각인된 인상들이 우리 인간이 문명화된 후 몇 백 년 동안 경험한 것보다 훨씬 더 강할 수밖에 없다. 세상의 일들을 가만 내버려두면, 우리는 언제나 전형으로, 원형적인 삶의 형태로 돌아간다. 그래서 우리는 어둡거나 불가사의한 일 앞에서 본능적으로 주술사를 찾는다. 우리의 첫 번째 반응은 비밀스런 지식을 들여다보는 사람에게, 인간의 본질의 어두운 면에, 말하자면 무의식에 접근하는 사람에게 가는 것이다.

그러므로 원시인들이 주술사를 만드는 과정은 무의식을 여는 이상한 절차로 이뤄져 있다. 주술사들은 거의 미친 상태로 내몰린다. 숙련된 주술사들 중 많은 사람들은 정말로 미친다. 그들은 목소리를 듣고, 온갖 종류의 정신적 상태로 쉽게 넘어간다. 또 다른 주술사들은 부족 중에서 가장 약삭빠르고 지적인 사람들이다.

두 번째 질문은 이것이다. "사자와의 연결 속에서 당신은 양(陽)의 원리와 인간의 원리에 대해 말했습니다. 이 경우에 사자가 아니무스의 힘을 나타낸다는 뜻입니까? 남자들의 행렬이 환자를 산꼭대기로 이끌었는데, 남자들은 거기 추운 곳에 여자를 홀로 두고 가버렸으며, 이어 여자는 사자를 만났습니다. 바꿔 말하면, 남자들의 에너지가 집중되어 나타났다고 할 수 있지요. 그 전에 그녀의 길을 가로막았던 거인과 아주 비슷하다는 생각이 듭니다."

이 질문의 논리는 꽤 탄탄하다. 수소 제물을 바친 뒤에, 우리 환자가 행진하는 남자들에게 이끌려 산꼭대기로 올라간 것은 맞다. 그곳에 그녀는 홀로 남았다. 이것이 아니무스의 그림이라고 말한 바 있다. 너무나 많은 집단적인 생각들이 자연히 일종의 보상으로서, 땅과 영적 교류를 하던 그녀를 거기서 끌어냈다. 말하자면 피의 따스함으로부터 차가운 눈 속으로, 반대편 극단으로 이동시킨 것이다. 보시다시피, 사람이 잘못된 것처럼 보이는 무엇인가를 하면서 대단히 당혹스러워할 때마다, 거의 어김없이 아니무스가 나타나 전통적인 의견을 표현한다. 지금 당신이 이런저런 일을 했다는 식으로 말하는 것이다. 그러면 사람은 그 암시에 따라 올라가거나 내려가게 된다. 이 경우에도 그런 일이 벌어졌다. 그래서 그녀는 아니무스의 핵심인 본능적인 힘을 상징하는 사자를 마주하고 있다. 우리의 여자 환자가 자신의 의지력에 희생되고 있다는 점에서 본다면, 이 사자는 의지력을 상징하기도 한다. 말하자면, 사람이 땅 속에 있을 때 굴욕적인 상태에 있다는 점을 상기시키는 아니무스의 생각이 어떤 힘을 지닌다는 뜻이다. 만약에 사람이 아니무스의 생각을 따른다면, 그 사람은 땅의 힘을 상대로 힘을 행사하게 된다.

그것은 이런 식으로 말하는 것이나 마찬가지이다. "나는 땅과의 이런 영적 교류를 원하지 않아. 땅은 너무 야만적이고 원시적이야. 그래서 나는 땅에서 빠져 나와서 위로 올라갈 거야." 그것이 곧 권력 의지이다. 여기서 진정한 질문은 이것이기 때문이다. 나는 땅 가까이 있어야 하는가, 아니면 나 자신이 피의 법칙들로부터 빠져나와서 산꼭대기로 올라가야 하는가? 어떤 권력 의지가 그녀를 높은 곳까지 끌어올렸다.

한편, 어느 누구도 이것이 잘못이라는 식으로 말하지 못한다. 우리가 선택에서 어느 정도의 자유를 누리기 때문이다. 우리는 이렇게 말할 수 있다. 나는 땅을 건드리고 싶지 않아. 나는 하늘에서 남고 싶어. 물론, 그곳에 오래 머무는 것이 즐겁지 않을 수 있다. 천상의 도시에 도달했을 때, 그녀는 그곳을 견디지 못하고 땅으로 돌아갔다. 그러나 지금 그녀는 다시 산꼭대기로 올라갔다. 그리고 그녀는 그곳을 선택할 수 있지만, 그것이 아래나 위로의 무의식적 움직임 때문이라는 것을 당신은 알고 있다. 처음에 그녀는 무의식에 의해 땅으로 내려갔다가 갑자기 아니무스의 뒤에서 작용하는 본능적인 힘에 의해 다시 위로 올라갔다.

이 모든 힘들은 인간에 의해 꽤 본능적으로 해방되었다. 그래서 사람이 육체의 삶을 살 것인가 아니면 육체의 원리를 억누르고 하나의 정신이 될 것인가 하는 문제는 본능적인 힘의 전개에 따라 결정되었다. 처음엔 우리 인간 자체가 본성의 법칙들이었으며, 한참 세월이 지난 뒤에야 인간은 그 법칙들에 이름을 붙였으며, 그러고 나서도 오랜 세월이 더 지나서야 그 법칙들이 도덕적 또는 철학적 원리들로 발달할 수 있었다. 처음에 그 법칙들은 그 자체로 힘이었다.

예를 들어, 우리 시대의 슬로건이라고 부를 수 있는 섹스의 억압은 결코 인간을 이롭게 하거나 해롭게 하길 원한 사람들의 발명이 아니다. 그것은 자연의 현상이며, 자연 스스로가 사람들로 하여금 그렇게 하도록 강요한다. 다른 본능들을 간섭하다 보면 그런 억압이 일어나는 것이다. 그런 현상은 동물에서도 관찰된다. 어떤 본능의 영향을 받고 있는 개는 그 외의 다른 본능을 모두 누를 것이다. 그 개가 뭔가를 꽤 두려워할 수 있다. 그런 상황에서 다른 어떤 본능이 일깨워지면, 개는 대단히 용감해지면서 두려움에 대한 생각 자체를 아예 망각할 수 있다. 그래서 두려움이 억눌러지지만, 다른 때에는 두려움이 용기를 억누를 것이다. 그렇듯이 본능들 자체가 억압을 낳는다. 그것은 인간의 발명이 아니다. 이 여자가 땅 속으로 들어가기 전에 땅으로부터 강제적으로 나오는 것은 아주 자연스런 반응이다. 그녀가 떨어진 구덩이로부터 자동적으로 그녀를 끌어 올리는 것은 그녀의 내면에 있는, 인간의 역사를 내려오면서 켜켜이 쌓이게 된 힘들의 반응이다. 여기서 우리는 무의식이라는 파도의 영원한 상하 운동을 본다.

이 운동은 겨울에 깊은 곳으로부터 봄을 끌어 올렸다가 이어서 전체 창조물을 다시 묻어버린다. 이 운동은 언제나 그런 사이클로 움직인다. 우리가 여기서 보고 있는 것은 동요하는 움직임의 한 부분이다. 무엇인가가 그녀를 땅 속으로 내려가도록 누르고, 그런 다음에 다른 무엇인가가 와서 그녀를 땅으로부터 끌어올린다. 사자는 그 원리의 한 표현이다. 나는 사자를 단순히 그 파도의 긍정적인 부분을 의미하는 양(陽)과 연결시켰다. 나의 생각에 따르면, 사자를 파도의 일어남을 설명하는 일종의 철학적 원리로 이해하는 것이 훨씬 더 낫다. 그러면 파도가 내려가는 것은 음(陰)의 원리일 것이다.

환상에서 사자는 새로운 발달의 시작이었으며, 이어서 새가 오고 그 다음에 스핑크스가 등장한다. 세 마리의 동물이 연달아 나타난 셈이다. 그녀는 사자에게 "내가 여기 있는 이유가 뭐냐?"라고 물었고, 사자는 "당신이 그 길을 택했기 때문이다."라고 대답했다. 이 대답이 그녀의 본능과 그녀의 추구 사이에 어떤 연결을 보여준다고 말할 수 있다. 그녀는 틀림없이 그녀를 위로 들어 올린 것이 무엇인지를, 혹은 그녀를 다시 아래로 끌어내린 것이 무엇인지를 이해하지 못하고 있지만, 그녀는 그것이 본능과 관계있음에 틀림없다는 것을 직감적으로 느끼고 있다. 그리고 사자가 올바른 대답을 제시한다. 그녀가 그 길을 택했기 때문이라고. 이어서 그녀가 스핑크스가 있는 곳으로 가는데, 스핑크스는 무엇인가?

스핑크스는 이중성을 의미하며, 머리는 인간이고 몸통은 암사자이다. 스핑크스의 얼굴을 바라볼 때, 거기서 정신은 거의 보이지 않는다. 스핑크스는 아주 고풍스럽고, 사막에 돌출한 바위였을 것이다. 사막에서는 바위가 모래에 의한 풍화로 인해, 말하자면 모래 폭풍으로 인해 아주 특이한 모양을 띠게 된다. 모래는 광택을 내는 효과가 있다. 대부분의 경이로운 형태들은 단단한 바위로 만든다. 카이로 근처의 바위는 그리 단단하지 않다. 그래서 그곳의 바위는 모래의 영향을 더 많이 받는다. 스핑크스가 제작된 시기를 정확히 밝히는 것은 어렵다. 아마 왕조 이전 시대로까지 거슬러 올라갈 것이다. 그것은 매우 오래된 괴물임에 틀림없다. 괴물은 적어도 2개 이상의 동물로 이뤄져 있으며 그보다 훨씬 더 많은 수의 동물로 된 괴물도 간혹 있다. 그리스 괴물인 키마이라는 사자의 머리와 염소의 몸통, 뱀 또는 용의 고리로 되어 있다. 파르지팔[35]의 전설에서, 바그너의 작품이 아니라 원래 형태의 전설에서 쿤드리[36]는 대단히 특이한 형상이다. 프랑스의 옛 이야기 '갈루아인 페르스발의 모험'(Adventures of Perceval le Galloys)은 "쿤드리는 쥐만큼 작은 눈과 고양이나 원숭이의 코, 곰의 귀, 수사슴의 턱수염을 갖고 있다."고 전한다.

그런 괴물이 어떤 것으로 구성되어 있는지에 주목해야 한다. 괴물이 동물로만 이뤄져 있다면, 우리는 그것이 충돌을 일으키는 본능들의 집합이라는 것을 알아야 한다. 만약에 괴물이 부분적으로 인간이고 부분적으로 동물이라면, 우리는 그것이 인간의 동물적인 부분과 인간적인 부분의 결합이라는 것을 안다. 스핑크스는 동물과 인간의 결합이며, 괴물은 신화적인 존재이기 때문에 그다지 현실적이지 않으며 독립적인 존재로는 살아가지 못한다. 인간의 머리를 가진 동물은 불가능하며, 따라서 그것은 인간과 동물의 왕국을 결합시키려는 시도, 동물과 인간 사이에 화해를 꾀하려는 잠정적인 시도이다.

아직까지 환상에서 이런 결합은 일어나지 않았다. 환상에 다양한 동물과 새가 등장했지만, 이 여자 본인은 언제나 초연한 인간 존재이다. 당신은 무의식의 리듬이 그녀에게 영향을 미치고 있는 것을 보았다. 그럼에도 그녀는 무의식과 일치하지 않고 있다. 그녀는 아직 무의식을 받아들이지 못한다. 그녀는 무의식이 인간 존재처럼 직선으로 움직이지 않는 이유를 궁금해 하고 있다. 그래서 그녀는 동물들과 하나가 되지 못하고 있는 것이 확실하며, 따라서 무의식은 적어도 결합을 시도할 준비를 갖추고 있다. 이것이 스핑크스에 의해 상징적으

....

35 아서 왕의 전설에 나오는 원탁의 기사 중 한 명으로 알려져 있다.

36 전설 속에서 여자 마법사로 나온다.

로 표현되고 있다.

여기서 이 동물이 인간 존재로 변하려 하고 있다는 식으로 말할 수도 있다. 그것이 이미 인간의 머리를 갖고 있기 때문이다. 아니면 인간 존재가 이미 암사자로 나타나고 있는 한 마리의 동물로 변하려 한다는 식으로 말할 수도 있다. 그러나 우리는 스핑크스의 상징에 대해 더 많은 것을 이해해야 한다. 왜냐하면 그것이 전설 속의 형상이기도 하고 인간이 만든 구조물이기도 하기 때문이다. 카이로에 있는 진짜 스핑크스의 특이성은 무엇인가?

스핑크스는 피라미드 근처에 있지만, 우리는 그것이 매장 의식에 쓰였는지에 대해선 확실히 모른다. 그럴 가능성은 충분히 있지만 말이다. 스핑크스는 정말로 일종의 용이다. 동물을 삼키는 동물 말이다. 그래서 그것은 수수께끼 같은 위대한 죽음의 상징일 수 있다. 만약에 생명의 수수께끼를 풀 수 있다면, 우리는 영원히 살 것이다. 그러나 우리는 스핑크스의 수수께끼를 풀지 못하기 때문에, 그것이 우리를 삼킬 것이다. 그러나 앞쪽의 두 발 사이에 꽤 뚜렷한 무엇인가가 보인다. 신전과 제단이다. 스핑크스는 종교적인 대상이다. 그것은 부분적으로 신전이다. 그것은 일종의 땅 속의 용, 즉 동물을 삼키는 괴물일 뿐만 아니라 어떤 정신적인 사실이기도 하다. 스핑크스 안에 어떤 이상한 정신이 깃들어 있는지 모르지만, 우리는 이 환상들을 추가로 설명하면서 무엇인가를 발견하게 될 것이다. 지금은 이 문제를 그냥 내버려두는 것이 좋다. 왜냐하면 이 문제는 인간과 잃어버린 본능들 사이의 연결이 다시 확립될 때에만 이해될 수 있는 그런 성격을 지니고 있기 때문이다. 이 문제는 아마 뱀의 지혜와 관계있을 것이다. 지금 우리 환자는 대담하게 스핑크스 앞에서 자신을 가다듬으면서 묻는다. "나에게 너의 비밀을 알려주라." 이 말은 무슨 뜻인가?

그녀가 팽창의 상태에 있다고 할 수 있다. 그런데 그 팽창은 어디서 비롯되었는가? 아시다시피, 팽창은 사람을 부풀어 오르게 만든다. 그러면 사람은 풍선처럼 되면서 하늘로 올라간다. 사람이 그 정도로까지 스스로를 부풀려야 하는 이유는 무엇인가? 그러면 팽창하지 않은 풍선은 어떤 모습인가? 어떤 사람이 풍선처럼 팽창될 때, 그것은 일종의 보상이다. 그것은 그 사람이 아주 불쾌한 무엇인가를, 건드리고 싶지 않은 무엇인가를 직면하고 있다는 뜻이다. 그 사람이 스스로를 팽창시켜 그것을 무시하기를 원하는 것이다.

그러나 슬픈 사실은 어떤 풍선도 언제나 하늘에 남을 수는 없다는 점이다. 풍선은 언젠가 내려와야 한다. 팽창은 언제나 삶의 어려움 그 위로 자기 자신을 끌어올리려는 노력이다. 그렇기 때문에 우리 환자가 무엇인가로부터 벗어나려고 노력하고 있다고 보면 된다. 따라서 그녀는 신과 같은 태도를 취한다. 그녀의 환상은 이런 식으로 이어진다.

> 스핑크스의 눈이 뜨였다. 그런데 눈이 초록색이었다. 나는 스핑크스의 눈에서 나무를 보았다. 나무의 가지들이 새하얀 눈(雪)까지 닿았다. 나무의 뿌리는 땅 속을 흐르는 피의 강까지 닿았다.

여기서 다시 나무가 나타난다. 앞에서 우리는 수소가 처음 서 있었던 대좌 위에서 나무를 보았다. 지금 그녀는 스핑크스의 눈에서 다시 나무를 보고 있다. 이 환상을 어떤 식으로 해석할 것인가? 그리고 나무는 무엇을 의미하는가?

잘 아시다시피, 나무는 하나의 결합이거나 위와 아래의 것들을 연결하는 다리이다. 여기서 일반적인 주제는 두 가지 상반된 것들, 피와 정신, 혹은 따스함과 차가움을 연결하는 것이다. 인간 존재와 인간 속의 동물의 차원에서 그 연결을 발견하려는 시도가 있었지만, 스핑크스의 눈에서 그녀는 매우 현실적인 무엇인가를, 보다 훌륭한 연결인 나무를 본다. 여기서 우리는 나무의 일반적인 측면에 대해 한 번 더 말해야 한다. 나무의 특별한 측면은 그것이 위와 아래의 상반된 것들을 연결한다는 점이다. 그러면 나무의 일반적인 의미는 무엇인가?

식물의 생명은 계절적인 성장이다. 동물의 성장도 어느 정도 계절과 연결되어 있다. 동물의 생식은 계절과 밀접한 관계가 있고, 동물은 당연히 그런 리듬 속에서 살고 있다. 그럼에도 동물들은 땅과 떨어져 있고, 발을 갖고 있고, 달아날 수 있기 때문에 땅과 덜 동일하다. 그렇기 때문에 동물들의 감정은 공포와 화처럼 기복이 심하다.

그러나 식물은 자연의 근본적인 법칙과 동일하다. 식물이 완전히 땅에 뿌리를 내리고 있기 때문이다. 식물은 절망적인 희생자이거나 자연과 완전한 하나이다. 동물은 이동하면서 자신의 장소를 추구하는 능력을 갖고 있다. 동물은 땅의 법칙에 덜 얽매인다. 그리고 인간의 삶은 땅의 법칙으로부터 상당히 자유롭다. 우리는 우리 자신을 위해서 자연의 법칙과 꽤 다른 인공적인 세계를 만들었다. 그 세계는 당연히 완전히 다른 리듬을 갖고 있다. 그러나 식물은 땅의 법칙과 훨씬 더 동일한 어떤 생명의 원리를 표현한다.

이것은 동물과는 완전히 다른 모습이다. 그런 것이 우리의 환자가 스핑크스의 눈에서 보고 있는 것이다. 여기서 스핑크스는 더 이상 돌로 만들어진 사막의 신전이나 기념물이 아니다. 스핑크스는 살아 있는 존재이다. 그렇다면 살아 있는 존재의 눈에서 볼 수 있는 것은 무엇인가?

영혼이다. 나무는 정말로 스핑크스의 영혼이다. 그것은 스핑크스의 수수께끼를 풀어줄 바로 그것이다. 그것은 동물의 삶과 인간의 삶에서 얼마간 방해받고 있는 상반된 것들의 결합이지만, 이 결합은 나무의 상징에 의해 표현되고 있다. 그렇다면 나무는 심리학적으로 무엇인가?

요가 트리이다. 그것은 나무의 삶을 살 가능성을 열어주는 길이다. 인간의 최고의 시도는 스핑크스이고 스핑크스는 하나의 괴물이지만, 식물은 겸손하고 요가 트리의 길도 겸손하다. 요가의 길은 식물의 삶과 비교된다. 왜냐하면 요가의 길이 언제나 어떤 목표를 향해 좋아 보이는 것이면 무엇이든 삼키면서 달리는 그런 길이 아니기 때문이다. 요가의 길은 매우 조용한 성장이며, 땅의 법칙에 절대적으로 복종한다. 그럼에도 나무는 매우 높은 곳에 닿을 수 있다. 그래서 정신적 발달의 문제가 걸려 있을 때마다, 상반된 것들의 짝이 조화를 이루도록 하거나 갈등을 해결하기 위해서 나무가 하나의 상징으로 나타난다.

스핑크스가 오이디푸스에게 던진 질문은 인간의 전반적인 삶에 관한 것이었다. 첫 번째 질문은 삶의 과정, 즉 젊음과 성인, 노인에 관한 것이고, 그 다음 질문은 구체적으로 움직임, 이동하는 능력에 관한 것이었다. 원시인들에게, 움직임은 언제나 생명의 상징이었다. 그러므로 언어에도 원시인들은 종종 움직임을 의미하는 접미사를 붙인다. 거기에 깔린 사상은 움직일 수 있는 것은 모두 살아 있다는 것이다. 우리가 전기가 흐르는 전기선을 살아 있는 선으로 여기고 수은이 움직인다고 해서 그것을 살아 있는 원소로 여기는 것과 똑같다.

그렇다면 이 수수께끼에서 특별히 강조되고 있는 것은 움직임을 삶의 표현으로 보고 땅으로부터 떨어진 것을 식물의 삶과 정반대의 삶으로 여기는 상징체계이다. 스핑크스의 수수께끼와 우리 문제의 핵심은 우리 삶에서 동물적인 원리가 다른 삶의 유형에 의해 보상되고 있다는 점이다. 그 삶의 유형은 식물에 의해 상징되는데, 그 이유는 우리가 갖고 있는 유일한 예가 식물이기 때문이다. 그러므로 넓은 의미에서 말하는 요가처럼 동물의 삶과 다른 방식의 삶은 식물이고 나무이다. 이것을 두고 요가 트리라고 말하는 것이 지나치게 멀리 나가는 것처럼 보인다. 그러나 우리 환자의 문제를 이해하면서 나무가 등장한 환상들을 기억하며 그 상징체계를 따를 때, 그녀가 상반된 것들의 짝을 서로 조화시키고 해결 불가능할 것 같은 삶의 문제를 해결하기 위해서 받아들여야 하는 길의 상징이 나무라는 것이 확인된다.

심리학적으로 스핑크스는 무엇인가? 스핑크스는 무의식이다. 아시다시피, 만약에 스핑크스가 스미스 부인이라면, 그것은 더없이 불손할 것이다. 그런 스핑크스에게 "스미스 부인, 이제 당신의 비밀을 고백하시오!"라며 다가서는 것은 불가능하다. 그런 식의 접근은 먹혀들지도 않을 것이다. 그러나 무의식의 형상들을, 말하자면 공상적인 베일들을 다룰 때엔 당신은 자아 팽창이 아무리 심하게 일어날지라도 그런 형상의 역할을 맡아야만 한다. 만약에 당신이 신의 크기로 팽창한다면, 그래서 당신이 하나의 신으로서 당신의 무의식 속으로 들어간다면, 당신은 일종의 신이 된다.

그러나 당신은 그 차원에서만 신을 알 수 있을 뿐이다. 스미스 부인에게 당신은 절대로 신이 아니다. 사람들은 간혹 팽창을 사교적인 세계로까지 끌고 간다. 그건 큰 잘못이다. 자신의 아니무스에게 사로잡힌 여자는 그 아니무스를 사회적 관계로까지 끌고 다닌다. 그것은 언제나 실수이다. 남자가 자신의 아니마를 세상 속으로 옮기는 것도 마찬가지로 실수이다. 이것도 하나의 팽창처럼 보인다. 왜냐하면 우리가 다루고 있는 상징에 비하면 우리 환자는 아무것도 아니기 때문이다. 그러나 그녀는 신비 의식의 일부일 수 있다. 예를 들면, 스미스 씨가 보잘것없는 포도주 상인이면서 신비 의식에서 대좌에 올라가 태양신 헬리오스로 떠받들어질 수 있듯이 말이다. 그렇듯 사람은 내면의 세계에서 자신이 맡아야 하는 역할을 수행해야 한다. 또 그런 환상 속으로 발을 들여 놓을 때, 사람은 자신에게 주어진 역할을 맡아야 한다. 그러므로 이것은 진정한 팽창이 아니다. 그것을 일상적인 사회적 상황으로 옮겨놓을 경우에 팽창처럼 들릴 뿐이다.

사람은 스핑크스와 어떤 사회적 관계도 맺지 못한다. 그렇기 때문에 스핑크스는 외부 세상과 전혀 아무런 관계가 없으며, 우리는 단지 우리 환자가 그처럼 중요한 존재인 것 같은 분위기를 풍기는 이유에 대해 설명하기만 하면 된다. 그 같은 분위기는 옳다. 이유는 그녀가 그런 역할을 맡고 있기 때문이다. 누군가가 그녀의 풍선을 터뜨려줄 때까지, 그녀는 그 역할을 연기해야 한다. 풍선이 터지면, 그녀는 붕괴할 것이다. 그 같은 붕괴는 틀림없이 일어날 것이다. 환상은 이렇게 이어진다.

> 스핑크스가 "여인이여, 길은 이중적이라네."라고 말했다. 그런 다음에 스핑크스의 눈이 감겼다. 나는 스핑크스가 다시 입을 열게 하려고 노력했지만, 스핑크스는 굳게 침묵을 지켰다. 나는 의아해 하며 스핑크스에게 기댔다.

그것은 매우 모호한 대답이다. 스핑크스는 분명히 그녀가 길을 택했다고 한 사자의 말을 암시하고 있다. 그렇다면 환자의 질문은 무엇이었을까?

눈 속에 있다가 금방 사막의 열기 속에 있는 이유를 물었을 것이다. 왜 이런 극단적인 조건이 있어야 하는가? 그것은 중요한 질문이다. 스핑크스가 그녀의 질문에 "길은 이중적이라네."라고 대답하는 이유는 무엇일까? 삶의 길이 이중적이기 때문이다. 삶은 이런 면도 있고 저런 면도 있다. 그래서 사람은 뱀처럼 두 가지 극단적인 방향으로, 아래위로, 오른쪽과 왼쪽으로 이동하면서 삶을 살아야 한다. 사람은 삶의 길의 두 가지 측면을 동시에 받아들이지 않고는 삶의 길을 절대로 걷지 못한다. 세상을 살기를 원하는 사람은 삶의 길 자체가 이중적이기 때문에 상반된 것들을 견뎌내야 한다. 틀림없이, 이 여자는 그 질문의 깊은 의미를 이해하지 못하고 있다. 그녀가 이 환상들을 보았을 때, 지금 내가 말하고 있는 내용을 그녀가 알지 못했다는 사실을 기억해야 한다. 당시에 그녀의 환상은 홍수 밀려오듯 했다. 최소한 이틀에 한 번씩은 환상을 보았으니 말이다.

그 환상들을 놓고 그녀와 분석하는 것은 엄청나게 많은 시간이 걸리는 작업이었다. 그녀는 환상 외에 꿈도 꾸었고 의식(意識)의 문제도 안고 있었다. 그래서 이 환상들을 다루는 것은 불가능한 일이었다. 그녀는 이것 또는 저것이 어쨌든 중요하다고 느꼈지만, 그녀는 그것들이 의미하는 바를 이해하지 못했다. 그래서 그녀가 "의아해 하면서 스핑크스에게 기댔다."라고 말할 때, 그것은 단순히 하나의 사실을 나타내고 있다. 그녀는 이해를 하지 못해 곤혹스러워 했다. 지금 그녀는 "뱀이 나에게 와서, '나를 따라라. 그러면 이상한 것을 보여주겠노라.'고 말했다. 그래서 나는 뱀을 따라갔다."고 말한다. 이제 그녀는 어디로 갈 것 같은가?

아래로 내려갈 것이다. 뱀이 그녀를 아래로 이끌 것이다. 그녀는 "뱀을 따라갔는데, 뱀이 나를 땅 속의 시커먼 동굴로 이끌었다."고 말한다. 그러나 이번에는 깊이가 더 깊다. 수소를 제물로 바치는 것은 땅의 표면에서 일어났지만, 지금 그녀는 땅 속으로 더욱 깊이 들어간다. 그녀는 "그곳에서 나는 금을 칠한 고대 왕의 미라를 보았다."고 말한다. 그녀는 틀림없이 아주 깊은 곳까지 내려갔다. 그것은 인간 본성의 지하적인 측면을 의미한다. 그것은 또한 시간적으로 뒤로 돌아가는 것을 의미한다. 사람이 육체 속으로 깊이 들어갈수록, 신경계의 역사는 더욱 깊어진다. 만약에 사람이 뇌에서 나와서 척추를 타고 내려가 척추에서 퍼지는 신경 섬유를 계속 따라 간다면, 척추 신경계보다 훨씬 더 오래된 어떤 신경계의 신경절에 닿을 것이다. 거기서 그 사람은 곤충의 삶으로, 무척추 동물인 냉혈 파충류의 삶으로, 다시 말해 대단히 오래된 형태의 삶으로 들어간다.

그렇듯 그녀는 역사 속으로 깊이 내려가고 있다. 물론, 아주 깊은 곳까지 내려갈 수 있다. 당신은 그녀가 우리 인간 존재의 동물적인 삶의 끝에 닿을 때까지 내려간 것을 기억할 것이다. 그러나 여기서 그 길은 고대 왕의 무덤까지만 안내하고 있다. 고대 왕은 무엇을 의미하는가?

여기서 지난 환상들에 대해 간단히 들려주고 싶다. 이 여인이 피의 강물 속에서 헤엄을 치던 환상이 있었다. 그리고 그녀가 피의 강물에서 나올 때 요가 트리가 있었다. 그녀는 한 그루 나무로서 태양까지 닿으려 하고 있었다. 태양은 나무의 가지에서 태어났는데, 이건 전형적인 모티프이다. 미트라 또는 라(이집트 신화의 태양신)도 나무 꼭대기에서 태어났다. 그녀는 태양의 높이까지 닿았으며, 그래서 그 다음에 일어난 일은 땅 속으로 내려가는 것이었다. 땅 속에서 그녀는 '위대한 어머니'를 발견했다. 여기서 우리는 똑같은 배경을 확인하고 있다. 피의 상징이 있고, 피로부터 빠져 나오고 있으며,

다시 나무가 보이고, 어머니의 상징인 스핑크스를 통해 하강이 일어나고 있다. 그녀는 대지의 자궁 속으로 들어가고 있으며, 대지의 자궁은 여기서 하나의 무덤이다. 왜냐하면 위대한 어머니는 생명의 어머니일 뿐만 아니라 생명을 거둬들이는 존재이기도 하기 때문이다. 위대한 어머니는 생명의 시작임과 동시에 생명의 끝이다. 위대한 어머니는 처음에 생명을 낳고 마지막에 생명을 삼킨다. 위대한 어머니는 석관(石棺: sarcophagus)이다('sarx'는 육신을 뜻하는 그리스어 단어이며, 'phagos'는 먹는 존재, 삼키는 존재를 의미한다. 따라서 'sarcophagus'는 육신을 먹는 존재이다).

원시인의 전설에서, 서쪽의 늙은 어머니는 종종 일종의 식인종이며, 원시인은 죽은 자의 육신을 먹는다. 원시인은 일종의 공감을 끌어내는 마법으로서 식인 축제를 벌인다. 원시인은 대지가 생산력을 높이기 위해 하는 것을 그대로 하고 있다. 그것은 오늘날에도 여전히 행해지고 있다. 케냐 북부에서 최근에 그런 일이 있었다. 그곳 사람들은 특별히 사랑받은 할머니를 먹었다. 그들은 가족 중에 특별히 존경하는 할머니를 두고 있었다. 그래서 그들은 이 할머니에게 매우 좋은 음식을 주었다. 그들은 그녀가 꽤 살이 찔 때까지 그녀를 잘 먹였다. 그러다가 그녀가 죽자, 가족은 그녀를 먹었다. 모두가 그런 끔찍한 일에 혐오감을 느끼며 치를 떨었지만, 그녀의 가족들은 그녀에게 생명의 연속성을 주려는, 그야말로 순수한 사랑에서 최종적으로 그녀를 먹었다.

그것은 지고한 헌신의 행위였다. 그 가족들은 그녀의 육신을 자신의 육신으로 받아들임으로써 그녀의 생명을 지속시켰다. 엄격히 따지면 매우 감동적인 생각일 수 있다. 그런 식으로 헌신 행위를 하는 사람들을 방해해서는 안 된다. 그런 방해는 아주 어리석은 짓이다.

그 방해가 그들의 도덕을 완전히 파괴할 수 있기 때문이다. 그들은 그녀를 죽이지 않았다. 그들은 그녀를 아주 잘 먹였다. 그런 식으로 공경했던 그녀가 죽을 때, 사람들은 그녀를 매우 정중하게 자신들의 위(胃)에 매장시켰다. 이와 비슷한 이야기로, 산 속에서 태어나 자란 암소와 송아지에 관한 것이 있다. 어느 일요일 날 관광객이 나타나자, 그런 걸 그때까지 한 번도 보지 못했던 송아지가 어미에게 물었다. "저건 뭐야?" 그러자 어미 소가 대답했다. "우리의 무덤이란다."

이전의 환상과 이 환상의 비슷한 점은 아주 분명하다. 그러나 여기 나타난 것은 위대한 어머니가 아니고 고대 왕의 미라이다. 우리의 환자는 위대한 어머니에 의해 여자의 왕국으로, 정신적이고 육체적인 왕국으로 들어갔지만, 위대한 아버지는 존재하지 않았다. 그렇다면 그것은 처녀 생식이었다. 위대한 아버지가 없다는 것은 당연히 중대한 생략이며, 이후로 그녀를 괴롭히는 요소이다. 그래서 그녀는 자신이 잃어버렸거나 실현하지 못한 것을 발견하기 위해 다시 내려가야 한다. 이번에 그녀는 내려가면서 인간 아버지가 아니라 신성한 아버지를, 인류의 아버지를, 일종의 창조주를 상징하는 고대 왕을 발견한다. 우리는 이 같은 설명이 그 환상의 추가적 전개에 의해 뒷받침되는지 여부를 확인하게 될 것이다. 그러나 이 아버지는 죽어 있고 미라이다. 여기서 다시 이집트의 암시가 나타난다. 왜냐하면 그녀가 이집트 신화에 대해 어느 정도 알고 있기 때문이다. 그렇다면 아버지는 누구일까?

오시리스다. 오시리스는 주로 미라의 형태로 숭배되는 신이다. 저승의 왕이기 때문에, 그는 죽음을 통해서만 최고의 권력을 확보할 수 있다. 고대 이집트 세계에서 위대한 태양신 라의 목숨을 노린 사건이 있었다는 것을 기억할 것이다. 이시스가 독이 있는 벌레를 모래 속에 숨겨두었고, 라가 그 길을 걸을 때 이 벌레가 그를 물어 독을 퍼뜨렸다. 이시스는 라를 다시 치료했지만, 라는 더 이상 예전의 라가 아니었다. 그는 지나칠 정도로 비틀거렸으며, 그래서 그는 통치 행위에서 손을 떼지 않을 수 없게 되었다.

오시리스에게도 그와 아주 비슷한 일이 벌어졌으며, 그도 죽어야 했다. 오시리스는 세트에 의해 갈가리 찢겼다가 어머니 이시스에 의해 다시 결합되었지만, 그는 귀신이었으며 특히 남근을 잃어버린 상태였다. 그래도 그는 귀신으로서 정신적으로 생식할 수 있었다. 그래서 이시스는 임신을 할 수 있었고 하포크라테스(Harpocrates: 이집트 식 이름은 헤룹카르트(Herupkhart)이다)를 낳았는데, 플루타르코스(Plutarch)는 그를 다리가 약한 존재로 묘사하고 있다. 그는 아버지가 진짜 인간 존재가 아니고 귀신이라는 사실 때문에 다리를 절었다. 지금 하포크라테스는 강한 육체를 가졌던 호루스와 사실상 동일하며, 하포크라테스는 말하자면 매우 다른 상황에 처해 있는 젊은 아들의 그림자인 셈이다. 이 이상한 신화들은 모두 세상의 두드러진 신들을, 말하자면 육체적인 존재의 두드러진 원리를 권좌에서 몰아내고 그 대신에 정신적인 원리를 권좌에 앉히려는 무의식의 어떤 경향을 보여준다. 그런데 이 육체적인 존재의 원리는 가끔 어둠 속이나 비밀 속에서만, 태양의 눈을 피할 수 있는 곳에서만 안전하게 번창할 수 있는 지하의 원리이며 달과 더 깊은 관계를 맺고 있다.

그것은 인간의 정신이 남성적이지 않다는 사실에서 비롯된다. 인간의 정신은 어머니의 왕국에 속하고 무의식의 여성적인 측면에 속한다. 남자들은 그것이 사실이 아니기를 바라고, 따라서 정신을 갖고 언제나 지적이고 남성적인 무엇인가를 만들려고 노력하지만, 원래 형태의 정신은 언제나 여성적이며, 그것은 위대한 어머니로부터 온다.

여기서 오시리스 신화가 다시 어떤 의미를 지니게 된다. 오시리스가 죽어야만 하나의 정신이 될 수 있다는 점 말이다. 정신을 자유롭게 하거나 발달시키려면 먼저 죽어야 한다는 뜻이 담겨 있다. 이것은 기독교 종교의 근본적인 교리이다. 비유적인 죽음이든 실제적인 죽음이든, 어쨌든 죽음을 통해서만 불멸을 얻을 수 있는 것이다. 그것이 성 아우구스티누스(Augustine)가 구도자(求道者)들에게 하늘의 왕국에 들어가기 위해서 원형 투기장에서 죽어라고 명령한 이유였다. 또한 사막에 들어가 자발적으로 은둔자의 길을 걷는 것도 자신을 삶으로부터 배제시키는, 신비주의적 자살이었다. 그런 과정을 거치면 영성에 이를 수 있다는 것이 은둔자의 생각이었다.

지금 그녀는 죽은 고대의 왕을 만나고 있다. 그 왕은 미라이며 아직 영적인 어떤 원리로 변모되지 않았다. 왕은 오시리스의 틀 안에 남아 있다. 우리 환자의 환상 중에서 이 부분의 핵심은 죽은 자의 부활이다. 미라가 금으로 덮여 있다는 것은 그 미라가 매우 고귀한 성격을 지니고 있다는 점을 암시하며, 투탕카멘(Tutankhamen)의 발견이 보여주듯이, 왕족의 미라는 종종 황금 석관에 담겼다. 그녀는 지금 관을 보고 있다.

> 서서히 관이 열리고, "리넨 천을 풀어라."라는 목소리가 들렸다. 나는 하라는 대로 했다. 거기서 이상한 생명체가, 반은 동물이고 반은 사람인 그런 생명체가 나타났다.

이것은 스핑크스처럼 여자가 아니라 남자다.

> "당신은 누구십니까?"라고 내가 물었다. 그 생명체가 대답했다.

"나는 스핑크스 밑에 살고 있는 존재이니라. 당신은 나를 리넨으로 감아도 나를 죽이지 못하네. 내가 당신 안에서 자라고 있기 때문이지."

지금 이것은 그녀가 억누르려고 애쓰고 있는 어떤 원리이다. 그녀는 미라가 두르고 있는 긴 리넨 띠로 시신을 감아주며 보살폈다. 말하자면, 그녀는 태양신을 죽음으로 몰고 간 어머니 이시스의 역할을 하고 있으며, 지금 그녀는 그를 적절히 매장하고 그가 새로운 삶을 살도록 준비시키고 있다. 리넨 띠로 감는 것은 어린 아이를 띠로 감거나 아이에게 옷을 입히는 것과 어떤 관계가 있다. 또한 미라의 관은 일종의 어머니의 형태이다. 그래서 가끔 석관 안에서 위대한 어머니의 상징물이 나온다. 목관의 아래쪽 바닥에 여자가 두 팔로 태양을 잡고 있는 그림이 그려져 있다. 그렇다면 죽은 남자는 정말로 어머니의 속에 누워 있다.

에트루리아인들도 이와 비슷한 의식을 치렀다. 죽은 자의 재를 항아리에 뿌리고 어머니의 진흙 조각을 넣는 방식이었다. 그리고 중세의 기독교인들은 죽은 사람을 교회 안에 놓았다. 세례반이 자궁과 같은 의미를 지니기 때문에, 이때 교회는 어머니로 여겨진다. 죽은 사람들은 부활해서 영생의 기회를 누릴 수 있도록 교회 안에, 신성한 땅에 묻혔다.

그렇다면 반은 인간이고 반은 동물인 그 이상한 존재, 말하자면 오시리스 인간은 어머니 속에 묻혀 최종적인 부활을 준비하고 있다. 그리고 이것은 부활의 순간이다. 물론 어느 누구도 그 미라가 반은 동물이고 반은 인간일 것이라고 기대하지 않을 것이다. 우리는 그녀가 이집트 신화에 관한 책에서 읽었을 것이라고 생각할 수도 있지만, 이집트 신화에서 그런 것이 발견되지 않기 때문에 이 환상은 꽤 독창적이라고 할 수 있다. 오시리스가 반은 동물이고 반은 인간이라는 것은 완전히 새로운 생각이다. 오시리스가 어떤 여자에겐 그런 식으로 나타날 수도 있는 것이다. 그녀는 그것을 반은 동물이고 반은 인간인 그런 형태로 보고 있다.

7강

1932년 1월 20일

지난 시간에 다루던 환상 시리즈를 아직 다 끝내지 못했다. 이상하게 생긴 오시리스 형상 비슷한 것, 반은 동물이고 반은 사람인 형상을 다루다가 끝냈다. 그 남자 형상은 틀림없이 부활이나 재생 의식을 치르고 있는 일종의 아니무스임에 틀림없다. 우리는 그 형상이 파우나를 닮았다는 사실에 관심을 두고 있다. 이 환상 바로 앞의 환상에서, 우리 환자는 수소의 피를 마시고 있었으며, 거기서도 파우나가 나타났다. 그보다 한참 전의 환상에서 그녀는 일종의 판 같은 거대한 사티로스를, 자연의 신을 숭배하고 있었다. 이것도 파우나와 같은 형태이며, 이 남자 형상은 오시리스의 부활 의식을 거치고 있는데, 이 형상이 다시 미라의 관에서 나온다.

이런 아니무스는 자연스런 마음을, 절대적으로 솔직하고 무모한 것을 말하는 그런 마음을 가리킨다. 환상은 이렇게 이어진다.

그가 한쪽 손에 지팡이를 들고 있고, 다른 쪽 손에 주발을 들고 있는 것이 보였다. 나는 주발 안을 들여다보았다. 거기에 내 얼굴이 비쳤다. 얼굴이 시커맸으며, 머리에 하얀 후광을 두르고 있었다. 나는 "스핑크스가 말한 것이 바로 이것이야. 그래, 길은 이중적이야."라고 말했다.

지금 당신은 그 형상이 갖고 있는 속성이 어떤 것인지를 보고 있다. 지팡이의 일반적인 의미는 무엇인가? 그것은 목자의 지팡이이다. 그녀는 지팡이를 '크룩스 안사타'(crux ansata)[37]처럼 그렸지만, 그것은 목자의 지팡이처럼 보인다. 그것은 길잡이를 의미한다. 그래서 '구약성경'이나 '시편', '예언서'에서 지팡이가 상징으로 쓰이는 경우를 자주 보게 된다. 그 의미는 당연히 안내이고, 길의 확실성이다. 신은 누구나 기댈 수 있는, 신뢰할 만한 지팡이이다. 그래서 지팡이는 자연스런 마음에 지도자 또는 목자의 자질을 부여한다. 이어서 그녀가 주발을 들여다보는데, 거기에 그녀의 얼굴이 비치고 있었다. 주발이 거울이 된다는 점에 놀랄 수도 있지만, 그것은 여기서 틀림없이 주발뿐만 아니라 거울의 기능도 하고 있다. 그렇다면 두 가지 기능이 이 상징에서 결합한다고 할 수 있다.

이 경우에 거울은 그녀 자신에 대한 이해 또는 지식을 암시한다. 일반적으로, 거울은 지성 또는 마음을 상징한다. 쇼펜하우어도 이 비유를 이용한다. 그는 지성이 맹목적인 원초적 의지를 비추도록 거울을 들고 있다고 말한다. 쇼펜하우어에 따르면, 그러면 지성이 자신의 얼굴을 알아보고 자신의 모습을 정확히 파악함으로써, 고통만을 낳게 할 맹목적 충동을 거부하게 된다는 것이다. 원초적인 의지의 목적이

37 손잡이가 달린 십자가.

지닌 맹목성을 이해함으로써, 그런 충동을 예방한다는 뜻이다. 따라서 세상의 망상을 깨달은 개인에게 세상은 끝나게 된다.

인간이 이해를 통해 욕망의 불 속에 자리 잡고 있는 고통의 뿌리를 발견한다는 것은 동양의 사상이다. 만약에 고통의 뿌리들이 부정당하거나 뽑히면, 세상은 정지 상태가 된다. 세상을 만드는 것은 결국은 그 사람 본인이기 때문이다. 만약 개인이 정지 상태에 이르고 열반(涅槃)의 세계로 들어간다면, 그 개인에 의해 표현되었던 세상은 종말을 고한다. 그렇다면 이 거울은 틀림없이 자기 지식의 한 기능이다. 주발은 무엇인가?

주발은 여성적인 형태이고, 지팡이는 남성적인 형태이다. 이것은 상반된 것들의 결합을 의미한다. 남자와 여자가 이 목자에서 서로 결합하고 있는 것이다. 그것은 또한 남자도 아니고 여자도 아니라는 것을 의미한다. 그것이 소위 『이집트 복음서』(Gospel according to the Egyptians)에 나오는 예수와 살로메의 대화에 표현되어 있다. 살로메가 예수에게 예언이 성취되는 때에 대해 묻자, 예수는 "너희들이 수치의 옷을 발로 밟을 때, 둘이 하나가 될 때, 여자와 함께 있는 남자가 남자도 아니고 여자도 아닐 때."라고 대답했다. 즉, 어떤 사물이 긍정이고 부정일 때, 그래서 그것이 긍정도 아니고 부정도 아닐 때, 그것이 둘 다여서 초월을 이룰 때 말이다.

이해 불가능한 것은 오직 역설로 표현하는 수밖에 없다. 어떤 사물의 핵심을 이해하지 못할 때, 우리의 추리력으로는 그 사물을 이해하지 못할 때, 우리는 역설적인 방법으로 그것을 묘사한다. 예를 들어, 열반이라는 불교의 개념은 긍정적인 비(非)존재이다. 그것은 존재하지 않는 것들의 왕국이다. 세상의 시작, 출발점, 기원도 역설로, 완전히 빈 충만 또는 완전히 찬 공허로 설명된다.

그리고 16세기의 유명한 신비주의자이자 철학자인 야코프 뵈메(Jakob Boehme)는 세상의 바탕은 무(無)이고 비(非)존재라고 말했다. 또 뵈메는 시작이 욕망이고 갈망이며 절대적 진공 상태만이 욕망을 품을 수 있기 때문에 세상의 바탕은 다른 것이 될 수 없다고 강조했다. 하나의 진공인 비존재가 욕망에 의해서 그 자체 속으로 끌릴 수 있는 반면에, 이미 가득한 모든 것은 소유하고 있으며 더 이상 욕망하지 못한다. 그렇기 때문에 이 욕망, 그리고 쇼펜하우어가 말하는 원초적 의지는 대단히 긍정적인 그 무엇이다. 그것이 세상을 창조하기 때문이다. 그럼에도 그것은 아무것도 아니다. 왜냐하면 아무것도 없을 때만 무엇인가가 일어날 수 있기 때문이다.

그렇다면 이 형상 안에서 이뤄지는 남자와 여자의 결합은 간단히 남녀 성별을 뛰어넘는 것을 의미한다. 그것은 남자도 아니고 여자도 아니다. 그것은 이해할 수 없는 그 무엇이다. 말하자면, 자연스런 마음은 더 이상 성적 관점을 따르지 않는다. 그것은 여자의 관점도 아니고 남자의 관점도 아니다. 그것은 그냥 그 너머의 관점이다. 그것이 바로 그 형상의 신성(神性)을 설명한다.

인간 너머에 있는 모든 것은 동물적이면서 신성하며, 동물적이지도 않고 신성하지도 않다. 그래서 신성한 것을 상징하는 동물이 있다. 예를 들면 비둘기는 성령을 상징한다. 고대의 모든 신은 저마다 동물 짝을 두고 있다. 그렇듯 자연적인 마음은 인간의 기능이 아니다. 자연적인 마음은 자연의 일부이며, 나무나 바위, 물, 구름, 나무의 마음이고, 아주 무모하며, 인간을 벗어나 있다.

그래서 자연적인 마음은 인간을 거의 고려하지 않는다. 자연적인 마음에서 나오는 말은 거의 동물적인 무모함을 특징적으로 보인다는 사실이 언제나 확인된다. 아울러 그런 말에는 인간의 범위를 훨씬 넘어서는 그런 이상한 종류의 탁월성도 보인다. 자연적인 마음은 근본적인 어떤 진리를 담고 있는데, 이 진리가 자연적인 마음을 탁월하게 만든다. 바로 이 탁월성 때문에 그 마음은 언제나 신성하다.

자연적인 마음은 예언력을 가진 여자들에게서 매우 두드러지게 나타난다. 타키투스(Tacitus)는 지혜와 예언의 능력 때문에 존경 받던 옛날의 게르만족 여자들에 대한 이야기를 들려준다. 이 여자들은 아마 자연적인 마음을 알아내는 재능을 갖고 있었을 것이다. 20여 년 전에 상 이집트에서 발굴 작업을 벌이는 동안에, 내 생각엔 아스완이었던 것 같은데, 로마 제국 고위 관리의 식솔의 명단을 새긴 비문이 발견되었다. 아주 다양한 관직이 언급되어 있었으며, 참모 중에 이름이 그 나라에서는 좀 특이한 '발부르가 시빌라'(Walburga Sibylla)로 되어 있는 노예가 있었다. 발부르가는 전형적인 게르만족의 이름이며, 시빌라는 가정의 여자 예언가였다. 그렇다면 그녀는 아마 이집트의 막강한 남자에게 삶의 안내자로, 개인적인 목적의 여자 분석가로 팔려온 게르만족 여자였을 것이다. 그것은 아주 흥미로운 예이며, 나로서는 처음 듣는 예이다. 시빌라는 일종의 직업이었던 것 같으며, 이 발부르가는 틀림없이 그 가정에 예언적인 의견을 제공하고 다양한 상황에 대해 조언했을 것이다.

지금 우리 환자는 소위 자연적인 마음을 파악하는 특별한 능력을 갖고 있다고 단정해야 한다. 오시리스 혹은 판인 이 형상은 자연적인 마음을 표현하고 있으며, 그는 그녀에게 거울을 통해서 그녀의 얼굴이 검다는 것을 보여준다. 그녀는 흑인처럼 보인다.

이 흑인은 그녀에게 말을 두 번 걸었던 그 흑인이다. 지금 그대는 나와 결혼했다고 말한 그 흑인 말이다. 그것은 매우 친밀한 결혼을 확인시킨다. 이 결합은 검정이 그녀의 내면에 녹아들었다는 것을 의미한다. 그녀는 유색 여인이 되었다고 할 수 있다. 이 색깔을 상징적으로 본다면 무슨 의미일까?

검정은 특별히 땅의 색깔이다. 땅과 가까운 종족들은 피부가 희지 않다. 색깔이 있다. 그것은 그녀가 분명히 음(陰) 쪽에 있다는 것을 암시한다. 그럼에도 그녀는 흰색 후광을 두르고 있다. 이것은 빛이 어둠에서 나온다는 것을 의미하지만, 특별한 상황에서만 그렇다. 그렇지 않으면 밤이 빛을 낳는다는 뜻이 될 것이다. 밤에서부터 낮이 나오는 것은 맞는 말이지만, 빛의 부재가 빛을 낳는다는 것은 그리 확실하지 않다. 그것도 다시 하나의 역설이다. 우리는 검은색과 흰색이 동시에 존재한다고 단정해야 한다. 그렇다면 이 상황에서 후광은 무엇을 의미하는가?

성인(聖人)을 의미한다. 그러나 흑인 성인이다. 그녀는 자신의 검정 속에서 성인이다. 어떤 젊은 기사가 밀라노의 수호성인인 성 암브로시우스(St. Ambrose)를 찾아와서 세례를 부탁했다는 전설이 있다. 그러나 성 암브로시우스는 기사를 보고는 "아들아, 얼굴이 검구나. 그러니 가서 먼저 네 몸부터 깨끗이 씻도록 하라."고 말했다. 그렇다면 이 여자의 얼굴이 검은 것은 기독교 관점에서 죄를 의미할 수 있다. 왜냐하면 검은색이 음의 색깔이고, 검은 흙의 색깔이고, 사악한 것으로 이해되었기 때문이다. 선한 것은 언제나 빛을 의미하고, 검정과 땅은 빛의 부정이고 악이다. 따라서 자연을 경멸하고, 자연에 대한 감탄을 죄로 여기는 것이 기독교 사고방식의 특징이었다.

자연적인 것을 제대로 평가하는 것이 허용되지 않았기 때문에, 진정한 성인들은 그 후 중세에 대단히 부자연스런 방식으로 행동했다. 오랫동안 기독교는 전적으로 빛의 종교였다. 바꿔 말하면, 양(陽)의 종교였고, 밝은 특성의 종교였고, 남성적인 내용물의 종교였다는 뜻이다. 그리고 음 또는 여성적인 모든 것은 반드시 사악한 것으로 여겨졌다. 이것은 중세 기독교가 여성들에게 부정적인 태도를 취했던 이유를 설명해준다.

중세의 사람들은 여자들이 영혼을 갖고 있는지에 대해 의심했다. 여자들은 언제나 의심의 대상이었다. 특히 여자들이 예쁠 때, 악마의 하인이 아닌가 하는 의심을 받았다. 낙원에서 뱀의 말에 귀를 기울이고, 그래서 세상에 죄라는 것을 끌어들인 것도 여자였다. 그렇다면 기독교적인 관점이 더 이상 유효하지 않게 된 지금, 우리는 여자가 그 중요성과 심리적 존엄을 크게 높인 것을 확인할 수 있다. 여자가 심리를 갖고 있고, 남자의 관점 외에 또 하나의 관점이 있다는 것을 발견한 것은 우리 시대의 특권이다. 그때까지 심리학의 전체 영역은 남자의 것이었으며, 세상을 꽤 다른 관점에서, 음의 관점에서 볼 수 있다는 것은 완전히 새로운 발견이었다.

검은색으로 되어 있는 마리아 상도 많고, 검정 현무암으로 만든 마리아 상도 많다. 이집트인들은 이시스의 조각상을 현무암으로 만들었다. 이것은 이시스가 비옥한 대지, 즉 이집트의 검은 흙이었다는 것을 의미한다. 이스시와 호루스의 관계와, 마리아와 예수의 관계 사이에 비슷한 점이 많다. 그 때문에 이시스와 호루스가 마리아와 예수를 예고하는 것으로 이해되었다. 가톨릭교회는 지금도 그런 식으로 보고 있다. 그래서 초기 교회는 이시스와 호루스의 조각상을 많이 물려받았으며, 그것들을 마리아와 예수라고 불렀다. 로마의 라테란 박물관에도 그런 조각이 하나 있다.

마리아는 종종 비옥한 땅에 비유되었다. 성 아우구스티누스는 어느 설교에서 성 마리아는 아직 봄비에 비옥해지지 않은 땅이라고 말했다. 따라서 예수는 땅에서 태어났으며, 그는 대지의 아들이다. 그것은 초기 교회에 매우 중요했다. 왜냐하면 대지의 다른 아들들이 있었기 때문이다. 예를 들면, 풍구에서 태어난 밀 이삭인 이아코스가 있다. 그렇다면 예수는 또한 밀이며, 그의 몸, 즉 성찬용 빵은 순수한 밀가루로만 만들어질 수 있다. 몬다민(Mondamin)[38]이 인디언 신화에서 옥수수이듯이, 예수는 대지의 아들로서 밀이다. 아시다시피, 초기 기독교인들에게 이교도 신화와 비슷한 점이 중요했다. 왜냐하면 그 유사점이 당시의 모든 믿음을 기독교로 끌어들이는 운하 같은 역할을 할 것이기 때문이다.

검은 피부의 마리아를 바로크 시대에 만든 이유가 무엇이냐는 질문이 있었지만, 나는 그 대답을 모른다. 거기엔 심리적인 이유가 분명히 있을 것이지만, 역사적으로 설명할 만한 자료는 없다. 르네상스 시대에 고대의 관점이 다시 등장했다는 사실이 그 배후에 작용하고 있지 않을까, 하고 짐작해 본다. 그 시절에 교회가 고대로 돌아가려는 시도를 많이 한 것이 확인된다. 당시에 교황들은 로마의 카이사르와 매우 비슷했으며, 신성 로마 제국을 이으려는 교회의 노력은 결코 포기되지 않았다. 교황의 타이틀 '폰티펙스 막시무스'(pontifex maximus)는 로마 황제들의 차지였다. 특히 알렉산데르(Alexander) 6세 교황은 바로 로마의 카이사르였다.

이어서 옛날로 돌아가려던 시도는 종교 개혁에 의해 저지되었다. 나는 종교 개혁의 심리학적 측면이 바로 로마의 퇴행에 대한 반발이었다고 생각한다. 이 퇴행은 모든 측면에서, 도덕과 심지어 언어의 측면에서도 꽤 심각했다. 예를 들어, 라틴어와 이탈리아어를 기이하게 섞어 쓰기 시작했다. 르네상스는 진정으로 고대로의 회귀였다. 그래서 나는 검은 마리아가 그 시대에 돌아왔다는 점에 대해서 의문을

38 북미 인디언의 옥수수 신.

품지 않는다. 그러나 나는 어떤 역사학자도 그런 설명을 받아들이지 않을 것이라고 확신한다.

지금 우리의 환자는 음의 쪽에 와 있다. 음은 대단히 여성적이다. 그녀의 얼굴은 검다. 그녀가 땅에 지나지 않기 때문이다. 그러나 사람이 한쪽 극단에 이르면, 자연히 반대쪽 극단이 일어나게 되어 있다. 그런 의미에서, 우리는 밤이 언제나 낮을 낳고 있다는 식으로 말할 수 있다. 그렇듯 극단적인 음의 자리로부터 하얀 빛이, 후광이 나타난다. 따라서 음의 태도에 성인다운 태도의 조짐이 보이게 된다.

한쪽 극단으로 가지 않고는 다른 쪽 극단을 결코 낳지 못한다. 그래서 "그대가 이같이 미지근하여 뜨겁지도 않고 차갑지도 않으니, 내 입에서 너를 토해 버릴 것이리라."[39]는 말씀이 있다. 그런 미지근한 사람은 절대로 상반된 것들을 서로 연결시키지 못한다. 그런 사람도 꽤 차가워질 수 있다면 열기를 뿜을 수 있다. 당연히 그 반대도 가능하다. 그러나 미지근한 상태에서는 그 누구도 아무것을 낳지 못한다. 그래서 정지 상태에 있는 것에 대해 언제나 못마땅해 하는 구세주가 그런 미지근한 사람들을 입에서 뱉어내려 했을 것이다.

바로 그 검정에, 이 여자를 성스럽게 하는 무엇인가가 있다. 그녀가 다른 모든 것을 배제하면서 무엇인가를 할 수 있다는 사실이 흰빛을 낳고 있다. 이것이 자연적인 마음이라는 태도의 특징이다. 그녀도 일방성이나 배타성을 보이지 않았다면 자연적인 마음을 가질 수 없었다. 이어서 그녀는 거울에 비친 자신의 모습을 보면서 "스핑크스가 나에게 말한 것이 이런 것이었지. 그래, 길은 이중적이야."라고 말한다. 이것들이 두 개의 사물들, 즉 상반된 것들의 짝이다. 그녀의 환상을 들어보자.

....

39 '요한계시록' 3장 16절.

이어서 생명체(미라의 관에서 올라온 그 이상한 정령을 의미한다)
가 주발을 땅바닥으로 던지고 사라졌다. 나는 나를 올려줄 뱀을 찾
았지만, 뱀 대신에 다시 염소가 나를 위로 끌었다.

이전의 환상을 설명하면서 빌라 데이 미스테리의 사진을 보여준 적이 있다. 그 사진을 보면 처음 입교하는 여인을 두 마리의 염소가 동행하고 있다. 이 염소도 그 염소와 똑같은 의미를 지닌다. 그것은 본능이다. 이전에 그녀는 어떻게 해야 할지 모르는 상황에 처할 때 아니무스를 따랐다. 그러면 아니무스가 언제나 앞장섰다.

그녀는 지금 본능을 따르고 있다. 이유는 그녀가 자연의 정신과 똑같은 상태에 있기 때문이다. 자연의 정신은 어디서나, 인간에서나 식물에서나 동물에서나 똑같이 작동한다. 우주 전체에 걸쳐 작동한다고 할 수 있다. 그래서 염소가 언제나 일종의 세련미 같은 것을 표현하는 아니무스보다 그녀를 더 잘 안내한다. 달리 말하면, 보편적인 정신이 염소를 통해 기능할 수 있다는 뜻이다.

예전에 아프리카의 어느 추장이 나에게 수피 신에 관한 이야기를 들려준 것에 대해 언급한 적이 있다. 그는 수피 신이 사람의 형태로, 혹은 순백의 빛으로, 혹은 풀잎으로 나타날 수 있다고 말했다. 말하자면, 수피 신은 어디든 나타날 수 있다는 뜻이었다. 심지어 눈에 거의 띄지 않는 것으로도 나타난다는 것이었다. 아니면 뱀으로 나타날 수도 있었다.

그런 경우에 뱀과 염소의 차이는 무엇인가? 뱀은 물의 움직임과 밀접한 관계가 있다. 뱀을 따른다는 것은 하강을, 동굴 속으로 내려가는 것을 의미한다. 그러나 그녀는 올라가면서 염소를 따를 것이다. 왜냐하면 염소가 언제나 매우 높은 곳으로 올라가는 것으로 여겨지

기 때문이다. 새해의 첫 번째 궁은 한 해를 예고하는 염소자리이다. 염소자리가 관장하는 것으로 여겨지는 동지와 새해 며칠 동안에 태양이 보다 높이 올라가기 시작한다는 말이다.

아시다시피, 염소자리는 일종의 괴물이다. 반은 염소이고, 반은 물고기인 것이다. 태양은 바다 속의 물고기처럼 대단히 깊은 곳에서 시작한 다음에 염소처럼 가장 높은 정상으로 올라간다. 그래서 염소와 뱀은 똑같은 정령이라고 말할 수 있지만, 그 정령은 내려갈 때엔 뱀이고 올라갈 때에는 염소이다. 그런 다음에 그녀는 다시 표면으로 올라온다. 그녀는 이렇게 말한다.

> 나는 태양이 내리쬐는 가운데 사막에 누워 있었다. 나는 스핑크스 아래에 있던 존재가 나의 안에서 점점 성장하는 것을 느꼈다.

판 같이 이상하게 생긴 형상이 처음 등장했을 때, 그녀가 그에게 누군지 물었고 그가 "나는 스핑크스 밑에 살고 있어."라고 대답한 것이 기억날 것이다. 지금 우리는 그가 사라진 이유를 알 수 있다. 그가 그녀의 일부가 된 것 같다. 마치 그녀의 내면에서 그런 부활이 일어난 것 같다. 그는 더 이상 그녀의 밖에 있지 않다. 그는 그녀의 안에서 다시 태어났다. 그러나 자연적인 마음, 즉 신인(神人)이 언제나처럼 밖에 있다가 지금 안에 있는 것은 무엇을 의미하는가? 신인이 안에서 그녀의 일부가 되기 위해서 밖에서 태어나야 한다는 것은 부활 의식의 필요성을 설명한다. 그렇다면 그것이 심리학적으로 의미하는 바는 무엇인가?

이제 그것은 더 이상 투사되지 않고 있다. 그것은 언제나 그녀의 밖에 있던 아니무스이다. 세상이 시작된 이후로, 그런 것이 언제나 일상적인 상태였다. 그러다가 중요한 부활의 순간이 온다. 그녀가 아니무스를 동화시키고, 그 아니무스가 그녀의 내면에 있는 심리적인 어떤 기능이었다는 것을 이해하기 시작하는 결정적인 때가 오는 것이다. 역사상 처음으로, 아니무스가 인간의 한 기능으로 나타난다. 이 모든 아니마와 아니무스는 지금까지 한 번도 인간 심리가 되지 못했으며, 그것들은 언제나 투사되었다. 그래서 나는 언젠가 인간의 정신이 전 세계에 걸쳐 있는 외부 대상들로부터 태어난 것 같다고, 또 우리의 의식이 뇌에서 시작된 것이 아니라 별들과 함께 시작된 것 같다고, 또 우리가 이런 심리학적 사실들을 우리 시대에 들어와서야 동화시키기 시작한 것 같다고 말한 적이 있다.

중세에 어떤 사람이 아니마를 발견했다고 가정해 보자. 그러면 그 사람은 그것을 체포했을 것이고, 그러면 판사가 그녀를 마녀로 여겨 불태웠을 것이다. 혹은 거꾸로 어떤 여자가 아니무스를 발견했을 것이고, 그러면 그 남자는 성인이나 구세주, 또는 위대한 주술사가 되는 운명에 처했을 것이다. 주술사는 언제나 투사에 의해 만들어진다. 많은 사람들은 자신의 뜻과 상관없이 지도자가 된다. 그들은 그냥 지도자가 되지 않을 수 없다. 지도자가 그들에게로 투사되기 때문이다. 그러면 가엾은 동료 한 사람이 사람들의 기대의 희생자가 된다. 이미 말한 바와 같이, 지금에 와서야, 그것도 분석적인 과정을 통해서야, 그동안 언제나 밖에만 있던 아니마와 아니무스가 심리적인 기능으로 이해되기 시작하고 있다.

그렇다면 우리는 여기서 자연적인 정신이라고 부르는 특별한 기능이 심리적 기능으로 변모하고 있는 것을 보고 있다. 그러나 자연적인 정신을 그 사람 본인의 기능으로, 그 사람 자신의 정신의 일부로 보기는 매우 어렵다. 아시다시피, 그런 기능을 동화시킬수록 우리가 인간의 정신이나 마음의 존재를 의심하는 경향이 그만큼 더 깊어지게 된다. 우리는 너무나 많은 것을 동화시켜야 한다. 그러면 우리의 정신적 능력의 프레임이 지나치게 확장되는 탓에 우리는 스스로 "나란 존재는 도대체 어떤 존재인가?"라고 묻게 될 것이다.

우리는 신들을 먹고 있으며, 너무 많이 먹어 배가 터져 버릴 위험이 있다. 사람들은 마르스 신이 자기를 화나게 만들었다거나, 에로스가 자신의 가슴에 화살을 쏘았다고 말한다. 그러나 분노의 신은 단지 우리 자신의 감정일 뿐이다. 만약에 내가 마르스가 나의 내면에 끔찍한 분노를 불러일으켰다고 외친다면, 모두가 이렇게 말할 것이다. "바보처럼 굴지 마. 당신이 정신을 잃고 분노하고 있을 뿐인데, 왜 마르스 신을 나무라는 거야?" 아니면 에로스의 화살이 나의 가슴을 관통했다고 말한다면, 사람들은 이렇게 말할 것이다. "당신은 자신이 시인이라고 생각하는 것 같은데, 당신은 단지 사랑에 빠졌을 뿐이야. 그런 걸 갖고 괜히 요란 떨지 마." 어느 누구도 에로스가 나의 심장을 관통했다는 말을 믿지 않을 것이다. 올림포스 산의 거주자들은 지금 모두 나의 빈약한 정신 속으로 융합되었다.

그것이 오늘날 우리에게 일어나고 있는 자아 팽창을 설명해준다. 우리가 낮은 신과 높은 신을 두루 다 내면에 품고 있기 때문에, 우리의 몸집이 엄청나게 커졌다. 인간의 의식이 거의 신성하게 되었으며, 사람들은 우리 인간이 정말로 세상의 꼭대기에 있다고 믿는다. 우리 자신의 정체성에 대해 심오한 의문을 품어보지 않은 상태에서, 우리는 정말로 자신이 베누스와 마르스이며 점성술적인 천체라고 생각하고 있다. 우리는 자신의 정체성을 다시 점검해야 하고, 한때 신전에서 숭배되었던 위대한 신들이었던 힘들과 우리를 동일시하지 말아야 한다.

옛날에, 통제 불가능한 감정에 휩싸인 남자는 언제나 무엇에 사로잡힌 것으로 여겨졌으며, 그것을 달리 생각하는 실수를 저지르는 사람은 한 사람도 없었다. 그런 사람은 그냥 슬픈 희생자였다. 그러나 지금은 어떤 사람이 분노하면, 우리는 그 사람이 그에 대해 책임을 지도록 한다. 원시인들은 그렇게 하길 두려워할 것이고, 따라서 그들은 정령이 그 사람을 놓아줄 때까지 기다릴 것이다. 그리고 분석가도 보다 높은 차원에서 그와 똑같이 해야 한다. 환자가 자신을 통제하지 못하는 상황에 빠질 때, 분석가는 이렇게 말해야 한다. "잠시 기다려 보지요. 당신은 사악한 어떤 정령에 사로잡혀 있어요. 당신의 눈을 가리고 있는 어떤 생각에 빠져 있다는 뜻입니다. 폭풍이 지나갈 때까지 기다려야겠어요." 나는 그 사람이 그것과 동일시하도록 만들지 않는다. 이유는 환자가 자신의 감정과 동일해질 필요는 없다는 점을 배워야 하기 때문이다.

폭풍우가 몰아칠 때면, 아무도 그것에 대한 책임을 물으려 나서지 않는다. 마찬가지로 사람이 정신에 대해 책임을 지도록 하는 것은 실수이다. 영혼이나 정신도 우리가 살며 활동하고 있는 이 세상과 마찬가지로 자체의 법칙을 가진 세상이라는 점을 배울 때에만, 우리는 자연스런 균형을 이룰 수 있게 된다. 자신의 정신과 동일시하는 한, 우리는 과대망상증 환자에 지나지 않으며, 우리와 관련 있는 일들이 제대로 돌아가지 않을 것이다. 우리는 온갖 종류의 타격을 입다가 마침내 겸손해지면서 우리가 감정이라고 부르는 그것이 통제 불가능한 힘이라는 사실을 인정하게 될 것이다. 혹시 자신이 곧 정신이라고 생각하는 사람이 있으면, 나는 그 사람에게 책임을 지우면서 문제가 되고 있는 것이 공포라면 그것을 한번 통제해 보라고 요구한다. 사람들은 최면에 걸리길, 자신이 더 이상 고통을 겪지 않고 있다는 암시를 받기를 원한다. 만약에 내가 그렇게 할 수 있다면, 그들의 가설이 증명될 것이고 그들은 자신의 정신이 자신에 의해 통제되었다고 확신할 것이다.

대단히 합리적인 사람이면서도 어떤 공포증을, 아마 암 공포증을 겪고 있는 사람을 예로 들어 보자. 나는 그런 사람에게 이렇게 말할 것이다. "당신이 공포증과 동일해지면, 그런 터무니없는 생각이 사라질 것이다." 그러나 그 같은 동일시는 그가 절대로 하지 못하는 바로 그것이다. 그가 자신의 집에서 주인이 아니며. 그의 위에 무엇인가가 있기 때문이다. 그것은 단지 그가 자신의 정신과 동일하지 않다는 사실을 인정하지 않기 때문에 일어나는 현상이다. 이제 다음 환상을 보도록 하자.

> 높은 첨탑이 있는 고딕 성당이 보였다. 장엄한 종교 행렬이 '테 데움'(Te Deum)을 부르면서 교회로 들어가고 있었다. 이무기 같은 괴상한 작은 동물이 성직자의 황금 의상을 붙잡고 있었다. 성직자가 그걸 떼어내려고 했지만 마음대로 되지 않았다. 나는 행렬과 함께 성당으로 들어갔다. 성직자는 계단을 올라가 제단으로 가서 성배를 높이 들어올렸다. 바로 그때, 성배로부터 작은 동물들과 개구리들이 튀어나왔다.

이건 새로운 상황이다. 이전까지 우리는 고대의 이교도 분위기 속에서 움직였는데, 지금 갑자기 기독교 모티프가 등장하고 있다. 그 같은 변화는 아주 자연스럽다. 이교도에 깊이 잠겨 있을 때, 대조의 법칙에 따라서 그것과 반대되는 것이 자연히 건드려지게 된다. 장면이 갑자기 고딕 성당으로 바뀌도록 아주 강하게 자극하고 있는 것은 무엇인가? 땅의 불결을 암시하는 그녀의 얼굴의 검정색이 고딕 성당을 불러일으켰을 것이다. 그녀는 흙덩어리이고, 흙에 지나지 않는다. 그것이 자연히 그녀의 내면에 기독교적인 반응을 불러일으킨다. 기독교적인 존재로서, 그녀는 그 점에 대해 대단히 불쾌하게 생각했을 것이다.

여기서 기독교가 그녀를 완전히 압도해버리는 것은 아닌가, 하고 걱정할 필요는 없다. 물론, 이무기는 누군가가 그 게임에서 악마의 역할을 맡고 있다는 점을 보여주고 있다. 그러나 기독교적인 상황은 그녀의 얼굴의 검은색에 의해서, 그녀가 고대적인 관점과 자신을 동일시하는, 다시 말해 지하적인 관점을 무조건적으로 받아들이는 현상에 의해서 일깨워졌다. 그래서 역사적인 그런 반응이 위로 올라오는 것이다. 장엄한 종교 행렬과 노래는 가톨릭교회를 상징하며, 가톨릭교회야말로 우리가 잘 알고 있듯이 기독교의 진정한 핵심이다. '테 데움'은 무엇을 강조하며, 그 노래를 부르는 때는 언제인가?

'테 데움'은 보통 특별한 성취를, 예를 들어 승리를 축하하는 의식의 일부이며, 따라서 감사의 일종이다. '하느님이시여, 당신을 찬양합니다.(Te Deum laudamus)'라는 뜻이니 말이다. 또는 그것은 교회의 승리를 축하하는 순간이나 교황이나 추기경의 경건한 입장을 의미한다. 그것은 언제나 어떤 종류의 절정을 의미한다. 그것은 의식(儀式) 자체의 절정일 수 있다. 여기서 그것은 기독교 교회의 승리를 의미한다. 그리고 얼굴의 검은색과 극단적인 대조를 보이고 있는 이 순간에, 이무기 같은 괴상한 동물이 나타난다.

당신도 고딕 교회에서 그런 형상들을 보았을 것이다. 그것들은 종종 홈통 구멍의 역할을 하고, 성가대의 나무 의자에도 새겨져 있다. 그런 고딕 오크 의자들은 종종 이런 작은 형상들로, 난쟁이나 개구리, 도마뱀 등으로 아름답게 장식된다. 모두가 재미있는 종류의 동물들이다. 그런 괴상한 동물들은 틀림없이 지하의 뿌리를 나타내며, 따라서 동물이나 나무뿌리 사이에 사는 것으로 여겨진다. 그것들은 땅의 깊은 어둠 속의 동물이며, 언제나 다소 익살스럽거나 그로테스크하며, 빛의 세계와 완전히 정반대이다. 그것들이 그로테스크한 이유는 무엇인가?

일반적인 고딕 풍의 선(線)이나 멋진 고양(高揚), 정신을 높이 끌어올리는 효과는 당연히 조롱하는 이런 정령들의 방해를 받게 되어 있다. 사람의 지고한 감정에 진정으로 영향을 미치고 있는 경이로운 성당 안에서, 사람은 갑자기 이런 재미있는 동물들을 맞닥뜨린다.

시(詩)에도 그런 동물이 등장한다. '파우스트'의 2부를 보면, '레무리'라는 그로테스크한 존재들이 나타난다. 그 동물들은 죽은 자의 나쁜 귀신인데, 악마가 파우스트의 무덤을 파헤치기 위해 이들을 불러들인다. 그것들은 "세포 조직과 힘줄, 뼈로 된 반(半)자연"으로 묘사되었다. 이집트에서도 그런 동물이 보인다. 지하의 신 베스는 정말로 원형적인 형상이다. 그는 대단히 그로테스크하게 생긴 난쟁이이지만, 호루스의 선생이기도 했다. 미미르가 지그프리트의 스승이듯이 말이다. 그렇듯, 아주 그로테스크한 생김새는 지혜와 연결되어 있다. 소크라테스의 상반신이 파우나나 실레노스처럼 생겼다는 점이 자주 지적되었다. 고대의 사람들에게도 그는 그로테스크하다 싶을 만큼 추하게 생긴 것으로 여겨졌지만, 어쨌든 그는 지혜의 아버지였다.

괴상하게 생긴 가면을 쓰고 의식을 치르는 예도 많다. 인디언만 아니라 원시인들 사이에도 자주 보인다. 코샤리(Koshari)는 인디언 부족 안의 특별한 한 집단을 일컫는다. 이들의 임무는 신들을 조롱하는 것이었다. 그들은 신들의 광대였으며, "기쁨을 불러일으키는 자들"이라 불렀다. 가톨릭교회에도 13세기말까지 1년에 한 번씩 교회의 엄숙한 계급조직을 깨뜨리기 위해 가짜 미사가 열렸다. 이 시간이면 통속적이고 외설스런 노래들이 응창 성가로 불렀다. 또한 사순절에는 가장 어린 신부가 대수도원장의 역할을 대신했으며, 대수도원장과 수도승들은 식탁에서 젊은 수사들을 보살펴야 했다. 그런 다음에 그들은 술을 마시고 수도원을 빠져나와 거리에서 축제를 계속했다. 그러나 그들이 지나치게 멀리 나가게 되자, 교황이 간섭했고, 그 풍습은 폐지되었다.

왕은 몸이 성하지 않은 어릿광대를 두곤 했는데, 이런 어릿광대는 왕이 듣기를 원하는 지혜의 원천일 뿐만 아니라 매우 중요한 인물이었다. 라이더 해거드의 책에도 난쟁이가 등장한다. 이 난쟁이는 줄루족의 주술사이며, "태어나지 말았어야 하는 존재"라는 이름으로 불렸다. 나는 그가 역사 속의 인물인지는 모른다. 당시에 아프리카 동부의 매우 호전적인 부족인 마사이는 유명한 주술사를 두고 있었다. 머리가 특별히 크고 키가 작은 사람이었는데, 영국 당국에 골치 아픈 존재였다. 세계 대진이 발발하기 전에, 그가 그 나라에 전쟁이 일어날 것이라고 예측했다고 한다. 마사이 부족 사이에 언제나 소요 사태가 있었기 때문에, 영국인은 혁명을 말하는지 모른다고 생각하면서 그 예측을 다소 심각하게 받아들였다. 그러나 그는 아니라고 했다. 백인들 사이에 전쟁이 있을 것이라는 뜻이었다. 영국인들은 그를 믿지 않았지만, 그가 부족에 미치는 영향력이 워낙 컸기 때문에 케냐의 영국 정부는 백인들 사이에 전쟁이 벌어지면 4천 달러를 주겠다고 약속했다. 그러나 만약에 그런 종류의 일이 일어나지 않는다면, 영국인들은 그의 특별한 활동을 이유로 그를 살해할 계획이었다. 그런데 세계 대전이 일어났다. 그들은 그에게 4천 달러를 지급했다. 내가 아프리카에 있을 때, 그는 그때까지 살아 있었다.

그런 온갖 예들은 지하의 지혜가 언제나 그로테스크한 형태와 연결되어 있다는 점을 보여준다. 그리고 그것은 전설에서 그치지 않는다. 주술사나 난쟁이가 특별히 현명하다는 점은 하나의 사실이다. 그것은 난쟁이나 사지가 성하지 않은 사람이 대체로 큰 야망을 품는다는 사실에서 비롯된다. 다른 측면에서 보상적인 발달이 이뤄지는 것이다. 게르만족 신화에 등장하는, 힘줄이 끊어진 대장장이 빌란트나, 로마 신화에 나오는 다리를 저는 대장장이 신 불카누스처럼. 그리고 예언가는 종종 앞을 보지 못한다. 예를 들면, 그리스 신화 속의 유명한 예언가 멜람포스(Melampus)가 있다. 아마 남자들이 주로 전사였던 시대에 최초의 지식인들은 아마 선천적이거나 후천적인 신체적 장애 때문에 집에 머물러야 했던 사람들일 것이다. 더욱이, 난쟁이나 팔다리가 성하지 않은 사람은 언제나 주문(呪文)을 건다. 왜냐하면 그들의 눈에 이상한 무엇인가가 있기 때문이다. 그들이 사지가 성하지 않은 사람이라는 사실을 모를 때조차도 사람들은 특이한 표정을 통해 그것을 알아본다. 아이들이 그런 사람들에게 어떤 식으로 반응하는지 당신은 잘 알고 있다.

사지가 성하지 않은 사람들이 사악한 눈을 갖고 있는 것은 대체로 그런 사람들이 정상적인 사람들에게 느끼는 분개 때문이다. 원시인들은 사지가 온전치 못한 사람들을 특별히 두려워한다. 원시인들은 그들이 불행을 부른다고 생각한다. 그래서 원시인들은 그런 사람들을 피한다. 사람은 불행한 사람들에게 부정적인 감정을 갖기 쉬우며 그런 사람들을 좋아하지 않는다. 예를 들어, 그들은 사회에서 사랑을 받지 못하는데, 그 같은 현상은 불행하거나 사악한 정령에 의해 처벌받은 사람에 대한 공포의 잔재이다.

8강

1932년 1월 27일

지난 시간에는 환상 속에서 고딕 성당을 통해 기독교 형식으로 돌아가는 데 대해 설명했다. 아주 위압적인 교회였다. 또한 이무기에 대해서도 설명했다. 고딕 양식이 등장한 이유는 무엇인가? 그리고 그것이 지금 나타난 이유는 무엇인가? 그녀가 완전히 까만 존재가 되었기 때문이다. 이전의 일련의 환상들은 우리를 이교도적인 분위기로 이끌었다. 그 분위기는 또 지하적인 분위기였다.

이교도가 반드시 지하적인 것은 아니다. 이교도도 마찬가지로 영적이지만, 그런 무의식적 환상에 나타날 때 이교도는 언제나 지하의 성격을 갖는다. 왜냐하면 고대에 나온 영적인 문제는 모두 기독교에 의해 동화되었기 때문이다.

예를 들어, 아티스(Attis)[40] 숭배와 미트라 숭배, 위대한 어머니 숭배의 정신적인 내용물은 기독교로 흡수되었다. 위대한 어머니는 처음

....

40 그리스 신화에서 어머니 신 키벨레의 사랑을 받은 프리기아의 소년을 말한다.

에 이시스가 되었다가 나중에 어머니 마리아가 되었다. 그리고 호루스와 늙은 아시아의 성직자 왕, 로마 황제들은 모두 신의 아들이었으며, 신비의 왕들은 신의 은총에 의해 왕이 되었다. 빌헬름(Wilhelm) 황제는 신의 은총에 의해 왕이 된 마지막 인물이었으며, 그의 허영심이 그로 하여금 스스로 신비의 왕이라고 믿도록 만들었다. 중국 황제의 명칭은 천자(天子)였다. 그것은 전형적인 신의 아들로 상징되는 대단히 정신적인 개념이었다. 호루스가 오시리스의 아들이었고, 그리스도가 하느님 아버지의 아들인 것처럼.

매우 영적인 이런 모든 사상들은 기독교에 흡수되었지만, 이교도의 지하적인 요소들은 배제되거나 억압되었으며, 따라서 그것들은 무의식에 남게 되었다. 무의식적 산물의 거의 모두는 지하적인 특성이나 암시로 넘친다.

그러나 이 새로운 일련의 환상에서 어떤 변화가 일어난다. 땅의 검정이 정신적인 양상으로 바뀌고 있는 것이다. 이것은 당연히 기독교적이며, 특별히 고딕풍이다. 왜냐하면 진정한 기독교의 핵심이 가톨릭 종교이기 때문이다. 그것이 중세적인 이유는 환자가 프로테스탄트이기 때문이다. 만약에 그녀가 가톨릭이었다면, 그녀에겐 중세적인 분위기가 전혀 필요하지 않았을 것이다. 그럴 경우에 가톨릭 종교가 그녀에게 바로 현재의 종교일 것이기 때문이다. 그러나 프로테스탄트에게 가톨릭 종교는 400년 전 쯤의 종교에 해당한다.

여기서 우리는 다시 이무기처럼 그로테스크하게 생긴 작은 동물을 만난다. 그런 동물은 고딕 양식 건물에 장식으로 쓰였다. 고딕 양식의 기념물들은 이런 작은 동물 또는 괴물로 덮여 있다. 이 동물들은 뾰족탑을 기어 올라가거나, 조각 어딘가에 숨어 있으며, 모두 틀림없이 지하적인 기원을 갖고 있다.

그것들은 노르만 양식의 재미있는 동물들에서 직접적으로 유래하지만, 동시에 더욱 위험한 특징을 갖고 있다. 그것들은 서로 싸우거나 인간과 싸우고 있으며, 가끔 인간을 제압한다. 이것은 11세기나 12세기까지도 그런 심리적인 요소들이 심각한 갈등을 야기하거나 인간을 파멸시킬 만큼 충분히 강했다는 점을 보여준다.

그러나 고딕 양식이 유행하던 시기에 기독교적인 태도가 승리를 거두게 되었을 때, 그 동물들은 그렇지 않았더라면 완전히 영적이었을 건물에 익살맞은 장식이 되었다. 노르만 양식은 자연에 보다 가깝다. 돌이 지배적이며, 건물은 동굴을 많이 닮았다. 반면에 고딕 건물 안에서는 돌의 성격이 거의 느껴지지 않는다. 건물 자체가 살아 있는 나무로 변화했기 때문이다. 건물이 살아 있고, 정신이 스며든 것처럼 느껴진다. 지하적인 요소는 이무기 돌에 의해 표현되는 것처럼 일종의 희극적인 부속물에 지나지 않으며, 종종 작은 악마로 표현된다. 노트르담 대성당의 그 유명한 뿔 달린 악마들이 좋은 예이다.

제단에 올라간 성직자가 작은 이무기의 공격을 받았는데, 이것은 지하적인 요소가 고딕 양식의 정신적 특성에 의해 완전히 압도당한 것처럼 보임에도 불구하고 스스로를 강력히 내세우고 있다는 것을 의미한다. 지하적인 요소는 억눌리지 않았으며, 그 요소가 의식(儀式)을 방해하기 시작했다. 그 생명체는 성직자의 황금색 옷에 계속 달라붙고 있었으며, 성직자는 이 이교도적인 요소를 제거하길 원하지만 그렇게 할 수 없었다. 그러다 성직자가 의식을 치르는 중에 성배를 들어 올릴 때, 작은 동물들과 개구리들이 성배에서 튀어나왔다. 그런데 이런 것들의 출현을 어떻게 해석해야 하는가?

환자가 평소에 읽은 내용을 암시하고 있을 가능성이 크다. 더욱이,

그녀가 나의 책 『무의식의 심리학』에서 캥탱 마시(Quentin Matsys)[41]가 그린 성 요한의 그 유명한 그림을 보았을 가능성도 있다. 성 요한은 종종 성배를 들고 있는 모습으로 그려지지만, 이 그림은 성배에 발과 날개를 가진 작은 용이 있다는 점이 특이하다. 이것은 성 요한에게 독을 탄 포도주 잔이 건네졌지만 그가 성호를 그어 독이 사라지게 만들었다는 전설을 암시한다. 다른 방법으로 설명할 수 없는 일을 설명하기 위해 종종 전설이 만들어지듯이, 아마 그것은 설명을 위한 전설일 것이다.

그 전설은 이 그림을 진정으로 설명하지 못한다. 왜냐하면 포도주 잔 안에 뱀이 있었다면 성 요한이 그것을 보았을 것이기 때문이다. 뱀은 독을 상징함에 틀림없다. 그러나 성 요한이 독의 힘을, 소위 약의 효력을 제거할 때, 뱀이나 용이 잔으로부터 나와야 하는 이유는 무엇인가? 그렇다면 전설은 단지 일종의 유추에 지나지 않는다. 왜냐하면 뱀과 독이 다소 동일하기 때문이다. 그러나 용은 어떤가? 용이 독을 상징하는 경우는 거의 없을 것이다. 그렇다면 그것은 고대의 상징과 관계가 깊을 것이다. 왜냐하면 초기 기독교가 고대의 사고방식이나 그림으로부터 많은 모티프를 넘겨받았기 때문이다.

초기 기독교의 그림책들은 그리스나 로마의 책이나 원고를 본보기로 삼거나 신전의 그림들을 베낀 것이었다. 퀴몽(Franz Cumont)[42]이 유명한 예에 대해 언급한다. 엘리야가 승천하는 장면을 그린 중세 초기의 그림을 보면, 그 구도가 헬리오스 신이 하늘로 일상의 비행을 하는 모습과 거의 똑같다. 도약하고 있는 말들과 전차의 곡선과 신의 위치가 두드러진다. 위로 올라가는 태양말(馬)의 발굽 아래로 열린

....

41 벨기에 화가(1466-1530).

42 벨기에 고고학자(1868-1947).

공간에, 물결처럼 뒤로 물러나는 형상이 아스라이 보인다. 바로 바다 신인 오케아노스다. 이 대양으로부터 태양의 전차가 솟아오르는 것이다. 지금 엘리야는 태양의 전차와 아무런 관계가 없으며, 오케아노스와도 아무런 관계가 없다. 따라서 그것은 거의 온 곳에 있다시피한 그 유명한 미트라교의 표현을 모방했을 것임에 틀림없다. 왜냐하면 후기 로마 시대에 큰 도시 거의 모든 곳에 미트라 신전이 있었기 때문이다.

옛날 신들에 관한 많은 전설 또는 신들의 오래된 상징들이 기독교로 편입되었다. 다수의 성인들은 옛날 신들의 특성을 지녔거나 고대 신들이었다. 독일 학자 헤르만 우제너(Hermann Usener: 1834-1905)가 논란의 여지가 많은 옛날 성인 성 티코(St. Tycho)에 대해 쓴 유명한 책이 있다. 이 책은 성 티코가 실제로 비옥의 남근 신 프리아포스(Priapus)였다는 점을 보여주고 있다. 그리고 프랑스의 남부에는 아직도 성 팔르(St. Phalle), 즉 성 팔루스(Saint Phallus)에 봉헌한 예배당이 있다. 그렇다면 환상 속의 성배는 정말로 다소 다르게 보이는, 예를 들어 다음 그림처럼 보이는 고대의 상징이라고 해도 별 무리가 없을 것이다.

이것은 미트라교의 암포라와 다르다. 미트라교의 암포라는 이런

모습이다. 뱀이 한 쪽에 있고, 다른 쪽에 사자가 있다. 뱀은 종종 암포라와 매우 가까운 곳에서 안으로 들어가려고 하지만, 절대로 성공하지 못한다. 사자가 언제나 뱀이 암포라 속으로 들어가지 못하도록 막고 있다. 그래서 신성한 항아리는 가운데에 있다. 그러나 그것은 완전히 다른 의미를 지닌다. 미트라교의 암포라의 경우에 항아리가 매우 중심적인 의미를 지니지만, 여기서는 아마 뱀이 잔에 담긴 약에 독을 한 방울 넣고 있을 것이다.

뱀은 의사들의 신인 아이스쿨라피오스(Aesculapius)의 신성한 동물이었으며, 아이스쿨라피오스는 그리스 에피다우로스에 만병을 치료하는 유명한 병원을 두고 있었다. 거기에 거대한 뱀이 있었으며, 디오클레티아누스(Diocletian)가 로마 황제였을 당시에 역병이 크게 유행하자, 사람들은 일종의 액막이 부적으로 이 뱀을 에피나우로스에서 로마로 갖고 갔다. 신화 속의 뱀이 아니라 실제 뱀이었다. 아마 성배(聖杯)는 이 뱀과 관계있을 것이다. 아시다시피, 고대 상징이 의미한 바는 약을 담고 있는 그릇 또는 잔이지만, 그 약이 초자연적인 효과를 발휘하도록 하기 위해서는 한 방울의 독이, 뱀을 추가하는 것이 필요하다. 뱀은 반은 신이고 반은 영웅인 아이스쿨라피오스의 친숙한 다이몬이었다고 할 수 있다. 아이스쿨라피오스는 중개자이고, 이교도 그리스도이고, 구세주 같은 존재였으며, 고대의 다른 모든 영웅들처럼 뱀의 영혼을 갖고 있었다.

북유럽 신화에서, 영웅은 뱀의 눈을 가졌다는 사실에 의해 영웅으로 확인되었다. 영웅의 눈에 담긴 표정은 인간의 것이 아니라 뱀의 표정이었다. 그것은 절대로 경멸적인 표정이 아니었으며, 단지 영웅의 신성한 성격을 말해주는 것이었다. 왜냐하면 뱀과 비슷하다는 것은 동물과 비슷하다는 의미이고, 동물과 비슷하다는 것은 신성하다는 의미이기 때문이다. 뱀은 인간이 아니었으며, 따라서 뱀은 신성한 것으로 그려졌다. 성령이 비둘기로 표현되거나, 복음전도사들이 한 사람만 인간으로 표현되고 나머지는 모두 동물의 상징으로 표현되듯이.

그렇다면 뱀은 영혼의 악령이며, 거기에 담긴 사상은 의사가 약을 준비하는 것은 인간의 일이 아니며, 의사의 약도 꽤 훌륭하고 완벽하게 옳을 수 있지만 의사의 영혼의 악령이 거기에 독을 한 방울 떨어뜨리기 전까지는 거기에 전혀 아무런 효력이 들어 있지 않다는 뜻이다. 이 독이 들어가야만, 약에 마법의 힘이 생긴다는 것이다. 그것은 대단히 현대적인 생각이다. 의사의 약이 약제학에 나오는 처방을 그대로 따른, 판에 박힌 것에 지나지 않는다면, 거기엔 본질이 전혀 없다고 볼 수 있다. 환자의 원기를 일깨울 진정한 힘이 없는 것으로 여겨진다. 그러나 영혼의 악령이 들어 있으면, 약은 효력을 발휘한다. 그때 거기엔 특이한 종류의 '신비적 참여'가 일어난다. 뱀이 하나의 영혼으로서 인간의 인격의 아래쪽을, 냉혈동물을, 어둠과 척추와 태양신경총의 동물을 나타낸다는 점에서 보면 그렇다.

태양신경총은 아득히 먼 옛날부터 교감신경계와 연결되었다. 그것은 그리스어로 '함께 겪다'라는 뜻을 가진 'sympathein'이라 불린다. 여기서 'sym'은 '함께'라는 뜻이고, 'pathein'은 '겪다'라는 뜻이다. 지금 대단히 모순적이게도, 사람이 느끼는 것은 대부분 교감신경계를 통해서다. 여기서 모순적이라는 표현을 쓰는 이유는 태양신경총이 몸 안에 있고 눈도 없고, 귀도 없고, 감각기관도 없고, 뇌도 없으며 뱀에 의해 상징되기 때문이다. 태양신경총은 깊은 무의식 속에 있는데, 사람은 이것을 통해서 신비적 참여를 하게 된다. 마치 사람이 이 유명한 갈비뼈 아래 부위를 통해 모든 사람들과 연결되고 있는 것처럼 보인다.

유스티누스 케르너(Justinus Kerner: 1786-1862) 같은 옛날의 독일 의사들이 쓴 책이나 파사반트(J. K. Passavant)가 자력(磁力)에 대해 쓴 책을 보면, 교감신경계가 매우 큰 역할을 한다. 갈비뼈 아래 부위에서 특히 많은 역할을 한다. 갈비뼈 아래 부위는 위(胃) 바로 위의 삼각형이며, 그 뒤쪽은 태양신경총 부위이다. 그래서 케르너의 환자로 프레포르스트의 여자 예언자였던 하우프(Friederike Hauffe)도 이 부위를 강조하곤 했다. 그녀는 자신이 읽거나 이해하길 원하는 것과 공감하길 바라면서 가장 민감한 부분인 그곳에 그것을 올려놓았다.

그것을 우리의 상징에 적용하면, 그것은 곧 의사의 약은 뱀이 공감의 방울을, 다시 말해 '신비적 참여'의 방울을 한 방울 떨어뜨려야만 효력을 발휘한다는 뜻이다. 당신은 거기서 탁월한 지혜를 이해할 수 있다. 성 요한이 왜 그런 상징을 갖추고 있어야 했는지 그 이유를 나는 밝히지 못한다. 성 누가는 의사였던 것으로 전해지고 있다. 그렇기 때문에 그런 상징은 어쩌면 성 누가에게 아주 잘 어울릴 수 있다. 그러나 성 요한이 그런 상징을 떠올린 이유에 대해서는 추측하는 수밖에 없다. 물론, 기독교식 해석은 아주 단순하다. 성배는 포도주나 피를 담고 있고, 성배는 만병통치약이고 불멸의 약이며, 포도주는 그리스도의 피로서 훌륭하고 강하다. 그러나 포도주는 오직 신의 은총에 의해서, 즉 성찬에서 신의 간섭을 통해서, 성변화(聖變化)를 통해서만 그리스도의 피가 된다. 그래서 그리스도가 뱀의 형식으로 나타나곤 하는 것이다.

그리스도가 치료의 효과를 발휘하는 뱀이었다는 것이 영지주의의 사상이다. 그리스도의 피는 그의 생명의 정수(精髓)이고 세상을 치유하는 독이다. 그리스도가 마법의 힘이 있는 자신의 정수 한 방울을 잔에 넣을 때에만, 포도주는 피가 되고 마법을 발휘하는 불멸의 약이 된다.

나는 이전에 그리스도가 뱀으로 여겨지는 이유에 대해 설명한 바가 있다. 정말 신기하게도, 용이나 뱀을 그리스도와 동일시하는 데 아무런 어려움이 없다. 심지어 기독교 상징체계 안에서도 그렇다. 왜냐하면 사람이 잔 안에서 보통 보는 것은 떠오르는 태양 같은 성찬식 빵이고, 이 성찬식 빵이 그리스도의 육신이기 때문이다. 말하자면, 성찬식 빵은 잔 안의 그리스도인 것이다. 그렇다면 잔 안에서 용이나 뱀을 발견할 경우에 누구나 그것이 그리스도를 의미한다고 생각할 수 있다.

영지주의의 해석은 초기 교회에 다소 무의식적으로 받아들여졌다. 예를 들면, 마르시온파가 매우 중요한 운동을 벌이다가 교회로부터 이단으로 박해를 받던 때가 그런 예이다. 그러나 박해자는 언제나 자신이 압도한 것 중 일부를 자신의 심리로 받아들이지 않을 수 없게 된다. 그래서 이단들로부터 많은 것들이 교회로 흡수되었다. 그 정도를 따지자만, 아마 고대로부터 교회로 흡수된 것만큼 되거나 그 이상이 될 것이다.

잔에서 튀어나오는, 개구리를 비롯한 작은 동물들은 심리학적으로 말해 어디서 나오고 있는가? 이 사실들은 무엇을 의미하는가? 우리는 상징들이 어디서 시작되는지를 알아야 한다. 어딘가에서 시작해서 어딘가에서 끝나는 일종의 변형이 있기 때문이다. 그것은 단순히 서로 단절된 그림들의 연속이 아니다. 내적으로 인과적 연결이 있다.

그 작은 동물은 그녀의 내면에 있는 지하의 요소에서 시작되어 이무기가 되었으며, 거기서 다시 뱀이 되었다. 이무기가 뱀인 것이다. 이무기는 성직자의 옷에 매달리고 있고, 성직자는 이무기를 떼어내지 못한다. 이무기도 신성한 의식의 장소로 들어온다. 이무기는 심지어 잔 안으로 기어들어가고, 변형된 상태로 다시 나타난다. 개구리를 비롯한 작은 동물들이 서로 매우 비슷하기 때문에, 그리 많이 변형된 것은 아니지만 말이다. 『무의식의 심리학』을 읽은 우리 환자의 마음에 남아 있을, 그 책 속의 그림에 관한 기억을 고려한다면, 잔에서 나오고 있는 생명체들이 주로 작은 냉혈동물들이고 별로 그로테스크하지 않을지라도 이무기와 많이 비슷할 것이라는 점을 알 수 있다. 그녀가 진짜로 본 것은 밖으로 튀어나오고 있는 개구리뿐이었다. 그것은 매우 현대적인 상징이다. 고대의 상징 중에서 이와 비슷한 것은 쉽게 떠오르지 않지만, 그래도 그것은 아주 중요한 개념이다.

연금술에서 이와 비슷한 일련의 사건들이 확인된다. 그리고 개구리도 연금술에 두꺼비의 형태로 나타난다. 옛날 사람들은 사소한 동물학적 차이에는 별로 신경을 쓰지 않았다. 그렇기 때문에 우리도 그것들을 같은 것으로 보아야 하며, 두 개의 이름으로 불러야 한다. 호기심을 자극하는 또 하나의 연결은 처녀와 두꺼비의 연결이다. 이것 또한 연금술에서 발견된다. 두꺼비가 처녀의 젖을 먹는 것으로 나온다. 나는 뉘른베르크의 어느 우물을, 물이 여자들의 가슴에서 개구리들의 입으로 부어진다는 전설이 내려오는 우물을 기억하고 있다. 또한 두꺼비는 중세에 자궁의 상징이었다. 그리고 개구리와 공주를 그린 매우 아름다운 동화도 있다.

공주가 황금 공을 갖고 놀다가 그만 샘에 빠뜨리고 말았다. 공주는 공을 건지지 못해 발을 동동 굴렀다. 그러나 샘에 개구리가 한 마리 있었다. 이 개구리가 자신이 제시하는 소원을 들어주면 공을 공주에게 갖다 주겠다고 말했다. 조건은 개구리가 공주의 식탁에 앉고, 그녀의 접시에 담긴 음식을 먹고, 그녀의 침대에서 잠을 잘 수 있도록 해 줘야 한다는 것이었다. 그녀는 무엇이든 들어주겠노라고 약속했다. 황금 공을 잃은 마음의 상처가 워낙 깊었기 때문이다. 그래서 개구리는 황금 공을 그녀에게 갖다 주었다. 당연히, 공주는 개구리에게 한 모든 약속을 잊고 싶었다. 그러자 개구리가 그녀에게 약속을 끊임없이 상기시켰다. 그럴 때마다 그녀는 마지못해 약속을 지켰다. 왜냐하면 개구리가 기분 나쁠 만큼 미끈거리고 차가우며 혐오스럽기 때문이다. 그녀가 약속을 이행할수록, 개구리가 더욱 못마땅해 보였다. 개구리와 한방에 있는 것은 괜찮았지만, 같은 식탁에서 같은 접시로 음식을 먹는 것은 영 아니었다. 개구리가 그녀의 작은 침대에서 잠을 자야 한다는 마지막 조건은 그냥 듣지 않은 것으로 여겨졌고, 그녀는 그것을 절대로 허용하지 않을 것이다. 그럼에도 불구하고 개구리는 그녀의 침대 속으로 밀고 들어왔다. 그러자 그녀는 개구리를 집어서 벽 쪽으로 던져 버렸다. 즉시, 개구리가 사라지고 왕자가 나타났다.

황금 공은 우리의 리비도를 나타내는 태양이다. 공주의 리비도가 사라지고, 따라서 가엾은 소녀는 우울증에 빠져 삶의 기쁨을 잃었다. 그녀는 그것이 어디로 사라졌는지 알지 못하는 가운데 그것을 회복하길 원하고 있다. 그때 깊은 곳에서 어떤 소리가 들려온다. 그녀가 모든 조건을 따르기만 하면 삶의 기쁨을 되찾을 것이라는 뜻이었다.

달리 말하면, 그녀는 냉정하고 혐오스런 것을 동화시켜야 한다는 의미였다. 그렇게만 할 수 있다면, 그녀는 삶의 기쁨을 되찾고, 그녀의 왕자가 나타날 것이다.

이것은 영원한 진리임과 동시에 매우 유익하게 활용할 수 있는 지혜이다. 나는 같은 내용을 매일 적어도 서너 번씩 떠올려야 한다. 게다가, 그것은 매우 종교적인 상징이다. 낮의 빛인 태양은 어둠 속으로 사라진다. 황금 공이 우리의 최고 가치인데, 그 최고 가치가 사라지는 것이다. 그러면 우리는 어찌할 바를 몰라 당황한다. 우리는 완전히 어둠 속에, 절망의 슬픔에 갇힌다. 이어서 우리는 깊은 곳의 소리를 듣는다. 이 소리가 우리에게 좋지 않은 조건을 제시한다. 그러나 만약에 우리가 이 조건들을 충족시킬 수 있다면, 신성한 태양의 빛이 다시 돌아올 것이다. 초인(超人) 말이다. '백마 탄 왕자'는 언제나 탁월한 남자이고, 온갖 덕을 두루 갖춘 경이로운 본보기이기 때문이다. 백마 탄 왕자는 인간의 부활을, 인간 자신의 재생을 의미한다.

이 환상이 전하고자 하는 생각도 이와 아주 비슷하다. 말하자면, 지금 나타나고 있는 개구리들은 신성한 잔의 오염을 의미하는 것이 아니라 치료 물질을 의미하거나 잔이라는 자궁에서 나오는, 치료의 힘을 지닌 상징들을 의미한다. 그것은 처녀와 잔을 연결한다. '성모호칭기도(聖母呼稱祈禱)'에서 처녀가 '탁월한 헌신의 그릇(vas insigne devotionis)이라 불리듯이, 처녀는 그릇이다. 여기서 말하는 그릇은 신자들의 헌신이 부어지는 그릇이다. 그리고 처녀는 동시에 점성학적으로 땅을 의미하는 처녀자리이다. 그렇다면 땅은 컵, 즉 받거나 잉태하는 그릇이며, 그곳으로부터 구원의 상징이 나온다. 한 예에서 처녀는 탁월한 인간, 아름다운 젊은이, 이교도적인 성격을 지닌 일종의 조정자(동화들은 대단히 이교도적이다), 대단히 깊이 사랑받는 정신적인 왕, 그리스도를 의미하는 백마 탄 왕자를 낳는다. 다른 예에서 처녀는 두꺼비나 개구리를 낳거나 기른다. 그렇다면 개구리는 특이한 상징이다. 개구리가 백마 탄 왕자로 변신하거나, 개구리들이 처녀의 젖을 먹고 자라거나, 처녀가 개구리를 낳는 것에 대해 생각한다면, 개구리가 단순히 하나의 비유에 지나지 않는다는 것이 확인된다. 개구리는 아이를 상징한다.

『차라투스트라는 이렇게 말했다』(Thus Spake Zarathustra)에 나오는 "추한 인간"은 니체가 받아들일 수 없는 것이었다. 니체도 아주 비슷한 길을 걸었다. 디오니소스적인 경험으로 돌아갔으며, 거기서부터 추한 인간이라는 사상이 나왔으며, 그 후에 뱀처럼 구불구불한 상징의 길을 걷는다. 우회가 많은 그런 길을 걸은 끝에, 그 책은 초인이라는 사상으로 끝난다. 니체는 다른 측면이 너무나 혐오스럽고 또 그것이 자신의 공포증과 연결되어 있기 때문에 그 측면을 받아들이길 거부한다. 그는 자신이 개구리나 두꺼비를 삼켜야 한다는 생각 때문에 힘들어 했으며, 개구리나 두꺼비를 볼 때마다 그것을 삼키고 싶다는 충동을 강하게 느꼈다. 이 같은 내용은 두꺼비가 그의 손에 앉아 있는 꿈에 나타났다. 두꺼비는 그가 받아들일 수 없었던 매독 감염을 의미했다. 그것은 그와 땅의 충돌이었으며, 거기서 땅이 그를 무릎 꿇게 만들었다. 그러나 그것은 부차적인 문제이다. 일반적인 상징으로서 개구리는 꽤 분명하다.

개구리는 그 자체로 매우 분명한 존재들이 거치는 과도적인 상태를 상징한다. 우리 중에도 그런 존재들이 꽤 많지만, 제대로 인식되지 않고 있을 뿐이다. 당연히 어린이 같은 존재들을 말한다. 개구리가 자연이 인간 같은 무엇인가를, 말하자면 두 개의 다리와 두 개의 손을 가졌지만 꼬리를 갖지 않은 동물을 만들려는 최초의 시도라는 것을 당신은 절대로 깨닫지 못할 것이다. 어머니들이 아기를 목욕시키면서 물속에 들어 있는 아기를 보고 개구리 새끼, 즉 올챙이라고 부르기도 한다. 아니면 두꺼비 새끼라고 부르기도 하고, 스위스에서는 불량소녀를 두꺼비 새끼라고 부른다. 그렇다면 개구리는 일종의 아이이다.

개구리는 자연이 냉혈동물의 차원에서 인간 같은 무엇인가를 만들려는 유치한 시도이다. 개구리는 작은 냉혈인간인 셈이다. 동화 속의 개구리를 두고, 아직 아름다운 왕자의 모습을 드러내지 않고 있는 일종의 태아 인간이라고 부를 수도 있다. 이 동화는 어떤 의미에서 보면 매우 심오하다. 이 동화는 독일 신비주의자 안겔루스 질레시우스(Angelus Silesius)의 아름다운 시구를 형이상학적으로 표현하고 있다.

> 고결한 신의 진주 같은 이슬을 잡고 싶거든, 그대는 차분히 신의 인간성에 매달려야 하리니.

여기에 담긴 깊은 사상은 개구리 왕자가 곧 인간이라는 것이다. 지금과 같은 모습의 인간은 개구리 형태의 탁월한 인간이고 개구리 형태의 아름다운 존재이다. 이 아름다운 존재는 인간의 내면에 있지만 아직 그 모습을 드러내지 않았다. 우리는 황금의 핵심을, 인간의 신성한 영혼을 둘러싸고 있는 충동적인 추한 껍질에 불과하다.

이 짤막한 동화는 정말로 위대한 신화, 일종의 성년식 신화이며, 아마 폭력적인 개입을 통해서 인간이 껍질을 깨고 탁월한 존재가 된다는 고대 신화의 어머니일 수 있다. 따라서 개구리가 꿈이나 비전이나 동화에 등장하면, 그것은 지하의 양상을 보이고 있는 인간을 의미한다. 개구리는 단순히 생물학적인 존재로만 본 인간이다. 그러나 개구리는 내면이 훨씬 더 아름답고 완벽한 무엇인가의 외부 껍질일 뿐이다. 그 껍질은 아름답고 탁월한 인간이 해방되는 죽음을 통해서나 신비적인 성년식의 간섭에 의해서 깨어질 것이다.

그것이 일부 흑인 부족이 잔인한 성년식을 치르기를 거부하는 부족 구성원들을 동물이라고 부르는 이유이다. 그런 부족 구성원들은 동물의 껍질로부터 해방되지 않았으며, 그들은 여전히 땅 위에서 원초적인 무의식 상태에 빠져 부분적으로만 살고 있는 냉혈 동물이다. 그들은 아직 태양 같은 신성한 존재의 따스함을 성취하지 못했다. 왜냐하면 인간은 온혈동물이고, 보다 높은 차원에 있고, 이미 태양을 닮았기 때문이다. 따라서 정신은 이미 하늘의 아들 또는 태양의 아들로 이해되고 있다.

여기서 개구리는 신성한 잔으로부터 중재하고 치료하는 뱀처럼 나타난다. 개구리는 똑같은 기능을 표현하고 있다. 치료의 상징으로 등장하고 있는 것이다. 그것은 있는 그대로의 모습으로서의 인간을 의미하고, 치료의 힘을 가진 상징이다. 왜냐하면 그것이 지금까지 받아들여지지 않은 것, 억압되거나 기피되었던 것이기 때문이다. 그것은 초석이 되어야 함에도 불구하고 건설자들에 의해 버려졌다. 혹은 그것은 아무도 생명이 나타나리라고 기대하지 않는 메마른 땅에서 자라는 새싹이다. 아시다시피, 이것들은 구세주에 관한 이사야의 예언이다.

그러나 현재의 모습 그대로의 인간을 상징하는 개구리는 보상적인 경우에만 치료의 상징이라는 존엄을 얻을 수 있다. 말하자면, 개구리가 개인적이거나 공적인 청중을 만날 때에 인간의 내면에 있는 탁월한 인간과 동일해진다는 뜻이다. 왜냐하면 만약에 우리가 개구리의 형태로 그 백마 탄 아름다운 왕자와 동일시한다면, 우리가 반드시 자아 팽창을 겪을 것이고, 그러면 우리가 탁월한 인간이 될 수 없는 탓에 편파적이고 부자연스럽게 될 것이기 때문이다. 우리는 니체가 탁월한 인간이 되려고 어떤 식으로 노력했는지 알고 있다. 그는 탁월한 인간이 되려는 노력을 지나치게 심하게 벌였으며, 늘 추한 인간의 위협에 시달렸다. 그것이 그가 정신쇠약을 일으킨 이유이고, 또 우리가 우리의 것이 아닌 자질을 갖고 있다고 단정할 때 신경쇠약을 일으키는 이유이다. 따라서 우리가 자신을 둘러싸고 벌어지는 일들이 언제나 달리 전개되기를 바랄 것이 아니라 자신의 현재 모습을 있는 그대로 받아들인다면, 그것이 치료나 구원의 효과를 발휘하게 된다.

우리는 저 사람이 이렇지만 않으면 아주 훌륭한 사람이 될 텐데 라고 생각하거나 나 자신이 지금과 같은 모습이 아니라면 정말 좋을 텐데 라는 식으로 곧잘 말한다. 우리는 언제나 다른 사람들이 달라지기를 원할 뿐만 아니라 우리 자신도 달라지기를 원한다. 그러나 사람이 주변의 온갖 일들을 있는 그대로 받아들일 때, 바로 그때 지혜가 시작된다. 그런 식으로 접근하지 않으면, 우리는 어디에도 가 닿지 못한다. 우리는 오직 팽팽한 풍선이 되어 이 땅에 발을 닿지 않은 상태로 지내게 될 것이다. 그렇다면 우리가 사실들에 동의하는 것 자체가 자신을 치료하는 태도라고 할 수 있다. 그렇게 할 수 있을 때에만, 우리는 이 땅 위에서, 우리의 육체 안에서 살 수 있으며, 또 그래야만 번창할 수 있다.

귀리를 뿌려놓고 그것을 밀이라고 생각한다면, 그런 상태에서 풍년을 기대하기 어렵다. 개를 키우면서 그것을 낙타라고 생각한다면, 그 개는 건강하게 자라기 어렵다. 그렇듯 우리가 초인이 될 수 있다고 단정하는 것은 우리 동료들에게도 부당하고 우리 자신에게도 부당한 일이다. 추하고 혐오스런 바로 그것이 우리를 구원으로 이끄는 것이다. 공주가 개구리의 껍질로부터 백마 탄 왕자를 찾듯이 말이다.

그렇다면 환상에 담긴 생각은 성스러운 잔에서 나오는 구원의 약은 단지 지금 모습 그대로의 인간이며, 불완전하고, 자연의 첫 번째 시도이며, 매우 불완전한 시도라는 것이다. 아시다시피, 개구리들이 만들어졌을 때, 인간은 아직 등장하지 않았다. 개구리들은 저급한 냉혈동물의 차원에서 온혈의 인간을 만들려는 그런 초기의 시도들이다. 그리고 왜 인간이 창조주의 마지막 생각이어야 하는가? 인간도 자연의 매우 우스꽝스러운 시도로 드러날 수 있다. 왜냐하면 우리가 정말로 부조리하고, 매우 추하고, 어떻게 보면 실패작이기 때문이다.

인간이 실패작이라는 점은 쉽게 증명할 수 있다. 인간의 구조와 성향 중에서 너무나 많은 것들이 육체만 아니라 정신에서도 완전히 어리석고 부적절하기 때문이다. 먼 미래에, 지금으로부터 한 십만 년쯤 뒤에 인간이 뒤를 돌아보면서 "그러나 그건 인간이 아니었어. 짐승이었을 뿐이야!"라고 말할 가능성이 꽤 높다. 오늘날 우리가 자바 직립원인(猿人)을 두고 말하듯이 말이다. 자바 직립원인도 아마 생각이란 것을 할 수 있었을 텐데, 그도 당시에 자신이 피조물의 꼭대기를 차지하고 있다고 생각했을지 모른다. 그러나 나는 그 점에 대해 의문을 품는다. 신에 대한 불손이 다소 현대적인 병처럼 보이기 때문이다.

아시다시피, 우리가 매우 아름다운 것과 동일시하는 것은 이 같은 인식에서, 말하자면 보편적인 열등감에서 비롯된다. 우리는 아름다운 것을 얼핏 보면서 우리가 이미 거기에 있다는 식으로, 예를 들어 정말로 선하다는 식으로 생각한다. 그럼에도 우리는 선하지 않다. 우리의 반 이상이 지옥에 속한다. 우리의 생각과 우리의 처지를 보라. 모든 것이 절망적일 만큼 발달하지 않은 모습을 보이고 있다. 우리는 이제 막 그 같은 사실을 깨닫기 시작하고 있다. 세계대전 전에, 아무도 그런 생각에 귀를 기울이려 들지 않았으며, 사람들은 그런 소리를 들으면 "오, 그것은 인간의 원죄에 대한 고리타분한 설교에 지나지 않아."라고 말했다.

오늘날 우리 중 일부가 귀를 열기 시작했다. 그러나 그 숫자가 터무니없을 만큼 적다. 우리 인간은 아직 군축 회의를 열 준비도 되어 있지 않다. 전 세계가 전쟁 준비를 합리적인 수준으로 낮추기를 원하고 있다. 전체 무력을 25% 낮추지 못할 이유가 뭔가? 모두가 감축을 원하지만, 사람들은 그렇게 하지 못하고 있다. 그 같은 사실이 흥미롭지 않은가? 우리는 올챙이 떼에 지나지 않는다. 각각의 올챙이는 무엇인가를 하길 원하지만, 그것이 올챙이들의 무리이기 때문에 우리는 아무것도 하지 못한다. 왜냐하면 우리는 뇌를 전혀 갖고 있지 않기 때문이다. 소위 지도자들은 군중의 심리와 동일하다.

그런 사실들을 근거로, 우리는 인간의 지나치게 미발달한 상태에 대해 결론을 내릴 것이다. 그리고 올챙이들이 자신에 대해 올챙이라고 생각하지 않고 그보다 훨씬 더 경이로운 무엇이라고 생각하는 한, 탁월한 인간은 절대로 생겨날 수 없다. 말하자면 올챙이들이 꼬리나 아가미를 갖고 있다는 점을 부정하거나, 개구리들이 따뜻한 피를 갖고 있고 아름다운 목소리를 갖고 있다고 착각하는 것과 비슷한 상황에선, 인간이 발달을 제대로 이루지 못한다는 뜻이다. 먼저 우리는 우리 자신에 관한 사실부터 받아들여야 한다. 우리가 어떤 존재인지를 알아야 하는 것이다. 그런 다음에야 우리는 발달을 이룰 수 있다.

우리는 자신이 태아 상태에 있다는 점을 인정함으로써 우리 자신을 받아들여야 한다. 자기 자신을 진정으로 받아들일 수 있는 사람은 자기 자신에게 영양을 공급하고 발달시킬 수 있다. 그렇게 하지 않는다면, 버려진 아이가 무럭무럭 잘 커기를 기대하는 것이나 다를 바가 없다. 따라서 잔에서 뱀 대신에 개구리의 상징이 나오는 것은 개구리가 여기서 구원의 상징이라는 뜻이다. 그것은 십자가에 매달린 그리스도의 정신적인 대응물이다. 개구리는 정신과 아무런 관계가 없고 육체와, 인간의 불완전성과 관계가 있기 때문에 십자가에 있지 않다. 여기서 강조되고 있는 사상은 인간의 완전성이 아니라 인간의 불완전성이다. 텍스트는 이렇게 이어진다.

> 성직자가 무릎을 꿇고 기도를 올렸다. "주여, 저희들을 용서하소서. 저희들이 죄를 지었나이다." 머리에 검은 두건을 쓴 뱀이 소리 없이 계단을 지나 제단에 이르러 십자가를 감았다. 나는 뱀에게 다가가서 왜 거기 있느냐고 물었다. 뱀은 이렇게 대답했다. "나는 그리스도의 자리를 차지한 자라네."

개구리가 어떤 면에서 보면 구원의 상징이라는 말을 자주 하지만, 이곳의 개구리는 한 마리가 아니라 다수이며, 아마 비슷한 종류의 다른 작은 동물들도 많이 있을 것이다. 이것은 개구리가 핵심적인 상징이 아니라는 점을 강조하고 있다. 여기서 개구리가 다수라는 것은 다수의 인간 존재들을 암시한다. 다수의 개구리들이 올챙이의 단계를 거쳐 연못에서 나오듯이, 성스러운 잔으로부터 많은 사람들의 상징들이, 또 개인이 다수의 일부이기 때문에 많은 개인의 상징들이 나온다고 말할 수 있다. 그렇다면 모든 사람이 자신의 개인적 불완전성을 받아들일 때, 뱀이 나타나 몸을 감으면서 구원자의 위치에 설 것이다. 이것은 뱀이 구원자와 동일하다는 것을 의미한다.

이것은 다시 예수를 낙원의 뱀으로 보는 영지주의의 특별한 사상이다. 이 사상은 당연히 초기 교회에 의해 이단으로 여겨지면서 거부당했다. 그러나 그 사상은 절대로 죽지 않았으며, 그 뒤에도 거듭 나타났다. 그것은 쿤달리니 뱀이며, 쿤달리니는 이집트의 뱀이었다가 훗날 1세기에 헬레니즘 융합주의의 뱀이 된 '아가토다이몬'(agathodaimon)과 동일하다. 더욱이, 1세기까지 거슬러 올라가는 전설에 따르면, 그 뱀은 예수의 형제인 적(敵)그리스도이며, 적그리스도는 예수에 뒤이어 나타날 것으로 예상되었다. 그 시기는 아주 가까운 미래로 여겨졌다. 왜냐하면 당시에 예수는 자신의 사도, 즉 살아있는 목격자들 중 마지막 사람이 죽기 전에 돌아올 것으로 이해되었기 때문이다. 그리고 예수가 다시 나타나기 전에, 예수의 형제가 먼저 올 것으로 여겨졌다.

또 예수의 형제는 뱀으로 여겨졌다. 그 전설에 따르면, 적그리스도도 마찬가지로 팔레스타인에서 태어나 예루살렘에서 기적을 행했으며, 모든 것이 예수의 삶과 아주 비슷하지만 모든 것이 악하고 검은 마술이다. 그것은 그 시절에 구원자라는 사상이 사람들의 내면에서 어떤 억압적인 힘에 의해 억눌러졌다는 점을 보여준다. 기독교의 시도가 완전히 정신적이었기 때문에, 지하의 모든 것은 악으로 불려야 했다. 그래야만 그것들을 억누를 도덕적 힘이 생겨날 수 있었을 것이다. 어두웠던 현실은 그 시대 인간의 정신적인 노력과, 말하자면 기독교 자체의 영성화 노력과 반대였기 때문에 당연히 악마적이었다. 악마로 옮겨지는 그리스어 단어 'diabolos'는 저항을 야기하고, 간섭하고, 사물들을 둘로 나누는 것을 의미한다. 이 단어는 던진다는 의미의 그리스 단어 'ballein'과 사이를 의미하는 'dia'에서 비롯된다.

그러므로 적그리스도 전설은 그 시대의 정신을 진정으로 표현하는 것이었다. 적그리스도는 또한 점성술의 상징에도 표현되었다. 그때가 물고기자리의 궁이 시작되는 시기였기 때문이다. 물고기자리의 실제 위치에 따르면, 물고기 중 한 마리는 똑바로 서 있고 다른 한 마리는 가로로 되어 있다. 두 마리의 물고기 사이에 일종의 선으로 꼬리와 꼬리를 연결하는, 맞교차 같은 것이 일어난다. (수직선과 수평선이 십자가를 암시한다는 점에 주목하라.) 똑바로 선 물고기는 그리스도의 물고기일 것이고, 가로로 놓인 물고기는 적그리스도의 물고기일 것이다. 그래서 그리스도는 '이크티스'(Ichthys)[43]라 불렸다.

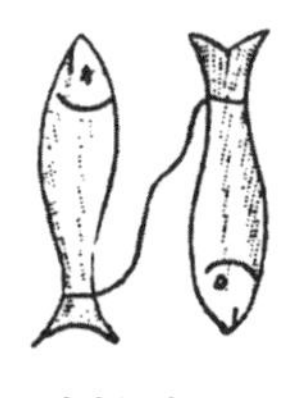

점성술 기호

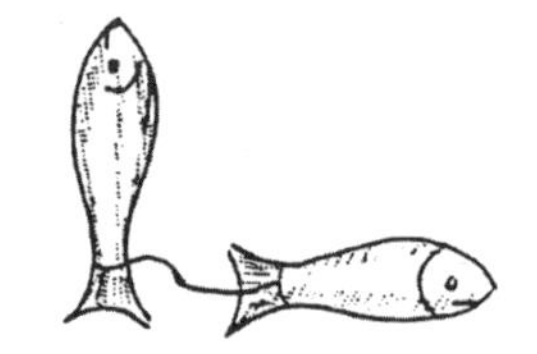

점성술적 위치

그리스도는 하늘로 올라가고 있는 존재로 머리가 정상을 향하고 있는 반면에, 적그리스도는 땅을 떠나는 적이 결코 없으며, 가장 추악한 인간이고 악마이다. 그래서 이 같은 기독교 심리학은 물고기자리의 시대에 속하며, 우리는 지금도 여전히 그 시대에 속하지만 우리의 현재 심리는 수평으로 자리 잡은 물고기의 머리에 가까워지고 있다. 1940년 경에 우리는 그 다음 별자리인 물병자리의 첫 번째 별에 다가가게 될 것이다. 물론 하늘에 경계를 뚜렷이 가르는 명확한 선이 있는 것은 절대로 아니지만, 1940년부터 1950년 사이에 우리는 물병자리 근처에 다가설 것이다.

우리는 첫 번째 물고기의 시대처럼 또 하나의 변화를 예상할 수 있

43 초기 기독교 신자들 사이에 비밀리에 사용된 것으로 전해지는 기독교 상징으로, 두 개의 곡선을 겹쳐 물고기 모양을 나타냈다.

는 시기에 가까이 다가서고 있다. 두 번째 물고기는 정반대 방향으로 향하면서 전통적인 점성술 상징과 다르다. 적그리스도는 정반대의 것이 아니며 오직 수평적일 뿐이다. 그래서 사람들은 수평선으로 놓인 물고기가 그렇게 심한 악이 되어야 하는 이유를 알지 못한다. 그 물고기가 사악한 것은 단지 그것이 하늘로 올라가지 않고 땅에 머물고 있기 때문이다. 그것이 바로 땅의 인간이다. 그렇다면 보상적인 상징이 그 정신적인 영웅으로부터 더욱 멀리 벗어나는 쪽으로 발달하게 되었고, 인간의 인간성이 강조되었다는 결론이 가능하다. 그러므로 춘분점이 '맞교차'의 한가운데에 있었을 때, 그때가 르네상스 시대가 종교개혁으로 넘어가던 1500년 경이었다. 그리고 1720년 경에 우리는 수평으로 놓인 물고기의 꼬리로 들어갔다. 프랑스 계몽주의가 시작되고, 기독교가 전복되고 이성(理性)이라는 여신이 파리에서 즉위하던 때였던 그 구분선은 '맞교차'의 한가운데에 있으며, 그 이후로 우리는 인문주의자들을 두게 되었으며 또 완전히 새로운 관점을 갖게 되었다. 마치 고딕 시대의 어마어마한 높이가 땅으로 붕괴하고 있었던 것 같다. 인간은 첫 번째 물고기처럼 하늘을 향해 높이 올라가지 않고 밖으로 범위를 넓히는 것처럼 보였다. 에너지는 더 이상 위로 쌓이지 않았으며, 수평적으로 확장되었다. 그때 인간은 지구를 발견했다. 그것은 위대한 항해와 발견의 시대였으며 동시에 자연과학이 성장을 이룬 시대였으며 인간이 가장 중요해진 시대였다.

지금까지 우리가 그 노선을 따라 발달해오다 보니, 이제 세상에는 인간밖에 없게 되었으며, 천국도 '인구 격감'을 겪었다. 광기를 보이던 어느 환자가 나에게 말했듯이 말이다. "내가 염화수은으로 천국을 구석구석 소독했는데, 거기서 신이 하나도 발견되지 않았다." 이런 말을 한 사람은 진료 활동을 하던 의사로 과학 교육을 아주 잘 받은 인물이었다. 그의 말이 그 상황을 꽤 정확히 표현하고 있다. 우리는 천국을 수은(점성술적으로 정신을 상징한다)으로 소독했으나 아무것도 찾지 못했다. 그래서 우리 인간은 엄청나게 팽창된 상태에서 홀로 남게 되었다. 왜냐하면 그 이후로 천사와 대천사의 모든 계급조직이 신과 함께 인간의 내면으로 들어가 버렸기 때문이다.

나는 어딘가에서 에데사의 주교 시네시우스(Synesius)의 글을 인용한 적이 있다. 그는 정말로 반(半)이교도였으며, 확실히 매우 기독교적이지는 않았으며 시인이기도 했다. 그는 인간의 상상력인 '공상적인 정신'(spirutus phantasticus)이 신성 속으로까지 들어갈 수 있다고 말했다. 그것은 성 바오로가 한 말, 말하자면 우리는 사고를 통해 신을 알 수 있다고 한 말과 똑같은 내용이다. 그러나 공상적인 정신은 그 형태로 신의 처벌을, 사지절단 같은 처벌을 받아야 할 것이다. 그러면 인간의 정신은 해체되고 말 것이다. 이것은 물론 파괴적인 과정이며, 우리가 첫 번째 물고기에서 축적했던 모든 것이 해체되는 과정이다. 정신적인 관점 모두가 특별한 수평적 확장으로 인해, 땅의 추구로 인해 해체되는 것이다. 인간이 땅을 모두 덮게 되었으며, 모든 것이 인간에 복종하고 있다. 그럼에도 우리는 여전히 첫 번째 물고기의 영향 아래에 있으며, 우리는 아직 땅을 받아들이지 않고 있다. 우리는 땅 위와 우리 자신 위를 떠돌고 있는 정령들과 비슷하다.

이제 우리는 자신을 받아들여야 하다. 인간을 현재의 모습 그대로 완전히 받아들이는 것은 물고기자리 시대의 마무리를 위해 필요한 작업이다. 인간은 스스로를 신성하다고 생각하고 마치 신인 것처럼 행동하고 있다. 그렇기 때문에 인간은 자신을 먹어야 하고 자기 자신을 알아야 한다. 그러나 사람이 자기 자신을 알게 될 때 그것 자체가 큰 충격으로 다가올 것이다. 철학자 카이저링(Graf Keyserling: 1880-

1946)의 새 책이 곧 발표될 것이다. 거기서 그는 기독교의 한 정신으로서 자신이 땅의 영향을 어떤 식으로 만났고 또 땅의 영향이 자신을 어떤 식으로 받아들였는지에 대해 말할 것이다. 니체는 땅의 영향을 피했으며, 그는 그것을 보려고 하지도 않았다. 인간을 그 모습 그대로 받아들이는 것은 심리학적 문제이며, 굳이 부르기를 원한다면 정신적 혹은 종교적 문제라고 할 수도 있다. 그것이 지금 우리가 직면하고 있는 문제이다. 그러나 우리 환자의 환상은 계속 이어지면서 그런 일이 일어날 때 뱀이 십자가에 매달린 구원자의 자리를 대신 차지할 것이라고 말하고 있다. 그것은 적그리스도를 의미한다. 우리에게 악의 원리로 보이는 것이 구원의 상징일 것이다. 그렇다면 하나의 순환이 다시 마무리될 것이며, 우리는 마치 뱀이 진정한 구원자였다는 것을 발견한 A.D. 1세기 말로 돌아간 것처럼 될 것이다. 아시겠지만, 그러면 새로운 무엇인가가 시작할 것이다.

9강

1932년 2월 3일

지난 시간은 제단으로 기어 올라가서 십자가를 자신의 몸으로 감는 뱀의 환상에서 끝냈다. 우리 환자는 뱀에게 누구인지를 물었고, 뱀은 "그리스도를 대신하는 자"라고 대답했다. 이로써 환상은 핵심적인 종교적 상징이 변형되고 있다는 점을 선언하고 있다. 이것은 심리적 태도의 중요한 변화를 의미한다. 내가 뱀으로 여겨지는 적그리스도의 전설에서 이와 비슷한 것을 끌어냈다는 것을 당신은 기억하고 있다. 텍스트는 이렇게 이어진다.

> 나는 성당 밖으로 나가서 땅 위의 황금 원반 앞에 있는 사각형 바위 위에 무릎을 꿇었다. 나는 원반에게 뱀이 십자가의 그리스도를 대신해야 하는 이유를 물었다. 그런 다음에 원반 안을 들여다보았는데, 거기에 나의 얼굴이 비치고 있었다. 나의 눈은 초록색이었고, 입술은 주홍색이었으며, 머리카락엔 포도나무 잎의 화환이 씌

워져 있었다. 나는 성당으로 돌아가서 뱀에게 "이제 알았어."라고 말했다.

가장 중요한 것은 땅 위의 황금 원반과 함께 등장하는 사각형이다. 그것은 매우 구체적인 가치를, 더 이상 정신적이지 않은 가치를 뜻한다. 그것은 말하자면 신의 얼굴이지만 황금의 형태로 물질화되어 있다. 그러나 거기엔 또 다른 의미가 있다. 그것은 재물(財物)만이 아닌, 재물 그 이상의 무엇이었다. 그것은 위와 아래의 태양과 비슷하다. 위의 태양은 아득한 태곳적부터 정신적인 신의 상징이었다. 물론, 그 전에 태양 자체가 신이었던 시대가, 진정한 태양 숭배의 시대가 있었다. 푸에블로 인디언들은 지금도 여전히 그런 상태에 있다. 그들에겐 진짜 태양이 아버지, 즉 신이다. 거기엔 정신적인 것은 전혀 없다.

그런 다음에, 일부 문명에서 매우 이른 시기에 태양이 단순히 신성의 발산이거나 구현이었던 단계가 있었다. 예를 들어, 인도의 초기 문헌을 보면 태양의 정신적 의미를 뒷받침하는 증거가 아주 많다. 태양은 외양이거나 망상이며, 근본적이고 핵심적인 것은 태양의 뒤에 숨어 있다는 내용이 분명히 드러났다. 그러나 푸에블로 인디언들은 그런 것을 믿기를 거부했다. 나의 친구 '마운틴 레이크'는 태양 그 너머에 무엇인가가 있을 수 있다는 나의 암시에 화를 내기도 했다. 그에게 있어서 태양은 절대적인 현실이었다. 이어서 나는 훨씬 더 원시적인 관점에 대해, 신을 초자연적인 힘으로 보는 관점에 대해 설명했다. 이 관점에선 의식과 식별 기능, 또는 구체화가 너무나 흐리기 때문에 사람들은 태양에서도 초자연적인 힘을 보지 못한다. 나는 그런 사람들 사이에 신성은 단지 한 순간을, 태양이 떠오르거나 초승달이 나타나는 순간을 의미한다는 것을 관찰했다.

이 황금 원반은 틀림없이 태양의 이미지이지만, 그것은 영적인 태양이라는 기독교 사상과 모순되지 않는다. 그리스도는 초기에 '정의로운 새로운 태양'(novus sol justitiae)이라고 불리기도 했다. 그것은 신의 공식 타이틀이 '무적의 태양'(sol invictus)이던 미트라 숭배와 경쟁하던 예수에게 붙여진 타이틀이었다.

우리 환자의 환상에 나타나는 황금 원반은 '물질 대(對) 정신'이라는 의미를 지니고 있다. 황금은 정말로 구체적인 물질을 의미한다. 그것은 상징적이기만 한 것은 아니다. 실제로 소중한 물질이며, 지금은 정신적인 가치까지 지닌다. 그것은 정신적 가치의 대용물이기도 하다. 마치 정신이 소진한 것처럼 보이기 때문이다.

우리 환자의 환상에는 물질을 일종의 종교적 대상으로 고려하는 것이 보인다. 그것은 우리의 기독교적 사고방식에는 아주 낯설다. 우리는 물질을 하나의 정신적 실체로 인식하지 못한다. 물질이 정신적 함축이나 정신적 가치를 지닐 수 있다는 것은 상상조차 하지 못한다. 그것은 절대적인 역설처럼 보인다. 그러나 힌두 철학을 공부하면, 물질이 정신과 반대되는 것으로서도 정신과 꽤 동일할 수 있다는 것을 배울 수 있다.

황금은 뜨겁게 빛난다. 황금은 깊은 곳의 태양이며, 그것은 가장 낮은 센터인 '물라다라'이며 쿤달리니 뱀이 시작하는 곳이다. 쿤달리니 뱀은 거기서 시작해 계속 올라가면서 마지막에 정신 또는 빛으로 바뀐다. 우리에게 물질은 대단히 비(非)정신적이다. 우리는 언제나 물질은 정신과 아무런 관계가 없다고 단정한다. 그러나 인도인의 마음엔 그렇지 않다. 탄트라 철학에서 물질과 정신은 기본적으로 같은 것으로 여겨진다. 왜냐하면 인도인들에게 정신은 그들이 'cit'라고 부르는 것, 즉 구체적인 어떤 내용물에 의해서는 절대로 정의되지 않는 어떤 보편적인 의식이기 때문이다. 이 의식은 초연하고, 모든 것에 스며들고, 어디에나 있는 그런 의식이다. 그리고 이 의식이 어떤 구체적인 사상을 창조할 때, 사람들은 그것이 구체적인 물질로 표현된다고 말한다. 그래서 물질은 신성 또는 'cit'를 구체적으로 정의한 생각이다. 'cit'가 구체적인 것이 될 때, 바로 그것이 물질인 것이다.

예를 들어, 인도인들은 이 둥근 지구 위에서 명확히 보이는 대상들, 즉 달과 태양, 모든 인간 존재들, 모든 동식물은 제대로 정의되어 있는 한 보편적인 의식 속에서 하나의 명확한 생각이라고 말한다. 바꿔 말하면, 보편적인 의식이 명백한 생각을 낳을 때, 그것이 바로 물질이라는 것이다. 여기서 말하는 보편적 의식을 브라만이라고 불러도 좋다. 그것이 핵심적인 어떤 존재를 말하는 개념이기 때문이다.

만약에 누군가가 이 문제를 20년 전에 진지하게 받아들였다면, 사람들은 아마 그를 두고 정신병동에 입원해야 하는 상태라고 수군거렸을 것이다. 그러나 현대 물리학의 도움을 받아 우리는 그런 가능성을 쉽게 논의할 수 있다. 현대 물리학에서 물질은 무엇인가? 물질은 공기보다 더 추상적이며, 물질은 물질적인 특성을 모두 잃어 버렸다. 물질은 왔다가 간다. 어떤 물질적 원자가 그 다음 순간에 폭발하고, 그러면 그것은 광선이 된다. 광선은 무엇인가? 또는 하나의 광선이 돌연 물질이 되기 시작하고 구체적인 것이 된다. 하나의 물질적 덩어리는 빛의 광자들처럼 잡히면 사라지고 더 이상 물질이 아니게 된다. 그렇기 때문에 물질은 현대 물리학에서 절대적으로 상대적인 개념이다. 그것은 긍정이자 부정이며, 그것은 존재이자 비(非)존재이며, 사람은 그것이 정신인지 혹은 구체적이고 물질적인지에 대해 말하지 못한다.

그래서 탄트라 철학에서 정신이나 신성 또는 보편적인 의식은 불명확한 만큼 명확하다. 만약에 명확한 어떤 사물들에게 빼앗기지 않은 가운데 그저 막연하게 모든 것을 자각하는 상태에 있는 그런 의식을 상상할 수 있다면, 바로 그것이 'cit'라는 개념과 아주 가깝다. 탄트라 철학에서 핵심적인 존재는 '사트치트아난다'(Satchitananda)라 불린다. 이 단어는 존재를 의미하는 'sat'와 의식 또는 정신 또는 마음을 의미하는 'cit', 지복을 의미하는 'ananda'로 만들어졌다. 그렇기 때문에 그 개념을 글자 그대로의 의미로 옮기면, '보편적으로 의식하는 축복 받은 존재'가 될 것이다.

그것은 일정 기간의 힘들고 수고스런 일을 끝낸 뒤에, 아무런 의무도 느끼지 않고 어떤 책임도 지지 않고, 완벽한 날씨 속에서 아름다운 경치를 보면서 휴가를 시작하는 사람의 의식과 비슷할 것이다. 그 사람은 존재하는 모든 것에 좋은 감정을 느끼면서, 자신의 상태는 물론이고 세상의 상태에 만족하면서 세상을 느긋이 내려다보며 산꼭대기에 있을 수 있다. 탄트라교에 따르면, 그것은 핵심적인 존재의 실제 상태이며, 이 상태는 아직 아무것도 일어나지 않은 것처럼 명확한 내용물을 전혀 갖고 있지 않으며, 명확한 형태도 전혀 갖고 있지 않다. 희망이나 두려움, 계획은 무수히 많지만, 명확한 것은 전혀 없다. 그것을 전체적으로 조망하면 아마 거대한 꿈 장면처럼 보일 것이다. 그러나 그 의식에서 명확한 무엇인가가 일어날 때, 예를 들어 사람이 지금 점심을 먹으러 가야겠다고 말하거나 곧 어두워질 테니 산을 내려가야겠다고 말한다면, 그것이 구체적인 것이고 물질이다. 아시다시피, 그 관점에서 보면, 물질은 '사트치트아난다'의 더없이 추상적인 존재만큼 신성할 것이고, 물질은 보편적이고 의식적이고 축복받은 그 무엇의 명확성이다. 왜냐하면 각각의 사물은 그 자체로

'cit'이고 사물의 물질화는 곧 그것을 명확하게 결정하는 것이기 때문이다.

이 황금 원반은 신성이라는 개념을 명확하게 보여준다. 신의 상징이나 이미지나 그림이 신을 명확하게 보여주듯이 말이다. 그러므로 사람이 더없이 추상적이고 난해한, 브라만이라는 사상을 숭배하느냐, 아니면 16개의 팔을 가진 아주 명확하고 구체적인 신의 상을 숭배하느냐 하는 것은 중요하지 않다. 두 가지가 근본적으로 동일한 것이다. 그래서 태양의 원반과 황금 원반은 동일하며, 하나는 물질적인 끝이고, 다른 하나는 정신적인 끝, 즉 무한한 끝이다. 아시다시피, 의식(意識)의 변화는 물질적인 대상도 대단히 추상적인 개념만큼이나 신성할 수 있을 가능성을 인식하는 데 따르는 것이다.

더없이 추상적인 개념의 예를 든다면, 사람이 좀처럼 그림으로 그리지 못하는 신이 있다. 그러나 신의 그림 또는 이미지는 아름다운 재료로 아름답게 그려지기만 하면 바로 그 그림이나 이미지의 가치를 통해서 신성이라는 개념을 어느 정도 표현할 수 있다. 이는 신을 철학적인 개념으로 다듬어 내는 것과 별로 다르지 않다. 신성이라는 개념을 철학적으로 다듬는 것도 신의 속성을 표현하고 간절한 찬송과 기도 등 소중한 것들을 아름다운 방식으로 동원하는 과정을 포함한다. 신의 이미지는 황금과 상아, 보석으로 아름답게 조각되고, 종교적 의식은 기도와 음악으로 이뤄진다. 그래서 사람은 꽃의 향기나 포도주 향기에서도 신을 발견할 수 있다. 미각도 듣거나 보는 것만큼 소중하기 때문이다.

물론, 시대에 따라 큰 차이가 날 수 있다. 예를 들어, 20세기 초의 정신적인 분위기에서, 신은 물질적인 황금 원반이라는 사상은 옛날의 힌두교도들이 황금 원반을 숭배하던 사상과 많이 다르다. 왜냐하면 신이 물질적인 황금 원반이라는 사상이 지금까지 우리가 신에 대해 생각해왔던 사상과 극명한 대조를 이루면서 신은 당연히 정신이어야 한다는 우리의 편견과 충돌을 일으키기 때문이다. 그러나 사람들이 물질은 신성한 생각을 명확하게 다듬는 것일 수 있다는 점을 이해하는 순간, 황금 원반을 숭배하는 것도 꽤 가능해진다. 황금 원반도 신의 개념에 대해 대단히 추상적이고 아름답고 철학적인 이야기를 풍성하게 들려줄 수 있다. 지금 환상 속의 원반은 열린 공간에, 땅 위에, 광장 안에 있다. 그것은 무슨 의미인가?

만다라이다. 만다라는 성당의 바깥이다. 교회의 해석을 따른다면, 교회 밖에는 구원이 전혀 없으며 오직 지옥뿐이다. 아웃사이더는 거기서 길을 잃게 되어 있다. 그래서 여기서 만다라는 신성한 영역이나 접근 불가능한 성역의 일부보다는 확 트인 벌판에 속하는 것으로 그려지고 있다. 이번에 우리는 교회 밖에서 신성을 발견한다. 이 여자는 마치 권위의 종국적 원천에 기대려는 듯 원반에 가까이 다가가서 그것을 들여다본다. 틀림없이 방향을 찾기 위해서이다. 그녀가 원하는 것은 분명히 성당 안에 있는 그 뱀에 대한 이해이다. 그녀의 이런 행동을 심리학적으로 어떻게 설명할 수 있을까? 그녀는 그 만다라에서 무엇을 볼까?

이 만다라는 그녀의 내면에 있는 신성의 일부이다. 만다라를 그릴 때, 사람들은 대체로 자기에 관한, 말하자면 자신이 속한 것 같은 그 가설적인 센터에 관한 그림을 그린다. 사람이 그곳 센터에 포함되어 있다. 그럼에도 사람은 자신 안에 그 센터를 포함하고 있다. 만다라의 센터는 힌두교도들이 "작은 것보다 더 작으면서도 큰 것보다 더 큰 것"이라고 묘사하는 바로 그것이다. 『우파니샤드』에 이런 대목이 나온다. "엄지손가락만한 크기의 심장 안에서, 밖으로 두 뼘 높이로 세상을 사방으로 두루 아우르고 있다."

어떤 관점에서 보면, 그것은 가장 작은 것보다 더 작으며 사람의 안에 있다. 또 다른 관점에서 보면 그것은 위대한 것보다 더 위대하며 사람이 그것 안에 있다. 그러므로 힌두 철학은 오랜 옛날부터 인간의 가장 깊은 존재는 신성과 동일한 'cit'라는 것을, 인간 존재들이 많이 있다는 것은 하나의 착각이라는 것을 이해했다. 만약에 어떤 사람이 자신의 내면에 있는 'cit'를 진정으로 이해하게 된다면, 그 사람은 '나'(I)라는 것은 절대로 없으며 또 이것 하나만도 없고 다수도 없으며 오직 'cit'만 있다는 깨달음에 이르게 된다. 그것이 현실이고, 많은 것은 망상이다. 이것이 바로 요가 수행자들이 기원의 동일성으로 되돌아가는 길이다.

보시다시피, 우리의 환자는 신성의 상징을 들여다보면서 거기서 자신의 얼굴을 본다. 그렇듯, 나는 신에게서 나의 자기를 확인한다. 신은 내가 창조한 것이며, 내가 창조한 것 안에서 나는 그 창조자를 확인한다. 그러나 내 안에 있는 창조자는 내가 아니며, 내 안에 있는 창조자는 '그것'이다. 그것은 작용이며, 그 작용은 작용의 보편적인 원천, 즉 보편적인 신에서 비롯된다.

지금 이 여자는 자신이 꽤 다른 모습으로 가장하고 있는 것을 확인한다. 그로 인해, 그녀는 뱀이 십자가 위로 올라간 이유를 돌연 이해한다. 그녀의 새로운 측면은 무엇인가? 그녀는 어떤 식으로 변형되고 있는가?

그녀는 디오니소스적인 모습을 하고 있다. 그녀의 머리 위에 얹힌 포도나무 잎의 화환이 바로 디오니소스적인 요소이다. 푸른 눈은 사티로스의 눈이다. 위대한 신 판은 그녀가 그린 그림에 초록색 눈을 가진 것으로 나타난다. 그렇다면 그녀는 자신에 대해 자연 속의 존재로 인식하고 있다. 최근의 해석에 따르면 판이 자연의 신이기 때문이다. 원래 판은 지역성이 강한 숲의 악령이었으나 그의 이름을 바탕으로 또 다른 사상이 점점 커졌다. 그리스 단어 'pan'은 모든 것, 전체, 우주를 의미하며, 판이라는 이름은 원래 그런 철학적 개념과 전혀 관계가 없었으며 글자만 비슷했을 뿐이다. 그러나 세월이 흐르면서, 특히 헬레니즘의 융합주의가 유행하던 A.D. 1세기에, 자연의 신 판이 우주의 신이라는 철학적 개념과 연결되기에 이르렀다.

실제로 일어난 사실을 이야기하고 있을 가능성이 아주 큰 상징적인 전설이 하나 있다. 어떤 배가 오스티아에 당도했다. 이어서 그 배의 선장은 로마로 가서 대단히 중요한 일에 대해 보고하겠다면서 황제 알현을 신청했다. 그에게 황제를 알현할 기회가 주어졌는데, 그가 들려준 이야기는 이렇다. 그가 작은 섬들이 많이 흩어져 있는 에게 해를 항해하고 있었다. 그런데 그 중 어느 한 섬에서 엄청난 울부짖음이 들려왔다. 그곳 주민들이 모두 '위대하신 판이 죽었다'고 외치고 있었던 것이다. 이 외침이 굉장한 흥분을 불러일으켰다. 소문이 퍼져나가고, 모두가 어찌할 바를 몰라 했다. 모두가 강한 인상을 받았으며, 그 일은 그 시대의 공식 역사에, 대단히 놀라운 일이지만 설명 불가능한 사실로 기록되었다. 그것을 그 시대의 사고방식의 한 징후로 받아들인다면, 그 일은 무의식이 사람들에게 가장 위대한 신 판이 죽었다는 것을 알려줄 필요성을 느꼈다는 뜻일 것이다. 그것은 아마 판의 원리가 종말을 고했다는 뜻이었을 것이다. 왜냐하면 그때가 정말로 자연의 신으로서 판의 존재가 끝났던 때였기 때문이다.

그리고 우리 시대에 다시, 정신의 지배가 끝난 뒤에 그와 비슷한 어떤 일이 벌어지고 있다. 『차라투스트라는 이렇게 말했다』에서, 니체는 "신은 죽었다."고 말한다. 그것은 위대한 판 신이 죽었다는 외침과 똑같지만, 지금 그 말은 정신적 신이 종말을 맞았다는 뜻이다. 그러면 즉시 무의식이 반응하면서 판의 상징들을 다시 끌어올리게 된다. 정말로 그것이 사실이다. 이 환자는 판의 그림을 그렸다. 그녀는 이 디오니소스적인 매력을 통해서 위대한 신 판과의 관계를 나타내고 있으며 그녀 자신이 판 같은 존재이다. 말하자면, 황금 원반에 비친, 그러니까 그녀 자신의 손에 의해 이뤄진 물질적 창조의 거울에 비친 그녀는 자연의 존재처럼 보인다. 그리고 그녀가 자연의 존재인 한, 그녀는 그대로 신성의 복제이다. 자연과의 동일시를 통해서, 그녀는 창조주와의 동일시를 다시 경험한다. 우리는 오직 영성을 통해서만 신성한 존재와의 동일시를 느낄 수 있지만, 정신을 극단적으로 배양할 경우에는 신성과 다르다는 것을 느끼게 된다. 우리는 죄의식을 극도로 강하게 느끼고 있다. 그런 상태에서 우리가 어떻게 신성과 동일해질 수 있겠는가? 우리가 볼 때엔, 신비주의자들이 신과의 동일시를 강조하는 것이 그들의 특별한 무례처럼 보인다. 그런 주장을 과감히 폈던 사람들은 정말로 훗날의 신비주의자들뿐이다.

그것을 보여주는 최고의 예는 아주 순진한 방식으로 신성과 자신을 동일시한 안겔루스 질레시우스이다. 신비주의자이며 동심의 시인이었던 그는 신성과의 동일성을 아주 순진하게 고백했지만, 다소 몽유병 같은 상태에서만 그렇게 할 수 있었다. 그것은 그가 옹호할 수 있는 진리가 결코 될 수 없었다. 그는 프로테스탄트였지만, 한 사람의 인간 존재로서 그는 결코 그런 이단을 옹호할 수 없었다. 그는 가톨릭 신앙으로 돌아갔으며, 그 길로 그는 자신의 시적 능력을 모두 상실하고 무서운 신경증에 시달렸다. 훗날 그는 수도원에서 지내다가 그곳에서 완전히 쇠락한 상태에서 생을 마감했다. 그의 유일한 활동은 프로테스탄티즘에 반대하는 팸플릿 50여 편을 쓰는 것이었다. 그의 가장 훌륭한 작품은 『방랑하는 천사』(Der Cherubinische Wandersmann)로 꼽힌다. 시구는 특별히 아름답고 아주 순박하다. 그 작품에서 그는 "그것이 곧 그대"라는 역사 깊은 믿음을 고백했다. 이것은 힌두 신앙의 최종적 표현이기도 하며, 힌두교 신자들은 그 이상의 표현을 하지 못한다. 그것은 곧 브라만을 뜻한다. 너무나 유명한 산스크리트어 표현인 '그대가 곧 그것'(Tat tram asi)이라는 말은 바로 이 진리를, 즉 당신이 건드리는 것, 당신이 하는 것, 당신의 모습, 그것이 곧 그이거나 그것이 곧 그대라는 것을 나타내고 있다.

질레시우스의 운명은 충분히 이해할 만하다. 그런 일은 우리 시대에도 쉽게 일어날 수 있다. 그는 환상에 압도되었으며, 그는 하나의 매개체처럼 그것을 표현했지만 그것을 인간적으로 살아낼 수도 없었고 자신이 발견한 엄청난 진리를 동화시킬 수도 없었다. 그는 중세 신비주의자로 만다라 같은 것을 의식적으로 창조한 인물인 야코프 뵈메와 비슷한 시기를 살았다. 질레시우스는 만다라를 지혜의 거울이라고 불렀다. 이런 것들을 근거로, 그가 만다라를 일종의 '철학자의 돌'로 이해했다고 볼 수 있다. 사람이 만다라를 들여다봄으로써 진리의 그림을 볼 수 있지만, 그는 그것을 자기라고 부르지 않았다. 이유는 그가 사람이 그 거울에서 신성한 존재를 본다고 생각했기 때문이다. 그는 '내가 그 신성한 존재야'라고 감히 단언하지 않았다. 그는 그것을 꽤 직접적으로 말했어야 했다. 그는 그런 식으로 생각하는 경향을 매우 강하게 보였지만, 그 시대엔 그런 사상을 공개적으로 표현했다가는 큰 위험에 처할 수 있었다. 안겔루스 질레시우스의 운명에서, 우리는 특별한 박해가 없더라도 종교적 확신을 바꾸는 것 자체가 그 사람을 죽일 수도 있다는 것을 확인할 수 있다.

우리 환자에게도 그런 변화가 일어나고 있다. 이 여자는 자신을 자연의 존재로 보고 있다. 이 같은 사실이 그녀가 치료의 뱀이 다시 구원자의 상징이 된 이유를 이해하도록 만든다. 그것은 자연적인 형태의 치료자인 아이스쿨라피오스의 화신이다. 아시다시피, 아이스쿨라피오스는 인간 존재들이었던 치료자 또는 구원자들에 속했다. 그는 인간이었다. 물론, 일종의 반신반인인 그런 존재였지만 말이다. 그럼에도 그는 위대한 의사였다. 그러나 그는 한편으로 뱀 같은 존재가 아니었다면 위대한 의사가 되지 못했을 것이다. 왜냐하면 모든 영웅은 뱀 같은 존재이기 때문이다. 뱀 또는 용은 영웅의 이면(裏面)이다. 왜냐하면 힌두 철학에 따르면 "내가 게임이자 게임을 하는 존재이고, 내가 살인자이자 살인 희생자인 것"이 진리이기 때문이다. 또는 내가 영웅이자 용일 것이다. 여기서 영웅과 용은 똑같은 것의 두 가지 측면이다. 그래서 아이스쿨라피오스는 인간적인 관점에서 보면 반신반인이었고, 자연의 관점에서 보면 뱀이었다. 그의 근본적인 특징은 인간과 관계없었다. 그 특징은 초인적이었으며, 따라서 동물적인 형상으로 상징되었다.

역사 속에서 사람들이 사물을 인간적인 관점에서 보는 시대에 신들도 인간적인 존재가 되었다고 말해도 무방할 것이다. 그리고 사람들이 자연의 관점에서 세상을 볼 때, 물질적인 형태 또는 동물 형태가 나타나고 모든 것이 자연의 양상을 취한다고 해도 무방할 것이다. 그러면 그것은 더 이상 정신적이고 추상적인 태양이 아니며, 그것은 인간 존재를 대신하는 황금 원반이며 하나의 화신이다. 이 환상들에 그런 무엇인가가 암시되고 있는 것 같다. 그렇다면 이 같은 깨달음이 있은 뒤, 우리 환자가 성당으로 돌아가서 뱀에게 이제 이해했다고 말할 때, 그것이 뜻하는 바는 그런 종류의 그 무엇일 것이다. 이것이 그 환상의 끝이다. 이제 그 다음에 이어진 일련의 환상들을 볼 것이다.

> 나는 많은 남자들이 흰색 깃발을 휘날리면서 말을 달리고 있는 것을 보았다. 그들은 투구를 쓰고 있었다. 그들은 말을 타고 내 옆을 달리면서 투구를 벗어 땅바닥으로 던졌다. 나는 그 투구들 중 하나를 집어 들고 안쪽에 이런 글이 새겨져 있는 것을 보았다. 당신이 세상으로부터 자신을 보호하길 원한다면, 이 투구를 쓰도록 하라. 나는 투구를 땅바닥에 던지고는 앞으로 계속 걸어갔다. 나는 말을 탄 남자들 중 한 사람이 말에서 내려 늙은 여자 귀신 앞에 서 있는 것을 보았다. 귀신 앞에, 불에 끓고 있는 가마솥이 있었다. 나는 그 남자와 합류했고, 우리는 함께 서 있었다. 늙은 여자가 말했다. "불로 너희들을 결혼시켜 주마." 그녀는 우리 위로 불을 던졌다.

말을 타고 있는 이 남자들은 군인임에 틀림없다. 그건 무엇을 의미하는가? 집단적인 아니무스이다. 그것은 우리가 이미 여러 차례 만난 적이 있는, 아주 유명한 모티프이다. 그녀가 직접 부딪칠 수 없는 새로운 모험이 필요할 때면 언제든 나타난다. 아니무스는 어떤 때는 혼자서, 어떤 때는 집단으로 그녀를 앞선다. 이 군인들은 일종의 호전적인 시도를 나타내고 있으며, 그들은 깃발을 휘날리고 있다. 그들은 틀림없이 전쟁터로 향하고 있다. 거기엔 의기양양한 무엇인가가 있다. 지난번 환상 뒤에, 여기서 그녀가 군인의 역할을 맡아야 하는 이유는 무엇인가?

대체로 아니무스는 하나의 집단적인 의견이며, 집단적인 의견은 다소 그녀에게 반대하는 쪽이지만, 그것은 단지 부정적인 아니무스이고 어떤 역사적인 아니무스일 뿐이다. 이 경우에 아니무스가 적대적인지가 확실하지 않다. 가끔은 아니무스가 매우 긍정적이다. 정신의 자발적인 기능으로서 아니무스가 반드시 부정적일 필요는 없다.

어떤 남자의 아니마, 즉 그 사람의 감정 생활의 한 기능인 에로스가 언제나 그 사람 또는 그 사람의 추구에 반대하는 것은 결코 아니듯이 말이다. 그 사람의 입장이 옳고, 그가 옳은 길을 걷고 있다면, 아니마도 보조적인 힘으로서 꽤 자연스럽게 그에게 반대하지 않을 것이다. 그렇듯, 이 군인들이 자신들의 투구를 땅바닥으로 내던졌다는 사실은 오히려 호의적인 행위일 수 있으며, 그녀가 집어든 투구 안에 새겨진 표현도 그녀에게 호의적인 것 같다. 이 군인들은 모험적인 분위기를 암시한다. 모험가처럼 말을 타고 싸우기 위해 멀리 세상 속으로 나아가면서, 머리를 보호할 투구를 씀으로써 세상에 맞서는 데 필요한 조치를 취하는 것을 보여주고 있다.

그녀가 지금 그런 조치를 취해야 하는 것은 그녀의 디오니소스적인 외양 때문이다. 만약에 그녀가 푸른색 눈과 주홍 입술에다가 머리에 화관까지 쓰고 세상 속으로 들어간다면, 그녀의 모습은 분명 정상으로 보이지 않을 것이다. 판의 눈을 갖고 세상 속으로 나간다면 나쁜 소리를 들을 게 너무나 뻔하다. 그녀를 보고 어느 누구도 자연스런 존재라고 의심해서는 안 된다. 혹시 그런 의심을 조금이라도 받는 사람은 아마 지옥의 불과 아주 가까운 악마로 여겨질 것이다. 그리고 중세의 악마는 판처럼 뿔과 꼬리가 있는 것으로 여겨졌다는 점을 잊지 마라. 자연의 존재로서 세상 속으로 나가는 것은 위험한 일이다. 그래서 그녀의 아니무스는 진정으로 그녀에게 건전한 조언을 하고 있다.

그녀의 아니무스는 그녀에게 머리를 가리고 숨기라고 일러준다. 왜냐하면 그런 모습이 바로 세상이 공격하고 나설 대상이기 때문이다. 그러나 그녀는 거부하며 투구를 땅바닥에 내던지며 자신을 보호할 장치 없이 문제를 직면하려 든다. 다소 만용처럼 보인다. 그녀는 자신이 맞서고 있는 것이 무엇인지 모르고 있다. 물론, 전체 문제를 차분하게 다루는 것이 보다 나은 방법일 것이다. 왜냐하면 투구와 칼로 무장하는 것 자체가 곤경을 부를 것이기 때문이다. 아니무스의 분위기는 호전적인 태도를 취하고 있다. 그 분위기는 마치 예루살렘을 위해 싸우려 나서는 듯이 터무니없는 내용을 선언하고 있는 것 같다.

그런 다음에 기수들 중 한 사람이 그녀를 도우려는 듯 말에서 내린다. 아니무스의 한 부분이 여기서 한 사람으로 압축되고 있다. 아니무스가 하나가 될 때, 그것은 진짜 사람으로 투사될 가능성이 아주 크다. 아니무스가 다수인 한, 그 사람이 어쩌다 신탁 이사회나 그 비슷한 집단과 연결되어 있지 않는 한 아니무스는 투사되지 못한다. 만약에 그 사람이 직원인데 이사회를 다뤄야 하는 상황이라면, 아니무스의 투사가 가능하며, 그때 전체 이사회가 아니무스가 되지만 그런 조건은 예외적이다. 그러므로 아니무스가 여러 명으로 이뤄져 있는 한, 그 아니무스는 대체로 투사되지 않으며 아니무스는 그 사람의 내면에 있다. 그러나 한 사람으로 대표되기만 하면, 아니무스가 진짜 사람에게 나타날 가능성이 아주 커진다.

이 경우에 그녀는 그 남자가 늙은 여자 귀신 앞에 서 있는 것을 본다. 이 여자 귀신은 틀림없이 마녀이다. 불 위에 솥단지가 걸려 있으니 말이다. 당연히 솥단지는 언제나 마녀를 암시한다. 심리학적으로 표현하면, 아니무스는 지금 무의식으로 돌아가고 있으며, 귀신은 무의식을 암시한다. 집단 무의식은 귀신의 세계이며, 마녀는 집단 무의식의 한 형상이다. 우리 환자는 세상을 직면하러 나가고 있었지만, 그녀의 아니무스가 집단 무의식으로 변하기 때문에 그녀는 그와 함께 머물러야 한다. 그 아니무스가 말에서 내리도록 만든 것은 그녀의 무모한 행위이다. 그는 그녀보다 앞서 나아가는 것을 포기하고 그녀의 무모함을 보상하기 위해서 곧장 무의식 속으로 돌아간다. 그렇다면 마녀는 어떤 존재인가?

마녀는 그림자이다. 우리 환자가 돌연 늙은 여자로 표현되고 있는 것이 당혹스럽지만, 그녀가 지나치게 무모하게 나아가고 있다는 사실 때문에 그것이 완벽하게 논리적이다. 그녀는 너무 젊으며, 따라서 그녀는 그 보상으로서 내면에 늙은 여인을 두고 있다. 의식적인 태도가 지나치게 유치하거나 미성숙한 사람들의 꿈에 종종 늙은 여인이 보상적인 형상으로 나타난다. 그리고 지나치게 어리석은 사람들의 꿈에는 늙은 현자가 나타난다. 그렇다면 의식적인 태도가 성숙하고 합리적인 사람의 경우에는 꿈에 유아적인 형상들이 나타날 것이다. 예를 들면, '영원한 소년'(puer aeternus)이라는 모티프가 있다. 아시다시피, 어떤 사람이 의식 속에서 늙었을 때, 다시 말해 지나치게 합리적이거나 지나치게 적응이 잘 되어 있거나 지나치게 배려심이 깊을 때, 그 사람의 영혼은 젊고 심지어 어린애 같을 것이다. 왜냐하면 그 사람이 탁월한 적응력 때문에 무미건조하게 살다가 질식되는 사태를 방지하기 위해서 어린애 같은 구석을 필요로 하기 때문이다. 그래서 늙은 여자는 정말로 그녀의 그림자이다.

여기서 다시 그녀의 주관적인 조건이 그녀의 눈앞에서 전개되고 있으며, 그녀는 거기에 스스로 가담하고 있다. 초록색 눈과 진홍빛 입술을 한 그녀의 모습을 그림자로 보는 사람도 있을 것이다. 그러나 여기서 우리는 그림자라는 용어를 사용하지 못한다. 우리가 그 용어를 늙은 여자를 위해 간직해 두고 있기 때문이다. 아시다시피, 우리 환자가 그 현장에 모습을 드러내는 것은 그녀가 그 남자 쪽으로 가는 때이다. 그녀와 남자가 솥단지 앞에 서 있을 때, 늙은 여자가 불을 그들 위로 던진다. 그렇다면 그녀는 그녀 자신의 그림자가 아니다. 그녀가 마법적인 의식(儀式)에 가담하고 있기 때문이다. 늙은 여자가 그녀의 그림자이며, 그녀 자신은 의식과 무의식 사이에 있는 형상이며 그 위치에서 그녀는 자아의식뿐만 아니라 그림자로부터도 떨어진 상태에서 자신의 모습을 꽤 지키고 있다. 지금 솥단지는 무엇을 암시하는가? 만약에 늙은 부인이 마녀라면, 거기에는 분명히 솥단지가 있다. 마녀는 언제나 솥단지를 갖고 있기 때문이다.

솥단지가 나타날 때마다, 그것은 연금술의 과정을, 변형의 과정을 암시한다. 그렇다면 무엇이 변형되어야 하는가? 무엇인가가 잘못되어 있고 쓸모없음에 틀림없다. 오직 오래되고 잘못되고 소용없는 것만이 다시 만들거나 다시 태어나기 위해 솥단지로 던져지기 때문이다. 예를 들어, 병든 사람은 다시 만들어져야 한다. 그렇다면 무엇이 잘못되었는가?

그녀가 바쿠스 신의 시녀로, 여자 판으로 세상 속으로 들어가려는 그 무모함이 잘못되었다. 그런 식의 접근은 너무나 터무니없다. 더구나 지금은 의식을 치르고 있는 중이다. 늙은 여자가 "너희들을 불로 결혼시켜야 겠어!"라고 말한다. 이 늙은 여자는 그녀가 아니무스와 결혼하기를 원하는데, 심리학적인 이유가 궁금하다. 무엇보다 먼저, 아니무스는 정상적인 상태라면 그림자와 연결되어서는 안 된다는 점을 꼽아야 한다. 그런 경우에 둘이 하나에 맞서는, 말하자면 그림자와 아니무스가 의식에 맞서는 형국이 되기 때문이다. 그런 구도는 의식에 너무 힘겹다. 그렇게 되면 의식은 떨어져 나와서 포악하게 굴거나 지배적인 무의식에 굴복하면서 압도되어 씻겨나가거나, 둘 중 하나가 될 것이다. 그러면 아니무스에게 지배당하는 현상이 나타난다. 그녀는 자신의 그림자와의 관계에서와 마찬가지로 아니무스와의 관계에서도 자신이 아니무스를 소유해야 한다. 아시다시피, 자신의 그림자를 소유하고 있지 않은 사람들, 말하자면 자신의 열등한 그림자 측면을 자각하지 못하고 있는 사람들은 아마 겉보기에 아주 훌륭한 사람처럼 보일 것이다. 그런 사람들을 보면서 주변 사람들은 어떠한 결점도 발견하지 못할 것이다. 우윳빛처럼 순백해 보일 것이다. 그들도 자신에게 잘못된 점이 하나도 없다는 식으로 말할 것이다. 그들 외의 다른 사람들이 잘못되었을 뿐, 그들은 절대로 잘못되지 않았다는 식이다.

그러나 그런 사람들은 악령에게 완전히 사로잡혀 있다. 그들이 자신의 그림자를 부정하고 있기 때문이다. 그들은 아니무스에게 완전히 잡아먹힌 상태이며, 아니무스는 그들을 먹으며 살을 찌우고 있다. 아니무스는 영양을 풍부하게 섭취하면서 스스로를 강화하고 있다. 이제 아니무스는 너무나 강해져서 의식을 완전히 소유할 수 있게 된다. 그러면 의식은 아니무스의 지배에 빠져 허우적거리게 된다. 그런 경우에 아니무스와 그림자 사이의 연결이 깨뜨려져야 하는데, 여기서 그 연결을 깨뜨리는 것이 엉뚱하게도 그림자이다.

만약에 당신이 그림자를 보지 않는다면, 다시 말해 당신이 자신의 열등한 측면을 보지 않는다면, 당신은 절대로 아니무스에 닿지 못한다. 당신은 당신의 그림자를 볼 때엔 아니마나 아니무스로부터 떨어져나올 수 있지만, 당신이 그림자를 보지 않는 한 당신이 아니마나 아니무스로부터 자유로울 수 있는 가능성은 조금도 없다.

그렇기 때문에 마녀가 하려는 행동이 매우 유익한 절차일 수 있다. 말하자면, 마녀는 아니무스와 의식적인 자기를 결혼시키려 노력한다. 이 결혼은 일종의 용해(溶解) 절차이다. 마녀는 그들이 불 속에서 서로 하나로 녹도록 하기 위해서 그들 위로 불을 던지고 있다. 환상은 이런 식으로 이어진다.

남자의 머리에서 불꽃이 피어오르고, 나의 가슴에서도 불꽃이 피어올랐다. 이어서 늙은 여자가 말했다. "앞으로 가면서 무엇이 있는지 보도록 하라." 우리는 함께 멀리 걸어갔다.

불이 남자의 머리와 여자의 가슴에서 터져 나오는 이유는 무엇인가? 그녀의 가슴에서 나오는 불은 에로스의 불이고, 그의 머리에서 나오는 불은 로고스의 불이다. 그녀의 무의식적인 정신이 지금 불타면서 그녀의 가슴, 즉 에로스와 섞이고 있다. 그래서 그녀가 지금 필요한 준비를 갖췄을 것이라는 짐작도 가능하다. 그러나 아주 무모한 태도로 세상 속으로 들어가려 하는 것으로 비춰볼 때, 그녀는 배려심이 부족한 것 같다. 만약에 그녀가 세련된 에로스 기능을 갖고 있어서 아니무스에 사로잡히지 않았다면, 그녀는 그런 일이 성공하지 못할 것이라는 사실을 즉각 눈치 챘을 것이다. 만약에 그녀가 자신의 감정을 깨달았다면, 그녀는 자연의 존재로 나타날 수 없었을 것이다. 왜냐하면 사랑이란 것이 어쨌든 친절과 관계가 있기 때문이다.

대부분의 경우에 사랑은 친절과 전혀 아무런 관계가 없고 멍청한 소유욕에 지나지 않는다는 점을 나도 인정하지만, 사랑은 친절과 관계가 있어야 한다. 지금 나는 사랑을 옹호하고 있다. 그런 종류의 사랑에 대해 마찬가지로 우리만큼이나 잘 모르는 동양에서, 사람들은 친절과 자비의 여신 관음(觀音)에서 그런 사랑의 아름다운 상징을 발견한다. 관음보살은 살아 있는 모든 존재에게, 심지어 지옥의 악령들에게도 먹을 것을 준다. 그 목적을 이루기 위해 그녀는 지옥까지 내려가는데, 그녀가 천상의 모습으로 지옥에 나타날 경우에 그곳의 악마들이 크게 놀랄 것이기 때문에 자비의 여신으로서 그녀는 그렇게 할 수 없다. 그래서 그녀는 악령으로 변신한 다음에 음식을 갖고 지옥으로 내려간다. 그렇듯 그녀는 악마들의 감정에 특별히 신경을 쓴다. 관음보살이 지옥에서 악마의 모습으로 악마들 틈에서 음식을 나눠주는 장면을 그린, 너무나 아름다운 전통적인 그림이 있다. 그런데 그 그림을 보면 그녀의 머리에서부터 위의 천상의 존재까지 연결되어 있는 가느다란 실이 보인다. 천상에서 그녀는 더할 나위 없이 찬란한 모습이다. 바로 그런 것이 진정한 사랑이 암시하는 심리학적 태도이다.

그러나 만약에 우리의 환자가 투구를 쓰고 말을 달리면서 깃발을 휘날리는 가운데 세상 속으로 들어간다면, 그녀는 비밀을 누설하게 될 것이고, 따라서 잘못될 것이다. 그런 것은 절대로 사랑이 아니다. 그래서 만약에 합리적인 사람이라면 그녀는 다른 인간 존재들과 다를 게 하나도 없는 모습으로, 아주 인습적인 모습으로 나갈 것이다. 물론 그런 모습은 북소리와 나팔소리에 맞춰 행진하는 것보다 훨씬 더 많은 것을 의미한다. 이어서 그들, 즉 그녀와 그녀의 아니무스는 함께 걸어서 멀리 사라진다. 그녀의 환상을 더 보자.

> 남자들의 흰 깃발이 땅바닥에 질질 끌렸다. 우리는 숲에 다다랐으며, 거기서 뱀처럼 생긴 용을 보았다. 용의 입에 칼이 물려 있었다. 남자는 용으로부터 칼을 빼앗고 용의 이빨을 뽑아 자신의 뒤로 던졌다. 우리는 계속 걸어가다가 곧 빙벽에 다다랐다. 그때 내가 "저 얼음 안에 아름다운 붉은 보석이 있어요. 보석을 끄집어내려면 얼음을 녹여야 하는데, 어떻게 해야 될까요?"라고 물었다. 그러자 남자가 "오직 당신의 육체만이 그것을 녹일 수 있어요."라고 대답했다. 그래서 나는 얼음 위에 누웠고, 그러자 얼음이 녹아내렸다. 내가 그 보석을 남자에게 주자, 남자는 그것을 자신의 가슴에 놓았

다. 어둠 속을 함께 걷고 있을 때, 우리 앞의 하늘에서 북극의 오로라가 빛을 발하며 강물처럼 흐르는 것이 보였다.

군인들의 흰색 깃발이 땅바닥에 질질 끌리고 있는 이유는 무엇인가? 그 전까지 의기양양하게 공중에서 퍼덕이던 깃발에, 물결을 이루던 깃발에 깃들어 있던 정신이 그만 붕괴해 버렸다. 그래서 깃발이 지저분하게 땅바닥에 질질 끌리고 있다. 아니무스가 무장해제를 했다고나 할까. 이어서 그들이 다시 원정에 나서기 때문에, 곧 용이 나타나게 되어 있다. 아니면 그들은 컴컴한 숲 속으로 들어가거나 그와 비슷한 어떤 상황에 처하게 되어 있다.

이런 식으로 영웅과 그의 여자가 원정에 나서는 것은 전형적인 상황이다. 이제 먼 목표를 이룰 길 위의 모험이 시작된다. 용이 칼을 입에 물고 있는데, 이 장면은 다소 의외이다. 신화에는 이와 비슷한 것이 없지만, 그녀가 『무의식의 심리학』을 읽었다는 점을 기억해야 한다. 그 책에서 그녀는 아마 기독교 초기에 호교론자들이 보고한 그리스도 전설에 관한 이야기를 읽었을 것이다. 로마의 초기 성인들 중 한 사람에 의해 폐기된 특이한 어떤 구상에 관한 내용이었다. 그곳의 어느 동굴에 용이 살고 있었는데, 사람들은 이 용에게 처녀들을 제물로 바쳤다. 그런데 그 성인이 동굴 속으로 들어가서 용이 기계적인 장치에 지나지 않는다는 사실을 발견했다. 용의 혀는 앞으로 튀어나온 칼이었으며, 여자들은 칼 위로 던져져 용의 꼬리로 떨어졌다. 아마 우리 환자는 그 장면을 떠올리면서 자신의 특별한 상황을 상징적으로 표현하고 있을 것이다. 그렇다면 입에 칼을 문 용은 무엇을 나타내는 것일까?

용은 휩쓸어 버리거나 삼켜 버리는 괴물이다. 그래서 나는 여기서 용이 다수를, 집단성을 의미한다고 생각한다. 그리고 칼처럼 예리한 혀는 가십이나 비방, 대중적 비판 또는 평가 절하일 것이다. 말하자면, 죽이는 그 무엇일 것이다. 그렇다면 이 용을 또 다른 형태의 아니무스로 보는 것도 가능하다. 그럼에도 우리는 아니무스라는 용어의 쓰임새를 과도하게 확장해서는 안 된다. 그래서 이 대목에서는 용이 반드시 아니무스로 표현될 필요가 없는 집단적인 의견을 나타낸다고 말하는 것이 무난하다. 왜냐하면 집단적인 의견이 외적인 사실이기도 하기 때문이다. 집단 무의식의 내용물은 대체로 밖에도 있고 사람들의 내면에도 있다. 그것이 집단 무의식이라는 이름으로 불리는 것도 바로 그런 이유 때문이다.

겉보기에 단순히 주관적인 사건에 불과한 이런 집단적인 것들 중 많은 것이 현실로 나타나는 경향을 보인다. 그것만이 아니다. 집단적인 것들은 종종 사건들을 예측하기도 한다. 그래서 우리는 어떤 일에 대해 말하다가 그 일이 일어나고 있다는 사실을 발견하기도 한다. 우리가 집단 무의식의 어떤 꿈이나 환상에 관심을 두고 있는데, 그 꿈이나 환상이 그 다음날 현실 속에서 일어나거나 이미 일어났는데도 우리가 그것을 모르고 있을 수도 있다. 그래서 집단성은 일종의 '신비적 참여'인 것이다.

10강

1932년 2월 17일

오늘은 새로운 환상 시리즈를 시작한다. 처음에, 우리 환자는 다시 성당에 있다. 지난번 환상의 북극광이 이 장면을 예고했다. 북극광은 그녀가 아래에서 위로 올라올 때 위로부터 비친 빛이었다. 그래서 지금 움직임은 위에서, 말하자면 정신적 배경에서 시작되고 있다.

그러나 성당에서 기대할 수 있는 정신은 어떤 종류일까? 틀림없이 기독교적인 정신일 것이다. 그런데 기독교 정신은 북극광과, 다시 말해 자연적인 정신이자 일종의 우주적인 정신인 북극광과 어울리지 않는다. 자연의 우주적인 정신과 기독교 정신 사이의 충돌을 이미 조우한 바 있다. 어떤 것이 있었을까? 판이 있었다.

판 신은 틀림없이 자연의 정신이며, 일종의 철학적 본질을 가진 신이다. 판은 원래 프리아포스나 사투르누스(Saturnus)[44]처럼 사소하고 지역적인 들판의 신이었다. 프리아포스는 들판의 신들 중 하나이

....

44 번식, 부, 농업 등을 상징하는 고대 로마의 신.

며, 특히 경계(境界)의 신이었다. 사람들은 이웃의 사유지가 시작되는 지점을 돌로 표시하지 않고 언제나 무화과나무로 만든 프리아포스의 남근상을 세웠다. 이집트에는 지금도 그런 남근상이 있지만, 거기서 이 남근상은 풍요와 관계가 더 깊으며 허수아비처럼 보인다.

사투르누스도 그와 비슷한 신이었지만, 다소 중요성이 덜한 들판의 신이었다. 땅을 비옥하게 하고, 씨앗을 보호하고, 밀의 생장을 돕는 그런 농업 신이었다. 훗날 사투르누스는 그리스의 창조의 신 크로노스(Chronos)와 동일시되면서 베르그송(Henri Louis Bergson)이 '창조적 지속'(la durée créatrice)이라고 부른 바로 그것을 의미하게 되었다. 그렇다면 베르그송의 직관적인 사상은 창조적인 시기라는 원형적인 생각을 다시 다듬은 것에 지나지 않는다고 할 수 있다. 또 미트라교에 아이온이 있었다. 머리는 사자이고 몸은 뱀에 감겨 있는 그런 신이다. 뱀의 머리는 이 신의 머리에 기대고 있다. 미트라 신전에는 언제나 이 형상이 제단 근처 어딘가에 서 있었다. 이 신은 페르시아의 신으로 무한히 긴 기간을 의미하는 제르반 아카라나(Zervan Akarana)와 동일하다. 이것도 마찬가지로 '창조적 지속'일 것이다.

신(新)플라톤주의자인 프로클로스(Proclus)[45]는 크로노스를 창조의 신이라고 부르면서 창조 행위가 이뤄진 곳마다 시간이 있었다고 말했다. 그렇듯, 창조의 신은 언제나 빛과 불, 온기, 시간과 연결되었다. 아마 최고로 오래된 형태의 사상은 노자(老子)와 동시대인인 고대 그리스의 철학자 헤라클레이토스에게서 발견될 것이다. 헤라클레이토스는 그것을 언제나 살아 있는 불이라는 뜻으로 '푸르 아이준'(pur aeizoon)이라고 불렀다. 이것은 900년 정도 지난 뒤에 프로클로스가 크로노스를 부른 이름과 일치한다.

....

45 플라톤 철학을 중세로 넘기는 데 결정적 역할을 한 그리스 철학자(A.D. 412-485).

그러나 사투르누스는 원래 초원과 숲의 신이었던 판과 비슷한 존재였다. 판의 피리는 목동들에게 패닉에 가까운 공포를 불러일으켰다. 'panic'이라는 단어 자체가 'Pan'에서 유래했다. 판은 휘파람을 불거나 피리를 불면서 사방으로 돌아다니며 양치기들을 놀라게 했다. 목동들의 두려움은 양떼들이 놀라서 앞다퉈 도망치는 것과 비슷하다. 이따금 양떼는 뚜렷한 이유도 없이 달아나기 시작한다. 마치 무엇인가에 갑자기 놀란 것처럼. 그런 일은 우리 인간에게도 일어난다. 자연 속에 있다 보면 어느 순간에 아무런 이유도 없이 오싹해지는 공포를 느낀다. 그런 경우에 가끔 보면 특별히 한적하고 무시무시한 장소라서 그렇지만, 공포의 원인을 밝힐 수 없는 경우도 종종 있다. 일종의 동물적 두려움이 덮치는 것이다. 이유 모를 공포를 불러일으키는 것이 바로 위대한 신 판이다. 그렇다면 그 자연의 악령이 그 이름의 의미에 일어난 변화 때문에 위대한 철학자 같은 신이 되었다. 그리스어 단어 'pas'는 모두를, 전체를, 중성(中性)을 의미하고, 우주를 의미한다. 이어서 이 의미가 보편적인 자연의 정령으로서 그 신에게 덧붙여지게 되었다.

이 자연의 정령은 A.D. 1세기에 기독교 정신과 정반대였다. 초기 기독교인들은 모든 종류의 자연 숭배를 부정했다. 기독교인은 자연을 거들떠보지도 않았고 숭배하지도 않았다. 반면에 고대 종교, 특히 미트라교는 독실한 자연 숭배로 이뤄졌다. 그래서 미트라 신전은 언제나 아늑한 곳에서, 숲 속의 샘 근처나 자연적인 석굴과 동굴 안에서 발견된다. 지금은 이름을 잊었지만, 프로방스에도 그런 곳이 있다. 암벽 아래에 푸른 풀밭에서 솟아나는 물이 아름답고 맑은 샘을 이루는 곳이다. 그 암벽에다가 고대 로마인들은 수소를 죽이는 미트라의 그림을 제단 형식으로 거대하게 새겼다. 그런 다음에 그들은 바위에 구멍을 뚫고 그 안에 도리를 박아서 샘 바로 옆에 신전을 세웠다. 샘은 신성한 목욕재계를 위해서 언제나 밖에 위치했으며, 거기서 부활의 신비가 수행되었다. 프랑크푸르트 근처의 자알부르크에도 이와 똑같은 배열이 있다. 이곳에 미트라 신전이 복구되었고, 신비의 샘은 초기에 부활 의식이 행해졌을 때의 모습 그대로 있다.

그렇듯, 고대의 그 정령은 숲과 샘의 신으로 숭배되었다. 그것은 아름다운 형태의 숭배였으며, 기독교는 거기서 가장 무서운 적을 만났다. 사람이 자연 속에서 느끼는 자연스런 즐거움을 기독교 정신으로 물리쳐야 했던 것이다. 기독교인들은 악령이 자연의 아름다움으로, 육신의 아름다움으로 자신들을 유혹하면서 정신을 흐리게 한다고 비난했다.

자연과의 접촉이 사람의 정신을 다소 무의식적이게 만든다는 말은 맞는 말이다. 그런 측면에서 본다면, 자연의 영향은 나쁘다. 꽤 원시적인 사람들의 경우에 자연의 영향을 강하게 받게 되면 그냥 무의식적인 존재가 되어 버린다. 그런 일이 지금도 일어나고 있는 것이 확인된다. 오늘날 사람들은 단순히 무의식적인 존재가 되기 위해 숲과 산을 찾는다. 자연과 하나되는 것은 도시 생활의 팽팽한 의식의 상태에서 풀려날 수 있는 큰 위안이다. 그러나 도가 지나칠 수 있다. 당연히 나쁜 영향을 미칠 수 있다. 사람이 지나치게 원시적일 수 있는 것이다. 나는 자연의 영향을 퇴치해야 했던 예를 여러 차례 보았다. 왜냐하면 그 사람들이 언제나 자연에 파묻혀 자신을 완전히 망각함으로써 문제를 피하려 들기 때문이다. 그들은 자연을 일종의 마약 같은 것으로 이용했다. 기독교 초기에도 그랬고, 중세에도 그랬으며, 그보다 훨씬 뒤에까지도 그랬다. 그래서 사람들이 정신의 힘과 중요성을 깨닫도록 하기 위해서, 자연을 더없이 불경한 것으로 저주할 필요가 있었다. 위대한 신 판이 진정으로 죽지 않은 탓에 마법이 그대로 작동하고 있었기 때문이다.

물론, 기독교 정신을 전적으로 거부할 필요는 없다. 자연에 대한 과도한 믿음도 사람을 압도할 수 있다. 그렇게 되면, 사람들은 기독교가 자연에 대한 부정을 통해 얻었던 바로 그것을 잃게 된다. 기독교 정신은 육신을 부정하려는 서양식의 시도이며, 아직 아주 소박한 수준에 머무르고 있다. 그것은 동양이 이미 성취한 현실의 부정을 이루는 과정의 한 단계이다. 초기 기독교의 주장은 육신은 덧없고 정신만이 영원하며, 육신은 풀잎처럼 사라지는 반면에 정신은 영원히 산다는 것이었다. 그것은 현실이 겉으로 보이는 그대로가 아니며 현실은 하나의 착각에 지나지 않는다는 사상의 시작이다. 이슬람이 기독교와 똑같은 도덕적 태도를 갖고 있지 않음에도 불구하고, 이슬람에서도 이와 비슷한 정신적 태도가 확인된다.

우리의 환자도 똑같이 자연과 기독교 정신 사이에서 갈등을 겪고 있다. 그녀가 그 정령의 자연스런 표현에 직면할 때, 그녀가 무의식의 상태에 빠질 위험은 언제나 있다. 자연에 대한 공포는 자연 자체에서 오는 것이 아니라 인간의 천성에서 비롯된다는 것을 당신은 알고 있다. 자연에 대한 공포는 무의식에 압도당할지 모른다는 두려움 때문에 일어난다. 그것은 정말로 사람을 미치게 할 수도 있는 고독에 대한 두려움이다. 북극광이 나타난 그녀의 환상은 자연의 정령이 나타난 것이었다. 만약에 그녀가 북극광 현상의 미학적인 측면을 피하거나, 그 현상에 정신을 놓지 않거나, 그 현상을 똑바로 직시하고 이해할 수 있다면, 그런 경우에 그녀는 그 일에도 정신적인 태도를 계속 고수할 수 있을 것이다. 그러나 만약에 그녀가 그 현상의 미학적 측면에 압도당한다면, 그것은 곧 그녀가 무의식이 되고 그 문제 때문에 공황 상태에 빠질 수 있다는 것을 의미한다.

그런 경우에 그녀는 기독교인이 되어야 한다. 북극광이 즉시 기독교 정신을 불러내는 이유도 바로 거기에 있다. 성당은 피난처를 의미하고, 그녀는 거기서 자연의 악령들로부터 보호를 받을 것이다. 왜냐하면 거기엔 자연스런 것은 어떤 것도 들어가지 못하기 때문이다. 동물들은 절대로 교회 안으로 들어가지 못한다. 의식에 쓰이는 모든 것은 자연의 성격을 빼야 한다. 내가 종종 말하듯이, 세례반에 쓰이는 물과 초, 심지어 향까지도 사용하기 전에 정화되고 자연성을 빼야 한다. 자연성을 빼는 이 과정이 인간의 본성에 이상한 왜곡을 낳는다. 그럼에도 정신적인 관점에 닿기 위해선 그 과정이 필요하다.

그러나 만약에 사람이 이미 그런 상태에 있다면, 그 길을 따라 더 이상 가봐야 아무런 소용이 없다. 왜냐하면 그렇게 될 경우에 말(馬)과 귀리의 문제가 되어버리기 때문이다. 사람이 말이 귀리 없이 살도록 하는 데 성공하는 날, 말은 죽어버리게 된다는 뜻이다. 그렇기 때문에 사람이 자연성을 제거하는 과정을 아주 길게 거친다면, 그 사람은 최종적으로 죽고 말 것이다. 적정한 선 너머까지 그 과정을 끌고 가봐야 아무런 소용이 없다. 그 과정을 따를 수 있는 사람이 아무도 남지 않을 테니까.

그렇다면 자연으로 되돌아가는 것이 하나의 문제가 된다. 그 복귀가 퇴행이 되어서는 안 되는 것이다. 사람은 육체를 실체가 없는 것으로 보는 기독교의 성취 그 아래로 내려가면 안 된다. 그보다는 기독교 관점을 지키면서 그것을 보호 수단으로 삼으며 자연으로 돌아가야 한다. 그렇게 하지 않으면 사람은 원시 시대의 케케묵은 귀신 신앙으로 돌아가게 되고, 따라서 그동안의 발달이 허사가 되어 버린다. 그것이 이 여자의 위험이며, 그래서 그녀는 자연의 정령을 건드릴 때마다 반드시 기독교 영성의 문제로 돌아간다. 그러나 이런 차이가 있다. 그녀가 자연의 정령을 마주하게 된 지금, 문제는 기독교의 탈(脫)자연성을 벗어나 있다는 점이다. 그래서 그녀가 기독교로 돌아갈 때, 그것은 퇴행이다. 그러면 여기서 당신은 퇴행이 다시 일어나야 한다고 자신 있게 말할 수 있을 것이다. 단, 그 퇴행은 의식적으로 자연의 정령에 다가서는 새로운 시도로 변형되어야 한다. 그 다음 환상을 보도록 하자.

나는 성당 안에 있었다. 십자가 위에서 거무스름한 그리스도가 보였다. 십자가 아래에서 예수의 어머니가 무릎을 꿇고 흐느끼고 있었다. 나는 그녀에게 "고통의 성모여, 왜 우시나이까?"라고 물었다. 그러자 그녀는 "이 일이 있기 전에 그는 나와 함께 있었어요. 지금 그는 저기 십자가에 매달려 있어요. 우리 둘 사이에 뭔가가 깨어졌어요."라고 대답했다. 이어 나는 그녀의 손을 잡아끌며 십자가로부터 걸어 나오면서 말했다. "여인이시어, 당신은 홀로 서는 것이 두려우신가요?" 우리는 죽어가고 있는 그리스도를 함께 바라보았다. 그는 우리 쪽으로 얼굴을 돌리고 우리를 응시했다. 이어 그리스도는 이렇게 말했다. "오, 나를 낳으신 두 여인이여, 나를 보라. 당신들은 십자가에 이렇게 못 박히도록 하기 위해 나를 낳으신 것인가?" 그래서 내가 그리스도에게 이렇게 대답했다. "그래. 나는 나의 자궁으로 고통을 낳는다. 나는 나의 육체로 그대를 다시 창조하게 될 것이다. 그러면 그대는 다시 십자가형에 처해질 것이고." 이 말을 듣자, 그리스도의 눈이 감겼다. 그는 머리를 돌렸다. 이어 그리스도의 어머니가 큰 소리로 울부짖었다. "어떻게 당신이 그런 말을!" 그녀가 군중을 불러들였고, 군중은 나를 위협하는 자

> 세로 서 있었다. 나는 베일로 얼굴을 가리고 성당을 빠져 나갔다. 성난 군중이 외쳤다. "당신은 입에 담아서는 안 될 말을 했어!" 나는 도시의 구불구불한 길을 걸어 마침내 냇가에 닿았다. 거기서 나는 무릎을 꿇고 앉아 그때까지 얼굴을 덮고 있던 베일을 올리고 물로 얼굴을 씻었다. 그때 백조가 한 마리 나에게로 다가왔으며, 나는 바구니에서 갓 태어난 아기를 보았다.

당신도 알다시피, 이것은 매우 일관성 있는 이야기이다. 그래서 나는 일련의 환상을 하나의 그림으로 제시할 수 있었다. 이 환상은 그녀와 자연의 정령의 관계를 다시 구축하는 내용을 담고 있다. 그것은 퇴행을 진보로 변형시키는 과정이다. "우리는 죽어가고 있는 그리스도를 함께 바라보았다."라는 그녀의 말에서 알 수 있듯이, 그녀는 틀림없이 그리스도의 어머니와 동일시되거나 비슷한 존재이다. 이어서 그녀는 마치 자신이 죽어가고 있는 그리스도의 어머니인 양 그리스도와 대화한다. 그러자 예수는 "나를 낳으신 두 여인이여."라고 말한다. 마리아가 그를 낳았는데, 우리 환자는 마치 제2의 마리아처럼 행동하고 있다. 그녀는 이 이야기에 완전히 동화되어 그에게 "그래. 나는 나의 자궁으로 고통을 낳는다. 나는 나의 육체로 그대를 다시 창조하게 될 것이다."라고 말한다. 이것은 무슨 뜻인가?

마리아는 우리 환자의 말에 동의하지 않는다. 마리아는 "어떻게 당신이 그런 말을!"이라고 말하면서 험악한 군중을 끌어들인다. 그녀는 우리 환자가 교회 안에서 하는 이상한 행동에 꽤 반대하고, 우리 환자와의 관계를 부정하고, 우리 환자와 동일시되는 것을 원하지 않는다. 마리아는 단지 그리스도가 십자가에 못 박히도록 하기 위해서 그를 낳았다는 것을 알고 싶어 하지 않는다. 그녀는 행복하고 성공적인 삶을 살 것이라는 믿음에서 그를 낳았지 그런 잔인한 죽음을 맞도록 하기 위해서 그를 낳은 것이 아니다. 그리고 나의 환자는 마리아와 반대로 고통을 겪도록 하기 위해 그를 낳았으며 그를 다시 낳는 일이 있다면 그것도 다시 십자가형에 처하도록 하기 위해서일 것이라고 말한다. 우리 환자는 겉으로 보기에 완벽하게 의식적이고, 무례하고, 아주 잔인하다. 이것을 어떻게 해석해야 하는가? 어느 정도의 상상력을 요구한다. 그녀가 마리아의 자리를 차지하고 있다는 사실은 무엇을 의미하는가? 마치 그녀가 그리스도 같은 존재를 창조하려는 것처럼, 그녀가 마리아 본인인 것처럼 말이다.

그런 태도가 대단한 성숙과 특별한 의식(意識)을 의미하는 것은 맞다. 여기서 우리 환자는 자기 아들의 운명에 절대로 동의하지 못하는 것 같은 마리아보다 훨씬 더 의식적이다. 그녀는 자신이 그런 온갖 고통을 야기할 생각이 있다는 식으로 말한다. 그러나 우리 환자의 어떤 점이 마리아와 비슷한가? 가톨릭교회에서는 마리아와 동일시하는 사람은 누구든 신성을 크게 모독하는 것으로 여겨질 것이다.

자식들은 언제나 슬픔의 자식이라는 말은 분명히 맞는 말이다. 그것은 영원한 운명이다. 세상의 고통은 어머니들이 자식을 낳는다는 사실을 통해서 지속되고 있다. 아이를 낳는 모든 여자는 세상의 고통을 지속시키고 있는 것이다. 그렇다면 "나는 세상의 고통을 위해 아이를 낳는다."라는 식으로 말하는 것은 극도로 의식적인 관점이다. 반면에 마리아는 무의식적인 원시인 여자의 상태와, 자식들이 불행한 운명을 맞는다면 대단히 슬플 것이라고 단정하는 모든 여자의 상태와 아주 가깝다. 자식의 운명만은 절대로 불행해서는 안 된다는 식으로 말이다.

여기서 진보가 확인되고 있다. 우리 환자가 마리아에게 특별히 신성한 구석이 전혀 없다는 식으로 말할 수 있다는 점에서 본다면, 그녀가 어느 정도 의식에 이른 것이 분명하다. 우리가 고통을 겪을 아이들을 낳는다는 점에서 모두 마리아와 비슷하고, 더 나아가 고통을 겪을 아이를 낳는 것이 우리의 목적이라고 말하고 있으니 말이다. 모두가 행복해질 것이라는 영원한 거짓말을 하는 것보다 고통을 낳고 있다고 단정하는 것이 차라리 더 낫다. 성숙한 의식은 그런 터무니없는 거짓말을 하지 못한다. 그래서 여기서 그녀가 주도권을 잡고 나선다. 그녀는 마치 예수가 자신의 아들인 것처럼 그에게 말하고 있다. 자기 자신을 마리아의 위치에 놓음으로써, 그녀는 사실 자신을 그리스도의 자리에 놓고 있다. 그리스도는 십자가를 어깨에 짊어져야 하는 인간의 상징이다. 그리스도는 또 또렷한 의식을 갖고, 말하자면 세상사가 어떤 식으로 돌아가야 하는지에 대한 관점을 분명하게 가진 상태에서, 또 인간은 개인적 고통을 받아들여야 한다는 점을 충분히 인식한 상태에서 죽음을 맞는 인간의 상징이다. 그리고 그녀가 그를 두 번째로 세상에 낳을 것이라고 말할 때, 그것은 그녀가 똑같은 목적으로 그를 낳을 것이라는 뜻이다. 이어서 그녀는 그리스도가 잔인한 죽음을 침착하게 맞으면서 했던 것과 똑같은 행동을 하려 한다.

여기에 묘사되고 있는 것은 정말로 중세 기독교 심리학의 동화(同化)이다. 다시 말하면, 우리 시대에도 많은 사람들의 내면에 여전히 살고 있는 중세인이 그리스도를 구원자로, 그리스도의 삶을 절대적으로 유일한 것으로, 하나의 신성한 신비로 여겼다는 뜻이다.

그러나 현대인은 그 삶이 결코 특별하지 않다는 것을, 그것이 평범한 인간의 삶이라는 것을 알고 있다. 그것은 자신의 운명을 신중하게 의식적으로 받아들이고 자신의 참 모습을 그대로 받아들이는 누군가의 운명이다. 만약에 그 밖의 누구라도 자신의 개인적인 유형과 개인적인 처지를 그와 똑같은 방식으로 받아들인다면, 그 사람도 그리스도의 형제가 되고 그리스도 같은 인물이 될 것이다. 그 사람은 아마 십자가형에 처해지지 않고 교수형에 처해지거나 총을 맞거나 일상적인 병이나 다른 종류의 고통으로 죽을 수 있다. 그는 아마 자신이 제정신이 아니라고 선언할 수도 있을 것이다. 그러나 그는 그런 것이 삶이라고 선언하면서 죽음을 맞을 것이고, 그리스도가 자신의 삶을 받아들였듯이, 그도 자신을 그런 식으로 받아들이면서 인간적인 삶의 조건을 성취한다. 그러면 그에겐 더 이상 그리스도가 필요하지 않게 된다. 그리스도는 하느님 아버지의 의지를 실행하기 위해 이 세상에 왔으며, 그는 그 뜻을 성취한 이상 하느님의 아들이고 신의 현시이며, 그런 존재로서 죽는다. 그래서 '신약 성경'에 "너희들이 신들이니라."는 암시가 나오는 것이다.

아시다시피, 그리스도는 사도들에게 자신을 모방해서는 안 된다는 점을 가르치려고 결사적으로 노력했다. 사도들은 각자 자신의 삶을 살아야 하고, 그래야만 그들이 그리스도와 비슷해질 것이라는 점을 강조했던 것이다. 그러나 사도들은 그리스도의 말을 제대로 이해하지 못하고 그를 신으로 여기고, 그의 삶을 신성한 신비로 여겼다. 사도들은 이 신성한 신비를 그리스도에게로 돌리면서 대단한 기쁨을 느꼈다. 그들은 그리스도의 뒤로 숨으면서 그리스도 같은 사건들은 절대로 일어나지 않은 어떤 교회를 조직하는 쪽을 택했다. 그래서 어느 누구도 삶을 그리스도가 산 것처럼 살아 보려고 노력하지 않았다. 그 같은 삶은 꽤 평판이 나쁠 수도 있으며, 그런 삶을 영위하는 사람은 나쁜 집단에 섞일 수도 있었을 것이다. 평판이 나쁜 사람들, 매춘부와 그 비슷한 낮은 계층의 사람들과 동행하기를 원하는 30세의 품위 있는 사람에 대해 생각해 보라! 그런 사람을 두고 구세주라거나 특별히 신성한 존재라고 생각하지 않을 것이다. 그를 두고 비도덕적이거나 쇠퇴한 사람이라고 부를 것이며, 그는 사회적으로 완전히 망가질 것이다.

이 대목에서 우리의 환자가 직관적으로 성격의 성숙을 상당히 이루고 있는 것이 분명해진다. 그녀가 자신을 신의 어머니와 대등한 자리에 놓으면서 상황을 주도하고 있으니 말이다. 그녀는 삶의 사실들을, 말하자면 아이들을 낳는 여자는 세상의 망상과 고통을 지속시키기로 작정한다는 것을 받아들일 수 있을 만큼 충분히 의식적이고 의지를 발휘하고 있다. 그리고 그런 점을 이해함으로써, 그녀는 교회 밖으로 나갈 수 있다. 교회가 무슨 소용이란 말인가? 교회는 가공의 제도이며, 누군가가 우리를 죄로부터 구원해 줄 것이라는 망상에 지나지 않는다.

우리가 각자의 삶을 절실히 사는 행위 자체를 그리스도가 대신하기에 이르렀다. 이런 식으로 말할 수도 있다. '그리스도가 우리의 삶을 살고 있어. 그래서 나는 나의 삶을 살 필요가 없어. 그냥 앉아서 기다리기만 하면 돼. 그리스도가 나를 오물 속으로 밀어 넣거나 오물 속에서 건져 주게 되어 있어. 나는 삶과 아무런 관계도 맺고 싶지 않아. 그건 그리스도의 일이니까.' 물론 이런 식으로 생각하는 사람들은 정신적으로 풋내기이며, 그들은 아직도 여전히 교회의 젖을 빨고 있고 구원자에게 기대고 있다. 그러나 그들이 그 가설에 감히 도전하면서 예수가 자신의 삶을 살았듯이, 혹은 마리아가 자신의 삶을 살았듯이 자신의 삶을 살기로 마음을 먹는 즉시, 그러니까 그들이 자신의 삶을 온몸으로 받아들이는 즉시, 그들에겐 가공의 교회나 대체물이 더 이상 필요하지 않게 된다. 이 여자에겐 자신의 삶이 있으며, 그녀는 그런 삶을 살 만큼 충분히 의식적이다. 그래서 그녀는 교회를 나설 수 있다.

여기서 다시 베일이라는 상징을 만난다. 앞에서 소개한 환상 중에도 베일이 있었다. 이전의 베일은 뒷머리를 가리는 것이었지만 지금 베일은 얼굴을 가리고 있다. 그녀는 지금 다른 사람들로부터 숨어 있으며, 다른 사람들은 그녀를 알아보지 못한다. 머리 뒤쪽을 가리는 베일은 그녀의 무의식을 가린다는 뜻이었다. 여기서 그녀는 얼굴을 가리고 있다. 그래서 그녀가 보이지 않는다. 이것은 그녀 자신을 숨길 필요가 있다는 뜻이다. 눈에 두드러진 사회적인 개인으로서, 그녀는 수녀가 되고 있다. 그녀는 존경할 만한 역할을 거부하고 있다. 그런 의미에서 그녀는 수녀가 되고 있다. 그래서 그녀는 교회를 나가다가 적의에 찬 군중을 맞닥뜨린다. 당연히, 자신의 뜻에 따라 삶을 영위할 수 있을 만큼 용기 있는 사람은 그리스도 같은 사람이나 순교자나 성인들처럼 거북한 상황에 처한다. 이들은 집단적인 환경 안에서 일종의 궁지에 처해 있으며, 그래서 고문당하고 죽음을 당하게 된다.

지금 그녀는 냇가에 닿는다. 이것은 자연이다. 그녀는 냇가에 무릎을 꿇는다. 지금은 강이 그녀의 숭배의 대상이기 때문이다. 그녀는 자연의 영향을 견뎌낼 만큼 충분히 의식적이며, 고통을 충분히 겪었다. 그녀는 지금 의식적으로 자연을 숭배할 수 있다. 그러나 나는 환자 자신이 현실 속에서 그런 성숙을 이뤘다는 인상을 전하고 싶지는 않다. 이것은 단지 직관적인 기대에 지나지 않는다는 점을 꼭 기억해야 한다. 이어서 백조가 나타난다. 백조는 무엇인가?

한 마리의 새는 언제나 하나의 정령을 의미하고, 흰색은 언제나 순수를 상징한다. 그렇다면 백조는 일종의 비둘기로서 성령으로 여겨질 수 있다. 그러나 레다(Leda)[46]의 창피한 이야기가 있는데, 이 백조

....

46 그리스 신화에서 스파르타의 왕 틴다레오스의 아내. 백조의 모습으로 변신해 구애한 제우스에 넘어가 헬레네를 낳았다고 한다.

가 그런 이야기와 연결되어 있을 가능성이 있다. 왜냐하면 그것이 물에서도 살고 뭍에서도 사는 새이기 때문이다. 백조는 거의 날지 않고 물 위에서 헤엄치는 것을 더 좋아하며, 따라서 다른 종류의 정령이다. 백조는 공중에만 속하지도 않고 의식인 땅에만 속하지도 않는다. 그것은 긴 목을 물 밖 허공으로 뻗으면서 물과 공중 사이에서 산다. 그래서 백조는 무의식인 물과 의식인 공중이나 빛 사이의 그 무엇, 즉 두 가지 요소들의 상징이며, 따라서 백조는 비둘기보다 지하의 성격이 더 강하다. 이어 그녀가 바구니에서 갓 태어난 아기를 보는데, 틀림없이 백조가 갖다 준 아기일 것이다.

이것은 새로운 탄생, 새로운 시도를 의미한다. 그것은 "너는 내 아들이라, 오늘 내가 너를 낳았도다."[47]라는 소리가 들릴 때 새롭게 태어나 다시 길러진 그리스도와 비슷하다. 중세엔 성령이 종종 아기 그리스도를 데려오는 비둘기로 묘사되었다. 초기의 그림들을 보면 화재가 발생할 때 위층의 거주자가 창문에서 타고 내려오는 큰 관처럼 생긴 것이 보이는데, 아기가 그런 관을 타고 마리아의 치마 속으로 미끄러지는 것으로 묘사된다. 혹은 비둘기가 하늘에서 그런 관 속을 날아서 내려온다.

이젠 이 환상의 주된 생각이 분명하게 드러났을 것이라고 생각한다. 이 부분이 아주 중요하기 때문에 확실히 짚고 넘어갈 필요가 있다. 그것은 프로테스탄티즘이라는 사상의 연속선상에 있다. 아시다시피, 인간과 신을 중개하는 제도로서 프로테스탄트 교회는 느리지만 아주 치명적으로 해체되고 있다. 프로테스탄트 교회는 이미 400개 이상의 교파로 분열되었으며, 최종적으로는 각 개인이 자신만의 교회를 갖게 될 것이다. 그러면 결국엔 인간이 홀로 신과 함께 있는

....

47 '시편' 2장 7절.

그런 종교만 남을 것이다. 그리스도는 신과 홀로 있었으며, 그리스도처럼 삶을 사는 사람은 누구나 신과 함께 있다. 그런 사람은 자신이 교회가 되는 것이다.

하천은 언제나 자연스런 생명을, 생명의 물을 의미하고, 생명의 강을 건너는 것은 매우 중요한 모티프이다. 현대인의 꿈에서는 이 모티프가 종종 다른 상징으로 표현된다는 사실이 확인된다. 예를 들면, 생명의 강 대신에 고압 송전선이 그런 상징으로 등장하는 것이다. 최근에는 중대한 모험, 즉 다른 쪽으로 건너가는 것이 건설 중인 도시의 거리와 그 현장의 이쪽과 저쪽에 놓여 있는 고압선으로 상징되는 그런 꿈도 있었다. 그 꿈을 꾼 사람은 자동차를 세워야 했으며, 그곳을 건너지 못했다. 그것이 생명의 강이고, 건너는 여울이며, 현대적인 방식으로 큰 강을 건너는 것이었다.

'코란'을 보면, 모세가 사막에서 생명의 강에 이르렀지만 그런 사실을 몰랐던 탓에 다시 그곳으로 돌아와야 했다는 전설이 나온다. 그곳에서 중요한 무슨 일이 벌어졌기 때문에 모세는 그곳으로 돌아가야 했다. 그가 바구니에 담고 다니던 물고기 한 마리가 생명의 강의 물 한 방울을 맞았고 그로 인해 생명을 얻어 강으로 미끄러져 들어가 바다까지 흘러간 것이다. 모세가 물고기를 먹으려고 찾았을 때, 고기가 한 마리도 남아 있지 않았다. 그래서 모세는 거기에 생명의 강이 있었다는 것을 이해하게 되었다.

여기서 우리 환자의 환상과 관련해 중요한 것을 한 가지 배우고 넘어가도록 하자. 당신이 당신 자신을 완전히 동화시키고 당신의 반을 다른 사람이나 제도 같은 것으로 투사하지 않는 것이 대단히 중요하다는 사실을 강조하고 싶다. 물론 당신은 완벽하거나, 완벽하게 의식적인 존재가 되는 것과는 거리가 멀다. 당신을 온전히 이해하면서 통합된 상태에 있을 때에도, 당신은 아마 그 전만큼 무의식적일 것이다. 그러나 당신은 더 이상 자신을 투사하지는 않을 것이다. 바로 그것이 차이이다.

누구나 완벽을 이룰 수 있다는 식으로 생각해서는 안 된다. 사람은 단지 완전을 목표로 잡을 수 있을 뿐이다. 완벽하지 않지만 완전해지는 것 말이다. 완벽의 문제가 제기된다면, 완전은 필연이고 불가피한 조건일 것이다. 완전하지 않은 것을 당신이 어떻게 완벽하게 만들 수 있겠는가? 먼저 그것을 완전하게 만든 다음에 그것이 어떤지를 보아야 한다. 그러나 그것을 완전하게 만드는 것도 언제나 대단한 과업이다. 당신은 절대적인 완전에 이르는 순간 이미 죽어 있을 것이다. 그렇다면 당신은 자신을 완전하게 만드는 예비적인 조건에도 절대로 닿지 못한다. 완전은 완벽이 아니다. 어떤 건물을 완전하게 짓기 위해서, 사람은 먼저 그것을 건설한다. 반도 마무리되지 않은 것은 절대로 완전할 수 없다. 먼저 그것을 완전하게 마무리한 다음에, 시간과 활력이 남아 있다면 광을 내고 다듬도록 하라. 그러나 대체로 사람의 전체 삶은 완전에 이르려는 노력을 벌이는 중에 다 소모된다. 이제 여기서 그녀의 다른 환상을 보자.

> 나는 화산의 가장자리에 서 있었다. 나는 분화구 안을 들여다보았다. 끓어오르는 불덩이의 바다가 보였다. 죽은 시체들이 떠올랐다가 가라앉기를 되풀이하고 있었다. 이집트의 생명의 상징과 함께 거대한 연기(煙氣) 십자가가 분화구 위로 피어올라 허공을 맴돌다가 사라졌다.

그녀는 생명의 강 가까운 곳에 있었으며, 거기서 자연적인 형태의 성령인 백조가 아기를 가져다 주었는데, 그녀가 갑자기 화산 가장자리에 서 있다. 아기가 태어나고, 그녀가 새로운 삶 속으로 들어가려는 지금, 일종의 구원을 받는 조건을 예상할 수 있다. 그러나 그런 장면 대신에 그녀는 폭발 직전인 화산의 가장자리에 서 있다. 그것은 틀림없이 매우 위험한 장소이며, 매우 긴박한 순간이다. 그러나 어떤 깊은 진리에 따라서 이런 급박한 '에난티오드로미아'가 일어나는데, 이런 현상은 여러 곳에서 다양한 형태로 암시되고 있다.

예를 들어 힌두 철학의 우주 발생 신화를 보면 세상의 창조 중 일부가 인드라[48]가 바다 깊은 곳에 있는 거대한 뱀을 끌어올리는 것으로 이뤄져 있다. 인드라는 그렇게 함으로써 7개의 거대한 보물을 끌어올리는데, 이 보물들이 일곱 신이며 그 중에 산스크리트어로 보물을 의미하는 마니도 있다. 마니는 대승 불교에서 부처의 칭호이며, 그 유명한 티베트 불교의 기도문, '옴 마니 파드메 훔'(Om mani padme hûm)은 '오, 연꽃 속의 보석이여!'라는 뜻이다. 그러나 우주 발생 전설의 보석 마니는 베다어이며, 그것은 대단히 거룩한 시대와 관련 있다.

이 보물들이 표면으로 끌어내어진 지금, 흔히들 모든 것이 제대로 돌아갈 것이라고 짐작할 수 있지만, 바다로부터 더없이 파괴적인 독이 솟아오르고 있다. 온 세상을 파괴할 듯한 기세다. 그것은 이런 급박한 에난티오드로미아의 한 예이다. 그렇다면 그리스도의 삶에서 그의 죽음이 즉각 구원을 초래했을 것이라는 짐작이 가능하다. 그러나 그렇지 않았다. 그와 정반대의 일이 일어났다. 예루살렘은 즉시 파괴되었고, 재앙이 꼬리를 물고 일어났다. 그 후 200년 동안에 수많은 사도들과 추종자들이 박해당하고 죽음을 당했다. 도움이 될 만한

48 힌두교에서 신들의 왕으로 통한다.

것이 발견될 때, 그 즉시 거기에 반대하는 온갖 영향들이 따른다. 그것은 마치 거대한 빌딩을 떠받치던 주요 기둥이 갑자기 제거되자 건물 전체가 당신 위로 무너져 내리는 상황과 비슷하다.

그래서 이 여자의 부활이 있은 뒤에, 일들이 제대로 돌아가야 하는 때에 일들이 모두 잘못되고 있다. 아시다시피, 그녀는 집단적인 세계로부터 자신을 제거했다. 그래서 그녀는 집단적인 세계에 빈 공간을 남겼으며, 그 빈 공간이 모든 것을 빨아들이고 있다. 그것은 어떤 폭발과 비슷한 대재앙이다. 그녀가 예전에 있던 곳에 구멍이 하나 나 있다. 마치 그녀가 다른 세계 속으로 증발하며 구멍을 하나 남긴 것 같다. 이어서 일종의 보상 과정이 일어나고 있는 것 같다. 사람이 보석을 추출하는 데 성공할 때, 거기엔 거대한 진공 상태가 생긴다. 따라서 보석 추출은 곧 파괴를 의미한다. 모든 것이 그 안으로 다시 빨려들어가는 것이다. 아니면 적어도 그런 위협에 시달리게 된다.

그래서 아폴론이 출생한 뒤에, 어마어마한 용 피톤은 그를 삼키기 위해 뒤쫓았다. 그리고 그리스도는 태어난 직후에 헤롯왕이 저지른 유아 대학살의 위기를 가까스로 모면했다. 또 '요한계시록' 속의 그 여자가 모든 나라를 지배할 사내아이를 낳았을 때, 어떤 용이 아이를 삼키려고 기다리고 있었다. 용은 그녀가 물에 잠겨 떠내려가도록 하기 위해 입에서 물을 토해내 강이 흐르게 했다. 구원자가 나타나자마자, 모든 악마들이 그를 진압하기 위해 무리를 지었다.

그렇듯 우리의 환자도 즉시 더없이 위험한 상황에 처한다. 화산이 폭발하기 직전 상황에 처하는 것이다. 아래에서 오는 위험이고, 불이다. 이 분화구는 그 출생에 의해 생겨났다고 할 수 있다. 아시다시피, 이 땅은 많은 것을 낳았으며, 신의 아들도 땅으로부터 나왔다. 지금 땅은 그 모든 것을 다시 삼키려 들고 있다.

당신은 그녀가 이 땅을 어떤 식으로 달래는지를 보게 될 것이다. 마치 여기서 땅의 법칙에 크게 위반되는 무슨 일이 일어난 것처럼 보인다. 누구나 다시 태어나는 것은 절대로 불가능한 것 같다. 그것이 '신약 성경'에 나오는 니고데모(Nicodemus)의 회의(懷疑)이다. 그는 어떻게 사람이 자신의 어머니의 자궁 속으로 다시 들어갈 수 있는지를 묻는다. 그것은 불가능한 일이다. 그러기에 부활은 자연에 반하는 것임에 틀림없으며, 따라서 자연이 복수에 나선다. 그것이 그 위험이며, 문제는 해로운 결과를 어떤 식으로 물리치는가 하는 것이다. 구세주의 탄생은 자연에 반하는 탓에 세상에 무시무시한 재앙을 의미하기 때문이다. 구세주는 우주에 구멍을 하나 냈고, 만물이 그 구멍 속으로 앞다퉈 빨려 들어간다.

그것은 양(陽)의 기호가 음(陰)의 기호로 바뀌는 것과 비슷하다. 중국 철학은 그것을 그런 식으로 표현했다. 『역경』의 순서가 그와 똑같은 배열을 따르고 있는 것이다. 첫 번째 괘는 끊어지지 않는 선들로 이뤄져 있다(䷀). 그것은 건(乾)이라 불리며 하늘과 아버지를 뜻한다. 두 번째 괘는 끊어진 선으로 이뤄져 있으며 곤(坤)이라 불리며 땅 또는 받거나 임신하는 것을 의미한다(䷁). 여기까지 괘는 긍정적이고 강하지만, 서로 반대이다. 이어지는 괘는 언제나 에난티오드로미아적인 순서를 따른다. 예를 들어, 이 괘(䷀) 다음의 괘는 이것(䷁)이다. 따라서 양은 언제나 갑자기 폭발할 만큼 증대하는 경향을 갖고 있으며, 그 다음은 음이 된다.

그렇듯 구세주의 창조 또는 부활은 너무나 독특한 성취, 즉 너무나 부자연스럽거나 초자연적인 사건이기 때문에, 그것은 정말로 무엇인가가 폭발하는 것과 비슷하고 이어서 그와 반대되는 사건이 일어난다. 극단적인 통합과 건설 대신에, 파괴와 해체가 일어나는 것이다.

육체적인 힘으로 위대한 업적을 이루고 나면, 극도의 소진이 따른다. 혹은 아이들을 통해 언제나 확인하듯이, 희열의 폭발이 있은 뒤에 눈물 흘리는 일이 벌어진다. 그래서 부활 뒤에 공허나 파괴, 절망이 따른다. 문제는 그것을 어떻게 다루는가 하는 것이다. 그것이 이 환상의 내용이다.

죽은 시체들이 위로 올라왔다가 가라앉곤 했다. 그것은 파괴이다. 사람들은 이미 죽었다. 이어서 십자가가 나타난다. 기독교 십자가는 희생의 의미를 갖고 있지만, 이것은 '크룩스 안사타', 즉 이집트의 생명의 상징으로, 고리가 달린 십자가이다. 분화구 연기 속에 나타나고 있는 상징은 그것이 생명의 분화구라는 점을 보여주고 있다. 그것은 파괴만을 의미하지 않는다. 왜냐하면 '크룩스 안사타'는 언제나 신들이 내리는 생명이나 파라오가 신들에게 부여하는 생명을 의미하기 때문이다. 파라오들에게 크룩스 안사타를 줌으로써 생명을 부여하는 신들을 그린 그림도 있다. 또는 파라오가 신들에게 그런 식으로 생명을 부여하는 것을 그린 그림도 있다. 그래서 그것은 생명의 분화구를 의미하기도 한다. 그녀의 환상은 이렇다.

> 분화구 속의 불이 잦아들고, 불 대신에 아름답고 푸른 오아시스가 보였다.

갑자기 완전한 변모가 일어난다. 다시 에난티오드로미아이다. 더없이 파괴적이었던 것이 지금은 생명의 상징인 비옥한 땅으로 변했다. 이것은 이미 '크룩스 안사타'에 의해 암시되었다. 그런데 그녀가 어떤 식으로 그 위험을 극복했는가? 분화구가 갑자기 오아시스로 바꿔는 사이에 무슨 일이 일어났음에 틀림없다. 우리가 볼 수 있는 유일한 것은 연기 십자가, 즉 '크룩스 안사타'이지만, 거기에 에난티오드로미아의 신비를 풀 수 있는 비밀의 열쇠가 있음에 틀림없다.

그녀가 분화구와 동일시하지 않았다는 것이 중요하다. 왜냐하면 분화구가 그녀를 거의 삼킬 듯했기 때문이다. 대체로 누군가가 매우 긍정적인 경험을 했을 때, 그 다음에 일어나는 일이 의존이나 완전한 절망, 도덕적 붕괴 같은 것이 되기 쉽다. 만약에 사람들이 그런 상황과 동일시한다면, 그들은 거기에 삼켜져 버릴 것이다. 성취에 한껏 들떠 즐거워하다 보면, 다시 말해 자신이 이룬 것과 자신을 동일시한다면, 그 다음에 그 사람은 분화구 안에 있을 것이다. 그러나 이 여자는 초연한 상태에 있으며, 그래서 그녀는 전체 과정을 초연한 눈길로 돌아볼 수 있다. 이것 또한 성숙의 신호이다. 그녀는 이제 세상사는 그런 식으로 일어나게 되어 있다고 말할 수 있다.

아기가 있다. 그것은 부활을 의미한다. 그리고 파괴를 의미하는 분화구가 있다. 일들은 그런 식으로 돌아가야 했으며, 그래서 모든 것이 지금처럼 되어 있다. 그러나 근본적으로 보면 변화는 없다. 파괴가 즉시 다시 생명이 된다. 그것은 단순히 에난티오드로미아의 과정일 뿐이다. 연기, 그건 연기이지만 상징적이다. 그것은 생명의 상징을 형성하고 있다. 그녀는 분화구를 바라보면서 분화구 밖에 서 있다. 만약에 당신이 어떤 상황을 눈에 보이는 그대로의 모습으로 보는 데서 그치지 않고 그것을 상징적으로 볼 수 있다면, 당신이 승자이다. 당신은 당신 자신이 거북한 상황에 꽤 짓눌린 상태에서 그것이 상징적이라는 점을 보지 못할 수 있지만, 만약에 당신이 그 상황 밖으로 나와 있거나 그 상황 위에 있을 수 있다면, 당신은 이렇게 말할 수 있다. "저런 일이 나에게 일어났다는 사실 자체가 재미있지 않아?

지금 나는 기분 좋은 혼란에 빠져 있어! 저건 나의 심리와 맞아떨어지는가? 저것은 나에게 무슨 의미지? 나 자신이 저런 상황에 빠져야 하는 이유가 뭐지?" 그러면 당신은 그 상황 위에 있는 것이며, 당신은 그 전투에서 승리를 거두었다. 그러면 이제 더없이 해로운 상황이 즉시 생명을 안겨주는 상황으로 변할 수 있다. 지금 여기서 그런 일이 일어나고 있다. 파괴의 장면이었던 것이 지금 생명을 꽃피우는 아름다운 오아시스이다. 이제 분화구의 두려움은 완전히 사라졌다.

11강

1932년 2월 24일

지난 시간에 용암으로 펄펄 끓던 분화구가 푸른 오아시스로 바뀐 것에 대해 이야기했다. 그런 일이 일어난 이유는 그녀가 분화구와 자신을 동일시하지 않고 자신을 그것보다 위에 올려놓고 있었기 때문이다. 만약에 그녀가 분화구와 동일시했다면, 아마 그녀는 파괴되었을 것이다. 말하자면, 그녀는 다시 무의식적인 존재가 되었을 것이다.

무의식적인 존재가 되는 방법도 여러 가지다. 예를 들면, 바다에 빠지거나, 안개 속이나 울창한 숲 속에서 길을 잃거나, 괴물에게 먹히거나, 산사태에 묻히거나, 아니면 캄캄한 방 안에 갇히는 것으로 상징되는 퇴행의 형태가 있다. 이 모든 것은 무의식 속으로 들어가는 것을 상징하지만, 그때마다 그것은 서로 다른 의미를 지니는 특별한 상황이다. 그렇다면 분화구의 시뻘건 용암 속으로 떨어지는 것은 어떤 상황인가? 예를 들어, 그것은 물에 빠지는 것은 아닐 것이다.

광기는 어떤 것이든 사람이 무의식에 압도당하기 때문에 일어난다. 산이 갑자기 폭발하면서 사람을 재와 용암으로 뒤덮는 화산 분출이 광기와 비슷한 예이다. 우리 환자의 경우에 그녀의 내면에 잠재해 있던 불이 폭발한다. 정신병을 그런 식으로 묘사할 수 있다. 조발성 치매(dementia praecox)[49]의 경우에 발병이 강력한 지진이나 그와 비슷한 어떤 우주적인 환영과 연결되어 있을 수 있다. 이것들은 분화구에서 관찰되는 현상과 비슷하다. 환자는 엄청난 감정적 격변을 겪을 수 있다. 이 화산의 힘들은 폭발하는 열정의 불꽃일 수 있다. 지구의 내장들이 솟아오르는 것처럼. 심리학적 언어로 표현한다면 광기의 폭발이 될 것이다.

만약에 그녀가 화산의 가장자리에 서 있다는 것만 알려져 있고 다른 사항은 알려져 있지 않다면, 우리는 당연히 그것이 파괴로 이어질 수 있다는 의심을 품을 수 있다. 그녀는 불 안에 있지 않고, 분화구에 아주 가까이 다가가 있다. 베수비우스 화산이 활동할 때 여행객이 거기에 너무 가까이 다가갔다가 용암 불꽃에 상처를 입는 일이 빈번하게 일어났다. 아니면 가스 구름이 여행객을 질식시킬 수도 있다. 그렇기 때문에 화산은 위험하다. 다른 가능성을 말해주는 신호가 없다면, 화산은 파괴를 의미했을 것이다. 희망적인 사항은 그녀가 화산 가장자리에 서 있고 분화구 안에 있지 않다는 점이다. 그녀는 분화구와 자신을 동일시하지 않았으며, 그녀 자신이 분화구가 아니고 분화구도 그녀의 안에 있지 않다. 그녀는 바깥에서 분화구를 보고 있다. 그녀가 그렇게 초연한 모습을 보이는 것은 그녀의 내면이 성숙했음을 말해주는 신호이다.

또 다른 희망적인 신호는 연기가 '크룩스 안사타'를, 이집트의 생명의 상징을 형성하고 있다는 점이다. 화산에서 피어나는 연기는 실

....

49 조현병(정신분열증)의 옛 이름.

제로 그런 형상을 만든다. 맑은 날에 자주 보인다. 뜨거운 공기가 올라가다가 냉각된다. 그러면 뜨거운 공기는 일종의 버섯 모양을 이루며 확장한다. 중간이 크게 부풀어 오르면서 최종적으로 우산 같은 형상을 만들어낸다. 이 형상은 지금 실제로 나타나고 있으며, 다소 추상적인 형태로 변하다가 '크룩스 안사타'가 되었다.

그래서 이 분화구에는 희망적인 무엇인가가 있다. 그 상징은 분화구가 소멸을 의미하지 않는다는 점을 보여주고 있다. 그것은 옛날의 신화적인 의미를 지닌 그런 분화구를 뜻한다. 세례반 같은 것, 말하자면 다양한 요소들을 융합시켜 새로운 무엇인가를 만들어내고, 새로운 존재를 창조하는 그런 용기(容器) 말이다. 앞에서 초기의 연금술사인 조시모스(Zosimus)의 편지를 인용한 적이 있다. 친구인 어느 부인에게 분화구에 가라고 조언하는 내용의 편지였다. 이 편지에서 분화구는 실제로 입교 의식을 뜻했거나 어떤 모임의 이름일 수 있다. 그가 연금술사였기 때문에, 분화구는 요소들을 섞는 용기였을 것이라고 짐작할 수 있다. 그렇듯, 분화구의 긍정적인 의미는 여러 가지 요소를 뒤섞는 그릇이다.

엠페도클레스라는 인물이 있다. 그에 관한 라틴어 시가 있는데, 거길 보면 그가 불멸의 존재가 되기를 바라면서 에트나 화산의 불 속으로 몸을 던졌다는 이야기가 나온다. 그는 초기 그리스 철학자이며 일종의 구세주였다. 그는 엄청난 수의 추종자를 거느렸는데, 그가 도시를 돌며 여행할 때엔 1만 명의 사람들이 그를 따랐다는 이야기가 내려오고 있다. 그렇듯 그는 그 시절에 아주 유명한 인물이었다. 그는 나이가 들자 에트나 산에 올라가 부활을 위해 분화구로 몸을 던졌다. 이 그리스 전설에서 우리는 다시 분화구의 이중적인 의미를 확인하고 있다.

그렇다면 우리의 환자가 상황을 방관할 수 있다는 사실이 그녀에게 파괴를 진정으로 긍정적인 것으로 볼 기회를 주고 있다. 파괴를 슬퍼만 하다가는 거기서 긍정적인 것을 아무것도 보지 못할 수 있다. 그러나 우리의 감정이 파괴에 개입하지 않도록 막으면서 초연한 눈으로 파괴를 본다면, 우리는 파괴가 긍정적인 측면을 갖고 있다는 것을, 새로운 무엇인가가 파괴에서 나올 수 있다는 것을 볼 수 있다. 그것이 그 장면이 갑자기 변하면서 비옥의 상징인 초록의 아름다운 오아시스가 되는 이유이다. 환상은 이렇게 이어진다.

> 나는 분화구 속으로 내려가 싱그러운 풀밭을 걸었다. 샘에서 물을 긷고 있는 여인이 보였다. 그녀는 머리에 키벨레[50]의 보석 장식을 쓰고 있었다. 그녀가 나를 보며 말했다. "당신은 여기가 처음이지요." 그래서 나는 "맞아요, 당신이 가르쳐줄 거죠?"라고 물었다. 그러자 그녀가 다시 물었다. "당신은 내가 물을 퍼 올리는 이 샘의 바닥까지 내려갈 힘이 있어요?" 나는 샘으로 내려가는 계단을 확인하고 아래로 내려가기 시작했다. 아래로, 아래로. 그러다 마침내 바닥에 닿았다.

불과 연기와 용암이 뿜어져 나오는 분화구의 깔때기 같은 구멍이 지금 그녀가 내려가고 있는 샘의 뚫린 공간이다. 그곳은 사람이 물을 긷는 장소이다. 그녀가 그 아래에서 만난, 키벨레 보석 장식을 쓴 부인은 누구일까? 키벨레는 또 다른 형태의 아스타르테 또는 이슈타르(Ishtar)[51]이고, 사랑의 여신이며, 소아시아의 여신이다. 키벨레의 보

....

50 프리기아의 대지의 여신으로 '위대한 어머니'라 불리기도 했다.

51 고대 메소포타미아의 성애의 여신.

석 장식이 바로 얼음 속에 있던 붉은 보석이다. 그것은 심장이었으며, 여기서도 똑같은 것으로 짐작된다. 심장이 언제나 사랑의 상징이기 때문이다. 심장은 사랑의 여신인 키벨레의 보석이다.

그러나 그 여인은 누구인가? 쉽게 생각하면 된다. 그녀가 키벨레일 수 있다. 아니면 키벨레의 고위 여사제일 것이다. 그 여인이 분화구 아래에 있다는 사실이 그녀를 정말 놀라운 자리에 놓는다. 왜냐하면 다른 때였다면 그곳이 죽을 운명의 인간이 절대로 살 수 없는 분화구이기 때문이다. 그래서 우리는 키벨레 보석 장식을 하고 있는 여자가 키벨레 여신 본인이거나 마법에 의해 그런 곳에서 거주하는 것이 허용된 고위 여사제라고 짐작해야 한다.

소설 '그녀'를 보면 이와 비슷한 비유가 보인다. 그녀가 생명의 분화구 속으로 내려가서 이시스(작품 속의 이름은 '아예샤')의 고위 사제가 되는 것이다. 분화구 안에서 그녀는 생명의 기둥이 자신의 몸을 통과하도록 함으로써 상대적 불멸을 성취한다. 그것은 곧 생명을 주는 기적이었다.

여기서 분화구는 틀림없이 생명의 분화구이며, '크룩스 안사타'도 그 점을 보여주고 있다. 이집트의 생명의 상징이 여기에 등장한다는 것은 우리의 환자가 무의식적으로 '그녀' 속의 상징체계를 떠올렸다는 점을 암시하지만, 그것은 직접적이거나 의식적인 영향이 아니며 의미를 통해 나타나는 숨겨진 영향이다. 이 비유는 화산 속으로 내려가는 것이 불멸성의 획득이라는 의미를 지닌 부활의 신비라는 점을 암시한다. 그것은 심리적 부활 그 이상의 의미를 담고 있다. 왜냐하면 상대적 불멸성이 이미 신성하기 때문이다. 당신은 '그녀'가 성격적으로 매우 인간적인 특성을 보임에도 불구하고 종종 신성을 지닌 인격으로 등장한다는 점을 기억할 것이다. 그리스의 신들은 대체로 인간의 불완전성을 보여주는 특징들을 갖고 있었다. 그래서 라이더 해거드의 개념에 따르면, "그녀"는 그리스의 여신과 비슷한 존재였다.

그리스에 에우에메로스(Euhemerus)라는 사람이 있었다. 매우 위대한 정신의 소유자는 아니었지만 그의 이름은 불멸이다. 그가 환원 이론을 처음 소개했기 때문이다. 그의 이론은 모든 신들은 한때 유명한 인간에 지나지 않는다는 것이었다. 제우스를 비롯한 모든 그리스의 신들은 일반적인 인간 존재들, 아마 유명한 왕이었을 것이며, 그들이 전설을 통해 신이 되었다는 이론이다.

보시다시피, 그는 매우 비판적인 사람이었다. 그 이후로 '에우에메로스식 해석'이라는 표현이 쓰이고 있다. 그것은 매우 합리적인 사상이었지만, 그 같은 생각은 그가 신이라는 개념과 인간 존재의 불완전성을 연결시킬 수 있었다는 점에서 그의 정신이 대단히 그리스적이었다는 점을 보여주었다.

신들의 신성은 어느 쪽으로도 설명될 수 있으며, 따라서 신들은 아주 특이하게 신성하면서도 아주 특이하게 인간적이었다. 이 같은 인식은 우리 현대인에겐 낯설게 다가올지 몰라도 고대인에겐 전혀 그렇지 않았다. 심지어 그리스도의 사상에도 그 점을 암시하는 부분이 있다. 어떻게 보면, 그리스도는 인간 존재의 불완전성을 모두 지녔음에 틀림없는 일상적인 인간 존재였다. 그런 한편, 다른 측면에서 보면 그리스도는 신이었을 것이다. 물론 교회는 복음서뿐만 아니라 그리스도라는 인물로부터도 인간의 불완전성을 보여주는 대목을 모두 지우려고 최대한 노력했다. 그러나 교회가 보지 못하고 넘어간 커다란 혹이 간혹 있지만, 목사들은 그런 것들에 대해서는 절대로 설교를 하지 않는다. 가장 큰 혹 중 하나가 아마 불공정한 청지기에 관한 우화였을 것이다.

보시다시피, 여기서도 똑같이 신기한 에우에메로스의 사고방식이 확인되고 있다. 신들이 인간과 신의 모습을 동시에 하고 있는 것이다. 우리의 환자가 만난 여인은 여신이거나 "그녀" 같은 인물이다. 그것은 내가 말한 바와 같이 이 일련의 환상들이 고대의 분위기 속에서 움직이고 있다는 사실에 의해 확인된다. 초기 기독교가 처음 생겨나던 때의 분위기와 흡사하다. 그래서 환상들은 한편으로는 기독교적이면서 한편으로는 이교도적이다. 이 환상들의 과정을 통해서, B.C. 100년부터 A.D. 100년 사이에 해당하는 고대의 정신 층(層)이 다시 표면으로 끌어내어지고 있는 것 같다. 이 환상들 속에 전형적으로 고대적인 사고방식이나 개념들이 많이 나타나고 있다.

지금 우리의 환자는 지금까지와 다른 정신의 틀 속으로 들어가고 있다. 그것은 단순히 빛이 소멸하거나 어둠에 묻히거나 매우 원시적인 무의식에 삼켜지는 것이 아니다. 규모면에서 보면 그것은 그보다 훨씬 더 높은 곳에서 일어나는 어떤 과정이며, 절대로 원시적이지 않다. 이런 환상들의 성격과 어울리는 사고방식은 그리스도의 탄생 직전이나 직후의 시기에 더 잘 어울릴 것이다. 다들 아시다시피, 분화구 바닥에 있는 이 여인이 여신이거나 능력과 권위를 지닌 인물이라는 사실은 환자의 태도로 확인되고 있다. 우리의 환자는 그녀에게 가르쳐 달라고 부탁한다. 이것은 그녀가 이 여인의 우월성을 알아보았다는 사실을 말해준다. 이어서 여인은 우리 환자가 샘의 바닥까지 내려갈 힘을 지녔는지에 대해 묻는다. 그래서 그녀는 다시 무의식 속으로, 훨씬 더 깊은 무의식 속으로 내려가고 있다. 마침내 그녀는 샘의 바닥에 닿았다.

그곳 땅바닥에서 나는 남자와 여자가 마치 자궁 속에 들어 있는 것처럼 누워 있는 것을 보았다. 그들은 한 마리 뱀에게 감겨 있었다.

샘의 바닥에서 일어난 이런 이상한 발견은 무슨 의미인가? 이 남녀는 누구인가? 그곳에 있는 뱀은 아마 흔들어 깨워지기 전의 쿤달리니 뱀일 것이다. 그렇다면 그녀가 타고 내려간 축(軸) 또는 뚫린 공간은 쿤달리니가 올라가는 '수슘나'(sushumna)[52]일 것이다.

여기서 우리는 그녀가 내려가고 있다는 중요한 사실을 알고 있다. 이 대목에서 인도와 서양 사이의 커다란 차이가 확인된다. 아시다시피, 만약에 그녀가 수슘나를 통해 위로 올라가려고 한다면, 그것은 너무나 부자연스럽고 터무니없는 공상일 것이다. 중요한 것은 그녀가 이미 위에 있고, 그녀가 해야 하는 일은 아래로 내려가는 것이라는 점이다. 동양은 이미 아래에 있어서 의식이 명료하지 않기 때문에 위의 것과 연결을 확립해야 한다. 따라서 동양인의 의식은 흐릿하다. 그러므로 서양 사람들이 동양의 요가를 모방하는 것은 심각한 실수가 될 것이다. 동양의 요가는 서양인들의 필요가 아닌 동양인들의 필요를 충족시키는 것이기 때문이다.

서양인이 보다 높은 곳으로 올라가려고 노력하는 것은 최악의 실수이다. 서양인이 해야 할 것은 위와 아래 사이의 연결을 확립하는 것이다. 그런데도 서양인들이 엉뚱하게 요가 수행에 열을 올리고 있다. 당연히 요가 수행은 서양인에게 효과를 발휘하지 못한다. 오히려 부작용을 일으킬 수 있다. 서양인의 필요가 그와 정반대이기 때문이다. 그러므로 나는 언제나 서양인들에게 이 동양 방식을 이용하지 말라고 경고한다. 요가 수행을 하는 서양인 중에서 보다 높은 곳으로

52 인체의 중심인 척추 중앙을 흐르는 에너지(氣)의 길을 일컫는다.

올라가거나 자신의 육체나 다른 사람들, 또는 세상에 대한 통제력을 키우겠다는 그릇된 목표를 갖고 있지 않은 사람을 한 사람도 보지 못했기 때문이다. 사람은 최면 효과를 얻기 위해 의지력을 강화할 목적으로 요가를 이용하지만, 그것은 위험한 일이다. 요가의 유혹은 아주 크지만, 대부분의 예를 보면 요가는 서양인에게 아무런 효과를 발휘하지 못한다. 지금 우리의 환자는 샘의 바닥에 있다. 그것은 쿤달리니 요가 체계의 용어를 빌리면 뿌리 부분을 일컫는 '물라다라'일 것이다.

그곳에서 잠을 자고 있는 남녀는 뱀에게 감겨 있는 평범한 남녀일 것이다. 그들이 시바와 샤크티인지 확실하지 않다. 뱀이 어떤 역할을 하는지 보도록 하자. 환상은 이렇게 이어진다.

> 내가 나타나자, 뱀이 내 쪽으로 와서 "당신도 감아 주마."라고 말했다. 그래서 나는 "난 혼잔 걸."이라고 말했다. 그러자 뱀은 나의 몸을 감으며 자신의 머리를 나의 얼굴 가까이 댔다. 뱀의 머리 위에 왕관이 있고, 몸통에 금반지들이 끼어져 있었다. 나는 뱀의 두 눈을 들여다보았다. 두 팔로 뱀을 껴안으면서 나는 "당신은 뱀인데도 참으로 아름답군."이라고 말했다. 그러자 뱀이 떨어져 나갔다. 나는 샘에서 위로 올라왔다.

이 환상은 아래에서 힘을 발휘하고 있는 요소가 뱀이라는 점을 보여주고 있다. 남자와 여자는 겉으로 보기엔 아무런 역할을 하지 않는다. 그들은 그냥 그곳에서 잠들어 있다. 뱀이 신성하다는 것은 황금반지들과 왕관에 의해 확인된다. 그런 장식은 그 상징을 특별히 강조한다. 그렇기 때문에 뱀은 아주 특별한 뱀임에 틀림없다. 따라서 뱀이 중요한 신이고, 남자와 여자는 그런 특징을 갖고 있지 않다는 단정도 가능하다.

만약에 우리가 인도에 있다면 그 남녀가 시바와 샤크티일 수도 있지만, 이 환상이 생겨난 마음은 서양인의 마음이기 때문에 그들은 시바와 샤크티가 아니다. 뱀이 강조되고 있으며, 뱀은 남녀에게 한 것과 똑같은 행동을 그녀에게도 한다. 이것은 무슨 의미인가? 뱀이 그녀를 감는 이유는 무엇인가?

그 남녀는 영원히 그곳에 있었다고 볼 수 있다. 남자와 여자의 형상을 감고 있는 뱀이 진정으로 의미하는, 일종의 영원의 상징으로서 말이다. 그렇다면 그녀가 그 포옹으로 인해 완전해졌다는 암시가 읽힌다. 남자와 여자가 하나로 결합되어 있는 것도 바로 그런 뜻일 것이다. 그것은 오직 상징적으로만 분명하다. 여기서 분화구의 근본적인 기능, 즉 생명을 주는 마법적 성격이 분화구 바닥에서 잠자고 있는 그 뱀에게 있다는 것이 확인되고 있다. 또 뱀에 감기는 사람은 누구나 완전해지고, 거기선 남자와 여자가 함께 나타난다는 것도 확인된다. 이와 비슷한 것이 '그녀'에 암시되고 있다. "그녀"가 레오로 하여금 그녀와 함께 생명의 기둥으로 들어가도록 하려 할 때이다. 그러나 그는 그 일을 신뢰하지 않는다. 주된 이유는 그녀가 그런 수단을 통해서 개인적인 힘을 획득하길 원하기 때문이다. 그녀는 불멸이 되기를 원하고, 그에게도 불멸의 생명을 주길 원하지만 그 목적이 세상을 지배하기 위한 것이다. 그것이 남자와 여자의 결합이라는 사상과 비슷하지만, 이 환상에선 권력이라는 개념은 전혀 나타나지 않는다. 그것은 단지 신비의 절차일 뿐이다. 입교자가 뱀에게 키스를 해야 하는 엘레우시스 신비 의식을 떠올리게 한다.

뱀과의 입맞춤은 일종의 결합을 의미한다. 황금으로 만든 뱀을 입교자의 옷 속에 집어넣었다가 아래로 끄집어냄으로써 그런 결합을 표현하는 의식도 있었다. 이 같은 행위는 신성한 뱀에 의해 입교자가 완전히 관통된다는 것을 상징적으로 표현한다. 이 과정을 거치면 다시 태어나는 것으로 여겨지고, 불멸의 생명을 얻는 것으로 여겨졌다. 원시 교회의 세례가 두 번째 출생으로 받아들여진 것과 똑같다. 원시 교회에서도 교인이 세례를 통해 불멸의 존재가 되는 것으로 여겨졌다. 그래서 가톨릭교회의 의식을 보면 성직자가 대부에게 불이 켜진 초를 건네면서 "그대에게 영원한 빛을 주노라."라고 말한다.

우리의 환자는 처음에 화산 앞에서 즉시적인 파괴의 위협에 직면했지만 기적적인 방법으로 거기서 구조되었다. 그러나 그녀가 마을에서 만난 사람들에겐 화산은 단지 연기를 뿜는 곳에 지나지 않았다. 마을 사람들은 화산에 다소 무관심했다. 그녀가 도달한 세상이 그녀의 경험을 경시한 것이다. 물론 그녀는 마을로 갈 계획을 잡지 않았다. 그것은 아마 바보짓일 것이다. 그런데 그녀는 자신이 마을에 있다는 사실을 깨달았으며, 그것은 불운이었다. 그녀가 엄청난 경험을 했는데, 그만 모든 것이 마을의 사고방식 때문에 지워지게 되었다.

그녀는 뜨거운 열기에서 빠져나와 냉기 속으로 들어갔다. 그 사이엔 전혀 아무것도 없었다. 중재 역할을 할 것이 전혀 없었던 것이다. 그러나 여기서 그녀는 그 경험에서 무엇인가를 구조한다. 호박(琥珀)색 돌이다. 아주 작은 돌이기 때문에 그녀는 그것을 품에 품고 다닐 수 있었다. 그러나 그녀는 그것으로서 '도'(道)로 들어선다. 호박색 돌은 중도의 상태이며, 이 돌은 도를 상징한다.

샘의 바닥에 있던 남자와 여자가 뱀에 감겨 있는 장면이 가마솥에서 이 돌을 만드는 것을 예고하고 있다고 볼 수 있다. 이 과정은 당연히 연금술이다. 분화구는 이질적인 요소들을 섞어 '철학자의 돌'

을 만들어내는 증류기와 아주 비슷하다. 철학자의 돌은 아직 만들어지지 않았다. 철학자의 돌은 지나치게 한쪽으로 치우쳐 있고, 세상의 다른 면이고, 저편의 뒷면이다. 그러나 이 호박색 돌은 이쪽에도 있을 뿐만 아니라 저쪽에도 있다. 그것은 중간에 있다. 이쪽에서 보면 그것은 한 조각의 호박돌이지만 저쪽에서 보면 위대한 신비이다.

그런 기적의 돌 또는 부적은 일상의 햇빛 속에서 보면 단순히 돌에 지나지 않는다. 예를 들어, 기독교 선교사들이 우상에 관해 주장하는 바는 우상은 깨부술 수 있는 돌이나 나무에 지나지 않으며, 따라서 거기엔 신성한 것이 전혀 없다는 것이다. 그런 주장 앞에서 반론을 제기하기는 쉽지 않다. 사람이 돌이나 나무를 깨뜨려도 아무 일이 일어나지 않기 때문이다. 낮 동안엔 그것이 명백한 사실이다. 그러나 밤이 되면 상황은 달라진다. 밤에 우상이 나름의 생명을 갖게 되는 것이다. 우상은 밤과 어울리는 경험의 상징으로서 나름의 의미를 가득 지니게 된다. 그래서 이 부적 또는 '철학자의 돌'은 이해 가능한 상식적인 자료임을 말해주는 표시의 역할을 하며, 따라서 그것은 일상의 세계를 나타낸다. 그녀는 그것을 보석으로 달고 다닐 수 있다. 그러면 사람들은 "아주 예쁜 장식이군요."라고 말할 것이고, 그녀는 "네."라고 대답할 것이다. 사실은 그것이 꽤 싸구려이고 호박색 돌에 지나지 않는데도 말이다. 그 돌은 아마 약간 다듬어졌거나, 안에 벌레가 들어 있거나, 골동품이거나, 아무도 거들떠보지 않는 것일 수 있다. 그럼에도 거기엔 그녀에게만 알려져 있는 무엇인가가 들어 있으며, 그것이 그녀에게 마법의 효과를 발휘할 것이다.

보석은 언제나 그런 마법의 성격을 지니며, 중세의 과학은 보석들의 비밀스런 효과를 발견하려고 노력했다. 예를 들어, 자수정은 술에 취하는 것을 피하고 싶을 때 이용하면 좋았고, 오팔은 불운을 불러들이는 것으로 여겨지면서 아직도 환영을 받지 못하고 있으며, 진주는 눈물을 부른다는 이유로 선물로 적절하지 않다. 피의 역사를 간직한 상태로 세습 재산으로 내려오는 돌도 있다. 그런 돌을 소유한 사람이 언제나 불운을 겪었다는 사실은 그 특별한 보석을 소유한 때문인 것으로 여겨졌다.

낮의 햇빛 속에서 보면 당연히 그것은 깎은 다이아몬드나 유리 조각에 지나지 않는다. 사람들도 그런 돌 안에 마법 같은 것이 전혀 존재하지 않는다는 사실에 꽤 만족한다. 그러나 무의식에 그 돌은 종종 그 성격이나 형태 때문에 마법적인 의미를 지닌다. 브로치는 주로 만다라 형식으로 만들어진다. 또 사람들은 상징적인 의미를 지니는 반지들을 틀림없이 더 좋아한다. 그렇듯 어느 누구도 그런 미신으로부터 자유롭지 못하다.

예를 들어, 뱀이 새겨져 있는 나의 반지는 아마 역사가 2,000년 정도 되었을 것이다. 그것은 아가토다이몬이고 쿤달리니 뱀이다. 그런 역사적인 반지를 끼는 행위 자체가 나에게 큰 만족감을 주며, 이 반지는 나에게 특별한 의미를 전한다. 물론 반지는 예술적인 특성도 갖고 있으며 매우 흥미롭다. 그러나 이 반지는 특히 나의 밤의 측면에 호소력을 지니며, 무의식적인 무엇인가를 표현한다. 그래서 반지는 아주 생생하게 살아 있으며 초자연적인 힘으로 넘친다. 과학적이지 않다는 이유로 이런 효과를 과소평가하는 것은 실수이다. 왜냐하면 과학이란 것은 진정한 세계와 비교하면 그 세계의 한 귀퉁이에 지나지 않기 때문이다. 사랑의 과학이 발견되기 오래 전에 사랑이 어떤 것이었는지를 당신도 잘 알고 있다. 과학에는 감정 같은 것이 전혀 없지만, 사랑은 마법과 주문의 힘을 지니고 있다.

호박돌 속에 나타난 고통의 얼굴에 대해, 우리의 환자는 "나는 호박돌 안의 얼굴을 자유롭게 풀어놓아야 한다고 느꼈지만, 그렇게 할 수 없었다."고 말한다. 고통으로 일그러진 얼굴은 어디서 오는가? 그녀는 고통을 겪지 않고는 '철학자의 돌'을 가질 수 없다. 그것은 또한 희생을 통해서만 이룰 수 있는 개성화를 의미한다. 고통의 기억이 돌을 특별히 소중한 것으로 만들고 있다. 고통이나 두려움을 떠올리게 하지 않는 보석은 거의 아무런 가치를 지니지 못한다. 훌륭한 것은 곧 매력을 잃고 말 것이기 때문이다. 반면에 고통의 기억은 우리의 마음을 아주 강하게 사로잡는다. 이 얼굴이 호박돌 안에 갇혀 있다는 사실에도 주목해야 한다. 그녀는 얼굴을 자유롭게 해방시킬 필요성을 느꼈다. 그 돌이 고통 받는 그녀 자신의 얼굴이라는 점은 어떻게 해서 그 돌이 존재하게 되었는지를 설명해 주지만, 감금이라는 개념이 그 돌과 연결된 이유는 설명하지 못한다. 그녀가 돌 안에 감금되어야 하는 이유가 무엇인가? 그렇다면 그 얼굴의 주인이 그녀인지 아니면 다른 사람인지 지금으로서는 알 수 없다. 당분간은 그것이 해방되어야 할 그 무엇을 의미한다는 사실에 만족해야 한다. 그녀의 환상을 보자.

> 뱀이 여러 마리 나타나 호박돌을 보고는 미끄러지듯 사라졌다. 수소가 와서 호박돌을 핥았지만, 돌은 여전히 똑같은 상태로 남았다. 이어서 나는 나의 피만이 그 돌을 깰 수 있다는 것을 깨닫게 되었다. 그래서 나는 나의 가슴을 찔러 돌 위로 피를 떨어뜨렸다. 그러자 돌이 사라졌다. 돌이 있던 자리에, 수많은 화살이 박힌 상태로 가죽 끈에 묶인 어떤 남자가 서 있었다. 나는 화살들을 최대한 조심스럽게 뽑고 그를 묶고 있던 끈을 풀어주었다.

그렇다면 이것이 돌 안에 감금되어 있던 고통의 얼굴이다. 그녀는 예전에 자신의 체온으로 얼음을 녹여야 했으며, 지금 여기서는 호박돌 위로 자신의 피를 뿌리고 있다. 이것은 자기희생을 의미한다. 이런 희생을 통해서, 그녀는 돌 안에 갇혀 있던 미지의 남자를 해방시키고 있다. 그 돌을 만들 때 어떤 남자가 그 안에 들어가게 되었다. 그리고 뱀에 감긴 남자와 여자도 있었다. 그렇다면 이것은 돌 안에 갇힌, 그녀의 남성적인 짝이다.

이것은 긍정적인 아니무스이다. 왜냐하면 아니무스가 여기서 완벽한 남성적인 짝으로 나타나고 있기 때문이다. 그것은 또한 크나큰 고통을 설명해 준다. 그녀의 남성성에 꼼짝 못하도록 족쇄를 채운 것이 그녀에게 고통을 안겨주었다. 그러나 그녀의 아니무스가 어쩌다가 꽁꽁 묶여 돌 안에 갇히게 되었을까? 그녀의 본성 중 음(陰)의 측면이 나타났기 때문이다. 음의 측면은 아니무스의 해체를 의미한다. 그러나 음의 측면은 처음엔 우리가 일상적으로 아니무스로 이해하고 있는 그것이었다.

우리는 이 두 가지 양상을 구별해야 한다. 진정한 형태일 때, 아니무스는 영웅이고, 그런 아니무스에겐 신성한 무엇인가가 있지만, 우리는 언제나 대단히 비현실적인 아니무스를, 의견이 뚜렷한 어떤 대체물을 다뤄야 했다. 이 여자가 많은 아니무스 악마들에게 시달리고 있었기 때문이다. 이어서 여러 환상들을 통해서, 말하자면 변형의 과정을 통해서 그녀의 마음은 땅에, 아래에서 올라오는 음의 기운에, 여성성에, 어머니에게 갇히게 되었고, 그녀의 아니무스도 서서히 억눌려졌다.

그녀는 더 이상 사물들에 대해 어떠해야 한다는 식의 의견을 갖지 않았으며 그 대신에 사물들에게 각자의 마음을 말할 기회를 주었다.

그리하여 일들이 그냥 그녀에게 일어나기 시작했다. 생각이 그녀에게 떠올랐다. 그녀는 자신에게 닥치는 것들에 대해 의견을 갖기를 중단했다. 그러면서 실제로 일어나고 있는 일을 보지 않았다. 비현실적이고 부정적인 아니무스가 정확한 지각을 제시하지 않고 언제나 의견을 제시하면서 심리적 사실들을 정확히 지각하는 것을 막고 있다. 여자가 어떤 사물을 지각하자마자, 아니무스가 끼어들어 그것은 꽤 다른 무엇이라는 식으로 말하고 있으며, 따라서 실제 경험이 은밀히 왜곡되고 있다. 진정한 경험 대신에 어떤 식으로 되어야 한다는 식의 공허한 의견이 소리를 높이고 있는 것이다.

그러나 지금 그녀는 객관적으로 경험하는 것을 배웠으며, 진정으로 일어나고 있는 일을 정확히 보는 방법도 알고 있다. 바로 그 점이 그녀의 아니무스를 감금시킨 것이다.

아니무스 감금이라는 모티프의 짝은 남성의 심리학에 나타나는 아니마의 감금이다. 그러나 아니마의 감금은 아니마가 감정과 기분에 관심을 둔다는 점에서 아니무스의 감금과 다르다. 어떤 남자가 객관적인 상황과 자신의 기분을 구분할 수 있거나, 자신의 기분이 정신을 흐리게 하는 것을 더 이상 허용하지 않거나, 자신의 기분을 별도로 분리시키면서 자신이 특이한 기분에 빠져 있다는 점을 인정할 때, 바로 그것이 아니마 감금의 시작이다. 잠시 후에 그 사람은 자신의 기분에게 이런 식으로 말할 수 있을 것이다. "너에겐 존재의 권리가 절대로 없어. 나는 너를 시험관에 넣어 분석할 거야."

물론 그것은 엄청난 희생을 의미한다. 아니마를 억누르는 일은 피를 요구할 수도 있고, 초인적인 노력을 요구할 수도 있다. 그래서 나는 어떤 여자가 아니무스를 짓누르면서 "나는 분석을 위해 당신을 시험관에 넣어두겠어."라고 말하는 것 자체가 꽤 놀라운 성취라는 점을 인정한다.

지금 사물을 시험관이나 가마솥에 넣는 것은 연금술 절차의 시작이며, 아니무스나 아니마를 감금하는 목적은 변형을 위해서다. 이것은 진정한 승화의 과정이지만, 섹스의 승화 같은 것은 절대로 없으며 그것은 상상에 지나지 않는다. 이것은 섹스의 변형이 아니라 형태나 경험의 변형이다. 감금을 통해서, 아니무스는 특별히 변화하게 되고, 아니무스는 자신의 세계를 박탈당한다. 왜냐하면 어떤 사물이 스토퍼(stopper: 일반적으로 운동 물체의 운동을 정지시키는 요소를 말한다/옮긴이)의 역할을 하는 탈지면 한 조각과 함께 시험관 안에 들어 있을 때, 외부의 영향이 배제되고 그 사물은 안에서 아무런 방해를 받지 않게 되기 때문이다. 그러면 그 사물은 환경을 방해하지 않는다. 그런 식으로 하면 대단히 위험한 세균도 전염을 일으키지 않는 상태에서 방 안에 보관할 수 있다. 시험관 안으로도 아무것도 들어가지 못하고 시험관에서도 아무것도 나오지 못하기 때문이다. 그렇듯 아니무스가 외부 환경으로 나오지 못하게 될 때, 그에겐 어떠한 목표도 없으며 따라서 변형의 시간을 갖게 된다.

아시다시피, 이 변형에서 가장 중요한 것은 대상들을 아니무스나 아니마 악령들로부터 멀찍이 떼어놓는 것이다. 만약에 당신 자신이 무엇인가에 매몰되어 있다면, 아니무스나 아니마 악령들은 오직 그 대상에만 관심을 둔다. 교회에서 그런 상태를 일컫는 용어가 '콘쿠피스켄티아'(concupiscentia)[53]이다. 성 아우구스티누스가 특별히 강조한 개념이다. 모든 위대한 종교들이 의견의 일치를 이루고 있는 것이 바로 이 개념이다.

욕망의 불꽃은 불교나 브라만교, 탄트라교, 마니교, 기독교 등에

53 무절제한 욕망이란 뜻.

서 뿌리 뽑아야 할 대상이며, 심리학의 용어이기도 하다. 아시다시피, 천국을 향한 것이든 지옥을 향한 것이든 당신이 욕망에 빠져 있을 때, 당신은 아니무스나 아니마에게 어떤 대상을 안겨주고 있는 것이나 마찬가지다. 그러면 아니무스나 아니마는 당신의 내면에 있어야 할 자리에 있지 않고 세상 속으로 나오게 된다. 그러면 밤의 특성이 낮의 특성이 되고, 당신의 발 아래에 있어야 할 것이 당신의 머리 위에 있게 된다. 그러나 당신은 이런 식으로만 말할 수 있으면 된다. "맞아, 나는 그걸 원하고 있어. 하지만 나는 거기에 빠지지는 않아. 내가 그걸 갖기로 마음을 먹는다면, 당연히 나는 그것을 가지려 노력할 거야. 혹은 그걸 갖지 않기로 마음을 먹는다면, 나는 그걸 부정할 거야." 당신의 의식적인 태도가 이런 식이라면, 아니무스나 아니마에겐 전혀 기회가 없다. 그러나 만약에 욕망에 휘둘린다면, 당신은 당연히 사로잡히게 된다. 여자라면 진짜 남자에게 사로잡힐 수 있지만, 그런 일이 일어나는 것은 단지 거기에 아니무스 투사가 벌어지고 있기 때문이다. 어떤 남자가 아니마 투사를 통해 진짜 여자에게 반하는 일이 일어날 수 있는 것과 똑같다. 그렇듯, 아니마나 아니무스 투사는 당신 자신 안에 있는 주관적인 상태에 지나지 않는다.

투사가 일어나는 것은 당신이 욕망에 빠져 있기 때문이다. 만약에 당신의 아니마나 아니무스를 병 속에 집어넣을 수만 있다면, 당신은 사로잡힘으로부터 자유로울 것이다. 물론 당신이 내면적으로 불행한 시간을 보낼 수도 있지만 말이다. 당신의 아니마나 아니무스가 병 안에서 불행한 시간을 보낼 때, 당신도 그것을 느낄 수 있다. 당신 자신도 불행한 시간을 갖게 될 테니까. 당신은 그것이 당신의 선한 정령인지 나쁜 정령인지를 알아야 한다. 부정적인 아니무스가 불행한 시간을 갖고 있다면, 당신은 그 시간을 즐길 수 있기 때문이다. 물론 아니무스는 당신의 배 속에서 요란한 소리를 일으킬 것이지만, 조금 시간이 지나면 모두가 정상으로 돌아온다는 사실을 확인할 수 있다. 당신은 서서히 차분해지고 변화할 것이며, 그 병 안에서 돌이나 호박돌 또는 '철학자의 돌'이 자라고 있다는 사실을 발견할 것이다. 바꿔 말하면, 응고 또는 결정화는 그 상황이 습관적인 것이 되었다는 뜻이다. 또 자제력이 습관이 된다면, 그것은 상황이 하나의 돌이 된다는 뜻이다. 자제력이 습관이 될수록, 돌은 더욱 단단하고 더욱 강해질 것이다. 그러다 자제력이 하나의 기정사실이 될 때, 돌은 다이아몬드가 된다. 그러면 당신은 자신의 콘쿠피스켄티아를 더 이상 의식하지 않게 된다.

지금 나는 대단히 이상적인 공상들에 대해 이야기하고 있다. 그러니 나의 환자 중에서 다이아몬드의 상태에 이른 사람이 있었느냐는 식으로 묻지 않길 바란다. 구원자를 만났는지, 성(聖) 처녀를 보았는지에 대해 묻지 말아야 하는 것과 비슷하다. 그런 것을 보지 않은 것은 너무나 확실하다.

우리는 언제나 자신이 갖지 못한 것에 대해 말한다. 만약에 그런 다이아몬드를 갖는 것이 평범한 일이라면, 다이아몬드에 대해 이야기하는 것이 그다지 재미있지 않을 것이다. 그것이 관심을 끄는 이유는 우리가 그것을 갖고 있지 않기 때문이다. 우리는 삶을 사는 길에 언제나 실수를 저지르지만, 언젠가는 다이아몬드를 갖게 될지도 모른다. 그런 것들에 대해 말하는 사람은 그것을 갖고 있지 않다. 그것을 가졌다면, 왜 그것에 대해 논하겠는가?

그 돌에서 나오는 남자는 매우 다른 종류의 아니무스이다. 그릇된 아니무스가 진정한 아니무스의 대체물 역할을 해 왔다. 진정한 아니무스는 병 속에 갇히면 안 된다. 아니무스를 시험관 안에 보존하는 것은 일시적이어야 한다. 사람이 전적으로 안전할 때까지만 아니무스를 가둬야 하는 것이다. 병 안에 옛날의 콘쿠피스켄티아의 일부가 여전히 남아 있는 상태에 병을 열면 거기서 악령이 나와서 그 사람을 사로잡을 것이고, 그러면 그 사람은 다시 아래로 내려가야 할 것이다. 그러나 만약에 상황이 꽤 안전하다면, 이를테면 돌이 만들어졌다면, 사람은 그 병을 열 수 있고 새로운 아니무스가 나타난다. 그러면 그 사람은 아니무스가 어떤 식으로 행동하는지, 아니무스가 무슨 일을 하는지를 볼 수 있다.

우리 환자의 경우에, 여러 개의 화살이 박힌 상태에서 가죽 끈에 묶인 남자가 나타난다. 그가 가죽 끈에 묶여 있는 것은 충분히 이해가 된다. 그것은 그녀가 이미 한 행위의 결과이다. 그녀는 사물들을 있는 그대로의 모습으로 보기 위해서 아니무스에게 족쇄를 채우고, 사물들에 대한 그의 의견을 억눌러야 했다. 그녀는 사물들을 똑바로 보는 방법을 배웠다.

여자들은 대체로 아니무스를 이해하지 못한다. 아니무스에 관한 한, 여자들은 완전히 맹목적인 것 같다. 여자의 내면에 사물들을 정면으로 직시하지 못하도록 막는 어떤 정신적 기능이 있다는 말은 꽤 진실이다. 남자들을 분석하다 보면 그런 이야기를 거듭 듣게 된다. "아내와 그런 문제를 놓고 토론하는 것은 거의 불가능해요." "하지만 왜 안 되죠? 자궁 속에 든 태아도 아닌데." "아내는 그런 것을 견디지 못해요. 아내는 그런 것들에 대해 아무것도 몰라요." 과반의 여자들이 그냥 현실을 직면하지 않으려 드는 것이 사실이다. 내가 다음과 같이 말했던 환자는 수십 명이 아니라 수백 명이다. "그런데 왜 일이 그런 식으로 돌아간다고 단정합니까? 당신에게 누가 그런 말을 했죠? 당신은 왜 묻지 않죠?" 그러면 여자들은 "그럴 것이라는 생각이

들어서요."라고 대답한다. 우주가 자신들의 발등 위로 붕괴해도 여자들은 그 속을 들여다볼 생각을 절대로 하지 않을 것이다.

우리 환자는 아니무스를 잡아 누르면서 공격하다가 급기야 어떤 경험을 하게 되었다. 아니무스는 현실과 여자의 마음 사이에 놓인 일종의 필름이다. 그녀는 사물들에 대해 언제나 이러이러해야 한다는 식으로 말한다. 그래서 그녀가 어떤 사물을 놓고 진정으로 어떻다고 말하면, 그 사물은 절대로 그렇지 않다. 그녀는 사물들에 관한 진리를 확립하는 것이 얼마나 어려운 일인지를 절대로 깨닫지 못한다. 그녀는 무엇인가를 말하면 그것이 곧 진리로 굳어진다고 생각한다. 그녀는 내가 어떤 말을 하면 당연히 무엇인가가 일어나게 되어 있다는 식으로 단정한다. "왜 그걸 나의 남편에게 말해주지 않죠?" 만약에 내가 그것에 대해 환자의 남편에게 말한다면, 그 사람은 그냥 나를 비웃을 것이고 나는 스스로 바보 노릇을 하게 될 것이다.

아니무스는 그녀의 눈 앞에 끼어 있는 안개 같은 것이며, 그녀가 온갖 착각을 일으키는 안개를 꿰뚫어보려면 체계적인 자기 교육이 필요하다. 그래서 우리는 가죽 끈에 묶이고 화살에 찔린 남자를 보게 되었다. 화살은 눈 깜빡할 사이에 날아가 관통한다. 화살은 생각과 비슷하며, 아니무스의 장막을 꿰뚫는 빛의 예봉 또는 통찰의 예봉이다. 여자는 찌르고 관통하기 위해 엄청난 노력을 기울여야 한다. 왜냐하면 그녀가 그녀 자신과 현실 사이에 있는 신기루에 의해 언제나 공중에 떠 있기 때문이다. 우리 환자는 안개를 뚫는 데 성공했다. 이것이 진정한 아니무스이기 때문이다. 그녀는 "나는 최대한 조심스럽게 화살을 뽑고 가죽 끈을 풀어주었다."고 말한다. 지금 그녀가 화살을 뽑아야 하는 이유는 무엇인가?

그를 온전하게 낫도록 하기 위해서다. 그는 상처를 입었다. 그녀가 아니무스를 철저히 다루며 폭력을 행사했기 때문이다. 아니무스나 아니마에게 사로 잡혀 지내는 것이 인간의 원래 조건이었다는 점을 잊지 않도록 하라. 우리 모두는 뭔가에 사로잡혀 살았고, 노예였으며, 지금도 예속으로부터 완전히 자유롭지는 못하다. 그것이 우리가 노예 상태로 끊임없이 다시 돌아가려 드는 이유이다.

우리는 자신이 어느 정도 홀려 살고 있는지 알지 못한다. 아마 우리의 해방은 매우 상대적일 것이다. 그래서 아니마나 아니무스를 억압하는 것은 극도로 폭력적이고 잔인한 행위이다. 아주 강경하고 잔인해야만, 아니마나 아니무스 같은 힘들을 어느 정도라도 억압할 수 있을 것이기 때문이다. 당연히 아니무스는 그 과정에 꽤 괴로워하게 되며, 따라서 후에 아니무스를 다시 온전하게 만들어야 한다. 아니무스를 묶어놓으려는 모든 시도는 특별한 상처를 남겼으며, 이 상처는 반드시 치료되어야 한다. 그것은 아니무스가 지금 자신이 달라져 있다는 것을, 가혹하게 다뤄진 뒤 지금은 치료되어 있다는 것을 의식하도록 하는 것과 비슷하다. 아니무스를 속박으로부터 해방시킨 지금, 그녀는 이렇게 말했다.

> 그는 아주 민첩하게 나로부터 멀어져갔다. 그러다 그는 높은 절벽에 다다랐다. 거기서 그는 이카로스처럼 외쳤다. "나는 날아갈 거야." 그 외침에 대해 나는 "이카로스처럼 당신도 죽고 말 걸."이라고 대답했다. 그는 깊은 슬픔에 빠진 채 서서히 나에게로 돌아와 내 옆에 무릎을 꿇었다.

그리하여 아니무스는 대상들의 세계에서 옛날에 차지했던 자리를 다시 차지하려고 노력한다. 그는 공간으로 뛰어 들어가 공간을 다시 자신의 망상으로 채우기를 원한다. 그리고 그는 불가능한 것에, 태양에 닿기를 원한다. 그러나 그녀가 그에게 이렇게 말한다. "당신이 날아다니며 망상을 만들어낼 기회는 이젠 절대로 없어. 여기선 의견 개진이 전혀 필요하지 않아." 그래서 그는 그녀의 명령에 복종하듯 그녀 옆에 눕는다. 이제 새로운 일련의 환상이 시작된다.

> 나는 시커먼 땅 속으로 수많은 계단을 내려가고 있었다. 그러다 마침내 많은 시체들이 있는 지하 묘지에 닿았다.

우리는 다시 하데스로 여행하고 있다. 이전의 상태에서 어떻게 이런 새로운 상태가 생겨났는가? 절벽은 떨어짐을, 하강을 암시한다. 아니무스는 그 절벽에서 도약해 하늘로 올라가기를 원했지만, 그것은 실수였다. 이곳은 지하 묘지와 동굴의 상황이다. 당연히 땅 속이다. 아니무스의 해방과 어떤 논리적 연결이 있는가?

무덤은 하데스, 즉 저승을 의미한다. 그림자들의 세계 말이다. 영혼의 인도자 '헤르메스 사이코폼포스'가 그녀를 저승의 땅으로, 죽은 자들의 거주지로 안내하고 있다. 해거드의 소설을 보면, 아니마인 "그녀"는 자신의 옛 그리스 연인인 칼리크라테스의 시신 가까이 있기 위해 무덤 사이에서 미라에 둘러싸인 가운데 거주했다. 프랑스 소설가 브누아(Pierre Benoît: 1886-1962)의 『아틀란티드』(Atlantide)에도 이와 비슷한 생각이 보인다. 여왕 안티네아는 자신의 거주지에 옛 연인들을 모두 매장한 웅장한 무덤을 두고 있었다. 그렇다면 "그녀"가 어떤 형태의 아니무스에 의해서 그 무덤들 안에 갇혀 있을 것이라는 생각도 그럴 듯하게 들린다. 그러나 우리 환자의 경우에 그것은 살아 있는 여자이고 그녀의 아니무스이며, 그래서 우리는 어떤 차이를 찾아봐야 한다. 그 다음 문장은 이렇다.

> 나는 시체들 사이를 지나다가 피부색이 붉은 남자 시체에 닿았다. 그는 매우 아름다웠으며, 나는 그가 인디언일 것이라고 생각했다.

이 환상들의 시작 부분에서, 어떤 인디언이 일종의 헤르메스 역할을 했다. 레드 인디언들이 미국인의 아니무스여야 하는 것은 하나의 법칙처럼 보인다. 왜냐하면 아니무스는 자연적인 현상이기 때문이다. 반(半)무의식적인 존재로서 아니무스는 언제나 지하의 요소, 즉 우리가 살고 있는 이 땅의 영향을 강하게 받는다. 만약에 미국 여인이 상당한 기간 동안 스위스에 살았다면, 그녀는 스위스의 아니무스를 가질 수 있다. 남미에 살고 있는 스위스 사람이 남미의 아니무스를 갖듯이.

이건 절대로 농담이 아니며, 아주 두드러진 사실이다. 어떤 남자의 아니마는 그 남자의 가장 민감한 측면이며, 새로운 대륙이나 낯선 국가가 가장 먼저 건드리는 것이 바로 그 측면이다. 인도나 아프리카에서 20년을 산 남자는 틀림없이 유색의 아니마를 가질 것이다. 그런 아니마는 그의 많은 어려움을 설명해준다. 그것은 마치 그가 유색인 여자와 결혼한 것과 비슷하며, 그 같은 상황은 수많은 문제를 야기할 것이다. 그리고 아프리카에 어느 정도 살고 있는 여자는 유색의 아니무스를 갖게 될 것이다.

특히, 인도에서 태어나 유럽으로 오는 아이들은 이미 인도의 신비한 무의식을 갖고 있다. 인도만이 아니라 중국에서 태어났거나 흑인 지역에서 산 아이들도 마찬가지로 중국인의 무의식이나 흑인의 무의식을 갖고 있다. 그것이 식민지 출신들이 느끼는 열등감을 설명해

준다. 식민지에서 출생한 사람들은 언제나 냉대를 받는데, 그럴 만한 이유가 있다. 무엇인가가 그들의 내면으로 스며들었기 때문이다. 호주에서 태어난 사람과 영국에서 태어난 사람 사이에도 미묘한 차이가 있다. 같은 가족 안에서도 그런 차이가 느껴진다.

예를 들어, 나는 매우 탁월한 가문의 영국인을 알고 있다. 그는 식민지에서 태어났지만, 아주 일찍 영국으로 돌아와 이튼과 옥스퍼드를 다녔다. 그는 모든 면에서 적절히 교육을 받았음에도 은밀한 원한이나 열등감 같은 것을 느끼는 사람이 되었다. 이유는 그가 식민지 출신이었기 때문이다. 이 점이 아주 두드러졌다. 그가 매우 민감한 사람이었기 때문이다. 그래서 그는 그 사소한 왜곡 때문에 영국에서 사는 것을 견뎌내지 못했다.

내가 아프리카에 있을 때, 그곳 사람들은 나에게 그곳 원주민을 공부하려 하는 이유를 물었다. 그들의 생각은 내가 백인에 대해 연구하면 훨씬 더 많은 것을 배울 것이라는 쪽이었다. 결론적으로, 내가 현지를 찾아 연구한 것이 절대적으로 옳다는 것이 확인되었다. 거기서 일어나고 있는 일은 정말로 놀랍다. 그럼에도 그 일이 너무나 미묘하기 때문에 거기서 사는 똑똑한 사람들이나 상상력 풍부한 작가들만이 그걸 포착할 수 있을 뿐이다.

그렇듯, 미국 여인의 아니무스가 붉은 피부색의 인디언이 되는 것은 거의 피하지 못한다. 왜냐하면 인디언이 미국의 토양을 진정으로 보여주기 때문이다. 인디언은 그 땅의 노인이며, 토양이 그를 다듬었듯이, 그를 다듬은 방식이 토양을 정복한다. 미국 여인의 내면에 있는 보다 피상적인 아니무스는 종종 흑인이다. 그리고 세 번째 형태의 아니무스는 중국인이다. 중국인 아니무스는 매우 무서운 형상이거나 매우 깊은 그 무엇이다.

아시다시피, 붉은 피부색의 인디언들의 뒤에 중국인이 있다. 붉은 피부색의 인디언이 아시아에서 베링 해협을 건너 왔기 때문이다. 그래서 붉은 피부색의 인디언들은 그 기원이 몽골이며 중국과 연결되어 있다. 어떤 인디언 언어는 중국어를 닮았다. 그래서 중국인 아니무스는 피상적이고 무서운, 차이나타운의 불가사의한 중국인이거나 아시아 출신의 매우 오래된 인디언이다. 더욱이 미국인은 유럽과 극동 사이에 위치하며, 이런 상황이 미국인에게, 특히 서부의 미국인에게 매우 특이한 성격을 부여한다. 미국 안에서 서쪽으로 갈수록, 설명하기 힘든 것이 더 많이 발견된다. 그런 환경 안에서 중국인을 만나거나 중국적인 무엇인가를 접할 때, 미국인은 그것이 그 상황과 딱 들어맞는다는 느낌을 받게 된다.

미래에 미국에서 어떤 일이 벌어질지 나는 자못 궁금하다. 왜냐하면 캘리포니아의 삶의 조건이 너무나 특이한 까닭에 수십만 년의 세월이 지나는 과정에 거기서 완전히 다른 인간 종이 생겨날지도 모른다는 생각이 들기 때문이다. 극동의 영향이 아주 커질 것이라는 점에 대해선 나는 의문을 품지 않는다. 만약에 이민법이 없다면, 미국의 서부 해안은 몽골 인종의 땅이 될 것이다. 일본인들이 밀려들어올 것이기 때문이다. 현재는 일본인들이 미국으로 대거 몰려가는 것이 금지되고 있지만, 만약에 미국이 쇠퇴한다면 미국 대륙의 서쪽 해안은 몽골 인종의 땅이 될 것이다. 또는 혈통으로 몽골 인종의 땅이 되지 않는다 하더라도 극동의 정신이 그 지역을 지배할 것이다. 이것이 캘리포니아 주민들의 특별한 기질과 사고방식에 대한, 그리고 놀랄 정도로 외향적인 미국인들의 사고방식에 대한 논리적 보상이 될 것이다. 외향적인 사고방식은 땅을 닮은 수동성에 의해서만, 동양인의 냉담한 정신적 태도에 의해서만 보상될 수 있다. 미국인은 진정으로 그것을 요구하고 있다. 그래서 나는 그런 일이 일어난다 하더라도 전혀 놀라지 않을 것이다.

만약에 스위스인이 미국으로 건너간다면, 시간이 어느 정도 지나면 그 스위스인의 아니마는 스위스에 있을 때와 다른 모습을 보일 것이다. 만약에 내가 아프리카에 여러 해 머물렀다면, 나의 아니마는 갈색 피부가 되었을 것이다. 나는 아프리카에서 만 3개월 정도 지냈을 때 검은 색조를 발견할 수 있었다. 꿈속에서의 일이었다. 최초의 암시는 나의 자연스런 마음을 건드리려는 시도였는데, 그런 것이 아니마의 전형적인 모습이다. 나는 흑인 이발사가 고데기로 머리카락을 곱슬곱슬하게 하려 드는 꿈을 꾸었다. 아시다시피, 그러면 나의 머리카락은 곱슬곱슬해질 것이다. 나는 겁이 났다. 왜냐하면 고데기가 긴 쇠막대기였는데 그것이 굵은 데다가 시뻘겋게 달궈져 있었기 때문이다. 고데기는 검푸른 빛을 내고 있었다. 나는 그가 가까이 다가오기만 해도 기절하고 말 것 같은 느낌이 들었다. 그래서 나는 "고데기를 쓰지 말아요. 머리를 곱슬하게 하고 싶지 않아요."라고 말했다. 물론 머리카락은 머리의 방사이다. 그렇다면 그것은 나의 자연스런 방사가 흑인에 의해 곱슬곱슬해지게 될 것이라는 뜻이었다. 그리고 그런 일이 어떤 식으로 일어나는지를 나에게 보여주려는 듯, 그 흑인은 아프리카 이발사가 아니라 내가 미국의 채터누가에 있을 때 이용하던 이발관의 이발사였다.

흑인의 영향은 그런 식으로 나에게 나타났다. 미국인들에게 그런 영향이 나타나듯이 말이다. 그것은 나의 마음에 영향을 미치려는 시도였다. 아니마는 하나의 특이한 정신적 뉘앙스로서 뚜렷해진다. 아니마의 지배력이 클수록, 그 남자의 정신은 더욱 심하게 꼬이게 된다. 이런 식의 왜곡 현상은 갈수록 심해지다가 마침내는 아니마가 검은 피부가 될 것이다.

우간다의 오지에 있던 어느 식민 정부 관리를 방문한 기억이 오래 남아 있다. 그 사람은 아름다운 공간을 두고 있었다. 그곳은 꽤 말쑥했다. 평소에는 모든 것이 정돈되지 않은 상태였다. 나는 한 번 더 어떤 동료와 함께 거기에 머물렀다. 모든 것이 꽤 지저분했다. 그도 꽤 쇠약한 상태였다. 그러나 이 남자는 겉모습만은 꼿꼿했다. 그럼에도 그는 매우 이상하게 행동했으며, 나를 거의 쳐다보지 않았다. 그는 악의가 담긴 시선을 무서워하는 흑인처럼 언제나 눈을 이리저리 돌렸다. 아시다시피, 흑인은 좀처럼 응시하지 못한다. 모든 원시인들은 언제나 눈길을 돌린다. 누군가가 그들에게 사악한 눈길을 주고 있을지 모르기 때문이다. 푸에블로 인디언들은 언제나 눈길을 돌리며, 흑인들은 시선 이동이 특별히 빠르다.

사람이 그런 눈길을 버릇으로 들일 수도 있지만, 이동이 빠른 눈길은 경계를 늦추지 말아야 하는 본능적인 필요에서도 나온다. 원시적인 나라에 있을 때, 거기엔 경찰이 전혀 없기 때문에 언제든 위험한 상황에 처할 수 있다. 따라서 내가 그런 위험을 깨닫기도 전에, 나의 눈이 먼저 이리저리 움직이기 시작했다. 나는 눈에 어떤 장애가 있다고 생각했지만, 그것은 단순히 본능들의 방해일 뿐이었다. 무의식이 나에게 어떤 일이든 일어날 수 있으니 조심하라고 일러주고 있었던 것이다. 우간다 오지의 그 식민 정부 관리는 눈으로 그런 표정을 짓고 있었으며, 흑인 특유의 조바심을 보였다. 아프리카의 흑인들은 매우 게으르고 또 지나칠 만큼 초조해 한다. 예를 들어, 밤에 흑인들은 일어나서 한 동안 불가에 앉아서 대화를 조금 하다가 다시 잠을 청한다. 흑인들은 낮에도 거의 밤만큼 잠을 잔다. 아프리카에 오랫동안 사는 많은 유럽인들도 마찬가지다. 그것은 정말로 일종의 "의식 상실"이다.

미국인과 유럽인을 비교한다면, 미국인은 다른 문화를 가진 국민이다. 인디언들과 너무나 다른 미국인의 그 외향성은 어떻게 설명될까? 그건 일종의 보상이다. 아프리카에서 확인되는 극도의 인습 존중에서도 그런 보상이 확인된다. 예를 들어, 유럽인은 아프리카에서 야회복만 갖춰 입는 것이 아니라 연미복까지 걸치고 흰색 슈즈까지 신어야 했다. 또 흰색 슈즈를 신을 때엔 장식 허리띠를 자주색으로 하지 않고 검정색으로 해야 했다. 자주색이 나이지리아를 의미하기 때문이다. 우간다에선 검정색 슈즈를 신는다. 흑인의 극단적인 느슨함에 대한 보상으로 에티켓이 매우 엄격하게 지켜진다. 우리는 그런 사실을 직접 눈으로 확인할 수 있었다. 유럽인은 야생으로 나가기만 하면 매우 특별해졌다. 소년들에게 몸을 단정히 할 것을 요구했다. 숲으로 들어갈 때엔 정장을 갖춰 입거나 야회복을 입을 수 없지만, 소년들의 청결에 대해서만은 아주 엄격했다. 소년들은 최대한 지저분해지길 원했지만 식탁에서 시중을 들 때만은 반드시 흰색 터번을 써야 했다. 그곳의 서양인들은 만찬을 일종의 의식 같은 것으로 만들었다. 그리고 그들은 하루라도 면도를 하지 않으면 평생 다시는 면도를 하지 않을 것이라는 느낌을 받았다. 당신이 당신 자신을 벗어나고 있는 것 같고, 길을 잃는 것 같은 느낌이 드는 것, 그런 상태가 바로 아니마의 '의식 빼앗기'의 시작이다.

우리의 환자는 죽은 사람들 사이에서 예전의 인디언 아니무스를 발견했다. 그녀가 긍정적인 아니무스를 발견해야 할 때면 그가 살아난다는 것이 매우 흥미롭다. 다른 아니무스, 말하자면 가죽 끈에 묶여 있던 남자는 사라졌다. 이 아니무스가 매우 다른 형상으로 대체되고 있다. 마치 그녀가 환상의 초기 부분으로 되돌아가고 있는 것처럼 보인다. 말을 탄 붉은 피부색의 인디언이 그녀를 이끌고 신비 의식을 찾아 모험에 나서던 때로 말이다. 그녀는 지금 인디언을 다시 발견하지만, 일종의 아름다운 시체가 되어 있는 그를 만난다. 그럼에도 살갗은 붉은색인데, 이것은 그가 잠들어 있음에도 살아 있다는 것을 의미한다. 그렇다면 이 인디언은 긍정적인 아니무스이고, 그녀를 해치지 않고 그녀가 미국의 토양에 잘 적응하도록 도울 아니무스이다.

미국인이 인디언의 가치를 깨닫는 것은 이점이지 손해는 아니다. 붉은 피부색의 인디언은 원시인임에도 불구하고 매우 위대한 자질들을 갖추고 있다. 원시적이라는 점이 그 사람이 훌륭한 가치를 가질 수 있다는 것을 부정할 근거는 절대로 아니다. 아무튼 토양과 부합하는 것은 그 성격이다. 지금 그녀는 이렇게 말한다. “나는 그의 목에서 이빨 목걸이를 풀어 손에 쥔 채 계속 걸어간다.” 이것은 무슨 뜻인가?

이빨은 일반적으로 사악한 눈길이나 영혼의 다른 위험으로부터 보호하는 부적이다. 이것은 보석 주제의 또 다른 변형이다. 그녀의 환상이다.

> 난쟁이가 나의 뒤를 쫓으며 목걸이를 뺏으려 들지만 나는 그것을 꼭 쥐었다. 나는 청색 불꽃이 피어나는 불 쪽으로 가서 이빨을 불 속에 넣은 상태로 들고 있었다. 이빨이 핏빛의 보석으로 변했으며, 나는 그 보석에 손을 뎄다.

난쟁이는 이미 몇 차례 만난 형상이다. 그것은 장난꾸러기 형식의 아니무스이다. 여기서는 아마 난쟁이가 부정적인 쪽으로 방향을 바꾸며 그녀로부터 부적을 뺏으려 하다 실패한다는 뜻일 것이다. 이빨은 보석과 동일하며, 이빨로부터 그녀는 검붉은 보석을 새로 만들어 낸다. 이것은 다시 심장을 언급하고 있다. 그것은 동일한 생각인데, 이번에는 아니무스와 연결되어 있다.

12강

1932년 3월 9일

지난번 시간엔, 우리 환자가 내려간 지하 묘지에 있던 죽은 사람들에 대해 이야기했다. 시체들 중에 아직 피부색이 붉은 사람이 있었다. 죽은 자들 중 하나가 여전히 살아 있었던 것이다. 그 살아 있는 시체는 초기 환상에 등장했던 인디언이었다. 초기의 환상들 속에서 그는 아니무스로서 중요한 인물이었다. 그래서 여기 죽은 사람들 사이에 나타나는 인디언이 원래의 그 인디언이라고 단정해도 별 무리가 없다. 이 인디언은 아직 어느 정도의 생명을 갖고 있다. 우리가 그를 다시 만난다는 사실은 그가 처음과 똑같은 역할을 하고 있다는 점을 암시한다. 그가 나타난 이유가 궁금해진다.

그는 곧 그녀의 모험이었다. 그녀가 할 수 없는 것을 그녀 대신에 해 주었다. 그렇다면 우리는 그녀가 다시 어려운 상황에 처했다고 판단할 수 있다. 그녀가 자신을 믿을 수 없는 그런 상황 말이다. 지금 그녀의 어려움은 무엇인가? 환상에 매우 중요한 순간이 나온다. 아주 두드러진 순간이다. 그가 그녀 옆에 무릎을 꿇는 장면이다. 그는 그녀의 옆에 개처럼 웅크리고 앉아 있다. 마치 그녀가 휘파람을 불어 "거기서 날면 안 돼! 거긴 지옥이야! 이리 와!"라고 외친 것 같다. 매우 중요한 순간이다. 그녀가 아니무스에게 "여기 앉아!"라고 말할 수 있을 때, 그것 자체가 엄청난 성취이다. 그리고 위대한 성취의 순간에 무슨 일이 일어나는가?

자아 팽창이다. 왜냐하면 위대한 성취가 이뤄지는 순간에 당신이 당신 자신을 존경하지 않을 수 없게 되기 때문이다. 당신은 자신이 동료들과는 비교도 되지 않는다는 느낌을 받는다. 그러다 보면 당신은 바로 당신 자신에게 걸려 넘어지게 된다. 그렇기 때문에 사람이 가장 맞서기 힘든 것이 고통이 아니라 성공이다. 성공이 당신에게 일어날 수 있는 최악의 사태인 것이다. 성공은 대체로 정말 위험한 팽창을 야기한다.

이 여자는 아니무스에게 명령을 내릴 수 있는 그런 마음의 틀에 도달하는 데 성공했다. 그녀는 아직 그 같은 사실에 걸려 넘어지지 않았다. 여전히 아니무스는 그녀의 발 아래에 순종적인 태도로 앉아 있다. 그렇다면 아니무스가 순순히 따르고 있는 여자는 어떤 상태에 있는 것일까? 아니면 자신의 아니마를 통제하고 있는 남자는 어떤 상태일까?

남자나 여자가 자신의 행동에 대해 전적으로 책임을 지고 있다고 보면 된다. 사람이 어쩔 수 없이 자기 자신에 대해 책임을 져야 하는 상황은 대단히 거북하고 지겹다. 사람은 대체로 그런 상황을 두려워한다. 사람이 일들이 돌아가는 상황을 정확히 보고 싶어 하지 않는 이유도 바로 그런 책임을 지지 않기 위해서이다. 옆방에서 일어나고 있는 일을 아예 모르고 있는 것이 훨씬 더 편하다. 그런 경우에 책임을 지지 않아도 되기 때문이다. 적어도 자신을 속이면서 어떤 일이 일어난 이유를 모른다는 식으로 말할 수 있을 테니까.

물론 그것은 잔꾀에 불과하다. 그러나 그런 성향이 인간의 내면에 너무나 깊이 박혀 있기 때문에 어느 누구도 그 잔꾀를 피하지 못한다. 언제나 그런 잔꾀가 거듭 발동한다. 따라서 사람들은 이런 식으로 말한다. "그 사람이 뭘 하려는지 정말로 몰랐어. 그런데 내가 어떻게 책임을 질 수 있어?" 당연히, 누구나 알기를 원했다면 그것을 알 수 있었을 것이다. 그러나 일들이 돌아가는 것을 꿰뚫어보지 않는 것이 훨씬 더 편하다. 그러면 모든 것이 다소 부드럽게 돌아가고, 그러면 사람은 어떤 일이 일어난 것은 우연이었을 뿐이라고 말하면 된다. 그러나 사람이 보려고 들기만 하면, 전체 쇼가 어떤 식으로 진행되고 있는지가 너무나 선명하게 드러날 것이다. 그렇듯, 아니무스가 순종적인 순간에, 이 여자는 책임을 져야 한다. 그러면 그녀는 밝은 눈을 갖고 살아야 한다. 우리는 그녀의 길에 어떤 어려움이 나타날 것인지 정확히 모른다. 그러나 그녀가 자신의 아니무스를 통제하고 있는 경우에 대단히 어려운 상황에 처하게 될 것이다. 그녀가 시험대에 놓일 것이기 때문이다.

현실을 보면, 일은 언제나 그런 식으로 전개된다. 삶 자체가 하나의 도전 같다. 어떤 남자가 자신의 아니마를 통제하거나 어떤 여자가 자신의 아니무스를 통제하고 있을 때, 그들은 어느 누구도 감히 꿈꾸지 않았을 일을 하고 있다. 왜냐하면 세상이 시작된 이후로 인간은 언제나 홀린 상태로 지내고 있기 때문이다. 감히 홀림에서 풀려나려 드는 당신은 다른 질서 속으로 들어가기를 원하고 있다. 그것은 곧 기존 질서에 대한 도전이다.

당신이 어느 한 악마를 제거하는 순간, 그것 외의 다른 모든 악마들이 당신에게 맞서게 된다. 만약에 어떤 남자가 자신의 아니마를 어느 정도 통제하려고 시도한다면, 그 사람은 당장 자신의 한계를 시험받는 상황에 처하게 될 것이다. 세상의 모든 악령들이 그를 다시 '어머니 자연'의 품으로 데려오기 위해 그의 아니마 자리로 들어가려고 애를 쓸 것이기 때문이다. 그런 시도를 할 때조차도, 그 사람은 일상적인 수준의 양떼를 벗어나게 된다. 여자에게도 똑같은 일이 벌어진다. 수백 마일 안에서 원을 그리며 맴돌고 있던 온갖 악령들이 그녀의 아니무스가 되려고 노력할 것이다.

아니무스나 아니마를 통제하는 것은 진공을 창조하는 것과 비슷하다. 만약에 당신이 어떤 공간 안에 있던 자신을 거기서 끌어낸다면, 거기에 진공이 생기게 되고 그러면 모든 것이 그곳을 채우려고 돌진하게 된다. 따라서 이런 형상들을 통제하려고 시도하는 사람들은 그들을 다시 예전의 상태로 돌리려 드는 다른 조건을 만나게 되어 있다. 이 과정은 거의 자동적으로 일어난다.

그래서 여기서도 그녀를 예전의 조건으로 끌어내리려는 시도가 일어날 수 있다. 그것은 전적으로 그녀가 아니무스를 지배하려고 시도하는 데 따른 것이다. 그런데 이 상황이 그녀에겐 지나치게 힘들 수 있다. 그녀가 감당하기에 너무 벅찬 일일 수 있는 것이다.

아니무스나 아니마를 통제할 경우에 사람이 특별한 외로움을 느끼게 될 위험이 있다는 점을 알고 있어야 한다. '신비적 참여'는 아니무스나 아니마를 통제하지 않을 때에 일어날 수 있다. 그런 상태에서 사람은 자기 자신의 한 조각이 방황하면서 다른 사람들에게로 투사되는 것을 허용하기 때문이다. 사람이 다른 사람과 연결되어 있다는 느낌을 갖도록 만드는 것이 바로 이 투사이다. 세상 속에서 일어나는 연결 대부분은 관계가 아니라 '신비적 참여'이다. 그런 경우에 사람이 겉으로 연결되어 있지만 그 연결은 절대로 진정하지 않다. 그것은 절대로 관계가 아니다. 그래도 양떼 속의 양이라는 감정은 생긴다. 이런 감정도 무시하기 어렵다. 만약에 당신이 스스로 양이 아니라고 느낀다면, 당신이 어떤 관계를, 말하자면 신비적 참여보다 훨씬 더 만족스런 의식적인 관계를 다시 확립할 기회를 누리게 됨에도 불구하고, 그때부터 당신은 반드시 무리를 벗어나야 하고 외로움에 시달릴 것이다.

'신비적 참여'는 사람이 특이한 무의식에 빠져드는 것을 말한다. 이런 무의식은 어떻게 보면 위대한 어머니의 기능인 것 같다. 신비적 참여는 어떤 경우에는 아주 멋지고 또 어떤 경우에는 전혀 멋지지 않다. 그러나 대체로 보면 사람들은 신비적 참여를 좋아한다. 왜냐하면 평균적인 사람들은 자신이 세상과 공유하지 않는 무엇인가를 해야 한다는 사실 앞에서 크게 겁을 먹기 때문이다. 평균적인 사람은 혼자 있는 것을 두려워하고, 다른 사람들이 생각하지 않는 것을 생각하길 두려워하고, 다른 사람들이 느끼지 않는 것을 느끼기를 두려워한다. 일상적인 의식을 초월하려고 노력하는 순간에, 사람은 인간의 군집 본능에 맞서게 된다.

여기서 인디언이 등장하는 것은 그런 것과 비슷한 어떤 어려움 때문이지만, 인디언이 그다지 팔팔하지 않다. 그럼에도 이 인디언은 생명의 잠재력을 갖고 있다. 만약에 그가 주도적인 역할을 하고 나선다면, 그것은 곧 그녀가 자신의 책임을 포기하고 다시 아니무스에게 복종하고 있다는 뜻이다. 그러므로 중요한 것은 누가 행동의 주도권을 쥐는가 하는 점이다. 그녀는 지금 그의 목에서 이빨 목걸이를 푼 다음 계속 걸어간다. 그것은 여기서 그녀가 퇴행하지 않고 있다는 점을 보여준다. 그녀가 아니무스에게 복종하지 않고 있는 것이다. 반대로 그녀는 아니무스로부터 부적을 빼앗고 있다.

그런데 왜 이빨인가? 인디언이 맨 목걸이는 어떤 이빨인가? 맹수의 이빨이다. 대개 동물들의 무기 역할을 하는 길고 위험한 송곳니이다. 그런 이빨을 목에 두르는 이유는 무엇인가? 사자의 이빨이나 사자의 발톱은 사람에게 사자의 힘을 준다. 아프리카에서 사자의 발톱 두 개로 만든 멋진 장식을 걸친 왕비를 본 적이 있다. 가운데의 구슬자수 좌우에 사자의 발톱을 붙인 장식이었다. 일종의 달 상징 같았으며, 그것을 그녀는 실로 묶어 목에 걸고 있었다.

그녀는 매우 멋지고 존경스런 부인으로, 똑같이 존경스런 왕의 아내였다. 이 왕은 왕비를 한 사람 두고 있었지만, 해마다 새로운 왕비를 맞았다. 이 부인이 왕비가 될 수 있는 기간은 점점 짧아지고 있었으며, 그녀는 이미 새로운 친구들을 기대하고 있었다. 그런 것이 우간다에서는 책임감으로 여겨졌다.

그렇다면 이 이빨 목걸이는 아니무스의 힘을 암시한다. 즉, 아니무스가 이빨로 사물이나 사람을 물 수 있는 것이다. 그것은 무서운 무기이긴 하지만, 그녀가 자기 자신에 대해 책임을 지려고 노력한다면 아니무스의 공격성과 용기를 얻기 위해서 그것이 필요하다. 이어서 그녀는 난쟁이가 뒤를 쫓으며 그 목걸이를 뺏으려 들지만 자신이 그것을 확실히 간직하고 있다고 말했다. 이 난쟁이는 무엇인가?

당연히 기본적인 요소들 중 하나이다. 난쟁이는 땅에서, 주변의 무의식에서 온다. 그녀가 아니무스로부터 힘의 비밀을 빼앗을 수 있다는 사실은 하나의 성취였다. 그래서 즉각 악마 중 하나가 그것을 빼앗으려 나타난다. 동화를 보면 이 모티프가 자주 나온다. 그리고 '길가메시' 서사시 끝 부분에, 길가메시가 불멸의 약초를 손에 넣은 뒤에 잠에 떨어지고 그때 뱀이 나타나 그것을 훔친다. 난쟁이는 언제나 무의식에 있는 하급의 창조력이며, 이 창조력은 무의식에서 무엇인가를 끌어내어 도움을 주거나 아니면 무엇인가를 훔쳐갈 수도 있다. 그렇다면 난쟁이는 의식에 일시적으로 일어나는 '일식' 같은 현상이라고 볼 수 있다. 결정이나 힘이 갑자기 사라져 버리는 그런 순간 말이다.

그런 현상이 자주 일어난다. 예를 들어, 당신이 장시간 심사숙고하거나 분투한 뒤에 무엇인가에 대해 결정을 내린다면 대개 그것으로 그 문제는 해결되었다는 식으로 생각하게 마련이다. 그러나 그러다가 무의식의 한 순간이 있고 그러면 모든 것이 사라져버린다. 갑자기 그 결정이 사악한 어떤 권력에 빼앗기듯이 없어져 버리는 것이다. 혹은 당신이 누군가와 탐탁찮은 협상을 벌여야 하는 상황에서 이번에는 상대방에게 당신의 속마음을 털어놓아야겠다고 다짐할 수 있다. 그런 상태에서 협상장에 갔는데, 계단을 올라가는 길에 당신이 하려던 말을 깡그리 망각해 버릴 수도 있다.

간혹 환자가 나를 말의 홍수에 빠뜨리는 경우가 있다. 그럴 때면 나는 꽤 강한 인상을 받으면서 정말 멋진 자료로구나 하고 생각한다. 그러다 상담 시간이 끝날 때쯤이면, 환자는 "말씀드리고 싶은 게 있었는데 그만 까먹었네요. 그런데 시간이 다 되었어요!"라고 말한다. 그래서 나는 환자에게 수첩을 갖고 다니면서 할 말을 모두 적고 그 메모를 바탕으로 말하라고 조언한다. 그런 일이 거듭 일어나기 때문이다. 그 난쟁이는 무엇인가를 낚아채고 있다.

그 다음에 우리 환자는 청색 불꽃이 피어나는 불가로 가서 이빨을 불 속에 집어넣었다. 그러자 이빨이 검붉은색의 보석으로 변하고, 그 보석이 그녀의 손을 태웠다. 그녀가 이빨을 불 속에 태운 이유는 무엇인가? 청색 불꽃은 정신적인 의미를 부여하는 목적에 아주 좋다. 청색은 일반적으로 정신을 표현하는 색깔이지만, 이빨에 정신적인 의미를 부여하는 이유는 무엇인가? 여하튼 이빨은 부정적인 감정을, 사랑보다는 증오나 적대감을 의미한다. 반면에 보석의 붉은색은, 빨간 보석은 언제나 심장을, 사랑을 가리킨다. 그렇다면 여기서 상반된 짝이 생긴다. 이빨의 공격성 또는 적대감이 사랑의 감정으로 변하고 있다고 볼 수 있다. 그러나 아니무스의 이빨이 심장을 의미하는 붉은 보석으로 변화한 것은 좀 특이한 변모가 아닌가?

만약에 그런 것에 충분히 오랫동안 집착한다면 그런 일이 일어날 수 있다. 아니, 강하게 집착하지 않아도 그런 일이 일어난다. 어떤 여자가 어느 남자에게 아니무스 공격을 할 때, 그것은 아니무스가 무서울 정도로 바쁘게 움직이고 있다는 것을 의미한다. 이때 이 여자의 아니무스는 그 남자에게 맞서기 위해 온갖 부정적인 주장을 다 내뱉을 것이다. 다른 이유 때문이 아니다. 그 남자가 그녀의 감정에 대단히 중요해졌기 때문이다. 그래서 사태가 거꾸로 바뀌면서, 붉은 보석이, 긍정적인 감정이, 심장이 나타난다.

아니무스 공격은 언제나 긍정적인 감정의 대체물이다. 아시다시피, 아니무스의 힘은 대체로 여자의 감정을 사로잡는 데에 있다. 말하자면 여자가 자신의 감정에 책임을 지지 않을 때, 그 여자가 감정을 의식적으로 추구하지 않을 때, 아니무스가 그 감정을 먹어치우는 것이다. 그러면 아니무스는 막강해져서 그녀나 다른 순진한 먹이를 삼킬 것이다.

그러나 여기서 그 감정은 붉은 보석으로 상징되고 있다. 그렇다면 거기엔 살아 있는 따뜻한 심장으로 표현할 수 있는 것 그 이상의 무엇인가가 있을 것이다. 붉은 보석은 무엇을 가리키는가? 일상적인 감정보다 더 소중한 것은 무엇인가?

그것은 만다라의 센터와 관계있다. 다시 결정체 개념과 연결된다. 이번에는 붉은색이다. 불변하는 영원한 것이라고 할 수 있다. 그 성격을 보면 별 같다. 귀중한 돌은 별과 비슷하다. 귀중한 돌은 만다라의 센터를 가리킨다. 그렇다면 붉은 보석은 감정에 나타나는 자기를 가리킬 것이며, 그것을 갖는 아니무스는 당연히 거의 마법적인 힘을 갖는다. 그것이 아니무스가 좀처럼 잡히지 않는 이유이기도 하다. 자신의 아니무스를 제대로 다루지 못한다는 이유로 절망하는 여자들이 있다. 아니무스라는 것이 미꾸라지처럼 요리조리 곧잘 빠져나가고, 또 거의 신성한 어떤 것에 대한 터부로 둘러싸이기 때문이다. 아니마도 마찬가지로 쉽게 빠져나가고 거의 신성시되기 때문에, 남자도 아니마에게 종종 무자비하게 종속당한다. 그런 남자는 아니마를 다루려 들지도 않는다. 왜냐하면 세상이 시작된 이래로 남자가 내면에 감정을 금기시하는 어떤 체계를 간직해오고 있기 때문이다. 남자는 자신의 아니마 근처로 오는 모든 것에 대한 미신적 두려움 때문에 쉽게 붕괴한다. 물론 그는 그 같은 붕괴를 의식하지 못한다. 그는 터부를 믿는 원시인과 비슷하다. 만약에 당신이 원시인을 유혹하여 터부를 깨뜨리도록 한다면, 원시인은 그 일로 인해 죽음을 맞을 것이다. 그 원시인은 자신의 세계 안에서 너무나 철저히 추방당하면서 외로움을 느낀 나머지 결국엔 죽게 된다.

아니무스와 아니마도 마찬가지이다. 아니무스와 아니마는 살아 있는 터부이다. 아니무스와 아니마를 모독할 경우에, 당신은 자신이 악마의 부엌에 있다는 사실을 확인하게 될 것이다. 아니무스와 아니마를 지배하는 데는 엄청난 힘이 필요하다. 그래서 그 힘은 대체로 소중한 부적의 소유에 의해 상징된다. 말하자면, 터부의 위반으로 인해 생기는 악을 물리칠 액막이 부적을 가져야 할 만큼 아니무스와 아니마의 힘이 강하다는 뜻이다. 이어서 우리 환자는 붉은색 보석에 손을 뎄다고 말했다. 보석이 그렇게 뜨거운 이유가 궁금하다.

그 보석은 하얀 도시에 있던, 그녀의 발을 데게 했던 그 돌과 비슷하다. 그 흰색 도시엔 그녀가 감당할 수 없는 빛이 있었다. 지금 그녀는 그때와 비슷한 상황에 처해 있다. 붉은색 보석은 견딜 수 없을 만큼 밝은 빛을 발하지는 않지만, 그녀가 다룰 수 없을 만큼 뜨겁다. 흰색 도시에서는 그녀의 눈이 그 빛을 견뎌내지 못했고, 여기서는 그녀의 인내심이 그 뜨거움을 견뎌낼 만큼 충분히 강하지 못하다. 그럼에도 그녀가 보석을 계속 간직하고 있다는 점에 주목해야 한다. 그 보석이 견디기 어려울 만큼 뜨겁지만, 그녀는 그것을 계속 갖고 있다. 보석이 그렇게 뜨거운 이유는 무엇인가? 혹은 하얀 도시가 그렇게 눈부셨던 이유는 무엇인가?

그것이 인간의 것이 아니기 때문이다. 그것은 그 자체로 인간의 것이 아니다. 그래서 인간 존재들은 그것을 견뎌내지 못한다. 이것이 바로 터부에 대한 설명이다. 그런 터부가 존재하는 이유는 우리의 내면에 우리가 견뎌내지 못하는 것들이 있기 때문이다. 단순히 어떤 것을 견뎌내지 못한다는 이유로 그것을 보지 못하는 사람들을 나는 알고 있다. 그런 사람들은 그런 것들을 보지도 못할 뿐만 아니라 아예 보려 들지도 않는다. 일어날 수 없는 일들이 있는 것이다. 당신이 해결하지 못하는 것은 굳이 해결하려 들 필요가 없다. 극복할 수 없는 저항이 있다면, 그걸 무너뜨릴 생각은 아예 하지 마라. 저항에 도전하는 것은 곧 터부를 위반하는 것이고, 그러면 당신은 그 같은 사실을 견뎌내지 못할 것이다. 그러니 언제나 실현 가능한 적당한 것들만 가까이하도록 하라.

그래서 이 여자도 하얀 도시에 굳이 머물 필요가 없었다. 거기서 돌아 나오는 것이 훨씬 더 낫다. 그러면 잠시 후에 그녀는 또 다른 시련에 맞닥뜨리게 될 것이다. 이번에는 붉은색 보석이 그 시험이다. 만약에 그녀가 그걸 견뎌낸다면, 우리는 그녀가 아니무스의 터부를 깨뜨릴 수 있을 것이라고 믿어도 좋다. 그녀가 살을 태우는 고통을 견딜 수 없었기 때문에 지금까지 아니무스가 그것을 갖고 있어야 했다. 이제 환상의 의미가 꽤 명확하게 다가오는가, 아니면 아직도 지나치게 상징적인가?

앞으로 나아가야 할 때와 뒤로 물러서야 할 때를 아는 것이 어려워 보이지만, 그건 그다지 어렵지 않다. 쉽게 말해 당신이 그런 뜨거움에 가까이 다가서기만 하면 된다. 그러면 당신이 그 뜨거움을 물리치게 되는 것이다. 당신은 뜨거운 것을 건드리지 못한다. 본능적으로 뒤로 물러나게 되어 있다. 접근 불가능한 것과 맞서고 있을 때, 당신은 그 같은 사실을 모를 수 없다. 누구에게나 내면에 즉시적으로 닿을 수 없는 것들이 있다. 물론, 사람들은 다행하게도 종종 대단히 무의식적인 존재가 된다. 그렇기 때문에 그런 것을 한 번도 보지 않을 수도 있다. 그러나 그것은 단지 아니무스 안개일 뿐이다. 만약에 사람들이 눈을 조금만 더 크게 뜬다면, 그들도 자신의 삶에서 건드려서는 안 되는 것으로 치부해 왔던 것들을, 늘 데기만 했던 것들을, 지나치게 부담스러워 했던 것들을 건드려 왔다는 사실을 알 수 있다. 그것이 통찰이었든 이해였든 불문하고, 그것은 불가능했다. 혹은 그것이 사람들이 살아 있는 터부를 만나게 되는, 그래서 건드릴 수 없는 어떤 감정이나 모험일 수도 있다.

만약에 우리의 환자가 이 테스트의 의미를 의식하고 있었다면, 그녀는 틀림없이 그것에 집착하기 위해 나름대로 최선의 노력을 기울이고 자신의 모든 힘을 지킬 것이다. 이 대목에서 중요한 문제는 사람이 자신의 힘을 온전히 다 쏟는가 하는 것이다. 만약에 어떤 일에 필사적으로 매달린다면, 누구든 우산을 붙잡고 있을 때보다는 훨씬 더 큰 노력을 쏟게 될 것이다. 또 6층 건물의 지붕 난간에 매달려 있는 상황이라면 누구나 없는 힘까지 발휘할 것이다. 그렇듯, 그것은 종종 사람들이 상황을 제대로 파악하고 있는지 여부에 관한 문제이다. 상황의 중요성을 정확히 꿰뚫고 있는 사람은 자신이 가진 모든 힘을 거기에 쏟을 것이다. 자신이 처한 상황에 대해 그런 식으로 의식적으로 깨닫는 것이 그 사람이 스스로 누릴 수 있는 유일한 강화이다. 기적이 있을 수 있는지, 또 신의 은총으로 특별한 힘이 생겨날 수 있는지 우리는 잘 모르지만, 그런 것은 고려 대상이 되지 못한다. 신의 개입이 있을 것이라는 희망을, 적절한 때에 하늘에서 은총이 떨어져서 추가적인 힘을 줄 것이라는 희망을 바탕으로 모험을 벌일 수는 없지 않는가.

틀림없이, 그녀의 의식은 상당히 진보했다. 그녀가 이 환상에서 일어나고 있는 일을 의식적으로 모른다 하더라도, 환상은 그녀가 한 사람의 인간으로서 힘을 더 많이 얻고 의식도 더 많이 키웠다는 점을 보여주고 있다. 그녀가 그 보석을 끝까지 지켜내고 거기에 강하게 집착한다는 사실에서 그런 진보가 확인된다. 아시다시피, 이런 것들은 매우 미세하지만 실제로 보면 대단히 중요하다. 이것들은 인간 존재들의 내면에서 일어나고 있는 근본적인 결정들을 상징한다. 그것들은 중요한 결정들이다. 지금 그녀는 자신의 길을 계속 재촉하고 있다. 그녀의 환상은 이제 이런 식으로 전개된다.

> 곧 나는 앞을 보지 못하는 고대인을 만났다. 그가 길을 가로막았다. 그의 옷에 중국 용들이 그려져 있었다. 그가 나의 오른손 손가락에 반지를 끼워 주었다. 반지를 보니, 그 위에 이런 글자가 적혀 있었다. "이 길은 아는 자들을 위한 길이다. 그걸 위반하는 자는 곧 죽음을 알게 될 것이다." 내가 지나가도록 늙은이가 길을 비켜주었다.

중국 용들이 그려진 옷을 입은 늙은이는 틀림없이 늙은 현자이다. 그는 아마 긍정적인 아니무스일 것이다. 고대의 맹인 예언자는 신화적이다. 그는 육체적으로 맹인이며, 그래서 내면의 시력을 갖고 있다. 따라서 이 늙은이는 진리를 아는, 전설 속의 그런 예언자임에 틀림없다. 삶에 대한 초자연적인 지식과 이해력을 갖고 있는 그런 예언자 말이다. 그런데 그가 지금 왜 길을 막고 있는가?

그녀는 보석을 갖고 있으면서 터부를 깨뜨리고 있다. 그녀는 필요한 이해력이나 통찰을 갖추지 않은 상태에서 새로운 경험의 영역으로 나아가고 있다. 그래서 늙은 현자가 나타나고 있다. 그것은 삶을 경험하는 새로운 방식이다. 그녀 자신이 언제나 아니무스에게 홀려 있었던 탓에, 지금까지 한 번도 탐험하지 않았던 길인 것이다. 이것은 아니무스가 탐험했거나 살았던 영역이며, 인간 존재는 아직 닿지 않은 영역이다. 그녀는 남극 대륙이나 아프리카 정글로 모험을 나서는 탐험가와 비슷하다. 그래서 그녀에겐 조언이 필요하다. 그녀는 자신이 하고 있는 행위의 의미를 제대로 깨닫지 않은 상태에서는 앞으로 나아가지 못한다. 따라서 늙은 현자, 즉 예언자는 고전적인 상징이다. 중국 용들은 동양을 가리키는데, 동양은 여기서 무의식을 의미한다.

고대 예언자가 그녀의 길을 가로막고 있는 것은 그녀가 지금까지와 달리 앞으로는 역사 깊은 무의식의 지혜를 이용하지 않고는 나아가지 못한다는 일을 뜻할 것이다. 그녀에겐 정신이 필요하지만, 이번에는 일상적인 지적 과학이 아니라 그것과 꽤 많이 다른 옛날의 지혜가 필요하다. 물론 과학도 지혜의 일부이며, 진정한 지식이 없는 지혜는 있을 수 없다. 과학은 정말로 양심적인 이해이며, 지혜의 일부이다. 그러나 늙은이는 반드시 필요하다. 그가 그녀가 지금 넘어서려 하는 문턱의 수호자이기 때문이다. 이어서 노인이 그녀의 손가락에 반지를 끼워 준다.

반지는 언제나 결합을 의미한다. 그래서 그녀는 반지를 낌으로써 스스로 다짐을 하고 있으며, 노인은 그런 형식으로 그녀에게 지혜를 전하고 있다. 동화에 마법의 반지 형식으로 지혜나 비밀의 지식을 전하는 예가 많다.

튀니지의 통치자에 얽힌 이야기가 있다. 이 통치자는 어느 날 자신의 수상에게 즐거움을 고통으로 바꾸고 고통을 즐거움으로 바꿀 수 있는 단어를 알려달라고 부탁했다. 그러면서 그는 3일 낮과 3일 밤의 시간을 주었다. 그때까지 그 단어를 찾지 못할 경우에, 수상은 처형당하게 되어 있었다. 수상은 대단히 난처한 입장에 처했다. 그래서 그는 인근 모스크의 학술원으로 가서 학자들에게 그 단어를 알고 있는지 물었다. 그러나 학자들 모두가 고개를 가로저었다. 그런 단어는 금시초문이라는 것이었다. 이어서 그는 때마침 그 도시에 들른 어떤 수도사에게 물었지만, 그도 마찬가지로 그 단어를 몰랐다. 그러나 이 수도사는 사막 근처에 사는 다른 수도사가 있는데 어쩌면 그 사람은 알고 있을지 모르겠다고 일러주었다. 그러나 그곳은 튀니지에서 3일 걸려야 닿을 수 있는 거리였다. 그래서 수상은 사자(使者)들을 가장 빠른 낙타에 태워 사막으로 보냈다. 수상의 사자들은 하루 낮과 밤을 꼬박 달린 끝에 그 수도사에게 닿을 수 있었다. 그때 수도사는 오두막 앞에 앉아 있었다. 그 즉시 그는 이렇게 말했다. "당신들이 여기 온 이유를 알고 있소. 통치자에게 내놓을 단어를 찾고 있군요. 그건 아주 쉬운 문제지요." 그러면서 그는 자신의 손가락에서 반지를 뽑아 사자들에게 주면서 "이 반지를 수상에게 갖다 주시오. 그러면 수상이 그걸 통치자에게 줄 것이오. 이것이 그 단어라오."라고 말했다. 그래서 그들은 수상에게 반지를 전했고, 수상은 사흘째 되던 날 자정 직후에 통치자를 깨우면서 "제가 그 단어를 찾았습지요. '모든 것은 흘러간다.'는 것이지요. 모든 것은 변화한다는 뜻이랍니다." 그렇듯, 모든 것은 과도기에 있다. 그것은 사람이 필요로 하는 것을 만들어내는 그런 마법의 성격이나 지혜를 담고 있는 반지에 관한 이야기이다.

고대 예언자가 이 여자에게 건네는 반지에 "이 길은 아는 자들을 위한 길이다."라고 적혀 있다. 그것은 의식의 길이다. 우리 환자가 알지 못하고 있는 흥미로운 사실 하나가 도(道)가 의식의 길이라는 점이다. 도라는 한자는 상형문자나 다름없으며, 글자의 모양을 바탕으로 그 의미를 풀어내야 한다. 그 글자는 하나의 기호이며, 의미는 기호의 해석에 달려 있다. 중국 한자의 부수들은 절대적으로 명확한 의미를 갖고 있지 않으며, 그 의미는 언제나 글 속에서 창조된다. 한자의 부수는 정말로 상징적으로 그린 그림들이다. 그래서 도(道)를 가리키는 기호는 머리를 뜻하는 부수와 가는 것을 뜻하는 부수로 되어 있다. 즉, 머리를 갖고 간다는 뜻이다.

탄트라 요가에서 머리는 최고 의식의 자리이다. 아시다시피, 인도인들은 의식의 자리도 다 다르다고 믿는다. 한 형태의 의식은 복부에 있고, 다른 형태의 의식은 가슴에 있고, 최고의 차크라는 머리에 있다. 그것이 하늘의 심장이며, 이 차크라는 가장 최근에 이룬 것이라는 이유로, 또 동양의 최고 성취라는 이유로 대단히 높이 평가받는다. 서양인에게 그것은 동양인에게 지니는 것과 똑같은 가치를 지니지 않는다. 서양인은 언제나 자신이 갖지 않은 것을 소중히 여긴다. 그러나 동양에서는 머리는 명료함을, 의식을, 보는 것을 의미한다. 그렇다면 도(道)는 길을 의식하는 것을, 가는 것을, 의식적으로 가는 것을 의미한다. "이 길은 아는 자들을 위한 길이다."라는 말은 단순히 도(道)를 의미한다.

"만약에 그것을 위반하면, 당신은 죽음을 알게 될 것이다."라는 문장에 대한 해석은 노자(老子)의 『도덕경』 제20장의 마지막에 멋지게 제시되고 있다. "나는 모든 것을 베푸는 어머니를 소중히 여기리라." 모든 것을 베푸는 어머니가 곧 도(道)이고, 만약에 당신이 아는 길을, 의식의 길을 위반하면 당신은 모든 것을 베푸는 어머니에게 죄를 짓게 된다. 노자는 "나만 홀로 다른 사람들과 다르니, 내가 모든 것을 베푸는 어머니를 귀중히 여기기 때문이리라."고 말한다. 그것이 그를 다른 존재로 만들고 있다. 왜냐하면 다른 사람들은 자신을 위하고 개인적인 목표를 갖고 있지만, 노자의 목표는 절대로 위반해서는 안 되는 도(道)이기 때문이다. 그는 터부들을 깨뜨리면서 자신만의 길을 가는데, 만약에 그가 자신만의 길을 위반한다면, 그것은 그가 살 수 있는 어떤 것을 죽이는 것이나 마찬가지이다. 무슨 말인지 이해가 되는가? 그는 다른 터부로는 절대로 살아가지 못한다. 아시다시피, 터부는 곧 삶의 길이다. 어떤 터부의 영향을 받는 상태에 살고 있는 사람들은 그 터부가 정해놓은 선들을 따라 살 수 있지만, 터부를 깨뜨리는 날에는 자신들의 의식의 길을 따라 살 수밖에 없다. 그러다가 그 의식의 길마저 위반하는 날에는 사람들은 완전히 길을 잃고 만다. 그때 그들이 무의식을, 모든 것을 베푸는 어머니를 침범했고, 따라서 그들을 위할 수 있는 것은 더 이상 아무것도 남지 않았기 때문이다.

예를 들어, 나는 무의식적으로 살고 있는 사람들에게서 무의식이 아무것도 제시하지 않을 경우에 공황 상태에 빠진다는 점을 보여주는 징후를 자주 관찰했다. 도(道)를 위반해서 무의식의 버림을 받았다는 공포가 그들을 엄습하는 것이다. 그것은 하나의 착각이다. 무의식은 철저히 침묵을 지키고 있을 것이고, 그럼에도 사람은 여전히 무의식 안에 포함되어 있다. 사람에겐 어머니가 언제나 눈에 보여야 할 필요는 없다. 오직 버릇없이 자란 아이만 어머니를 지속적으로 보고 또 어머니의 손길을 느끼기를 원할 뿐이다. 그런 아이는 어머니가 언제나 자기 곁에 있다는 것을 느끼기 위해서 어머니를 아주 강하게 의식해야 한다. 그런 식으로 어머니에게 강하게 집착하는 것은 실수이지만, 그 같은 사실은 사람들이 그 위험을 진정으로 인정하고 있다는 점을 보여준다. 사람이 도의 길을 위반하면, 그 즉시 말하자면 파멸 같은 것이 일어난다. 그 사람이 마지막 가치를, 마지막 터부를 잃어버리기 때문이다. 아시다시피, 모든 것을 베푸는 어머니가 노자의 터부였다. 지금 우리 환자는 자신의 길을 어떤 식으로 위반할 수 있었는가?

군중과 함께 어울리려 한 것, 무리 속에 끼어들려고 한 것, 그것이 곧 그녀의 도를 위반한 것이다. 사람이 다소 사막에 홀로 있는 것처럼, 절대 고독 속에 있는 것처럼 느끼다가 군중 속으로 돌아갔다가 그만 도(道)를 잃고 마는 일이 다반사로 일어나고 있다. 그런 일은 치명적이며, 사람은 그런 일이 일어나지 않도록 극히 조심해야 한다.

그런 상황에 빠지면, 사람이 어렵게 이룬 위대한 가치를 잃게 되기 때문이다. 만약에 사람이 가치를 잃게 되면, 꽤 사악한 어떤 일이 벌어진다. 그것은 대단히 파괴적이며 종종 건강에도 파괴적인 영향을 미친다.

나 자신이 경험한 예를 굳이 들먹일 필요도 없다. 역사 속에도 유명한 예가 있다. 17세기 신비주의 시인 안겔루스 질레시우스다. 그는 프로테스탄트였으며, 한 사람의 프로테스탄트로서 『방랑하는 천사』라는 경이로운 책을 구상했다. 그 책에서 질레시우스는 당대의 터부들을 깨뜨렸으며, 신과의 관계를 완전히 달리 이해했다. 그의 이해는 교회를 크게 벗어났을 뿐만 아니라 프로테스탄트의 인식에서도 크게 벗어났다. 그는 프로테스탄티즘 그 너머까지 나아가며 신비주의 경험을 심리학적으로 이해하는 모습을 보였다. 그러나 그것은 그의 시대를 크게 벗어난 것이었으며, 자연히 그는 사막으로 들어가지 않을 수 없었으며 거기서 철저히 혼자라는 것을 뼈저리게 느꼈다. 그곳에서 그의 용기가 그만 그를 망가뜨리고 말았다. 그는 광야에서 자기 혼자뿐이라는 것을 알아차렸으며, 자연히 그는 매우 인간적인 감정을 통한 친교를 추구하면서 그 친교를 과거에서 찾았다. 미래에서는 아무것도 보이지 않는다. 미래에서는 친구가 보이지 않는다. 정신적 친구도 마찬가지로 보이지 않는다. 사람은 언제나 그런 것을 과거에서, 우리의 뒤에서 볼 수 있을 뿐이다. 그래서 그는 프로테스탄티즘에서 가톨릭으로 개종했으며, 그런 다음에 그는 대단히 무서운 신경증을 일으키면서 시적 재능을 완전히 잃고 말았다. 그는 프로테스탄티즘을 반박하는 논쟁적인 글을 52편 썼으며, 수도원에서 더없이 비참한 상태에서 죽었다. 아시다시피, 그것이 도(道)를 벗어난 사람의 예이다. 어떤 상황에서도 그는 자신의 고립을 견딜 용기를 가져야 했다. 그는 아주 소중한 것을 건드렸기 때문에 그것의 가치를 보고 자신에게 주어진 외로움을 견딜 수 있어야 했다. 그런 보물을 건드리는 사람은 누구나 고립 상태에 빠지지 않을 수 없다. 고립이 불가피한 것이다.

그것이 반지에 적힌 글을 설명해 준다. "그러면 당신은 죽음을 알게 될 것이다." 그 의미를 이해했기 때문에, 이 여자는 앞으로 나아가고 노인은 옆으로 비켜선다. 그녀는 개인적 과업을 계속 수행하기 위해선 그런 이해력을 갖고 있어야 한다. 중국인의 옷을 입은 노인은 아마 노자 같은 현자일 것이다. 그녀의 환상은 이렇게 이어진다.

> 어떤 방으로 들어갔다. 방 한가운데에서 커다란 불이 올라와 하늘까지 닿았으며, 그 불 속으로 많은 별이 녹아 떨어지고 있었다.

보석은 별과 상징적으로 연결되고 있다. 귀중한 돌이라는 개념은 별의 개념과 비슷하다. 여기서 불이 별들을 녹이고 있으며, 그래서 별들이 땅으로 떨어지고 있다. 왜 그럴까? 환상의 그 다음 내용부터 보도록 하자. 그녀는 이렇게 말한다. "불을 통과해서 나오니 정원이었다. 나는 그 길을 따라 걷다가 어떤 연못에 닿았다." 이것은 만다라이다. 만다라는 불의 테두리를 갖고 있으며, 그녀는 이 테두리를 뚫고 정원으로 들어간다. 그것은 동양의 만다라와 비슷하다. 한가운데는 연못인데, 이것은 황금의 원반 혹은 위대한 허공, 밑씨, 부활의 장소, 수원(水源)이다. 그렇다면 별을 녹여 땅으로 떨어지게 하는 이 불은 정말로 만다라 둘레의, 자기의 둘레의 불이다. 붉은 보석은 땅에서, 말하자면 육체에서 올라온다. 처음에 그 보석은 붉은색 피부의 인디언들이 잔치에서 제물로 바치는 양의 내장이었다. 인디언들은 몸에 피를 묻히고 양의 내장을 끄집어냈는데, 이것이 보석으로 변했다. 그렇다면 보석의 기원은 내장이며, 보석은 땅에서, 아래에서 왔고 별은 위에 있다. 보석을 정화하는 불이 별까지 녹여 별들이 땅으로 떨어지게 한다. 마치 별들도 그 혼합에 속하는 것처럼.

나는 그런 만다라를 직접 본 적이 있다. 환자의 형상은 한가운데에 있었고, 별들이 한가운데로 떨어지고 있었다. 이것은 별들까지도 자기라 불리는 실체를 구성하는 요소라는 것을 의미한다. 이 사상은 매우 어렵다. 왜냐하면 그것이 인간이 우주와 조화를 이룬다는 사상과, 말하자면 무의식에서 나온 대단히 비과학적인 어떤 사상과 관계가 있기 때문이다. 이 사상은 간직하고 있기엔 너무나 뜨겁고 불쾌하다. 사상 자체가 매우 공상적이지만, 그럼에도 그 사상은 이상한 심리학적 사실이다.

영혼이 별이 되거나 별에서 내려온다는 사상은 그 역사가 매우 깊다. 베들레헴의 별은 땅으로 내려온 그리스도의 영혼이었다. 그리고 사후에 영혼이 별까지 여행한 다음에 거기서 별처럼 된다는 이야기도 우리에게 잘 알려져 있다. 옛날의 로마인들이 자신들의 황제가 죽은 뒤에 별이 된다고 생각했듯이 말이다.

마니교 신자들의 믿음도 있다. 정수(精髓)에 충분히 많은 빛을 간직한 채 죽어가는 사람의 영혼은 상현달로 빨려 들어가며, 그런 다음에 달이 영혼들로 가득 차게 되면 태양 쪽으로 다가가 그곳에서 영혼들을 풀어놓는다는 믿음이었다. 그렇다면 충분히 많은 빛을 갖고 있는 영혼들은 모두 태양 쪽으로 가서 소위 빛의 기둥을 형성한 다음에 그 기둥을 통해 가장 높은 천국으로 끌어올려질 것이다. 이 이야기는 단 하나의 페르시아 문서에만 나온다. 나는 이 사상을 아직 충분히 연구하지 못했지만, 핵심은 인간의 영혼이 별과 관계가 있고, 당연히 점성술과도 관계가 있다는 것이다.

인간의 영혼은 마치 별들에서 나오는 특징들로 이뤄진 것처럼 보인다. 분명히, 별들은 인간의 심리와 맞아떨어지는 성격들을 갖고 있다. 이것은 인간의 무의식적 심리가 별들로 투사된 것이 점성술이라는 근본적인 사실 때문이다. 별의 세계에서 작동하고 있는 무의식에 관한 놀라운 지식이 있는데, 이 지식을 우리는 의식적으로 갖고 있지는 않다. 무의식은 아득히 먼 곳의 별들에, 12궁을 구성하는 별자리들의 별들에 먼저 나타났다. 우리 인간이 자신에 관한 은밀한 지식으로 갖고 있는 것들은 분명히 하늘에 쓰여 있다. 나는 개인적이고 진정한 나의 성격을 알기 위해 하늘을 뒤져야 한다. 나는 나 자신에게서 그 성격을 직접적으로 보지 못한다.

예를 들어 나의 태양은 사자자리에 있고 나의 달은 황소자리에 있다는 것을 발견할 때, 나에게 무엇인가가 설명된다. 그리고 나 자신이 현대적인 감각을 조금 갖고 있고, 나의 지평에 떠오르고 있는 황도대가 물병자리라는 것을 알게 된다면, 그것은 내가 나 자신에 대해 이미 알고 있는 그 이상의 무엇인가를 배우는 것이나 마찬가지이다. 그 투사는 지금도 여전히 유효하다. 이것은 별과 아무런 관계가 없지만, 가장 무의식적인 나의 법칙은 별들에 적혀 있다.

그러므로 인간의 무의식에 우주와의 어떤 연결이 있음에 틀림없다. 인간의 내면에 있는 무엇인가는 우주적임에 틀림없다. 그렇지 않다면 인간이 그런 투사를 할 수 없었을 것이며 아득한 별자리들에서 자기 자신을 읽지 못했을 것이다. 사람은 자신이 갖고 있지 않은 것을 투사하지는 못한다. 사람이 다른 누군가에게로 투사하는 것은 모두 그 사람의 안에 있다. 그렇다면 우리가 무엇인가를 별들로 투사한다는 사실은 우리가 별들의 무엇인가를 갖고 있다는 뜻이다.

아시다시피, 우리는 정말로 우주의 일부이다. 우리는 어느 행성에서 살고 있다는 것을 결코 망각하면 안 된다. 행성은 태양의 위성이다. 행성은 공간 안에서 움직이고 있는 하나의 물체일 뿐이다. 우리는 영원한 하늘들을 날고 있는 그 물체의 표면에 있는, 일종의 살아있는 찌꺼기이다. 그래서 우리 몸의 모든 분자는 우주적이다. 우리는 영원의 먼지이며 무한한 공간의 먼지이다. 무엇인가가 우리 안에 있다. 그것이 우리가 그것을 투사할 수 있는 이유이고, 우리가 우주를 지각할 수 있는 이유이고, 우리가 무한한 공간이나 무한한 시간 같은 개념을 갖고 있는 이유이다. 그것은 우리가 우리의 내면에 그것을 갖고 있기 때문이며, 우리는 우주의 일부이다.

그렇다면 땅으로 떨어지고 있는 별들은 아래로 내려오는 인간 영혼을 상징한다. 그리스도의 탄생 때 나타난 별은 어떤 우주적인 현상을 선언하는 것이었다. 그때 어떤 우주적인 영혼이 내려온 것이다. 바꿔 말하면, 자신의 우주적인 운명을 의식했던 한 인간, 자신의 삶은 법을 준수하는 것이고 또 천국의 법령을 표현하는 것이라는 점을 이해했던 한 인간이 태어났다는 것을 선포하는 것이었다.

그것을 중국인은 도(道)의 완벽한 표현이라고 부를 것이다. 왜냐하면 도라는 것이 하늘의 법령과 조화를 이루는 상태이고, 하늘과 땅을 지배하고 있는 질서의 완벽한 표현이기 때문이다. 그래서 옳은 무엇인가를 창조할 때, 그 사람은 그것이 별들과 조화를 이룬다는 사실을 의식하게 되어 있다. 그것이 택일(擇日) 사상을 설명해준다. 사람들이 어느 시간이 자신들의 심리 상태에 유익하게 작용할 것인지, 또 자신들과 조화를 이룰 것인지를 알기 위해 별들을 연구하는 이유도 거기에 있다. 그것은 사람들이 자신이 하는 일은 무엇이든 우주의 표현이어야 한다는 점을 본능적으로 깨닫고 있기 때문이다. 사람이 우주의 일부이기 때문에, 사람이 하는 모든 것은 우주의 법칙과 조화를 이뤄야 한다. 그것이 여기에 나타난 사상이다.

별들이 아래로 떨어지는 것은 우주의 법칙들이 의식 속으로 들어오는 것을 의미한다. 사람의 삶은 행성의 회전처럼, 혹은 태양이 뜨고 지는 것처럼 변화한다. 아시다시피, 그것은 소위 '영원의 관점에서'(sub specie aeternitatis) 사물들을 보는 태도를 끌어들인다. 그러면 사람은 인간의 삶을 일상적인 개인적 관점에서 보지 않고 우주적인 과정의 객관적인 관점에서 보게 된다. 지금까지 한 말의 뜻이 제대로 전달되었기를 바란다. 이 작은 힌트를 바탕으로 모든 것을 보는 것은 사실상 불가능하다는 점을 나도 인정한다. 그럼에도 이 힌트는 나머지 모든 것들보다 더 중요하다.

우리 환자의 연상에서 붉은 보석이 아주 뜨겁다는 것은 우리가 불을 만나게 될 것이라는 점을 암시한다. 그녀는 정화의 한 과정으로 불을 통과해야 한다. 불은 열정의 폭발을 의미하고, 그녀는 그것을 두려워해 왔다. 그러나 불을 통과하게 되면 그녀는 정화될 것이다. 단테(Dante)도 세속적 사랑의 마지막 찌꺼기를 태우기 위해 불을 통과해야 했다. 그런 다음에야 그는 천국으로 들어갈 수 있었다. 그렇다면 이것은 열정의 폭발이며, 그로 인해 영원한 법칙이 그녀에게로 내려올 것이다. 그러면 그녀는 자신의 운명을 만날 것이고, 또 자신의 자리를 찾게 될 것이다. 그녀는 자신의 길을 가게 될 것이다. 당신이 자아의식 속에 있는 한, '콘쿠피스켄티아'(무절제한 욕망)가 자기의 표현이다. 그러나 당신이 당신의 두려움을 정복할 때, 당신은 그 불에 과감하게 도전할 수 있다. 불을 통과하는 것은 영웅이지, 평범한 겁쟁이가 아니다.

13강

1932년 3월 16일

지난 시간에 붉은 보석에 관한 환상을 다루다가 끝냈다. 별들이 불에 녹아서 땅으로 떨어지는 장면까지 보았다. 이어서 우리 환자는 불을 뚫고 들어갔다가 정원으로 나왔다. 이것은 동양의 만다라에 나오는 불의 고리와 비슷하다. 불은 언제나 열정의 특성을 갖고 있다. 그러나 그녀는 정화되기 위해 불을 통과해야 한다. 사람은 열정을 대단히 두려워한다. 열정의 불 같은 성격 때문이다. 사람은 파괴 가능성을 두려워한다. 그래서 그런 상황을 피하려 든다. 그러나 불에 의한 시련이 닥칠 때, 그녀는 불 속을 걸어서 정원으로 들어간다. 말하자면, 불타는 원의 안쪽은 식물이 자라는 아름답고 조용한 공간이다.

열정의 불은 동물적인 본성에 속한다. 열정은 변덕스러운 특성을 갖고 있다. 그래서 사람들은 언제나 정신을 가진 무엇인가를 나타낼 때 비유적으로 불을 이용한다. 예를 들면, 불같이 사나운 말이라는 표현이 있다. 아니면 불꽃처럼 쉽게 불붙는 성격을 불같은 기질이라고 부른다. 재빨리 일을 처리할 경우에 사람들은 번갯불에 콩 볶아 먹는다는 식으로 말한다. 번갯불 또한 불의 일종이다. 동물적인 치열성이나 빠르고 충동적인 성격을 가진 것은 불에 비유된다.

그렇다면 이 불은 동물적인 본성을 자극하는 핵심이며, 불을 통과하는 것은 본성을 극복하는 것을 상징적으로 표현한다. 사람은 그 불을 끄지 못한다. 불이 꺼지지 않기 때문이다. 그러나 사람은 그 시련을 견뎌낼 수는 있다. 그래서 힌두교의 어떤 비밀 종파는 불타는 석탄 위를 데지 않고 걷는 것을 수행으로 행하고 있다. 이 특별한 상징체계를 구체적으로 적용한 사례이다. 이 여자는 그 불을 끄지 못한다. 불은 지금도 여전히 타고 있다. 그러나 그녀는 자신의 본성을 불의 성격에 적응시키고 있다. 그래서 그녀가 불을 견뎌낼 수 있게 되었다.

그렇다면 이 정원에서는 다른 원리가 작동하고 있다. 불의 변덕스러운 성격 대신에, 식물의 차분한 성장이 이뤄지고 있다. 동물적인 본성의 불같은 원리와 정반대인 정신적 원리가 그곳을 지배하고 있다. 동물은 불꽃처럼 이리저리 돌아다닐 수 있다. 동물은 위치를 바꾸고 이 대상에서 저 대상으로 옮겨다닐 수 있지만, 식물은 자신이 자라는 그곳에 뿌리를 내리고 있다.

지금 우리의 환자는 정원에서 길을 따라 걷다가 연못에 이르고 있다. 만다라엔 중앙을 상징하는 정원 안에 언제나 또 다른 원이 있다. 이 원에 대한 해석은 상황에 따라 달라진다. 여기서 이 원은 무의식의 어머니 측면을 상징하는 연못이다. 그것은 어머니이며 부활의 상징이다. 세례반이나 모스크의 중앙에 있는 '씻는 장소'와 비슷한 곳이다. 지금까지 모든 것이 규칙대로 움직이고 있다. 따라서 매우 만족스런 상황이 이어질 것이라고 기대할 수 있다. 그녀는 불을 통과해 정원으로 들어갔고, 지금은 중앙의 연못에 닿고 있다. 아주 이상적인 절차를 밟고 있다.

이제 그녀는 부활을 위해 물로 들어갈 것이다. 그것을 대신하는 의례도 있다. 물에 들어가서 몸을 씻는 대신에 물을 마실 수도 있고 물을 몸에 뿌릴 수도 있다. 그녀가 자신의 핵심적인 부분에 의해 연못을 대체할 수도 있다. 그녀의 개성의 핵심이랄 수 있는 보석을 연못에 바칠 수도 있는 것이다. 그것은 완벽한 대체가 될 것이다. 변모를 위해서 그녀 자신의 근원을 연못에 바치니 말이다. 이것은 모두 일들이 규칙적으로 이어질 것이라고 가정하는 경우에 일어날 수 있는 것들이다. 이제 연못에서 실제로 어떤 일이 일어나는지 보자.

> 여기서 나는 그때까지도 나의 손을 뜨겁게 태우고 있던 보석을 물에 식히기 위해서 목걸이에서 떼어냈다. 나는 보석을 연못으로 던졌다. 그 즉시, 물에서 손들이 올라와 나까지 끌어당겼다.

그녀가 보석만을 희생시킨 것이 문제이다. 그녀의 핵심을 나타내고 있는 목걸이를 모두 바치지 않은 것이다. 지금 그녀는 문제를 회피하려 들고 있다. 그 보석은 바깥만 아니라 안도 똑같이 불같은 본질을 갖고 있다. 그녀는 계속 보석에 데야 한다. 그러나 그녀는 보석을 식힘으로써 속임수를 쓰려 한다. 결정적인 잘못이다. 그녀가 목걸이 전부가 아니라 보석만을 희생시키는 것은 그녀의 망설임이나 의심을 보여주고 있다. 그것은 완전한 자기 희생이 아니며, 어떤 조건이 있다. 그 즉시 물에서 손들이 뻗어 나온다.

손들이 연못에서 뻗어 나와 당신을 물 속으로 잡아당기려 한다고 가정해 보라. 무시무시한 장면이 아닐 수 없다. 악마가 떠오른다. 어쨌든 그것은 대단히 부자연스런 일이다. 이 연못은 그녀가 앞에서 보았던 황금 원반과는 정반대이다. 이 장면에선 연못이 물이니까. 그러나 그 의미는 비슷하다. 손이 연못에서 나온다는 사실은 무의식이 무조건 그녀를 원하고 있다는 뜻이다. 그녀가 조건을 제시하고 있기 때문이다. 물론 그것은 그녀의 두려움 때문이다. 그녀는 연못을 두려워하고 있고, 더욱이 그녀는 내면에서 그녀를 태우고 있는 그 불을 견뎌내지 못하고 있다. 이 신비를 대하는 그녀의 태도는 매우 불완전하다. 그래서 당연히 무의식이 위험한 성격을 띠게 되어 있다. 만약에 사람이 어떤 일에 대해 어떤 식으로 진행되어야 한다고 생각하기 시작하는데, 그때 마침 무의식이 정말로 건드려진다면 무의식은 위험해진다. 무의식이 약간만 건드려지는 한에는 사람이 자유를 누리는 것 같지만, 무의식이 완전히 건드려진다면 사람은 무의식을 직면하게 될 것이다. 만약에 사람이 어떤 일이 아주 훌륭하다고 판단하고 그 일에 손을 댄다면, 위험은 훨씬 덜할 것이다. 그런 경우에도 그 일은 여전히 불가사의하겠지만 그래도 그렇게 나쁘지는 않을 것이다. 그러나 사람이 망설이는 상황이라면, 그 일은 매우 위험해진다. 그때엔 그 사람이 행위의 주인이 되지 못하고 무의식이 행위의 주인이 되기 때문이다. 그래서 지금 일들이 꼬이기 시작한다. 그녀의 환상은 이런 식으로 이어진다.

> 나는 머리카락이 쭈뼛쭈뼛 서는 공포를 느끼면서 내달렸다. 그들의 손에 나의 옷이 찢겼다. 나는 무작정 내달리다가 바다에 닿았다. 나는 바다를 향해 목걸이를 던졌다.

완전히 새로운 관점이 보인다. 연못과 바다의 차이는 무엇인가? 연못은 개인 무의식이고 바다는 집단 무의식이다. 나는 바다에 관한 꿈을 많이 접한다. 그런 꿈을 보면 자그마한 만(灣) 같은 것이 있다. 바깥의 대양엔 폭풍이 몰아치지만, 안쪽은 매우 조용한 물이다. 일종의 항구라고나 할까. 만과 바다 사이에 높은 장벽이 서 있는 그런 꿈도 기억난다. 이런 것들은 개성화의 시작을 상징한다. 배들이 대양의 폭풍으로부터 보호를 받을 수 있는 그런 항구 같은 안전한 장소의 성격을 갖추면서, 개인이 별도의 독립적인 실체로서 집단 무의식으로부터 스스로를 떼어놓기 시작하는 것이다.

그렇다면 연못은 전체로부터 분리되어 있는 무의식의 일부라고 할 수 있다. 그것은 기본적으로 똑같은 본성을 갖고 있지만 크기가 훨씬 더 작다. 바다의 본성과 비교하자면, 작은 입자 하나에 지나지 않는다. 예를 들면, 하나의 원자가 공간의 한 입자이듯이 말이다. 그것은 원자와 공간의 관계와 비슷하다. 여기서 그녀는 개인적인 원자를 벗어나 공간으로, 무한히 작은 것으로부터 무한히 큰 것으로, 개인으로부터 집단으로 나아간다. 이어서 그녀는 대양의 물 속으로 목걸이를 던진다.

그녀는 여기서는 전혀 아무런 망설임을 보이지 않는다. 연못에서 했어야 했던 행동을 여기서 하고 있다. 이것도 매우 미묘한 심리적인 문제이지만, 이런 문제는 매우 빈번하게 나타나고 또 매우 근본적이다. 하얀 도시에 갔을 때와 매우 비슷한 상황이 벌어지고 있다. 그녀는 하얀 도시도 견디지 못했고, 불타는 보석을 의미하는 연못도 견디지 못했다. 하얀 도시는 연못과 비슷하다. 그것도 만다라이다. 그녀는 단지 만다라를 견디지 못한다. 언젠가 5개의 뾰족한 끝이 있는 별과 불타는 것 같은 무엇인가가 있는 그림을 보여준 적이 있다. 그것도 똑같은 예이다. 연소(燃燒)의 개념이 만다라의 센터와 연결되었다. 하지만 그녀가 지금 목걸이를 바다로 던지는 이유는 무엇인가? 특별한 이유가 있을 것 같다.

여기서는 보석과 그녀 자신 사이의 마법적 연결을 기억할 필요가 있다. 바다에 던졌더니 물고기가 다시 건져다 주었다는 폴리크라테스(Polycrates)[54]의 반지 이야기와 비슷하다. 바다에서 그녀는 다른 모든 사람들과 비슷하다. 그녀는 개성화를 견뎌내지 못하고 있다. 그녀가 바다로 가는 것은 위험한 일일 것이다. 사람이 두려워하는 순간, 바로 거기에 위험이 있다. 니체도 "위험을 믿는 순간에 길을 잃게 된다."고 말했다. 그래서 아마 그녀가 하얀 도시나 정원의 연못에 들어가지 않는 것이 더 좋을 것이다. 그곳을 그냥 지나치는 것이 덜 위험하다. 그러나 만약에 그녀가 만다라를 지나치면서 집단 무의식 속으로 들어간다면, 그녀는 당연히 자신의 핵심적인 가치를 희생시키게 된다. 그것은 곧 퇴행이 될 것이다. 이 퇴행은 특별히 문제가 된다. 퇴행이 "더 큰 도약을 위한 후퇴"일 수도 있지만, 그런 한편으로 영원한 후퇴가 될 수도 있기 때문이다. 그러면 그 사람은 길을 잃고 상실로 인해 고통을 겪을 것이다. 이제 어떤 일이 일어나는지 보게 될 것이다. 환상은 폴리크라테스의 반지와 아주 비슷하게 이어진다.

> 목걸이가 파도에 떼밀려 다시 모래 바닥으로 올라왔다. 나는 반지를 주우면서 많이 식었다는 사실을 깨달았다. 나는 그곳에서 걸어 나왔다. 그때 나무들이 목걸이를 향해 몸을 낮추었으며, 동물들은 나를 따랐다. 거대한 중국 조각상이 보였다. 나는 목에 걸고 있던 목걸이를 풀어서 조각상 앞에 놓았다. 그런 다음에 나는 너무나 피곤했기 때문에 누웠다가 잠이 들었다.

54 B.C. 535에서 B.C. 515까지 사모스의 참주를 지낸 인물(B.C. 574- B.C, 522).

그녀가 어떤 이득을 챙겼는가? 나무와 동물이 그녀를 꽤 온순하게 대하는 것 같지만, 나는 그것이 그녀를 이롭게 할 것이라고 생각하지 않는다. 목걸이가 식었기 때문에, 지금 그녀는 그것을 목에 걸 수 있다. 불같은 괴로움이 가라앉았다. 그것이 중요한 자산일 수 있다. 그런데 그녀가 어떤 식으로 그런 결과에 이르렀는가? 그녀가 지금 집단 속에 다소 용해되어 있는데, 이것은 부러워할 상황이 아니지 않는가? 그녀는 지금 보석을 편하게 걸 수 있고, 주변의 많은 것들이 매우 상냥하게 행동하기 시작한다. 나무들은 보석 쪽으로 몸을 숙이고 있고, 동물들은 그녀의 뒤를 따르고 있다. 왕족의 행차 같다.

목걸이가 원시적인 이빨에서 시작되었다는 점을 잊지 말아야 한다. 처음에 아니무스가 그것을 갖고 있었고, 이어서 그것이 보석으로 변했으며, 지금은 그녀가 그것을 목에 걸고 있다. 그러나 그녀는 열을 견딜 수 없었기 때문에 그것을 획득할 수 없었다. 목걸이는 집단 무의식에 의해 식었으며, 집단 무의식 속으로 들어가는 사람은 해체를 피하지 못한다. 그녀가 해체되었다는 것은 나무와 동물의 행동에서 확인된다. 그것은 다시 '신비적 참여'이다. 나무들은 그녀의 보석을 원하고, 그래서 보석 앞에 허리를 굽히고 있다. 보석과 그녀가 아직 완전히 받아들이지 않은 자연 사이에 신비적 참여가 있다. 그녀는 보석의 격통을 충분히 받아들이지 않았다. 그래서 자연이 그것을 되돌려 받으려고 애를 쓰고 있다. 동물들도 그녀가 마치 동물인 것처럼 그녀와 함께하고 있다. 아마 동물들은 자기 이빨을 찾고 있을 것이다. 보석을 원하는 나무들처럼. 그래서 그녀는 보석을 바다로 던진 순간에 아주 특별한 신비적 참여의 상태에 있었을 것이다.

이 환상에 나오는 거대한 중국 조각상은 중국 철학을 의미한다. 그녀는 이미 자신을 표현하는 데 중국 철학을 이용한 적이 있다. 그녀는 지금 집단적인 길을 걷고 있으며, 그 길에서 사람은 어찌할 바를 모르는 상황에 처할 때 아마 요가를 공부하고 호흡법을 실천할지 모른다. 그녀는 아마 자신의 어리석음이나 무능력을 보완하기 위해 동양의 지혜를 이용하면서 '도덕경' 뒤로 숨고 있을지도 모른다. 이것은 다시 중세적인 관점에 어느 정도 양보하는 것을 의미한다. 당신의 짐을 직접 지지 마라. 짐은 교회로 넘겨라. 그러면 그들이 알아서 다 해결해 줄 것이다. 고백하고, 회개하고, 그들이 당신의 죄로 대신 괴로워하도록 하라. 아니면 이런 식일 것이다. 그리스도가 이미 나를 위해 무엇인가를 했으니, 앞으로도 더 많이 해 줄 것이다. 그러면 나는 죄를 더 많이 지어도 괜찮을 것이다. 아시다시피, 그런 것이 중세적인 관점이다. 도덕적 무능을 선언하는 것이나 다를 바가 없다.

이 경우도 다소 그런 상황과 닮았다. 형식만 다소 약화되고 현대적이라는 차이밖에 없다. 그녀는 장로파의 형식도 이용할 수 없었다. 그것이 전혀 효력을 발휘하지 않을 것이기 때문이다. 그래서 그녀는 예전처럼 중국 철학에 의지하고 있다. 그녀가 길을 잃었을 때, 중국 현자가 나타났다. 결국엔 그녀가 누워 잠을 자게 되는데, 이것은 그녀가 무의식적인 존재가 되고 있다는 것을 의미한다. 이것은 다소 희망적인 출발을 보였던 환상의 다소 부정적인 결말이다. 그래서 '에난티오드로미아'가 예상된다.

> 나는 하얀 신전 앞에 섰다. 문을 통해 신전 내부를 볼 수 있었다. 제물을 태우는 불의 벌건 빛이 보였다.

제물을 태우는 불이라는 사실에 주목하자. 그녀는 제물에 대해선 말하지 않았다. 그 용어가 기피의 대상이 되고 있었기 때문이다. 그녀는 그 상황을 어쨌든 희생적인 상황으로 이해하지 않았다. 상황이 그녀에게 무조건적인 자기희생을 요구한다는 사실은 바로 그녀가 보고 싶어 하지 않는 것이었다. 이 환상에서 하얀 신전은 다시 하얀 도시이다. 그 도시 전체가 신전이거나, 아니면 신전이 도시의 핵심이다. 신전은 종종 만다라처럼 지어진다. 예를 들면, 자바에 유명한 보로부두르 사원이 있다. 고대와 초기 기독교 시대의 원형 신전들은 모두 만다라의 특성을 지니고 있다. 그렇다면 이 신전은 하얀 도시이거나 연못이지만, 이 신전에 있는 붉은 불은 틀림없이 제물을 태우는 불에서 나온다.

> 성직자가 한 사람 나왔다. 그는 신전 계단에 서서 큰 소리로 외쳤다. "간청하오니, 불의 혀로 말씀을 내려주시길!"

성직자는 아니무스이다. 이 장면은 보석이 집단 무의식으로 다시 돌아갔고, 거기서 아니무스가 그것을 받았다는 것을 의미한다. 보석은 그 전에도 거기에 있었고, 앞으로도 의식에 없을 때에는 거기에 있을 것이다. 만다라에서 표현되고 있는 영혼의 중심이 의식에 있지 않을 때, 그때 그 중심은 아니무스에게 있으며 그러면 아니무스가 다시 힘을 얻게 된다. 그래서 여기서 신전에서 나오는 성직자가 중요한 역할을 맡는다. "간청하오니, 불의 혀로 말씀을 내려주시길!" 이것은 선언이다. 성령이 불의 혀로 강림하는 것과 비슷하다. 무슨 "말씀"인가? 말씀의 뜻은 구원이지만, "말씀" 자체는 로고스이다. 이것은 기독교 상징체계이며, 그녀가 집단 무의식으로 들어갔다는 사실에서 비롯된다. 그곳에서 그녀는 역사 속으로 돌아가고, 일반적인 종교적 가정과 의견으로 돌아갈 것이다. 그래서 그녀의 아니무스는 중국의 용어를 이용한다. 그는 집단 무의식으로 떨어진 보물을 가짐으로써 다시 힘을 얻으면서 예전처럼 행동하고 있다. 보물이 힘, 다시 말해 동물의 힘이기 때문이다. 말하자면, 자기는 무의식의 동물적 에너지로도 이뤄져 있으며, 자기는 전체를 표현한다. 보물은 집단 무의식의 본능적 원동력을 나타내고 있다는 점에서 힘이다. 환상은 이렇게 이어진다.

> 성직자가 계단을 내려온 뒤 돌아서면서 신전을 정면으로 마주했다. 이어 신전으로부터 아름답고 건장한 젊은이들이 걸어 나왔다. (아니무스의 무리가! 당연히 에로틱한 분위기를 풍긴다.) 남자는 모두 절름발이 난쟁이를 하나씩 데리고 있다. 성직자가 이렇게 말했다. "죽은 자들을 죽은 자들에게 돌려 보내도록 하라."

더없이 신비로운 상황이다. 도대체 무슨 일이 일어났는가? 고위 성직자의 역할을 하고 있는 아니무스는 대단한 형태인 것만은 확실하다. 이 아니무스는 무엇보다 먼저 아니무스의 힘을 보여주고 있다. 여기서 아니무스는 진정으로 중개자이다. 그것은 전적으로 비우호적이거나 부정적이지 않다. 그 결과는 오히려 이롭다. 아시다시피, 그는 전적으로 내면적인 측면이며, 내적 측면은 상서로워 보인다. 그는 여기서 신전으로 나타나고 있는 집단 무의식과 환자 사이에 중개를 맡고 있다. 신전은 만다라이고, 그래서 그는 만다라와의 새로운 연결을 놓고 협상을 벌이고 있는 것이나 마찬가지이다.

아마 그는 이 여자에게 그녀가 해야 할 일이 무엇인지, 그 상황이 무슨 의미인지를 말해줄 것이다. 그녀가 이전에 패배했던 게임을 한 번 더 하도록 하기 위해서. 그렇기 때문에 그는 여기서 전혀 부정적이지 않다. 그는 지금 신전을, 말하자면 만다라를 마주하고 있으며, 신전에서 일단의 젊은이들이 나오고 있다. 너무나 아름다운 "파라고니안"(Paragonian)[55]들이지만, 모두가 절름발이 난쟁이의 손을 잡고 있다.

절름발이는 대단히 불행한 존재를 영위하고 있다. 그들은 파라고니안 아니무스들과 두드러진 대조를 이룬다. 이런 대조는 상반된 짝을 의미한다. 이 대목에서 대조는 에난티오드로미아가 아니라 상반된 짝들의 공존을 뜻한다. 상반된 짝들이 함께 등장할 때, 그것들의 관계는 불과 물의 관계와 비슷하다. 그것은 즉시적인 충돌, 즉 엄청난 재앙을 의미하든가 아니면 단순히 서로 반대 작용을 하게 된다. 여기서는 이 파라고니안들이 모두 아름답고 젊은 자신들과 정반대인 절름발이 난쟁이들의 방해를 받고 있는 것이 분명하다. 젊은이들은 매우 훌륭한 영웅들이지만, 각자에게 주어진 절름발이 난쟁이 때문에 방해를 받고 있다. 그것은 일종의 비판이다. 그것은 그런 형태의 아니무스가 저지당하고 있다는 것을 의미한다.

앞의 여러 환상에서도 남자들이 집단으로 나타나는 경우가 있었다. 행군을 벌이던 군인들도 있었다. 그들 역시 파라고니안이었지만, 그들은 모두 혼자였으며 아무런 방해를 받지 않았다. 예를 들면, 위대한 어머니의 지하 신전이 나타나던 환상에 아름다운 젊은이들이 있었으며, 위대한 어머니는 이들과 다소 에로틱하게 행동했지만 거기에 난쟁이는 한 사람도 없었다. 그렇다면 그것은 그때엔 이 영웅 아니무스들이 꽤 타당했고 또 당당하게 존재했지만 지금 여기선 반대되는 것들에게 저지당하고 있다는 뜻이다. 따라서 이 아니무스들

....

55 미국 엘머 라이스(Elmer Rice: 1892-1967)의 소설 '푸릴리아로의 여행'(A Voyage to Purilia)에 나오는 한 계급으로 남자들로 이뤄져 있다.

은 더 이상 효력을 발휘하지 못할 것이다. 그러나 이 젊은이들은 신전을 빠져나왔다. 그렇기 때문에 그들은 개성화 문제와 관계있음에 틀림없다. 아니무스가 보석을 갖고 있을 때 그럴 수 있듯이, 여기서 아니무스가 신전을 침입했을 수 있다. 사태가 어떤 식으로 전개되는지 두고 봐야 한다.

> 그 소리를 들은 남자들은 난쟁이들을 땅에 파놓은 구덩이로 던지고 그 위에 흙을 덮었다.

성직자가 "죽은 자들을 죽은 자들에게 돌려 보내도록 하라!"고 했을 때, 그건 틀림없이 난쟁이들에 대해 한 말이었다. 그 즉시 젊은이들이 난쟁이들을 산 채로 매장했기 때문이다. 그리하여 함께 있던 상반된 짝들이 서로 떨어지게 되었으며, 젊은 영웅들을 절름거리게 했던 부분이 땅에 묻히게 되었다. 그렇게 하지 않으면 젊은이들의 스타일이 완전히 구겨졌을 터였다. 그런데 그들이 난쟁이들과 함께 있었던 이유는 무엇인가? 상반된 짝들이 함께 있는 것은 흔한 일이 아니지만, 그들은 신전에서 결합되었다. 나는 그것이 지난번 환상의 마지막 부분에 나왔던 중국 조각상에 대해 언급하고 있다고 생각한다.

아시다시피, 환자는 중국 철학의 중요한 사상이 상반된 짝들의 결합이라는 것을 알고 있다. 여기서 그녀는 상반된 짝들을 결합시켰고, 신전을 침입했다. 그러므로 아니무스들은 신전에서 나와야 했다. 그래야만 그녀가 자신의 보석을 소유할 수 있을 테니까. 그렇게 하지 않는다면 아니무스들이 중심적인 위치를 차지할 것이다. 물론, 지금 아니무스도 상반된 짝들로 이뤄져 있다. 파라고니안들은 언제나 예를 들면 '보리언'(Vaurien)[56]의 견제를 받고 있다. 그래서 고위 성직자 아니무스가 여기서 젊은이들과 난쟁이들에게 서로 분리되라고 조언하고 있다. 여기서 우리는 이 아니무스가 지금까지 정신적 길잡이로서 매우 중요한 역할을 맡았기 때문에 그들에게 유익한 방향으로 조언하고 있다고 짐작해야 한다. 아니무스가 그들을 나쁜 방향으로 안내하지 않고 있는 것이다. 우리는 그런 가정 하에서 앞으로 나아갈 수 있다.

이제 아니무스들은 다시 활동을 시작할 것이다. 그들이 결합되어 있었던 것은 중국 철학을 적용한 결과였다. 우리 환자는 혼자 이렇게 생각했다. "그래 맞아, 높은 것은 낮은 것 위에 올려지고, 오른쪽도 왼쪽만큼이나 정상이고, 밤은 곧 낮이고 낮은 곧 밤이야." 그녀는 그런 관점을 품고 있었으며, 그 관점은 그냥 채택되었기 때문에, 아니무스의 관점인 것으로 드러났다. 그런 관점은 그녀 자신의 직접적 경험을 통해 얻어져야 하며, 그것은 곧 불과 고통을 의미한다. 만약에 상반된 짝들이 서로 결합한다면, 어떠한 불도 있을 수 없고 어떠한 고통도 있을 수 없다. 아시다시피, 상반된 짝들을 결합시키는 데 성공하는 경우에, 그 사람은 당장 밤도 없고 낮도 없고 모든 것이 상대적이고 이것도 아니고 저것도 아닌 그런 차원에 이르게 된다. 힌두교 신자들이 '아난다'(지복)라 부르는 상태이고, 브라만의 상태이다. 그러나 그녀는 아직 거기에 이르지 못했다. 그녀는 사실 그 차원을 두려워했다. 그러므로 전투가 다시 시작되기 위해선 상반된 것들의 짝이 찢어져야 했다. 그것이 헤르메스 아니무스가 암시하고 있는 바이다. 그 다음 환상은 이렇다.

....

56 '푸릴리아로의 여행'에 나오는 계급으로, 이상한 옷을 입고 있는 사람들로 흑인도 있고 백인도 있다.

> 남자들이 칼로 자기 몸에 상처를 내어 피를 땅에 떨어뜨렸다. 남자들이 그러고 있을 때, 땅이 둘로 갈라지고 초록색의 거대한 스카라베[57]가 난쟁이들의 무덤 위에 나타났다.

아니무스는 일종의 입교 의식 같은 것을 통해서 그녀가 해야 할 일을 실제로 보여주고 있다. 여기서 다시 제물의 피가 요구되고 있다. 그녀는 아직 자신을 희생시킬 준비가 되어 있지 않다. 그녀는 피가 나올 때까지 칼로 자신의 몸을 찔러야 한다. 그녀는 가시로 몸을 찌르고, 살이 타는 듯한 고통을 감내해야 하고, 피를 제물로 바쳐야 한다. 땅으로 떨어지는 피는 단순한 손실 그 이상이며, 일종의 부적이다. 그러고 나면 거기서 무엇인가가 자란다. 난쟁이들의 무덤에서 나오고 있는 스카라베는 무엇인가?

우리 환자도 알고 있듯이, 스카라베는 언제나 태양의 부활을 의미했다. 초록은 신록 또는 초목을 의미하고, 봄은 정신적 부활이다. 더욱이, 부활의 상징은 언제나 변형의 과정에서 상반된 것들이 새롭게 결합을 이루는 것을 의미한다. 그러나 상반된 짝들이 어떤 정적인 상황에 처하도록 하는 것은 일종의 타협이다. 그때 사람은 슬픈 목소리로 이렇게 말한다. "아아, 검은 것이 흰 것이고 흰 것이 검은 것이로구나." 이런 식의 접근은 일종의 무관심한 혼합, 냉담한 정지 같은 것을 야기한다. 결합은 오직 상반된 것들이 함께 성장하면서 생생한 진보를 이룰 수 있을 때에만 올바르게 이뤄진다.

아시다시피, 젊은 남자들은 여기서 피가 땅 속으로 흐를 때까지 스스로 상처를 입히면서 거의 자신을 망가뜨리고 있다. 난쟁이들이 산

....

57 고대 이집트에서 풍작의 상징으로 신성시한 풍뎅이 모양의 부적 또는 장신구를 일컫는다.

채로 매장되었기 때문에, 그들도 어떻게 보면 희생을 당하고 있다. 상반된 것들의 짝은 부상을 입고 힘을 잃고 난 뒤에 서로 결합한다. 위에서 아래쪽 난쟁이들의 시신들 위로 떨어지는 희생의 피를 통해서, 스카라베가 창조되고 있다. 스카라베는 상반된 것들의 결합을 상징한다. 여기서 스카라베는 아니무스의 활동에 의해 일어난 부활의 상징이다. 이것은 마치 신비극처럼 앞으로 일어날 일을 예고하고 있다. 무의식이 이 여자에게 이렇게 말하는 것 같다. "내가 당신에게 보여주고 있는 것들이 의미하는 것은 정말로 부활의 신비이며, 그것은 생명을 의미하지만 당신이 알고 있는 그런 생명과는 완전히 다르다. 환상은 당신이 오해하면서 부활의 신비로부터 달아나고 있다는 점을 보여주고 있다. 당신은 고통이 있어서는 안 된다거나 불이 있어서는 안 된다고 생각하고 있으며, 따라서 당신 자신을 속이고 있다. 지금 당신 눈 앞에서 펼쳐지고 있는 것이 당신이 해야 할 일들이다."

그렇다면 그 상황은 이렇다. 동시에 화해의 상징이기도 한 부활의 어떤 상징이 창조되었으며, 그 상징을 통해서 아니무스가 그녀에게 당시 사태를 어떤 식으로 이해해야 하는지를 보여주고 있다. 그것은 환자가 분석을 하는 동안에 종종 처하게 되는 상황과 아주 비슷하다. 어떤 꿈에 대한 해석이 그다지 만족스럽지 못하고, 의미도 충분히 파악되지 않는 경우가 있다. 그러면 그 문제를 두드러지도록 만들기 위한 시도가 이뤄지지만 대체로 처음엔 실패하고, 따라서 실망이 일어나게 된다. 그런 상태에 이르면, 환자는 당연히 모든 것이 잘못되었고, 자신이 그릇된 길을 걷고 있다고 결론을 내리게 된다. 이어서 환자는 퇴행하고, 다시 해체되면서 무의식에 빠진다. 이 무의식이 곧 집단성이다. 이어서 아니무스가 환자에게 어느 길로 돌아가야 하는지를, 혹은 그가 놓치고 있는 상황의 진정한 의미를 보여주기 위해 연기를 시작한다.

우리의 환자는 부활의 목욕을 놓쳤으며, 연못에서 꽤 다르게 행동했어야 했다. 지금 아니무스는 그런 상황이 다시 벌어질 경우에 그 상황을 최대한 이용하기 위해서 그녀의 태도가 어떠해야 하는지를 보여주고 있다. 누구든 심리적으로 준비되어 있다면, 기회는 언제든지 있는 법이다. 그것이 심리적인 상황이기 때문이다. 그래서 당신이 거기에 맞게 준비가 되어 있다면, 기회는 꽤 자연스럽게 나타난다. 지금 이 환상은 스카라베로 끝난다. 이 다음에는 무엇을 기대할 수 있을까?

이젠 그녀가 주도적으로 나설 것이 거의 틀림없다. 이 환상에 이르기 전에 일종의 에난티오드로미아 같은 것이 있을 것이고, 그녀가 달아나지 않고 일을 직접 해결하고 나설 것이라고 예상했다. 그러나 그런 일은 전혀 일어나지 않았다. 그녀는 비켜 서 있었고, 아니무스가 앞서 나아갔다. 지금까지 아니무스가 주도적으로 나서면서 부활의 상징을 창조했다. 그녀가 무엇을 할 것인지, 그녀가 스카라베의 의미를 어느 정도 이해하고 있는지가 곧 확인될 것이다.

아시다시피, 스카라베는 변형 상태에 있는 돌이다. 실제로 스카라베는 땅 위에 살면서 알이 묻혀 있는 것으로 알려진 공을 굴리는 검정색 딱정벌레이다. 그 알은 태양이며, 하나의 알로서 태양은 빛을 발하지 않는다. 그런 상태의 태양은 죽어 있다. 그러나 태양은 공을 굴리고 있는 스카라베의 행위 안에서 나타나고 있다. 그때 태양은 자신의 아버지 혹은 어머니의 상태에 있다. 태양은 저절로 밖으로 나온다. 빛을 발하지 않고 있을 때, 태양은 마치 자신의 아버지나 어머니처럼 자기 자신을 품고, 스스로를 재생시키고, 내면의 불을 다시 붙이고 있다. 자신의 둥지에서 스스로를 태우고 그 재에서 다시 일어나는 불사조 피닉스처럼 말이다. 혹은 다른 버전의 이야기가 들려주는 바와 같이, 피닉스는 자기 아버지의 몸을 태운다. 피닉스는 자신의 아버지이며 마치 자기 아버지가 자신인 것처럼 아버지를 태우고 자신의 아들로서 다시 나타난다.

그것이 리비도의 재생이며, 문제는 그녀가 리비도를 어떤 태도로 대하는가 하는 것이다. 그 리비도가 하나의 아니무스 연기(演技)로서 자신의 길을 가게 될 것인지, 아니면 그녀 자신이 현장 속으로 직접 들어가서 자신의 모험을 계속할 것인지를 주의 깊게 봐야 한다는 뜻이다. 다음 환상은 이렇게 시작한다. “나는 검은 돌로 포장된 길을 따라 걷고 있었다.” 내가 방금 말한 내용에 비춰본다면, 이것은 무엇을 보여주는가?

그녀가 직접 길을 선택했다는 점을 보여주고 있다. 아마 그녀는 재생한 리비도를 받아들였을 것이다. 그녀는 리비도와 관계를 확립할 수 있었다. 그녀가 그 길을 얼마나 멀리 갈 수 있을 것인지는 아무도 모르지만, 어쨌든 그녀는 다시 자신의 길로 들어섰다. 환상은 이렇게 이어진다. “내 옆으로 용해된 금속이 강을 이루며 흐르고 있었다.” 용해된 금속이 흐르는 강이 그녀의 길과 나란히 가고 있다는 사실은 그녀가 지금 생명의 흐름일 수 있는 어떤 흐름에 가까이 있다는 것을 의미한다.

그러나 이 경우에 용해된 금속의 강은 위험하고 뜨겁다. 그렇다면 그녀는 그때까지 피했던 불 근처에 다시 있다는 뜻이다. 그녀는 정말로 용해된 금속의 강으로 나타난 새로운 리비도로 자신의 문제를 다시 받아들였다. 이 용해된 금속의 강은 엄청나게 높은 온도의 우주적인 물체로부터 흘러나왔을 것이다. 지금 어떤 불이 붙여졌고, 그녀의 길은 그 강과 나란히 달리고 있다. 이어서 그녀는 이렇게 말한다. “모든 집이 검정색이었다. 그 가운데 많은 깃발을 날리고 있는 커다란 검은 집이 보였다."

이 검은 집은 하얀 도시와 정반대이다. 검은 집은 아래 어둠 속에 있고, 지옥의 뜨거움 속에 있으며, 불가사의한 곳이다. 그것을 개별적인 단위의 그림자라고 불러도 좋을 것이다. 이유는 개인이 그림자를 드리우지 않고는 현실적인 존재가 되지 못하기 때문이다. 검은 집은 어마어마한 그림자를 드리운다. 그것은 하얀 도시의 그림자이다. 하얀 도시는 하얀 만큼이나 까만 어떤 도시가 지하에 있을 때에만 존재할 수 있다. 그녀는 이렇게 말한다. "그곳(수많은 깃발을 펄럭이고 있는 거대한 검은 집)으로 가서 문을 두드렸다. 그러자 2개의 동물 머리를 가진 이상한 괴물이 문을 열어주었다." 인간의 몸통에 동물의 머리 2개를 가진 괴물은 틀림없이 악마일 것이다. "나는 그 집을 통과해 그 너머의 정원으로 들어갔다." 여기서 다시 낙원이라는 개념이 등장한다. 그렇다면 정원으로 들어가기 전에 반드시 거쳐야 하는 불의 고리는 지옥이었을 것이다. 그녀는 "정원 한가운데에 커다란 흰색 기둥이 서 있었다."고 말한다. 연못 대신에 지금은 기둥이 있다. 어머니의 상징인 연못 대신에, 남근의 상징이 있는 것이다. 연못은 하강을, 땅의 구멍을 의미하고 기둥은 상승을 의미할 수 있다. 하지만 지금 기둥이 나타나야 하는 이유는 무엇인가?

그녀가 지금 지옥의 바닥에 있기 때문이다. 그래서 그녀는 올라가야만 한다. 그녀는 그 전에 꽤 높은 곳에 있었지만 부활을 위해 다시 내려가야 했다. 지금 그녀가 지옥에 있다고 본다면, 더 이상 내려갈 필요가 없다. 유일한 가능성은 올라가는 것밖에 없다. 기둥이 흰색인 것은 흰색이 검정의 반대 원리이며 지옥의 빛이기 때문이다. 그것이 내면의 상태를 알 수 있는 단서를 제공한다. 이전에는 검은 연못이 있는 하얀 도시였으나 지금은 하얀 기둥이 있는 검은 도시이다. 태극도(太極圖)처럼. 태극도는 두 마리의 물고기 형상으로 이뤄져 있다. 물고기 한 마리는 검정색 중심부를 가진 흰색이며, 다른 한 마리는 흰색 중심부를 가진 검정색이다. 그녀는 단지 한쪽 상태에서 빠져나와 다른 쪽 상태로 넘어간다. 그래서 모든 것이 역전되고 있다. 문을 열어준 생명체는 일종의 악마처럼, 지하적인 요소처럼 보인다.

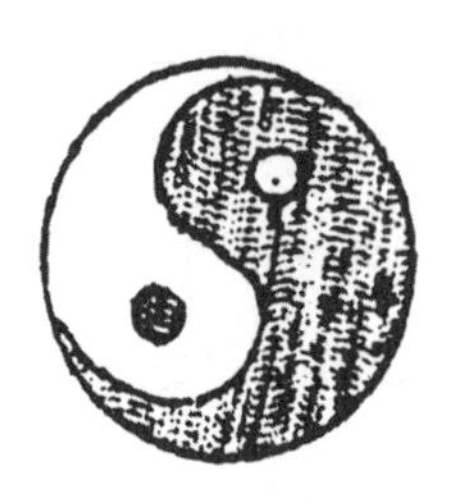

동물의 머리를 두 개 가진 생명체는 영지주의와 관련 있는 형상일 수 있다. 그러나 그녀가 그런 것을 보았는지에 대해서는 자신 있게 말하지 못한다. 그런 형상은 주로 영지주의에서 부적으로 쓰인다. 브리티시 박물관에 가면 그런 부적이 많다. 그 중 일부는 찰스 윌리엄 킹(Charles William King: 1818-1888)이 쓴 『영지주의자들과 그 유물』(The Gnostics and Their Remains)에 소개되고 있다. 그러나 나는 이 괴물에 대해 충분히 알지 못하며 그녀가 그것에 대해 어떻게 느끼는지에 대해서도 잘 모른다. 그래서 나는 그 점을 강조하지 않을 것이다. 이제 그녀는 하얀 기둥을 보았다.

갑자기 자그마한 사람이 나타났다. 그는 머리에 왕관을 쓰고 있었다. 한 손에는 삼지창이, 다른 손엔 기다란 해초(海草)가 쥐어져 있었다.

작은 사람은 어디서 오고 있으며, 누구인가? 사소한 부류의 넵투누스(Neptune)[58]이다. 삼지창과 해초를 들고 바다에서 나오고 있는 악마 또는 신은 분명히 물의 신이거나 악마인데, 그가 어떻게 지옥으로 갔을까? 거기서 그가 할 일은 무엇일까? 지옥은 무지 뜨겁다. 그런 불이 있는 곳에는 물이 거의 없다. 그래서 그녀는 저 아래 바다 바닥에 있어야 했다. 이어서 그녀가 기둥을 보는데, 이것이 상승 개념을 떠올리게 한다. 그래서 그녀는 올라간다. 이어서 당연히 포세이돈이 등장한다. 그녀가 다시 물에 닿기 때문이다. 말하자면, 그녀가 바다 바닥으로 떨어지기 전의 높이까지 온 것이다. 아마 이 작은 사람과 관련한 이야기가 더 있을 것이다.

> "당신은 누구죠?"라고 내가 물었다. 그는 "깊은 바다에서 초록의 고요 속에 살고 있다네."라고 대답했다. 내가 다시 "어둡고 고요한 이 정원에 서 있는 저 높은 기둥은 무엇입니까?"라고 물었다. 그러자 그가 "그 기둥으로 인해서 당신 자신을 잃게 될 것이오."라고 대답했다. 이어 그는 사라졌다. 나는 정원을 나와서 바다 옆의 동굴 속으로 내려갔다.

그것은 다시 아니무스, 죽은 자의 영혼을 인도하는 자임에 틀림없다. 그러나 이 아니무스는 어떤 특성을 지니고 있는가? 그는 제물을 태우던 신전에서 등장한 아니무스와 달리 불에서 오지 않고 물의 영역에서 오고 있다. 그녀는 불의 영역을 받아들였으며, 따라서 반대편에 물의 영역을 대표하는 것이 나타나고 있다. 그는 자신이 깊은 바다의 초록 고요 속에 살고 있다고 말한다.

하얀 기둥을 우리는 간단히 상승 개념으로 이해하고 있다. 그것은

58 고대 로마 신화 속의 바다의 신으로 그리스 신화의 포세이돈에 해당한다.,

음(陰) 속의 양(陽)이다. 그녀는 지금 음의 상태에 있으며, 기둥은 깊은 곳의 어둠과 정반대인 하늘의 남성적 힘을 상징하는 양이다. 우리 환자는 이것을 분명히 이해하지 못하고 있다. 그래서 그녀는 아니무스에게 묻는다. 아니무스의 해석은 기둥이 무엇을 의미하든 그것으로 인해 그녀가 길을 잃게 될 것이라는 식이다.

"그녀가 길을 잃게 될 것"이라는 말은 그녀가 자신을 발견하기 위해서는 자기 자신을 포기해야 한다는 뜻이다. 연못에 닿았던 때와 똑같은 상황이 벌어지고 있다. 그때 그녀는 그 과제로부터 달아나면서 바다로 갔다. 그렇게 함으로써 그녀는 전체 상황을 피했으며, 지금 그녀는 준비된 상태에서 전체 과정을 한 번 더 겪어야 한다. 싸움이 다시 시작되는 것이다. 그녀는 물의 영역에서 시작하지 않을 것이다. 그녀는 더 나쁜 지옥에서 시작해야 한다. 문제가 아주 간단히 그녀 앞에 다시 제기되고 있다. 그녀가 자기 자신을 무조건적으로 포기할 수 있느냐 하는 것이 문제이다. 그리고 그녀의 영혼을 인도하는 자는 "그 기둥으로 인해(혹은 그 원리에 의해) 당신은 길을 잃게 될 것"이라고 말한다. 그 기둥은 의도적인 것이 아니며, 그는 어떤 조건에선 그녀가 문제를 피할 수 있다는 식으로 말하지 않는다. 그것은 일종의 예언이다. 왜냐하면 그녀가 지금 다른 원리의 영향을 받고 있기 때문이다. 아시다시피, 그녀는 이전에 여성적인 원리를, 연못을, 어머니의 원리를 다루고 있었으며, 그녀는 그 형태를 취하게 되어 있었다.

그러나 이번엔 양(陽)이다. 그것은 받거나 잉태하는 것이 아니며, 또 속이 빈 형태가 아니다. 지금은 능동적인 원리가 그녀를 이끌 것이다. 그녀가 어두운 원리를 거부했기 때문이다. 그녀는 그 원리를 받아들일 수 있었지만 거부했으며, 이어서 양의 기운이 오자 그녀가 어려움에 처하게 되었다. 도(道)라는 것이 실제로 어떤 식으로 작동하는지를 그래도 쉽게 보여줄 수 있는 멋진 예를 하나 제시하고 싶다.

얼마 전에 아주 훌륭한 여인이 나의 상담을 받은 적이 있다. 재능이 많고, 매우 예술적인 여인이었으며, 그 여인에 대해 내가 아는 정보는 전혀 없었다. 그녀는 극히 외향적인 것 같았다. 그녀는 자신이 신경 쇠약에 걸린 적이 있고, 분석을 시도했다가 그만 거기에 빠져버렸으며, 절망에 빠진 상태에서 다시 신경 쇠약에 걸리게 되지 않을까 두려워하고 있다는 사실을 나에게 털어놓았다. 그녀는 아주 멋진 남편을 두고 있지만 아이는 없다고 했다. 틀림없이 그녀는 활력 넘치는 삶을 영위하고 있었으며, 궁전 같은 저택을 갖고 있었다. 그 저택에서 온갖 종류의 사교 활동을 벌이고 있었다. 그렇다면 신경 쇠약이 일어날 온갖 요소들이 다 갖춰져 있었던 셈이다.

내가 삶을 조금 차분하게 사는 것이 좋겠다는 제안을 내놓았으나, 그녀는 활동을 해야만 직성이 풀리지 그렇게 하지 않으면 불안하고 초조해진다고 했다. 나는 결혼생활이 만족스러운지를 물었고, 그녀는 "물론이죠. 12년 동안 결혼생활을 이어오고 있는데 모두가 우리 보고 행복하다고 말하고 있어요."라고 대답했다. "그렇다면 당신은 꽤 독특하군요. 완벽한 결혼을 했으니 말입니다. 당신의 결혼에 대해 묻지 않을 수 없네요. 그건 기적이니까요." "남편은 더없이 훌륭한 남자랍니다. 모두가 이상적인 결혼이라고 말해요."

나는 어떤 여자든 반시간 가량 자신의 결혼을 찬양할 때면 거의 언제나 "그래서요?"라고 묻는다. 하얀 것이 모두 다 나타난 뒤에 반드시 검은 물질이 오기 마련이니까. 그러나 이번에는 나는 모든 것이 정말 경이로워 보인다는 점에 동의했다. 나는 그녀가 그렇게 초조해야 할 이유를 발견하지 못했다.

"아주 멋진 소년을 입양했어요. 열여섯 살이지요. 우리는 서로를 깊이 사랑하고 있어요." 이어서 나는 "그래서요?"라고 물었다. "그런데 이 아이가 자기 삼촌을 많이 닮았어요." "소년이 삼촌을 닮지 말아야 하는 이유가 있습니까?" "아이의 삼촌이 정말 좋은 나의 친구거든요. 그 점에 신경이 많이 쓰여요." "무슨 말인지 전혀 이해가 안 되는군요! 소년이 자기 삼촌을 닮았다면 당신이 좋아할 일이 아닌가요?" "그런데 그 사람이 내가 사랑하는 사람이거든요. 나는 그를 오랫동안 사랑하고 있어요." "아! 그런 것이 결혼이었군요!" "나는 그를 7년 동안 알고 지내고 있어요. 4년 전에 그가 우리 둘이 조금 더 나아가야 한다고 말하면서 그때까지보다 더 친한 관계를 제안했어요." 그녀는 그럴 생각이 없었다. 왜냐하면 그녀가 매우 고상한 사람이라서 그런 일은 절대로 일어날 수 없는 일이었기 때문이다.

그리고 오랜 침묵이 흘렀다. 그래서 내가 말을 걸고 나섰다. "그래서요?" "박사님, '노'라고 거절한 뒤에야 나는 '예스'라고 대답했어야 했다고 생각했지요. 그러나 이젠 그가 동의하지 않을 테니까요!" 그래서 그녀는 4년 동안 절망에 빠져 지냈다. 소년은 밤낮으로 그녀에게 그의 삼촌을 떠올리게 했고. 그 일을 두고 사람들은 비극적이라고 말하지만, 그녀는 그런 측면을 절대로 보지 않고 자신의 결혼에 잘못된 것이 전혀 없다고 믿고 있다. 이 여인의 예와 우리 환자의 예 사이에 비슷한 점은 무엇인가?

상황은 이렇다. 그 부인은 그 남자를 다소 사랑하고 있었으며, 그 남자는 남자처럼 행동하면서 둘의 관계를 조금 더 발전시키려고 노력했다. 왜냐하면 삶이란 것이 언제나 스스로를 확장시키기를 원하기 때문이다. 그때 그녀는 음에 속하는 곤(坤)의 괘에서 그 제안을 받아들였을 수도 있었다. 그러나 그녀는 '노'라고 대답했다. 그것은 그녀가 들어가지 않은 연못이었다. 그녀가 받아들여야 했던 때에 받아들이지 않은 것이다. 그녀는 충분히 똑똑하고 충분히 자유분방하고 충분히 현대적이어서 그것을 받아들일 수 있었을 것이지만, 그녀는 그것이 그에게 왔을 때 '노'라고 대답했으며 이어서 지옥으로의 추락이 있었다. 지금 그녀는 양을 뜻하는 하얀색 기둥이 있는 어둠 속에 있으며, 양의 영향 아래에 있다. 양이 그녀를 괴롭히고 있다. 지금 그녀는 남자를 직접 다루고 있다. 그녀는 그에게 자신이 진정으로 사랑하고 있다는 점을 설득시키기 위해서 그를 구박하기도 하고 구애하기도 한다. 그녀는 그런 식으로 행동하지 말아야 한다. 그녀는 자신이 거절했던 남자를 뒤쫓지 말아야 한다. 그녀가 적절한 때에 '예스'라고 대답하지 않았고, 그것이 자신에게 왔을 때 받아들이지 않았기 때문이다. 그때 그녀는 여자가 아니라 의견으로 꽉 찬 아니무스였던 것이다. 그녀는 너무 늦게 여자가 되었다. 지금 박해 받는 인간의 역할을 하고 있는 것이 그녀가 신경증에 시달리도록 만들고 있다. 그건 너무 버거운 일이며, 그것이 신경 쇠약을 설명해준다. 아시다시피, 그것은 곧 우리 환자가 처한 상황과 똑같다. 지금까지 말한 내용을 충분히 이해했을 것으로 믿는다. 우리 환자는 이 원칙을 실용적으로 적용할 수 있는 한 예이다.

14강

1932년 5월 4일

지난 시간 마지막 부분에서 만다라 모티프를 보았다. 만다라는 하얀 도시와 검은 도시의 형태로 나타났다. 얼마 전의 환상에서 산꼭대기에 하얀 도시의 상징이 있었고, 지금 여기서는 아래의 검은 도시가 있다. 이것은 양과 음의 원리에 따른 것이다.

양과 음은 단순히 대조이다. 양과 음은 존재하는 모든 것들의 역설적인 성격을 나타낸다. 양과 음은 또 살아 있는 에너지의 원천을 나타낸다. 양과 음이 없으면, 아무것도 살지 못하고 아무것도 움직이지 못한다. 대조가 곧 에너지의 원천인 것이다.

우리 환자의 무의식이 양의 원리에서 음의 원리로, 위에서 아래로 어떤 식으로 옮겨가는지를 보았다. 이 일련의 환상들은 주로 한 가지 주요 원리로부터 다른 원리로 넘어가는 과정의 특별한 어려움에 관심을 두고 있다. 의식을 주도하는 사상 또는 사람을 주도하는 종교적 또는 철학적 확신은 언제나 양이다. 그것이 빛이기 때문이다. 그것은 빛을 발하고, 분화되어 있고, 땅의 표면에 나타나고, 인간들의 마음에 나타난다. 그리고 그것은 언제나 그 반대인 그림자나 어둠과 대조를 이룬다.

빛과 어둠의 극단적 차이에 관심이 많은 기독교에도 이 같은 사실이 분명히 반영되고 있다. 예를 들면, 성 요한은 어둠 속에서 반짝이는 빛에 대해 이야기한다. 페르시아의 조로아스터교는 빛의 권력들과 어둠의 권력들 사이의 반대에 바탕을 두고 있다. 이와 똑같은 근본적인 사상, 즉 빛과 어둠의 투쟁은 마니교에도 반영되고 있다. 우리가 마니교에 대해 아는 것은 아주 적지만, 마니교는 한때 동양에서 매우 강력한 종교였으며 서양에도 전파되었다. 마니교는 A.D. 3세기에 페르시아 사람 마니(Mani)에 의해 창설되었다. 최근의 독일 조사단, 특히 투루판 조사단이 인도에서 다수의 마니교 유물을 발굴했다. 마니교의 경전을 중국어로 번역한 책도 발견되었는데, 이것은 마니교의 사상이 동쪽으로 중국까지 전파되었다는 사실을 보여주고 있다. 중앙아시아에서 마니교는 9세기 경에 이슬람교에 의해 근절되었다.

서양에서 마니교는 기독교와 아주 비슷한 종교였음에도 불구하고 기독교 교회 역사에 중요한 이단으로, 악하고 사악한 모든 것들 중에서 최악의 것으로 기록되었다. 마니교는 프랑스까지 전파되었다. 11세기부터 프랑스 남부에서 번창했던 카타리파의 하나인 알비파가 2세기 뒤에 십자군과 종교재판에 의해 근절되었는데, 이 종파는 마니교의 영향을 아주 많이 받았다. 그리고 동쪽에서 오던 마니교 특사들이 불가리아 사람이었다는 사실도 흥미롭다. 이들 불가리아 사람들의 흔적은 지금도 'Bulgar'에서 비롯된 현대 프랑스어 단어 'bougre'[59]에 남아 있다. 이 단어는 아마 처음에 일종의 저주의 표현

59 남자끼리 성교하는 사람이라는 뜻.

으로 쓰였을 것이며, 지금도 여전히 경멸적인 뜻으로 쓰이고 있다.

우리 시대는 완전히 발달한 종교적 사상 또는 철학이 특징으로 꼽힌다. 이 의식적인 체계, 즉 우리의 세계관은 어둠도 다뤄야 한다. 그런데 이 의식적인 체계가 거대한 그림자를 드리우고 있다. 그 그림자는 점점 더 커지고 있다. 모든 측면에서 검은 힘들이 특별히 커지고 있는 것이다. 예술에서, 사회적 상황에서, 모든 종류의 형식에서 그림자가 확인되고 있다. 아래쪽에서 올라오는 힘들은 더욱 높이 올라가려고 노력하고 있고, 위에 있던 힘들은 아래로 내려오고 있다. 우리의 심리에도 똑같은 현상이 나타나고 있다. 물론 우리는 그림자에게 저항하고 그림자를 무서워하지만, 그럼에도 그림자는 반드시 생겨나고 있다.

이 과정은 우리 환자의 환상에서도 분명하게 드러나고 있다. 그녀는 아래로부터 올라오는 압도적인 무엇인가에 맞서 지속적으로 싸우고 있다. 그녀는 가끔은 그 무엇인가 속으로 떨어지기도 하고 또 가끔은 그것으로부터 달아나기도 하지만, 그런 시도는 언제나 그것으로 돌아가는 결과만을 낳을 뿐이다. 높은 곳에 매달리려고 부질없이 노력한 뒤에, 그녀는 깊은 곳으로, 지하의 깊은 곳으로 떨어진다. 그래서 얼마 전에 '요한계시록'의 정점을 상징하는, 기독교 세계관에서 최고의 성취를 상징하는 환상인 하얀 도시의 상징이 아래쪽의 시커먼 도시의 상징으로 바뀌었다.

지금 성취의 상징인 만다라는 심연에 속하는 것들의 색깔과 형태로 나타나고 있다. 그것은 완전한 역전을 의미하며, 그런 환상에 이른 그녀는 불가피한 법칙에 다소 갇혀 있을 것이다. 그래서 그녀는 자신의 태도를 수정하거나 다른 새로운 태도를 채택하지 않을 수 없을 것이다. 그런 태도는 그녀가 피할 수 없는 사실인 추락에 적응하도록 도울 것이다. 이제 다음 환상을 보도록 하자.

> 나는 바닷가에 서서 수평선을 바라보고 있었다. 배가 한 척 나타나더니 나에게로 왔다.

바다는 언제나 집단 무의식의 상징이며, 바닷가에 서 있는 것은 꿈이나 환상에 자주 나타나는 상징적인 장면이다. 그것은 그 사람이 의식적인 세계의 가장자리에 서서 말하자면 무한한 거리를 보거나 대양의 끝없는 깊이를 들여다보고 있다는 뜻이다. 바다, 즉 무의식은 거울과 비슷하다. 사람은 거울을 꿰뚫어보지 못하지만, 빛을 발하는 표면이 온갖 종류의 신비한 형태가 들어 있는 무한한 깊이를 감추고 있다는 것을 알고 있다.

그곳에 서 있을 때, 그녀는 당연히 뭔가가 일어나거나 나타나기를 기대하고 있다. 그녀는 먼 곳을 바라보고 있거나 바다 속 깊은 곳을 들여다보고 있다. 심리학적으로 말한다면, 그 바라봄이나 들여다봄은 대상의 활성화를 부른다. 마치 무엇인가가 그 사람의 정신적인 눈에서 나오고 있는 것 같다. 이 정신적인 눈은 눈에 보이는 대상을 자극하거나 활성화시키는 그런 눈이다.

영어 동사 'look'은 이런 의미를 전하지 않지만, 같은 뜻의 독일어 단어 'betrachten'은 임신하게 하거나 비옥하게 한다는 뜻을 갖고 있다. 'Trächtig'도 지니고 다니거나 젊음으로 충만하다거나 임신하다는 뜻을 갖고 있지만, 동물에게 쓰지 인간에게는 쓰지 않는다. 새끼를 밴 암소는 'trächtige Kuh'이다. 그렇다면 어떤 사물을 바라보거나 거기에 집중하는 것을 뜻하는 'betrachten'은 대상에게 임신 상태라는 특성을 부여한다. 그리고 만약에 그것이 임신했다면, 거기서 무엇인가가 나오게 되어 있다는 뜻이다. 그것은 살아 있고, 생산하고, 증식시키고 있다. 그런 것이 바로 공상의 이미지이다. 공상의 이미지에 집중해 보라. 그러면 그것을 차분하게 지키는 것이 대단히 어려워진다는 사실이 확인될 것이다. 그것은 동요하고, 이리저리 움직이고, 무엇인가가 더해지거나 스스로 증식할 것이다. 사람은 그것에 살아 있는 힘을 부여하고, 그것은 임신 상태가 된다.

인간 존재들까지도 그런 식으로 행동한다. 당신이 누군가를 응시한다면, 그 사람은 안절부절못하며 움직이기 시작한다. 그리고 어떤 사물을 응시하지 않고 거기에 손을 얹는 방법으로도, 예를 들어 테이블을 움직이게 할 수 있다. 만약에 당신이 사물들을 임신하게 하는 자질을 갖고 있다면, 테이블이 움직일 것이다. 또 당신의 손을 인간 존재에게 얹는다면, 그 사람도 움직이기 시작할 것이다. 당신은 사람들이 매우 이상한 말을 하게 하거나 팔다리를 움직이게 할 수 있다. 나도 그런 실험들을 했는데, 아주 재미있었다. 그러니 환자로부터 무엇인가를 알기를 원하면 그를 응시하도록 하라. 그러면 환자는 당신이 자신에 대해 모든 것을 알고 있다고 짐작할 것이다. 당신이 그들에 대해 아는 것이 사실은 하나도 없는데도 말이다.

그렇다면 우리의 환자가 바다를 바라보고 있을 때, 바다에서 그녀가 넣은 무엇인가가 나온다. 어떤 근원 같은 것이 그녀의 무의식에 잠재해 있다가 그녀가 응시하자 나타나는 것과 비슷하다. 그녀의 의식적인 정신은 하나의 완전한 공백이다. 의식적인 것들이 모두 끝장난 상태이기 때문이다. 의식적인 것들은 더 이상 특별히 관심을 끌지 못한다. 그녀는 그냥 빈 공간을, 무의식이라 불리는 것을 들여다보고 있으며, 그녀가 그곳을 응시함에 따라 무엇인가가 동요하기 시작하고 거기서 배가 나온다. 바다의 바닥에서 동물이나 물고기, 바다 뱀, 노인

등 다양한 것들이 나올 수 있을 텐데, 왜 하필 배일까?

이 대목은 꽤 순진하게 해석해야 한다. 배는 속이 빈 형태이며, 당연히 무엇인가를 담게 될 것이다. 따라서 배가 해안으로 온 것은 무엇인가를 갖고 가기 위해서라고 보는 것이 합당하다. 그녀는 "배의 돛이 검은색이었으며, 돛마다 황금 반지가 하나씩 있었다."고 말한다. 검정 돛은 어떤 극적인 순간을 암시하는가? 이졸데를 기다리는 트리스탄이 연상된다. 거기서 검은 돛은 불길한 전조였다. 그것은 죽음을, 트리스탄의 종말을 의미했으며, 그의 기다림은 허사였다. 그것은 위대한 러브 스토리이며, 그래서 "각 돛마다 황금 반지가 하나씩 있었다".

반지는 언제나 결합을 의미한다. 여기서 한 걸음 더 나아가 그것이 만다라를 가리킨다고 말할 수도 있지만, 우리는 기다려 봐야 한다. 그녀는 "뱃머리에 나무로 만든 여자 조각상이 있었다."고 말한다. 뱃머리에 있는 그런 조각상은 배가 여성이라는 점을 강조하고 있다. 여기서 배는 검은 돛을 가진 어떤 여자이다. 이것은 무엇을 가리키는가?

남자의 경우라면 그것은 검은 아니마일 것이다. 사실 그 배는 트리스탄의 아니마인 이졸데를 데려오고 있는데, 검은 돛들이 그녀를 숨기고 있었다. 그러나 우리 환자의 경우에 여자는 아니마를 갖지 않기 때문에 그것은 그녀의 그림자 부분일 것이다. 지금 배는 당연히 무의식에서 오고 있다. 왜냐하면 그 전 환상 속의 검은 도시가 깊은 곳에 있는 검은 자기를 의미했기 때문이다. 그래서 그녀가 무의식을 들여다보자마자 멀리서 배가 어렴풋이 보인다.

> 배는 나의 옆 바닷가에 멈추었으며, 나는 배로 올라갔다. 배에선 아무도 보이지 않았다.

그녀는 분명히 트리스탄의 처지에 놓여 있다. 만약에 이졸데가 제때에 트리스탄에게 닿았다면, 이졸데는 그를 자신의 배에 태워 갔을 것이다. 그렇다면 이 여자는 거의 남자의 위치에 있다. 그녀가 남자의 역할을 하고 있기 때문에, 그녀의 아니무스는 거기에 없다. 그녀가 검정 돛을 단 배에 오른다는 것은 그녀가 그림자 형태를 받아들인다는 의미이다. 그녀는 자비의 여신 관음(觀音)과 비슷하다. 악마들을 위로하러 지옥에 내려갈 때에도 악마들을 놀라게 하지 않기 위해서 스스로 악령으로 위장했다는 그 여신 말이다. 그 배에선 아무도 보이지 않는다. 배는 완전히 빈 배처럼 보이고, 틀림없이 그녀가 배의 유일한 내용물이다. 그녀는 "배 아래로 내려가 청색이 감도는 방으로 들어갔다."고 말한다. 이 하강은 무엇을 의미하는가?

여기서 그녀는 어둠의 심장으로 들어가고 있다. 『역경』을 보면 어둠을 극복하는 것을 비유적으로 표현하는 대목에서 그런 내용이 나온다. 음이 가장 강해질 때, 에난티오드로미아가 시작하면서 양이 다시 나타난다. 여기서 그녀는 배의 복부 쪽으로 내려가서 청색이 감도는 방으로 들어간다. 하늘의 청색이 나타나는 이유는 무엇인가?

공기의 층들은 언제나 물처럼 청색이다. 그래서 이 청색은 공기나 물을 가리킨다. 따라서 청색은 직관이나 마음, 정신을 상징하며, 딱딱하고 견고한 물질과 반대되는 것으로서 다소 정신적인 것을 상징한다. 가스나 연기나 물 같이, 가벼운 모든 물질은 자연의 정신적인 측면을 상징한다. 그래서 연금술에서 증류기 안에서 견고한 물체를 가열할 때 생기는 휘발성 있는 물질, 즉 정수는 '스피리투스'(spiritus)라 불렸다. 그 단어의 원래 의미는 숨결, 즉 정신을 가진 것이었다. 정신은 하나의 신비체이거나 한 줄기의 바람, 공기의 숨결이다. 그렇다면 청색은 원래 단어의 넓은 의미에서 보면 정신적인 무엇인가를 암시한다. 그러나 어둠의 심장 속으로 내려가는 것은 암흑으로, 물질로, 빛과 반대인 모든 것으로 내려가는 것을 의미한다. 거기선 특별히 정신적인 것을 발견하기를 기대하기가 어려울 것이다.

거기에 청색의 방이 있는 것은 다시 음과 양의 원리와 관계가 있다. 두 마리의 고기 같은 형태로 이뤄진 그 상징과 비슷하다. 검은 눈을 가진 하얀 물고기와 흰 눈을 가진 검은 물고기로 된 상징 말이다. 완전히 발달한 음(陰)의 한가운데에는 양(陽)의 근원인 점이 하나 있다. 낮이 최고조에 달할 때인 정오에 어둠의 근원이 나타나고, 자정에 새로운 날의 근원이 이미 시작된다. 그녀는 새로운 빛의 근원인 그 방으로 들어간다. 그녀는 "방 한가운데에 하얀 가죽 양탄자가 있고, 그 위에 뱀 한 마리가 똬리를 틀고 있었다."고 말한다. 방의 한가운데는 방의 핵심을 의미하며, 거기에 하얀 양탄자가 있다. 일반적인 카펫이 아니라 그냥 가죽이다. 왜 그럴까?

동물의 가죽을 벗기는 행위는 제물을 바치는 의식에서 중요한 부분이다. 멕시코에 유명한 예가 있다. 그곳 사람들은 범죄자를 매년 한 사람씩 가죽을 벗겼다. 그런 다음에 성직자가 희생자의 가죽 속으로 들어갔으며, 그렇게 함으로써 성직자는 신을 대표할 수 있었다. 그 상징적 의미는 인간이 신의 경지에 이르기 위해선 자연성을 벗겨내야 한다는 것이다. 모든 종교에는 신을 위해서 인간으로부터 자연성을 지운다는 사상이 공통적으로 있다. 그러면 신이 인간의 내면에서 태어날 수 있을 것이다.

수도원은 인간이 스스로 자신의 가죽을 벗겨내는 위대한 조직이라는 말도 가능하다. 기독교 은둔자들의 수행은 자신의 묵은 가죽을 벗기려는 노력이었다. 스스로 허물을 벗음으로써 나비가 되는 애벌레처럼. 성 바오로가 한 말처럼, 그것은 케케묵은 아담을 벗어던지고 그리스도를 걸치는 것과 비슷하다. 혹은 그것은 죽음이 이 땅 위에 처음 나타나게 된 것에 관한 흑인의 전설과 비슷하다.

흑인들은 인간 존재들이 원래 뱀과 비슷하다고 생각했다. 그래서 인간도 뱀처럼 해마다 허물을 벗고 새로운 허물을, 새로운 생명을 얻는다고 생각했다. 그러나 어느 늙은 여인이 정신을 깜빡 놓는 바람에 그만 옛날 허물을 다시 입고 말았는데, 바로 그 순간에 죽음이 세상에 존재하게 되었다는 것이다.

허물을 벗긴다는 사상은 정말로 원형적이다. 그렇다면 그 가죽 양탄자는 아마 가죽이 벗겨진 동물을 암시할 것이다. 말하자면, 하나의 독립적인 의식으로 변화한 동물적인 의식을 가리킨다는 뜻이다. 지금 동물적인 의식은 본능적인 의식이며, 따라서 충동적이고, 언제나 의존적이고, 언제나 환경과 '신비적 참여'를 하는 의식이다. 예를 들면, 자신의 코 바로 앞에 있는 것이 아니면 어떤 것도 상상하지 못하고, 가설적으로나 가정적으로 생각하지 못하고, 가정법을 쓸 줄 모르는 그런 사람과 비슷하다.

누군가가 "만약에 … 하다면 어떻게 될까?"라는 식으로 생각할 수 있었던 것이 모든 인간 발명의 시작이었다. 고대 로마 시대에도 사람들은 그런 식의 사고를 하지 못했다. 예를 들어, 옛날의 로마인들은 증기기관도 발견하지 못했다. 이유는 간단하다. 그들이 "만약에 … 하다면 어떻게 될까?"라는 식으로 생각하지 못했기 때문이다. 그들은 사물들의 재미있거나 아름다운 양상으로부터 자신의 마음을 떼어놓지 못했다. 그들은 증기기관을 만드는 데 필요한 지식을 모두 완벽하게 갖추고 있었다. 사실은 그들에게 증기기관 같은 것이 있었다. '헤론의 공'(Heron's Ball)이라 불린 노리개가 바로 그것이다. 그러나 로마인들은 단지 그것이 재미있다고만 생각했을 뿐이었다. 거기서 멈춰버린 것이다. 그것은 알렉산드리아 출신의 물리학자 헤론(Heron: B.C. 285-B.C. 222)이 만든 것이었으며, 그가 정말로 증기기관을 발명했지만 당시의 사람들에게 그런 것은 그냥 갖고 노는 노리개일 뿐이었다.

그렇듯 갈바니(Luigi Galvani)[60]도 요리사가 철삿줄에 매달아 놓은 개구리들의 다리가 건드려질 때마다 경련을 일으키는 것을 보고 다른 모든 사람들처럼 재미있다고만 생각하며 그냥 넘어갈 수도 있었을 것이다. 그러나 갈바니는 추상적인 의식을 성취한 사람이었으며, 그래서 그런 현상 앞에서 스스로 "만약에 … 하다면 어떻게 될까?"라는 식으로 물었다. 그리하여 그는 전기를 일으키는 데 필요한 최초의 장비를 만드는 데 성공할 수 있었다. 그러나 로마인들은 그렇게 하지 않았다. 당연히 원시인도 그렇게 하지 못했다. 바로 그 점이 모든 원시적인 문명이 대단히 보수적이라는 사실을 설명해준다. 수십 만 년 동안, 새로운 것이 전혀 일어나지 않았다. 그러나 인간이 "만약에 … 하다면 어떻게 될까?"라는 식으로 생각하기 시작한 순간, 인간의 사고는 독립적으로 분리되게 되었으며, 그때부터 인간은 '신비적 참여'로부터 자유로워지고 실험을 시작할 수 있었다.

문명은 개인의 삶에 일어난 이런 정신적 분리, 다시 말해 의식의 발달이 일어난 결과이며, 그 과정은 지금도 계속되고 있다. 인간의 삶에 나타나는 모든 진보는, 그리고 통찰과 이해에 나타나는 모든 향상은 곧 의식의 발달에 일어난 진보이다. 사람이 더욱 의식적이게 되고, 더욱 자각하게 되고, 현실에 존재하지 않는 것을 상상할 수 있게 되고, 사실로부터 분리될 수 있게 된 것이다. 사람은 "만약에 …하다면 어떻게 될까?"라는 식으로 상상할 수 있기 때문에 실제의 가능성

....

60 이탈리아 물리학자이자 해부학자(1737-1798).

들 그 너머의 것까지 발명할 수 있게 되었다.

예를 들어, 장티푸스가 돌고 있었다고 가정하자. 시간이 조금 지난 뒤, 누군가가 이쪽 지역에만 장티푸스가 번지고 다른 지역에는 장티푸스가 전혀 나타나지 않는 것이 이상하지 않느냐고 말한다. 그러고 나서도 사람들은 3, 4백 년 동안이나 그런 식으로 말만 할 것이다. 그러다가 어떤 사람이 거기엔 분명히 무슨 이유가 있을 것이라고 생각한다. 그는 그 같은 사실에 주목하면서 무엇인가를 깨닫는다. 언제나 이 특별한 지역에서 장티푸스가 시작한다면 거기엔 틀림없이 이유가 있을 것이라고 판단하는 것이다. 이어서 그는 그곳에 병균에 감염된 어떤 수송관이 있다는 사실을 발견한다. 이 사람은 분리된 추상적인 의식을 가진 존재이며, 그의 의식은 빈 공간 안에서도 어떤 결론을 끌어낼 수 있다. 그는 반대편 둑이 눈에 보이지 않아도 거기엔 당연히 둑이 있다는 사실을 알고 있다.

아니면 도시 중심가에 사고가 빈번하게 일어나는 곳이 있을 수 있다. 어느 지점에서 오늘 사고가 나고, 내일 또 다시 사고가 나고, 일주일 후에 또 다시 사고가 날 수 있다. 언제나 똑같은 장소에서. 그러면 사람들은 사고가 꼭 거기서 일어나는 것이 좀 이상하다고 생각하기 시작한다. 그래도 거기에 명확한 어떤 심리적 이유가 있음에 틀림없다는 식으로 생각하는 사람은 아무도 없다. 대체로 사람들은 이유를 알지 못하는 것들과 '신비적 참여'를 꽤 많이 한다. 우리의 심리에 그런 일이 언제나 일어나고 있지만, 아무도 어떤 결론을 끌어내지 않는다. 우리가 할 수 있는 것은 기껏 그런 일에 대해 이상하게 여기는 것이다. 거기에 진정으로 관심을 두는 사람은 아무도 없다. 거기에 어떤 원리가 작동하고 있다는 것을 아는 사람이 없기 때문이다. 그 결과, 매우 중요한 일이 오랫동안 아주 하찮은 일로 여겨지게 된다.

우리 환자는 지금까지 어둠 속에서 작동했던 무엇인가를 발견하려 하고 있다. 많은 것을 설명해줄 그 무엇이다. 바로 가죽 양탄자 위에 있는 뱀이다. 꽤 새로운 무엇인가가 있다. 가운데는 당연히 양(陽)의 원리가 작용하는데, 여기선 양의 중심부가 음(陰)에 의해 표현되고 있다. 뱀은 꽤 분명하게 음으로 보인다. 그런데 지금 뱀이 어둠의 눈인 양의 자리에 있다. 어떻게 이런 일이 가능한가?

뱀은 무의식에 있는 존재이다. 뱀이 꽤 냉혈동물이기 때문이다. 그 상징의 위치는 아래쪽 척추의 어느 지점일 것이며, 그 상징은 대단히 무의식적이다. 대체로 뱀이 어둠을 상징한다는 사실 때문에 뱀이 언제나 음을 의미하는 것으로 여겨진다. 그러나 여기서 꼭 그렇지만은 않다는 것이 확인된다. 양이 음이 될 수도 있는 것이다. 그것은 완전히 새로운 사상이다. 우리가 사고에 동원하는 추상적이고 지적인 정신에 새롭다는 뜻이 아니다. 하나의 경험으로서, 우리에게 아주 밝고 빛나는 것으로 다가오는 철학적 사고가 무의식의 어둠 속에서 뱀이 될 수 있다는 것이 새로운 사상이라는 뜻이다. 양의 원리는 우리에게 모든 것이 명료하고 분명하게 드러나는 밝은 낮으로 알려져 있다. 바로 그 양의 원리가 어둠 속에서 지하의 악마가 될 수 있다는 말은 아직 들어보지 못했지만, 지금 우리 환자의 환상에 나타나고 있는 것이 사실상 바로 그런 내용이다.

분석을 시작하는 단계에서 무의식을, 예를 들면 자신의 꿈을 일종의 상상으로, 자신에게 일어나긴 했지만 실제로 아무런 의미를 지니지 않는 그런 상상으로 보는 사람이 많다. 그들은 그런 꿈에 관해 어떤 결론을 내릴 수 있다는 점을 인정한다. 예를 들어, 어떤 소망이 의식으로부터 억눌려졌다는 식으로 해석이 가능하다는 점을 인정하지만, 그것은 일종의 태만에 지나지 않는다는 것이다. 무엇인가가 테이블 밑으로 떨어졌다가 쓰레기 속으로 사라지는 것과 비슷하다는 생각을 품는 것이다.

그러나 그들의 관점에 따르면, 무의식이 의식적인 사고처럼 중대한 무엇인가를 낳을 수 있다는 생각은 완전히 배제된다. 무의식이 무의식 자체에 대해 무엇인가를, 그때까지 한 번도 들어보지 못한 중요한 무엇인가를 말할 수 있다는 사실이 확인될 때, 그들은 크게 놀란다. 무의식이 들려주는 이야기는 매우 사소한 이야기일 수 있다. 예를 들면, 공상 소설을 쓰는 동안에 어떤 그림이 갑자기 떠오를 수도 있고 어떤 목소리가 끼어들면서 예기치 않은 말을 할 수도 있다. 그것은 대체로 전환점이며, 그들에게 진정으로 와 닿는 경험이다. 그러면 사람들은 무의식이 정말로 나름대로 활동을 한다는 사실을 깨닫는다. 또 무의식의 활동이 단순히 주관적인 활동이 아니라, 그들에게 맞서고 그들에게 영향을 미칠 수 있는 그런 독립적인 대상 같은 것이라는 점도 확인하게 된다.

이런 일이 일어나기 전까지, 사람들은 대체로 심리적 현상을 모두 의식에서 기원한 표상들의 다소 주관적인 작용으로 받아들인다. 그러나 그런 경험을 통해서 사람들은 음(陰) 속에서 양(陽)을 발견하는데, 그것은 아주 특별한 정신적 경험이 된다. 그것이 특별한 경험인 이유는 사람의 내면에 정신적인 무엇인가가 살고 있다는 사실을, 또 그 무엇인가가 "내"가 아니고 '그것'이라는 사실을 확실히 보여주기 때문이다.

우리 환자의 환상에 뱀이 자주 등장한다. 그러나 그것은 단순 반복이 아니다. 왜냐하면 우리가 지금까지 뱀에 대해 한 모든 말도 함께 오기 때문이다. 여기서 그 말들이 다시 요약되고 있다. 환상 속의 사건은 꿈에서와 마찬가지로 그때까지 느껴지고 생각된 모든 것들의 요약이라는 것이 언제나 확인된다. 뱀은 보통 음의 원리의 상징으로 차갑고 축축하고 어둡지만, 지금은 양의 한가운데에서 뱀이 발견되고 있다. 그렇다면 여기서 뱀은 양일 뿐만 아니라 음이기도 한 것을 상징한다. 그것은 무엇일까?

중국 철학에서, 그것은 긍정과 부정이 똑같아지고 긍정과 부정이 화해의 상징이 되는 도(道)이다. 무의식에서 뱀의 부정적인 측면 밑으로 화해의 상징이 나타나고 있으며, 이것은 양에 속하는 것들이 부정적인 어떤 원리의 방해를 받는 이상한 사실을 한 번 더 뒷받침한다. 그럼에도 그 같은 사실이 현실적으로 아주 중요하다. 그것이 상반된 것들의 결합, 즉 도를 초래하기 때문이다.

지금 도(道)를 나타내고 있는 뱀은 도의 특별한 상태를 의미한다. 아득히 먼 옛날에 도 사상은 전설 속의 어떤 여성적인 원리에서, 또 일종의 용이나 뱀 같은 것에서 나왔다. 그러나 그 후에 도의 개념을 철학적으로 다듬는 과정에 그 같은 원래의 사상은 실종되었다. B.C. 6세기를 살았던 노자는 도의 여성적인 본질에 대해 이야기했다. 그렇듯, 도는 어머니였다.

노자는 도를 계곡의 정신이라고 불렀으며, 도의 본질은 물과 같다고 했다. 도를 계곡 바닥을 흐르는, 뱀처럼 구불구불한 강의 흐름과 비교했다. 그리고 도는 물처럼 언제나 가장 깊은 곳을 찾고 또 틀림없이 그곳을 발견한다고 그는 말했다. 그것은 원래의 이미지가 노자의 마음에 여전히 살아 있었다는 점을 보여주고 있다. 원래의 이미지는 아득히 먼 시대에 속했으며 도의 그 특별한 사상은 사라졌지만, 여기서 그 사상이 다시 나타나고 있다. 도가 뱀에 의해 표현될 때, 그 도는 어떤 상태에 있을까?

무의식이다. 뱀은 언제나 무의식적인 상태를 나타낸다. 뱀은 하급

척추동물이고 냉혈동물이다. 우리 환자의 경우에, 도는 여전히 무의식적인 형태로 있다. 그녀의 도는 광범위한 어떤 직관이 두드러지지만 그녀의 의식적인 심리의 일부를 이루려면 아직 한참 멀었다. 그래서 그런 환상들은 아득한 미래에 속하는 것들을 예고한다고 보면 된다. 그 환상들은 의식이 된다는 의미에서 보면 아직 현실과 거리가 멀며 그녀의 의식적 삶에 영향을 미치지 않을 것이다. 이 환상들은 일어날 수 있는 것들을 보여주지만, 그것들이 일어날 것인지는 확실하지 않다. 그런 환상을 보는 것은 마치 사람이 망원경으로 산의 정상을 보는 것과 비슷하다. 아직 그 사람은 60Km를 더 걸어야 겨우 산기슭에 닿을 수 있다.

그녀는 뱀이 특별한 의미를 지닌다는 점을 깨닫지 못하고 있으며, 따라서 뱀을 쫓아 버렸다. 그녀는 "사람을 찾으려고 애를 썼지만 모든 것이 고요하고 황폐했다."고 말한다. 그녀는 대단히 중요한 상징인 뱀에겐 전혀 관심을 주지 않았다. 그녀에게 뱀은 가죽 양탄자 위에 똬리를 틀고 있는 한 마리의 뱀에 불과했다. 그녀는 인간 존재를 찾고 있지만 허사였다.

> 나는 뱀에게 다가가 발로 찼다. 그러자 뱀은 미끄러지듯 사라졌다.
> 나는 가죽 양탄자를 들어 올렸다. 양탄자 밑에 글이 새겨진 서판이
> 숨겨져 있었다.

그녀는 이 상징의 배열이 지니는 중요한 의미를 알지 못한 가운데 상징을 꽤 객관적으로 받아들이고 있다. 그녀는 뱀을 발로 찬 뒤에 숨겨진 무엇인가를 발견한다. 우리의 삶을 보면 대체로 일이 그런 식으로 전개된다. 만약에 삶이 시작하는 단계에 눈을 크게 뜨고 처

음 접하는 신호들을 읽을 수 있었다면, 만약에 그 단계에 꾼 꿈들에 대해 깊이 생각할 수 있었다면, 아마 삶의 전체 흐름에 대해 어느 정도 파악할 수 있었을지도 모른다. 그러나 우리는 그러기는커녕 우리의 삶에 중요한 것들까지 발로 걷어차기 때문에 자신의 삶에 대해 아무것도 모르게 된다. 그러다가 훗날 어떤 신호들을 다시 발견하고는 서서히 조심스럽게 해석하려 시도할 수 있다. 그러다 보면 아마 삶의 마지막 단계에서 삶을 겨우 이해하는 안타까운 일이 벌어질 것이다. 그러면서 우리는 이런저런 것들을 알았더라면 우리의 삶이 꽤 달라졌을 것이라는 사실을 확인하게 된다. 인간들의 삶을 처음부터 끝까지 한번 살펴보라. 그들에게 무슨 일이 일어났는지, 그들이 인생길에서 가장 먼저 접한 것이 무엇이었는지를 보라. 그러면 그들이 최초의 경험에서 많은 것을 예측할 수 있었다는 사실이 확인될 것이다.

『티베트 사자의 서』(Tibetan Book of the Dead)를 보면, 죽은 직후에 사자(死者)가 '환한 빛'을, '진리의 신성한 몸'(法身)을, '다르마카야'(Dharmakāya)를 지각한다는 내용이 나온다. 그러나 그 빛이 눈이 부실 만큼 밝기 때문에 사자는 대체로 그 빛 앞에서 머리를 돌리면서 그보다 희미하고 어려움을 야기할 빛들을 택하는데, 이 빛들은 망상이다. 그럼에도 사자는 걸음마다 하얀 빛으로 다시 돌아갈 기회를 누린다. 사자가 다른 흐릿한 빛들이 망상이라는 사실을 깨닫기만 하면 되는 것이다. 그런 깨달음이 결코 일어나지 않는다면, 연속되는 망상들이 끝날 때에 사자는 잉태와 출생의 공상을 한 번 더 접한 다음 자궁 속으로 사라지면서 다시 태어난다.

아시다시피, 이것은 똑같은 사상이다. 사자(死者)가 처음에 만나는 완전한 빛을 고수할 수만 있다면, 그는 새로운 탄생으로 겪게 될 고통으로부터 구원을 받을 것이다. 그렇다면 우리는 이 대목에서 이렇게 말할 수 있다. 우리 환자가 그 뱀의 의미를 이해할 수만 있다면, 그녀는 서판의 글을 읽을 필요도 없을 것이고 추가로 더 추구하고 나설 필요도 없었을 것이라고. 그러나 그것이 너무 부담스럽고 너무 어렵기 때문에, 또 그녀가 자신이 직면하고 있는 것들의 의미를 몰랐기 때문에, 그녀는 기회를 팽개쳐 버렸고, 따라서 그보다 덜한 진리를 따라야 한다.

분석을 하다 보면 환자들에게 그런 일이 자주 일어난다. 환자들은 분석을 처음 시작하는 단계에서 아주 중요한 꿈들을 꾼다. 그래서 그 꿈들이 의미하는 바를 제대로 파악하기만 하면, 환자들은 큰 도움을 받을 수 있다. 그러나 환자들은 꿈의 의미를 이해하지 못한다. 그래서 그들은 망상의 길을 따라야 하고, 보다 덜한 진리를, 아마 명백한 오류를 추구하게 될 것이다. 그럼에도 각 단계마다 환자는 망상을 직시할 기회를 갖지만, 그래도 만약에 보지 못한다면 환자는 오류의 길을 따라 점점 더 깊이 내려가다가 최종적으로 진리가 아닌 것을 만나게 될 것이다. 그런데 진리가 아닌 이것을 우회하는 것도 가능하다. 우회하게 될 경우에 그는 다시 위로 올라오게 된다. 처음에는 기회가 아주 많지만 마지막엔 기회가 거의 없다는 이 원칙은 언제나 진리이다.

서판에 무엇이 새겨져 있을까? 그것이 가죽 양탄자 아래에 있었다는 점에 유의하도록 하자. 상징적인 그림이거나 비문일 수 있다. 그것은 일종의 메시지일 것이다. "여기서 이렇고 이런 사람이 죽었느니라."라거나 "이 집에서 이렇고 이런 사람이 태어났노라."라는 뜻을 담고 있을 것이다. 그러나 그녀는 이렇게 말한다.

> 서판 위에 하나의 구(球)와 컴퍼스 하나, 수많은 화살로 된 후광을 가진 여자의 머리가 새겨져 있었다.

서판은 도(道)보다 못한 진리의 대체물인 뱀 아래에 있다. 그녀도 서판이 그 뱀과 어떤 관계가 있다는 것을 분명히 깨달았다. 그렇지 않다면 그녀가 그림에서 서판의 위쪽에 연결의 상징으로 뱀을 그리지 않았을 것이다. 그럼에도 그녀는 지금 우리와 마찬가지로 서판을 제대로 이해하지 못하고 있다. 그래서 그녀는 이렇게 말한다.

> 나는 서판(밑으로 내려가는 문 같은 역할을 하고 있다)을 들어 올리고 배의 시커먼 창고 속으로 내려갔다.

심장에서 배(腹) 쪽으로, 더 깊이 내려가고 있다. 지금 그런 비문 또는 그림은 현실에서뿐만 아니라 꿈이나 환상에서도 종종 설명에 해당한다. 16세기와 17세기, 18세기에 모험을 상징적으로 그린 이야기들을 읽어 보았을 것이다. 그런 이야기를 보면 바위나 동굴에 감상적인 글귀가 새겨져 있다는 내용이 자주 나온다. "오, 축복받은 고독이여! 오, 고독한 행복이여!" "여기서 나는 잃어버린 사랑을 추억하노라." 이런 종류의 글들이다. 크레타 섬을 찾은 미국 전도단이 기사(騎士)들이 글을 새겨놓은 바위들을 발견했다. "여기서 나는 소년 '누구'를 처음으로 사랑했노라!" 당시에 동성애는 사랑으로 여겨졌지만 이성애는 단순히 야만이었다. 도덕관이 다소 변한 것이다.

그렇듯, 이 서판은 아마 뱀을 해석하려는 시도일 것이다. 그러나 그녀는 더 깊이, 배의 창고 속으로 내려가면서 내가 묘사한 그 길을 따르고 있다. 처음에는 위대한 진리가 나오고, 그 다음에는 그보다 못한 진리가 나오고, 그 다음에 어둠이 나오고 있다. 만약에 그녀가 서판에서 멈출 수만 있었다면, 그것이 그녀에게 충분히 많은 이야기를 들려줄 수 있었을 것이다. 서판은 무엇을 의미하는가?

서판에 새겨진 것들은 수학적 상징이다. 컴퍼스와 구, 경도와 위도 등이다. 항해와 관련 있는 것들이다. 그렇다면 도와 관계있다고 할 수 있다. 도가 곧 항해의 길이고, 삶의 길이니까. 도는 옳은 길이며, 옳은 길을 아는 것이 항해이다. 미지의 바다 위에서 옳은 길은 위도와 경도를 계산해서 얻는다. 그래서 지구의와 컴퍼스가 필요하다.

사람이 자신이 서 있는 정확한 위치를 알기 위해서는 그 이상의 무엇이 필요하다. 지능, 곧 머리이다. 우리 환자가 화살들을 후광처럼 두른 그런 머리를 그렸지만, 그 그림을 내가 갖고 있지는 않다. 그 그림에서 화살들은 머리 쪽으로 향하고 있었으며 머리에서 나오는 것이 아니었다. 그것은 머리에 관심을 쏟으라는 뜻이며, 머리는 치열한 의식일 것이다.

중국 한자에서 도는 머리를 뜻하는 부수와 가는 행위를 뜻하는 부수로 이뤄져 있다. 그렇다면 도는 머리를 갖고, 의식을 갖고 가는 것을 말한다. 의식의 길을 간다는 뜻이다. 오직 의식이 있는 곳만이 도가 될 수 있다. 도를 생각하지 못한다면, 당신은 도를 경험하지도 못하고 알지도 못한다. 당신은 단지 사고를 통해서 구분하고 식별할 수 있는 것만을 자각할 수 있을 뿐이다. 그렇다면 도의 의미는 서판의 상징을 통해 가장 분명하게 드러날 것이다.

중국인은 주로 농업을 한다. 물론 중국에도 해운과 항해가 언제나 있어 왔지만, 중국인의 정신은 사실상 흙과 동일시된다. 그렇다면 중국인들에게 도는 걷는 것으로 상징될 것이다. 발로 땅 위에서 길을 찾는다는 뜻이다. 한편 우리 환자는 해상 활동을 하는 선조를 두었다. 서양의 국가들 전부는 해적이나 마찬가지이기 때문이다. 유럽은 거의 바다로 둘러싸인 곶 같은 곳이나 마찬가지이며, 주민들은 상당 부분 해상에서 해적으로, 정복자로 활동했으며, 따라서 최초로 세계의 강도가 되었다. 그렇다면 그녀의 무의식이 혈통에 따라서 항해의 도구를 빌려 스스로를 표현한다고 해도 전혀 놀라운 일이 아니다.

그것이 이 서판의 비밀이며, 뱀이 앞에서 그랬듯이, 서판도 도의 개념을 표현하고 있다. 여기서 뱀이 도를 의미한다는 나의 생각이 입증되고 있다. 그러나 만약에 뱀을 도의 상징으로 이해하지 않는다면, 당신은 그보다 덜한 진리를, 말하자면 도에 대한 인간의 설명을 발견할 것이며, 그 설명은 글쓰기에 의해 상징되고 있다. 중국인이었다면 아마 서판에서 상형문자로 적힌 도라는 단어를 발견했을 것이다. 혹은 글을 모르는 중국인이라면 전문가에게 그 부수의 의미를 물었을 것이다. 그러면 이 여자 환자에게 나는 뱀이 도를 의미한다는 것을 알려주는 상형문자 전문가인 셈이다.

그럼에도 공식을 통해서 이해하게 되는 내용은 진리로부터 어느 정도 떨어져 있을 것이다. 무엇이든 즉각적인 경험이 최고인 법이니까. 상형문자 같은 부차적인 설명 방법이 필요하다면, 진리 자체에 닿지 못하고 진리의 표면에 닿을 가능성이 있다. 사람들은 자신이 진정으로 알지 못하는 상황에서도 아주 그럴 듯한 표정을 지으며 머리를 끄덕인다. 본질적인 경험에 의해 도를 알게 된 사람은 어떠한 해석도 필요로 하지 않는다. 파우스트가 말했듯이 말이다. "사람은 말로 자기 자신을 현혹시킬 수 있다."

지금 서판마저도 우리 환자에게 어떤 의미를 전하지 못하고 있다. 그래서 그녀는 서판을 들어 올리고 이어 어둠 속으로 떨어진다. 이 대목에서 추가적인 계시를 기대할 수 있다. 뱀이 그녀에게 무엇인가를 드러내려고 애를 썼듯이, 서판도 그랬을 것이기 때문이다. 지금 그녀는 어떤 진리를 말해주는 인간의 지적 공식 아래로 떨어졌다. 그러면 어디에 닿게 되는가? 어둠은 무엇인가?

이를 잘 보여주는 실질적인 예가 하나 있다. 어떤 환자가 나에게 조언을 청하면, 나는 대답 대신에 어떤 몸짓을 한다. 그 몸짓이 필요한 모든 것을 다 전하고 있는데도, 그 여자 환자는 그것의 의미를 다시 묻는다. 이어서 설명, 즉 단어들이 따른다. 이런 경우에 몸짓이 진정한 것이었으며, 그 다음으로 진정한 것은 내가 몸짓의 일부를 단어로 바꾼 것이지만 그것은 진정한 것을 암시하는 선에서 그칠 뿐이다. 만약에 이 여자 환자가 충분히 현명하다면, 그녀는 아마 단어를 통해서 그 몸짓을 이해할 것이다. 아니면 그 단어들이 전체 경험을 환기시킬 수도 있다. 하지만 그렇지 않은 것 같다. 그래서 나는 그것에 대해 매우 분명하게 설명하게 되고, 그런 경우에 그 설명은 아무것도 의미하지 않게 된다. 그것은 마치 내가 허공에 대고 말을 하는 것과 비슷하다. 그러면 후에 그녀는 "왜 나에게 그런 말을 하지 않았죠?"라고 말한다. "왜 말을 안 했다고 하지요? 너무나 많이 했는데. 내가 이런저런 말을 했지 않아요?" "진짜 그런 뜻으로 말한 겁니까?" 물론 그런 뜻이었다.

언젠가 어떤 사람으로부터 나의 책 『무의식의 심리학』에 관한 편지를 받은 적이 있다. "당신도 그 책에 쓴 내용을 제대로 몰랐을 수 있지 않을까요?"라고 묻는 내용이었다. 지금 나는 사람이 충분히 의식하지 않는 일도 할 수 있다는 점을 인정한다. 그러나 이 경우에 그 여자 독자는 먼저 그 책에 별다른 생각을 주지 않은 가운데 읽었고, 그녀는 그 책을 다시 읽은 뒤에 거기에 뭔가가 있는 것 같다고 생각했으며, 그리고 10년 뒤에 그녀는 그 책에 정말 무엇인가가 있다고 결론을 내렸다. 그래서 그녀는 아마 자신의 마음을 달래기 위해서 나도 나 자신이 쓴 것에 대해 몰랐을 수 있다는 생각을 떠올린 것이다.

그렇다면, 보다 덜한 진리로 추락한 뒤에, 그러니까 실제적인 경험에서 지적인 공식으로 떨어진 뒤에, 만약에 그 추락에 대한 이해가 이뤄지지 않는다면 무슨 일이 일어나는가? 보다 덜한 진리가 실제로 일어나게 될 것이다. 그래서 나는 이렇게 말한다. "만약에 당신이 나의 말을 이해하지 못한다면, 만약에 당신이 나의 말을 깨닫지 못한다면, 그것이 현실 속에서 일어날 것이다." 그러면 그것이 정말 맹목적으로 일어난다. 그러나 아시다시피 그것은 어둠, 즉 그 일의 칠흑 같은 어둠이다. 바로 그것이 사람들의 눈을 열어줄 수도 있다. 그런 진리를 경험으로부터 직접 배운 사람들도 있지만, 대개 사람들은 그것을 보지 못한다. 그런 일 앞에서 사람들은 대부분 얼마나 특이한가라는 식으로 말한다. 그러면서도 그들은 거기서 결론을 끌어내지 못한다. 그러면 우리는 아래로 더 깊이 내려갈 경우에 행동 영역에 속하는 어떤 경험에 이를 것이라고 짐작할 수 있다.

15강

1932년 5월 11일

지난 시간에 강렬한 응시가 대상을 비옥하게 하는 효과에 대해 말했다. 아울러 독어 단어 'betrachten'의 어원에 대해, 응시가 응시당하고 있는 대상에게 미치는 심리적 효과를 표현하고 있다고 설명했다. 지금 나는 당신에게 어떤 여인이 그린 일련의 그림 중 두 장을 보여주고 싶다. 지금 분석을 받고 있는 것은 아니지만, 응시의 효과를 보여주는 그림을 혼자서 멋지게 그린 여인이다.

무의식의 발달에 특징적인 순간들이 있다는 것을 당신도 알고 있다. 기운이 다 소진했다는 감정과 함께 시커먼 벽 앞에 선 것 같은 인상을 받는 때가 있는 것이다. 벽을 올라가지 못하거나, 더 이상 벽을 뚫고 나아가지 못하는 경우가 그런 예이다. 그런 경우에 그 사람은 벽 뒤에 무엇이 있는지 도무지 알지 못한다.

그런 인상은 다양한 형식으로 상징될 수 있다. 그냥 흑색으로 상징될 수도 있고, 바다의 수면이나 잠긴 문으로 상징될 수도 있다. 갈 길을 막거나 좌절시키는 것이면 무엇이든 그 상징에 쓰일 수 있다. 사람이 사물을 강렬하게 응시하면서 비옥하게 만들어야 하는 때가 바로 그런 때이다. 그러면 그런 상황 속에 묻혀 있는, 눈에 보이지 않는 온갖 가능성의 근원들이 따뜻해지면서 생명을 얻고 발달하면서 눈에 보이게 될 것이다.

첫 번째 그림은 어떤 여인이 열지 못하는 문 앞에 서 있는 그림이다. 아시다시피, 시커먼 벽을 앞에 두고 있거나 갇힌 상황이라서, 거기선 아무것도 움직이지 않는다. 그러나 그것을 그냥 응시하게 되면, 배경이 그녀의 시선을 반영하게 되고, 그러면 문이 열린다.

두 번째 그림을 보면 문이 열려 있고 전통적인 눈 상징이 아주 두드러져 보인다. 그녀는 어떤 눈을 보고 있다. 사실은 그녀 자신의 눈이다. 그러나 눈은 아시다시피 사물들이 시작하는 곳이고 부활의 장소이다. 당신에게 이집트의 가을 축제에 대해 들려준 적이 있다. 그 축제가 열리는 날에 사람들은 신이 부활을 위해 들어올 수 있도록 여신의 왼쪽 눈을 준비했다. 눈이 부활의 장소라는 것은 바로 이집트 신화에서 대단히 신비한 역할을 하는 호루스의 눈이 의미하는 바이다. 그렇다면 여기서 우리는 어둡고 잠겨 있고 접근 불가능한 무엇인가가 응시를 통해서 갑자기 살아나는 그런 예를 보고 있다.

또 당신에게 중국 한자 도(道)에 쓰이는 부수를 보여주고 싶다. 머리를 뜻하는 부수는 기본적인 부수이며, 그것과 같이 쓰이고 있는 것은 다니는 것을 의미하는 부수이며 원래는 발이었다. 그러나 우리 환자의 환상에서 다니는 것을 의미하는 부수가 항해의 상징들로 대체되어 있다. 항해하는 머리인 셈이다.

우리 환자의 환상에 마지막으로 나타난 일련

의 사건들을 우리는 그녀가 그 의미를 깨닫지 못했던 최초의 빛으로부터의 하강으로 이해했다. 그것은 눈을 부시게 만든 첫 번째 빛이 베일을 통해 보는 무엇인가로 대체된 것이나 마찬가지이며, 거기서 환자는 다시 상황을 이해할 기회를 가졌다. 그러나 만약에 그녀가 이해하지 못한다면, 그래서 다시 그 기회를 버리게 된다면, 그녀는 또 다른 상황에 이르게 될 것이며, 이 상황은 베일에 더 많이 가려지고 따라서 더 흐릿해질 것이다.

이 같은 상황은 종국적 진리의 관점에서 보면 진리와 더 멀어졌지만, 그것이 오류를 더 많이 포함하고 있기 때문에 접근 가능성은 더 높아졌다고 할 수 있다. 왜냐하면 사물을 실제 모습 그대로 보지 못하는 사람들에겐 보다 덜한 진리가 이해가 쉬운 까닭에 더 유익해 보일 수 있기 때문이다. 그런 사람들이 진리를 이해하도록 하려면 진리에 오류가 상당히 섞여야 한다. 말하자면 진리를 사람들이 접근 가능한 것으로 만들기 위해서는 예나 비유를 많이 이용해야 하는데, 이 예와 비유가 어쩔 수 없이 진리를 왜곡하게 되어 있다는 뜻이다.

그렇다면 독단적인 형식의 종교들을 진리의 다양한 변형으로 볼 수 있다. 그리스도가 하늘의 왕국을 설명하기 위해 선택한 예들을 보라. 각각의 예는 일종의 파편이다. 그것은 절대로 온전한 진리가 아니며 진리의 한 양상에 불과하다. 그리스도가 하늘의 왕국이 소중한 진주 같다고 말할 때, '진주'라는 단어는 그 말을 듣는 사람들의 마음에서 하늘의 왕국과 아무런 관계가 없는 것들과 결합된다. 사실, 그 단어는 그것을 듣는 사람들이 길을 잃도록 만든다. 혹은 불교의 가르침 속에 들어 있는 주문(呪文) '옴 마니 파드메 훔'을 예로 들어보자. 사람들은 이 주문을 외면서 제단에 보석을 놓고 귀중한 돌을 숭배한다. 이것은 우상 숭배나 다름없으며, 물론 그것은 원래의 가르침이 의미한 것과 정반대이다. 그럼에도 이 주문은 진리의 핵심을 담고 있다. 사람이 그것을 귀중한 진주라고 부르는가, 들판의 보물이라고 부르는가, 한 알의 겨자씨라고 부르는가 하는 문제는 별로 중요하지 않다. 이 모든 비유들 뒤에 있는 그것은 어떤 이름으로 불리든 똑같다.

이 같은 이치를 이해하는 사람이라면 그 비유들을 제대로 이용할 수 있을 것이다. 그러나 단순한 정신은 비유들에 홀려 버린다. 나도 많은 예들을 빌려 어떤 심리학적 진리를 설명하려고 노력하면서 그 같은 현상을 거듭 확인한다. 어떤 사람은 이런 양상에 사로잡히고, 또 어떤 사람은 저런 양상에 사로잡힌다. 당연히 그 양상들은 그들 자신의 그릇된 가정이다. 그렇지 않으면, 그 사람들은 모든 예에서 진리인 근본적인 것을 볼 수 있었을 것이다.

그렇다면 원래의 빛으로부터 내려오는 것은 오류로 향한다는 것을 의미하지만, 사람들이 오류를 많이 범할수록 진리를 발견할 기회 또한 더 커진다. 그것은 사람들에게 디딤돌이나 사다리를 제공하는 것과 비슷하다. 아시다시피, 그리스도가 소중한 진주들에 대해 말할 때, 모든 사람은 진주들이 무엇을 뜻하는지를 알고 있다. 만약에 그 사람들이 화폐 가치에 대한 열정에 완전히 눈이 멀지 않았다면, 그들은 진주를 하나의 상징으로 이해할 것이다. 그럼에도 하늘의 왕국이 가치를 지닌 것이라고 생각하거나 가치가 진리라고 생각하는 것은 오류이다. 가치가 진리가 아니기 때문이다. 진리는 동시에 더없이 무심한 그 무엇이며, 어떻게 보면 아무것도 아닌 겨자 씨앗 하나일 수 있는 것이다. 그것이 절대적인 모순처럼 보이지만, 그리스도의 천국의 왕국 개념을 이해하는 사람은 그것이 모순이 아니라는 것을 알고 있다.

우리 여자 환자의 경우를 보면 첫 번째 빛이 그녀에게 거부당했다.

그녀가 그것을 제대로 이해하지 못했기 때문이다. 두 번째 빛, 즉 도(道)를 설명하는 서판도 역시 거부당했다. 그래서 그녀는 더 깊이, 배의 칠흑같이 어두운 창고 속으로 내려가야 했다. 거기서 도의 개념을 추가로 설명하는 것이 발견될 것으로 기대되지만, 이번에는 오류의 정도가 더 심해서 오도할 위험도 더 커지는 한편으로 해석에 접근할 가능성도 더 커진다. 무의식이 작동하는 것을 지켜보는 것은, 다시 말해 무의식이 그런 생각들을 서양인의 정신에 전하는 과정을 지켜보는 것은 흥미로운 일이다. 그녀는 이렇게 말한다.

> 그곳에서(창고의 어둠 속에서) 많은 흑인들이 사슬에 묶여 있는 것이 보였다. 그들 사이에 수염을 기른 늙은이가 책을 읽고 있었다. 그의 발치에 고양이 한 마리가 누워 있었다.

그녀는 지금 자신의 원시적인 성향들이 사슬에 묶여 있는 영역으로 들어간다. 그리고 늙은이도 마찬가지로 원시적이다. 그녀는 지금 자신에게 도에 대한 이야기를 들려줄 수 있는 존재에게 다가서고 있다. 노자라는 단어는 그냥 "늙은이"라는 뜻이다. 그것은 그의 개인적인 이름이 아니라 칭호다. 그래서 그녀는 지금 『도덕경』에서 노자로 옮겨가고 있다. 이해하지 못하는 것이 있을 때, 그녀는 원시적인 상황에서 자연스럽게 부족의 현자에게 갈 것이고, 그러면 현자는 그녀에게 길을 알려줄 것이다. 이것은 완벽하게 논리적인 전개이지만, 당연히 오류다. 그 같은 움직임에 담긴 오류는 무엇인가? 그녀가 단지 도에 대해 듣기만 할 뿐 그것을 경험하지 않는 것이 오류다.

도에 대해 들어서 알 수 있다고 생각하는 것은 더없이 심각한 오류이다. 도를 이해하기 위해선 누구나 그것을 경험해야 한다. 그럼에도 지금으로선 도에 대해 듣는 것이 유일한 가능성이다. 만약에 그녀가 도에 가까이 다가설 수 있다면, 그것은 어디까지나 노자를 통해서일 것이다. 사슬에 묶인 흑인들이라는 존재를 그녀가 떠올리게 하는 이유는 무엇인가?

만약에 흑인들이 사슬에 묶여 있지 않다면, 그녀가 이 경험을 하지 못할 것이다. 원초적인 본능이 풀린 상태에서 제멋대로 온 곳을 돌아다니고 있다면, 그녀는 아마 도를 경험하지 못할 것이다. 자유로운 흑인들이라는 존재가 그녀를 어지럽힐 것이기 때문이다. 다수의 흑인들에 관한 꿈을 꾸는 것은 매우 원시적인 아니무스가 온 곳에 퍼져 있다는 의미일 것이다. 그녀의 귀 주위에 천 가지 의견이 윙윙거리면서 사방에서 그녀의 관심을 흩뜨려 놓고 있다는 뜻이다. 그런 곳에선 도의 문제가 제기될 수 없다. 도라는 것은 그와 정반대이기 때문이다. 노자는 "고요하고 또 고요한 것이 도이니라."고 말한다.

도라는 것을 경험하기 위해서, 먼저 본능들이 사슬에 묶여야 한다. 그 이미지는 아니무스가 사슬에 묶여야 한다는 것을 의미한다. 그렇게 하지 않으면 그녀가 노인의 말을 이해는커녕 듣지도 못할 것이다. 아니무스가 사슬에 묶이지 않는다면, 그녀에게 불가피하게 어떤 일이 일어나는가?

노인의 목소리가 다른 존재들의 활동에 완전히 묻혀 들리지 않게 된다. 그러면 노인이 없는 것이나 마찬가지일 것이다. 노인이 읽고 있는 책은 노자의 『도덕경』이다. 중국의 옛 지혜의 핵심을 5천 단어로 담은 책 말이다. 그 책은 공식화된 지혜를, 다듬어진 지혜를, 전달될 수 있는 지혜를 상징한다.

노자는 인생 말년까지 글을 전혀 쓰지 않았다. 전설에 따르면, 그는 공직에서 물러나면서 어느 무희와 함께 산으로 들어갔다. 거기서 여생을 보낼 작정이었다. 그러나 그는 죽음이 가까이 다가오고 있음을 느끼고는 사라지기 위해 그 산을 떠났으며 당연히 왕국의 서쪽 문을 통과해야 했다. 그러자 그 문을 지키고 있던 관리가 그를 통과시켜 주는 조건으로 과제를 하나 제시했다. 세상에 길이 남을 지혜의 보고서를 써야 한다는 것이었다. 그래서 노자는 5,000 단어로 된 『도덕경』을 쓰기에 이르렀다. 그 글을 쓴 다음에 그는 서역으로 사라졌다.

한 권의 책은 동양에서만 아니라 서양에서도 위대한 상징이다. 현자는 누구나 책을 한 권 쓴다. 거기엔 삶의 비밀이 두루 담긴다. 예를 들면, '헤르메스 트리스메기스투스'의 글들은 다시 발견되어야 했던 잃어버린 지혜의 책이다. 이 책은 또 중요한 비밀들을, 말하자면 종국적 진리를 공식으로 만들려는 시도를 담고 있다. 헤르메스 트리스메기스투스의 유산인 소위 '타불라 스마라그디나'(tabula smaragdina)[61]에 그런 종국적 진리들이 담겨 있다.

선박의 창고는 도(道)의 상징이 아니다. 그것은 도를 가리킬 뿐이다. 맨 밑바닥에서 시작해야 한다면, 그녀는 먼저 노인이 지혜의 책을 읽는 소리를 듣기 위해서 흑인들이 사슬에 묶여 있어야 한다는 것을 배울 것이다. 그곳에서부터 그녀는 자신이 따를 어떤 지혜를 얻을 것이다. 그녀는 위쪽 갑판으로 올라갈 것이고, 거기서 서판을 발견할 것이고, 머리로 하는 항해를 의미하는 상징들을 읽게 될 것이다. 그리고 그녀가 걸을 길은 뱀처럼 생겼을 것이고, 올바른 길, 즉 도일 것이다.

그녀는 내려가면서 시초의 진리로 돌아가지만, 그것도 오류이다. 왜냐하면 그것이 도에서 멀어지는 그 만큼 오류일 것이기 때문이다. 만약에 노인의 말을 귀담아듣지 않으면, 그녀는 더 멀어질 것이고,

61 '에메랄드 서판'이란 뜻.

그러면 더 심한 오류로, 도와 완전히 다른 상황으로 떨어질 것이다. 그러나 올바른 길을 따라 간다면 그녀는 도에 이를 것이다.

도에 대해 아무것도 모르는 사람에게 도를 설명하는 것은 매우 어려운 일이다. 만약에 조용한 상태에서 도를 본다면, 당신은 그것이 도라는 것을 알아볼 수 있다. 그러나 평범한 사람이 사물들을 그런 식으로 볼 수 있기 위해서는 2,000년에 해당하는 철학적 교육이 필요하다. 서양 사람들의 마음에 도(道)는 이해 불가능한 그 무엇이다. 그리고 도에 대해 설명하면, 다시 말해 도를 현실 속으로 끌어들이면, 서양 사람들의 정신은 더욱더 오류 속으로 빠져들게 된다. 왜냐하면 도라는 것이 명백한 관찰의 세계 그 너머에 있기 때문이다.

이제 우리는 우리 환자가 던지는 어떤 질문을 마주하게 된다.

> 내가 노인에게 물었다. "사슬에 묶인 저 흑인들을 풀어주지 않는 이유가 뭡니까?" 그러자 노인이 "내가 길을 보여주는 책을 읽고 있거든."이라고 대답했다. 이어서 내가 "왜 그런 곰팡내 나는 옛날 책을 읽고 있습니까?"라고 물었다. 이에 그는 "이 책은 그림이 있는 책이라네."라고 대답했다.

이것으로 이 일련의 환상은 끝난다. 그녀가 정점에 이르렀고, 통찰에 다다른 것이다. 우리는 이 짤막한 대화의 심리학을 이해해야 한다. 아시다시피, 당신이 궁금해 했던 물음은 그녀의 마음에도 있었다. 순진하게도 그녀는 그 늙은이에게 흑인들을 자유롭게 놓아주지 않는 이유를 묻는다. 이는 그녀가 사슬에 묶인 흑인들과 늙은이가 등장하는 그림을 분명히 이해하지 못했다는 점을 보여주고 있다. 당연히, 흑인들이 자유로운 상태라면 엄청난 혼란이 일어났을 것이고, 그러면 그녀는 전혀 아무런 기회를 누리지 못했을 것이다. 그때 노인이 길을 보여주는 책을 읽고 있다고 대답한다. 여기서 현자는 흑인에 관심이 없다.

그녀가 거기에 있는 것은 노인으로부터 무엇인가를 배우기 위해서이다. 무엇을 배우려는 것일까? 잔인성 같은 것이다. 그녀는 노인으로부터 자신의 흑인을 사슬로 묶지 않고는 도에 이를 수 없다는 것을 배워야 한다. 그녀는 흑인에 대해 걱정을 해서도 안 된다. 아시다시피, 노인은 전체 상황에 전혀 아무런 영향을 받지 않는다. 심지어 노인은 그녀의 질문을 무시한다. 이것은 그녀가 그 같은 태도를 배워야 한다는 것을, 또 그녀가 흑인들이 사슬에 묶인 것과 같은 슬픈 사실에도 전혀 관심을 두지 말아야 한다는 것을 보여준다. 당연히 모든 인간 존재는 사슬에 묶인 흑인들을 보면 어떻게 해 보려 든다. 대체적인 생각은 흑인들이 자유롭게 해방되어야 한다는 것이다. 그러나 흑인들이 해방되면 어떤 상태에 처하게 되는가?

당신이 당신의 문제를 11,000명의 처녀들 위로 넓게 펼칠 때, 그리고 당신이 그 처녀들이 그들의 문제를 해결하기 위해 해야 하는 일에 관심을 쏟을 때, 문제는 더 이상 당신 자신의 문제가 아니다. 당신 자신의 문제를 해결하고, 그들의 문제에 대해서는 걱정하지 않도록 하라. 당신이 그들의 문제에 대해 걱정하게 되면, 그것은 온 세계로 퍼지는 '신비적 참여'가 된다. 당신이 모든 사람들에게 당신 자신의 열등감을, 당신 자신의 결함을 전염시키게 되는데, 그런 일은 어떠한 도움도 되지 않는다. 그런 경우에 다른 사람들에게 이로운 일을 거의 하지 못하게 된다.

예를 들어, 당신이 베풂으로써 사람들을 이롭게 한다는 것은 하나의 착각이다. 당신은 베풂으로써 그들을 망쳐 놓는다. 그런 행위를 하면서 당신은 당신 자신을 즐겁게 하고 있을 뿐이다. 당신은 자신이 놀라울 정도로 관대하다고 생각하며, 당신의 관대함에 희생될 가엾은 사람들에 대해서는 조금도 생각하지 않는다. 당신은 다른 사람들이 당신의 친절을 받을 자격을 갖추고 있는지 여부를 떠나서 그들에게 친절하다. 어떤 사람들은 당신의 친절을 받을 자격을 갖추지 못하고 있다. 당신은 자신이 친절하다는 생각에 스스로 즐거워하면서 자기애적인 쾌락에 빠져 있지만, 당신은 실은 그들을 망쳐놓고 있으며 그들을 더욱 깊은 오류로 이끌고 있다.

그래서 당신에겐 어느 정도의 잔인성이 필요하다. 그 흑인들은 사악한 악령들이다. 어쩌면 당신뿐만 아니라 다른 사람들을 죽일 수도 있다. 그런데 왜 그들을 자유롭게 풀어줘야 하는가? 그들을 사슬에 묶어 두는 것이 차라리 더 낫다. 그렇다면 당신은 다른 사람들에게 온갖 미덕을 낭비하고 있다. 그것은 오직 당신 자신의 만족을 위한 행위일 뿐이다. 진정한 친절은 "내가 지금 누구에게 100달러를 주고 있지?"라고 묻는다. 당신은 100달러, 아니 그보다 더 많은 돈을 줄 수도 있지만, 그 돈이 어떤 의미를 지닐 수 있는 곳에, 그 돈을 받을 가치가 있는 곳에 줘야 한다. 그렇게 하지 않으면 그것은 무분별한 사랑이고 무분별한 친절이며, 그것은 악이나 마찬가지이다.

우리 환자는 여기서 세상에 초연한 태도를 배워야 한다. 그것을 두고 꽤 비인간적이라고 말할 수 있다. 그녀가 왜 세상에 초연해야 하는가? 하지만 그 늙은 현자가 세상에 무관심한 이유는 무엇인가? 그는 어떤 목적을 위해 세상을 멀리하고 있다. 다른 사람들을 친절하게 다루기 위해서가 아니라, 자기 자신을 향상시키고 완성시키고 자신을 완벽하게 가꾸기 위해서다. 당신이 이 세상에서 당신 자신을 제거한다면, 사람들이 그 같은 사실을 얼마나 감사하게 생각할 것인지 당신은 모를 것이다. 많은 사람들이 당신이 자신들을 괴롭히지 않게 되었다는 사실에 대해 신에게 감사할 것이다. 그리고 당신이 없는 미래가 얼마나 희망적이겠는가! 당신은 다시 멋지고 완전한 모습으로 돌아올 것이다. 전에는 당신이란 존재는 지독하고, 거머리 같고, 해충 같았는데 말이다. 누군가가 세상을 멀리할 때, 다른 누군가는 기뻐하고 그 사람 본인은 치유될 것이다. 혹시 그 사람이 죽어 사라진다 하더라도, 그가 사람들을 계속 괴롭히는 것보다는 차라리 사라지는 것이 더 낫지 않을까.

그렇듯 만약에 그녀가 노인으로부터 초연해지는 것을 배운다면, 그녀는 자기 자신에게로 돌아갈 것이다. 그러면 그녀는 자기 자신을 이해하고 향상시킬 것이며, 따라서 그녀가 도에 이를 기회가 생길 것이다. 노인은 그녀에게 이것을 매우 분명하게 말하고 있다. "나는 길을 보여주는, 그림이 있는 책을 읽고 있어." 그 책에는 분명히 그림이 실려 있다.

그 그림은 이미지를, 삽화를 의미한다. 그 책은 사물들을 간단한 방식으로 보여주는, 눈과 감각에 말을 거는 그림들을 담고 있다. 그런 그림들은 무의식에서, 바깥의 자연뿐만 아니라 내면의 자연에서도 꽤 자연스럽게 올라온다. 그 그림들은 어떤 목적을 가진 마음에 의해 형성된 생각과 추상 관념이 아니다. 그것들은 자연의 계시이다. 이 여자가 자신의 환상을 그린 그림들이 목적을 가진 의식적인 생각이 아니라 자연의 계시로 가득한 것과 마찬가지다. 아시다시피, 이것은 그녀의 책을, 그녀가 자신의 경험을 바탕으로 쓰고 그림을 그리고 있는 책을 가리킨다.

채식(彩飾)을 의미하는 영어 'illumination'은 정신적인 개념을 갖고 있다. 그 책은 정신적인 빛, 즉 계몽을 담고 있다. 그래서 그것은 진정으로 지혜의 책이다. 그러나 그녀는 그가 그런 케케묵은 고대의 책을 읽는 이유를 묻는다. 이것은 그녀가 그 책을 과거의 그 무엇으로, 실질적인 가치를 전혀 갖지 않은 그 무엇으로 받아들이고 있다는 점을 보여준다. 그러자 그는 단순히 그것이 계몽의 책이라는 말을 반복한다. 그러면서 또 다시 그녀의 어리석은 질문에 대답을 하지 않고, '그림'의 정신적 의미를 강조한다. 그것은 삽화가 있는 그림 그 이상을 의미한다. 그것은 곧 계몽의 책이다. 그렇다면 그가 읽고 있는 책은 그녀 자신이 쓰고 있는 책과 비슷하다. 계몽의 내용을 담은 그녀의 책을 쓰고 있는 것은 그녀 안에 있는 노인이며, 그 책은 그녀를 도를 깨닫는 단계까지 이끌고 있다.

고양이를 까마득히 잊고 있었다. 고양이는 언제나 여성이다. 고양이는 개의 아내이다. 소가 말의 아내이듯이, 그 고양이는 그녀의 안에 있다. 물론, 고양이는 그 자체로 전체 세계에 속하는 원형적인 형상이지만, 여기서 고양이는 그녀 자신의 의식의 세계에 속하는 마녀 같은 무엇인가를 암시한다. 만약에 그녀가 노인을 깨닫지 못한다면, 그래서 만약에 똑같은 일이 다시 일어나야 한다면, 다시 말해 그녀가 이해하지 못하는 상태에서 노인을 그냥 지나친다면, 그 다음에는 무슨 일이 일어날까? 이 미래의 일을 바탕으로, 우리는 고양이가 무엇을 예고하는지를 볼 것이다. 만약에 어떤 여자가 노인을 무의식적으로 알아보고 그 형상을 동화시킨다면, 그래서 노인이 단순히 그녀의 안에서 일종의 암시 같은 것이 된다면, 그 암시의 효과는 어떤 식으로 나타날까?

그녀는 자연적인 정신에, 뱀의 지혜에 홀리게 될 것이며, 그런 다음에 동물의 세계로 내려갈 것이다. 그녀는 아마 마녀 같은 존재가 될 것이다. 마녀는 지적인 여자와 비슷했다고 할 수도 있다. 물론 마녀는 진정으로 지적이지는 않다. 마녀는 그녀 안에 있는 자연의 지혜이다. 마녀는 그녀의 특성이 아니며, 그녀를 통해 말을 한다. 마녀는 뱀처럼 알랑거리면서 의심을 품게 하는 말을 하고, 돕지 말아야 할 것을 돕는다. 마녀는 사람의 약점을 건드리고, 해서는 안 될 말을 교묘하게 한다.

만약에 그녀가 혹시라도 약점들을 건드리게 된다면, 그런 일이 서론 없이 단도직입적으로 일어나서는 안 된다. 그녀는 전체 문제를 매우 신중하게 다뤄야 한다. 문제에 대해 부주의하게 아무렇게나 언급하면 안 된다. 미리 전체 윤곽을 그려야 한다. 그래야만 그녀와 대화하는 상대방이 그녀가 자신이 하는 말을 의식하고 있다고 판단할 것이다. 오직 의식을 통해서만, 그녀는 불행한 후유증을 줄일 수 있다. 의식이 그런 후유증을 막아주는 방패인 것이다. 만약에 그녀가 자신이 하는 말을 의식하지 못한 가운데 이런저런 말을 불쑥 내뱉는다면, 그것은 그녀가 마녀의 상태에 있다는 것을 의미한다. 그런 상태는 대단히 맹목적이고 혼란스런 영향을 끼친다. 그것은 마치 흑(黑)마술을 행하는 것과 비슷하다. 왜냐하면 지혜가 강력하듯이 노인의 원형도 대단히 강력하기 때문이다.

지혜는 힘을 의미한다. 만약에 지혜가 무의식의 상태로 남는다면, 그것은 자연의 방식대로 작동한다. 자연은 잔인하며 인간 존재에 전혀 아무런 관심을 주지 않는다. 자연은 오직 가장 짧은 길을 추구할 뿐이다. 물이 그 흐름의 길이 적절한지에 대해 전혀 신경을 쓰지 않듯이 말이다. 자연은 인간이 원하는지 여부와 상관없이 자신의 길을 선택한다. 그래서 뱀의 지혜는 적절한지 여부를 절대로 묻지 않고 제 길을 간다.

그래서 만약에 이 여자가 도(道)의 암시를 거부한다면, 그 다음 움직임에서 그녀는 마녀의 입장에 서거나 마녀를 직면하게 될 것이다. 그러면 그녀는 완전히 공중에 붕 떠 있을 것이다. 마녀가 사람을 그릇된 길로 이끌면서 망상을 불러일으키기 때문이다. 거기에 사악한 성향이 전혀 없는 것처럼 보일지라도, 말들은 마녀 같은 목소리로 하는 경우에 허공에서 비비 꼬이면서 왜곡된다. 아니면 그 말을 듣는 사람이 실제의 말이 아닌 다른 말을 들을 수도 있다.

마녀의 상태에 있는 사람은 모두 주기도문의 단어들을 배우려고 시도한 두 요정과 비슷하다. 이 요정들은 성직자가 가르치는 단어들을 그대로 되풀이하려고 노력했지만 언제나 이런 식으로 말했다. "하늘에 계시지 않는 우리 아버지시여!" 두 요정은 최선의 뜻을 품었고 또 그 단어들을 똑바로 말하려 했지만, 그럼에도 그들이 시도할 때마다 단어들은 허공에서 꼬였다. 그래서 요정들은 불멸의 영혼을 절대로 얻을 수 없었다. 그 후로 요정은 요정이었을 뿐이며 불멸의 영혼을 갖지 못했다.

고양이는 여자의 본능이며, 사슬에 묶여 있지 않고 자유롭다. 이는 여자의 본능이 노인과 완벽하게 조화를 이루고 있다는 것을 의미한다. 반면에 흑인들은 사슬에 묶여 있다. 흑인들은 자유롭게 풀어놓을 경우에 여자를 압도하게 될 남자의 야생적인 힘들이기 때문이다. 흑인들은 아니무스의 정신적 힘을 나타내는 한편, 고양이는 지혜와 조화를 이루는 여자의 본능이다. 지혜와 본능은 영원히 똑같으며, 지혜의 모든 말은 본능의 진리이다. 지혜는 단지 본능 뒤에 묻혀 있는 이미지를 드러낸다. 본능은 이미지들의 역동적인 측면이다.

고양이는 숲에서나 인간의 집에서나 똑같이 편안함을 느낀다. 그것은 여자의 본성과 일치한다. 여자는 남자보다 길이 덜 들여져 있다. 만약에 여자가 길이 들여진 것처럼 보인다면, 그것은 거짓말이다. 개가 고양이보다 훨씬 더 길이 많이 들여져 있다.

어두운 곳에서 잘 보는 고양이의 특징은 남자의 지혜가 바닥을 드러내면 여자를 불러들인다는 옛날의 진리와도 일치한다. 아나톨 프랑스(Anatole France)의 『펭귄의 섬』(L'ile des Pingouins)의 한 대목을 기억하고 있을 것이다. 학문적인 추리력이 뛰어난 교회의 아버지들이 펭귄도 세례를 받으면 불멸의 존재가 되는가 하는 문제를 놓고 고민하는 대목이다. 그래서 그들은 성 카타리나를 불렀고, 그녀는 교회의 아버지들만큼 학식이 깊지는 않지만 자신이 볼 때 불멸의 영혼이 세례를 통해 얻어지는 것이기 때문에 펭귄에게도 불멸의 영혼이 주어지는 것이 맞는 것 같다고 대답했다. 그럼에도 동물이 불멸의 영혼을 가질 수 없는 것도 마찬가지로 진리이기 때문에, 그녀는 "펭귄에게 불멸의 영혼을 주되 작은 영혼을 주도록 하자."고 제안했다. 그래서 문제가 해결되었다.

이제 다음 일련의 환상으로 넘어갈 것이다. 지금까지 본 환상에서 도(道)라는 것이 어떤 것인지를 안 상태이기 때문에, 다음 환상은 어떤 식으로 전개될 것인지를 짐작하기가 어렵다. 새로운 환상을 보자.

> 땅바닥에 칼이 놓여 있는 게 보였다. 나는 그것을 집어 들고 산기슭으로 먼 길을 내려갔다. 이어 산기슭의 도시에 도달했다. 거기서 길을 걷다가 문에 피로 십자가 표시를 해 놓은 집에 닿았다.

칼은 물건을 자르는 데 쓰이는데, 이때 지성이 작용하게 된다. 마음은 식별하고 자르기 때문에, 칼 같은 것으로 상징된다. 그 칼은 땅바닥에 있으며, 그녀는 그 뒤에 산기슭까지 먼 길을 내려간다. 다시 하강의 움직임이다. 그래서 땅바닥, 즉 땅이 강조되고 있다. 문제는 어떤 제물이 바쳐질 것인가, 식별하는 그녀의 정신인 칼이 무엇을 자르는 데 쓰일 것인가 하는 것이다. 그 정신은 여자의 안에 있는 남자이며, 도구는 언제나 남성적이다.

나에겐 아주 현명한 늙은 삼촌이 한 분 있는데, 그는 여자들을 향해 이런 말을 자주 하곤 했다. "아, 남자들이 없었다면 여자들은 지금도 막대기로 요리하고 있을 걸. 여자들은 숟가락조차 발명하지 못했을 테니. 남자만 발명할 수 있으니 말이네." 산기슭에 도시가 자리 잡고 있고, 그녀는 그곳을 걷다가 어떤 집에 이른다. 문명화된 사람은 계곡에 산다. 그렇다면 그녀는 틀림없이 인간의 거주지로 내려오고 있다. 여기서는 그 도시의 의미에 대해 말하는 암시가 전혀 보이지 않는다. 일반적인 상황에 비춰본다면, 도시는 무슨 의미인가?

이 상황은 그 전의 상황과 비슷하다. 그녀는 도를 어느 정도 이해했다. 어느 정도의 통찰을 얻게 되었다는 뜻이다. 이 점은 높이로 암시되고 있다. 그녀는 산 정상에 올랐다. 지금 다시 위쪽의 빛에서 아래의 사물들로 내려가는 움직임이 있다. 그것은 단순히 그녀가 다시 집단적인 삶으로 돌아왔다는 것을 의미한다. 거기에 문에 십자가 표시가 피로 그려져 있는 특별한 집이 있다. 좀 특이하다. 그것은 기독교 상징이며 제물을 의미한다. 그래서 이 집은 제물을 바치는 집이거나 기독교인의 집일 가능성이 크다.

문에 피로 그려진 십자가는 '구약 성경'의 유월절(이스라엘 백성이 이집트를 탈출한 것을 기념하는 유대인 명절/옮긴이)을 떠올리게 한다. 피를 칠한 문설주는 역병을 예방하는 액막이 부적이었다. 천사는 그 표시를 근거로 보호해야 할 집을 알아보았다. 문에 그려진 십자가 표시는 언제나 악령을 막는 부적이었다. 혹은 중대한 위험이 있는 동안에 그 집에 사는 사람이 적인지 아군인지를 알리는 역할을 했다. 그렇다면 이것은 제물의 개념이 뚜렷한 곳으로 봐야 한다. 그녀의 환상을 더 보도록 하자.

> 칼로 문을 건드렸더니 문이 열렸다. 안에 컴컴한 방이 하나 있다. 귀퉁이에서 불이 타고 있었다. 나는 불 속에서 새카맣게 탄 작은 뱀들을 여러 마리 보았다.

이 환상을 보면, 그녀가 통찰에 대해 어렴풋이 듣긴 했지만 통찰 자체를 얻지는 않았다는 분위기가 느껴진다. 마법 같은 것이 느껴지는 것도 바로 그런 분위기 때문이다. 칼이 마법을 지닌 것 같다. 그녀가 그것으로 문을 건드리자 문이 저절로 열리니 말이다. 그것은 다른 마법의 수단, 즉 모든 문을 연다는 만드라고라라는 식물의 뿌리[62]와 비슷하다.

마법의 칼을 가진 그녀는 이미 일종의 마녀 같은 특징을 보인다. 그녀는 그 집에 들어가기 위해 마법적 수단을 이용하며, 집 안에 어두운 방이 있다. 문에 피로 그린 표시는 매우 불가사의하며, 불에 탄 뱀들도 마법을 암시한다. 두꺼비나 뱀 같은 작은 동물들을 불에 태우는 것은 마법의 의식에 해당한다. 분명히 거기엔 희생이 있었지만, 뱀들의 희생이다.

뱀은 원시시대부터 불멸인 것으로 여겨져 왔다. 죽은 자들의 영혼이 뱀 속으로 들어가는 것으로 믿어졌다. 뱀들은 죽은 영웅들의 정령으로 여겨졌다. 뱀들은 언제나 정령과 관계가 있었다. 그렇다면 뱀들을 불에 태우는 것은 죽은 사람들의 영혼이 뱀의 형태로부터 해방되어 위로 올라가도록 한다는 뜻이다. 피닉스 신화는 오래된 마법의 부

62 사람의 하체를 닮았다는 이유로 마법적 용도로 쓰인다.

활 의식이다. 인간 존재들의 육체를 태우는 것도 똑같은 의미를 지닌다. 육체들이 장작더미에서 올라오는 연기 속에서 부활하는 것으로 여겨졌기 때문이다. 영혼은 섬세한 육체로서 연기를 타고 하늘로 올라가며, 그리하여 신에게 바쳐지게 된다. 번제(燔祭)[63]에서 바쳐지는 것은 동물들의 몸통이나 과일이다. 제물로 바쳐진 동물이나 과일은 신들이 사는 것으로 여겨지는 높은 곳까지 연기와 냄새로 올라간다.

이 같은 사상은 우리에게 너무나 깊이 체화되어 있다. 그래서 오늘날에도 심령주의자에게서 그런 사상이 확인된다. 올리버 로지(Oliver Lodge)[64]의 책 『나의 아들 레이먼드』(My Son Raymond)를 보면 매우 흥미로운 이론이 나온다. 소년은 전쟁에서 죽은 뒤 다양한 영매를 통해 귀신으로 나타난다. 소년은 온갖 질문에 다 대답했으며, 사람들은 이를 근거로 내세의 땅에 집이 있음에 분명하고 그 집들이 벽돌로 만들어진 것 같지만 모든 것이 약간 얇다고 결론을 내렸다. 소년은 그곳의 사람들도 음료수와 담배를 즐긴다고 말했다. 최근에는 어떤 남자가 갑자기 나타나 담배를 피우고 싶어 죽겠다는 말을 했다고 한다. 그 사람은 거기서도 담배를 피울 수 있다는 것을 몰랐지만, 다행히도 옆집에 담배를 만드는 사람이 있었다. 그 이론은 그곳에서 물질로 불리는 것은 그 물질이 이 땅에서 흡입한 분자로 이뤄져 있다는 것이다. 어떤 온기가 그 분자들의 운동을 일으키고, 이 분자들이 냄새처럼 대기 속으로 뿜어진다. 그러면 예를 들어 벽돌 냄새가 날 것이다. 담배 냄새가 나듯이. 이 분자들은 공기가 대단히 희박한 층까지 올라갔다가 거기서 귀신들에 의해 모아진다. 귀신들의 집은 똑같은 모양으로 벽돌 냄새로 지어진다. 옷은 섬유 냄새로 만들어지고, 담배는

....

63 동물을 통째로 구워 바치는 제사.

64 종교와 과학을 조화시키려고 노력한 영국 물리학자(1851-1940).

담배 냄새로 만들어진다. 소년은 당연히 그곳의 담배는 똑같은 만족감을 주지 못하며, 그래서 대부분의 사람들이 시간이 조금 지나면 담배를 끊는다고 한다. 소년은 식사를 하나 안 하나 아무런 차이가 없다는 것을 깨달을 때까지 하루에 세 끼씩 식사를 했다. 귀신들도 인간의 이론을, 말하자면 영혼은 연기 같거나 냄새 같은 신비체라는 이론을 그대로 간직하고 있다.

마찬가지로 신들도 사물들의 영혼을 냄새로 받아들이며, 신들은 제물을 태우는 과정에 위로 올라오는 냄새를 맡으며 산다. 그리고 죽은 자들의 영혼이 하늘까지 닿도록 하기 위해 그들을 태우듯이, 죽은 자의 그릇들과 소유물들은 죽은 자와 함께 묻히거나 깨뜨려진다. 내가 머물던 아프리카 지역에서 여자가 죽으면 그 여자가 요리할 때 쓰던 그릇과 주걱, 그리고 보석은 모두 그녀의 오두막 앞에 2개월 동안 놓아 둔다. 그러면 그녀의 영혼이 천국에 들어갈 때까지 아무도 건드리지 않는다. 모든 것이 깨뜨려진다. 그래야만 거기에 들어 있던 영혼이 나와서 죽은 자를 만나러 하늘로 가서 다시 그 사람을 모시게 되는 것으로 여겨지기 때문이다.

그것이 선사 시대에 우르의 왕이 죽었을 때 바친 그 끔찍한 인간 제물의 기원이었다. 우르의 유적지를 발굴하는 과정에 죽은 왕의 영혼을 수행하기 위해 죽음을 당한 군인과 궁녀, 노예들의 시신이 50구나 나왔다. 훈족의 왕들은 언제나 군인들과 동행했는데, 이때 군인들은 말과 함께 죽음을 당한 뒤에 왕 가까운 곳에 묻혔다. 이집트에서는 인간 제물이 '우샤브티'(ushabti)라 불린 작은 점토 조각으로 대체되었다. 이집트 사람들은 파라오가 들판에서 일할 일꾼을 두지 않을 경우에 내세에서 굶주림으로 힘들어 할 것이라고 짐작했다. 그래서 그들은 작은 점토 조각 수백 개를 파라오의 무덤 안에 넣었다. 조각의 색은 언제나 지하 세계의 색깔인 청록색이었다.

이 환상에서도 그런 사상이 작용하고 있음에 틀림없다. 그것이 마법적 과정이기 때문이다. 뱀들의 몸통을 태우는 의식이 있었고, 그리하여 뱀 안에 있던 정신들이 해방되었음에 틀림없다. 그녀는 이렇게 말한다.

> 나는 뱀의 재를 일부 집어 왼손 손바닥에 문질렀다. 나는 칼이 시뻘겋게 달 때까지 칼을 불 속에 넣었다. 이어서 칼로 그 집의 지붕을 건드리자 집 전체가 허물어져 내렸다. 나는 밤에 사막에서 불 옆에 홀로 서 있었다.

이 환상의 의미는 매우 어둡다. 틀림없이, 뱀의 재는 마법의 물질로서, 불의 마법적 성격과 뱀의 마법적 성격의 결과물이다. 재는 당연히 어떤 마법적 효과를 일으킬 것임에 틀림없다. 그녀가 왼손 손바닥에 그걸 놓고 문지르고 있으니 말이다.

이 대목에선 매우 원시적인 방식으로 생각해야 한다. 원시적인 마음에는 마법적인 특성이 아주 분명하게 다가온다. 어떤 사물에 내재하고 있는 일종의 실체처럼 느껴지는 것이다. 그래서 불 자체가 마법적인 성격을 갖게 되는 것이다. 그런 식의 사고는 매우 오랫동안 이어졌다. 초기 화학에서 논의되었던 불 같은 플로지스톤이 그런 개념이었다. 그리고 의학 분야에 의사들이 오래 전부터 던져 온 질문이 있다. "왜 아편이 마취 효과를 내는가?" 그러면 학생들은 "마취의 미덕이 아편에 있기 때문이지요."라고 대답했다. 아시다시피, 미덕 또는 힘은 거의 실체나 마찬가지이다. 그래서 사물에서 미덕을 끌어낸다는 생각이 나오게 된 것이다. 그 실체를, 그 마법의 효과를 끌어낸다는 생각 말이다.

뱀은 틀림없이 마법적이다. 뱀은 특히 귀신같은 정신의 특성을 갖고 있다. 불도 정신이다. 왜냐하면 사물들을 대단히 기적적인 방식으로 변화시키는 것이 불의 특별한 성격이기 때문이다. 예를 들어, 불은 물을 기체로 바꿔놓는다. 혹은 불은 돌과 광물을 변화시킨다. 사물들을 가열하는 것은 단순히 그것들을 뜨겁게 만들기 위해서가 아니다. 불의 마법적인 성격을 불어넣기 위해서다. 그리하여 불 같은 정신이라는 개념이 생겨나게 되었다. 휘발성 강한 물체는 불의 휘발성 강한 본질 때문이다. 그러므로 정신은 무거운 물질과 불의 휘발성 강한 섬세한 물질의 특이한 결합이다.

여기서 뱀의 생명과 불의 생명이 결합되고 있으며, 그 결과는 공기 속으로 증발하는 불 같은 영혼이다. 마녀는 당연히 불 같은 영혼에는 관심이 없고 불타고 남은 재에만 관심이 있다. 재는 마법의 실행에 중요한 역할을 한다. 마법적인 성격이 아직 재 안에 남아 있기 때문이다.

지금 우리 환자는 왼쪽 손에 재를 문지름으로써 이 불 같은 정신을 왼손으로 넘기고 있다. 여기서 왼손은 흑(黑)마술적인 측면을 뜻한다. 인도에서 왼쪽 손의 경로는 탄트라의 샤크티 숭배로 표현되고 있으며, 왼손은 악하지는 않아도 의문스럽고 모호하다. 그래서 이 여자의 어두운 측면이 다시 살아나거나 부활하게 된다.

16강

1932년 5월 18일

지난 시간에 새로운 일련의 환상을 다루다가 끝냈다. 해석이 다소 뒤엉킨 상태였다. 마법의 분위기로 들어가자마자, 일들이 대단히 어려워졌으며 대기는 온갖 종류의 오해로 가득해졌다.

그녀가 산에서 내려오면서 가장 먼저 맞닥뜨린 위험은 집단적인 정신에 의한 전염이었다. 거기에 어떤 전염을 암시하는 대목이 있다. 전염병에 관한 꿈은 아주 흔하다. 그런 꿈은 대체로 집단적인 정신에 의한 전염을 상징한다. 그래서 그녀는 다시 집단적인 분위기로 내려가고 있다. 그녀가 가장 먼저 만나는 것은 집단 감염을 예방하는 액막이 부적의 가치를 지닌 십자가이다. 두드러진 것은 십자가가 집 밖에 있고, 집 안에는 불에 탄 뱀들, 즉 마법의 의식을 치른 잔해가 남아 있다는 점이다.

뱀이나 두꺼비를 비롯해 마법적인 힘을 지닌 동물들이 끓여지거나 태워질 때마다, 목적은 그 정수를 추출하는 것이다. 그것을 정신이라고 부를 수도 있다. 뱀의 정신은 뱀의 마법적인 특성이며, 그 특성은 부활의 힘이다. 그런 동물들은 허물을 벗고, 따라서 해마다 새로운 생명을 얻는 것처럼 보인다는 사실 때문에 원시 부족들 사이에 불멸의 존재로 여겨진다.

그렇다면 재를 왼손에 문지르는 행위는 그녀가 뱀이 가진 특별한 부활의 초자연적 힘을 자신의 몸 안으로 끌어들이려는 시도이다. 물론 그녀는 자신이 하고 있는 행위의 의미를 모르고 있다. 그 행위는 그냥 그녀에게 일어날 뿐이다. 아시다시피, 사람은 어떤 물체를 태움으로써 그 특별한 물질의 초자연적인 힘에 닿을 뿐만 아니라 불의 초자연적인 힘까지 더하게 된다. 불이 마법의 중요한 요소 중 하나인 것이다.

여기서 우리는 두 가지 형태의 초자연적인 힘들이 서로 결합하며 휘발성 강한 정신을 만들어내는, 초자연적인 힘들의 결합이라는 문제를 다뤄야 한다. 그런 결합을 통해 그녀는 부활의 힘을 획득할 뿐만 아니라 불의 본성까지 얻고 있다. 불의 정신 또는 초자연적 힘을 자신의 정신 속으로 끌어들이고 있는 것이다. 오른쪽이 의식과 더 강하게 연결되어 있기 때문에, 왼쪽은 무의식을 나타낸다. 그렇다면 그녀가 왼손을 무의식 속으로 문지르고 있다고 볼 수 있다. 한 예로, 탄트라교에서 마법의 길은 왼손의 길이라 불린다.

이어서 그녀는 "칼이 시뻘겋게 달 때까지 그것을 불 속에 두었다."고 말했다. 그녀는 칼을 달구는 데 불을 이용하고 있으며, 칼은 이 대목에서 마법적인 성격을 지닌다. 칼은 모든 자물쇠를 여는 만드라고라의 뿌리처럼 작동하고 있다. 아시다시피, 자르는 도구는 언제나 분석하는 마음을 가리키지만 여기서는 마법의 도구로 이용되고 있다. 물론, 당신은 마음을 전적으로 합리적인 목적에 이용할 수 있다. 그러면 마법의 효과를 전혀 발휘하지 않을 것이다.

그러나 마법의 효과를 발휘하는 마음이 소위 자연적인 마음이다. 그것은 책에서 얻는 의견에서 나오는 것이 아니라 자연의 원천에서 샘솟는 마음이다. 그런 마음은 자연 속의 샘처럼 땅에서 솟아오르며, 자연의 특별한 지혜를 간직하고 있다. 그리고 자연의 마음은 초자연적인 힘을 갖고 있다. 자연적인 마음은 종종 상황과 정확히 맞아떨어지며, 그런 경우엔 마법적 효과라 부를 수 있는 효과를 발휘한다. 지금 우리 환자는 그런 마음을 자극하고 있다. 달리 말하면, 그녀는 불의 정신을 자연스런 마음에 더하고 있다. 아주 난해하게 들린다. 그것을 심리학적인 용어로 바꾸면, 그녀가 자연스런 마음에 리비도를 불어넣고 있다는 뜻이다.

열은 에너지를 낳는다. 그녀는 무의식에서 솟아오르는 자연적인 정신을 삶 속으로 더 많이 끌어들이기 위해 그 정신에 리비도를 주고 있다. 그것은 곧 인위적인 의견에, 일상의 합리적인 지성에 관심을 덜 주고 내면에서 일어나는 자연스런 계시에 더 많은 관심을 준다는 뜻이다. 문제는 도에 관한 것인데, 그녀는 그것을 제대로 이해하지 못했다. 그녀는 도에 대해 어렴풋이 알고는 있지만 자연스런 마음을 따름으로써만 그것을 더 잘 깨달을 수 있을 것이다. 자연스런 마음이 도에서 나오기 때문이다. 이어서 그녀가 칼로 집의 지붕을 건드렸더니 전체 집이 무너졌다. 그녀는 밤에 사막에서 불 옆에 홀로 서 있었다. 아시다시피, 남아 있는 것은 불이며, 그녀는 다시 리비도와 온기의 원천인 불과 연결되고 있다. 여기서 그녀는 자연의 태우는 힘과 접촉하고 있는 것 같다. 그녀는 지금 더 이상 집 안에 있지 않으며, 그녀는 집으로부터 해방되었다. 그렇다면 우리는 그 집이 진정으로 무엇을 의미하는지를 보아야 한다. 밖은 기독교 상징이 두드러져 보이고, 안은 마법의 분위기가 물씬 감도는 그런 집을 도대체 어떻게 설명할 것인가?

도시가 집단성을 나타내듯이, 집도 도시의 일부로서 집단적이다. 그 점이 여기서 강조되고 있지는 않지만, 당연히 집이라는 개념은 온갖 종류의 불편이나 침입으로부터 보호하기 위한 지붕과 벽을 포함하게 되어 있다.

집은 현실에 적응하는 전통적인 방법을 의미한다. 대양의 파도를 가로질러 당신을 안전하게 싣고 가는 배의 상징도 똑같은 의미로 쓰이고 있다. 종교적 신앙이나 철학적 확신, 전통적인 형식이 피난처이듯이, 집도 피난처이다. 믿음이나 확신을 상실하게 될 때, 당신은 집에서 쫓겨나는 것이나 마찬가지이다. 당신은 조상들의 믿음을 상실할 때 유목민 같은 느낌을 받는다. 일련의 환상들은 지금까지 그녀가 그 집에 어떤 종국적인 피난처를 두고 있었다는 점을 보여준다. 이 같은 진술을, 말하자면 지금까지 그녀에게 피난처가 되어 주었던 기독교 신앙 또는 확신이 그녀의 내면에서 요술이 될 수 있다는 진술을 당신은 어떻게 이해하는가?

기독교 신앙과 요술은 상반된 것들의 짝이다. 충분히 인정을 받고 높이 평가받는 집단적인 종교가 한쪽에 있고, 다른 쪽에 요술이 있다. 요술은 매우 사악한 것으로 여겨지며, 또 너무나 터무니없기 때문에 존재하는 것으로 믿어지지도 않는다. 요술은 너무나 어리석어 보인다. 그럼에도 기독교 신앙이 그녀의 안에서 요술 같은 것이 될 수 있다는 것이 환상의 내용이다.

어떤 상징이 생명력을 갖고 있고 그래서 진정으로 해결책을 제시하는 한, 말하자면 상징이 작동하는 한, 그 상징은 온갖 마법을 포함하고 있다. 그때엔 요술은 전혀 없다. '사도행전'을 보면, 기독교 신앙과 요술 사이의 충돌이 보인다. 전설에 따르면, 시몬 마구스는 영지주의자였으며, '마술사 시몬'이라 불렸다. '사도행전' 속의 전설은 매우 편파적이며, 왜곡되어 있다. 왜냐하면 그가 역사 속의 인물로 나오는 상황에선 매우 현명한 인간으로 나오지만, '신약 성경'에선 그가 마술로 날려고 하다가 실패한 시시한 마술사로 나오기 때문이다. '성경'에 포함되지 않은 초기 기독교 텍스트에 시몬 마구스를 언급한 부분이 있다. 그런 대목을 보면 그는 사도들의 반대자로 나온다. 사도들은 성령의 이름으로 기적을 행하는 반면에, 시몬 마구스는 흑(黑)마술로 기적을 행하고 있다. 그리고 '구약 성경'에도 아론(Aaron)과 마술사가 막대기를 뱀으로 변신시켰다가 다시 막대기로 바꾸는 기적을 행하는 대목에서 그와 똑같은 반대가 나타난다.

진정한 상징으로 표현된 진정한 종교는 마법을 발휘한다는 것이 오래된 진리이다. 그런 종교는 초자연적인 힘을 갖고 있으며, 확신을 안겨주고, 생명의 힘을 표현한다. 그러나 만약에 상징이 더 이상 생명을 전하지 않는다면, 그것은 초자연적인 힘이 그 형식에서 떨어져 나와 홀로 있는 것이나 마찬가지이다. 그러면 초자연적인 힘은 금방 요술 같은 낮은 형태로 타락하고 만다. 그런 현상이 거듭 확인된다.

가장 두드러진 예 하나는 중국 도교(道教)의 역사이다. 노자의 초기 도교는 놀라운 철학이었으며, 200년 뒤의 장자(莊子)의 도교도 마찬가지로 놀라운 철학이었지만, 그 뒤 몇 세기의 세월이 흐르는 가운데 도교는 서서히 터무니없는 요술 같은 것으로 변질되어 갔다. 그러다가 지금으로부터 50년 또는 100년 전에는 도교 신자들은 더할 나위 없이 저급한 부류의 사기꾼이 되어 버렸다. 물론, 그들 사이에, 그리고 그들 뒤에 진정한 도교 신자들이 있었다. 또 최근에는 유럽에서 진행되고 있는 공식 종교의 쇠퇴와 매우 비슷한 종교 운동이 중국에서도 전개되고 있다. 중국에서 그것은 유교의 쇠퇴이다. 그와 동시에 훨씬 더 긍정적인 형식의 도교로 돌아가려는 운동이 벌어지고 있다. 역사의 흐름 속에서, 매우 높은 상징이 저급한 마술에 의해 오염되는 현상이 거듭 나타난다. 그런 현상을 보고 있으면 마치 높은 상징이 저급한 마술을 빨아들이는 것처럼 보인다. 이어서 상징이 불충분해지고 낡아지면서 더 이상 생명력을 품지 못하게 되면, 그 상징은 즉시 아래로 내려앉으며 저급한 형식을 다시 취하게 된다.

기독교 역사에서 결정적인 시기는 종교 개혁이 일어나던 시기였다. 그때 엄청난 분열이 일어났다. 이어서 마술과 요술, 온갖 형태의 흑(黑)마술이 우후죽순처럼 생겨났다. 요술에 대한 재판은 보편적인 교회가 과도기를 맞던 결정적인 시기인 15세기와 16세기에 등장했다. 그러나 그 이후로 그런 부차적인 것들의 발달은 갈수록 분명해졌다. 예를 들면, 오늘날 거의 종교의 수준에 이른 심령술은 그 같은 저급한 마술이고 투시력이지만, 그런 모든 것들이 오늘날 다소 인정을 받기에 이르렀다.

점성술과 꿈 해석은 교회에 의해 완전히 금지되었다. 나는 18세기에 어느 예수회 수사가 쓴 책을 알고 있다. 거길 보면 꿈 해석이 허용될 수 있는가 하는 질문에 대해 쓴 긴 논문이 나온다. 이 예수회 수사는 꿈 해석이 전적으로 불필요하다고 선언한다. 이유는 일상적인 모든 꿈이 완전히 무가치하고, 놀랄 만한 꿈들도 악마로부터 너무나 쉽게 나올 수 있기 때문이라는 것이다. 그렇다면 성경에서 드러나는 바와 같이, 매우 훌륭한 꿈들이 진리와 모순되지 않는데, 왜 굳이 꿈에 신경을 쓰는가? 그러나 이 예수회 수사는 이 부분에서 매우 조심스런 태도를 취한다. 신이 꿈에 모습을 드러내는, 말하자면 정통적이지 않은 방법으로 나타나는 예가 너무나 자주 있었기 때문이다. 그는 신이 진정한 꿈을 고무하지 못할 것이라는 말을 감히 하지 못하고 그런 꿈을 평범한 사람이 해석하려 할 것이 아니라 교회의 권위에 맡기면 된다는 식으로 말하고 있다. 이 수사는 대체로 꿈 해석은 저주받을 만한 짓이라고 결론을 내린다. 그러니 점성술이나 손금 보기 같은 직관적인 기술에 대해서는 더 말할 필요도 없다.

오늘날엔 그 모든 것을 매우 자유롭게 조사하고 있다. 우리는 지금 꿈과 환상에 담겼을지 모르는 진리에 대해 논하고 있지만, 역사적 관점에서 보면 이 모든 논의는 잘못되었다. 그 같은 금지는 생명의 초자연적인 힘 또는 마법적인 힘이 상징을 떠났다는 사실을 보여주는 징후이다. 그래서 교회가 정말 기이하게도 옳은 일을 하지 못하는 상황이 벌어지게 되었다. 나는 어떤 환자를 놓고 어느 신학자와 심도 있게 논의하다가 최종적으로 이렇게 말했다. "당신이 나의 의견에 동의하지 않는다면, 당신이 환자를 직접 치료하면 됩니다." 당연히 그 신학자는 그렇게 하지 않을 것이다. 왜냐하면 모든 병은 의사가 치료해야 한다고 믿고 있기 때문이다. 만약에 사도들이 이런 결론에 이르렀다면, 상징의 힘이나 성령의 힘은 다 어디로 갔단 말인가? 전설에 따르면, 사도들은 병든 사람들을 치료했으며, 그것이 복음서들의 살아 있는 진리를 뒷받침하는 가장 강력한 증거로 여겨져 왔다.

오늘날의 신학자들이 병든 사람을 치료하길 거부하는 것은 전적으로 잘못된 일이다. 심리적 또는 정신적 병은 곧 영혼이 고통 받는 것이다. 따라서 성직자라면 당연히 그 문제에 신경을 써야 한다. 그러나 성직자의 상징은 더 이상 작동하지 않는다. 그래서 성직자는 모든 것이 마술의 수준으로 떨어지도록 내버려두고 있다. 말하자면 그 문제를 의사와 마술사, 점쟁이, 꿈 해석자, 점성술사, 강령술사들에게 넘기는 것이다.

물론, 우리는 그 문제에 다른 종류의 과학적 물감을 칠한다. 마법은 언제나 과학의 원천이었으며, 과학은 종교가 아니라 마법에서 발달했다. 종교는 너무나 완전하지만, 마법은 매우 불완전하다. 마법은 인간의 마음을 자극하는 그런 마왕 같은 성격을 발휘하면서 인간의 마음을 일종의 과대망상으로, 또 힘에 대한 과도한 희망으로, 또 지성을 빌려서 세상의 위대한 신비를 설명할 수 있을 것이라는 희망으로 채운다. 그런데 거기엔 치명적인 무엇인가가 있다. 우리가 종교의 완전성에 맞서서 프로메테우스의 죄 같은 것을 저지르려고 해야 하기 때문이다. 그러나 우리는 그 대가를 치르게 된다.

우리 환자의 환상 속에서 마법의 칼은 프로메테우스의 죄를 저지르고 있다. 그것은 오직 자기 자신만을 믿으면서 전통적인 확신이라는 피난처를 부숴버리는 그런 마왕의 정신을 나타내고 있다. 이 여자는 그냥 집을 파괴해 버린다. 그래서 이제 그녀에겐 피난처가 전혀 없다. 그녀는 사막에, 어둠 속에 있다. 그러나 그녀는 내면에 에너지의 원천인 불을 갖고 있다. 아시다시피, 그녀는 지금까지 자신을 가려 주었던 사상들을 파괴해야만 도(道)의 본질을 이해할 수 있다. 자기 자신을 생명의 강에 완전히 넘길 수 있는 사람만이 도를 진정으로 경험할 수 있기 때문이다. 인습적인 확신을 고집하는 사람은 자연과 단절된 상태에 있다. 그런 사람도 전통적인 상징이 제대로 작동하는 한 그 상징 안에서 자신의 영혼을 위한 평화를 발견할 수 있다. 그리고 모든 사람은 실제로 과거의 상징이 효과를 발휘할 것이라는 희망을 은밀히 품으면서 과거와의 연결을 꾀하고 있다. 그러나 그런 역사적인 연결을 꾀하고 있는 한, 사람은 도를 기대하지 못한다.

지금 우리는 이 일련의 환상들 중 마지막 부분을 다루고 있다. 다음 환상은 생명의 물의 상징으로 시작한다. 그녀는 "거대한 물줄기가 어느 바위에서 솟아나와 산허리를 따라 흐르는 것이 보였다."고 말한다. 바위에서 솟구쳐 나와서 아래쪽으로 흐르는 물은 가장 깊은 곳을 찾아서 강처럼 움직이는 생명을 상징한다. 그것이 노자가 도에 대해 내리는 정의이다. 그녀는 "나는 강둑에 서서 거품을 일으키는 급류에 갇힌 수많은 영혼들이 물의 힘에 의해 빙글빙글 돌고 있는 것을 보았다."고 말한다.

이 장면은 이전의 어느 장면과 비슷하다. 그녀는 지금 똑같은 환상으로 돌아가고 있다. 그러나 이번에는 그녀가 자신의 눈을 통해서 그것을 보고 있다. 그녀는 영혼들이 거품을 일으키는 급류에 "갇혀" 있다고 말한다. 영혼이 물 속에서 빙글빙글 돌기만 하면 안 된다는 식으로, 마치 비난의 소리처럼 들린다. 그녀는 거기서 자신의 얼굴을 보고 있다. 그녀는 자신이 같은 급류에 갇혀 빙글빙글 돌고 있는 것을 보고 있다.

사람이 생명의 강에 있을 수 있는 방법은 여러 가지이다. 예를 들면, 헤엄을 칠 수도 있고, 보트를 타고 있을 수도 있다. 아니면 빠져 있을 수도 있다. 이 방법들은 서로 매우 다른 상태이다. 그녀는 인간의 영혼을 무의식적인 어떤 상태를 암시하는 강의 흐름으로, 말하자면 사건들의 흐름 속에 무의식적으로 갇혀 있는 존재로 보고 있다. 틀림없이, 그녀는 지금 어떤 문제 쪽으로 다가서고 있다.

그 문제란 바로 그 흐름의 상태를 의식적으로 받아들이는 것이다. 흐름 속에서 의식을 지키면서 사건들에 무의식적으로 희생되지 않는 것이 그녀에게 지금 중요한 문제이다. 이 문제를 통해서 이 환상과 이전의 환상이 서로 연결된다. 도는 의식적인 길이며, 그래서 머리 수(首) 부수를 포함하고 있다. 머리로 보는 길인 것이다. 그렇다면 그녀는 지금 도의 의미를 어느 정도 깨우치려 하고 있다. 그녀는 이렇게 말한다.

> 나는 그 바위에서 쏟아지는 물의 흐름 아래에 서서 나 자신도 사라질 것 같아서 겁을 먹고 있었다. 그러나 나는 단호하게 버티고 서서 얼굴을 물 쪽으로 쳐들었다. 물이 너무나 상쾌했다.

지금 그녀는 물을 꿋꿋이 견뎌내고 있다. 그녀는 물의 힘에 저항하고 있다. 그녀는 자기 자신을 강하게 지키고 있다. 언제나 그렇듯이 물은 아래로 쏟아지고 있고, 따라서 그녀가 무의식의 상태에 빠질 경우에 그녀도 물에 휩쓸려 떠내려가고 말 것이다. 그러나 지금 그녀는 아래로 쏟아지는 물에 정면으로 맞서고 있다. 그녀는 물 속을 직접 들여다보면서, 땅을 딛고 버티고 있다. 그래서 그녀는 물에 빠지지 않고 물이 매우 상쾌하다는 사실을 깨닫는다.

사람이 도를 의식하고 있을 때 그처럼 특별히 상쾌하게 다가오는 것은 무엇인가? 예를 들어, 당신이 뒷바람이 부는 가운데, 그러니까 바람을 등지고 홍해를 항해하고 있다고 생각해 보자. 그러면 강의 흐름을 따르는 것이 어떤 느낌인지를 알 것이다. 어쩌면 기분이 나빠지기도 할 것이다. 그러나 맞바람을 받으면서 항해하는 것은 매우 상쾌한 일이다.

사건들의 흐름도 마찬가지이다. 삶의 흐름을 의식할 수 있다면, 다시 말해 전체 일이 어떤 식으로 움직이는지를 볼 수 있다면, 자연히 당신은 세부적인 일들과 일치를 이루지 못하게 되어 있다. 그렇지 않으면, 당신은 의식적인 존재가 되지 못한다. 당신은 다소 삶의 사건들과 불일치를 보여야 한다. 당신은 삶의 사건들에 맞서야 한다. 그러나 그것이 힘의 느낌을 주며, 그런 감정이 당신에게 매우 상쾌하게 다가온다. 삶의 사건들과 언제나 조화를 이루는 상태보다 더 치명적인 것은 없다. 그런 상태는 사람을 죽일 수도 있다. 그러나 적어도 차이를 느끼거나 갈등을 느끼는 것은 심신을 상쾌하게 만든다. 모두가 잘 알고 있듯이, 논쟁이나 뜨거운 토론이 기운을 북돋울 수 있다. 그 같은 상황은 납덩이처럼 짓누르던 무거운 것을 들어 올림으로써 암울한 분위기를 제거하는 것과 비슷하다.

그런 상황은 또 그녀가 자신의 밖에 서서 돌아가는 사태를 관찰할 수 있다는 뜻이다. 따라서 그녀는 희생자가 아니다. 그녀는 지금 "나는 물에서 나와서 강의 건너편 둑에 서 있었다."고 말한다. 그녀는 이미 그 강을 건넜다. 틀림없이 그녀는 한동안 물 속에 있었지만, 지금은 거기서 빠져 나왔다. 그녀는 이렇게 말한다. "나는 다시 새로운 힘으로 충만했으며, 내 주위로 하얀 불의 불꽃들이 날아다녔다." 큰 강을 건너는 것은 부활의 상징이고 새로워진 힘의 상징이다. 불꽃을 날리는 불은 예전에는 열정의 불꽃이었으나 지금은 하얀 불이다. 하얀 불은 그녀가 핵심적인 경험에 다가서고 있다는 것을 의미한다. 흰색 불꽃들은 그런 경험을 상징한다.

『티베트의 사자의 서』를 보면 그것을 뒷받침하는 아름다운 증거가 있다. 죽음의 순간을 묘사하고 있는 '치카이 바르도'(Chikhai Bardo)에서 가장 먼저 나타나는 다르마카야, 즉 허공의 환한 빛은 "진리의 신성한 몸"(法身)이라 불린다. 그렇다면 하얀 불은 하나의 진정한 상징이며, 비전의 빛이고 이해의 빛이고 마법의 불을 품을 수 있는 형태이다. 단순히 감정적인 성격만을 가진 지하의 요술의 불이 더 이상 아니고, 진리의 순수한 빛인 것이다. 왜냐하면 진리는 이해의 길이고 불을 담고 있는 길이기 때문이다. 일반적으로 진리라 불리는 것은 열정의 불꽃에 의해 다소 해체된다. 그것은 불도 견디지 못하고 물도 견디지 못하지만, 진정한 진리 또는 진정한 상징의 기준은 불과 물의 맹공을 견뎌내는 힘이다. 초반에 소개한 어느 환상에서 그녀가 불꽃과 물 사이에 서 있었던 것을 기억할 것이다. 그것은 일종의 시험이었다.

예전의 공상에 나온 하얀 도시가 하얀 빛을 처음으로 암시하는 것이었다. 탄트라교에서 완벽한 하얀 빛이라는 개념은 거처나 도시, 신성한 장소라는 개념과 연결된다. 그렇다면 여기서 우리는 그녀가 매우 핵심적인 경험에 다가서고 있다고 생각할 수 있다. 지금 환상의 장면이 바뀌고 있다.

> 나는 컴컴한 정글 속으로 걸어 들어갔다. 나무들이 내가 들어가도록 양쪽으로 비켜섰다. 많은 야생 동물들이 나의 뒤를 따랐다.

이 장면은 그녀가 옳은 길을 걷고 있다는 것을, 사물들과 조화를 이루고 있다는 것을 상징하고 있다. 그녀의 길을 가로막고 있던 바위들이 갑자기 더 이상 보이지 않는다. 어둠이 빛에 눌려 물러났으며, 나무들이 그녀가 통과하도록 비켜서고 있다. 도(道)의 순조로운 부분을 상징적으로 보여주는 그림이다. 그녀의 뒤를 따르고 있는 많은 야생동물들의 내면에서 열정의 불이 타고 있다. 그러나 그녀가 옳은 길로 들어섰기 때문에, 열정 또는 파괴의 불까지도 옳은 리듬을 보이면서 그 길을 따르고 있다. 그녀는 "정글에서 나오자 미트라 동굴 입구가 보였다."고 말한다. 매우 흥미로운 대목이다.

미트라 동굴은 입교식이 행해지는 곳인데, 그녀가 강을 건너고 다시 태어나 "진리의 완벽한 육체", 즉 하얀 빛의 환상까지 본 다음에 지금 미트라 동굴에 도착하는 것은 이상하지 않은가? 그녀가 정글 속으로 들어가야 하는 것부터가 이미 이상했지만, 부활 뒤에 에난티오드로미아가 따를 수도 있고 그녀가 부활이 진정으로 훌륭하다는 점을 증명할 수도 있다. 그러나 그녀가 갑자기 미트라 동굴에 와야 하는 이유는 무엇인가?

길들여진 것처럼 행동하고 있는 야생 동물은 불편한 동행일 것이다. 돼지의 수호성인 성 안토니오(St. Anthony)의 이야기를 기억하는가? 그는 성인처럼 경건한 삶을 영위하는 돼지를 두고 있었다. 성 안토니오가 죽어서 천국에 갔을 때, 그 돼지도 그와 함께 있었다. 둘은 천국의 문까지 함께 갔으며, 거기서 안토니오가 벨을 눌렀다. 그러자 베드로가 문을 열어주면서 "들어오게."라고 말했다. 그래서 돼지도 안토니오의 뒤를 따라 들어가려 했으나 베드로가 돼지는 천국으로 올 수 없다고, 그건 불가능한 일이라고 말했다.

독일의 어느 유명한 유머 작가는 그 문제를 두고 이런 식으로 말했다. "너무나 많은 낙타들이 천국에 갔는데, 경건한 돼지가 천국에 들어가지 못하는 이유가 뭔가?" 다소 우둔한 농담이지만, 그것은 매우 진지하고 흥미로운 문제이다. 당신은 '신약 성경' 전체에 동물들의 운명에 대해 이야기하는 내용이 한 군데도 없다는 사실을 알고 있는가? 희미하게 암시하는 대목만 딱 한 군데 있을 뿐이다. 충직한 당신의 개나 말이 죽으면 어떻게 되는가? 딱 한 군데에서, 성 바오로가 사도들에게 '만물회복설'에 대해 말한다.

이 사상은 이런 뜻이다. 모든 생명체들은 우리 인간과 함께 속박을 받고 있다. 신의 자식들인 우리가 우리 안에서 성령의 계시를 기대하고 있듯이, 전체 자연도 그런 정신적 기적을 기대하고 있다. 또 인간이 종국적으로 구원을 받게 되듯이, 동물들의 천성도 마찬가지로 구원을 받게 될 것이다. 그것은 매우 희미한 암시이지만, 거기엔 '신약 성경'의 전반적인 태도와 모순되는 사실들이 있다.

초기 교회에 똑같이 성인이었던 동물을 둔 성인들에 관한 전설이 몇 건 있다. 예를 들면, 성스러운 당나귀를 갖고 있었던 성인도 있었는데, 이 성인이 죽었을 때 당나귀도 같이 묻혔다. 당나귀가 묻힌 곳은 교회 안이 아니라 교회의 출입문 밑이었다. 이와 비슷한 이야기는 여럿 있다. 그 사상이 지금까지 완전히 사라진 적은 한 번도 없었다.

기독교가 소개된 아프리카 동부의 어느 지역에 얽힌 이야기도 있다. 선교사가 "그리스도는 우리의 희망이시다."라는 찬송가를 번역했으나 현지어 실력이 대단하지 않았던 탓에 악센트를 엉뚱한 음절에 주는 바람에 그만 희망이 메뚜기를 의미하게 되어 그곳 흑인들은 몇 년 동안 "그리스도는 우리의 메뚜기이시다."라고 불렀다. 그래도 흑인들은 꽤 만족했다. 그들에겐 그 같은 가사가 원래의 가사보다 훨씬 더 많은 것을 의미했다. 그런데 현지어를 잘 이해했던 주교가 어느 날 그들이 부르는 노래를 듣고 대경실색했다. 아시다시피, 잘못 옮겨진 가사는 신은 동물의 형태로도 나타난다는 옛날의 믿음과 맞아떨어진다.

그렇듯 동물의 문제는 중요한 문제이다. 너무나 중요하기 때문에, 교회가 아니라 그리스도 본인의 초기 가르침을 보면 동물이 빠지지 않았다. 세미나에 새로 참여한 회원들을 위해, 나는 그 유명한 옥시링쿠스 파피루스의 한 구절을 다시 소개하고 싶다. 우리를 하늘의 왕국으로 이끄는 이들이 누군가, 라는 물음에 예수는 공중의 새들과 땅 위나 아래의 모든 짐승들, 바다의 물고기들이 그대들을 하늘로 이끌 존재들이라고 대답했다. 여기서 중요한 질문은 이것이다. 그런 식으로 인식되던 동물들이 왜 다 사라지게 되었는가? 동물들이 종교적 상징이나 교리에 더 이상 포함되지 않을 때, 바로 그것이 종교와 자연이 서로 분리되는 과정의 출발점이다. 그러면 종교에 더 이상 초자연적인 힘이 없게 된다. 동물들이 있는 한, 상징은 생명을 갖는다. 그렇지 않으면 상징은 종말의 시작이다.

양(羊)의 상징이 있지만, 양은 지나치게 상징적이다. 양은 거의 동물로 여겨지지 않는다. '신약 성경' 안에서 양은 정말로 하나의 비유적 표현이다. 그러나 그리스도가 하늘의 새들과 바다의 물고기와 땅위와 땅 속의 동물에 대해 말할 때, 그것들은 진짜 동물이었지 비유가 아니었다. 지금 이 여자를 따르고 있는 동물들은 그들이 미트라 동굴의 입구에 이른다는 그 다음 문장을 통해서 드러나는 어떤 문제를 야기한다.

이 동물들을 어떻게 처리해야 하는가? 그 다음에 나오는 암시는 수소를 제물로 바치는 것이다. 왜 기독교식이 아닌가? 왜 양을 제물로 바치지 않는가? 집은 허물어지고, 미트라 동굴만 남았기 때문이다. 바꿔 말하면, 이 문제를 기독교식으로 해결하는 것은 논외이다. 그 집이 무너졌기 때문에, 그녀는 예전의 해결책으로 퇴행하거나 현대적인 해결책으로 전진하는 수밖에 없다. 그렇게 해야 하는 경우가 종종 있다. 미트라에 대해 아무것도 모르는 사람들의 꿈에서도 이와 똑같은 딜레마가 관찰되고, 기독교 방식이 아니라 미트라교 방식으로 문제를 해결해야 하는 상황이 확인된다. 이 대목에서 기독교 종교와 미트라 종교의 근본적인 차이를 보도록 하자.

기독교 종교에서 양을 제물로 바치는 것은 단순히 비유일 뿐이다. 그것이 의미하는 바는 인간 제물 또는 신성한 제물, 신의 유일한 아들의 희생이었다. 미트라 종교에서 수소는 다소 미트라 본인인 것이 사실이지만, 그럼에도 수소는 분명히 한 마리의 수소이다. 그래서 수소는 언제나 경기장의 수소의 형태로 묘사되고 미트라는 투우사로 묘사된다. 비록 고대의 형식에서 미트라가 긴 칼로 수소의 심장을 찌르지 않고 수소의 등에 올라타서 단검으로 수소의 목을 찔러 쓰러뜨리고 있을지라도 말이다. 미트라교가 남긴 유물에 수소가 일종의 벨트 같은 것을 두른 모습으로 그려진다는 사실을 기억하고 있을 것이다. 그 벨트는 고대 경기장에서 투우사가 수소의 등에 올라가거나 등에 올라탄 채 수소를 단검으로 찌를 때 몸을 지탱하는 데 사용하는 것이었다. 그렇다면 수소는 수소, 즉 동물의 희생을 의미하지 인간 존재의 희생을 의미하지 않는다.

이 문제에 대해선 이미 앞에서 논의한 바가 있으며, 기독교가 미트라교를 상대로 누렸던 이점은, 다시 말해 당시에는 인식되지 않았던 단순히 상징적인 이점은 희생이 미트라교보다 훨씬 더 분화되어 있었고 훨씬 더 완전했다는 점이었다. 미트라교에도 규율 개념이 있지만 완전한 희생이라는 개념은 없다. 그래서 아주 많은 사람들에게 기독교 상징이 진부해져 버린 우리 시대에, 다시 말해 밖에 십자가가 그려져 있고 내부에 마술의 분위기를 풍기던 집이 완전히 사라져버린 지금, 사람들은 당연히 자신의 동물을, 자신의 본성을 어떻게 다뤄야 하는지에 대해 묻고 있다. 그러면서 그들은 꽤 자연스럽게 미트라교 방식의 해결책에 관심을 갖게 된다.

여기 우리 환자에게도 바로 그런 일이 일어나고 있다. 이전에 그녀가 하얀 도시에 닿아서 그 빛을 견뎌내지 못하고 미트라교의 사상을 인정해야 했던 것처럼. 그것은 오히려 아티스 숭배, 수소의 피에 대한 숭배를 닮았다. 수소의 피를 마시거나 수소의 피로 목욕을 한다는 개념이 강한 것이다.

우리의 환자는 이 동물들의 문제가 어떤 식으로 풀릴 것인지에 대해 확실히 모르고 있다. 그래서 그녀는 자연히 옛날에 효과가 있었던 미트라교의 해결로 눈을 돌리고 있다. 지금 그녀는 "나는 거기 들어갔다가 이제 막 수소를 죽인 성체 배령자들을 보았다."고 말한다. 그것은 야생 동물을 죽여서 먹거나 그 피를 마심으로써 야생 동물들의 문제를 해결한다는 것을 의미한다. 그녀의 환상은 계속 이어진다.

> 그들은 피에 손을 담그면서 큰 소리로 기도를 올렸다. "그대의 피를 주소서. 오, 수소여. 우리에게 힘을 주소서."

그것은 단순히 의식의 일부이다. 기독교 사상에 따르면 예수의 피가 생명력을 주는 초월적인 힘이듯이, 피는 언제나 생명력을 포함하고 있는 특별한 물질이다. 아티스와 미트라, 그리스도의 의식에 공통점이 많다. 스페인의 투우는 고대로부터 내려오는 것이며, 따라서 거기엔 종교적 열정이 담겨 있다. 투우는 절대로 단순한 스포츠가 아니다. 그것은 종교 축제와 비슷하다. 거기에 수반되는 어마어마한 열정은 종교적인 무엇인가를 가리킨다. 언제나 자신의 생명을 무릅쓰는 투우사는 그리스도를 상징했다고 할 수 있다. 투우사는 고대의 종교적 상징의 가치를 지닌다. 따라서 미트라가 투우사 같은 존재로 묘사되고 있다. 지금 이 환상에서 "오, 수소여. 우리에게 그대의 피를 주소서."라는 성체 배령자들의 기도는 미트라와 아티스의 숭배에 나오는 사상과 아주 비슷하다. 성체 배령자들은 동물들의 피를 마시기 위해 동물들을 죽이고, 위험하지 않은 형식으로 동물들을 통합한다. 그들은 자신들이 동물들의 생명을 살기 위해 동물들을 죽인다.

> 나는 그들에게 이렇게 말했다. "당신들의 얼굴은 피로 범벅이 되어 있어요. 당신들은 수소의 피로 몸이 무거워졌어요."

이 사람들은 물질주의 경향이 너무나 강하다. 그녀는 이 대목에서 그 사람들의 불쾌한 측면을 비판한다. 그들의 얼굴은 피로 범벅이 되어 있다. 수소를 제물로 바치는 의식을 상상해 보라. 사람의 몸 위로 진짜 피가 뚝뚝 떨어지는 장면을! 그건 더없이 야만적이었다. 그리고 기독교 성찬식의 밑바탕에 무시무시한 어떤 사상이 깔려 있다. 엄격히 말하면, 일종의 식인 축제이다. 성변화(聖變化) 교리는 신자들로 하여금 빵과 포도주가 진짜 살점이고 피라고 믿도록 강요한다. 그러나 그것은 지나치게 무겁고 지나치게 세속적이며, 그것이 우리 환자가 비판하고 있는 바로 그것이다. 이어서 그녀는 "내가 말을 하자, 성체 배령자들이 모두 일어나 나를 따랐다."고 말한다.

이 대목에서 그녀가 성체 배령자들을 동화시켰다고 할 수 있다. 그들이 일어나서 그녀를 따르고 있기 때문이다. 매우 흥미로운 행렬이다. 처음에는 동물이었다가, 이번에는 성체 배령자들, 동물을 먹는 사람들이다. 그녀는 "우리는 함께 로마와 그리스와 이집트 사원으로 들어갔으나, 그 신전들은 모두 황폐한 상태였다."고 말한다. 이 대목은 이전의 환상 속의 장면을 떠올리게 한다. 그녀가 지하로 내려가는 여행을 할 때 로마와 그리스와 이집트 신전을 거쳤던 적이 있다. 그런 다음에 그녀는 그 오래된 종교들을 통해서 전 단계들의 진정한 가치를 보고 경험함으로써 위로 올라왔다. 지금 그녀는 미트라 의식을 통과했으며 전체 전개 과정을 되돌아보고 있다. 그녀는 이 신전들을 들여다보면서 무엇을 발견하고 있는가? 예전에 그녀는 이 신전에서 생명을 발견했다. 그런데 지금은 신전들이 모두 황폐한 상태다. 그녀는 "마침내 나는 그들을 이끌고 바닷가에 닿았다."고 말한다.

바다는 헤아릴 수 없는 깊이와 거대한 넓이를 상징한다. 또 무한한 가능성의 상징이다. 그녀가 닿고 있는 곳은 바로 무의식이다.

> 그들이 나에게 "당신이 우리를 이곳으로 데려온 이유가 뭐죠? 아무것도 보이지 않는데."라고 물었다. 이어서 그들은 모두 가버렸으며, 그래서 나는 홀로 거기에 서 있었다.

애초에 문제는 동물을, 본능적인 본성을 어떻게 할 것인가 하는 것이었다. 미트라 숭배가 제안한 것은 동물을 죽여 고기를 먹고 피를 마시라는 것이었다. 바꿔 말하면 동물들을 동화시키라는 것이었다. 그런 다음에 사람은 동물들을 동화시킨 사람들을 동화시켜야 한다. 그래서 그녀는 무의식에 닿을 때까지 계속 앞으로 나아가야 한다. 거기선 과거가 미래를 이해하지 못한다. 따라서 과거가 단순히 그녀로부터 떨어져나온다.

그것은 이제 더 이상 문제가 아니다. 그것이 지금 모두 그녀의 안에 있기 때문이다. 그 외적인 형태들, 죽이는 사람들과 그 희생자들은 다 떠나갔고, 그녀는 홀로 남아 바닷가에 서 있다. 거기서 할 현명한 일은 무엇인가? 곧 확인될 것이다. "나는 오랫동안 파도를 응시했다." 그것이 그녀가 해야 하는 것이다. 그녀가 미지의 가능성에 대해 의심이 깊은 한, 그녀는 바다로 뛰어들어 수영을 해서는 안 된다. 또 미지의 가능성을 마주하고 있을 때, 그런 경우엔 아마 그녀를 미지의 바다를 건너게 하기 위해 기다리는 배도 없을 것이다. 대체로 보면 거기엔 아무것도 없다. 그냥 빈 벽만 있을 뿐이다. 빈 벽 앞에서 할 수 있는 최선의 행위는 거기 앉아서 그것을 응시하는 것이다. 바다를 바라봄으로써, 자신의 리비도를 바다 속으로 불어넣음으로써, 사람은 그 바다가 임신을 하도록 해야 한다. 그러면 출생이 일어날 것이다. 환상을 보자.

마침내 바닷물이 갈라지고, 거기서 머리에 빛을 두른 여자가 나왔다. 그녀의 손에 하늘 쪽으로 무엇인가가 들려 있었다.

그녀는 이 장면이 너무나 인상적인 경험이었기 때문에 그것을 그림으로 남겼다. 그것은 틀림없이 물로부터의 출생이다. 이 출생을 이해해야 한다. 그것은 자기를, 그녀의 안에서 일어나고 있는 무엇인가를, 그녀 안에서 그녀의 무의식에서 태어나고 있는 무엇인가를 처음 경험하는 것이다. 이것이 그녀의 모든 문제들에 대한 대답이다. 그것은 '저편'이다. 그녀 앞에서 갈라지는 두 개의 물결은 상반된 것들의 짝을, 왼쪽과 오른쪽을 암시한다. 가운데는 화해를 이루는 상징이다. 에로스는 여기 있고 로고스는 저기 있으며, 화해를 이루는 상징은 '저편'이다. 이 상징은 심리학적으로 말하면 초월적 기능이라고 할 수 있다. 지금 나타나고 있는 형상은 자기라는, 객관적인 자기라는 개념이며, 그것은 자아와 동일하지 않다. 그것은 심리적 비아(非我)이다.

17강

1932년 6월 1일

지난번 환상의 마지막 부분에서, 우리 환자는 홀로 남아 바다를 바라보고 있었다. 그녀를 따랐던 동물들은 모두 사라졌다. 그녀는 한동안 아무것도 보지 못했지만, 마침내 바닷물이 둘로 갈라지고 파도에서 머리에 빛을 두른 여자가 나타났다. 이 여자를 우리는 자기를 나타내는 것으로 해석했다. 우리 환자가 미래의 자기에 관한 환상을 이 시점에 보는 이유는 무엇인가? 그녀가 과거와 동물들, 그리고 동물을 먹은 사람들을 동화시켰기 때문이다.

이제 그녀는 능동적인 역할을 하고 있다. 그녀는 "내가 말을 끝내자, 성체 배령자들이 모두 일어나 나를 따랐다."고 말했다. 그것은 그리스와 로마와 이집트의 신전들이 암시하는 바와 같이, 미트라교의 정신적 태도와 수소 숭배 또는 고대의 사고방식이 함께 동참하면서 그녀를 따랐다는 것을 의미한다. 전체 조직이 다시 확립되었고, 모든 무의식적 태도와 인류의 모든 과거 기억이 합류하며 그녀를 따랐다.

그러다가 모든 것이 사라져 버렸다. 지금 그녀는 무의식 속으로 들어갔다.

여기서 무의식은 바다로 상징되고 있다. 그런 상태는 개인의 상태에 대해 어떤 이야기를 들려주는가? 여기에 어떤 돌발적인 움직임이 일어나고 있다. 그것은 어쨌든 자기가 나타나는 이유를 설명해 주는 매우 특별한 상황이다. 왜냐하면 자기가 오직 그녀가 전체성을 보이는 때에만 나타나기 때문이다. 만약에 그녀가 통합되어 있지 않다면, 자기가 나타나는 것은 꽤 불가능하다. 그러므로 우리는 통합의 과정을 예상해야 한다.

통합은 먼저 동물들의 등장에 의해 상징되고, 그 다음에는 흩어져 있는 온갖 형태들에 의해, 고대의 사고방식 중에서 남아 있는 모든 것들에 의해 상징되고 있다. 그녀의 정신은 마치 분열된 정신적 형상들로 구성되어 있는 것처럼 보인다. 일종의 정신분열증의 상태다. 그러나 그것은 병적이지 않으며, 그보다는 중국 요가에 나오는 25개 형상의 상태와 비슷했다.

당신은 아마 『황금꽃의 비밀』에서 요가 수행의 어느 단계에서, 집중과 명상의 상태에서, 무의식적 정신의 구성 요소들이 해체되기 시작하면서 일련의 형상으로 분열된다는 내용을 읽었을 것이다. 숫자 25는 단지 상징적일 뿐이며, 그것은 마음의 실제 상태를 보여주는 형상들이 다수라는 것을 의미한다. 다시 말해, 리비도가 내향하면서 무의식에 집중하는 것이 온갖 무의식적 작용을 자극하고, 그래서 수많은 형상들로 분열되는 현상이 나타난다. 이 형상들이 눈에 드러나게 되는 것은 분열 때문이며, 그것들은 사람이 인식할 수 있는 한도 안에서만 의식적인 인격의 전체성으로 통합될 수 있다.

지금 우리가 보고 있는 것이 바로 그런 과정이다. 과거에서 나온 모든 형상들이 다시 모였다가 별도의 실체로서 그녀의 개인적 자기 속으로 사라진다. 그녀의 리비도 중 상당 부분이 그녀의 의식 속으로 갔을지라도, 여기서 '그녀의 의식적인 인격 속으로'라고 해서는 안 된다. 그 형상들 자체는 리비도가 고갈된 이미지로서 원래의 무의식적 상태로 다시 가라앉으며, 그래서 그들의 원래 에너지는 지금 의식에 있으며, 따라서 의식이 하나의 강한 단위로서 꼭대기에 자리 잡는다. 이것은 환상 속에서 그녀가 홀로 있다는 사실에 의해서, 그리고 이전의 구성 요소들의 이미지에 관한 한, 무의식이 완전히 비어 있다는 사실에 의해서 확인된다.

무의식의 옛 이미지들은 지금 창백하고, 효과를 발휘하지 못하고 있다. 그녀는 거기서 아무것도 보이지 않는다고 단정할 수 있다. 그러나 그녀는 어쨌든 거기서도 뭔가 보일 수 있다는 느낌을 받는 것 같다. 그래서 그녀는 바다를 응시하고 있고, 거기서 황금 후광을 두른 하얀 여인의 형상이 나온다. 그녀 자신의 전체성을 나타내는 것으로 해석되는 형상이다. 그렇다면 일련의 환상들이 여기서 끝날 수도 있지 않을까? 이것이 그녀가 닿을 수 있는 최고의 정상이 아닐까?

그 너머에 무엇이 있는지, 아무도 상상하지 못한다. 당연히, 자기에 정확히 도달할 것이라고 기대해서도 안 된다. 왜냐하면 의식적인 자아가 여전히 있기 때문이다. 만약에 이 여자가 자신이 자기와 동일하다고 상상한다면, 그녀는 간단히 자아 팽창으로 인해 고통을 겪을 것이고 당장 분석가를 찾아 바람을 빼야 할 것이다. 하지만 그런 완전성을 보여주는 환상이 그 사람이 바랄 수 있는 전부일까? 아니면 그 환상에 의문스런 구석이 있는가?

그녀가 감정을 갖고 있지 않아서 둔할 수도 있다. 그래서 그 형상이 의미하는 바를 깨닫지 못할 수 있다. 그러면 그녀는 대가를 치르고, 그 결과를 직면해야 할 것이다. 도의 개념을 만났을 때, 그녀가 꽤 둔한 모습을 보였다는 사실을 기억하고 있다. 그때 그녀는 보다 덜한 진리 쪽으로 내려갔고, 그 결과 오류가 아주 심했지만 접근 가능성은 가장 높았던 측면에 이르렀다. 그녀는 더욱더 통속적으로 변했다. 이것은 난해한 환상이다. 만약에 그녀가 환상을 받아들일 수 있다면, 그것이 곧 진리이다.

그러나 그녀는 신전의 내부에서 경내로 나와야 할 것이다. 거기서 똑같은 것이 보다 덜한 형태로 다시 반복될 것이다. 그녀가 오류에, 다른 착각에 다시 노출되지만, 그때 그녀에게 일어나는 일은 그 만큼 이해 가능성이 높아질 것이다. 그녀가 여기서 하는 말을 근거로 다음 어려움이 무엇이 될 것인지를 예측하는 것은 어려운 일이지만, 여러 가능성이 있다. 관심을 둬야 할 사항이 한 가지 더 있다. 그녀는 환상 속의 여자 형상이 손에 무엇인가를 높이 들고 있는 것을 보고 있다.

이 같은 숭배의 몸짓은 대단히 전형적이다. 그래서 그 여자 형상이 하늘 쪽으로 높이 들고 있는 것은 신이나 위에 사는 존재들에게 바치는 소중한 공물임에 틀림없다. 그것은 아래에 있는 것이면서 위로 들어 올려질 필요가 있는 그 무엇이다. 현재 상태에서 우리가 생각할 수 있는 것은 그것이 전부다. 그것은 그녀 너머까지 닿아야 하는 그 무엇임에 틀림없다. 그녀는 단순히 아래에 잠겨 있던 무엇인가를 돕기 위해서, 그것을 하늘까지 올려주기 위해서 거기에 있는 것처럼 보인다. 그렇다면 이 형상을 미래의 자기로 해석하는 것이 타당하지 않을 수 있다. 그녀가 높이 들고 있는 소중한 그것이 물건이든 아이이든 보석이든, 바로 그것이 진정한 자기일 것이라고 말하는 것이 더 합당하지 않을까?

그것은 다이아몬드 센터일 수도 있고, 연꽃 속의 보석일 수도 있다.

연꽃 속의 보석은 아기 부처이다. 부처는 출생 3일 후에 이승과 내세에 법을 전하기 위해 연꽃 속으로 들어갔다. 그것은 틀림없이 다이아몬드 센터이며, 지금 우리는 이 환상에서 중개자 역할을 자처하고 있는 그 여자의 특성을 밝히려 노력해야 한다.

그 형상은 내면에 식물적인 무엇인가를 갖고 있다. 그런 형상을 이전에도 만난 적이 있다. 한 그루 나무로 서 있던 여자의 형상이 기억나는가? 두 팔을 나뭇가지처럼 태양 쪽으로 뻗고 있던 나무 말이다. 황금 연못은 아래쪽의 소중한 본질이었고, 위에는 태양 원반이 있었다. 이 환상 속의 생각도 이것과 똑같다. 그러나 바다에서 올라오고 있는 이 여자는 더 이상 나무가 아니다. 인간의 산물인 생각은 한 송이 꽃과 비슷하다. 그래서 그녀는 생각의 꽃을 높이 들고 있는 식물 같은 모습을 하고 있으며, 그것은 곧 다이아몬드 센터의 개념이다. 그것은 연꽃 또는 황금꽃이다.

그렇다면 이전에 벌어진 일은 우리 환자가 내면에 있는 다이아몬드 센터라는 미지의 존재와 그 센터의 작용 덕분에 한 그루 나무로 변한 것이었다. 이해가 되는가? 그것은 우리 자신에게 알려지지 않은 가운데 우리의 삶에 무의식적으로 강하게 영향을 미치고 있는 어떤 원형(元型)의 존재와 작용을 보여주는 예이다. 이 원형의 영향력이 얼마나 큰지, 우리는 다이아몬드 센터의 상징적인 역할까지 수행하고 상징적인 특성까지 갖고 있다.

그 환상의 의미가 매우 분명하게 보여주고 있듯이, 근본적인 것은 보석이 올라오는 것이다. 이 보석은 언제나 아래에서 오는 보물이다. 그것은 탄트라 요가에서 쿤달리니가 올라가는 것에 해당할 것이다. 탄트라 요가에서 말하는 여섯 개의 차크라 중에서 그녀가 지금 있는 곳은 심장 센터이다. 이 형상은 대양 위로 올라오고 있으며, 탄트라교에 따르면, 대양은 공기 영역, 즉 심장 센터가 시작하는 반짝거리는 표면이다. 그렇다면 그녀는 사람이 이해하지 못한다는 점에서 보면 확실히 인간의 구조에 속하지 않는 무엇인가를 높이 들고 지금 심장 센터에 있다. 그 다음 영역은 천상의 영역인 다섯 번째 차크라 '비슈다'(vishuddha), 즉 후두 부위가 될 것이다. 그것은 폐 위에 있으며, 표현과 언어에 동원되는 목소리 영역이다. 그리고 언어는 심장 영역을 떠난 생각을 전달하는 수단이다. 공기는 생각을 위로 싣고 간다. 공기 없이는 어떠한 소리도 가능하지 않기 때문에, 공기는 생각이 타고 다니는 말인 셈이다. 언어는 물질로부터 해방된 것들과 아주 희박한 형태의 물질 그 너머에 있는 것들을 전달하는 추상작용이다. 그렇다면 물에서 나오고 있는 이 형상은 공기 속으로 올라가는 쿤달리니의 움직임을 보이며 그 다음 단계의 비밀을, 꽃 만다라로 상징되는 추상적인 생각을 품고 있다. 그래서 중국 요가에서는 황금꽃이 신비체를 의미하는 '금강체(金剛體)'(diamond body)의 출생지로 여겨지며, 이 형상은 다시 나무 같은 몸짓을 하고 있다.

지금 이 여자 형상은 인간의 내면에서 일상적인 인간 심리와 나란히 일어나고 있는 신성한 과정인 신비를 직접 구현하고 있다. 그 신비는 우리의 개인적 심리와는 전혀 아무런 관계가 없지만, 그럼에도 불구하고 우리의 개인적 심리는 이 과정의 영향을 아주 많이 받는다. 이렇게 볼 수도 있을 것 같다. 사람들마다, 자식들을 키우며 이런저런 사회적 의무를 다하고 있는 남자나 여자 그 옆에 그 사람의 일상적인 일과 매우 다른 무엇인가를 성취하려고 노력하는 뱀 같은 존재가 있다고 보면 이해가 쉬울 것 같다.

그런 것을 인간의 삶을 빌려서 설명하려고 노력하는 것은 터무니없다. 인간의 용어로는 설명되지 않는다. 따라서 그런 일련의 환상에서 개인적인 무엇인가를 기대하는 것은 불합리하다. 그것은 중력의 법칙에서 개인적인 것을 찾는 것이나 마찬가지일 것이다. 그것은 우리의 개인적인 기분이나 희망, 소망, 확신을 무시하는 자연의 과정이라고 할 수 있다.

이제 다음 환상으로 넘어갈 생각이다. 마지막 환상은 하늘로 올라가는 것으로 끝났다. 거기서 질문은 그녀가 다소 그 형상과 동일시되었는가 하는 것이다. 아니면 그 형상은 단순히 하나의 직관에 불과한가? 어떤 경우든 그녀는 상승 움직임을 보일 것이다. 그러나 만약에 그녀가 그 형상을 제대로 이해하지 못하고 둔하게 군다면, 그녀는 아예 그 형상에 끌리지 않을 수도 있다. 그런 경우에, 똑같은 일이 진리가 덜하고 착각이 더 심한 형태로 반복될 것이다. 그녀의 환상은 이런 식으로 시작한다. "내가 하얀 날개를 가진 말의 등에 오르자, 그 말은 나와 함께 하늘을 뚫고 날았다." 여기서 어떤 진단이 가능하다.

지금 천마(天馬) 페가수스가 황금의 날개를 달고 와서 그녀를 데리고 영감이 작용하는 언어의 영역으로 올라가고 있다. 영감은 공기이고 호흡이며, 이것은 천상의 영역이다. 페가수스는 불이고, 신성한 열정이고, 신성한 단어들의 직관이며 생각이다. 페가수스는 지금까지 아무런 문제가 없었으며, 우리도 그 형상을 잘 다룰 수 있었다. 그러나 그녀가 안장에 앉기만 하면, 문제가 시작된다. 그녀가 인간의 물질로 되어 있기 때문에, 천마를 다루는 것은 절대로 간단한 문제가 아니다. 그래도 나는 회의를 품지 않으려 한다. 환상이 어떤 식으로 전개되는지 지켜보도록 하자.

> 우리는 검은 구름을 뚫고 달렸으며, 우리 뒤를 검은 독수리들이 따랐다. 그러나 날개를 단 말의 속도가 너무나 워낙 빨랐기 때문에

우리는 검은 독수리들을 크게 앞설 수 있었다.

검은색이 하얀 말과 대조를 이루고 있다. 구름은 종종 말과 비교된다. '바람의 말'[65]이라는 표현도 있다. '리그베다'를 보면, 구름은 소들의 무리로 이해되고, 비는 구름 소의 젖이다. 그렇다면 여기서 구름은 사악하고 파괴적인 힘에 해당하는 검은 말일 것이다. 그리고 검은 독수리들은 흉조이며, 독수리들은 짐승의 썩은 고기를 먹으며 죽음과 연결된다. 검은 독수리는 성령의 그림자였다. 그렇다면 검은 구름은 하얀 말의 그림자, 즉 하얀 말의 무의식적 측면이라고 볼 수 있으며, 검은색은 이 하얀 말이 매우 짙은 그림자를 드리운다는 사실을 암시한다. 그럼에도 그녀는 한동안 그림자를 극복하고 있다. 그녀는 "우리는 구름 속의 하얀 도시에 도달했다. 말은 도시의 광장에서 멈췄다."고 말한다.

그녀는 다시 하얀 도시로 들어갔다. 그녀가 처음 하얀 도시에 들어갔을 때를 기억하는가? 당시에 그녀는 그 빛을 견디지 못했다. 그러나 이번에는 눈부신 빛에 대한 언급이 없다. 지금은 그녀가 빛을 견뎌내고 있는 것이 분명하다. 그리고 이번에는 말이 그녀를 그곳으로 데려갔다.

하얀 도시는 새로운 예루살렘이며, 개성화의 상징이고 약속된 땅이다. 아니면 불교에서 말하는 메루 산 위의 도시이다. 그리고 도시의 광장은 4개의 기능을 의미하는 4개의 문이 있는 티베트 만다라의 사각형 중심과 비슷하다. 그렇다면 그녀는 말의 도움을 받아서 자기의 중심에, 완벽한 상태에 도달하고 있다. 거기서 말은 정지하고, 그 이동은 확실히 종지부를 찍는다. 그녀는 "거기서 밝게 빛나는 큰 별

....

65 동아시아나 중앙아시아 지역의 샤머니즘에서 인간의 영혼을 상징한다.

을 보았다. 나는 날개 달린 말을 이끌며 별을 향해 걸었다."고 말한다. 별은 아마 광장 한 가운데에 있을 것이고, 그래서 그것은 다이아몬드 센터의 개념이다. 찬란하게 빛나는 별은 다이아몬드와 비슷하며, 소중한 돌들은 종종 별을 암시하는 형태로 그려진다. 그녀의 환상을 보자.

> 나는 별에 가까이 다가가면서 별이 어떤 지팡이의 끝에 달려 있다는 사실을 알게 되었다. 지팡이의 반대편 끝은 땅바닥에 십자가형에 처해져 누워 있던 여자의 가슴에 박힌 상태였다.

그녀는 지금 십자가 위에 누워 있다. 틀림없이 그것은 십자가형의 고문을 의미한다. 우리 환자가 그 장면을 그린 그림의 배경에 서 있는 하얀 말은 특별히 두드러진 대조를 이룬다. 왜냐하면 그 여자가 새까만 십자가에 못 박혀 있기 때문이다. 천상의 도시는 광장이거나 적어도 4라는 숫자를 염두에 둔 가운데 건설되었다. 네모진 광장이 한가운데에 있고 십자가는 사각형과 동일시된다. 십자가 위에 누운 여자는 다시 그녀 자신이고, 그녀는 지금 독수리들의 먹이가 되고 있다. 구름이 별안간 나타나고, 그녀는 십자가형에 처해져 죽음을 맞고 있다. 그녀의 가슴을 관통하고 있는 지팡이는 예수의 옆구리를 찌른 롱기누스(Longinus)의 창과 비슷하다. 그건 틀림없이 죽음의 상징이다. 땅바닥에 누운 이 여자에게, 찬란한 보석인 별이 죽음을 안겨주고 있다.

십자가형에 처해져 땅바닥에 누워 있는 형상은 그녀의 개인적인 주관적 존재이다. 그것은 제물로 바쳐진 희생물이고, 별들에게 바친 공물이거나 페가수스와 함께 올라갔던 자의 희생일 것이다. 여기서 우리는 인간의 갈등과 비극의 일부를 엿보고 있다. 한쪽에는 약속의 하얀 도시로 페가수스와 함께 올라가는 반(半)신 같은 존재가 있고, 다른 한쪽엔 그 도시에서 십자가형에 처해져 완전히 파멸을 맞은 존재가 있다. 지팡이 끝의 별 또는 보석은 무엇인가? 보석 또는 별이 지팡이의 형태로 내려와서 그녀의 심장을 관통한 것 같다. 여기서 그녀는 갑자기 고양된 자기라는 문제의 전모를 완전히 다른 각도에서, 정반대의 각도에서 보고 있다. 구름은 아래로 깔렸고, 검정이 모습을 드러냈다. 이것은 개성화의 그림자이다. 그렇다면 보다 탁월한 어떤 존재의 해방 또는 통합이 이뤄지는 반면에, 무서운 그림자, 즉 세속적인 개인적 존재의 희생이 일어나고 있다.

그 별이 그녀의 안에서 살거나 나타나고 있는 한, 그녀가 반드시 십자가형에 처해질 것이라고 말할 수 있다. 별이 그녀로 하여금 십자가형에 처하게 하는 것이다. 바꿔 말하면, 별이 그녀가 그리스도가 되도록 강요한다는 뜻이다. 지금 우리는 점성술적인 사건들과 연결되고 있다. 기존 종교의 상징체계가 새로운 종교의 지배적인 사상이 되는 것은 하나의 규칙이다. 예를 들어, 기독교 시대를 잇는 어떤 새로운 종교의 지배적인 사상은 모두가 그리스도가 되는 것이 될 것이고, 또 그리스도는 철저히 인간적인 어떤 신비의 투사에 지나지 않는다는 것이 될 것이다. 그리고 우리가 이 투사를 그리스도로부터 우리 자신에게로 거둬들인다면, 우리 모두가 그리스도가 된다.

이런 생각을 품었던 사람이 나 혼자만은 아니었다. 다른 사람들도 이런 생각을 품었다. 당신이 예상하지 못할 한 사람이 바로 『율리시스』(Ulysses)의 제임스 조이스(James Joyce)이다. 매춘 굴 장면에서, 예언자는 미국식 비속어로, 대단히 무례하고 신성 모독적인 언어로 설교를 하는데, 거기에 아주 특별한 내용이 들어 있다. "서둘러! 지금 당장 영원으로 가는 환승역에 합류해!" 이런 내용도 있다. "지금 당신의 어깨를 그리스도와 사탄에 비비도록 해!" 거기에 6명이 나온다. 3명은 창녀이고 3명은 남자이다. 예언가는 각자의 이름을 키티 그리스도, 플로리 그리스도 등으로 붙여준다. 그는 모두를 그리스도로 만든다.

이집트에서 불멸의 영혼은 오시리스로서의 파라오에게 투사되었다. 그 사상은 파라오만이 불멸이고 죽지 않으며, 그 외의 모든 존재는 태양신이 하늘 위를 여행할 때 태양신의 배에 올라타지 못하면 죽어 사라지게 된다는 것이다. 이 오래된 사상이 현대 기독교의 어머니 종교이다. 그러나 그리스도는 모두가 불멸의 영혼을 갖고 있고, 모두가 오시리스를 갖고 있다고 말했다. 그래서 프톨레마이오스 시대에는 조금 명성이 있다 싶은 사람은 거의 모두 개인적인 오시리스를 갖고 있었다. 그것은 단지 그 사람의 불멸의 영혼이었다. 그리하여 오시리스만 누릴 수 있었던 것이 모든 이들의 소유가 되었다. 그러다가 그리스도가 십자가형에 처해졌고, 이어서 모든 사람들이 자신들의 짐을 기꺼이 그리스도에게로 넘김으로써 자유로워졌다. 말하자면 모든 사람이 무책임한 아이가 되었다는 뜻이다.

그러나 지금 우리는 모두가 책임을 지는 성인이 되어야 한다는 사실을 확인하고 있다. 모든 사람은 자신의 방식대로 자신의 삶을 살아야 한다. 우리는 그 어떤 사람의 삶도 흉내 낼 수 없으며, 우리의 진짜 모습이 아닌 다른 모습의 삶을 살고 있다고 믿을 수도 없다. 그래서 우리는 희생될 것이다. 지금은 모두가 그리스도이고, 그리스도인 한 모두가 십자가형에 처해질 것이다.

18강

1932년 6월 8일

오늘은 좀 특이한 자료를 보여줄 것이다. 미국이나 유럽의 지도가 아니라, 하늘의 일부를 그린 지도이다. 말하자면, 황도대의 일부 별자리들을 보여주는 지도이다. 지난 시간에 페가수스의 상징체계가 나온 터라 이해를 돕기 위해 갖고 왔다.

환자는 날개 달린 하얀 말을 타고 하늘로 올라갔다. 그녀와 말은 별들 사이를 날아서 구름 속의 하얀 도시에 도달했다. 그곳에서 그녀는 어떤 여자가 검은 십자가에 못 박힌 채 바닥에 누워 있는 것을 발견했다. 이어서 그녀는 그 여자의 가슴이 창에 관통되어 있는 것을 보았다. 또 창의 다른 쪽 끝에 별이 달려 있는 것을 보았다. 그래서 그 그림은 마치 별에서 한 줄기 빛이 나와 그녀의 심장을 뚫고 있는 것처럼 보인다.

그때 십자가 뒤로 허공에 귀신처럼 서 있었던 것은 날개 달린 하얀 말 페가수스였다. 우리 환자의 말을 근거로 할 때엔 이 환상이 점성

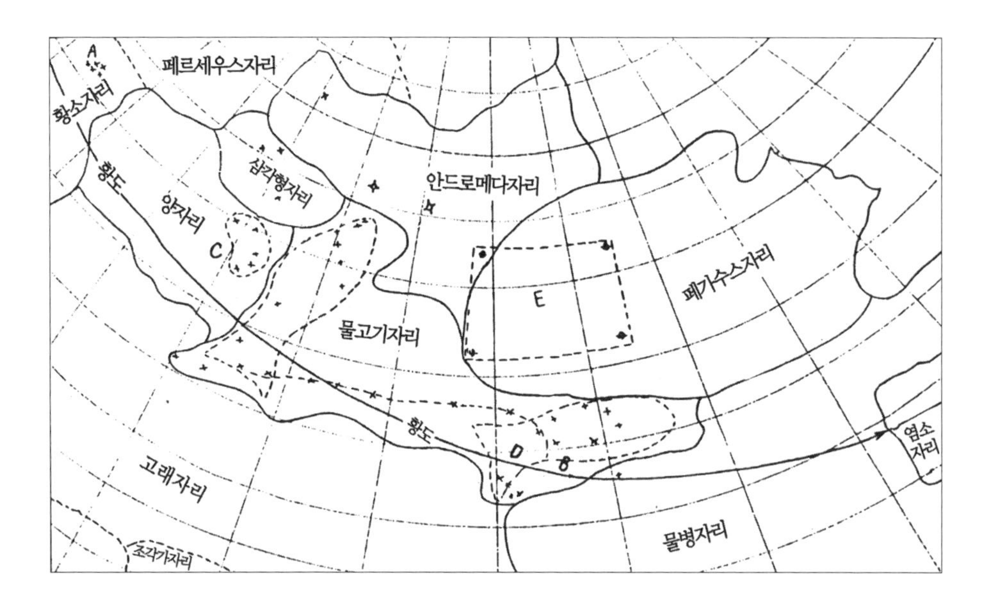

술과 관련 있다는 암시가 보이지 않는다. 내가 아는 한, 그녀가 점성술에 대한 지식을 갖고 있다 하더라도, 그 지식은 아주 피상적일 것이다. 아마 12궁도의 구조에 대해 약간의 정보를 줄 수 있는 수준일 것이다. 태양과 달, 행성, 황도 십이궁의 별자리들에 대해 알고 있을지 모르지만, 그녀의 점성술 지식은 다른 별자리들과 그것들의 의미를 알 정도는 아닐 것이다.

황도대의 일련의 별자리는 하늘을 둘러싸고 있는 별자리들로, 태양이 지나가는 길이라는 특징을 갖고 있다. 그러나 이 별자리들 외에도 황도대의 별자리들 못지않게 신화적인 의미를 지니는 별자리들도 있다. 예를 들면, 양자리와 황소자리, 물병자리, 물고기자리 외에 북쪽왕관자리와 큰곰자리, 남쪽물고기자리를 포함해 많은 별자리가 있다.

이 별자리들은 원래는 어떤 의미를 지녔지만 현대 점성술에서는 아주 작은 역할을 하고 있다. 12궁의 상징체계가 별에 쓰여 있는 것이 아니라 인간의 무의식에서 시작되어 하늘로 투사되었듯이, 하늘의 다른 별자리들도 모두 무의식적 내용물의 투사에 의해 만들어지고 또 특징을 얻게 되었다. 따라서 12궁도에 심리학적인 신화가 있다면, 다른 별자리들도 마찬가지로 심리학적 의미를 지닌다고 단정하는 것이 합리적이다. 그러나 인간의 무의식이 북반구의 별자리에만 쓰여 있고 남반구의 별자리에는 쓰여 있지 않은 것으로 확인될 것이다. 무엇을 근거로 이런 가능성에 대해 말할 수 있을까? 남반구 별자리들의 특징은 무엇일까?

인간의 상상력은 많은 것을 할 수 있지만, 남반구의 별자리들이 훨씬 덜 인상적이라는 말은 완벽한 사실이다. 남반구의 별자리를 보면 실제로 실망스럽다. 예를 들어, 그 유명한 남십자성은 꽤 형편없는 발명이다. 그러나 그것이 사람들이 남반구의 별자리로 투사하지 않아야 했던 이유는 절대로 아니다. 사실은 남반구의 별들도 이름을 갖고 있다. 그러나 그 별들은 결코 신화적이지 않으며, 주로 항해 기술과 관련 있다. 예를 들면, 선원들이 자신들이 사용하거나 아는 도구와 관련있는 현대적 이름을 붙인 현미경자리와 나침반자리가 있다. 분명히, 남쪽의 하늘에는 신화가 전혀 없다. 이는 서양인에게 영향을 미친 문명이 모두 북반구에서 일어났기 때문이다. 그럼에도 예를 들어서 존재했을 게 틀림없는 페루의 천문학에 대해 알았더라면, 서양의 것들과 비슷한 일종의 신화적인 용어가 발견되었을 것이다.

내가 갖고 온 지도는 황도대의 일부를 보여주고 있다. 위와 아래에 별자리들이 보인다. 위가 북쪽, 즉 북극성 지역이다. 위쪽의 별자리들은 황도대 쪽으로 아래로 움직이고, 아래쪽에서 별자리들은 지평선

쪽으로 접근하다가 지평선 아래로 서서히 사라진다. 황도(黃道)는 분점(分點)의 세차운동(歲差運動)(지구 자전축이 주기적으로 원 운동을 보이는 것을 말한다. 약 26,000년이 한 주기이며, 지구 적도의 융기 부분에 작용하는 태양과 달의 중력의 영향으로 생긴다/옮긴이)이 지나가는 길이며, 그 선 위에 소위 춘분점, 즉 태양이 3월 21일에 뜨는 지점이 있다. 바로 그때 봄이 시작된다. 그리고 B.C. 2200년에 그 점은 플레이아데스 성단 가까운 곳(A)에 있었으며, 그 이후로 매년 조금씩 멀어지고 있다. 그것은 일종의 퇴행이다. 태양은 언제나 서쪽으로 움직이고, 양자리가 3월 21일부터 4월 21일까지 봄의 첫 달일 것이다. 이어서 4월 21일부터 5월 21일까지 황소자리가 온다. 그러나 춘분점은 매년 55초씩 멀어진다. 그래서 춘분점은 B.C. 1000년에 양자리 위에 있었으며, B.C. 100년에는 양자리 끝 지점에 있었다.

그렇다면 2100년 동안에 춘분점은 양자리를 통해 30도 정도 물러났으며 이어 물고기자리라 불리는 영역으로 들어갔다. 일반적으로 황도대의 물고기자리의 상징으로 두 마리의 물고기가 그려지지만, 이 지도는 실제의 별자리들을 그린 것이며 춘분점이 들어간 첫 번째 물고기를 이루는 별들의 무리가 보인다. 이 물고기와 천정(天頂)까지 연결되는 자오선을 비교하면, 그것이 수직을 이루는 물고기라는 것을 알 수 있다. 머리가 북극을 향하고 있다. 그 다음에 리본 또는 이음매라 불리는 일련의 별들이 있으며, 그 끝에 옆으로 누운 두 번째 물고기가 있다. 춘분점은 지금 이쯤 있으며, 물고기자리 안에서 두 번째 물고기와 평행을 이루며 이동하고 있다(B). 경로는 물고기자리 바로 옆이며 물고기자리를 관통하는 것은 아니다.

점성술은 양자리의 영향을 받는 시간에 태어난 사람들은 지적 자질을, 우수한 지능을 타고난다고 말한다. 그런 사람의 상승궁(上昇

宮)이 양자리에 있다면, 그 사람은 충동성과 치열함이 특징인 그런 변덕스러운 지능을, 끈기를 발휘하지 못하는 그런 지능을 갖고 있을 것이다. 그럼에도 지적 관심은 언제나 있다. 상승궁이 봄의 궁이기 때문이다. 그래도 관심이 지속되는 기간은 짧을 것이다. 이른 봄의 새싹과 비슷하다. 여기서 양자리가 지적인 것은 그냥 당연한 것으로 받아들여져야 한다. 그것이 점성술이 말하는 바이다. 양자리가 그런지 여부는 중요하지 않다. 그것은 꽤 다른 문제이다.

그렇다면 물고기자리에 태어난 사람은 주변 환경이나 인간의 영향을 쉽게 받을 것이다. 그것은 그런 사람이 언제나 일종의 해류 같은 것 안에서 헤엄을 치고 있는 것과 비슷하다. 물고기자리에는 대단히 모순적인 것들이 있다. 물고기 한 마리가 수직으로 서 있는 천문학적 위치와 달리, 상징적인 형태로 쓰는 점성술의 기호를 보면 물고기 한 마리는 똑바로 서 있고 다른 한 마리는 거꾸로 서 있으며, 그 사이에 이음매가 있다. 물론 전통적인 표시는 이렇지만(♓), 원래의 표시는 내가 그린 그림과 비슷하다. 그래서 거기엔 특이한 종류의 대조가 나타난다.

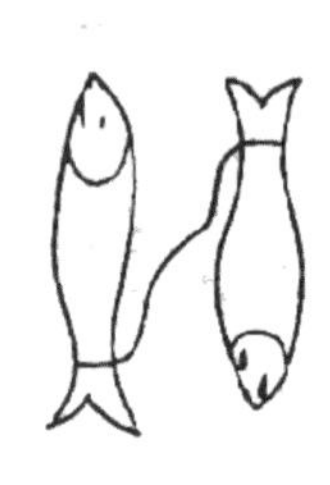

이렇게(♋) 생긴 게자리의 기호에도 대조적인 움직임이 있다. 두 움직임 사이에 이상한 종류의 스프링이 있는 것 같다. 역설적이고 모순적인 해류에 떠밀리는 것 같은 형국은 물고기자리의 영향을 받고 있는 사람들이 모두 겪는 특성이다.

지금은 소위 플라톤년의 12번째 부분에 해당한다. 플라톤년의 1년은 26,000년이며, 춘분점의 이동 또는 분점의 세차운동에 근거를 두고 있다. 달리 말하면, 춘분점의 이동이 한 바퀴 도는 데에 26,000년이 걸린다는 뜻이다. 26,000년이 흘러야만 다시 그 지점에 돌아온다는 말이다. 황도대의 각 궁은 플라톤년의 12분의 1에 해당하며, 플라톤년의 한 달은 2,150년보다 어떤 때는 약간 더 길고 어떤 때는 약간 더 짧다.

양자리에 든 시대는 지성이 발달하는 때라는 사상은 역사적으로 어느 정도 맞는 것으로 확인된다. B.C. 2200년과 B.C. 100년 사이에 인간의 문명과 인간의 지성이 대단히 큰 발전을 이뤘으니 말이다. 그 전 시대, 즉 황소자리 시기에 대해 우리가 아는 바는 거의 없다. 그러나 그 시기는 주로 예술과 공예, 정치와 전략이 발달한 시대였던 것 같다. 이는 황소자리의 영향을 받는 모든 것은 예술적이고 세속적인 성격을 갖게 되어 있다는 사실에서 비롯된다. 황소자리가 바로 모든 것을 아름답게 만드는 "베누스(금성)의 궁"이기 때문이다. 그 시기는 세속적 아름다움과 권력, 제국, 위대한 정복 등이 특징으로 꼽히는데, 이 모든 것들은 지하의 성격을 지니고 있다.

그러나 양자리는 다른 성격을 지녔다. 그때 지적 발달이 이뤄졌다는 말은 꽤 진실이다. 위대한 철학적 발달이 이뤄진 시대였다. 그리스 철학과 베다 철학(우파니샤드 철학), 위대한 중국 철학 등이 모두 그 시대에 생겨났다. 양자리가 끝나는 지점(C)에, 양자리 알파와 양자리 베타 사이에 유난히 반짝이는 별들의 집단이 있었다. 그 집단이 정확히 B.C. 600년과 B.C. 400년 사이가 된다. 이 시기는 피타고라스 학파 같은 아테네의 위대한 학파들과 플라톤에 이르기까지 그리스의 철학자들이 활동하던 때였다. 중국에서는 노자와 공자에서부터 장자에 이르기까지 훌륭한 철학자들이 활동했다. 그 시대는 우리 시대 이전에 인간이 정신세계를 활짝 펼치던 때였다.

두 마리의 물고기에 대해선 이미 설명한 바 있다. 그리스도가 물고기를 의미하는 '이크티스'로 불리게 된 이유에 대해서도 설명하고,

그리스도의 대조인 적(敵)그리스도에 대해서도 설명했다. 또한 이 음매의 중간 부분이 보편적인 가톨릭교회에 심각한 균열이 일어났던 1500년에 해당한다는 사실에 대해서도 설명했다. 그것은 낡은 기독교의 종말이고 프로테스탄티즘의 시작이었다. 이어서 1720년경(D)에 디드로(Denis Diderot)가 등장하고 프랑스 계몽운동이 일어났으며, 그때 역사상 처음으로 기독교가 비판의 대상이 되었다. 프랑스 혁명이 그 뒤를 따랐으며, 이로써 인간 이성의 해방이 이뤄졌고 그 후에 과학이 교회와 결별하기에 이르렀다. 마침내 러시아 공산주의자들이 기독교를 맹렬히 파괴하고 교회들이 버려짐으로써 완전한 역전이 이뤄졌고, 유라시아 대륙의 큰 부분이 떨어져 나갔다. 이 모든 것이 점성술의 심리학과 맞아떨어진다. 그렇다면 점성술에 타당한 무엇인가가 있을 것이다.

지금 이 투사의 심리학을 공부하면서 우리는 그 이웃 영역에도 관심을 줘야 한다. 왜냐하면 투사된 심리에 비중을 둘 경우에 주변의 별자리들도 우연이 아닐 것이라는 점을 인정해야 하기 때문이다. 거기서 매우 흥미로운 것들이 확인될 것이다. 주변의 별자리들도 아마 심리적으로 서로 연결되는 가운데 세포 조직 같은 것을 형성하고 있을 것이다. 그렇기 때문에 그 별자리들을 그런 관점에서 연구하는 것도 충분히 의미 있는 일이다. 먼저 아래쪽의 별자리들에 관심을 두기를 바라며, 그건 꽤 간단한 일이다.

큰 별자리는 고래자리이다. 그 뜻은 황도대의 궁들로 표현되는 인간의 의식 영역 아래에 거대한 고래가 한 마리 있다는 것이다. 아시다시피, 고래는 신화학에서 중요한 역할을 맡으며, 그것은 거대한 고래용(龍)이다. 유대교 신비주의에서 이 같은 사상이 여전히 확인된다. 인간의 오래된 전제들을 바탕으로 한 유대교 신비주의를 보면,

바다의 3분의 1이 '리바이어던'이라 불리는 한 마리의 거대한 고래 괴물로 채워져 있다는 내용이 나온다. 세상이 거대한 도롱뇽의 등에 건설되었다는 일본 신화도 이와 비슷하다. 그리고 고래용들을 제압하는 영웅들에 관한 온갖 전설은 아마 그 거대한 괴물과 관계있을 것이다. 왜냐하면 우리가 종종 잠재의식이라 부르는 무의식이 지옥처럼 우리의 뇌 아래 어딘가 아니면 발 아래 어딘가에 있다는 감정을 품고 있기 때문이다. 양자리와 물고기자리라는 두 개의 월력은 위의 의식적인 성격을 갖고 있는 것 같다. 따라서 아래쪽의 고래자리는 무의식의 거대한 괴물을, 의식의 세계를 삼켜버리겠다고 늘 위협하고 있는 괴물을 나타내고 있을 가능성이 꽤 크다. 사람들은 온갖 종류의 의식적인 추구를 따르기 시작하고 있지만, 그 괴물이 이제 막 존재를 시작한 세상을 몽땅 삼켜버릴 수 있다는 사실이 늘 따라다녔다. 그리고 그런 상태, 즉 무의식의 엄청난 위험을 나타내는 별자리인 고래자리는 사실 우리가 지금 있는 지점까지 이르고 있다.

우리는 지금 위쪽의 영역에 닿고 있다. 위에 있는 것들에 대해 말할 때, 우리는 심리학적으로 지배적인 원리를, 우리 머리 위에 있는 영원한 이상들을, 위의 선한 신을, 법을, 탁월한 의식을 의미한다. 말하자면, 우리를 이끌거나 구원하는 원리들은 모두 위에 있는 것으로 여겨진다. 따라서 사람들은 종종 무의식이 아래에, 발 아래에 있다는 의견에 반대한다. 그런 사람들은 위에도 무의식적인 무엇인가가, 일종의 탁월한 무의식이 있다고 주장한다. 물론, 무의식에 대해 우리의 발 아래에 있다는 식으로 말하는 것은 표현의 한 방식에 지나지 않는다. 위에 있는 것도 똑같이 심리학적 무의식의 영역에 속한다. 역할만 다를 뿐이다.

그래서 우리는 위쪽에서, 지도의 왼쪽 위에서 안드로메다를 협박하고 있던 괴물을 죽인 유명한 영웅 페르세우스의 별자리를 본다. 페르세우스는 헤라클레스와 테세우스 같은 그리스의 옛 영웅들 중 하나였다. 이들은 영웅들의 아주 오래된 조상에 속했다. 페르세우스는 제우스와 다나에의 아들이었으며, 그는 기적에 의해 세상에 태어나게 되었다. 제우스는 소녀 다나에에게 다가갈 수 없었다. 소녀가 쇠로 만든 방에 갇혀 있었기 때문이다. 그래서 제우스는 한 줄기 황금비로 변장해서 지붕을 뚫고 들어가야 했으며, 그런 형태로 다나에를 임신시켰다.

이 아들 페르세우스는 온갖 종류의 공포를, 예를 들면, 모두 다 합쳐 눈 하나와 이빨 하나밖에 없었다는 무시무시한 운명의 세 여신 그라이아이까지 극복했다. 그런 다음에 그는 자신을 지그프리트처럼 눈에 보이지 않는 존재로 만들어주는 투구를 획득하고, 헤르메스처럼 날개 달린 신발과 다이아몬드 낫을 획득했다. 온갖 종류의 아름다운 것들을 얻었던 것이다. 그는 또한 경이로운 말을 탔으며, 고르곤이라는 괴물을 죽여 그 머리를 갖고 왔다. 이어서 어느 왕의 딸로서 무시무시한 바다 괴물에 제물로 바쳐질 운명에 처해 있던 안드로메다의 이야기가 나온다. 페르세우스가 손에 고르곤의 머리를 들고 날개 달린 신을 신고 허공을 걸어 오고 있을 때, 그녀는 발가벗은 몸으로 바위에 묶인 채 괴물의 공격을 받기 직전이었다. 괴물이 바다에서 나오는 즉시, 페르세우스는 메두사의 머리를 갖고 괴물에게 맞섰으며 그 즉시 괴물은 돌로 변해 버렸다. 아시다시피, 페르세우스는 언제나 그 왕의 아름다운 딸을 삼키겠다고 위협하고 있던 거대한 바다 괴물과 맞붙게 되어 있던 영웅이다. 아름다운 소녀를 괴물에게 제물로 바친다는 모티프는 신화에 너무나 빈번하게 나온다. 이 아름다운 딸은 무엇인가?

자기이다. 그런데 자기가 왜 아름다운 소녀여야 하는가? 나는 나의 자기가 아름다운 소녀가 아닐 것이라고 강하게 믿고 있다. 앞에 말한 것들은 동화가 아니라 신화이다. 그것들은 치료나 마법적 목적을 위해 들려준 신성한 텍스트였으며, 그것들은 주술사에 의해 발명되었으며 전적으로 남성적이다. 안드로메다는 바다 괴물에게 납치되게 되어 있던 그의 아니마이고 영혼이다. 그 같은 사실을 통해서, 우리는 영혼이 언제나 무의식에 사로잡혀 있었다는 것을 알고 있다.

심지어 지성이 발달하기 시작할 때에도 마찬가지였다. 오직 제물만이 그 연결을 끊고 인간을 무의식의 삼킴으로부터, 무의식의 위협적인 힘으로부터 구해줄 수 있었다. 괴물, 즉 무의식의 이런 무서운 활동을 죽이기 위해 어떤 영웅의 신화를 발명할 필요가 있었다. 그래서 페르세우스자리는 안드로메다자리와 직접 연결되고, 용을 이긴 영웅은 영혼을 무의식의 저주로부터 구한다. 안드로메다 별자리는 또 다른 작은 별자리인 '삼각형자리'에 의해서 양자리 영역과 분리되고 있다. 페르세우스자리와 안드로메다자리와 비교하면, 삼각형자리는 어떤가? 삼각형자리는 이 별자리들과 접하고 있지만, 철학의 시작을 암시하는 별들의 무리보다 약간 빠르다. 아시다시피, 삼각형자리는 추상적인 상징이다. 만약에 삼각형이 꿈에 나타난다면, 당신은 그것을 추상적인 어떤 사상으로 해석할 것이다.

삼각형은 지적인 개념이다. 여기서부터 지적 개념이 주도적인 상징이 된다. 점성술의 계산에 따르면, B.C. 1000년쯤에 삼각형자리 근처에서 지성이 인간의 내면에서 꿈틀거리기 시작했다. 추상적인 생각들이 나타나고, 철학이 뒤를 이으면서 철학적 개념을 하나의 길잡이로 하늘로 투사했다. 따라서 위대한 공적을 세우고, 인간을 바다 괴물로부터 구하는 것은 더 이상 신화 속의 영웅 페르세우스가 아니다. 길잡이는 이제 철학이며 인간의 추상적인 개념들이다. 그러나 인간의 개념들은 안드로메다의 유난히 찬란한 별들로부터 그 빛을 받고 있으며, 안드로메다는 아니마의 영역에 속한다. 그렇다면 당시의 지혜는 인간의 영향을 받았다기보다는 주로 아니마를 통해 이뤄졌다고 말할 수 있다. 그리고 아니마로부터 소피아의 형상이 나타나는데, 이 형상은 영지주의의 아니마 발달에서 발견된다. 또 '파우스트' 2부에서도 확인된다.

더욱이, 양자리가 남성적인 영향 아래에 있기 때문에, 말하자면 지성의 지배 또는 추상적인 사상이 시작되는 시기에 해당되기 때문에, 그때 보상적인 여성적 원리가 나타나고, 그날 이후로 우리는 여성적 원리의 지배를 받는 세상을 갖고 있다. 여기서 물고기자리의 시대가 시작되며, 그 시대는 15세기나 16세기까지 무의식적으로 처녀자리의 영향을 받았다. 물고기들은 또한 어린아이들을 상징하며, 기독교 상징체계에서 물고기자리뿐만 아니라 어린양들에서도 그런 영향이 확인된다. 교황은 지금도 물고기들을 잡는 그림이 새겨진 반지를 끼고 있다. 이것은 교황이 이 땅의 모든 사람들을 자신의 그물 속으로 끌어들인다는 것을 의미한다. 그러나 물고기자리 중 그 부분의 지배적인 원리는 여성적인 원리이며, 그것은 거의 틀림없이 교회, 교회의 어머니, 성모 마리아, 천상의 신부 등이었으며, 16세기까지 이어졌을 것이다.

그때 대체로 30년 전쟁 또는 종교 개혁에서부터 계산되는 새로운 시대가 시작된다. 세계의 위대한 발견이 일어나고, 물고기의 수직적인 자세가 막을 내리고 수평적 확장이 시작된 시대였기 때문에, 그 같은 구분은 아주 정당한 것으로 여겨진다. 그때까지 문명의 발달은 고딕 첨탑과 비슷했다. 우리 조상들은 좁은 유럽 대륙에만 관심을 집중했으며, 그 너머의 세계는 거의 알려지지 않았다. 그때 위대한 항해가 시작되었고, 세계가 구체(球體)라는 사실이 발견되었다. 그 같은 사실은 그리스 시대에 이미 알려졌지만, 그때까지 망각되어 왔다.

그리하여 완전히 새로운 세계가 창조되었다. 지구가 우주의 중심이 아니라 태양 주위를 돌고 있다는 사실이 마침내 확인되었다. 이것은 엄청난 충격이었다. 인간의 관점을 완전히 바꿔놓았다. 그것은 자연히 자연과학의 탄생으로 이어졌다.

지금 여기서(E) 우리는 새로운 원리의 영향을 받고 있다. 더 이상 여성적인 원리가 아니다. 그것은 페가수스이다. 저기에 '삼각형'이 있었듯이, 여기엔 '사각형', 즉 페가수스의 사각형이 있다. 그것이 지금 이 자오선을 지배하고 있는 별자리일 것이다. 그것은 1900년 조금 전에 시작했을 것이고, 우리는 지금 1932년을 살고 있다. 그렇다면 이 시대를 지배하는 원리는 페가수스이다. 그리고 사람들은 이 전에 삼위일체로 바빴듯이 지금 사각형인 광장의 문제로 대단히 바쁘다. 인도와 이집트와 그리스의 옛날 신들은 모두 삼위일체였다.

흥미로운 점은 페가수스자리가 완전히 상징적인 것이며, 더 이상 인간적인 원리가 아니라는 점이다. 페가수스자리는 영웅도 아니고 여성적인 원리도 아니며, 꽤 동물적인 원리이다. 이 대목에서 우리는 말이 리비도의 상징이고, 인간의 동물적인 부분을 나타내며, 인간이 올라타면 말이 날개를 갖게 되어 신성한 존재가 된다는 식으로 말할 수 있다. 말이 일반적인 동물만 아니라 신성한 동물이 될 수도 있다는 뜻이다. 그렇다면 페가수스자리는 인간이 진정한 길잡이의 원리는 살아 있는 리비도라는 것을 깨닫는 그런 시대를 의미하며, 그 원리는 사각형에 의해 상징될 것이다. 그 시대의 사람들이 페가수스자리가 사각형에 의해 표현되어야 한다는 상상을 했다는 것 자체가 나에겐 기적처럼 들리지만, 그들은 실제로 그런 식으로 상상했다.

여기에 등장하는 사각형은 단순히 '테트라크티스'(tetraktys), 즉 피타고라스에 의해 창조적인 핵심, 즉 세상의 과정으로 규정지어진 숫자 4이다. 지금 말하는 4는 특이하다. 그것은 그 3의 연장일 것이다. 양자리는 지적인 시대였고, 물고기자리는 틀림없는 감정의 시대였으며, 그래서 기독교는 감정의 종교이다. 그러나 페가수스자리는 이와 다른 것이며, 다른 영향을 끼친다. 페가수스자리는 물고기자리의 원리가 거꾸로 바뀌는 시기에 나타난다. 원래 선하고 긍정적인 모든 정신적 영향들, 즉 아름다운 감정 뒤에, 그 반대의 감정, 즉 쓰라린 나쁜 감정과 사악한 측면이 나타나고, 이어서 이 사각형이 나타난다. 그것을 어느 한 개인의 내면에서 일어나는 심리적 과정으로 본다면, 그것은 어떤 감정 인격을 의미할 것이다. 말하자면, 언제나 매우 좋은 감정들을 품었던, 완벽하게 인간적이고 친절했던 사람이 갑자기 그런 좋은 감정을 모두 버리고 정반대로 악감정과 적대감, 시기, 온갖 종류의 분노를 표현하는 쪽으로 변하는 현상과 다를 바가 없다.

그런 상태는 일종의 신경증에 해당할 것이다. 그런 상태에 처한 사람들은 자신이 아름다운 감정의 가치들을, 자신이 강하게 믿었던 사상들을 잃게 되는 이유를 모르기 때문에 신경증 환자가 된다. 그들은 자기 자신으로부터 완전히 분리되고, 자기 자신을 받아들일 수 없으며, 그런 신경증의 상태에서 사각형이 최고 원리로 나타날 것이다. 그 사각형은 단지 하나의 논리적인 추론일 뿐이다. 지금까지 말한 내용을 근거로, 사각형이 가장 이로운 상징으로 등장할 것이라고 예측할 수 있다. 인간의 의식적인 지성이 바다 괴물의 위협에 시달리던 시대에 고르곤의 머리를 자를 수 있는 영웅이 적시에 나타났듯이 말이다.

보통 사람들은 그런 거대한 괴물에 맞서 할 수 있는 일이 하나도 없기 때문에 언제나 어떤 영혼을 괴물에게 바쳐야 했다. 그래서 무의식의 무시무시한 위험에 맞서 힘겨운 투쟁을 벌이는 인류에게 유익한 원리가 되어줄 영웅 구원자가 필요했다. 그렇다면 아래로부터 고래의 위험이 여전히 작용하고 있는 신경증의 경우에, 이 사각형이 가장 유익할 것이다.

이 페가수스의 상징에서, 우리 환자가 모든 투사가 시작되는 자신의 무의식에서 이 점성술적 상징을 정말로 끌어올렸을 가능성도 있다. 이 모든 이름들과 용어, 설명, 신화들은 무의식에서 기원했으며, 그것들은 모두 실제로 우리의 내면에 묻혀 있다. 그러다 보니 그런 원형적인 상황에 빠지면 누구나 아래로부터 이런 지식을 찾아낼 수 있다. 당연히, 그녀도 그 말이 페가수스라는 것을 알고 있다는 점에는 의문이 없다. 그러나 그녀가 페가수스를 점성술적 별자리로는 절대로 생각하지 않았을 것이라고 나는 확신한다. 또 그녀는 페가수스가 이 시대의 주도적인 원리라는 점에 대해서도 몰랐을 것이다.

분석을 우리 시대의 일부 악들을 극복하려는 정직한 시도로 이해한다면, 분석 체계의 근본적인 개념 하나가 반은 신이고 반은 동물이면서 그 자체로 하나인 리비도 개념이란 것을, 따라서 리비도가 그 자체로 하나가 아닌 시대를, 다시 말해 엄청난 분열로 인해 고통을 겪고 있는 시대를 위한 치료약이 된다는 사실을 발견하더라도 당신은 별로 놀라지 않을 것이다. 또한 우리 시대는 옛날의 삼각형의 가치들, 즉 삼위일체 사상이 3에 네 번째 기능을 더하면서 거꾸로 역전되고 있는 시대이다. 삼위일체는 아버지 신과 아들 신, 성령 신으로 이뤄져 있으며, 그 다음 네 번째가 사탄 신이다. 이 4가지가 사각형을 이룬다. 아시다시피, 이런 점성술적 그림은 환상이나 꿈 같은 무의식의 구조와 일치한다.

이제 할 것은 한 가지만 남았다. 다음에 무슨 일이 일어날 것인지를 이해하는 것이다. 우리는 지금 두 번째 물고기에서 빠져 나와 물고기자리와 다음 별자리 사이의 경계선에 다가가고 있다. 거기에 도달하려면 아직 10년 정도 더 있어야 할 것이다. 조금 더 이동하면 우리는 어느 별(F)에, 매우 크지는 않지만 특별히 영향력 있어 보이는 별에 닿게 된다. 물병자리의 첫 번째 별이다. 지금 물병자리는 처녀자리를 빼고 유일하게 인간적인 특성을 지니고 있는 별자리이다. 쌍둥이자리는 오직 어린아이들만 가리키기 때문에 별로 중요하지 않지만, 물병자리와 처녀자리는 성인의 별자리이다. 물병자리는 남성적인 별자리이고, 그것은 단순히 흐름의 문제가 아니다. 물병자리는 두 개의 물병에 물을 담은 다음에 "이제 나는 흐름이 어떤 것인지를 보여줄 거야."라고 말한다. 물 자체는 더 이상 움직이지 않지만, 만약에 그 안에 물고기가 있다면 물병자리는 물고기들을 잡은 것이나 마찬가지일 것이다. 물병자리는 물병들을 옮기고 직접 물을 붓는다. 그래서 물병자리는 어떤 탁월성을 획득했으며, 위나 아래나 똑같이 완전히 인간적인 형상이다.

옛날에 이집트에서 물을 상징했던 그림은 이것(♒)이다. 아래쪽 선은 지구의 표면을 덮고 있는 무겁고 끈적거리는 대기이고, 위의 선은 정신적이며 높은 곳의 하늘에 속한다. 물병자리는 아래에 있는 것만 아니라 위에 있는 것도 나타낸다. 따라서 7세기 또는 8세기에 코덱스에 그려진 물병자리는 매우 원시적인 형태의 다산의 신처럼 외설스런 모습이다.

중세의 표현에서 물병자리는 종종 물고기의 꼬리를 가진 것으로 나타난다. 인어처럼. 그러나 그런 표현은 예외적이다. 아주 오래된 자료에도 물병자리는 물병을 든 인간으로 그려진다. 물병자리는 분명히 이중적인 성격을 갖고 있지만, 그 이중성은 어디까지나 같은 사람 안에 있다. 물병자리는 동물성과 신성의 결합을 이상으로 여기는 사람의 별자리이며, 사각형 안에서 그 두 가지가 하나로 결합한다. 그 같은 사상은 우리의 생각과도 완벽하게 일치하며, 우리는 거기에 전혀 이의를 제기하지 않는다.

지금 물병자리 아래에서 우리는 그 거대한 고래처럼 하나의 원칙 또는 위협으로서 다른 무엇인가를 예상해야 한다. 고래자리는 남쪽의 별자리이며, 그것은 우리 눈에 보이지도 않고 신화적 개념을 갖고 있지도 않다. 고래자리 바로 옆에 작품을 창조하는 예술가의 이름으로 불리는 조각가자리가 있다. 내가 갖고 온 지도에는 일부만 보이지만, 그 별자리는 오른쪽으로 어느 정도 이어지며, 물병자리 중 앞쪽 반 그 아래에 있다. 이어서 남쪽물고기자리가 나온다. 그것은 물고기자리의 시대가 사라지면서 무의식 속으로 가라앉는 것과 비슷하다. 매우 흥미로운 해석이 아닐 수 없다.

고래자리가 조각가자리를 낳았으며, 그 다음에 남쪽물고기자리가 오고 이어서 반은 물고기이고 반은 산양인 염소자리가 온다. 우리의 상징체계의 점성술적 의미에 대한 논의는 지금까지 전적으로 쿠르티우스(Otto Friedrich Curtius) 박사의 권위에 의존했다. 그럼에도 우리 환자의 텍스트와 그림들을 보면 개인적인 공상과 별들의 세계 사이에 그런 관계가 존재한다고 결론을 내려도 별 무리가 없다는 점을 뒷받침하는 무엇인가가 있다.

우리 환자는 틀림없이 별들의 이웃 어딘가에 있다. 그렇다면 무의식이 인간 존재들이 대체로 처하지 않는 어떤 상황을 암시하고 있다고 단정해도 좋다. 사람은 여기 아래쪽 지구 표면에서 밀도 높은 대기 속에 있지만, 신화적인 말은 사람을 비행기나 비행선이 올려줄 수 있는 것보다 훨씬 더 높은 허공 속으로 데려다 줄 수 있다. 그녀는 피카르(Auguste Piccard) 교수[66]처럼 성층권으로, 추상적인 천상의 장소로, 정방형 도시가 있는 별들로 올라가고 있다. 4개의 벽 안에 있는 도시는 별 그 자체이며, 도시 한가운데에 넓은 광장이 있다. 그렇다면 이곳은 세속을 벗어나 있으며, 거기서 사람들은 당연히 그런 성격의 상징을 만날 것이다. 게다가, 별 하나가 여자의 심장을 관통하고 있다. 그것을 우리는 꽤 순진하게 선도하는 별, 즉 길잡이 원리로 받아들일 수 있다. 사람들이 자신의 별이나 자신의 운명, 자신의 운에 대해 말하고 있듯이 말이다. 그것은 틀림없이 그녀 개인의 별이며, 이 그림에서 그것은 그녀의 심장, 즉 그녀의 중심을 관통하고 있는 어떤 영향이다. 이것은 너무나 명백한 상징체계이기 때문에, 이 대목에서 우리는 그것이 그녀 자신의 개인적 심리에서도 중심일 뿐만 아니라 우주적인 의미에서도 중심이라고 말해도 무방하다. 동시에 그것은 보편적인 어떤 인간의 원리이다.

개인이 그런 식으로 별들과 어떤 관계를 맺고 있다는 사상은 그 역사가 인류 역사만큼이나 깊다. 원시인들은 별똥별을 보면서 하늘에서 인간의 육체 속으로 들어가기 위해 내려오는 영혼이라고 믿었다. 원시인들은 또 인간은 하나의 뜨거운 불꽃이라고 믿었다.

호주 중부의 원주민들도 그런 것을 믿었다. 애버리진이라 불리는 호주 원주민은 구석기인과 비슷하다. 그들은 아직 옷을 발명하지 않았으며, 가죽을 얻기 위해 동물을 사냥하는 것을 전혀 생각해보지 않았기 때문에 당연히 그런 목적의 사냥도 하지 않는다. 간혹 새벽에

....

66 스위스의 물리학자이자 발명가, 탐험가(1884-1962). 기구를 타고 10마일 상공에서 지구를 처음 관찰한 인물이다.

기온이 영하로 떨어지는데도 말이다. 기온이 낮아지면 그들은 모닥불 가에 서서 태양이 다시 생명을 얻기를 기다렸다. 지금 호주 원주민들은 인간의 영혼이 뜨거운 작은 불꽃으로 이뤄져 있다고 믿는다. 그들은 또 그 불꽃이 주변을 날아다니다가 어느 여자의 자궁 속으로 들어가면, 그 여자가 임신하게 된다고 믿는다. 그 사람들이 '마이아우를리'(maiaurli)라고 부르는 이 불꽃은 조상의 영혼으로서 특별한 나무나 바위에 사는 것으로 여겨진다. 그런 나무나 바위를 지나는 여자는 누구든 자신을 임신시키기 위해 뛰어나오는 '마이아우를리'를 물리치기 위해 특별한 부적을 이용해야 한다. 마이아우를리가 언제나 자신이 들어갈 자궁을 찾고 있기 때문이다.

일부 영지주의 체계에도 이와 비슷한 사상이 있었다. 영지주의 신자들은 영혼은 원래 바다, 즉 창조적인 자궁에 떨어진 불꽃이라고 생각했다. 이 불꽃이 나중에 인간의 영혼이 되어 자신의 주변으로 살을 붙여 육체를 형성했다는 것이 그들의 생각이었다. 매우 흥미로운 생각이 아닐 수 없다.

훗날 별들은 신들과 동일시되었다. 이 신들은 별이었음에도 인간 존재들을 많이 닮은 것으로 여겨졌다. 목성과 금성, 수성 같은 행성들은 신이면서 행성이었다. 이 별들이 신이면서 행성일 수 있었던 것은 그 옛날의 신들이 인간 존재들의 성격에 나타난 기질이었다는 사실에서 비롯된다. 예를 들어, 화성은 분노를 상징하고, 화성을 닮은 기질은 호전적인 기질이다. 또 점성술에서 화성은 전쟁의 요소를 의미한다. 그리고 쾌활한 기질은 대단히 푸른 하늘과 비슷하며, 주피터가 온화하게 미소 짓는 것과 비슷하다. 점성술에서 중요한 위치를 차지하는 주피터는 쾌활한 성격을 암시한다. 베누스는 사랑 또는 섹스의 어떤 측면을 의미한다. 수성은 지성이다. 그리고 토성은 우울한 상태나 우울을 야기하는 것을 상징한다. 유혹자와 정화자(淨化者)는 토성이 가진 이름들 중 두 가지 예이다.

꽤 원시적인 사람의 경우에 이런 성격적 요소들은 종종 자율적이다. 예를 들면, 사람의 기질이 자율적일 수 있는 것이다. 그런 사람은 병적일 정도로 쾌활할 수도 있다. 그러면 쾌활함은 더 이상 미덕이 아니며 악이 될 수 있다. 또는 사람이 더없이 사악한 방향으로 선할 수도 있다. 그러면 그 사람은 자기 자신과 주변 사람들을 파괴하게 된다. 선함이 지나치면 주변에 더없이 위험한 존재가 될 수 있는 것이다. 소위 흉성(凶星)인 화성과 토성도 마찬가지다. 아시다시피, 그런 행성들의 의인화는 그런 자율적인 콤플렉스들의 투사에서 비롯되었으며, 그래서 그 행성들은 신들로 불려왔다. 어떤 여자가 "그러나 난 그 문제에 대해 이렇게 느껴."라고 말할 때, 그것은 아주 단호한 의견이다. 그래서 그 같은 의견을 신이라고 불러도 무방하다. 어떤 남자가 "그건 나의 원칙과 맞지 않아요."라고 말하면, 나는 "상황이 이러이러하니 원칙 같은 것은 무시해요."라고 말한다. 그러나 그의 원칙은 그에게 하나의 신이다. 그는 터무니없는 자신의 원칙을 포기하느니 차라리 죽음의 길을 택할 것이며, 이것은 단순히 기질상의 어떤 사실, 즉 뿌리 깊은 어떤 감정적 요소에 근거하고 있다. 그런 기질적 특성들은 꽤 적절히 신이라는 이름으로 불리면서 투사되었다. 그래서 여기에도 인간과 별들 사이에 연결이 있으며, 인간의 법들이 별들과 동일한 것으로 확인된다.

그러면 이 여자가 그런 것을 투사할 수 있었던 것은 단순히 어리석은 공상적 창작이 아니라 심리의 비밀들과 관계있다. 앞에서 우리는 시간과 점성술 사이에 연결이 있다는 점과 시간이 특성을 갖고 있다는 사실에 대해 논한 바 있다. 지금 이 순간은 다른 어떤 순간과도 다르며, 그 다음 순간은 나름의 특별한 성격을 가질 것이고, 그 순간에 시작하는 모든 것은 그 특별한 성격의 영향을 받을 것이다. 만약에 우리가 어떤 분위기에 빠진 상태에서 함께 누군가에게 편지를 쓴다면, 그 편지는 이 순간의 분위기를 풍길 것이고 그 후로도 그 분위기를 계속 간직할 것이다. 10,000년 후에도 그 편지는 그 흔적을 계속 갖고 있을 것이다. 이유는 그것이 이 특별한 시점에 쓰였기 때문이다. 그렇듯 만약에 이 순간에 집단 의식이 어떤 아이를 낳을 수 있다면, 그 아이는 지금 이 순간의 상황을 정확히 반영할 것이다. 아이가 어떤 위도와 경도에서 어느 해 어느 날 1시 5분 전에 태어났다는 것은 그 아이가 어떤 아이인지를 암시할 것이다. 바로 그 순간은 우리가 그 순간에 대해 알고 있는 기억에 의해서 표현되거나 단순히 시계에 의해 표현되고, 시계는 별들의 위치에 따라 결정된다.

그렇다면 점성술과의 진정한 연결은 시간이며, 따라서 우리가 별들과 맺고 있는 연결의 가장 두드러진 측면은 운명의 측면이다. 운명은 시간과 함께 돌며, 운명은 시간과 동일하다. 사람이 아직 때가 아니라고 말할 때, 그것은 운명이 아직 임무를 다 끝내지 않았다는 뜻이다. 운명은 오직 시간 속에서만 할일을 성취할 수 있으며, 시간은 운명의 또 다른 측면이다. 운명과 시간은 전적으로 동일하며, 운명은 인간적인 측면이 더 강하고 시간은 에너지의 측면이 더 강하다. 그리고 시간은 에너지의 또 다른 측면이다. 왜냐하면 시간이 없으면 에너지가 있을 수 없고, 에너지가 없으면 시간이 있을 수 없기 때문이다. 시간은 측량된 에너지이다. 시계태엽을 감으면, 일정 양의 에너지가 시계에 주어진다. 그러면 시계는 자신의 경로를 달릴 수 있게 된다. 그것은 시간의 운동이라 불린다. 하나의 척도로서의 에너지 과정에 의해 시간이 평가될 수 있기 때문이다.

생명은 시간의 또 다른 측면이다. 생명은 운명이고, 생명은 에너지이고, 생명은 별들의 운동이다. 생명은 시간을 통해서 스스로를 나타낼 수 있거나, 별들의 경로나 위치, 아래로 흐르는 에너지의 과정에 의해 스스로를 나타낼 수 있다. 그렇기 때문에 우리의 깊은 심리와 별들의 운동을 연결시킬 이유는 정말 많으며, 따라서 바로 이 순간에 점성술적 그림이 떠오를 것이라는 점은 충분히 예상할 수 있다.

아시다시피, 그것은 땅의 인간을 십자가형에 처하기 전에는 제기된 바가 없는 중요한 문제이다. 기독교 시대로부터 넘어오는 문제인 것이다. 여기서 우리는 페가수스를 타고 하늘로 올라가는 또 다른 존재를 만난다. 여기서 그들은 함께 오고 있다. 지금까지 우리는 우리의 환자가 하얀 도시에 올 때마다 무엇인가가 잘못되었거나, 무엇인가가 제대로 작동하지 않거나, 빛이 너무 강하거나, 하얀 도시가 검은 도시였다는 것을 알았다. 그러나 그녀는 언제나 그 결정적인 지점으로 돌아갔으며, 이번에는 거기서 그 도시가 특별히 견디기 어려운 이유를 눈으로 본다. 그녀가 사각형의 도시에서 십자가형에 처해지고 별에 관통당한 자신을 발견하기 때문이다. 지금 별에 의한 관통은 어떤 성취를 표현하고 있다. 별이 그녀에게 닿았으며, 그것이 그녀를 마무리지었다. 그것은 그리스도의 옆구리를 찌른 롱기누스의 창이며, 그의 죽음을 증명하고 있다. 그것은 유추이며, 여기서 우리는 그것을 똑같은 의미를 지니는 것으로 받아들일 수 있다. 그녀는 못에 박혀 움직이지 못하고 완전히 파멸되었으며 도망도 불가능하다. 그래서 나는 그것을 성취라고 부른다. 신성한 무엇인가가 관통한 것이다. 더욱이, 그녀는 자기 자신에게 맞서야 한다. 이것이 하얀 도시, 즉 완전과 성취의 개념이 견딜 수 없는 고문이 되는 이유이다.

이제 우리는 검은 십자가에 못 박힌 이 여자가 무엇을 의미하는지를 철저히 이해해야 한다. 그러기 위해선 그 경험의 기원을 찾아 개인적인 경험을 거슬러 올라갈 수 있어야 한다. 환상들이 매우 거북하고, 매우 복잡해지고 있다. 따라서 경험을 생생하게 느끼고, 그 기원을 더듬으면서 그것이 인간 존재에게 지니는 의미를 찾는 데 더 많은 노력을 기울일 필요가 있다. 그렇게 하지 않으면, 모든 것이 공상과 상징 속에서 길을 잃어버릴 위험이 있다. 당신이라면 실제 상황을 어떤 식으로 정리할 것인가? 우리는 깨달음을 이해했지만, 지금은 에난티오드로미아를 이해해야 한다. 먼저 눈부신 하얀 도시가 있었으며, 우여곡절 끝에 우리는 천상의 도시와 반대인 검은 도시까지 내려왔다. 십자가의 검정색은 하데스의 잔재처럼 보이며, 당연히 죽음을 의미한다. 검은 도시는 지금 하얀 도시와 연결되는 것 같다. 이 인간 제물을 어떤 식으로 설명해야 할까?

이 상징체계는 그 이중성 때문에 그녀에게 강한 인상을 남긴다. 위의 무엇인가는 그녀에게 육체의 무게로부터 자유롭게 해방된 상태라는 인상을 주고, 그녀의 다른 부분은 바닥에 못 박혀 있다. 그렇다면 그것은 상반된 것들에 대한 자각이다.

지금 이 상황의 중요한 가치는 두 개의 상반된 것들이 함께 결합하고 있다는 것이다. 양쪽 모두에서, 그러니까 거의 무한한 자유와 똑같이 무한한 구속에서도 그런 자각이 일어나고 있다. 해방을 우리는 일종의 열정으로 이해한다. 그렇지만 십자가형은 심리학적으로 무엇을 의미하는가? 의지가 작용한 그리스도의 자기희생은 무엇을 의미하는가? 전설에 따르면, 그리스도는 자기희생을 꽤 의도적으로 받아들였다. 인류를 구원하기 위해서였다. 그렇다면 그리스도의 자기희생은 진정으로 다른 무엇인가를 위해서 개인적인 목숨을 희생시킨 것이다. 여기서 우리는 그 자기희생 중 고통스런 부분만을 보고 있다. 그녀는 개인적인 삶의 희생에 따른 고통을 겪고 있지만, 우리는 그 목적에 대해서는 알지 못한다.

19강

1932년 6월 15일

몇 가지 질문이 제기되었다. 그 중 하나를 먼저 볼 것이다. 우리가 논했던 별자리들이 그려진 고대 그리스 항아리 그림을 어느 부인이 갖고 왔다. 거대한 괴물 고래로 통하는 고래자리와 물고기 두 마리로 이뤄진 물고기자리, 페르세우스자리와 안드로메다자리가 보인다. 페가수스자리는 없다. 그림은 그런 별자리들에 대한 고대인의 감정이 특별히 생생했다는 점을 보여주고 있다.

고대인들에게, 바위에 묶여 있다가 페르세우스에 의해 바다 괴물로부터 구조되는 희생자 안드로메다는 하늘에 묘사되고 있었으며, 그것은 실제로 일어나고 있는 일이었다. 현대인은 공상을 그처럼 생생하게 펼칠 능력을 갖고 있지 않다. 현대인에게는 그런 이미지를 투사하는 것이 다소 인위적으로 보인다.

물론, 고대인에게 투사하는 능력이 있었다는 식으로 말하면 안 된다. 고대인은 오히려 투사의 희생자였다. 투사는 고대인에게 그냥 일어났을 뿐이다. 나무와 산은 모두 살아 있었고, 샘은 살아 있는 존재들로 가득했으며, 별들은 신이었다. 그 아름다운 별(목성)을 주피터라고 부르는 것이 우리에겐 매우 약하고 케케묵은 비유처럼 들리지만, 고대인들에게 그 별은 주피터였으며 그 별은 그런 형태로 고대인들의 내면에서 작동하면서 그들에게 영향을 미쳤다.

모든 자연은 생명력으로 넘쳐났으며, 자연의 생명력은 어렴풋이 그들 자신의 생명력으로 느껴졌다. 그것은 신경계가 대상들 안에 촉수를 두고 있는 것과 비슷했다. 말하자면 신경섬유가 피부 밑에만 있는 것이 아니라 외부 세계에까지 뻗어 있는 것과 마찬가지였다. 그 시대의 모든 그리스인이 언제나 무의식 속에서 살고 있었기 때문에, 삶은 곧 무의식의 삶이었다.

자연은 지금과 마찬가지로 무의식이었다. 고대인들은 자연 속의 생명력을 해석하려고 노력했으며, 또 자신들의 신화적 이미지들 중에서 나무나 산, 바위 등에서 느끼는 이상한 인상을 표현할 적절한 공식을 발견하려고 노력했다. 그래서 고대인들의 세계는 탁월한 존재들로 가득했다. 우리가 공상이라고 부르는 것이 고대인들에게는 현실로 경험되었다. 고대 그리스인의 마음은 매우 원시적이었으며, 원시인에게는 나무들이 말을 거는 일이 여전히 일어나고 있다.

제기된 질문들은 우리가 2주 전에 특별히 힘들어 했던 부분에 관한 것이다. 하얀 도시와 십자가형에 관한 내용을 담고 있는 환상은 분명히 많은 궁금증을 품게 했다. 한 질문은 이렇다. "선생님께선 상징이 더 이상 초자연적인 힘을 갖지 않게 될 때 해체된다는 식으로 설명했습니다. 그건 상징이 자연스런 변형을 겪는다는 뜻인가요? 실제로 보면 똑같은 상징이 거꾸로 되는 것이 아닌가요? 리비도가 새로운 각도에서 상징을 흡수하고 있는 것은 아닐까요? 그래서 상징의 다양한 측면들을 보는 어떤 지속적인 나선형 운동 또는 성장이 있는 것이 아닌가요?"

하나의 상징은 그것의 내용물이 아니며, 상징과 그 내용물은 동일하지 않다. 상징은 인간이 만든 이미지이며, 상징은 인간이 어떤 영향 또는 인상을, 이상한 정신적 경험을 표현하려는 정직한 노력이다. 키메라 같은 온갖 고대 그리스의 괴물들이 특별한 어떤 인상의 성격을 규정하려는 인간의 시도였던 것과 똑같다. 그 괴물들이 사는 것으로 전해지고 있는 장소를 찾는다면, 우리는 거기서 그리스인들이 그곳을 그런 생명체들을 빌려 표현하도록 만든 무엇인가를 확인하게 될 것이다.

아프리카에 머물 때, 나는 언제나 그곳 흑인들이 귀신이 출몰하는 곳이라고 여기는 장소를 찾아다녔다. 그들이 그런 식으로 말하도록 만드는 것이 무엇인지를 확인하기 위해서였다. 특별히 악명 높은 곳이 한 군데 있었다. 거의 2,400m에 달하는 산의 높은 곳에 있는 동굴이었다. 그곳 흑인들 사이에선 악마들(그들이 나에게 그곳을 설명하기 위해 쓴 단어의 뜻은 악마보다는 귀신에 가깝다)이 거주하는 곳으로 알려져 있었다. 안으로 들어가는 사람은 누구나 즉시 죽음을 당한다는 것이었다. 마른 풀에 불을 붙여 횃불을 들어야 했다. 그곳의 악마들은 횃불을 끄고 사람의 목을 조르는 것으로 전해졌다. 화산 활동이 계속되고 있는 산이었기 때문에, 우리는 이산화탄소 포켓이 있을 수 있다고 짐작했다. 그래서 우리는 랜턴과 긴 로프를 준비했다. 굴로 내려가기 전에 먼저 바닥을 살피기 위해서였다. 만약에 횃불이 주변 공기 때문에 꺼지는 것이라면, 우리도 질식할 위험이 있었다. 그러나 막상 그곳에 도착한 우리는 실망하지 않을 수 없었다. 우리가 도착한 곳은 황무지의 매우 높은 곳에 위치한 크랄(kraal)[67]이었다.

거기서 살던 한 흑인이 우리에게 동굴을 보여주겠다고 했다. 우리는 동굴 안에 있는 죽은 자들의 귀신이 혹시 우리를 죽이는 것이 아닐까 하고 물었다. 그러자 그는 "오, 아닙니다. 거기엔 그런 건 전혀 없어요."라고 대답했다. 그들은 가축에게 먹일 소금을 언제나 거기서 구한다고 했다. 그곳은 멀리 떨어진 곳에서만 악명을 떨치고 있는 곳이었다. 먼 곳에 사는 부족들에게 그곳은 무서운 곳이었지만, 가까운 곳의 사람들에게 그곳은 지극히 평범한 동굴에 지나지 않았다.

마찬가지로, 주술사는 오직 사소한 일로만 부족민의 부름을 받는다. 중대한 일이 발생하면, 사람들은 우간다 국경 너머에 있는 주술사를 부른다. 그들 사이에 멀리서 오는 주술사가 가장 강력하고 자기 부족의 주술사는 전혀 도움이 되지 않는다는 인식이 있는 것이다. 그렇듯, 귀신들까지도 고향에서는 힘을 제대로 발휘하지 못한다. 귀신들은 오직 외국에서만 악마인 것이다.

물론, 그런 일은 온 곳에서 일어나고 있으며, 서로 다투는 민족들의 심리까지 설명해준다. 가장 위험한 민족은 산 저편에 있는 사람으로 여겨진다. 아나톨 프랑스는 서로 죽일 듯이 싸우고 있는 두 사람의 농민에 관한 이야기를 들려준다. 누군가가 그들 중 한 사람에게 서로 그렇게 미워하며 괴롭히는 이유가 무엇인지 물었다. 이에 그 농민이 할 수 있는 대답은 "저 사람이 강 건너편에 살기 때문이지요."라는 것뿐이었다. 그것이 프랑스인과 독일인의 심리이다. 그들은 자신의 내면에 있는 사악한 모든 것을 라인 강 건너편으로 투사하고 있다. 사람이 자기 나라에 살고 있고 악마는 모두 건너편에 사는 것은 좋은 일이지만, 그런 태도는 결국엔 전쟁으로 이어진다.

....

67 울타리를 친 거주지를 말한다.

그럼에도 불구하고 그 동굴의 주문(呪文)은 존재했으며, 그래서 우리는 최대한 조심하면서 동굴 아래로 내려갔다. 오싹한 기분이 드는 동굴이었다. 우리는 100m 정도 나선형으로 돌면서 땅 속으로 내려갔다. 물이 가득한 깊은 크레바스들이 있었고, 그 중 어느 하나에 귀신처럼 보이는 흑인 시체가 있었다. 이 흑인이 들었던 횃불은 틀림없이 바람에 꺼졌거나 저절로 꺼졌을 것이며, 그는 어둠 속에서 손으로 더듬으며 나갈 길을 찾다가 크레바스에 떨어졌을 것이다. 그가 갑자기 우리가 비춘 랜턴 불빛 속에서 마치 백인처럼 보였다. 그의 살갗은 거기서 자라던 인광성(燐光性) 곰팡이 때문에 하얗게 보였다. 빛을 발하면서 시커먼 물 위에 떠 있는 하얀 시체는 섬뜩한 느낌을 주기에 충분했다. 큰 바위를 오르거나 크레바스를 따라 걸을 때면, 사람은 특히 신경이 예민해지면서 그런 장소가 악명을 얻게 된 이유를 이해할 수 있게 된다. 그곳은 정말로 위험했으며, 멀리서 보면 악마가 거주하는 곳이라는 신화적인 측면을 지닐 만했다.

우리는 그와 비슷한 다른 장소도 찾았다. 예를 들면, 3,000m 높이에 있던 대나무 숲이 있다. 이곳도 마찬가지로 죽은 자들의 악령들이 거주하는 곳으로 알려져 있었다. 우리는 일상적인 도구만 아니라 흑인 군인들까지 대동했지만, 그들은 숲으로 들어가기를 거부했다. 나는 그곳이 으스스한 곳이었다는 점을 인정해야 한다. 무성한 덤불을 구불구불 도는 코뿔소의 길을 걸어야 했기 때문이다. 코뿔소가 다음 귀퉁이에서 갑자기 튀어나오는 경우에 달아날 길이 전혀 없었다. 우리는 몸을 구부린 채 걸어야 했으며, 언제든 코뿔소가 나올 수 있는 상황이었다. 코뿔소는 순간적으로 공격한다. 그래서 유일한 희망은 코뿔소가 2m 정도 거리에서 공격하기 전에 눈을 감기를 바라는 것뿐이었다. 그 순간에 우리는 옆으로 점프할 수 있어야 한다. 그러나 정글에서 옆으로 점프하는 것은 거의 불가능하다. 나뭇잎이 무릎까지 쌓여 있기 때문이다. 그래서 그런 상황에 처하면 당신은 사실상 죽은 것이나 마찬가지이다.

더욱이 진흙에 난 코뿔소의 발자국은 새로운 것이었다. 그래서 그 장소가 신경을 거스르는 곳이라는 말은 충분히 이해되었다. 그 외에, 거기엔 직접적으로 들어오는 빛줄기가 전혀 없었다. 바다 속이나 마찬가지였다. 초록색 황혼이라고나 할까. 절대 고요가 흐르고 대나무 잎이 미풍에 서걱대는 소리만 들릴 뿐이었다. 그 외의 다른 소리는 전혀 없었다. 우리가 그곳을 찾은 날엔 머리 위로 천둥이 울었다. 정말 불쾌한 소리였다. 특별히 용기 있는 부족의 군인도 그곳에 있는 내내 벌벌 떨었으며 낯빛이 창백했다. 내가 추우냐고 묻자, 그는 무섭다는 점을 인정했다. 그래서 나는 "정말 멋진 곳인데 당신은 뭐가 그렇게 무서워요? 귀신이 있어요?"라고 물었다. 그러자 그가 나의 귀에 대고 "맞아요, 귀신이 아주 많아요."라고 속삭였다.

그것이 신화가 생겨나는 방식이며, 신화는 어떤 장소의 특별한 주문(呪文)을 표현하고 있다. 장소들이 나름의 주문을 갖고 있다고 말하면 대단히 감상적으로 들린다. 당연히 당신은 달빛이나 숲의 요정, 꽃에 대해 생각하겠지만, 이것은 당신이 문명화된 상태에서 알고 있는 것과는 꽤 다른 원시적인 성격의 주문이다. 당신이 완전히 원시적인 나라의 처녀지에 있다고 상상해 보라. 원시적인 나라는 인간의 나라가 아니라 신의 나라다. 그런 곳에서 당신은 주문을 확실히 이해하게 된다. 물론 그때도 당신은 두통이 있다거나 어지럼증을 느낀다거나 잠을 잘 자지 못했다거나 감기에 걸렸다고 할 수 있다. 그러나 그 같은 증상은 그야말로 신경증이며, 당신은 조금 지나면 안달하는 모습을 보일 것이다. 신경이 근질근질해지고, 머리카락은 계속 쭈뼛 서 있을 것이다.

신경이 예민해진다는 것은 당연히 무의식이 자극을 받고 있다는 뜻이다. 합리적인 정신은 그 같은 사실을 인정하지 못한다. 당신은 무슨 일인가가 일어날 수 있으며 당신 자신이 사람들을 책임져야 한다고 말하지만, 그것은 그 장소의 특이한 주문(呪文)일 뿐이다.

지금 그런 주문이 우리 내면에서 상징이라 불리는 어떤 이미지들을 창조하고 있다. 왜냐하면 우리가 합리적인 개념으로 설명하지 못하는 것을 상징을 통해 표현하려고 노력하기 때문이다. 상징은 우리가 만들 수 있는 최고의 개념이다. 그렇다면 우리가 상징이라고 부르는 것은 정말로 다른 방식으로는 설명하지 못하는 어떤 사실을 표현하고 있다고 할 수 있다. 어떤 공식을 만들어내지 못하는 상태에서 임시변통의 표현을 이용하고 있는 것이다.

어떤 사람이 이렇게 말할 수 있다. "여기 있으니 눈에 보이지 않는 거대한 뱀이 있는 것 같은 느낌이 드는데." 그러면 그 장소는 뱀이 있는 곳이라 불리고, 그러면 사람들 사이에 그곳엔 가지 말아야 한다는 인식이 생긴다. 그것이 바로 터부이다. 또 다른 장소에서 어떤 사람은 공기 속에 귀신들이 떠돌아다니는 것 같은 이상한 느낌을 받을 수 있다. 그래서 그 사람은 그곳을 멀리하게 되며, 머잖아 그곳은 귀신들의 장소가 된다. 이런 것들이 상징이다.

물론, 우리는 상징이라는 단어를 이보다 훨씬 더 분화된 방식으로 쓴다. 예를 들어, 십자가 상징을 통해서 우리는 지역적인 주문이나 경험, 상황을 전혀 표현하지 않으며, 오직 심리적인 어떤 상황만 표현할 뿐이다. 우리의 내면에서 일어나는 이런 상징적 과정이나 표현 불가능한 미지의 사실들을 표현하려는 욕구는 종교에서 절정에 이른다.

종교는 우리가 미지의 것들에게 받는 가장 중요한 인상을, 말하자면 신의 개념을 표현하려고 노력하면서 이용하는 하나의 상징체계이다. 예를 들어, 압도적인 무슨 일이 우리에게 일어날 수 있다. 그런 경우에 어떤 동물이 우리를 공격했다거나 집이 우리 위로 붕괴했다는 식으로 말하지 못하지만, 무엇인가가 일어난 것만은 분명하다. 우리는 그것이 무엇인지 모르는 가운데 압도당하면서 그것을 신이라고 부른다. 그래서 무엇인가 놀라운 일이 일어나면 우리는 "God!"이라고 외친다. 원시인들이 축음기 소리를 듣거나 주술사가 나타날 때, 또는 강렬한 인상을 주는 무슨 일이 벌어질 때에 '물룽구!'(mulungu)[68]라고 외치는 것과 비슷하다. 그런 소리를 들으면, 탐험가는 그 사람들이 신에게 간청하고 있다고 생각한다. 이는 탐험가의 아내가 "My God!"이라고 외칠 때 하는 추리와 비슷하다. 그러나 사실은 그것이 설명을 요구하는 압도적인 인상, 즉 신을 나타내는 가장 원시적인 표현이다. 우리는 그것보다 조금 더 정밀하게 자신을 표현하면서 그것이 신의 손임에 틀림없다고 말한다.

이 상징들도 당연히 일정 기간만 유효하다. 최종적으로 사라지지 않을 것은 이 땅 위에 하나도 없기 때문이다. 따라서 욕설 같은 구어적인 표현이나 슬로건도 사라지게 마련이다. 슬로건도 상징이며, 어느 정도 시간이 지나면 그 효과를 잃는다. 오래된 많은 상징들도 마찬가지이다. 예를 들면, 경고의 의미로까지 쓰이면서 고대의 온 곳에서 발견된 뱀의 상징이 있다. 고대 로마 시대에 뱀의 상징은 제국 궁전의 귀퉁이를 알리는 것으로도 사용되었다. 모든 사람에게 더러운 것을 남기지 않도록 경고하는 뜻이 강했다. 석벽에 포스터처럼 이 귀퉁이에서 불결한 짓을 감히 하는 자는 12신의 이름으로 저주를 받을

....

68 아프리카 동부와 중부 지역에서 창조신을 부르는 이름.

것이라는 경고문도 새겨졌다. 신의 이름들을 모두 새기고, 그 뜻을 더욱 강하게 전하기 위해 뱀도 새겼다. 그 경고문은 단순히 이런 뜻이었다. "조심해! 여기엔 뱀이 있어. 저주도 있고. 그러니 행동을 잘 하도록 해!" 그래서 뱀은 느낌표 같은 것으로 변해 버렸다. 그것은 우리가 신의 개념을 하나의 감탄부호로 이용하는 것이나 마찬가지다.

종교적 상징에도 당연히 똑같은 일이 벌어진다. 종교적 상징이 그 매력을 잃고 있는 것이다. 십자가를 높이 들고 있는 행위가 사람들을 놀라게 하거나 주문의 힘을 발휘할 것이라고 상상하는 사람은 거의 없다. 오늘날에는 아무도 십자가가 야생동물을 달아나게 만들거나 폭도를 통제할 것이라고 상상하지 않는다. 그래서 십자가는 원래 지녔던 기능적 가치를, 말하자면 초자연적인 힘을 잃어 버렸다. 그래서 상징은 사라졌지만, 그래도 그 내용물은 사라지지 않았다.

상징의 내용물과 상징의 형태를 언제나 구분해야 한다. 당신이 영원히 이해 불가능한 것에 어떤 이름을 붙이든, 미지의 내용물은 잠정적이다. 그 내용물은 한동안 미지의 상태로 이어지다가, 내용물의 새로운 양상이 발견되고, 그러면 새로운 이름이 만들어진다. 이 새로운 측면은 심지어 당신으로 하여금 새로운 단어나 새로운 이미지를 만들도록 강요할 것이다.

이제 두 번째 질문을 보도록 하자. "두 가지 형태의 원형에 대해 조금 더 쉽게 설명해주실 수 있을까요? 한 가지 형태에 대해서는 상징적인 것이라고 설명했지만 다른 형태에 대해서는 그런 식으로 설명하지 않았어요. 한 가지 형태의 원형은 개인적 자기 또는 자아 자기에 해당하고, 다른 형태의 원형은 '자기', 즉 비개인적인 현실에 해당한다는 뜻인가요?"

나는 생명을 지닌 원형과 상징적인 원형에 대해 말했다. 나는 원형을 그런 식으로 구분했다. 당신이 귀신이 나오는 집이나 마법을 부리는 장소에 있는데 그 분위기에 사로잡혀 있다고 가정해 보자. 그러면 당신은 기이하게 행동하거나, 창백해지며 몸을 떨 것이다. 말하자면 그곳의 마법에 걸린다는 뜻이다. 그것이 생명을 지닌 원형이다. 그것은 원형적인 상황이며, 당신은 쉽게 거기에 사로 잡혀 그것을 살며, 그때 당신이 그것을 합리화하거나 설명하기 위해 하는 말은 무엇이든 전적으로 부적절하다.

아프리카에서 유난히 깜깜한 정글 속에서 그런 경험을 한 적이 있다. 우리 캠프에서 멀리 떨어진 정글이었다. 우리는 매우 흥미로운 바위를 보러 거길 갔다. 바위의 수직 벽은 나무 위에 있는 집의 높이와 비슷했으며, 꼭대기에 오르기 위해선 수직 벽 때문에 반대편으로 빙 돌아가야 했다. 꼭대기는 이 방 크기만큼 크고 평평했으며, 그래서 정글 속의 섬처럼 느껴졌다. 발아래로 짙은 청록의 잎들이 바다처럼 펼쳐지고 있었다. 우리의 눈은 자연히 그 아름다운 색깔로 향했다. 나무들은 꽃을 활짝 피웠고, 빨간 꽃과 하얀 꽃이 짙은 잎들과 연한 초록색의 대나무 숲과 함께 어우러지며 장관을 연출했다.

우리는 동물들의 소리에 넋을 놓았다, 아래쪽에서 원숭이들이 서로 잡담을 나누고 있고, 신기하게 생긴 새들이 높은 소리로 노래를 부르고 있었다. 원시림의 생명의 소리가 들리고 있었던 것이다. 우리가 넋을 놓고 자연을 바라보며 서 있을 때, 내 눈에 갑자기 올빼미처럼 생긴 얼굴이 정글에서 나를 째려보고 있는 것이 보였다. 즉시 나는 그 얼굴이 거대하다는 것을, 실물보다 몇 배 더 크다는 것을 깨달았다. 인간이 흔히 보는 대상들 중에는 그것과 비교할 만한 것이 없었다. 어떤 사물의 크기를 판단하는 것이 매우 힘든 일이지만, 나무들의 크기와 비교할 때 나는 그것이 거대함에 틀림없다고 생각했다.

먼저 나는 그것이 동그란 눈으로, 거의 놀란 표정으로 나를 응시하고 있는 큰 올빼미라고 생각했으며, 이어 나는 그 눈의 직경이 최소한 1m는 된다는 것을 깨달았다.

그래서 나는 혼자 생각했다. 저런 동물은 없어. 착각임에 틀림없어. 일상적인 환경이었다면 간단히 터무니없는 일이라고 말했겠지만, 그런 곳에선 그런 것으로도 충분히 놀란다. 모두 잘 알고 있는 일이지만, 사람이 환각을 일으킬 때면 정신 상태가 많이 약해져 있으며, 그런 상태에선 그림의 크기가 확대된다. 이어서 나는 쌍안경을 통해서 그것이 나뭇잎들의 특별한 윤곽이라는 것을 확인했다. 그랬는데도 나의 정신 또는 심장은 편안한 상태를 회복하지 못하고 그와 정반대의 결과를 보였다. 나는 곧 나를 꼼짝 못하게 만들 어떤 일이 일어날 것 같은 예감에 휩싸였다. 그런 가운데 나는 이렇게 생각했다. "이것이 바로 원시적인 마법이로군."

이런 것들은 유럽 중앙의 취리히에서는 너무나 터무니없는 소리로 들리지만, 철저한 고립감이 작용하는 상황이라면 이야기는 크게 달라진다. 당신이라는 존재는 주변의 어마어마한 자연과 그 속의 거대한 짐승들과 비교하면 아무것도 아니다. 코끼리와 비교하면 당신은 어떤 존재인가? 당신은 아마 길고양이처럼 정원을 돌아다니는 것이 겨우 허용된다는 느낌을 받을 것이다. 나도 그때 길고양이 같은 느낌이 들었다. 모두가 나를 향해 화살을 쏠 수 있는 상황이었다. 정글 속을 걸을 때, 원시인들이 창끝을 평소와 반대로 위로 향하게 해서 다니는 것은 사실이다. 언제 표범이 달려들지 모르기 때문이다. 당연히 당신도 모든 존재들의 표적이 되고 있는 길고양이처럼 위를 살피게 되어 있다. 언제든 희생될 수 있다는 감정이 너무나 강해진다. 그런 원시적인 상황에서 사람들은 주문에 쉽게 걸린다. 나는 스스로 이렇게 말했다. "이런 바보. 여긴 완벽하게 안전한 곳이야. 소총도 있고, 여기엔 코뿔소도 올라오지 못해."

그 즉시 나는 나를 향해 덤벼드는 것이 있으면 무조건 총을 쏴서 죽이기로 마음을 먹었다. 나는 분노와 공황 그 중간 상태에 있었다. 나는 코너로 몰린 동물처럼 대단히 위험한 상황에 빠졌다. 나 자신이 그 바위 위에 계속 머물기 위해선 추리력을 전부 동원해야 했다. 그 바위를 떠날 수 있게 되었을 때, 나는 혼잣말로 "이제 됐어. 마을로 돌아갈 수 있게 되었으니."라면서 내심 대단히 기뻐했다는 사실을 털어놓지 않을 수 없다. 나 자신이 그 같은 착각의 후유증에서 벗어나기까지 한 시간이나 필요했다. 그것이 터무니없는 것이라는 점을 알고 있다는 사실 자체가 오히려 그런 상황에선 불가사의한 효과를 더욱 키운다. 그런 것이 생명력을 지닌 원형이다.

나도 원시인이었다면 이런 식으로 말했을 것이다. "아, 여기에 악마가 있군. 거대한 올빼미 괴물이 살고 있어. 늙은 마녀 혹은 주술사가 올빼미 모습을 하고 있으니, 다시는 이 숲으로 오지 말아야겠어. 혹시라도 여기에 올 일이 생기면, 나를 보호할 준비를 철저히 해야겠어. 부적으로 장식 고리도 차고, 그 영향으로부터 나를 보호하기 위해 팔과 머리를 뭔가로 동여매야겠어." 이런 것은 상징적인 원형이다. 나는 그런 조치로 인해 훨씬 더 좋은 기분을 느꼈을 것이고, 그런 효과 때문에 인간이 그런 원형을 이용하게 되었을 것이다. 죽은 주술사의 영향을 차단하기 위해서도 어떤 조치를 취할 수 있다. 그를 달래기 위해 부적 같은 것을 몸에 지닐 수 있는 것이다. 그러면 당신은 자신을 째려보고 있을지도 모를 사악한 눈길의 효과를 차단하기 위해 가능한 모든 수단을 다 동원했다고 느끼면서 마음을 편안하게 먹을 수 있다. 생명력을 지닌 원형을 상징으로 불러낼 수 있는 순간에,

당신은 편안해지는 느낌을 받는다. 그러면 무서운 순간임에도 불구하고 선하고 긍정적인 순간이 된다. 그것은 당신이 적을 목격한 상황에서 그 적을 물리치거나 달랠 수단을 찾을 수 있다는 확신을 품는 것과 비슷하다.

그래서 고대 이집트의 주술사들이 했던 중요한 일은 사물에 올바른 이름을 부여하는 것이었다. 에버스(Georg Ebers: 1837-1898)라는 독일인이 공개한 파피루스에는 환자들을 다루는 의사들을 위한 의학적 설명이 담겨 있다. 실용적인 교재 같다. 목에 염증으로 힘들어 하는 남자의 예가 묘사되고 있다. 의사는 남자 환자에게 텍스트를 읽어준다. "당신의 목은 붉고 뜨거우며 부어 있다." 이어서 환자는 이 내용을 반복한다. 말하자면, 의사는 일종의 묘사를 제시하며, 모든 증후에 대해 마치 환자가 그런 것들에 대해 전혀 모르고 있는 것처럼 이름을 붙여준다. 가능하다면 의사는 종기에 관한 묘사가 있는 옛날 텍스트를 끄집어내서 환자에게 종기에 관한 이야기를 들려준다. 예를 들어, 뱀에게 물린 상처는 환자에게 이시스가 독뱀으로 라에게 상처를 입히는 이야기를 들려주는 방식으로 치료를 했다. 말하자면 환자가 겪고 있는 사실들을 상징적으로 표현하는 것을 치료로 여겼던 것이다.

그것이 우리 현대인에겐 터무니없어 보이지만, 나는 미국에서 이상한 단어를 말한 대가로, 그들의 표현을 빌리면 의견을 제시한 대가로 수백 달러의 수수료를 받았다. 의사는 환자에게 정신분열증의 한 형태라거나 그 비슷한 것이라는 식으로 말하면 된다. 그러면 환자는 "아, 그렇군요. 여기 500달러 있어요."라고 말한다. 여기서도 그와 똑같은 일이 벌어지고 있다. 사람들은 종종 상담을 받으러 나를 찾는다. 자신들이 앓고 있는 병의 이름을 듣기 위해서. 예를 들어, 내가 환자에게 강박 신경증이라고 말하면, 그들은 그 길로 상담실을 나서면서 나에게 수고비를 준다. 마치 그들이 강박 신경증이 어떤 것인지를 알고 있다는 듯이! 물론 우리는 그것이 터무니없다고 말하지만, 원시적인 관점에서 보면 그렇게 터무니없는 것도 아니다. 의사가 환자에게 상징을 하나 주었으니 말이다. 의사 본인도 충동 신경증이 무엇인지를 잘 모르지만, 그건 어쨌든 멋진 이름이며 그것을 찾아낸 것만도 적어도 50프랑의 가치는 될 것이다. 게다가 그 이름도 멋지게 라틴어가 아닌가!

얼마 전에 누가 상담을 위해 나를 찾았다. "박사님, 저에게 무서운 문제가 생긴 게 틀림없어요. 밤에 피곤해서 잠자리에 들려고 하면, 갑자기 전신에 경련이 일어나면서 잠이 확 달아나 버리거든요. 왜 그렇죠?" 그래서 내가 "아, 그건 '파라뮈오클로누스 물티플렉스 힙나고기쿠스'(paramyoclonus multiplex hypnagogicus)군요."라고 했더니, 그는 100% 만족한 상태에서 상담실을 나섰다. 그것이 의학서들이 그렇게 긴 병명을 쓰는 이유이다. 약전(藥典)이 여전히 라틴어로 쓰이는 이유가 무엇인가? 영어를 쓰는 국가들의 경우에 사람들은 비전통적인 처방을 이용하고 있지만, 스위스에서 실제 처방은 여전히 라틴어로 행해지고 있다. 그런데 그것이 적절한 방법이고, 그것이 효과를 발휘한다. 가톨릭교회의 미사처럼. 아무도 그것을 이해하지 못하고, 그래서 그것은 가능성으로 가득하다. '파라뮈오클로누스 물티플렉스 힙나고기쿠스'라니, 어떤 놀라운 가능성을 암시하는 것 같다. 그것은 몹시 소란스러운 신경이 아니라 존경할 만한 무엇인가를 가리키는 것처럼 들린다. 그 이름은 풍성하게 느껴지고, 즉석에서 환자의 도덕 감정을 높여준다. 그러면 그는 겉으로 드러내도 괜찮은 그런 질병을 앓고 있다는 느낌을 받으며 상담실을 나서게 된다.

원시인들이 이런 식으로 행동하면, 우리는 웃음을 짓지만 우리 또한 원시인과 똑같이 행동하고 있다. 우리 현대인도 언제든 주문에 걸리고 있는 것이다. 아시다시피, 그런 것이 생명력을 지닌 원형이며, 그것은 언제나 그런 원형으로 남았다. 예를 들어, 옛날의 영지주의자들은 신에게 올리는 이상한 기도에 쓰는 특별한 이름을 찾기 위해 동양을 뒤져야 했을 것이다. 만약에 영지주의자들이 신을 보다 평범한 '야훼'나 '테오스'로 부르지 않고 얄다바오타(Jaldabaoth)나 야오(Jao), 아브락사스(Abrasax), 크누비스(Chnoubis), 아에이(Aeêie), 아리오리프(Arioriph)라고 불렀다면, 그들은 그런 이름으로 신을 부를 경우에 신이 귀를 기울일 가능성이 더 크다고 생각했다. 그들은 신들의 호기심을 불러일으키기 위해 놀라운 이름들을 목록으로 길게 작성했다. 만약에 그런 노력이 신들의 호기심을 자극하지 않았다면, 그들은 절대로 그렇게 하지 않았을 것이다.

새로운 이름은 언제나 놀라운 효과를 발휘한다. 우리는 이런 효과들에 대해 합리적으로 설명하지 못한다. 그런 것들은 어떤 마법을 일으키고, 상징이며, 무의식에 정말로 영향을 미친다. 이 무의식이 우리에게 영향을 미치니, 그런 것들은 우리에게 직접적으로 영향을 미치는 셈이다. 합리적인 관점에서 보면, 당신은 정말로 터무니없고 소용없는 그림을 그리고 있지만, 그것이 주술을 발휘한다. 그것이 당신의 무의식에 영향을 미치고, 심지어 무의식의 어떤 영향을 상쇄시키기도 한다. 무의식이 어느 한 순간에 당신을 웃음거리로 만들 수 있듯이, 당신은 터무니없는 그림 한 장으로 당신의 무의식에 마술을 걸 수 있다. 그 그림이 무의식에서 당신에게로 온 것을 진정으로 표현하고 있다면, 거기서 그런 효과가 나타나게 되어 있다.

이제 매우 어려운 문제를 남겨 놓고 있다. 2주 전에 자기와 비아(非

我)에 대해 이야기했는데, 이 주제와 관련해서 궁금해 하는 점이 많은 것 같다. 당연히 어두운 구석이 많을 수밖에 없다. 우리가 전적으로 상징의 영역에서만 움직이고 있기 때문이다. 자기도 하나의 상징이고, 비아도 하나의 상징이다. 따라서 사고 자체가 명료하기 어렵다. 우리가 미지의 무엇인가를 표현하려고 노력하고 있기 때문이다.

사람들은 나에 대해 종종 모호하고 비논리적이기까지 한 개념을 만들어내고 있다는 식으로 비난한다. 당연히, 알려진 것으로 시작한다면 그것에 대한 개념을 명쾌하게 제시할 수 있다. 만약에 어떤 사람이 표현하길 원하는 사물의 본질이 분명하다면, 그 사람의 개념도 명확할 것이다. 명확한 것을 갖고 흐릿한 이미지로 만드는 것이 오히려 더 힘들 것이다. 명확한 것은 명확한 이미지로 다듬어져야 한다.

그러나 여기서 우리가 다루고 있는 것은 전혀 알려지지 않은 실체들이다. 우리가 논하고 있는 개념들은 절대로 명확하지 않다. 나는 당신에게 자기가 무엇인지에 대해 완벽하게 말하지 못한다. 그렇게 할 수 있다면, 나 자신이 신이 되었을 것이다. 어떻게 여기 있지도 않은 것에 대해, 내가 직접 경험하지 못하는 것에 대해, 나 자신이 흐릿한 이미지로 파악하려고 노력하고 있는 것에 대해 당신에게 명료하게 말할 수 있겠는가? 나는 그것을 매우 간접적인 방식으로만 표현할 수 있을 뿐이다. 그럼에도 그런 종류의 무엇인가가 있으며, 그렇지 않다면 우리가 그것을 표현할 방법을 찾아 나설 이유가 전혀 없을 것이다.

그 다음 질문은 이렇다. "나는 언제나 자아와 비아(非我)에 대해, 개인적인 것과 비개인적인 것에 대해 상반된 것들로 생각해 왔습니다. 또 개성화로 이루게 될 보다 높은 의식에 대해서는 자아와 비아보다 위에 있으면서 이 두 가지를 똑같이 자각하는 어떤 지점으로 생각해 왔습니다. 그런데 선생님께서는 지난번 세미나에서 바다에서 올라오고 있는 '자기'와의 연결 속에서, 말하자면 환자가 처음으로 품은 자신의 전체성과의 연결 속에서 '비아'라는 용어를 썼습니다. 그렇다면 자아를 상반된 것들의 앞 단계로, 말하자면 상반된 것들이 나타나 서로 분열될 그런 것으로 보고, 비아를 상반된 것들 그 너머에 있는 것으로 보는 것이 진실에 더 가깝지 않을까요? 자아를 십자가형에 처하는 것에도 이와 똑같은 생각이 표현되고 있는 것 같습니다. 그런데 이 같은 생각이 나에게 어떤 기이한 감정을 안겨줍니다. 인간 존재는 철저히 비개인적이고 보편적인 어떤 운명 안에서 자신의 개인적 운명을 잃기 위해서 개인적인 운명의 모든 실을 다 받아들여야 하는 것이 아닌가 하는 생각이 든다는 뜻입니다."

이에 대한 대답은 전적으로 당신이 그 문제를 보는 관점에 달려 있다. 당신이 의식과 자신을 동일시하면서 그것이 전체라고 생각한다면, 그것이 곧 전체이다. 그러다가 당신이 갑자기 당신 자신에게 맞서는 무엇인가가, 당신을 방해하는 무엇인가가 있다는 것을 발견할 것이다. 아마 이 발견은 신경증의 도움으로 이뤄질 것이다. 당신을 방해하는 일은 매우 구체적인 형태로 나타날 수 있다. 당신이 우정어린 편지를 쓰기를 원하는데도 당신이 쓴 편지는 막상 무례한 내용이 될 수 있다. 당신도 겪었을지 모르지만, 실제로 그런 일이 일어난다. 아니면 어떤 사람에게 하고 싶은 말이 있는데, 정작 당신 입에서 나오는 말은 크게 다를 수 있다. 그런 경우에 당신은 무엇인가가 당신을 간섭하고 있다는 사실을 깨달아야 한다. 당신 앞에 어떤 직선이 있다. 그래서 당신은 똑바로 걸을 수 있다고 생각하지만, 무엇인가가 당신이 길에서 벗어나도록 만드는 것이다.

예를 들어 보자. 환자가 한 시간 동안이나 나에게 이런저런 말을 늘어놓고는 마지막에 "하지만 그건 내가 하고자 했던 말이 아니에요." 라는 식으로 말한다. 그러면 나는 이렇게 말한다. "그렇다면 지금까지 말한 악마는 누구였지요?" 이런 식으로 해도 그 환자는 무엇인가가, 그녀가 이해하고 있는 자아에 속하지 않는 게 틀림없는 무엇인가가 자신에게 맞서고 있다는 점을 인정하지 않을 것이다. 시간이 어느 정도 흐르고 나면, 그녀는 분석의 영향으로 그녀의 자아는 그녀가 자신의 자아로 알고 있는 것일 뿐만 아니라 그 외의 다른 무엇이기도 하다는 것을 깨닫게 된다. 그녀가 그때까지 이상하고 기묘한 영향이라고, 다른 누군가의 영향이라고 생각했던 것이 단지 억압된 어떤 감정일 뿐이라는 사실이 꽤 분명해지는 것이다. 그녀는 자신의 의도와 달리 매우 무례한 편지를 쓰도록 만든 누군가에게 분노를 품고 있었다. 그런데 그때 아주 확실해 보였던 비아(非我)가 그녀가 그때까지 인정할 수 없었던 자신의 자아 중 일부인 것으로 드러난다. 시간이 조금 더 지나면, 그녀는 자기 자신을 좋아하지 않는다는 사실을 확인할 것이다. 예전에 그녀는 최선의 의도만을 인정하고, 자신은 언제나 최선을 다하고 있다는 점만을 인정했다. 그러나 그녀가 그 같은 망상을 포기할 수 있을 만큼 자기 자신에게 정직해지자마자, 그녀는 자신의 자아가 자신이 원래 생각했던 것보다 훨씬 더 많은 측면을 갖고 있다는 사실을 확인하게 된다.

아시다시피, 그것은 어떤 분명한 비아가 자아와 결합하는 경우이며, 이제 비아는 더 이상 자아에 반대하지 않는다. 그러나 그 비아는 절대로 진정한 비아가 아니었으며, 그 비아는 단지 자아로부터 인위적으로 떨어져나온 한 요소였다. 나는 그 사람이 어릴 적에 사람들을 미워하면서 그들에게 나쁜 일이 일어나기를 바랐을 것이라고 생각한다. 또 그 여자 환자는 아마 매우 버릇없는 소녀였지만 훗날 교육과 착각의 영향으로 자신의 성격에 대해 놀라운 생각을 품게 되었다. 그녀가 추구한 성격은 미움의 감정을 품지 않는 것이었다. 사랑스런 천사 같은 존재들 중에 많은 사람들이 옛날에 버릇없었으며, 대단히 부드럽고 섬세한 여자들 중에 많은 사람들이 10대 때 난폭하게 굴었던 말괄량이였다. 14세 소녀로서 그녀는 소년들과 이리저리 뛰거나 나무에 올라가며 왈가닥처럼 굴었으나 훗날엔 달빛이나 꽃처럼 대단히 여성적인 존재가 되어 꽤 자연스럽게 히스테리를 일으키게 되었다. 왜냐하면 그녀의 속이 거칠고 난폭하고 이기적이기 때문이다. 그러나 그녀는 자기 자신을 멋진 그림처럼 가꾸는 방법을 배웠다. 그럼에도 다른 사람들은 그녀의 그런 태도에 쉽게 속지 않는다.

지금 만약에 당신이 틀림없이 비아였던 그 그림자를 받아들일 수 있다면, 당신은 그 뒤의 발달에서 진정한 비아를 더 많이 만나게 될 것이다. 프로이트(Sigmund Freud)의 분석을 경험하고 아들러(Alfred Adler)를 통해서 권력 콤플렉스까지 알게 된 지금, 당신은 당신 자신에 대해 완전히 알게 되었다고 단정할 것이지만, 그 다음에 일어나는 일은 당신이 어떤 원형에 걸려 넘어지는 것이다. 그러면 당신은 틀림없이 "그러나 이건 절대로 나 자신의 일부가 아니야! 그걸 어디서 얻게 되었지?"라고 물을 것이다. 그러는 당신은 아마 겉보기에 당신 자신에 대해 완전히 알고 있는 것 같은데도 불구하고 여전히 신경증을 보일 것이다. 그땐 아마 완전히 낯선 어떤 것이, 그러니까 당신의 개인적 존재를 통해 얻어진 것이 아니라 그 전 시대에 비롯된 게 틀림없는 어떤 것이 개입하고 있을 것이다.

그러면 당신은 또 다른 설명을 필요로 할 것이다. 당신은 신지학 서적을 통해서 티베트의 산 속에 거주하면서 서양인들의 귀에 특별한 지혜를 속삭이고 있는 그런 위대한 영혼들에게 영감을 받은 사람들에 관한 이야기를 읽을 수 있다. 예를 들면, 어느 신지학 협회 회원은 나에 대해 이런 식으로 말했다. 내가 말하는 말 중에서 훌륭한 것은 모두 티베트 산 속의 위대한 영혼들에게 고무 받아 하는 말이지만, 나 자신이 하는 말은 전혀 아무런 소용이 없다고 말한 것이다. 잘 아시다시피, 어떤 사람이 어떤 일이 일어난 방식에 대해 설명하기 위해선 반드시 어떤 가설이 필요하다. 예를 들어, 어린아이의 꿈은 그 아이가 알지 못하는 무엇인가를, 시간이 한참 지난 뒤에야 알아차릴 수 있는 무엇인가를 포함할 수 있다. 그런 꿈은 그 아이의 미래 삶을 예측하는 것일 수 있다. 지금 그 재료는 집단 무의식에서 나오고 있으며 개인 무의식에서 나올 가능성은 거의 없다. 그 재료는 자아와 전혀 아무런 관계가 없는 것이다.

여기서 자아가 어떤 역사적인 확장 같은 것인지를 묻는 질문이 제기된다. 충분히 그런 가정이 가능하다. 우리는 현재의 우리가 역사적으로 확장된 존재라는 식으로 믿는 경향이 있다. 그러므로 우리는 어떤 가설을, 아마 윤회에 대한 믿음 같은 것을 필요로 할 것이다. 전생에 카이사르나 나폴레옹, 셰익스피어 같은 사람이었다는 믿음 말이다. 동양은 우리의 내면에 우리의 개인적 획득이 아닌 게 분명한 내용물이 있는 이유를 설명하기 위해 영혼의 윤회라는 사상을 필요로 했다. 이런 가설들이 있어야 하는 이유는 많다.

그 가설들은 절대로 터무니없는 현상이 아니다. 동양만 아니라 전 세계에 걸쳐서 수많은 사람들이 영혼의 이동을 믿는다. 사람들이 그런 식으로 말하는 소리가 끊임없이 들리고 있다. 나는 전생에 이런저런 존재였음에 틀림없어. 전생에 이런저런 일을 했을 것이고, 따라서 이런저런 운명을 살게 될 거야. 사람들이 자신의 내면에 자신이 책임질 수 없는 요소가 있다는 느낌을 받지 않는다면 그런 식으로 말하지 않을 것이다. 그것은 틀림없이 그들의 개인적 삶에서 획득된 것이 아니며, 그들의 부모의 삶에서 획득된 것도 아니다. 그렇기 때문에 그들은 이런 역사적 내용물을, 혹은 공간적으로 거리가 먼 곳의 내용물을, 심지어 중국인의 내용물을 동화시킬 가능성이나 필요성에 대해 논할 수 있다.

아시다시피, 문제는 그들이 역사적으로도 확장되고 공간적으로도 확장된 자아의 새로운 의식 속으로 동화되지 말아야 하는가 하는 것이다. 당신이 텔레파시를 경험했거나 예언적 꿈을 꿨다고 가정해 보자. 그러면 당신은 당신의 자아가 시간적으로 터무니없이 확장된다고 가정해야 한다. 공간적으로도 마찬가지이다. 그러면 당신은 상상조차 할 수 없는 자아 개념을 갖게 된다. 이 자아는 너무나 멀리 확장되기 때문에 당신이 곧 모든 것이고 당신이 창조주이고 당신이 시간이고 공간이다. 그러나 그 결과 당신이 엄청난 자아 팽창을 겪게 된다. 그것은 신경증의 상태이다. 당신은 완전히 비현실적이게 되고, 더 이상 인간 존재가 아니게 된다. 당신은 하늘 높은 곳으로 올라가고, '우파니샤드'가 말하듯이, 당신은 두 뼘 높이로 이 땅을 덮고 있는 푸루샤(Purusha)[69] 같은 존재이다. 이것은 너무나 터무니없을 뿐만 아니라 너무나 불건전하기도 하다. 왜냐하면 내가 당신이 이 땅의 온 곳을 덮도록 허용할 수 없고, 나도 당신만큼 선하고 따라서 나도 이 땅의 온 곳을 덮으려 들 것이기 때문이다. 또 내가 그 누구에게도 역사 전체로 확장하는 것을 허용하지 않을 것이기 때문이다. 나도 역사 전체로 확장하길 원하고 내가 모든 곳으로 확장하는 주체가 되길 원할 테니까. 그래서 그건 말도 안 된다.

그런 식의 확장은 절대로 없다. 왜냐하면 자아가 여기 있는 이것이

....

69 인도 신화에 등장하는 최초의 인간.

고, 독특하고 유일하며, 바로 여기에 있고, 공간과 시간의 제약을 받기 때문이다. 만약에 엄청난 확장을 암시하는 무엇인가가 개입한다면, 그때 그것은 무선 방송과 비슷하다고 볼 수 있다. 그것이 어딘가에서 시작했고 내가 그것을 지각하지만, 그것은 나 자신의 재산이 아니며 나 자신의 일부도 아니다. 어떻게 보면 그것은 나 자신의 일부가 될 수도 있다. 만약에 누군가가 오스트레일리아에서 나에게 편지를 쓴다면, 그것은 나의 일부가 되고, 나는 그것을 주머니에 넣어두고서는 마음대로 처리할 수 있다. 그럼에도 내가 그 편지를 쓰지는 않았다. 그렇다면 우리는 명확한 한계를 허용하는 자아 개념을 만들어야 한다. 그 한계는 꽤 명백하다. 공간과 시간이다. 거기서 자아가 종지부를 찍는다. 공간과 시간은 자아 확장의 경계선이며, 그 너머의 모든 것은 비개인적이다. 자아란 것은 언제나 그랬으며, 앞으로도 당연히 그럴 것이다. 그리고 그 너머에 있는 것은 집단 무의식이다.

지금 그것을 집단 무의식이라고 부른다고 해서, 우리가 그것이 무엇인지를 알고 있다는 식으로 생각해서는 절대로 안 된다. 왜냐하면 집단 무의식 자체가 세상 속의 알려지지 않은 어떤 양(量)이기 때문이다. 무엇이 집단 무의식인지를 우리는 알지 못한다. 집단적으로, 우리는 모르며 우리 중 어느 누구도 알지 못한다. 집단 무의식은 우리 모두의 내면에 있지만, 그것은 정말로 집단적 무지이다.

그럼에도 집단 무의식에서 무엇인가가 나온다. 우리는 그것이 공간이나 시간의 깊이에서 시작하는지 모른다. 우리는 단지 어떤 효과를 직시하고 있으며, 우리는 이 효과들의 원인을 집단 무의식으로 돌리고 있다. 그런 징후는 어디서든 올 수 있으며, 우리는 그것이 어디서 오는지 모른다. 우리는 다만 우리가 그런 효과를 드러내고 있다는 것만을 알 뿐이다. 우리는 심지어 그 효과가 정확히 어떤 것인지도 모른다. 우리는 단지 그것들을 상징화할 수 있을 뿐이며, 그것들과 관련해서 이미지를 만들 수 있을 뿐이다. 우리는 미지의 본질을 가진 무의식으로부터 어떤 충격을 받고, 그 충격을 바탕으로 어떤 이미지를 떠올린다. 그것이 바로 상징이다. 그러나 그 충격의 본질이 무엇인지 우리는 모른다. 아마 그것에 대해서는 절대로 알지 못할 것이지만, 그래도 미지의 그 위대한 세계는 언제나 있을 것이다. 그렇지 않다면 우리가 언젠가는 절대적인 진리를 확립하게 될 것이다.

당연히 모든 민족들은 그 절대적 진리가 우리의 정신에 의해 최종적으로 확립될 것이라고 생각한다. 그 같은 생각은 인간 지성의 터무니없는 원시성을 보여줄 뿐이다. 우리 현대인도 많은 점에서 여전히 원시적이다. 우리 현대인은 지성의 전능을 믿고 있지만, 일상의 생활조차도 합리적으로 영위하지 못하고 있다. 제네바에서 열린 군축회의[70]를 보라. 동물들도 경쟁하지 않을 상황에서도 지성이 전혀 아무런 기여를 하지 못하는 마당에, 인간이 전능한 지성을 갖추었다고 단정하는 것은 터무니없다. 두 마리의 개가 보는 앞에서 뼈다귀를 어느 한쪽으로 내밀어 보라. 그러면 그 뼈다귀와 가까이 있는 개가 그것을 받을 것이고, 다른 개는 그것을 포기할 것이다. 개들은 뼈다귀를 놓고 다투지 않는다. 그러나 인간 존재들에겐 그런 본능조차도 없다. 그래서 우리의 지성이 신의 전능과 비슷한 능력을 갖고 있다고 생각하는 것은 절대로 타당하지 않다.

집단 무의식은 진정한 비아(非我)이며, 처음에는 정반대의 것으로 나타난다. 우리의 그림자 특성들이 처음에 정반대의 것으로 나타나는 것과 비슷하다. 나는 나 자신에 대해 아주 품위 있고 친절한 인간이라고 생각할 것이다. 나는 고통을 겪는 인류의 행복에 대해 고민할

....

70 국제연맹 주도로 1933년 2월에 처음 열렸으며, 1937년 5월까지 이어졌다.

것이고, 인류를 위해 나 자신을 바칠 수 있을 것이다. 그때 시커먼 어떤 그림자가 나타난다. 자기 자신에게만 관심을 두고 있고, 모든 것을 자신을 위해 삼키는 그런 이기적인 그림자이다. 그러면 나는 이런 저런 사람이 저렇게 이기주의적으로 구는 것이 너무나 이상하다는 생각을 품게 된다. 그때 그 이기주의자가 바로 나 자신일 수 있다는 생각은 절대로 떠오르지 않는다.

그런 종류의 투사가 결혼생활에서 다반사로 일어나고 있다. 어딘가에 악마가 나타나고, 그러면 그 악마는 당연히 나의 아내이다. 그녀가 악마인 것이다. 또는 나의 남편이 악마이다. 국가나 가족, 사람들의 집단도 마찬가지이다. 당연히 그런 일은 우리 가족 안에서는 절대로 일어나지 않고 이런저런 사람의 가족에게 일어난다. 그리고 집단 무의식, 즉 비아(非我)도 똑같은 방식으로 나타난다. 집단 무의식은 갑자기 우리에게 반대하고 나서고 있는 어떤 이상한 것이다. 그것을 진정으로 조우하거나 경험하는 사람이 매우 드물기 때문에, 집단 무의식은 그 만큼 더 낯설다.

대부분의 사람들은 여전히 자신의 그림자와 맞붙어 싸우고 있다. 그들은 자신의 그림자들이 진짜라는 사실을 경험하지 못했으며, 그들은 자신의 그림자를 보는 데 큰 어려움을 겪고 있다. 그러나 그들은 자신의 그림자를 볼 수 있을 때에만 그보다 더 넓은 비아(非我)를 만날 수 있다. 그래서 "너 자신을 아는 것"이 신비 의식의 조건이다.

당신은 당신 자신을 알아야만 그 외의 다른 것을 알 수 있다. 그렇지 않으면 당신은 어떠한 기준도 갖지 못하게 된다. 당신이 미지의 양(量)이라면, 미지의 어떤 양이 역시 미지인 다른 양을 어떻게 알아볼 수 있겠는가? 당신은 당신 자신의 그릇을 알아야 하고, 바로 그 관점에서 당신은 당신 자신과 모순되고 당신 자신과 다른 것을 측정할 수 있다.

그래서 비아(非我)와의 만남에 필요한 조건은 당신이 먼저 당신 자신을 아는 것이다. 그리고 여전히 어둠이 있는 곳에서는, 말하자면 당신이 당신 자신을 보지 못하는 맹점이 있는 곳에선, 집단 무의식과의 조우가 왜곡될 것이고 그 경험은 절대로 순수한 경험이 되지 못한다. 집단 무의식과의 진정한 조우는 당신이 그림자를 통합시키고 그렇게 함으로써 완전한 자아를 형성할 때에만 일어날 수 있다. 그러면 완전한 자아는 하나의 단위로서 자신이 비아를 마주하고 있다는 사실을 깨닫고, 이 비아가 정신적 성격을 지닌다는 것을 느낄 수 있다. 완전한 자아가 정신적 성격을 갖고 있기 때문이다. 비아가 정반대의 것으로 느껴지는 때는 단지 비아의 의도들이 그 사람 자신의 의도와 반대되는 경우에 한한다.

예를 들어, 당신은 어떤 자아 의지를 가질 수 있다. 당신이 자신의 길을 고수하길 원할 수 있는 것이다. 그리고 당신은 외부의 무엇인가에게, 틀림없이 당신 자신에게서 투사되어 나온 그 무엇인가에 끌리고 있다. 이때 만약에 자아 의지가 사악한 의지라면, 그 의지는 생명은 어떤 식으로 발달해야 하는가에 관한 집단 무의식의 원형적 법칙과 모순될 것이다. 우리 자아의 생각은 이럴 수 있다. 저 산 정상에 훌륭한 것이 있는데, 나는 그걸 손에 넣기 위해 직선으로 가야겠어. 그러나 원형적인 길은 그런 직선이 아니다. 원형적인 길은 꿈틀거리며 위로 올라가거나 나선형으로 올라가면서 정상에 닿는 그런 뱀의 길이다. 원형적인 법칙은 종종 우리에게 패배처럼 보이고, 정지처럼 보인다. 그런 길에선 아무것도 일어나지 않고 사람들이 아무 곳에도 닿지 못하고 언제나 방해를 받기 때문에, 대부분의 사람들은 무서울 정도로 조급해 하고 심지어 절망까지 한다. 그런 사람들은 그것이 옳은 길이라는 것을 모르고 또 그것이 정상에 닿을 수 있는 유일한 길이라는 것을 이해하지 못한다. 왜냐하면 그들이 정상에 이르려면 반드시 성장해야만 하고, 그들이 보고 있는 것은 그들 자신의 망상이며 성장과 발달의 결실이 아니기 때문이다. 따라서 불교는 당신이 절대로 구원에 이르지 못한다고 말한다. 당신이 무엇을 하든, 당신은 먼저 거기까지 성장해야 한다. 부처조차도 열반에 이르기 위해 500번 이상 환생을 해야 했다.

비아(非我)가 자아와 반대인 것처럼 보이는 한, 당신은 당연히 비아를 하나의 반대로 느끼게 되어 있다. 그러나 당신은 시간이 조금 지나면 집단 무의식이 넓은 바다와 비슷하고 자아는 그 바다 위를 떠돌고 있는 작은 배와 비슷하다는 것을 이해할 것이다. 그러면 우리는 우리가 그 바다 안에 포함될 수 있을 가능성에 대해 논할 수 있다. 아시다시피, 배들은 바다에 포함되고 있으며, 그래서 배들은 바다의 일부이다. 그리고 물고기들은 바다에서 살고 있는 단위들이다. 물고기들은 바다와 전혀 닮지 않았지만 바다에 포함되어 있다. 물고기들의 몸통과 물고기들의 기능은 물의 본성에 경이로울 만큼 잘 적응되어 있으며, 물과 물고기는 하나의 살아 있는 단위를 형성한다. 이것은 생물학에서 본능을 설명하는 매우 현대적인 관점이다. 한 가지 형태의 생명이 다른 형태의 생명에 적응하는 것에 관한 놀라운 사실들이 발견되었기 때문이다.

이런 놀라운 적응을 보여주는 한 예는 나뭇잎을 자르는 가위개미이다. 남미에 어떤 나무의 잎들을 둥글게 자르는 개미가 있다. 이 개미들은 자른 잎을 지하의 도시까지 운반한다. 거기에 개미들은 어떤 곰팡이를 배양하는 지하 저장실 같은 것을 두고 있다. 거기다가 개미들은 나뭇잎을 쌓아서 일종의 부식토를 만든다. 그것은 양배추 플랜

테이션이나 채소밭과 비슷하다. 당연히 나무들은 잎이 잘리는 과정을 좋아하지 않는다. 나무들은 생명과 직결되는 신체기관을 잃는 것을 좋아하지 않는다. 나무들에게 잎은 폐나 마찬가지이다. 그래서 나무들은 가위개미들의 적과 일종의 계약을 맺는다. 가위개미들의 천적이 어떤 작은 붉은 개미라고 나는 생각한다.

나무들은 줄기 안에 빈 장소를 만들어 놓는다. 거기에 나무들이 달콤하고 끈적끈적한 물질을 분비하는데, 이 물질이 붉은 개미들이 그 나무의 줄기 안에 살도록 유혹한다. 이 붉은 개미들은 거기서 달콤한 분비물을 즐기면서 동시에 나무를 가위개미로부터 보호해 준다. 설명하기 어려운 이런 놀라운 예는 아주 많다. 혹시 나무가 이런 식으로 생각하는 것일까? "요놈의 가위개미들을 어떻게 물리치지? 이 녀석들의 적을 용병으로 고용하면 가위개미로부터 나를 보호할 수 있지 않겠어?" 그렇지 않다면, 생명은 일종의 단위라고, 생명은 하나의 연속체이며 사물들이 서로를 통해서 혹은 서로에 의해서 살고 있는 하나의 조직이라고 단정해야 한다. 그러므로 나무들은 동물 없이 존재할 수 없고 동물들은 식물 없이 존재할 수 없으며, 아마 동물들은 인간 없이 살 수 없고 인간은 동물과 식물 없이는 살 수 없을 것이다. 전체가 하나의 조직이고, 따라서 모든 부분들이 함께 기능한다고 해도 전혀 놀라운 일이 아니다. 우리 몸에 있는 세포들이 함께 기능하듯이 말이다. 왜냐하면 모든 것이 똑같이 살아 있는 연속체에 속하기 때문이다.

지금 만약에 어떤 사람이 그런 관점을 창조한다면, 거기선 비아가 아주 특이한 방식으로 다시 그 사람 자신이 되는 그런 연결부 또는 매체 역할을 한다. 쉽게 설명하자면 이렇다. 물고기가 "내가 바다야."라고 말할 수 있을 때, 그때 바다도 "내가 물고기야."라고 말할 수 있는 것이다. 그렇다면 개인을 집단 무의식의 전체 조직에서 잘라져 나온 단자(單子)나 단위, 응결체 등으로 규정할 수 있다. 그리고 아마 특별한 개인을 암시하는 것은 바로 잘려진 방식, 즉 잘려진 크기나 형태일 것이다. 그러나 잘려진 그것은 언제나 집단 무의식의 재료로 만들어지며, 따라서 집단 무의식과 자기 사이에 특별한 관계나 유사성이 존재한다.

그렇다면 자기는 집단 무의식의 일부이지만 집단 무의식 자체는 아니다. 자기는 자아와 그림자의 결합에서 나오는 단위이다. 우리는 그 전체성을 자기라고 부르며, 이 자기에서 의식적인 모든 것이 무의식적인 모든 것과 통합한다. 시간과 공간에서 우리의 한계 그 너머까지 닿는 것들만 예외이다.

자기는 구조를 보면 집단 무의식과 비슷하다. 자기는 또 우리의 이해력 밖에 있기 때문에 비아(非我)이기도 하다. 자기는 우리의 머리 그 너머까지 닿는다. 우리는 "이것이 나의 자기야."라는 식으로 절대로 말하지 못한다. 우리는 자기를 모른다. 우리는 절대로 자기를 모른다. 이유는 자기가 의식이라는 작은 원을 포함하는 보다 큰 원이기 때문이다. 자기가 집단 무의식 속의 한 단위이듯이, 우리는 자기 속의 단위이다. 그리고 우리가 부분을 이루고 있는 전체를 어떻게 알 수 있겠는가?

이런 물음을 던질 수 있다. "자기를 인식하는 것이 불가능하다면, 자기와 집단 무의식 사이의 차이를 어떻게 알 수 있는가?" 여기서 나는 나의 결론을 단순히 환자들을 관찰한 결과에 근거하고 있다. 집단 무의식은 인도인이 말하는 아트만 개념처럼 단순히 커다란 허공만은 아니라는 가설로 설명할 수 있는 그런 꿈들이 있다. 아트만은 온 곳에 퍼져 있는 하나의 독특하고 유일한 원리로서 거기엔 어떠한 특징도 없는 것으로 여겨진다. 그런 아트만 개념과 반대로, 나에게 무의식은 무수히 많은 형태들이나 이미지들로 이뤄져 있는 것으로 다가온다. 바로 그런 이미지들 중 하나가 자기이다. 아마 이미지들은 모두 자기일 것이다.

지금 나는 인간 정신의 현상학을 바탕으로 우리가 집단 무의식으로부터 어떤 인상을 받을 때마다 그 인상은 특별한 형태로 온다고 결론을 내린다. 인상이 용이나 괴물 같은 신화적인 형태와 상징으로 나타난다는 뜻이다. 그래서 나는 집단 무의식에서 끌어낼 수 있는 것은 무엇이든 그런 이미지와 비슷하다는 결론을 내린다. 그럼에도 집단 무의식이 그런 이미지로 이뤄지지 않고, 또 집단 무의식이 특성을 전혀 갖고 있지 않은 어떤 보편적인 원리일 가능성도 있다. 그러나 집단 무의식에 대해 생각하기 위해서는 거기에 어떤 명확한 형태를 부여해야 한다. 그래서 우리는 꿈들을 설명하기 위해 무의식이 개별적인 이미지들이나 원형들로 이뤄져 있다는 식으로 결론을 내린다. 바로 이런 원형들의 한 범주가 '자기들'이라고 불리고, 다른 범주는 용이나 신, 정령, 모티프 등으로 불린다. 이 원형들은 모두 어떤 자율성을 갖고 있다. 자기는 그런 하나의 이미지이고 자기의 진정한 본질은 불명확하지만, 자기는 꿈에 나타난다. 그래서 우리는 자기가 어떤 모습으로 나타나는지에 대해 어느 정도 알 수 있다. 자기는 원형적인 어떤 관념인 것이 분명하다. 고대 그리스인들이 개별 천재성에 대한 관념을 갖고 있었듯이. 바로 그것이 자기일 것이다. 그리고 불멸의 영혼이라는 기독교 개념도 자기이다.

20강

1932년 6월 22일

지난 시간에 제기된 질문 중 일부에 대해 아직 대답하지 못했다. 개인의 심리적 발달에 관한 일반적인 질문이었다. 또 우리가 지속적으로 다루고 있는 것들, 특히 지금 다루고 있는 것들과 관련이 깊은 질문이었다. 십자가형의 상징이 나타난 지난번 환상이 이 문제를 포함하고 있다. 그 질문 중 그 부분을 다시 되풀이할 것이다. "자아를 십자가형에 처하는 것에도 이와 똑같은 생각이 표현되고 있는 것 같습니다. 그런데 이 같은 생각이 나에게 어떤 기이한 감정을 안겨줍니다. 인간 존재는 철저히 비개인적이고 보편적인 어떤 운명 안에서 자신의 개인적 운명을 잃기 위해서 개인적인 운명의 모든 실을 다 받아들여야 하는 것이 아닌가 하는 생각이 든다는 뜻입니다." 질문은 우리의 현재 삶이 어떻게 보면 꽤 부질없고 또 우리라는 존재의 비개인적인 목적에만 이바지하는 것이 아닌가, 개인적인 모든 것이 어떤 비개인적인 목적에 의해 삼켜져 버리는 것이 아닌가 하는 것으로 요약

된다.

당신이 주로 개인적인 삶을 살고 있는 한, 당신의 목표는 틀림없이 개인적인 모든 것을 동화시키면서 최대한 잘 사는 것이 될 것이다. 비개인적인 삶이나 운명을 사는 것을 꿈꾸는 것은 이 지구에 마지막으로 살 인간 존재들의 삶에 대해 논하거나 태양이 식을 경우에 지구에 닥칠 운명에 대해 논하는 것과 비슷하다. 그런 삶은 우리의 능력과 너무나 동떨어져 있기 때문에 그런 것을 논하는 것은 거의 아무런 가치를 지니지 않는다. 그런 논의는 그저 재미삼아 하는 대화에 그칠 뿐이다. 그럼에도 많은 사람들이 비개인적인 삶의 문제가 시급한 그런 삶의 단계에 와 있다. 만약에 그 사람들이 그 같은 사실을 깨닫지 못한다면, 그들은 이유도 모르는 가운데 신경증 환자가 될 것이다. 그들은 자신의 내면에서 자라고 있는 특이한 종류의 심리를 이해하게 되는 순간, 새로운 삶의 방식을 이해하지 못해 생긴 분열로부터 해방될 것이다.

비개인적인 삶은 먼저 무의식에서 자라기 시작해 개인적인 삶을 서서히 훼손시키면서 그 사람의 삶을 복잡하게 만들거나 불만스럽게 만든다. 이때 비개인적인 삶을 이해하거나 받아들기를 망설일수록, 그 사람의 신경증은 더욱 깊어진다. 그러나 사람이 개인적인 삶 그 너머에 있을 때, 말하자면 한쪽 발을 다른 유형의 삶에 담그고 있을 때, 그런 삶의 목적에 대한 논의가 더욱 지적으로 이뤄지고 더욱 좋은 결과를 낳게 된다. 그러면 사람은 경험을 통해서 비개인적인 삶이 더욱 만족스럽다는 것을 알게 되고, 따라서 그 같은 일방적인 감정을 더 이상 품지 않게 된다.

물론, 소화시켜야 할 개인적인 것들이 아직 많은 사람이라면 자신이 개인적인 추구에서만 완전하다는 감정을 느낄 것이다. 그러나 남은 개인적인 일들이 다 완수되고 비개인적인 삶이 꿈틀대기 시작하는 순간에, 그 사람은 개인적인 삶은 단지 비개인적인 삶을 위한 준비에 지나지 않는다는 점을 이해하게 된다. 그러면 비개인적인 삶이 개인적인 삶을 동화시키게 된다. 마치 개인적인 삶을 보다 넓고 보다 분화된 의식 속으로 통합시키는 것처럼.

그렇다면 위의 질문은 개인적인 삶이 아직 비개인적인 삶을 가능하게 할 만큼 충분히 성취되지 않은 상태에서 나온 것이 분명하다. 사람이 개인적인 측면에서 충분히 많은 것을 성취했을 때, 비개인적인 삶도 자명해지면서 그 만큼 만족스럽고 합리적인 것으로 보이게 된다. 당연히, 이 세미나에 참석하고 있는 모든 사람들은 반드시 개인적인 문제가 아닌 문제들을 논해야 하는 상황을 피하지 못한다. 우리 모두가 저마다 다 다른 단계에 있기 때문이다. 그럼에도 우리는 인간 삶의 전부를 우리가 아는 범위 안에서 두루 논해야 한다. 그렇기 때문에 일부 사람이 아직 도달하지 않은 삶의 시기에 해당하는 심리에 대해서도 논하지 않을 수 없다. 우리가 어린 시절의 문제들에 대해 논한다면, 우리는 더 이상 그 시절에 있지 않다. 또 50년이나 60년을 산 사람들의 문제에 대해 논한다면, 우리는 아직 그 단계에 이르지 않았기 때문에 당연히 그 삶을 온전히 느끼지 못하고 이상한 느낌을 받게 된다.

젊은이들에게 인생 후반기의 심리에 대해 말하는 것은 꽤 부질없는 짓이다. 그런 경우엔 "마흔 살이 될 때까지 기다려라. 그러면 그 나이가 어떤 느낌인지 알 것이다."는 식으로 말하는 수밖에 없다. 사람은 간혹 자기보다 앞에 있는 삶을 그려보아야 한다. 그런 그림을 놓고 하나의 목표로 말하는 것이 이상하고 무섭게 느껴질지라도 말이다. 미래의 삶을 그린 그림은 절대로 지금 모방하거나 동화할 수 있는 것이 아니라는 점을 잊지 말아야 한다. 당신은 당신 앞에 놓인 삶을 어디까지나 당신이 직접 살면서 거기까지의 모든 단계를 동화시켜야 한다. 당신이 거기에 이를 때, 당신은 그곳과 어울리는 존재가 될 것이다. 그것은 내가 에베레스트 산을 오르고 있는 사람들의 이야기를 당신에게 들려주고 있는 것과 비슷하다. 그러면 당신은 당연히 이렇게 말할 것이다. "하지만 그건 정말 끔찍해요. 이미 산소를 공급받아야 하는 상태이니까요." 물론, 마스크를 끼고 아이스픽과 산소 장비를 갖춘 채 다니는 것 자체가 우스꽝스럽게 느껴질 것이다. 당신이 지금 그런 것들을 필요로 하지 않으니까. 또 설령 당신이 그런 등반을 계획한다 하더라도, 적어도 7,000m에 이를 때까지는 그 장비들을 그냥 갖고만 있어야 하니까.

여기서 또 다른 사람이 제기한 문제를 보도록 하자. 첫 번째 질문은 이것이다. "선생님께서 개성화라고 부르는 의식의 강화에 대한 설명을 좀 더 쉽게 부탁드립니다." 무엇보다 먼저, 개성화는 의식의 강화가 아니며, 그것보다 훨씬 더 많은 것이 요구되는 과정이다. 무엇인가를 강화하려면, 먼저 그것에 대한 자각부터 있어야 하기 때문이다. 그것은 곧 경험을 의미하고 충실히 산 삶을 의미한다. 당신은 당신 자신이 경험한 것만을 진정으로 의식할 수 있다. 그래서 개성화는 삶으로 이해되어야 한다. 오로지 삶만이 통합시키고, 오직 삶과 우리가 삶에서 하는 행위들만이 개인이 나타나도록 할 수 있다.

예를 들어, 당신은 자신을 작은 방 안에 가두는 것으로는 개성화하지 못한다. 당신은 구체적인 삶 속에서 개성화를 이룰 수 있으며, 당신의 됨됨이는 당신의 행동에 나타난다. 당신의 삶 속에서 개성화를 이룰 수 있을 뿐이며, 다른 곳에서는 개성화를 이루지 못한다. 진정한 의식은 오직 삶만을, 경험된 것들만을 근거로 할 수 있을 뿐이며,

이런 것들에 대해 그냥 말로만 하는 것은 스치는 바람에 지나지 않는다. 그런 대화는 일종의 의식적 이해일 뿐이며 개성화는 결코 아니다. 개성화는 삶을 통한 성취이다. 예를 들면, 세포는 스스로 분열을 시작하면서 분화되어 식물이나 동물로 발달한다. 바로 그것이 개성화의 과정이다. 개성화는 어떤 사람이 인격을 갖추고, 자신의 운명을 성취하는, 말하자면 근원의 형태로 자신에게 주어진 모든 소질들을 성취하는 것이다. 개성화는 그 근원을 펼쳐서 밖으로 드러내는 것이며, 처음에 갖고 태어난 원초적인 원형이 되는 것이다.

또 다른 질문은 이것이다. "개성화를 죽은 뒤의 가설적인 삶을 위한 준비로, 그 자체로 하나의 목적으로 여겨야 합니까?" 개성화를 하나의 준비로 여겨서는 안 된다. 개성화는 당신의 삶의 법칙이며, 모든 단계의 삶이 바로 개성화이다. 삶은 영원한 순환이다. 삶은 어느 순간에나 있다. 언제나 죽어가고 있는 사람이 있고, 태어나고 있는 사람이 있고, 살아가고 있는 사람이 있다. 언제나 그렇다. 그러기에 개성화를 준비로 여겨서는 안 되며, 개성화는 진정한 목적이기도 하다. 그것은 삶의 시작이자 끝이며, 그것은 삶의 과정 자체이다. 삶을 죽음 뒤의 가설적인 삶을 위한 준비로 여기는 것은 곧 삶 자체는 아무런 의미를 지니지 않는다는 뜻이며, 사후의 삶이 진정한 삶이라는 의미이다. 만약에 사후의 삶이란 것이 있다면, 그것도 이승의 삶에 포함되어 있다. 그러면 사후의 삶은 단순히 이곳 이승의 삶을 위한 준비일 것이며 그것도 그 순환에 포함된다. 삶은 아기의 출생으로 시작하고 그 개인의 죽음으로 끝난다는 사상은 생물학적 순환을 묘사하고 있을 뿐이다. 그러나 라마교 신자들이 믿고 있는 공백 기간, 즉 죽은 뒤 49일 간 거치게 되는 '바르도'[71]를 죽음에 포함시키는지 여부

....

71 죽음과 부활의 중간 단계.

는 전혀 중요하지 않다. 바르도는 하나의 영원한 사실이며, 삶의 진정한 상태이다. 살아 있는 모든 것은 개인이며, 그렇지 않으면 절대로 존재하지 못한다. 그래서 바르도는 개인의 상태를, 말하자면 태어나는 상태에 있고, 죽어가는 상태에 있고, 살아가는 상태에 있고, 존재하지 않는 상태, 즉 죽음의 상태에 있는 개인의 상태를 의미한다.

꽃을 피우게 되어 있는 식물이 꽃을 피우지 않는다면, 그 식물은 개성화를 이루지 못하고 있다. 꽃은 그 순환을 완수해야 한다. 그리고 의식을 발달시키지 않는 사람은 개성화를 이루지 않고 있다. 사람에겐 의식이 곧 꽃이기 때문이다. 의식은 사람의 생명이고, 의식적인 존재가 되는 것이 개성화 과정에 속한다. 사람이 하는 것은 무엇이든 그 사람의 개성화를 의미한다. 그것은 하나의 성취이고 그의 가능성들을 이루는 것이며, 그 사람이 가진 가장 중요한 가능성의 하나가 바로 의식을 이루는 것이다. 바로 그것이 그 사람을 진정으로 인간으로 만든다. 인간에게 삶은 의식적인 것이어야 하기 때문이다.

또 다른 질문은 이것이다. "개성화는 단순히 살아 있는 존재들의 자연스런 발달 과정으로서, 그 사람이 인간의 이해력 너머에 있는 종국적 목표 쪽으로 향하도록 이끌게 됩니까?" 이 질문에 대해서는 사실상 이미 대답했다. 발달 과정은 순환의 성취로 이어지며, 순환은 우리가 이해하지 못하는 단계들로 이뤄져 있다. 그 순환 중에서 우리에게 의식되는 부분을, 말하자면 출생에서 죽음까지의 삶을 고려해 보자. 그 부분은 너무나 진부하고 너무나 단순해 보이지만, 그럼에도 우리는 그것에 대해 아직 거의 이해하지 못하고 있다. 생명이 무엇인지, 아직 감도 잡지 못하고 있는 것이 사실이다. 생명과 의식이 어떻게 생기는지도 마찬가지이다. 그렇다면 삶은 인간의 이해력 밖에 있는 어떤 종국적 목표일 뿐만 아니라 생명 자체이고 우리 자신이다.

이 질문은 편향되어 있다. 그 바탕에 우리가 일종의 예비적이거나 과도적인 존재라는 생각이 깔려 있는 것이다. 말하자면 기독교적인 사고방식에서 나온 질문인 것이다. 그런 사고 방식에 따른 결과가 사람이 개인적인 삶을 무시하는 쪽으로 나타나고 있다. 사람이 언제나 앞만 보게 되고, 쾌락은 언제나 미래의 일로 여겨진다. 그러다 보니 사람은 잠정적인 삶을 살게 된다. 그 같은 삶은 '행복한 신경증 섬'이며, 거기선 위대한 것은 언제나 앞에 있다. 그러나 위대한 것은 지금 여기이다. 이 순간은 영원한 순간이다. 만약에 이 진리를 깨닫지 못한다면, 당신은 삶의 최고 부분을 놓칠 것이다. 당신이 상상 불가능한 미래와 상상 불가능한 과거라는 두 극점 사이에서 어떤 삶을 운반하는 존재라는 깨달음을 얻지 못할 것이란 뜻이다. 지금 이 순간까지, 수백만 년의 세월과 수없이 많은 조상들이 노력해 왔다. 과거가 된 것은 더 이상 현실이 아니며, 앞에 놓여 있는 것은 아직 현실이 아니다. 현실은 어디까지나 지금 이 순간이다. 삶을 단순히 다가올 것을 위한 준비로 여기는 것은 당신의 식사를 따뜻할 때 즐기지 않는 것과 비슷하다.

그것은 정말로 우리 시대의 질병이다. 모든 사람이 주로 미래에 관심을 두고 있다. 사람들은 지금 일들이 매우 나쁜 상태라는 점을 인정한다. 그래서 사람들은 그 형편없는 일들로부터 벗어나려는 노력을 더 열심히 벌이게 되고, 따라서 그 일들은 절대로 개선되지 않는다. 누구나 매 순간을 영원한 순간으로, 그 어떤 것도 바꿔 놓지 못하는 그런 순간으로 봐야 한다. 먼 미래에다가 비중을 지나치게 많이 둬서는 안 된다. 왜냐하면 미래란 것이 언제나 지금 존재하는 것에서 나오기 때문이다. 만약에 미래가 병적인 토양에서 성장한다면, 그 미래는 절대로 건전할 수 없다. 만약에 우리가 병적인 상태라서 지금

이 순간에 이곳을 느끼지 않는다면, 거기서 생기는 미래는 당연히 병든 미래일 것이다. 우리는 그것이 실제 역사적 상황에 반영되고 있는 것을 보았다. 현재의 상황이 너무나 만족스럽지 못하다. 모두가 앞으로 다가올 무엇인가를 예상하면서 살아 왔기 때문이다. 사람은 언제나 황금시대를 기대했다. 그래서 일들이 더욱 악화되기에 이르렀다. 그러므로 우리가 미래에 올 무엇인가를 기대하면서 현재 상황을 가볍게 보는 덫에 빠지지 않는 것이 우리의 심리에, 또 개인의 삶에 대단히 중요하다. 당신이 미래를 더 중요하게 여기며 산다면, 당신이 그리는 그런 미래는 절대로 오지 않는다. 이 진리를 반드시 알아야 한다. 당신은 매 순간 자신의 가능성을 최대한 활용한다는 정신으로 삶을 살아야 한다. 그런 정신으로 살지 않는 삶은 이런 식으로 말하는 것이나 마찬가지이다. "좋아, 우리가 심은 감자는 매우 나빴어. 우리도 감자를 돌보지 않았고. 그래도 내년에는 감자가 많이 나아질 거야." 물론 감자는 내년에도 올해와 똑같이 나쁠 것이다.

이제 우리 환자의 환상으로 돌아가도록 하자. 십자가형에 처해진 여자가 나오는 장면에 대해 설명하다가 그만두었다. 그녀의 심장이 막대기에 찔려 있었다. 우리 환자는 "나는 여자의 심장에서 막대기를 뽑았다."고 말한다. 여기서 기독교 신비, 즉 그리스도의 옆구리를 관통한 롱기누스의 창과 아주 비슷한 장면이 확인된다. 그리고 오딘(Odin)[72]은 창에 찔린 상태에서 나무에 9일 동안이나 매달려 있었다.

> 즉시 상처가 나았고, 여자는 자리에서 일어났다. 나는 그녀에게 "왜 당신에게 이런 일이 일어났지요?"라고 물었다. 그러자 여인이 대답했다. "내가 너무 오랫동안 땅을 비옥하게 했답니다."

72 북유럽 신화에서 문화와 전쟁 등의 신으로 통한다.

기독교에 이와 비슷한 신화가 있다. 부활이다. 상처에서 창을 뽑았다. 그리고 그리스도는 죽어 묻혔다가 부활했다. 이 장면은 일종의 압축한 부활을 암시한다. 무덤 안에 3일 동안 있는 것이 한 순간의 일로 바뀌었다. 우리는 기독교 상징체계를 논해야 한다. 그것이 우리의 피 속을 흐르고 있기 때문이다. 우리는 기독교 상징체계를 언제나 당연한 것으로 받아들이면서, 그것이 심리학적으로 상징적일 수 있다는 생각은 절대로 하지 않았다.

여기서 강조되고 있는 사상은 개성화라는 것은 치열한 고통을 의미하고, 또 삶 자체가 십자가형으로, 달리 표현하면 완전한 만개(滿開)로 이어진다는 것이다. 십자가로 상징되는 만개는 4가지 기능의 만개이고, 황금꽃의 만개이다. 그것은 매우 아름다운 형태로 표현되고 있지만, 동시에 치열한 고통이라는 매우 부정적인 형태로도 표현되고 있다. 한편에는 거의 인간의 영역을 넘어서는 그런 환희와 완전한 성취가 있다. 그러나 바로 그 성취의 순간에도 마치 창에 찔리는 것과 같은 대단히 깊은 고통이 있다. 그것은 더없이 치열한 생명의 순간이면서 동시에 대단히 치열한 고통과 절망의 순간이다.

그런 것들을 말로 설명하기는 대단히 어렵다. 그러나 당신이 그런 종류의 무엇인가를 경험했다면, 내가 추가로 더 설명할 필요가 없다. 그렇지 않다면 내가 그것에 대해 책으로 묶을 수 있을 만큼 많은 이야기를 들려준다 하더라도 당신은 그것을 이해하지 못할 것이다. 다른 이유가 있는 것이 아니라, 그것은 말로 옮겨질 수 있는 것이 아니기 때문이다. 그것은 분명한 경험이다. 그러나 그것에 대한 대략적 설명은 가능하다. 당신의 삶에서 더없는 기쁨을 누렸던 어느 순간을 떠올려 보라. 그 기쁨의 순간을 당신 자신의 밖에 놓도록 하라. 그런 다음에 그 기쁨을 사방에서 살피면서 거기에 치열한 고통이 없었는지 보라. 대체로 사람은 "지금 이건 경이로운 일이야."라고 단정한다. 그러면 그 일은 고통과는 전혀 무관한 경이로운 것에 속하며, 거기서 고통이 제거된다. 사람은 고통스런 것을 담아두는 서랍을 따로 갖고 있다. 당연히 경이로운 것을 담아두는 서랍도 있다. 사람들은 언제나 그런 서랍을 따로 두려고 노력한다. 그러나 당신이 그 기쁨의 순간을 정확히 관찰했다면, 현실 속에서, 또 실제의 성취에서 일어나는 바와 같이, 당신은 고통을 보고 느꼈을 것이다.

예를 하나 들겠다. 호수와 가까운 곳에서 야영을 하던 스무 살 청년이 막 노를 젓기 시작했다. 비길 데 없이 아름다운 아침이었고, 청년은 보트에 오르면서 호숫가의 친구들을 향해 외쳤다. "내 인생에서 최고로 멋진 순간이야!" 그러곤 죽어서 곧장 물로 떨어졌다. 즉시 사람들이 그를 건져냈지만, 그는 이미 죽은 상태였다. 흉선(胸腺) 이상으로 인한 사망이었다. 흉선이 지나치게 오래 흥분된 상태에 있으면, 사람이 뚜렷한 이유도 없이 마치 번개를 맞은 것처럼 죽을 수 있다. 삶에서 최고의 환희를 누리는 순간이 죽음의 고통을 감추고 있는 것이다. 환희 안에 죽음이 있었던 것이다. 그것은 꽤 분명하다. 모두가 그것을 볼 수 있다. 그 청년 본인이 그것을 알고 있었는지, 나로서는 알 길이 없다. 아마 그는 환희만을 알았고, 그 순간의 치열한 아름다움에만 주목했을 것이지만, 다른 사람들은 그것이 죽음이었다는 것을 볼 수 있었다.

이보다 더 평범한 예는 사람들이 삶의 위대한 감정을 자각하고 있을 때 그 다음날 밤에 열병을 앓는 것이다. 뜨거운 삶의 감정은 병에 앞서서, 가끔은 중대한 병에 앞서서 나타나는 전조로, 의사들에게 꽤 잘 알려져 있는 현상이다. 이것들은 매우 분명한 예들인데, 삶을 향한 뜨거운 감정이 미묘해질수록 그것을 이해하기는 그만큼 더 어려워진다. 왜냐하면 사람이 최고의 성취를 이룬 순간에 그 경험의 아름다운 측면에 지나치게 강하게 끌리다 보니 거기에 비극적인 측면이 있다는 것을 알아차리지 못하기 때문이다. 당연히 그 사람 본인도 비극적인 측면을 보길 싫어한다.

사람들이 경험의 어두운 측면 앞에서 자신을 제대로 추스르지 못하는 경우가 있다. 그럴 때면 사람들은 가끔 자신이 비정상이라고 불평하면서 그 순간에 어두운 비극을 느끼게 하는 것이 바로 신경증이라고 생각한다. 그러나 나는 이렇게 말한다. "아니, 그건 완벽히 정상입니다. 당신이 진리를 관찰한 것이지요." 삶의 진리에 대해서는 알려진 것이 너무나 적다. 사람이 삶과 정신 상태들에 대해 알고 있는 모든 것이 너무나 심하게 잘못되어 있기 때문에, 사실을 정확히 관찰한 사람조차도 자신의 판단이 틀렸음에 틀림없다고 생각하지만, 그 사람이 관찰한 바로 그 사실이 진리이다.

그렇듯이 바로 직전에, 그러니까 어떤 여자가 물에서 올라오는 환상에서, 우리 환자는 중요한 보석을 손에 쥔 채 무의식에서, 카오스에서, 출생의 고통에서 빠져나와 치열한 생명력의 최고 순간으로 들어간다. 이것이 그 경험의 경이로운 측면이다. 그 즉시, 그녀는 자신이 십자가형에 처해져 있는 것을 발견한다. 그것도 하늘이 아닌 땅바닥에서. 그녀가 창에 찔린 상태에서 땅바닥에 누워 있는 것이다. 별처럼 그녀가 하늘 쪽으로 올라가려는데, 그때 그녀는 똑같은 별에 찔려 고통을 느끼며 바닥에 누워 있다. 인격의 어느 한 부분에 최고의 경험이 되고 있는 바로 그것이 다른 부분에는 더없이 무서운 파괴가 되고 있다. 정신적인 아름다움은 땅 위의 삶의 아름다움을 죽이고, 땅 위의 아름다움은 정신을 죽인다. 이것은 영원한 진리이다. 그래서 우리 환자는 당연히 이 상반된 것들을 당장에는 결합시키지 못할 것이다. 이 같은 역설은 참으로 이해하기 어렵다. 그것은 고통스러울 만큼 모순적이다. 가장 선한 것이 가장 악하기도 하다는 사상이 너무나 무섭게 다가오기 때문에 사람들은 그런 사상에 대해서는 생각조차 하지 않으려 한다. 그럼에도 그것은 절대적으로 진리이다.

그리 오래되지 않은 일인데, 나는 대단히 독창적인 여자와 대화를 나눴다. 나의 영향력 아래에서 발달을 꾀하던 사람이 아니라 스스로 노력하던 사람이었다. 그녀는 매우 이상한 정신적 경험을 갖고 있다. 그녀는 정말로 신경증을 일으키기 직전의 경계선상에 있는 사람이었다. 그녀가 나에게 이런 말을 했다. "신에 대해 그렇게 열심히 생각하는 것은 아름답지만, 거기에도 무서운 무엇인가가 있어요. 나 자신이 신의 환상을 경험할 때, 그 즉시 나는 스스로 이렇게 물어야 합니다. 신은 인간의 삶을 완벽하게 만들지 못하거나 인간을 행복하게 만들 뜻이 없는 것이 아닐까 하고요." 말하자면, 신이 대단히 무능할 수도 있지 않을까 하는 의문을 표현했던 것이다. 그녀는 정말로 놀랍고 신비한 경험을 했으며, 동시에 이런 고통스런 생각도 품었다. "신이 동시에 악마인 것은 아닐까?" 이 같은 생각은 그녀의 의식이 두 가지 극단을 동시에 볼 수 있을 만큼 충분히 분리되어 있지 않을 때에만 진정으로 고통스럽게 다가올 수 있다. 그러나 그녀의 의식이 분리를 이루기 위해선 그녀가 먼저 자신의 내면에서 일어나는 역설의 고통을 견딜 수 있어야 하고, 그녀 자신 안에서 두 가지 극단을 동시에 볼 수 있어야 한다.

지금 우리 환자는 다른 여자가 바닥에서 일어날 때 "왜 당신에게 이런 일이 일어났지요?"라고 묻는다. 이 물음에 대한 대답은 "내가 너무 오랫동안 이 땅을 비옥하게 했기 때문이지요."라는 것이었다. 땅을 비옥하게 한다는 것은 곧 땅에게 리비도를 준다는 의미이다. 그것은 삶의 아침의 생물학적 리비도이다. 아시다시피, 십자가에 못 박힌 여자는 오직 삶의 전반부만 산 사람이다. 그녀 자신의 다른 측면은 삶의 두 번째 부분을 사는 것이다. 땅을 비옥하게 하는 것은 단순히 개인적인 삶의 생물학적 유형을 나타내고 있다. 이 환상들이 전개되는 과정에 종종 보았듯이, 그녀 안에 있는 다른 사람은 두 번째 부분을, 최종적 결과를, 비개인적인 형태의 삶을 상징한다. 그래서 십자가에 못 박힌 여자가 자신의 시대가 끝났다는 사실을 알아차릴 때, 그녀가 극복되고, 이 극복은 십자가로 상징되고 있다. 왜 그렇게 되는가? 그리스도 십자가형의 상징에 대해 알고 있는가? 그 십자가형은 언제 일어났는가?

춘분 가까운 때에 어린양의 희생이 있었다. 지금 그 양은 양자리이며, 어린 숫양이다. 양을 뜻하는 그리스 단어는 'tó arnion'이며, 이 단어는 숫양을 뜻하는 어근 'arên'에서 나왔다. 그렇다면 'arion'은 양자리가 끝나는 B.C. 100년과 B.C. 150년 사이의 어느 해 춘분에 희생된 어린 숫양이다. 태양이 양자리의 달(月)에서부터 물고기자리의 달로 바뀔 때, 양이 희생되었다. 그래서 그리스도는 물고기란 뜻의 '이크티스'라 불렸다. 지금 춘분점에서 일어나는 이 희생은 상징적이며, 그것은 교차의 시기이다. 봄의 교차는 무엇인가? 바로 황도(黃道)가 적도를 만나는 시기이다. 춘분점은 정확히 황도가 적도를 건너는 지점이다. 이 개념은 옛날의 바빌론 사람들에게도 이미 알려져 있었다. 따라서 십자가라는 개념은 종종 이 천문학적 특징과 연결된다. 이 개념은 지나치게 추상적이며 그다지 만족스럽지 못하다. 그럼에도 점성학이 초기의 상징학에 아주 깊이 스며들었다는 사실을 감안한다면, 그런 개념에 대해 의문을 품기 어려울 것이다. 세례 요한과 그리스도의 관계처럼 말이다. 세례 요한은 그리스도보다 6개월 먼저 태어났다. 그렇다면 세례 요한이 태어난 시기는 하지가 될 것이다. 그래서 요한은 예수에 대해 이렇게 말한다. "그는 성장해야 하지만 나는 쇠락해야 한다." 그래서 태양도 하지를 지나면 쇠락해야 한다. 그러나 태양이 동지에 있을 때, 그러니까 그리스도가 태어났을 때, 태양은 강화되어야 한다. 이것은 점성술과 천문학이 이 전설들과 아주 밀접히 연결되어 있다는 점을 보여준다. 그렇다면 십자가는 봄의 희생이다. 고대에 봄의 희생은 무엇으로 이뤄졌는가?

유월절이 있었고, 비슷한 다른 것들도 있었다. 특별히 첫 번째의 것을, 말하자면 들판에서 거둔 결실 중에서 첫 번째 결실을, 처음으로 거둔 채소나 첫 번째 양이나 다른 어린 동물을 바치는 의식이 있었다. 그리고 첫아들, 신의 아들 그리스도도 춘분 때 희생되었다. 어린 것을 바친다는 사상은 로마에서 신성한 봄이라는 뜻으로 '베르 사크룸'(ver sacrum)이라 불렸다. 그것이 상징하는 것은 무엇이며, 어린 것을 제물로 바친 이유는 무엇이며, 아니 무엇인가를 바쳐야 했던 이유는 무엇인가? 미래의 신들을 달래기 위해서, 풍년을 계속 보장받기 위해서 당시에 있는 것들 중에서 최고의 것을 희생시킨다고 할 수 있다.

바다의 파도에서 나오고 있는 여자는 새로운 존재의 탄생을, 생명의 새로운 부분을 상징하며, 그 탄생은 동시에 그 전까지 있었던 것의 죽음이다. 그리고 죽음은 일종의 희생이다. 그것이 자발적인 죽음이 되어야 한다는 점에서 보면 그렇다. 그러므로 기독교 상징체계에서 그리스도의 죽음은 자발적이며 자기희생이다. 그래서 이 환상 속의 상징이 기독교의 희생 사상과 비슷해야 하는 이유가 많으며, 그것은 고대의 봄의 희생으로서 아주 자연스럽게 일어나고 있다. 이 연결을 바탕으로, 가장 자연스럽고 가장 고대적이고 가장 이교도적인 것이 어떤 것인지를 파악함과 동시에 가장 기독교적인 것이 어떤 것인지도 파악할 수 있다. 그것은 사람이 그런 사상으로부터 멀어지려고 노력할 때조차도 꽤 자연스럽게 그런 사상에 끌리게 된다는 점을 보여준다. 이유는 그것이 자연의 길이기 때문이다. 이 대목에서 나는 또 다시 괴테의 말을 인용해야 한다. "자연은 죽음을 요구한다." 일들이 그런 식으로 전개되는 것은 필연이다. 그렇기 때문에 우리의 환자가 그 법칙을 의식적으로, 의도적으로 충족시킬 때, 그녀는 자연의 법칙과 조화를 이루고 있다. 그것은 심리학적으로 그녀가 삶의 첫 부분이 종말을 맞는 시점에 다다랐다는 것을 의미한다. 그러므로 그녀는 그 첫 부분을 의식적이고 자발적인 희생으로 만들어야 한다. 그것은 과거이고, 지금 새로운 시기가 시작한다. 그런 통찰과 결정을 통해서, 그녀는 십자가에 못 박힌 여자의 부활을 끌어낸다.

희생이 육체적 생명이 영원히 죽음을 당하거나 육체적 생명이 다시는 돌아오지 못한다는 것을 의미하는 것은 아니다. 그래서 희생은 하나의 변형으로 여겨진다. 육신의 부활이라는 기독교 교리에도 이 같은 사상이 암시되고 있다. 육신은 제물로 바쳐지지만, 육신의 부활에는 육체 자체가 돌아온다는 사상이 담겨 있다. 그리스도는 매장되고 그 육신은 송장이었으나 그 육신이 죽음에서 일어나 무덤에 아무것도 남기지 않았다. 그의 육신은 결코 죽지 않고 살아 있었으며, 그는 육신과 함께 다시 왔다. 그것이 인간의 완전한 부활이라는 교리로 이어졌으며, 당신도 기독교 상징을 놓고 깊이 생각하다 보면 자연스럽게 그 교리가 육신의 중요성을 강조하는 미래의 어떤 관점을 예고한다는 결론에 이를 것이다. 당신이 이런 말을 할 때가 있을 것이다. 육체는 충분한 고행과 경멸을 당한 뒤 춘분점에 희생되어야 하지만, 그 뒤에도 육체는 다시 돌아와서 그 역할을 계속 맡아야 한다고 말이다. 그렇다면 당신이 당신 삶의 전반부의 심리를 희생시키는 것은 그 이후로는 육체와 육체의 심리를 배제해야 한다는 뜻이 아니다. 그보다는 당신이 다른 계획을 갖고 육체를 새로운 형태로 계속 이어가야 한다는 뜻이다. 육체는 더 이상 똑같은 목표를 갖고 있지 않지만, 그럼에도 육체는 살아야만 하고 또 살 것이다. 만약에 희생적인 심리를 계속 간직한다면, 당신은 그런 심리에 전혀 관심을 두지 않게 되거나 잊으려고 노력하게 될 것이며, 따라서 어떤 분열 같은 것으로 인해 고통을 겪을 것이다. 그러나 만약에 지금 육체가 치료되었다는 인식이 생겨나고 그 육체가 정말로 암포르타스(Amfortas)[73]의 상처와 비슷하다는 깨달음이 있다면, 당신은 그 육체와 하나가 될 것이다. 지금 꽤 기이한 일이 일어나고 있다.

> 이어서 그녀는 황량한 거리를 걸었고, 나는 한쪽 끝에 황금 별이 달린 막대기를 잡고 말을 끌면서 도시를 돌아다녔다.

그들은 둘 다 똑같은 행동을 하고 있다. 그러나 하얀 말을 타고 하얀 도시에 도달한 여자는 다른 여자의 심장을 뚫었던 창을 쥐고 있다. 우리는 우리의 환자가 아닌 다른 여자가 어떻게 될 것인지에 대해 전혀 아는 것이 없다. 그녀는 속이 빈 그림자처럼 걷는다. 이 대목에서 이 두 가지 형태가 하나가 될 것이라고, 또 그녀가 재생한 육체 안에서 살 것이라고 예상할 수 있다. 그러나 여기선 그런 일은 전혀 일어나지 않고 있다. 두 가지 형태는 분명히 떨어져 있고, 흰 말을 가진 여자는 개성화의 상징인 별을 가진 채 말을 끌면서 자신의 길을 가고 있다. 그것으로 이 환상 시리즈는 끝난다. 그녀의 그림자에, 그

73 성배(聖杯) 전설에 나오는 왕. 그의 상처는 젊은 영웅에 의해서만 치료되었다고 한다.

녀의 가엾은 육체에 일어난 일에 대해선 알려진 것이 거의 없다. 이제 어떤 일을 예상할 수 있을까?

모든 것이 분명히 어떤 결합을 향하고 있었는데, 그 결과는 일종의 분열이다. 역사 속에서 이와 비슷한 것을 찾는다면 무엇이 있을까? 그리스도의 육신이 완전하고 건전해졌지만, 그때 무슨 일이 일어났는가? 사람들이 사물의 정신만을 보게 되었다. 사람들은 육신을 뒤에 남겨둔 채 오직 별이 달린 지팡이만을 갖고 계속 걸었다. 육신의 부활은 전혀 없었다.

육체의 부활을 꾀하려는 노력은 르네상스 시대에 처음 시작되었다. 육체의 부활이 다시 놀라울 만큼 아름다운 방식으로 나타났다. 고대의 이상을 추구하려는 시도가 있었던 것이다. 그러나 그 시도는 겨우 1세기 동안 이어지다가 종지부를 찍고 말았다. 그래서 역사는 다시 되풀이되기에 이르렀다. 육체의 부활이라는 사상이 너무나 상징적이고 너무나 앞서 나갔기 때문에, 사람들은 여전히 그것을 받아들이지 못했다.

'신약 성경'을 보면, 훗날의 기독교 관점과 완전히 다른 관점의 흔적이 보인다. 성 바오로가 한 말 중 일부에 육체의 부활을 의심하지 않는다는 내용이 나온다. 그러나 그런 인식이 너무 일렀기 때문에, 사람들이 그것을 감당하지 못했다. 육체와 육체의 욕망을 완전히 희생시켜야 한다고 해 놓고는 육체를 다시 받아들여야 한다고 가르치는 것은 무리였다. 긍정과 부정이 서로 너무 가까이 있었으며, 그러면 긍정이나 부정이 진정한 것으로 여겨지지 않을 수 있다. 따라서 이 문제가 진정으로 이해될 때까지 육체는 수많은 세기 동안 희생되어야 했다. 1,500년이 지난 뒤에야 육체의 부활을 다시 고려하는 것이 가능해 보였다. 그러나 그때도 여전히 그것이 시기상조라는 것이 확인되었다. 그래서 육체의 부활은 종교 개혁에 의해 한 번 더 덮이게 되었다.

매우 지적인 역사학자들은 이렇게 말하기도 한다. 루터라는 사람이 전체 문제에 지나치게 진지하게 나오지만 않았더라면 교황들이 기독교를 고대를 부활시키는 방향으로 이끌었을 것이라고. 충분히 그랬을 수 있다. 알렉산데르(Alexander) 6세 교황(1431-1503)은 실제로 그 길을 추구하고 있었다. 그는 곧장 로마 황제로 돌아가려는 노력을 폈지만, 불행하게도 북부의 그 수사가 그의 명예로운 시도에 돌을 던졌다. 루터라는 수사의 존재와 상관없이, 알렉산데르의 노력에 대한 반발은 틀림없이 있었을 것이다. 그때도 시기적으로 너무 일렀기 때문이다.

그렇다면 우리 환자가 이 세속적인 문제를 자신의 개인적이고 적절한 수단으로 풀어야 하는 어려움에 직면할 때 여전히 똑같은 장애에 걸려 비틀거리는 것은 전혀 놀라운 일이 못 된다. 그래서 그녀는 육체가 방황하도록 내버려두고 별이 달린 막대기를 꽉 잡고서 돌아선다.

다음 환상에 관한 해석을 시작하기 전에, 한 가지만 더 이야기하고 싶다. 어떤 반발이 틀림없이 있다는 점이다. 역사 속에서 일어난 바와 같이, 육체의 부활이 르네상스 시대에 살아 있는 진리 같은 것이 되었을 때, 프로테스탄티즘이라는 정신적 반발이 일어나면서 가톨릭교회가 개혁하도록 강요했다. 그리고 트렌토 공의회[74] 이후, 가톨릭교회는 다소 교조주의에 빠졌으며 심각한 그 분열의 충격으로부터 결코 헤어나지 못했다. 종교 개혁으로 인해, 가톨릭교회에서 가장 중요한 힘들이 빠져나갔다. 그래서 살아 있는 정신이 당연히 프로테스탄

74 로마 가톨릭교회가 1545-1547, 1551-1552, 1562-1563년에 각각 소집한 회의.

티즘에 있었기 때문에, 가톨릭교회는 더 이상 육체의 부활이라는 문제로 부담을 느끼지 않게 되었다. 그러나 프로테스탄트들은 육체의 부활에 신경을 쓰고 있다. 만약에 육체의 부활과 관련해 무엇인가를 알기를 원한다면, 우리 시대를 보면 된다. 정말 놀랍다. 해수욕장을 찾기만 해도 된다. 우리 환자의 경우에 어떤 일이 일어날 것으로 예상되는가?

디오니소스적인 요소가 다시 등장할 수 있다. 중세 초기에 육체의 완전한 억압이라는 가톨릭 이상이 있은 뒤에, 사티로스와 님프가 르네상스에 생명력을 얻게 되었듯이. 이제 우리 환자의 환상을 보도록 하자.

> 어떤 남자가 나무 아래에 앉아서 기다란 플루트를 불고 있는 것이 보였다. 그의 눈은 안쪽으로 돌려져 있었다. 그래서 흰자위만 보였다. 그의 얼굴은 길고 야위었으며, 피골이 상접했다. 고통을 겪고 있는 것 같았다.

여기 나오는 남자가 판이라면, 이 판은 심하게 아파 보인다. 기독교 수도원에 갇혀 있었던 탓에, 판이 수척하고 피골이 상접한 상태이며 고통을 겪고 있다. 그래서 만약에 이것이 판이라면, 그는 보기 좋은 상태가 아니다. 그는 다소 누추하고 틀림없이 불행한 시간을 보내고 있을 것이다. 물론, 이것은 무시당한 육체라는 개념이다. 판은 언제나 육체의 생명력과 자연적인 것들, 나무와 동물 등을 나타낸다. 그러나 그의 얼굴이 그 사이에 길게 자랐다. 고통 받는 늙은 판에게, 말하자면 세례를 받아 길들여지고 굶주리는 상태에서 나무 아래에서 기다란 플루트를 불고 있는 판에게 무슨 일이 생긴 것일까? 그런 그를 비참함에서 건져내려면 무엇인가가 반드시 일어나야 한다. 그를 치료할 무엇인가를 발견할 수 있을 것이다. 그는 무엇을 아쉬워하고 있는가?

그런 상태에서 그가 님프를 다루는 방법을 모르고 있을지라도, 그는 분명히 님프를 그리워하고 있다.

> 그가 플루트를 불고 있는 사이에, 표범이 나무에서 뛰어내려 그의 입에 물려 있던 플루트를 낚아채 나무 꼭대기로 올라갔다. 그러자 남자는 쓰러져 죽었다.

그래서 그에게 해 줄 수 있는 것이 아무것도 없었다. 그는 모든 것이 끝장난 상태였으며, 지금 동물이 그의 자리를 대신하고 있다. 아시다시피, 그것은 더 이상 소용이 없게 된 늙은 아니무스였다. 그는 지금 대단히 효율적인 표범으로 대체되었다. 표범이 사람 대신에 플루트를 잡는 것은 물론 완전히 터무니없는 소리로 들리지만, 아마 판이 너무 말랐기 때문에 표범이 판을 물 식욕조차 느끼지 못했을 수 있다. 표범이 플루트를 잡았다는 것은 표범 자체가 디오니소스라는 점을 암시한다. 그녀의 환상을 더 들어보자.

> 표범은 플루트를 크게 불었다. (이것은 즉시 전체 자연을 매혹시키는 효과를 발휘했다.) 하늘은 그 나무 쪽으로 날아가는 무수한 새들로 컴컴해졌다. (정말로 디오니소스와 오르페우스가 일으킨 기적이다.) 어떤 남자가 나무 쪽으로 걷고 있는 것이 보였다. 그의 옷은 암청색이었으며, 얼굴은 매우 아름다웠다. 그는 "나의 목소리가 나에게 말을 거는 것을 들었어."라고 말했다. 표범이 플루트

를 남자의 발치에 떨어뜨렸다. 그러자 남자가 그것을 집어 들고 멀리 걸어갔다.

너무나 아름다운 청색 옷을 입은 이 남자가 어떤 존재인지 궁금하다. 표범은 단순히 새로운 아니무스의 첫 번째 형태, 즉 동물로 위장한 아니무스였다. 그것은 표범 인간이었으며, 그 같은 사실은 그가 플루트를 연주했다는 사실에서 드러나고 있다. 그렇다면 또 다른 아니무스가 따를 것으로 기대할 수 있다. 여기 그 아니무스가 있다. 청색 옷을 입은 사람이 "나의 목소리가 나에게 말을 거는 것을 들었어."라고 말한다. 이것은 플루트의 곡조를 들었다는 뜻이다. 바로 그 순간에 표범이 플루트를 떨어뜨리고 음악을 새로운 존재에게 맡겼는데, 이 존재는 틀림없이 고대의 신이다. 그래서 새들이 노래를 부르고 있다. "보라, 주가 오시리라." 청색 옷을 입은 사람이 지금 플루트를 집어 들고 있다. 이것은 그가 디오니소스의 자질 일부를 갖고 있다는 점을 보여준다. 비록 청색 옷이 보다 정신적인 특징을 가리킬지라도 말이다. 그는 보다 정신적인 형상인 오르페우스일 수 있다. 그럼에도 그는 디오니소스와 비슷하다. 오르페우스는 탁월한 '영혼의 인도자'이다. 이제 그는 어디로 가게 될까? 기독교 신전으로 갈 것이다. 그녀는 이렇게 말한다.

그는 대성당에 도착해 안으로 들어갔다. 검은 두건을 쓰고 제단 앞에 무릎을 꿇고 있는 형상을 제외하곤, 성당은 텅 비어 있었다. 그 남자가 이 형상 쪽으로 다가가서 무엇인가를 보았는데….

그가 본 것은 무엇일까? 그가 본 것은 해골이었다. 살아 있는 그가 성당 안으로 들어가서 제단 앞에서 발견한 것이 해골이었던 것이다. 그는 미래의 일을 예견하는 아니무스인 '영혼의 인도자'이다. 그렇다면 그는 그녀에게 기독교 관점은 텅 비었고 죽었다는 점을 보여주고 있다.

> 이어서 그는 플루트를 입술에 대고 높고 거칠게 불었다. 성당의 벽들이 그의 주변으로 무너져 내렸다. 신전과 그의 발 아래에 있는 해골 외엔 아무것도 남지 않았다.

그건 너무나 분명하다. 그것은 예리코의 벽들이 양의 뿔로 만든 여호수아의 나팔 소리에 무너진 것과 비슷하다.

> 그는 제단에서 십자가를 집어서 해골 위에 놓았다. 이어 그는 제단을 발로 걷어차고 걸어 나갔다.

아니무스는 이 모든 관점을 버려야 한다는 것을 그녀에게 아주 무서운 방식으로 보여주고 있다. 하지만 그가 그것을 그런 식으로 대단히 불경스런 행동을 통해 보여주는 이유는 무엇인가? 그녀가 아직 기독교적인 태도를 취하고 있기 때문이다. 그래서 그녀가 자신의 육체로부터 빠져나가는 것이다.

21강

1932년 6월 29일

성 바오로가 한 말과 그가 코린트인들에게 보낸 편지에, 육체의 고결함에 대해 언급한 내용이 있다고 말한 기억이 난다. 이 세미나에 참석하고 있는 미스 테일러가 그 문장을 찾는 수고를 아끼지 않았다. 그녀는 3개의 단락을 찾았다. "그러므로 신의 것인 너희의 몸과 정신으로 신을 영광스럽게 하라." "너희 몸은 너희 안에 있는 성령의 신전이고 … 너희들은 너의 것이 아니리라." 세 번째 단락은 이렇다. "몸은 … 주를 위해 있고, 주는 몸을 위해 계시니라." 그리고 브레더턴 부인이 '에베소서' 4장에서 한 단락을 찾았다. "오직 사랑 안에서 참된 것을 말하는 것이 모든 일에서 자라서 지도자인 그에게까지, 심지어 그리스도에까지 닿고, 그에게서 몸 전체가 각 마디를 통해 도움을 받아 역할에 맞게 적절히 연결되어 몸의 증대를 이뤄 사랑 속에 스스로를 세우느니라." 내가 기억하고 있는 단락은 '고린도전서' 12장 12절부터 27절까지이다.

이 대목에서 세미나 참석자인 미스 한나의 질문을 보도록 하자. "그리스도가 결혼도 하지 않고 어떻게 자신의 개인적 삶을 그렇게 완전하게 살 수 있었는지 알고 싶습니다." '앙팡 테리블'의 질문이지만, 솔직히 나도 똑같은 의문을 품었다는 사실을 고백해야 한다. 만약에 그리스도가 결혼을 해서 일곱 명 내지 여덟 명의 아이를 낳고 부양해야 할 가족을 두고 있었다면, 기독교가 역사적으로 어떻게 달라졌을까 하는 생각이 자주 떠올랐다. 결혼한 몸이었다면 예수에게도 일들이 상당히 달리 보였을 것이다. 그리고 다른 사람들도 아주 직접적이지는 않아도 그와 비슷한 질문을 던졌다. 예를 들어, 조지 무어(George Moore)[75]의 『크릿 시내』(The Brook Kerith)를 보면 십자가형과 부활 후의 그리스도의 삶이 묘사되고 있다. 그리스도의 육체가 무덤에서 빼내졌을 때 완전히 죽지 않은 상태였으며, 그리스도가 거기서 회복한 뒤에 인간의 생명을 얻은 것으로 그려지고 있다. 성 바오로는 기독교를 전도하길 원했으며, 세례자 요한의 사도들은 "그러나 그리스도 자신은 여기 있으며, 그는 죽지 않았다."고 말했다. 기본적인 생각은 그리스도가 에세네파 형제들의 소박한 삶으로 돌아갔다는 것이었다. 내가 그 이야기를 기억하는 바에 따르면, 그리스도가 십자가에 못 박힌 흔적을 보여주었는데도, 그런 상황에서도 바오로는 그것을 믿으려 하지 않았을 것이다.

그렇다면 우리의 질문은 일종의 비판이며, 우리는 이 질문을 개인적인 각도에서 볼 수 없으며 단지 이렇게만 말할 수 있을 뿐이다. 그리스도가 개인적 과제를 다 완수했고, 따라서 그의 삶, 즉 그의 개인적 과제가 아주 중요한 상징이 되었다고 말이다. 더구나 우리는 그리스도의 개인적 삶에 대해 아주 조금밖에 알지 못한다.

....

75 아일랜드 소설가(1852-1933).

복음서들이 사도들에 의해 쓰인 것이 아니라 그리스어 텍스트에서 확인되듯이 사도들의 제자들에 의해 쓰였다는 점을 언제나 잊지 말아야 한다. 말하자면 복음서들은 꽤 긴 세월이 흐른 뒤에 그때까지 내려오던 전설에 따라 쓰인 것이다. 나폴레옹의 역사를 사후 70년 내지 100년 후에 그를 아는 것으로 전해지는 사람들의 보고서를 바탕으로 쓴 것이나 다를 바가 없다. 그런 상황에서 신뢰할 만한 역사가 나올 것이라고 상상하는 것은 합리적이지 않다. 그렇다면 우리가 그리스도에 대해 알 수 있는 사실은 매우 적다고 믿어도 무방하다. 더욱이 '신약 성경'에 암시된 역사적 사실들은 시간적 정확성을 허용하지 않는다. 그리하여 그리스도가 B.C. 100년 경에 산 인물이 아닌가 하는 의문까지 제기되었다. G.R.S. 미드는 그 문제에 관해 주목할 만한 책을 썼으며, 어떤 사실들은 그 가설을 뒷받침하는 것 같다.

그러나 우리는 그리스도의 개인적 과제는 완수되었다고 단정해야 한다. 그것이 진리라는 것은 쉽게 확인될 수 있다. 2,000년 전에 살았던 인간 존재들의 심리적 욕구는 오늘날을 살고 있는 사람들의 심리적 욕구와 완전히 다르기 때문이다. 당시엔 편향적인 정신적 삶이 절대적으로 필요했던 반면에, 우리 시대엔 금욕적인 존재는 더 이상 생명을 전파하지 못한다. 그런 존재는 죽은 것이나 마찬가지이다.

이와 비슷한 회의(懷疑)가 기독교보다 먼저, 불교의 역사적 기원에 관한 문제에서 나타났다. 부처는 세속적인 인간으로 경력을 시작했다가 훗날 브라만교 금욕주의를 채택했다. 그는 탁발승이 되고 성자가 되어 오랜 세월 동안 육체적으로 고행을 실천했다. 그러다 깨달음을 얻기에 이르렀다. 그런 다음에 돌연 그는 그 깨달음이 틀렸다는 것을 이해했다. 그가 바라나시의 사슴 동산에서 그 유명한 설교를 한 때가 바로 그때였다. 그는 두 가지 길, 즉 세속의 길과 고행자의 길은 똑같이 오류이며, 중도의 길, 팔정도(八正道), 옳은 생각, 옳은 행위, 옳은 명상 등이 있다고 가르쳤다. 그러나 그는 옳은 생각이나 옳은 행동, 옳은 명상이 어떤 것인지에 대해서는 절대로 말하지 않았다. 잘 아시다시피, 그런 것은 심리적으로 옳아야 하고 적절해야 한다. 그래서 그는 중간에서 이것도 아니고 저것도 아닌 길을 발견했다.

그러나 힌두인의 심리는 서양인의 심리와 완전히 다르다. 힌두인의 진리는 매우 다른 진리이다. 서양인의 눈으로 볼 때, 서양인이 지금과 같은 모습이 되도록 가르침을 받은 것은 역사적인 필연인 것 같다. 만약에 서양인이 그런 가르침을 받아들일 준비가 되어 있지 않았다면, 그 가르침은 절대로 효과를 발휘하지 못했을 것이다. 그것은 암시의 힘과 비슷하다. 일반적으로 모든 사람이 최면에 걸릴 수 있는 것으로 여겨진다. 당신이 두통을 전혀 느끼지 않게 되거나, 이런저런 고통을 더 이상 느끼지 않도록 만들 수 있다는 것이다. 그러나 거기엔 중요한 전제가 빠져 있다. 무의식적으로 그런 암시를 받아들일 준비가 되어 있어야만 한다는 사실이 전혀 고려되지 않고 있는 것이다. 만약에 최면 대상이 암시를 받아들일 준비가 되어 있지 않고 암시를 받아들이는 경향이 없다면, 어떤 사람도 그 사람을 최면 상태에 빠뜨리지 못한다. 그런데 사람들이 최면에 빠질 준비가 되어 있는 특별한 이유들이 있다.

예를 들어 보자. 내가 심리 요법에서 처음으로 성공을 거두었던 때가 기억난다. 58세였던 부인이 목발을 짚고 나의 진료실을 찾아와 17년 동안 다리의 통증으로 고생해 왔다고 말했다. 그녀는 그 문제에 대해 한숨을 섞어가며 이야기를 길게 늘어놓았으며, 최종적으로 나는 "조치를 취해야겠어요. 제가 최면을 걸도록 하지요."라고 말했다. 그 즉시, 그녀는 머리를 옆으로 돌리고 몽유병 발작을 일으켰다. 나는 참으로 신기하다고 생각하면서도 그녀를 가만 내버려두었다. 그녀는 계속 말을 이어갔다. 이상한 꿈을 꾸는 것 같았다. 집단 무의식을 꽤 완전하게 경험하는 것 같았다. 당연히 이 같은 사실은 나중에 이해한 내용이다. 그 당시엔 나는 그녀가 헛소리를 하고 있다고만 생각했다. 그러다 나는 놀라기 시작했다. 최면 시술을 하던 내 주위에 20여 명의 학생이 있었다. 나는 속으로 "지금 엉망이 되고 있군!"이라고 생각했다. 그래서 나는 그녀를 낫게 하는 쪽으로 기적을 행해 주십사 하고 신에게 기도했다. 왜냐하면 나의 능력 밖의 일이 일어나고 있다는 느낌이 들었기 때문이다.

반시간 뒤에 나는 그녀를 최면 상태에서 풀어야겠다고 생각했다. 그것이 정말로 발작이었기 때문이다. 그래서 나는 그녀를 깨우려 노력했지만, 10분이나 걸린 끝에야 겨우 깨울 수 있었다. 그 과정에 나는 체면을 구기지 않으려 노력하느라 무척 힘들었다. 그래도 학생들에게 내가 상황을 완벽하게 통제하고 있다는 확신을 주기 위해 그들 앞에선 냉철한 얼굴을 보여야 했다.

최면에서 깨어난 여자는 어지럼증을 느끼고 혼란을 겪었다. 나는 당연히 그녀에게 "제가 의사예요. 모든 것이 잘 되었어요!"라고 말했다. 그 즉시, 그녀는 "아, 다 나았군요!"라고 탄성을 질렀다. 그 길로 그녀는 목발 없이 걸었다. 나는 얼굴을 붉혔다. 나는 얼굴이 빨개진 상태에서 학생들에게 "최면의 효과가 어떤 것인지, 모두 확실히 보았지요?"라고 말했다. 그러나 나는 그때 일어난 일에 대해 전혀 아무것도 몰랐다. 그것은 내가 최면을 멀리하도록 만든 경험들 중 하나였다. 왜냐하면 거기서 최면이 엉터리라는 것을 확인할 수 있었기 때문이다. 나는 그때 일어난 일을 이해하지 못했지만, 그 여자는 완전히 나았다. 그녀는 목발 없이 걸어 나가면서 아주 행복해 했다. 나는 그녀에게 최면이 어떤 식으로 작동했는지 알려달라고 부탁했다. 나는 24시간 후면 그녀의 통증이 재발할 것이라고 단정했는데 통증이 다시는 나타나지 않았기 때문이다. 나는 그저 하늘의 은총이 신기할 뿐이었다.

그 다음 학기에 나는 그 대학에서 여전히 강의를 맡고 있었는데, 그 여자가 나의 첫 강의에 다시 나타났다. 이번에는 얼마 전부터 등에 극심한 통증이 있다는 것이었다. 그 통증이 내가 강의를 다시 개시한 것과 관련 있을 수 있다는 생각이 들었다. 나를 만나 멋진 치료를 경험하기 위한 핑계가 아닐까? 그래서 나는 그녀에게 언제 통증이 시작되었는지, 통증이 생긴 이유가 무엇인지에 대해 물었으나 그녀는 아무것도 기억하지 못했다. 나는 그녀가 날짜를 기억하고 싶어 하지 않아 하고 날짜와 관련해서 어떤 불쾌한 일이 있었다고 결론을 내렸지만, 그녀는 아무 일 없었다고 하면서도 통증에 대해 전혀 아무런 설명을 내놓지 못했다. 이어서 그녀가 신문에서 나의 진료소가 다시 문을 열었다는 소식을 읽었을 수 있겠다는 생각이 들었다. 마침내 나는 그녀로부터 그 특별한 소식이 그녀의 집으로 전달된 바로 그날 통증이 시작되었다는 사실을 알아낼 수 있었다. 그때 나는 그 메커니즘을 처음으로 확인했지만, 그때만 해도 내가 그녀를 어떻게 치료했는지를 이해하지 못했다. 어떤 기적이 작동했으니까. 그래서 나는 그녀의 삶에 대해 묻기 위해 강의 후에 그녀를 남게 했다.

그 결과, 진료소 내의 나의 병동에 그녀의 백치 아들이 있다는 사실이 확인되었다. 그동안 나는 그 같은 사실을 까맣게 모르고 있었다. 그녀가 재혼을 해 다른 성을 쓰고 있었기 때문이다. 그 아들은 그녀가 첫 번째 결혼에서 낳은 아이였다. 아들이 하나였기 때문에, 그녀는 당연히 더욱 만족스런 아들을 바라고 있었다. 전도유망하고 지적인 그런 아들을. 나는 당시에 젊은 의사였으며, 그래서 그녀는 혼자 마음속으로 나를 둘째 아들로 받아들이고 있었다. 그러면서 그녀는 이렇게 생각했다. "내가 그를 위해 기적을 행할 거야. 그를 위한 일이라면 충분히 가치 있는 일이니까." 그것이 바로 그녀가 한 일이었다. 그녀는 나의 주위에 거대한 거품을 일으키기 위해 할 수 있는 모든 일을 했다. 그녀는 나에게 첫 환자들을 데리고 왔다. 말하자면 나의 심리 치료는 어떤 어머니가 자신에게 전혀 아무런 도움이 되지 않는 아들의 자리에 나를 앉힌 것이 인연이 되어 처음 시작되었다고 할 수 있다. 그런 경우에 최면은 완벽하게 맞아떨어진다. 왜냐하면 그녀가 그런 특별한 방법으로 치료를 받을 준비를 철저히 하고 있었기 때문이다. 폭발하기 직전 상태의 폭탄이었다고 할 수 있다.

의사들이 치료하지 못하는 환자들이 뒤에 루르드[76]와 같은 곳에서 치료되는 예가 종종 있다. 그들은 대체로 단순히 의사를 위해 낫는 것을 가치 있는 일로 여기지 않고 교회의 영광을 위해 치료되는 것을 가치 있는 일로 여기는 사람들이다. 그들은 전 세계에 신의 은총을 드러내고 있다. 그런 것이 초기 성자들의 심리였다.

7년 동안 나무 기둥 꼭대기에서 한쪽 다리로 서서 지낸 성 시메온(St. Simeon)이 그런 예에 속한다. 물론 그도 중간에 앉고 잠도 잤지만 그의 직업은 한쪽 다리로 서 있는 것이었다. 그러면 수천 명의 사람들이 기둥 위에 있는 그를 보러 순례를 와서 그런 묘기를 하는 그의 정신력에 감탄하곤 했다. 인도의 탁발승들은 놀라운 일들을 할 수 있으며, 그들은 그런 정신력을 보여줌으로써 위대한 일을 하기 때문에 성자로 불릴 자격이 충분하다. 왜냐하면 인간이 정신의 힘에 강한 인상을 받고 그런 힘을 믿는 것이 대단히 중요하기 때문이다. 그렇게

....

76 프랑스의 피레네 산맥에 있는 작은 마을. 성모가 발현한 것으로 전해진다.

하지 않으면 인간은 삶을 온전하게 살지 못하고 쉽게 동물로 전락하고 곧잘 평범하고 우둔한 모습을 보이게 된다.

그렇다면 그리스도의 삶이 사람들에게 전한 암시는 그의 시대에 아주 옳은 암시였다. 그런데 오늘날 우리가 그런 거북한 질문을 던지는 것은 단지 우리에겐 그리스도가 더 이상 의심할 여지없는 그런 상징이 아니기 때문이다. 예수의 상징은 그의 시대에 작동했던 것만큼 효과를 발휘하지 못한다. 그 당시라면 그런 질문을 던지는 것 자체가 불가능했을 것이다. 그 시대엔, 정신의 힘이 아주 강해서 전체 삶을 정신에 온전히 바칠 수 있는 사람에게만 그런 삶이 가능했기 때문이다. 모두가 잘 알고 있다시피, 그 효과는 즉시적이었다. 불과 몇 세기 안에, 사람들이 수천 명씩 사막으로 들어간 탓에 근동의 도시들이 빌 정도였다. 사람들은 사막에서 살면서 은둔자로 생을 마쳤다. 그것은 사람들이 당시에 일상적인 형태의 존재를 버릴 마음의 준비가 상당히 되어 있었다는 점을 보여준다. 인간이 할 수 있는 능력이 어디까지인지, 당신은 잘 모른다. 만약 지금 이 순간과 정확히 맞아떨어지는 무엇인가가 일어난다면, 당신은 아마 그때와 매우 비슷한 현상을 목격할 것이다. 우리는 그런 특별한 사건들로부터 절대로 안전하지 않다. 만약에 적확한 단어가 제시되거나 우리 시대의 가장 절실한 필요를 표현하는 상징이 발견되기만 하면, 당신은 사람들이 몇 세기 동안 그것에 사로잡히는 것을 보게 될 것이다. 사람들은 그런 효과를 무효화할 수 있는 질문을 절대로 던지지 않을 것이다. 그런 질문은 2,000년이나 지난 뒤에야 나올 것이다.

페가수스와 십자가가 나오는 환상을 간단히 도표로 그리면 이렇게 된다. 사건들의 흐름에 나타나는 리듬을 공부하는 데 도움이 될 것 같다.

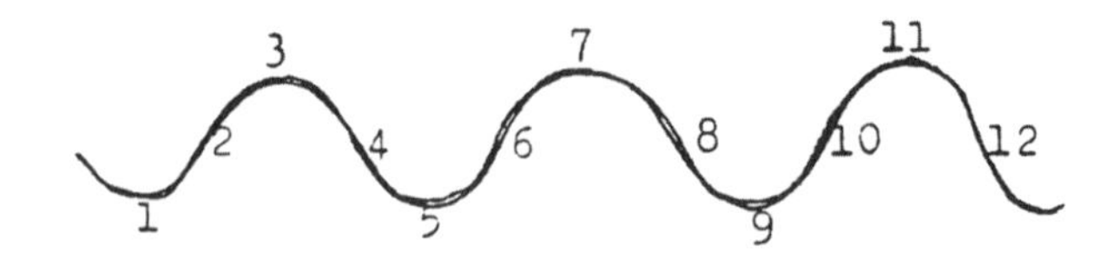

리비도를 의미하는 말을 음(陰)인 아래쪽에 둔다(1). 그것이 비록 천마 페가수스일지라도 어디까지나 무의식의 강력한 리비도를 의미하기 때문이다. 그 같은 사실은 말이 그녀를 하늘 높이 올려준다는 사실에 의해서도 뒷받침된다. 그래서 말은 아래에서 시작한다. 그리고 땅을 덮고 있는 검은 구름과 독수리들은 음이다. 예를 들면, 이집트에서 독수리들은 여자의 본성만을 지닌 동물로 여겨졌다. 이집트 사람들은 수컷 독수리는 아예 없다고 생각했다. 암컷 독수리들은 새끼를 갖기를 원하면 간단히 공중을 나는 도중에 부리를 열면 공기에 의해 임신하는 것으로 여겨졌다. 또한 독수리들은 죽은 자의 썩어가는 시신을 먹는다. 그래서 그들은 틀림없이 음의 새들이다.

검은 구름은 위험을 의미하며, 거북한 상황의 원형을 뜻한다(2). 처음은 시작과 시도이며, 그 다음은 위험한 원형적 상황이다. 말과 그 말을 탄 사람이 검은 독수리들의 추적을 받는다. 그러나 페가수스는 최종적으로 그 위험을 통과하고, 따라서 그녀는 꼭대기 하얀 도시에 도달한다(3).

거기서 그녀는 별이 달린 지팡이를 보는데, 이것은 개인적인 길을 가리킨다(4). 우리는 그 지팡이의 특별한 성격에 대해 논하지 않았다. 그것은 리더의 상징이며, 길을 가리키는 지팡이다. 그 상징은 '시편'에 나오며, 예언서들은 야훼에 대해 삶의 불확실성 속에서 지팡이나 안내자 역할을 한다고 말한다. 그렇듯, 별도 안내하는 원리이며, 별은 이 곡선의 긍정적인 한 결과일 것이다. 올라가는 행위와 시도가 있고, 이어서 원형적 위험이 있다. 맨 위에서 종국적인 목적의 환상이 나온다. 그런 식으로 이어지는 것은 매우 아름다운 움직임이다.

이어서 십자가에 못 박혀 땅바닥에 누워 있는 여자가 나온다(5). 십자가는 마비나 고착, 말하자면 그녀가 땅 위에 있는 상황을 의미한다. 거기서부터 새로운 시작, 즉 해방이 있어야 한다. 우리가 지금 원하는 것은 위험한 순간, 원형적인 상황이다. 지팡이를 여자의 가슴에서 뽑는 것은 위험한 상황일 수 있다. 그녀가 출혈로 죽을 수 있는 것이다(6). 그리고 여자를 치료하는 것은 부활일 것이다(7). 이어서 "내가 너무 오랫동안 땅을 비옥하게 했지요."라는 여자의 말을 나는 지하의 원리와의 새로운 관계를 보여주는 것으로 받아들인다(8).

땅을 비옥하게 하는 것, 황폐한 거리, 육체-영혼과 정신-영혼의 분리가 있다. 황폐한 거리, 인간 존재들이 없거나 의식(意識)이 없는 장소, 그것은 음에 해당한다(9). 여기서 위험한 상황은 육체-영혼과 정신-영혼에 분리가 일어나는 것이다. 분리의 끝은 황금 별이 있는 지팡이를 잡는 행위가 될 것이다(10).

그 다음에 페가수스를 이끌고 있는 환자는 양(陽)에 해당하며, 이것은 무의식적 리비도가 의식의 안내에 복종한다는 것을 나타낸다(11). 처음에 말은 음의 위치에 있었다. 여기서 말이 양의 위치에 놓이고 상황은 그때와 다르다. 그때는 그녀가 구름 속을 날 매우 야생적인 말을 오르고 있지만, 여기서 그녀는 말을 꽤 평화롭게 끌고 있다. 그렇다면 똑같은 상징이 다른 방법으로 이용되고 있다고 볼 수 있다. 별이 달린 지팡이를 잡는 것은 새로운 목표를 가리키는 새로운 빛의 보석을 잡는다는 뜻이다(12).

환자가 페가수스와 함께 하늘 높이 올라가면서 높은 수준의 의식에 도달한 것 같다. 십자가에 못 박혀 땅바닥에 누워 있던 여자도 상황과 그 상황의 의미를 꽤 의식하고 있다. 그녀는 발달의 어느 부분에 마침표를 찍는 것 같다. 그래서 전체 움직임은 전반적으로 보다 높은 수준에서 일어날 것이다(도표를 설명하는 대목은 세미나 참석자인 미스터 바우만의 발언을 일부 포함하고 있다/옮긴이).

이제 새로운 환상으로 넘어가도록 하자. 마지막 환상의 끝부분에서 우리는 갑자기 나타난 어떤 남자의 신비한 형상을 다루고 있었다. 다시 일종의 디오니소스 형상이었다. 이어 그는 성당 안으로 들어가 거기서 해골을 발견했다. 그 즉시 그는 제단을 발로 차고는 그곳을 떠났다. 그때 그곳에서 일어나고 있던 일은 '카'(ka) 영혼과 '바'(ba) 영혼의 분리였다. 이것들은 고대 이집트의 개념이다. '카' 영혼은 땅의 영혼이며, 조인(鳥人) 또는 인간의 머리를 가진 새로 표현되는 '바' 영혼은 정신적인 영혼이다. 이 영혼들은 중국 형이상학에서 말하는 '귀'(鬼: kuei)와 '신'(神: shên)이다. '귀'는 육체의 영혼이고 '신'은 정신의 영혼이다. '귀'는 죽음 앞에 나타나거나 죽음 뒤에 나타나는 유령이며, '신'은 양의 원리 속으로 사라진다고 할 수 있다. 이 '신'은 빛까지, 정신적 세계까지 올라간다. 이집트의 '카'는 일종의 무거운 물질로 여겨지고, 따라서 죽은 자에게 무덤에서 나와 지평선 위 하늘로 올라가는 데 필요한 자그마한 사다리가 주어진다. '카'는 귀신으로서 무덤 안에 남으며, 바람과 비와 공기 속에서 쇠퇴할 때까지 주변을 떠도는 것으로 여겨진다. 이 분리는 여기서 디오니소스의 원리가 다시 등장할 길을 열어준다. 처음에 그는 야생 동물이었다가 그 다음에 인간으로 변신해 성당 안으로 들어가서 그 형태가 죽었다는 사실을 보여주었다.

그렇다면 다음에 무슨 일이 일어날 것 같은가? 환자는 분리된 상태에 있다. 정신적 영혼이 육체적 영혼과 떨어져 있는 것이다. 이어서 고대 신의 이미지가 온다. 옛날의 디오니소스를 꽤 많이 닮지는 않았지만 디오니소스와 가깝다. 이 신이 교회가 텅 비어 있다는 사실을 보여준다. 이제 곧 두 가지 영혼의 연결이 있을 것이다. 그녀의 육체적 영혼이 정신적 영혼과 다른 방향으로 걷는 것은 부자연스럽다. 두 영혼은 함께 있어야 한다. 만약에 두 영혼이 분리된다면, 그런 일은 그녀가 죽은 뒤에나 일어나야 한다. 그래서 우리는 이 대목에서 재결합 같은 것을 예상할 수 있다. 그 남자가 그런 것을 꾀해야 한다. 그는 신을 위장해 나타나고 있는 아니무스이다. 아니무스는 신성한 성격을 갖고 있기 때문에 곧잘 신의 모습으로 나타난다. 여자들이 아니무스의 마법에 그처럼 완전하게 넘어갈 수 있는 것은 바로 아니무스의 이런 신성한 특성들 때문이다.

여자들은 아니무스의 힘에 완전히 희생되기도 한다. 당연히 아니무스와 동일시하는 경향이 강한 여자일수록 희생도 더 많이 당하게 된다. 아니마도 마찬가지다. 아니마와 아니무스는 고대적인 의미로 말하는 신들이다. 슈피텔러(Carl Spitteler)[77]는 아니마를 여신이라고 부른다. 아니마는 정말로 여왕이며, 그녀의 권력은 의심할 여지없이 압도적이다. 그리고 아니무스가 신의 형태로 나타날 때, 그는 바로 그 신성한 특성을 갖고 있으며 그를 바탕으로 신들이 만들어진다.

사람들은 의식과 이해력을 키우면서 아니무스가 행사하는 특별한 힘을 더욱더 많이 발견했다. 그런 힘에서 여자가 벗어날 수 있다면, 그것은 기적이다. 그것은 신경증이나 공포증, 충동의 힘과 비슷하다. 당신은 그런 징후가 병적이라고 생각하면서 경멸하고 터무니없다고 생각할지 모르지만, 우스울 만큼 작고 중요하지 않아 보이는 그것이 당신의 삶에서 대단히 중요하다. 그것은 매 순간 당신을 방해하고,

77 스위스 시인(1845-1924).

당신의 삶을 망가뜨린다. 그런데도 당신은 그것이 신경증일 뿐이라는 식으로, 터무니없는 증후에 지나지 않는다는 식으로 계속 말한다. 그것은 마치 당신이 세계 대전을 일부 인간이 저지른 후회스런 실수라고 여기는 것과 비슷하다. 또는 하잘것없는 작은 딱정벌레가 갑자기 엄청난 숫자로 불어나서 세계의 식량을 모두 먹어 치우는데도 당신이 그렇게 작은 곤충이 어떻게 파괴의 원인이 될 수 있는지를 이해하지 못하고 있는 상황과 비슷하다. 그러나 그것은 신경증이며, 당신이 겉보기에 아주 무의미해 보이는 그것이 진정으로 위대한 힘이라는 사실을 깨닫지 못할 경우에 엄청난 실수를 저지르는 결과를 낳게 될 것이다. 그런 것이 아니무스이고 아니마이다. 아니무스와 아니마는 고대의 신들이 신성했던 만큼은 신성하며, 선과 악 그 너머에 존재한다. 따라서 도덕적 관점에서 아니무스와 아니마를 보는 것은 절대로 불가능하다.

지금 이것은 긍정적인 아니무스이며, 아니무스는 신의 옷을 걸치고 나타났다. 말하자면 '영혼의 인도자' 역할을 하면서 이 여자가 직접 해야 할 일을 대신하고 있다. 그녀는 능력을 잃은 상태다. 왜냐하면 두 개의 영혼이 서로 분리되어 있기 때문이다. 그러면 왼손이 하고 있는 것을 오른손이 모르게 된다. 두 개의 손이 서로 협력하지 않는 것이다. 그래서 여기서 아니무스가 자기의 역할을, 가운데에 있으면서 우리의 모든 행동을 지배하고 조정하는 그런 역할을 맡고 있다. 아니무스가 육체의 영혼과 정신의 영혼을 함께 결합시키기 위해 지금 무엇을 하는지를 보는 것이 아주 중요하다.

그는 새로운 상징을 만들어야 하는데, 그렇다면 그가 아래로 내려갈까? 새로운 상징은 어디서 시작할까? 그녀의 환상을 보자.

> 그는 컴컴한 동굴 속으로 내려갔다. 동굴 바닥에 물이 있었고, 물 안에 이상한 괴물들이 많이 돌아다녔다. 그가 괴물들을 응시하자, 괴물들이 거대한 촉수들을 뻗으며 그를 끌어당기려 들었다. 괴물들은 그의 머리가 물에 닿을 때까지 아래로 잡아당겼다.

그는 교회의 상징이 텅 비었다는 사실을 보여준 뒤에 지하의 어둠 속으로 떨어진다. 이것은 매우 인간적인 방식으로 이해되어야 한다. 아니무스가 그런 행동을 하는 것은 그림자가 의식에서 당신 위로 떨어지는 것을 의미한다. 당신 자신이 공허하고, 어둡고, 방향 감각을 잃었으며, 대체로 우울증으로 힘들어 하고 있다는 뜻이다. 모든 것이 무의식 속으로 가라앉았으며, 육체 안에 시커먼 구멍이 나 있다. 그것은 태양신경총이라는, 복부의 구멍이다. 내가 이것에 대해 언급하는 이유는 나의 말을 뒷받침할 무엇인가가 나타날 것이기 때문이다.

당신이 신념 세계를, 말하자면 당신의 세계관 전체를 뒤엎는다면, 그것은 정말로 어떤 세계를 파괴하는 것을 의미한다. 세계란 것이 바로 우리가 보는 그것이기 때문에, 우리는 우리가 보는 세계 외에 다른 세계는 절대로 모른다. 그 세계는 당연히 제한적이며, 완전하거나 완벽한 세계가 아니다. 단지 우리가 인식하고 있는 세계에 지나지 않는 것이다. 세계관을 깨뜨릴 때면 언제나 총체적인 혁명이나 대재앙, 완전한 전복 같은 것이 일어난다. 정치적 및 사회적 상황만 아니라 경제적 상황에도 일어나게 되어 있다.

기원 후 첫 몇 세기 동안에 로마 황제들이 지배하던 시대는 옛날의 경제 체제가 전복된 그런 변혁의 시기였다. 옛날 형태의 노동 문제인 노예제도는 당시에 중대한 문제였다. 아우구스투스(Augustus) 통치 시대에 전체 인구의 5분의 3이 노예로서 재산으로 취급되고 있었다.

노예들은 인간 존재로 여겨지지 않았으며, 따라서 당연히 법률적 권리가 전혀 없는 사람들이었다. 그 당시에 어느 누구도 임금 노동이라는 개념을 갖고 있지 않았다. 사람은 자신을 대신해 일할 사람을 돈을 주고 샀다. 그것은 당연히 있을 수 없는 상황이었으며, 그것이 경제 제도의 점진적 붕괴로 이어졌다. 중세에 들어 상태가 완화되었지만, 로마 가톨릭교회의 주교들도 여전히 가정에 노예를 두고 있었다. 노예들도 같은 기독교 신자였는데도 말이다.

그렇듯, 지금까지 굳건히 믿어져 온 영원한 진리나 다름없던 세계관의 파괴는 결코 간단한 문제가 아니다. 당신 생각엔 이 세상에 대해 어떤 식으로든 책임을 지는 신이 있다는 미신을 버리는 것이 아주 간단한 일처럼 보일 것이다. 당신은 그런 사상을 포기하면서 그래도 아무 일이 일어나지 않았다고 생각하며, 그런 신은 우리 인간과 다소 무관하다고 치부할 수 있다. 그러나 당신이 미신을 버린다고 생각하는 그 순간에 어떤 심리적 변화가 일어난다. 당신에게 당신의 삶을 지배하는 전능한 존재가 있다는 확신이 남아 있는 한, 당신이 그 같은 존재를 부정해 봐야 상태만 심각하게 만들 뿐이다. 왜냐하면 그런 미신을 버린다고 생각할 경우에 당신이 그 존재에게 더 이상 기도를 올리지 않을 것인데, 그렇게 되면 그것이 당신의 내면으로 들어오기 때문이다.

당신은 그 확신을 미신이라고 부르면서 받아들이길 거부할 수 있지만, 그로 인해 당신 자신이 신이 된다. 당신 자신이 마치 신인 것처럼 행동하게 되는 것이다. 당신은 신이 당신에게 어떤 사상을 주었다는 사실을 이해하며 고마워할 생각은 하지 않고 엉뚱하게도 당신 자신이 이런저런 관점을 생각해내고 이런저런 확신을 품고 있다고 단정한다. 그 같은 태도가 우리가 현재 눈으로 확인하고 있는 세상의 상태를 낳고 있다. 우리의 신경증은 바로 그 점 때문에 생기고 있다. 우리 인간은 백인의 팽창으로 인해 고통을 겪고 있지만, 당연히 그 팽창은 터질 것이고, 따라서 우리 인간도 붕괴하고 말 것이다.

지금 여기서 우리는 세계관이 전복될 때 벌어지는 일을 보고 있다. 그 즉시, 아니무스가 어둠 속으로 사라진다. 지금까지 아니무스는 세상 속에 있었다. 왜냐하면 중세의 정신적 세계가 질서정연했고, 모든 것이 훌륭한 건축의 일부처럼 신이 정해준 자리에 그대로 있었기 때문이다. 그것은 신을 최고의 존재로 여기는 일종의 계급조직이었다. 거기엔 신보다 밑에 천사들이 앉는 계단이 있었고, 그 아래에 아이들과 인간이 앉는 계단이 있었다. 그래서 모두가 적절한 자리를 차지했으며, 아니무스는 옳은 상태와 조화를 이루었다. 그래서 아니무스는 어디서도 해로운 존재가 될 필요가 없었다. 그러나 그런 상태가 막을 내리자마자, 아니무스는 무의식으로 들어간다.

만약에 그것이 긍정적인 아니무스라면, 그 아니무스는 신경증을 일으키지 않는다. 이 경우에, 아니무스가 새로운 상징에 기여할 무엇인가를 끌어올릴 가능성이 크다. 그건 물론 엄청난 과업이며, 거기서 어떤 것이 나올지, 호기심을 불러일으킨다. 그러나 그것은 절대로 그렇게 간단한 문제가 아니다. 아니무스 혼자만으로는 새로운 상징을 끌어내지 못한다. 아니무스는 어떤 상징을, 아마 그녀의 심리에 적합한 상징을, 그리하여 그녀의 추가 발달을 꾀할 상징을 끌어낼 수 있다. 그러면 그녀의 추가적 발달은 다른 사람들의 발달과, 따라서 다른 사람들과 결합될 것이고, 이 모든 발달의 최종적 결과가 바로 새로운 상징의 탄생이 될 것이다.

잘 아시다시피, 위대한 상징은 전적으로 집단적인 상징이다. 아니무스 혼자만으로는 그런 상징을 절대로 만들어내지 못한다. 아니무스가 일으키는 것은 단순히 그런 상징 같은 무엇인가를 창조하려는 노력에 지나지 않는다. 우리는 그 점에서 매우 조심스럽게 접근해야 한다. 그러나 한 가지만은 확실하다. 긍정적인 아니무스가 진정한 집단 무의식 속으로 내려갈 때, 긍정적인 무엇인가가 나타나게 된다는 점이다. 그녀의 환상은 이렇게 이어진다.

> 그는 "동굴 벽을 보라!"라고 외치는 황금 물고기를 보았다. 그 남자는 위를 올려다보다가 동굴 벽에서 황금 원반을 보았다. 그는 온 힘을 다해 괴물들로부터 풀려나려고 몸부림을 친 끝에 동굴에서 올라왔다.

이것이 환상의 끝이다. 그가 내려간 공동은 복부였다. 그는 지금 복부의 벽에서 태양의 원반을 보고 있으며, 이 원반은 태양신경총일 것이다. 이런 상황에서, 말하자면 그녀가 옛날의 세계관을 포기한 시점에 물고기가 그녀에게 태양신경총에 주의하라고 외치는 이유는 무엇인가? 육체의 영혼과 정신의 영혼이 결합하는 곳이기 때문일까? 신경절이 축적되어 있는 곳에 대해, 정신적인 어떤 사실이 물질에 남긴, 눈에 보이는 흔적이라고 말하는 것도 가능할 것이다. 그렇다면 이 태양 원반은 정말로 배꼽이며, 정신적인 것들의 세계가 육체를 건드리는 곳이다. 그것은 자연이 뇌를 형성하려는 최초의 시도이며, 살아 있는 과정들을 최종적으로 의식이 일어날 그런 중앙 본부 같은 곳으로 집중하려는 최초의 노력이다. 태양신경총 체계로부터 다른 신경 체계가 간접적으로 일어나며, 이 두 가지 체계는 여전히 연결되어 있다. 두 가지 체계 사이에 일종의 협력이 이뤄지고 있으며, 이 체계들은 작동 방식은 서로 달라도 서로 함께 작동하고 있다. 이 장면은 우선 교감신경계에 대해 말하고 있으며, 매우 신비하다. 우리는 우선 당장은 이 장면을 이해하는 것처럼 굴지 않을 것이다. 하지만 물고기는 무엇을 의미하는가?

태양의 원반도 황금이고, 물고기도 황금이다. 그렇다면 둘 사이에 어떤 연결이 있음에 틀림없다. 태양의 원반과 물고기는 일종의 빛이다. 물고기가 바다 깊은 곳에서 폴리크라테스의 황금 반지를 갖고 나온 것으로 여겨지듯이, 이 물고기도 태양을 갖고 나올 것이다. 그러나 그것을 어떻게 입증할 수 있는가? 기독교 상징이 있다. 그리스도가 지금 '이크티스'로서 지하세계로 내려갔다. 그것은 옛날의 아니무스 형태이며, 여전히 황금이고 빛을 발하며 새로운 태양을 가리키고 있다. 그것은 세례자 요한이 태양 또는 그리스도에 대해 말하는 대목과 비슷하다. "그는 증대되어야 하고 나는 쇠퇴해야 한다."

여기 기독교 상징이 있다. 떠오르는 태양을 가리키는 물고기이다. 태양과의 또 다른 연결은 요나(Jonah)[78] 모티프에 있다. 태양은 떠오르기 전에 언제나 물고기의 배 속에 있는 것으로 여겨진다. 이어서 물고기가 진압되고, 물고기가 동쪽 해안에 닿을 때 물고기의 배가 갈라지고, 거기서 새로운 태양, 즉 영웅이 나온다. 그렇다면 이것은 영웅 신화이다. 옛날의 영웅이 지금 바다 깊은 곳에 있는데, 바다로부터 태양신경총과 동일한 새로운 신이 올라오고 있다. 이 동일성을 어떻게 설명할 수 있을까?

미래의 의식(意識)의 시초는 교감신경계 안에 있고 교감신경계가 미래의 의식의 기원이지만, 그 기원은 과연 어떤 모습일까? 아마 곤충이나 벌레의 형태일 것이다. 단순히 교감신경계만 가진 냉혈 동물일 것이다. 그래서 새로운 것의 시작은 눈에 거의 띄지 않고, 쉽게 짓

78 히브리의 예언자.

밝히고, 사소한 해충일 것이며, 따라서 그것이 태양신경총에서 시작하는 다른 것으로, 예를 들면 신경증으로 쉽게 오해를 받는다.

교감신경계에 장애를 일으키지 않는 신경증은 거의 없다. 히스테리 환자는 모두 그 영역에 뭔가 잘못되어 있다. 소화와 성욕 등이 그런 예이다. 그래서 신경증을 해충이라고, 말하자면 있어서는 안 될 것이라고 불러도 무방하다. 대체로 새로운 것은 처음에 겉보기에 태어나지 말았어야 할 그 무엇인가로 나타난다. 이 같은 사실은 고대의 지혜에 의해, 예를 들면 내가 종종 인용하는 이사야의 예언에 의해 뒷받침된다. 새로운 것은 아름다운 것을 전혀 갖고 있지 않다. 새로운 것은 더없이 무의미하고, 대단히 경멸스러우며, 따라서 쉽게 신경증으로 오해를 받는다.

그러나 신경증은 또한 새로운 길의 시작이기도 하다. 신경증은 '실패한 통찰'로 이해될 수 있다. 의식이 지나치게 우둔해서 그 통찰을 파악하지 못할 수 있기 때문이다. 잘못된 길이 진정으로 옳은 길이었다. 이것이 수많은 동화들의 모티프이며, 엄지 동자에 관한 수많은 이야기에서 가장 미천하고 보잘것없어 보이는 것이 가장 훌륭한 것으로 드러난다.

지금 동굴 벽에 있는 원반의 환상은 아니무스가 스스로 괴물로부터 풀려나기 위해 최대한 노력을 기울이도록 고무하는 힘을 갖고 있다. 그래서 아니무스는 동굴을 빠져나올 수 있었다. 여기서 우리는 영웅, 즉 새로운 태양이 거대한 고래 괴물의 몸통에서 빠져나온다는 옛날의 신화를 발견한다.

거인은 태양이 인간의 형태로 나타난 것이며, 영웅과 태양은 동일하다. 영웅은 태양의 아들로 여겨지고, 영웅의 용모는 태양을 닮았다. 그 신화가 여기서 새로운 진리로 되풀이되고 있다. 그 신화가 다시 살고 있는 것이다. 해는 지고나면 죽는다. 깊은 물 속으로 사라지는 것이다. 그러나 해는 새로운 형태로 다시 나타날 것이다. 아무도 해를 기대하지 않는 바다 밑 동굴에서, 인간의 눈으로는 해를 볼 수 없는 그런 절대 어둠 속에서, 태양은 다시 올라오고 있다. 그래서 환상 속의 이 순간은 진정으로 새로운 관점이 떠오르는 것을, 그녀의 무의식에서 새로운 상징이 떠오르는 것을 의미하지만, 그녀는 아직 그것을 의식하지 못하고 있다.

세미나가 곧 끝나겠지만, 나는 당신에게 떠오르는 태양의 첫 번째 효과가 어떻게 나타나는지를 보여주고 싶다. 그러면 스토리가 어떤 식으로 전개될 것인지 어느 정도 짐작이 가능할 것이다. 다음 환상은 이렇다.

> 검은 땅바닥에서 황금 반지를 두 개 보았다. 반지 하나는 보다 큰 다른 반지 안에 들어 있었다. 작은 반지 안에(즉, 중앙에) 마치 그곳이 자궁이라도 되듯이 남자 아이가 누워 있었다. 아이는 양수로 둘러싸여 있었다. 나는 내 쪽으로 팔을 뻗고 있던 아이 쪽으로 다가서기를 원했지만, 바깥의 반지를 넘어서지 못할 것 같았다.

영웅 아이가 태어나고 있다. 이 반지들은 태양으로부터 퍼져 나오고 있는 황금 반지들이며, 그 안에 영웅 아이가 들어 있다. 반지들은 신성한 아이의 후광이다. 바로 여기서 만다라 심리학이 시작된다. 지금 왜 만다라인가? 단순히 태양이 떠올랐다는 사실 때문이다. 태양이 떠오를 때, 사람은 꽤 자연스러운 표현인 원들을 떠올리기 시작한다.

여기서는 마치 아이가 그 원들 안에서 태어나는 것처럼 보인다. 여자의 관심을 아주 강하게 끄는 것, 말하자면 스스로 아무것도 하지 못하는 어린 아이가 그녀를 안으로 끌어들일 것이다. 그녀는 중앙의 아이에게 닿아야 한다. 그것이 가장 소중한 것, 즉 보물이기 때문이다.

그것이 만다라 심리학이 생기는 길이다. 우리는 여기서 만다라 심리학의 전부를 보고 있다. 만다라는 태양의 원반인데, 떠오르는 태양이 새로운 상징의 탄생이고, 만다라의 중심에 여자가 끌리고 있는 아이의 환상이 있다. 이것은 눈에 보이지 않게 안에서 태어나는 태양의 전개이다. 마치 태양이 특이한 종류의 방사를 야기하고 있는 것처럼 보이며, 이 방사를 인간은 원으로 그리는 외에 달리 표현할 방법을 모른다. 그 원들은 고결의 후광이고 신성의 후광이다. 그리고 존재의 주위에 마법의 동그라미를 형성하는 빛의 후광은 보호적인 의미를 지닌다.

22강

1932년 11월 2일

같은 환자의 새로운 환상들을 해석할 것이다. 만다라 심리학을 담고 있는 환상들이다. 우리가 마지막으로 다룬 환상은 한가운데에 아이가 있는 만다라 환상이었다. 첫 부분을 다 읽지 않았는데, 그 다음 부분을 읽을 생각이다.

> 나는 한참 동안 앉아서 어떻게 하면 아이에게 닿을 수 있을 것인지를 놓고 고민에 빠졌다. 뱀들이 반지들을 타넘고 가서 아이에게 먹을 것을 주는 것이 보였다. 나는 절망에 빠져 나무망치를 들고 바깥쪽 반지를 깨뜨리려고 노력했다. 그러나 반지는 아주 단단했다. 나는 울부짖었고, 그때 나의 눈물이 반지 위로 떨어졌다. 그러나 온갖 노력에도 불구하고 나는 그것을 깨뜨리지 못했다. 그때 어떤 노인이 내 쪽으로 다가오는 것이 보였다. 나는 그에게 말을 걸었다. "어르신, 앞을 못 보시는 것 같지만 지혜를 가진 분이라는 것을

> 알겠어요. 저 아이를 저의 품에 안도록, 이 반지를 깨뜨리는 방법을 좀 알려주십시오." 노인은 황금 반지 주변을 몇 바퀴 돌았다. 마침내 그가 말했다. "여인이여, 한 쪽 눈을 잃어야 하오." 그는 그렇게 말한 뒤 사라졌다. 그때 씨앗 하나가 바람에 날려 나의 왼쪽 눈으로 들어왔고, 이어 나는 앞이 보이지 않는다는 것을 알았다.

우리 환자는 아이를 안기를 원하지만, 그녀는 마법의 동그라미들 안으로 들어가지 못한다. 여기서 우리는 액막이의 힘을 지닌 마법의 동그라미를 만난다. 그 안으로는 어느 누구도 들어가지 못한다. 이어서 그녀는 현자가 반지 주위를 몇 바퀴 도는 것을 본다. 신성한 것들 주위를 도는 행위는 만다라의 기원 중 하나이다. 그것은 위험을 물리치거나, 무엇이든 외부에서 들어가는 것을 막기 위해 정해진 어떤 중심의 주위를 걷거나 춤을 춤으로써 액막이 원을 형성하는 것을 의미한다. 그래서 원시인의 춤은 종종 원을 그린다. 가운데에는 대체로 불이 피워져 있으며, 내가 직접 본 춤의 경우에 외부의 원은 전사들이, 내부의 원은 여자들이, 한가운데의 원은 어린 아이들이 각각 그렸다. 마찬가지로, 코끼리 무리가 놀랄 일을 당할 때 보면, 코끼리들은 암컷과 어린 것들을 안쪽으로 몰아넣고 수컷 전사들이 바깥에 선다. 그것이 보호의 만다라를 형성하는 가장 자연스런 길이다. 예를 들어, 미국의 서부 개척자들은 언제나 뚜껑 있는 마차들을 가운데의 공간을 중심으로 사각형 또는 원으로 서로 가까이 연결시킴으로써, 인디언들에 맞서 일종의 마차 요새를 만들었다.

이 여인은 바깥에 있지만 아이와 함께 안쪽에 있어야 한다. 그녀는 아이에게 아주 강하게 끌리고 있다. 이것은 지금 그녀의 발달 단계에서 아이라는 관념이 액막이 만다라로, 말하자면 무의식의 공격에 따른 압도적인 영향으로부터 그녀를 보호해 줄 그런 만다라로 그녀에게 떠오르고 있다는 것을 의미한다. 그녀는 높은 곳에서부터 깊은 곳으로, 물에서부터 불 속으로 무의식에 휩쓸리고 있다. 일어날 수 있는 모든 일이 다 일어났다. 그 결과 그녀가 수많은 악마들에게 갈가리 찢겼다.

자연히 그녀는 타협하고, 자신을 보호할 피난처를 발견하고, 그녀를 결합시켜줄 무엇인가를 창조하려는 경향을 키우고 있다. 예를 들면, 3개의 황금 반지가 그런 일을 할 것이다. 또는 아이가 그녀를 결합시킬 수 있다. 그래서 그녀에게 아이를 하나 더 가져야겠다는 생각이 떠올랐다. 그녀는 여전히 매우 젊은 여인이며, 아이가 보호의 역할을 할 수 있다. 왜냐하면 임신한 여자는 자기 주위로 마법의 동그라미를 형성하기 때문이다. 임신한 여자에겐 더 이상 아무것도 중요하지 않게 된다. 모든 것이 다소 둔해지고, 칼도 날을 갖지 않게 되고, 외부 세계가 모두 부드럽고 흐릿해진다. 그녀는 보호를 잘 받게 된다. 그녀 자신이 사실상 만다라가 되기 때문이다. 그녀의 의식적인 열망과 날카로움의 중요한 부분이 사라진다. 왜냐하면 리비도가 몽땅 자라고 있는 아이에게 주어지기 때문이다. 아이가 만다라의 중심이고 어머니는 단지 아이 주변의 보호적인 반지라고 할 수 있다.

우리 환자는 아이를 태아의 모습으로 그렸다. 3마리의 뱀이 중심으로 들어가고 있다. 뱀이 4마리가 아니라 3마리라는 점에 주목해야 한다. 이것이 좀 특이한 점이다. 조금 뒤에 그 부분을 설명할 무엇인가가 나올 것이다. 이어서 그녀는 노인에게 자신이 중앙으로 들어갈 수 있는 방법에 대해 묻는다. 그러자 노인은 "여인이여, 한쪽 눈을 잃어야 하네."라고 대답했다. 그래서 그녀는 한쪽 눈을 희생함으로써만 원 안으로 들어갈 수 있었다. 이 상징은 무엇을 암시하는가?

호루스의 눈이 떠오른다. 호루스는 자기 아버지를 위해 한쪽 눈을 희생했다. 이런 전설이 내려온다. 오시리스가 자기 땅을 걷고 있을 때였다. 그때 갑자기 눈에 예리한 통증을 느꼈는데, 그 길로 그는 앞을 보지 못하게 되었다. 그의 아들 호루스가 그에게 자초지종을 물었다. 그는 검은 돼지를 보았다고 대답했다. 검은 돼지의 형태를 취한 검은 원리이자 악마인 세트를 보았는데, 그것이 한쪽 눈을 멀게 한 것이다. 그러자 호루스는 아버지 오시리스에게 자기 눈 하나를 주었다. 그래서 호루스도 한 개의 눈만을 갖게 되었다. 지혜의 원천인 미미르에게 한쪽 눈을 바침으로써 은밀한 지혜에 대한 이해력을 얻게 된 보탄처럼.

이 같은 영원한 상황이 여기서도 반복되고 있다. 늙은 현자는 그녀가 한쪽 눈을 잃어야 한다고 말했다. 바로 그때 씨앗이 바람에 날려 그녀의 왼쪽 눈으로 들어갔고, 이어 그녀는 자신이 앞을 보지 못하게 되었다는 것을 알았다. 이것은 오시리스의 왼쪽 눈에 보인 세트와 비슷하지만, 여기선 그것이 씨앗이다. 이 씨앗은 틀림없이 무엇인가로 자랄 것이다. 물론 그 씨앗은 잉태이다. 그녀에게 그런 조언을 하고 있는 노인은 이 환상을 통해서 그녀에게 무엇을 전하고 있는가?

그녀는 지금 아이를 현실로 끌어낼 것인가, 상징으로 그냥 둘 것인가 하는 문제를 놓고 갈등을 겪고 있다. 이 아이는 현실의 아이가 되어야 하는가, 아니면 상상 속의 아이로 남아야 하는가? 그녀는 아이가 현실의 아이가 될 것이라고 생각하는 경향이 있지만, 이 환상은 그녀에게 씨앗이 그녀의 눈에 들어갔다고 말하고 있다. 눈 속의 씨앗으로는 절대로 현실의 아이를 갖지 못할 것이다. 그 아이는 상상 속의 아이, 정신적인 아이가 될 것이다. 그녀는 "커다란 새들이 내 주위에 서 있는 동안에 나는 어둠 속에 누워 있었다."고 말한다.

이 새들은 무엇을 암시하는가? 직관 또는 사고이다. 새들은 공중에서 살며 날아다닐 수 있다. 그러므로 새들은 언제나 이리저리 떠도는 생각이나 정신적인 내용물을 상징한다. 그렇다면 그녀 주위에 서 있는 커다란 새들은 위대한 생각들이 그녀 주변에 서 있다는 것을 의미할 것이다. 그녀의 환상은 이렇게 이어진다.

> 마침내 대지의 어머니가 나에게 왔다. 그녀는 나의 눈을 뽑으면서 이렇게 말했다. "이 눈을 나의 품에 묻어둘 게. 거기선 모든 것이 사라지고 죽었다가 다시 태어나거든."

나중에 알게 되겠지만, 그 씨앗에서 나무가 자랄 것이다. 그것은 아마 대지의 어머니가 뽑은 눈에 있던 씨앗일 것이다. 대지의 어머니가 등장하는 것은 심리학적으로 무엇을 의미하는가? 대지의 어머니는 오래 전에도 나타났는데, 그 그림을 다시 보여주겠다. 여기에 판의 환영이 있고, 그것이 디오니소스로 이어지며, 거기서 환자는 바쿠스의 시녀였다. 여기 노인 현자의 형상이 있다. 그 다음에 어머니의 모티프가 나타난다. 환자는 어머니의 무릎에 누워 있는 무력한 희생자이고, 무릎은 자궁이다. 말하자면 그녀는 위대한 어머니의 자궁 속으로 들어간다. 이 그림에서 그녀는 피 속에서 헤엄을 치고 있다.

당연히, 아니무스는 영혼의 인도자로서 그녀보다 앞서고 있으면서 그녀가 해야 할 것을 보여주고 있다. 그러나 사건들의 흐름 중에 위대한 어머니의 속으로 들어간 것은 그녀이며, 이어서 그녀는 나무로 변한다. 거기서 그녀는 여전히 나무와 동일시되었다. 그러나 지금 그녀는 나무와 분리되어 있으며, 이것은 그녀가 팽창으로부터 돌아오고 있다는 것을 의미한다. 그녀는 발달하는 것이 그녀가 아니라 '그것'이 그녀 안에서 그녀를 통해 발달하고 있다는 것을 이해하기 시작한다. 지금 나무가 그녀의 눈에서 자라나고 있다. 그녀가 대지의 어머니를, 비법 전수의 위대한 어머니를 만난 것은 그녀가 한 그루 나무로 팽창을 겪은 뒤의 일이다. 이곳의 어머니도 똑같은 위대한 어머니이다. 비법 전수를 위한 의식이 행해지던 때에 무슨 일이 일어났는지 기억나는가?

이 대지의 어머니가 젊은 청년들을 포옹했다. 대지의 어머니가 나타날 때마다, 그것은 일들이 현실 속에서 일어나려 하고 있다는 뜻이다. 이것은 절대적인 법칙이다. 그러므로 대지의 어머니는 지하 세계의 그리스 여신 헤카테이다. 그녀는 달의 여신이고, 어둡고 불가사의한 모든 것들의 여신이다. 대지의 어머니가 여기에 나타나 이 여자의 눈을 뽑는다는 것은 일들이 실제로 일어날 것이라는 뜻이다. 현실의 진짜 임신에 공상적인 요소가 전혀 없듯이 말이다. 만약에 씨앗을 품고 있는 눈이 대지의 어머니의 소유라면, 씨앗은 현실 속에서 자랄 것이고, 그 나무가 의미하거나 낳는 모든 것, 말하자면 위대한 어머니가 암시하는 모든 것은 실제 생활에서 그녀에게 닥칠 것이다.

나는 우리 환자의 개인적 삶에 대해서는 말을 삼가고 있다. 그런 것이 아무런 소용이 없기 때문이다. 만약에 당신이 그녀에 대해 한 사람의 개인으로 생각하기 시작한다면, 그 같은 접근 방식이 그만 당신이 길을 잃고 헤매도록 만들 것이다. 이 환상들을 개인적으로 이해해서는 안 된다. 그렇게 할 경우에 어느 한 사람의 개인적인 어리석음에 지나지 않기 때문이다. 이 상징체계는 일반적이고 전형적이다. 그래서 우리는 그것을 비개인적인 자료로 다루고 있다. 대지의 어머니의 상징 다음에는 언제나 엄청난 결과가 나타난다. 만약에 그 전에 받아들여야 할 어떤 현실이 받아들여지지 않았다면, 지금 그 현실을 받아들여야 한다. 발달을 의미하는 나무로 상징되는 무엇인가가 현실에 나타날 것이다. 바꿔 말하면, 사람이 어떤 사물에 대해 상상하거나 생각하거나 직관적인 통찰만 갖고 있는 한, 전혀 발달이 이뤄지지 않는다는 뜻이다.

그렇다면 상징체계 중 이 부분은 그녀가 아이에게 닿을 수 있기 위해서는 먼저 그녀가 아이가 그녀의 실제 삶에서 의미하는 특별한 운명을 받아들여야 한다는 점을 보여주고 있다. 이는 진짜 아이가 그녀에게 목숨까지 요구할지도 모르는 현실을 의미할 수 있기 때문이다. 그에 따른 삶의 유형은 어떤 것이든 받아들여져야 한다. 그것이 불쾌하고 위험하든, 그것이 길인 것이다. 바로 그런 일이 여기서 일어나고 있다. 그녀는 이렇게 말한다.

> 나는 일어서서 황금 반지들이 깨어져 있는 것을 보았다. (그녀는 이제 만다라로 들어갈 수 있다.) 나는 아이에게 걸어가서 아이를 들어 품에 안았다. 그러면서 나는 "이제 나무처럼 자라거라."라고 말했다.

아이가 나무이고, 나무가 아이이다. 다시 요가 트리, 즉 비개인적인 길이다. 그것은 운명의 길이고, 그녀의 자아의 길이 아닌 어떤 발달의 길이다. 그것은 단순히 그녀를 지배하고 있는 어떤 것이다. 그녀의 자궁에서 자랄 아이가 그녀를 지배하면서 그녀에게 피할 수 없는 명확한 운명을 제시하듯이 말이다. 그 아이를 어떠한 이름으로 불러도 괜찮은데, 여기서는 정신적 법칙이라고 부를 것이다. 그렇다면 이 정신적 법칙은 자연의 경로를 따르는 나무와 비슷하며 자신만의 법칙에 따라 발달할 것이다. 그것이 그녀를 위해 어떤 삶을 제시할 것이며, 그 삶은 나름의 법칙을 갖고 있다. 그렇다면 그녀는 더 이상 자유로운 행위자가 아닐 것이다. 아이를 둔 여자가 더 이상 자유로운 행위자가 아니듯이 말이다.

만약에 그녀가 스스로 자유로운 행위자라고 생각한다면, 그것은 순전히 그녀의 상상일 뿐이다. 그녀는 땅에 속박되어 있다. 그 나무가 자라면, 그녀는 자신의 특별한 성장에 의해 속박될 것이다. 사람은 성장을 피하지 못한다. 사람은 단지 일들이 옳은 것으로 확인되면 그저 하늘에 감사할 뿐이다. 그 일들이 그른 것으로 확인될 수도 있기 때문이다.

이 환상에서 대지의 어머니가 반지들을 열어준다. 이어서 이 여자가 만다라로 들어가 아이를 팔로 안는다. 이것은 그녀가 그 삶의 방식을 받아들일 것이라는 점을 의미한다. 그리고 그녀는 아기에게 이렇게 말한다. "대지에게 나의 눈을 주었단다. 그러니 네가 한 그루 나무가 될 때 그걸 돌려 받게 될 거야." 여기서 아이는 비아(非我)의 삶을 나타내고 있으며, 그 삶은 자신만의 특별한 관점을 갖고 있는, 그녀 안에 있는 또 다른 사람과 비슷하다. 비개인적인 삶을 들여다보고 있는 것은 한쪽 눈이다. 그것은 당신이 '물라다라'에 있는 상황과 비슷하다. 말하자면, 한쪽 눈은 '물라다라'를 보고 있고, 다른 쪽 눈은 '물라다라' 그 너머나 그 뒤에 있는 것을, '물라다라'에서 '아즈나'까지 신의 발달을 보고 있는 것과 비슷하다.

세상에는 두 가지 형태의 존재가 있기 때문에, 사람은 두 가지 모두를 보기 위해 두 개의 눈을 가져야 한다. 한쪽 눈은 이 세상 쪽으로 밖을 향하고, 다른 쪽 눈은 안 쪽으로 향해야 한다. 야코프 뵈메가 영혼의 눈을 의미하는, 거꾸로 뒤집어진 눈에 관해 쓴 작은 책에도 그와 똑같은 상징이 나온다. 그는 영혼은 불의 한쪽 눈과 비슷하다면서 만다라를 그렸는데, 그것을 그는 "철학적 안구의 뒤집어진 눈" 또는 지혜의 거울이라고 불렀다. 사람은 한쪽 눈으로 이곳 지평선의 주변을 보고 다른 쪽 눈으로 만다라를 본다. 여기서 이 여자는 아이, 즉 만다라의 중앙을 받아들인다. 달리 표현하면, 그녀가 만다라로 들어간다고 할 수 있다. 그리고 여기서 그녀의 환상이 끝난다. 이것이 그녀가 환상을 그린 첫 책의 끝이다.

이어서 우리 환자가 글이 없는 만다라를 그린 시기가 따랐는데, 당신에게 보여주기 위해 몇 점을 갖고 왔다. 3마리의 뱀이 등장하는 이 만다라가 가장 먼저 그려진 작품이다. 1925년경이었다. 당시에 그녀는 만다라에 대해 아는 것이 전혀 없었다. 게다가 어떤 암시를 따랐다면, 아마 그녀는 뱀을 3마리로 그리지 않고 4마리로 그렸을 것이다. 그리고 가운데에 있는 아이에 관한 것에 대해서는 나는 훗날 알게 되었다. 나는 빌헬름이 황금꽃에 관해 나에게 쓴 글에서 중국에서는 사람들이 아이나 "금강체"가 형성되는 중앙을 '신성한 밑씨'라고 부른다는 내용을 발견했다.

3개의 뱀이 등장하는 만다라 다음에, 그녀가 불꽃 한가운데에 서 있는 만다라가 나온다. 그녀의 머리에서 뱀이 4마리 나오고 있다. 그녀는 틀림없이 다시 만들어질 필요가 있었다. 왜냐하면 그녀가 그 3에 희생되었기 때문이다. 이 3이란 일방적인 성적 관점을 말한다. 그것은 '차크라'에서 삼각형으로 암시된다. 차크라를 보면 섹스를 의미하는 남자의 삼각형과 여성의 삼각형이 보인다. 이 3마리의 뱀들은 섹스를 의미하지만, 그것이 그 다음 만다라에서 바뀐다. 사실 그 사이에 매우 특이한 만다라, 말하자면 3마리의 뱀 대신에 5마리의 뱀이 나오는 만다라가 두 개 있지만, 5도 자연적인 인간 또는 동물적인 인간을 의미한다.

이 만다라에 그려진 그녀의 형상 뒤에 있는 바퀴의 살은 4개이며, 그녀의 머리에서 4마리의 뱀이 나오고 있다. 이것은 그녀가 불을 통해서 3마리의 뱀이 아니라 4마리의 뱀이 있다는 것을 배웠다는 점을 보여준다. 달리 말하면, 그녀가 자신에게 낯선 것, 즉 그녀 자신의 남성적인 짝을, 그러니까 언제나 아니무스의 차지였던 열등한 기능을 통합시켰다는 뜻이다. 그래서 그녀의 네 번째 기능을 통합시킨 것이 네 마리의 뱀으로 표현되고 있다.

잘 아시겠지만, 당신도 성적인 존재로만 남는 한 모든 것을 상대방에게 투사할 것이기 때문에 당연히 편향된 태도를 가질 수 있다. 당신이 여자라면, 당신은 모든 것을 한 남자에게로 투사할 것이고, 그러면 그 남자는 남자 외에 다른 존재는 절대로 아니게 되고 당신도 여자 외에 다른 존재는 절대로 아니게 된다. 따라서 당신은 당신 판단에 남자가 신경 써야 할 것으로 여겨지는 모든 것에 대한 책임을 당연히 남자가 지도록 할 것이고, 그러면 당신은 당신 자신이 절대로 여자일 수만은 없다는 사실에 대해서는 전혀 알지 못하는 가운데 자신을 여자와 동일시하는 그런 여자가 될 것이다. 그렇듯, 남자는 자신의 아니마를 어떤 여자에게로 투사하면서 이 여자가 진짜 살아 있는 여자라는 점에 대해서 절대로 의심을 품지 않는다.

지금 만약에 섹스, 즉 생물학적 상태가 운명이나 필요에 의해 정복된다면, 4가 나타날 것이다. 이유는 그런 경우에 당신이 어떤 특별한 종류의 지옥으로 들어가기 때문이다. 여자에게는 거기서 빠져나올 길이 더 이상 없다. 만약에 여자가 아이를 갖지 못해 임신으로의 도피를 이루지 못한다면, 그녀는 그녀의 모든 창조력이 그녀 자신에게로 돌아오기 때문에 지옥의 불로 떨어진다. 그러면 그녀는 자기 자신을 먹기 시작하고, 따라서 그녀가 여자일 뿐만 아니라 남자이기도

하다는 것을 발견한다. 마찬가지로 남자가 자신의 경력에 장애를 만나거나, 건설과 창조를 계속할 수 없거나, 단순히 무엇인가에 붙잡혀 꼼짝 못하게 될 때, 그의 창조성이 그를 삼키기 시작할 것이고, 그러면 그도 불구덩이에 빠지게 된다. 따라서 그도 자신이 남자일 뿐만 아니라 정말 이상하게도 여자이기도 하다는 것을 발견한다. 그 불이 바로 '마니푸라'이다.

우리 환자가 그린 이 만다라는 다섯 줄기의 빛을 내는 별을 갖고 있다. 그리고 그 다음 그림엔 중앙에서 달의 상징이 있는 쪽으로 나오고 있는 4마리의 뱀이 그려져 있고 방광 같은 것이 가운데를 차지하고 있다.

네 번째는 언제나 악마이다. 성부와 성자와 성령이 있고, 천상의 네 번째 형상은 악마이다. 악마를 위해서 지옥이라는 별도의 피난처가 만들어졌으며, 우리는 악마가 천상의 중요한 구성원이라는 점을 언제나 망각하고 있다. 사실, 악마는 천상의 거주자들 중 하나이며, 내세의 땅에서 중요한 요소이다. 왜냐하면 악마가 이곳 이승에서 실패한 사람들을 위해 특별한 종류의 병원을 갖고 있기 때문이다. 실패한 사람들은 정화를 위해 뜨거운 기름으로 다시 만들어지기 위해 거기로 보내진다. 연옥은 영혼들이 이승의 지저분한 것을 버리고 더욱 깨끗해지고 가벼워져 영원한 삼위일체라는 저택으로 올라가기 위해 불 속에서 정제되는 곳이다. 악덕 때문에 너무 무거운 영혼은 사탄이 거주하는 깊은 곳으로 가라앉았다가 사탄의 특별한 솥단지 안에서 끓여져 다소 가벼워질 것이다. 지옥은 영원한 제도만 아니라면 아주 위대한 증류장치이다.

물론, 프로테스탄트들은 지옥은 치료 불가능한 영혼들이 머무는 곳이며, 거기선 정화 과정이 영원히 지속된다는 의견을 매우 강하게 보이고 있다. 그러나 가톨릭교회는 훨씬 더 자비롭다. 가톨릭교회는 지옥이란 곳은 치료 불가능한 영혼들로부터 휘발성 있는 물질을 정제해내는 실험실이며, 그래서 그 영혼들도 결국에는 신이 있는 자리에 가게 된다는 점을 받아들인다.

그렇다면 숫자 4는 우리 자신의 것으로 이해되지 않을 경우에는 투사되고 있다고 봐도 무방하다. 만약에 어느 여자가 여자에 지나지 않는다면, 그녀는 자신 중에서 명확히 자신의 것으로 보이지 않는 부분을, 자신의 남성적인 형태 또는 본질을 남자에게로 투사하고 있다. 정반대의 현상도 물론 가능하다. 그러면 그녀는 자신의 4분의 1을 상실한다. 흔히 어떤 여자를 두고, 저 여자는 어느 남자의 보다 나은 반쪽이라는 식으로 말하는데, 그녀가 왜 반을 잃지 않고 4분의 1을 잃게 되는지 그 이유를 나는 모른다. 그러나 역사를 보면 그것은 4분의 1이 되어야 한다. 왜냐하면 타인이 언제나 열등한 기능을 대표하기 때문이다. 그런데도 우리는 그 점을 망각한다. 우리가 여러 가지 이유로 인간 대상을 과대하게 평가하는 경향을 갖고 있기 때문이다. 어떤 사람이 누군가와 사랑에 빠지거나 상황 때문에 다른 사람들을 다루지 않을 수 없는 입장이라고 가정해 보자. 그러면 그 사람은 그 일을 낙관적으로 보려고 노력하면서 일을 수월하게 만들기 위해 자신이 상대하는 사람들을 실제 모습보다 더 훌륭한 사람으로 상상하려 들 것이다. 그 사람은 에밀 쿠에(Emile Coué)[79]와 비슷한 방법을 이용하면서 이렇게 말할 것이다. "좋아요. 어쨌든 그다지 나쁘지 않아요. 사실은 상당히 괜찮은 편이에요. 조금 더 관심을 둘 수 없을까요? 그러면 일이 훨씬 더 수월해질 겁니다."

우리는 우리의 대상을 과대평가하고 미화하며, 따라서 그 대상이

79 프랑스 약사이며 심리학자(1857-1926)로 자기암시의 중요성을 강조했다.

반드시 우리 자신의 부정적인 특성을 우리에게 보여주고 있다는 사실을, 대상이 우리의 투사를 받아들이고 있는 그릇이라는 사실을 언제나 억누르게 된다. 우리가 그 대상에 대해 생각하고 있는 내용은 매우 좋은 것이 절대로 아니지만, 우리는 그것을 알고 싶어 하지 않는다. 그럼에도 우리가 억누르고 있는 그것은 당연히 전면으로 드러나게 되어 있다. 당신은 어떤 사람과 같은 지붕 아래에서 살고 있지 않은 한, 그 사람에 대해 정말 멋진 인간이라고 생각할 수 있다. 그러나 그 사람과 함께 사는 즉시 당신은 특별한 발견들을 많이 하게 된다. 당신은 당신 자신의 열등 기능을 발견해 놓고도 그것이 투사되고 있다는 사실을 깨닫지 못한다. 그러면서 당신은 자신의 열등 기능이 곧 상대방이라고 생각한다. 물론, 당신도 상대방에게 그 사람의 열등 기능을 대표한다. 열등 기능이 언제나 투사되기 때문이다. 그렇다면 인류의 '삼위일체' 조건은, 내가 아는 한, 남자들은 남자에 지나지 않고 여자들은 여자에 지나지 않는 상태에 살면서 모든 열등 기능과 어둠을 상대방에게로 투사하고 있는 그런 상황을 의미한다.

심리학적 이해력을 높이도록 노력하라. 그러면 당신 자신이 다른 사람들과의 사이에서 경험하고 있는 바로 그것이 실은 당신 자신이라는 사실을 보지 않을 수 없게 된다. 예를 들어, 당신이 다른 사람들을 상대하면서 다소 전형적인 불행한 경험을 잇달아 한다고 가정하자. 그런 경우에 당신은 최종적으로 당신 자신에게 어딘가 문제가 있다고 결론을 내리게 될 것이다. 당신이 전혀 의식하지 못하는 가운데 그릇된 무엇인가를 반복해서 했을 수도 있으며, 이 같은 사실이 서서히 당신이 무엇인가를 다른 사람들에게로 투사하고 있다는 깨달음으로 이어질 수 있다. 그 같은 깨달음은 일종의 느린 석쇠구이와 비슷하다. 당신은 불 위에 얹힌 스테이크이고, 당신은 즙을 맹렬히 흘리고 있다. 말하자면 당신이 생각들을 발산하고 있다고 할 수 있다. 그러다 어느 순간에 당신에겐 셋이 아니라 넷이라는 생각이 떠오른다. 그래서 당신이 남자라면 당신의 4분의 1은 여자라는 깨달음이, 당신도 상대방이 갖고 있는 특성을 마찬가지로 갖고 있다는 깨달음이 일어날 것이다. 그것이 4가 야기하는 길이다. 그리고 그것은 동시에 천상에서 어떤 위대한 변화를, 말하자면 삼위일체 안으로 사탄을 끌어들이는 것을 의미할 것이다. 그것은 천상에서 일종의 천상의 권력들의 만남을 야기할 것이다.

어떤 사람이 엄격한 시련에 처하게 될 때, 이런 일이 정말로 일어난다. 역사적으로 유명한 예가 바로 야훼가 가엾은 동료인 욥에게 행할 특별히 나쁜 속임수를 놓고 악마와 논의하는 대목이다. 마치 개를 괴롭히기 위해 머리를 짜내는 개구쟁이 소년들처럼 말이다. 그것이 극히 비도덕적이라는 것을 그 당시 사람들은 너무 순진해서 보지 못했다. 또 다른 예는 신과 악마의 만남, 즉 신과 악마가 비참한 파우스트에게 할 행동에 대해 동의한 때이다. 이것은 단지 어떤 위대한 인격이 창조될 때엔, 바꿔 말해 통합이 이뤄질 때엔, 그 4가지가 함께 모인다는 것을 의미한다.

위대한 인격을 소유하지 않은 사람들에겐 그 같은 통합이 필요하지 않다. 그들은 삼위일체에 의해서만, 혹은 악마에 의해서만 결정된다. 일상적인 상황에서 한 사람의 남자는 삼위일체에 의해 만들어지고 여자는 악마에 의해 만들어질 수 있으며, 반대의 경우도 마찬가지이다. 이것은 심리의 많은 부분을 설명한다.

23강

1932년 11월 16일

미스터 알레만이 제기한 질문부터 보도록 하자. "환자가 대지의 어머니에게 자신의 눈을 주는 행동이 혹시 그녀 안에 있는 이성(異性)을 의식하게 되는 특별히 여성적인 방법은 아닐까요? 그녀의 씨앗(눈)이 여신의 자궁 안으로 들어가고 거기서 무엇인가가 자라서 나올 것입니다. 환자의 남성적 상대물이 그것을 받아들이는 쪽이고, 환자가 신이 남자에게 심은 씨앗을 발달시키는 것이 아닐까요?(질레시우스: 나는 마리아가 되어 신을 낳고 싶다. 에크하르트: 신은 오직 영혼 속에서만 태어날 수 있다)."

완벽하게 맞는 말이다. 그것이 특별한 차이이다. 그에 상응하는 남자의 경험은 언제나 임신이다. 그런데 남자는 마치 여자인 것처럼 씨앗을 받지만, 그의 자궁은 뇌이다. 여자의 경우엔 많이 다르다. 여자는 자신의 눈을 씨앗으로 내놓고, 여신이 그것을 받는다.

자신의 눈을 다른 방식으로 희생시킨 남신이 둘 있는데, 그들 사이에 이와 비슷한 차이가 보인다. 오시리스는 세트의 사악한 측면이 눈을 멀게 한 탓에 한쪽 눈을 잃었다. 여기에도 임신이라는 개념이 작용한다. 그리고 한쪽 눈을 미미르에게 희생시킨 보탄도 이와 아주 비슷하다. 이것은 특이한 예이며, 나는 그에 대해 설명하지 못하고 있다. 마치 그 상징이 남자들에 의해 발명된 것이 아닌 것처럼 보인다. 그것이 매우 흥미로운 점이다.

여기서 나는 타키투스가 한 말을 제시할 수 있을 뿐이다. 타키투스는 게르만족 여자들이 아주 현명하고 투시력을 타고났다고 했다. 그렇다면 아득한 고대에, 아마 여족장제가 행해지던 시대에 여자들이 신화 형성에 큰 영향력을 행사했을 것이다. 훗날 역사 속에서 게르만족 여자들이 옛날의 신화나 다름없는 동화에 결정적인 영향을 미친 것으로 확인된다. 독일의 유명한 동화는 전부 여자들에 의해 창작되었으며, 동화는 여성에 관한 상징으로 가득하다.

그림(Grimm) 형제의 동화들이 한때 위대한 신화적인 서사시였을 가능성이 있지만, 정반대로 이 동화들이 먼저 존재했을 가능성도 있다. 예를 들어, 원시인의 전설을 보면 매나 거북이나 뱀에 관한 사소한 이야기들이 그림 형제의 동화와 아주 비슷한데, 중요한 차이가 한 가지 있다. 원시인의 이야기에선 위대한 서사시가 섞인 흔적이 전혀 보이지 않는다는 점이다. 원시인의 이야기는 그냥 내용 그대로일 뿐이다. 반면에 그림 형제의 동화에선 신화적인 이미지들이 뒤에 버티고 있는 것이 느껴진다. 그림의 동화들이 중요한 신화적인 서사시들을 축소한 형태라는 데엔 의문의 여지가 없다.

그래서 나는 아득히 먼 옛날에는 여자의 심리가 중요한 역할을 맡았다고 생각한다. 한 예로, 보탄 신화가 원래 여자가 상상한 것의 잔재일 가능성이 아주 크다. 여자들의 상상력에서 나온 것들을, 나중에 어머니들로부터 그런 이야기를 들으며 자란 남자 시인들이 변형시킨 것이 보탄 신화일 수 있는 것이다.

이제 우리의 환상을 해석하도록 하자. 우리 환자의 첫 책의 마지막에 나오는 상황은 그녀가 대지의 어머니에게 자신의 눈을 희생시키는 장면이었다. 그런 다음에 환자는 원들 안으로 들어가서 아이를 안았으며, 이어 아이에게 나무처럼 자라라고 말했다. 이것은 마법의 소망이다. 그녀는 성장의 힘을, 자신의 리비도 또는 초월적인 힘을 아이에게 준다. 그래서 그녀는 아이를 위해 자기 자신의 성장을 거부한다. 달리 말하면, 그녀는 자신의 리비도를 왼손의 경로에, 비개인적인 길에 투입한다.

그녀의 이 두 번째 책이 '12개의 원들'이라는 제목으로 불린다는 사실이 흥미롭다. 이 제목을 근거로, 우리는 그녀가 정말로 원 안에 들어가 있다고, 그녀가 왼손의 경로에 올라서서 그쪽의 내면을 발달시키고 있다고 결론 내릴 수 있다. 첫 번째 책에서 우리는 만다라 밖에 있었으며, 지금은 분명히 안에 있다. 두 길의 차이는 무엇인가?

첫 번째 책은 주로 공간이나 벽에 투사한 그림들로 이뤄져 있으며 그녀는 다소 그림들 밖에 있다. 그림들은 어떤 생명을 갖고 있어서 살아서 움직이지만, 그것들은 투사되고 제거된 것들이었다. 그녀는 망설이는 모습을 보이고 있으며, 그림 밖에 있다. 그녀는 영화 보듯 그림을 대하고 있다. 그림을 보며 웃거나 화를 내거나 울 수 있지만, 진정으로 그림 속에 들어가 있지 않다.

만다라 안에 있는 동안에, 사람은 거기에 갇히게 된다. 귀신과 악마가 마법의 동그라미 안으로 들어가지 못하는 것과 똑같이, 마법사는 마법의 동그라미 안에 갇힌다. 마법사는 마법의 원에 의해 보호받지만 그와 동시에 거기에 갇히게 되는 것이다.

만다라 밖에 있으면, 사람은 특별한 의무를 지지 않으며 어디든 돌아다닐 수 있다. 이 여자도 그런 것들을 받아들여야 한다는 의무감을 특별히 느끼지 않는 상태에서 볼 수 있으며, 그녀가 달아날 가능성도 늘 있다. 당신은 그녀가 거듭 달아나려고 어떤 식으로 노력하는지를 보았으며, 그때마다 그녀는 강제로 다시 돌아와야 했다.

그녀는 그녀를 거의 그 센터까지 데려다 준 다수의 의식(儀式)들을 거쳐야 했다. 그 과정에 피를 제물로 바치는 의식도 있었고 피를 마시는 의식도 있었으며 피나 물 속에서 목욕을 하는 의식도 있었다. 만다라로 들어가기 위한 예비적인 일련의 의식을 길게 치렀던 것이다.

그리고 마지막에 그녀는 만다라로 들어가서 아이를 받아들이며 아이에게 생명력을 준다. 더 나아가 그녀는 아이의 성장을 위해 자신의 성장을 부정하면서 아이에게 삶의 확신을 준다. 그녀는 지금 원 안에 갇힌 것처럼 보이며, 그런 경우에 지금부터 모든 것은 마법의 원 안에서 일어나야 한다. 말하자면, 피할 수 없는 상황과 일들이 예상된다고 할 수 있다.

당연히 그 일들은 그녀의 개인적인 삶에도 그런 식으로 나타날 것이다. 그녀가 삶 속에서 어떤 상황을 받아들이지 않을 수 없게 될 것이라는 뜻이다. 그것이 어떤 것인가 하는 것은 전혀 문제가 되지 않는다. 왜냐하면 삶에서 일어나는 모든 것이 피할 수 없는 사실일 수 있기 때문이다. 당신은 일이 너무 심하다고 느껴지면 거기서 빠져나오겠다고 스스로 약속하면서 입장을 다소 잠정적인 방식으로 받아들일 수 있다. 혹은 그 입장을 영원히 받아들일 수도 있다. 후자의 경우에 당신은 미지의 바다로 항해를 시작했다는 느낌을 받을 것이고, 당신은 그 항해에 모든 것을 걸 것이다. 그러면 당신의 눈에 비치는 세상은 이전과 완전히 달라 보일 것이다.

당신도 잘 알겠지만, 세상엔 삶을 언제나 잠정적으로만 사는 사람이 아주 많다. 그들은 "나의 처지와 딱 맞는 일만 일어난다면, 나도 충분히 살아갈 수 있어."라고 말한다. 그렇지 않으면, 그런 사람들은 자살을 하거나 다른 짓을 할 것이다. 그런 사람들이 어떤 상황에 맞닥뜨리지 않으려 드는 모습을 보면 마치 그 상황이 영원히 고정되어 있어서 변화 불가능한 것이 아닌가 하는 생각이 든다.

당연히 세상에는 변하지 않는 것은 하나도 없다. 삶은 정지 상태가 아니다. 당신이 삶을 살고 있다면, 그 삶은 당연히 변화할 것이다. 그럼에도 당신은 그런 상황을, 전혀 변하지 않는다 하더라도 아무 상관이 없다는 식의 자신감으로 받아들여야 한다. 만약에 어떤 사물이 정말로 변화 불가능한 것이라면, 당신 자신이 거기에 적응해야 할 것이다. 도피할 수 있는 길은 절대로 없다. 그렇듯 당신은 만다라 안에서 일어나는 발달을 피하지 못한다. 만약에 만다라에서 벗어나려 든다면, 당신은 그 즉시 바깥에 있는 사악한 귀신들의 먹이가 되고 말 것이다. 그 귀신들이 당신을 갈가리 찢어놓을 것이다. 만약에 당신이 선택된 운명을 피한다면, 그것 자체가 대재앙이 될 것이다.

당신이 우리 환자의 특별한 운명을 안다 하더라도 달라질 것은 하나도 없다. 당신이 그녀의 개인적 삶에 대해 아는 것은 오히려 좋지 않을 것이다. 왜냐하면 내가 당신에게 그녀는 이런저런 상황을 받아들여야 했다고 말하는 경우에 당신이 "아, 그런 것은 사람이 받아들여야 하는 것이군요!"라는 식으로 말할 것이기 때문이다. 그런 식의 접근은 전적으로 잘못되었다. 사람마다 받아들여야 하는 것이 다 다르기 때문이다. 그러나 우리가 늘 의심하기 때문에, 그리고 우리가 잠정적인 삶을 살기를 원하는 까닭에 언제나 의심하길 좋아하기 때문에, 우리는 늘 본보기를 발견하기를 간절히 원한다. 만약에 누군가가 두드러진 어떤 운명을 살고 있다면, 그리고 그 사람이 건강하고 성공적인 삶을 영위하고 있다면, 우리는 그런 것이 우리가 받아들여야 하는 운명이라고 생각한다. 그러나 그것은 실수이며 크게 오도할 수 있다. 당신이 본보기로 받아들이길 원하는 그 사람도 당신이 받아들여야 하는 것만큼 받아들여야 했지만, 당신과 똑같은 것을 받아들이지 않았다는 점을 당신은 확신해도 좋다. 그 사람이 받아들인 것과 당신이 받아들인 것은 서로 많이 다르다. 당신이 피하길 원하는 그것이 바로 당신이 받아들여야 하는 것이라고 보면 된다.

지금 논하고 있는 첫 번째 환상엔 제목이 붙어 있다. 이전의 환상에는 제목이 없었는데, 앞으로 논할 환상은 제목이 있는 짧은 이야기이다. 이것도 어떤 명확한 의미를 지닌다. 두루 포용하는 제목은 둥근 프레임과 비슷하다. 원이 하나의 프레임이듯이. 이 이야기는 "공장들의 계곡"이라는 제목을 달고 있다. 이야기는 이렇게 시작한다. "다시 나는 절벽으로 다가가 공장들의 계곡을 내려다보았다." 그녀가 한 번 더 절벽에 다가서고 있는 것은 그녀가 돌아오고 있다는 것을 의미한다. 그것은 그녀가 무의식으로 다시 오고 있다는 뜻이다. 세상이 끝나는 곳에서 무의식이 시작되는 것이다. 그녀가 마지막 환상에서 안쪽의 원에 다다랐을 때 원이 아주 확고해 보였다. 그때 그녀가 일들이 마무리되어야 한다는 생각을 품었을 수 있다. 그러나 그때 그녀는 자신이 끝에 도달하지 않았다는 것을 발견하고 이렇게 말한다. "다시 나는 절벽에 접근했다."

'파우스트'의 도입부에 이와 비슷한 대목이 있다. 괴테는 평생에 걸쳐 '파우스트'에 공을 들였다. 이 시는 괴테가 인생 후반의 문제에 가까워지고 있을 때 쓰인 것이다. 그래서 시는 무의식에 관한 내용이다. 헌사의 시작 부분은 이렇다.

다시 한 번 그대들이 오는구나,
일찍이 흐릿한 나의 시야 앞을 지나갔던
그대 흔들거리는 형태들.
이번에는 그대들을 붙잡도록 노력해볼까?
나는 아직도 그 망상에서 기쁨을 누리고 있는가?
안개 같은 어떤 그림자 영역으로부터
그대들이 나를 에워싸는구나! 좋아! 마음대로 하려무나.
그대들이 피워내는 마법의 숨결로
젊을 때처럼 나의 심장은 다시 동요하고.

우리 환자의 환상에 나타나는 생각과 비슷한 생각이 느껴진다. 공장들의 계곡은 무슨 의미일까? 공장엔 보일러가 있고 굴뚝이 있고 연기가 있다. 화산을 연상시킨다. 인공적인 화산이라고 할 수 있을 것 같다. 불과 끓는 물의 기본적인 힘들, 즉 창조의 과정이 인간의 손에 잡혀 다듬어졌다. 공장들의 계곡은 화산의 힘들, '마니푸라'의 힘들이 인간적으로 변형된 것이다. 그래서 첫 책과 두 번째 책 사이의 차이는 '마니푸라'와 '아나하타'의 차이이다. 이 여자는 아마 배 속을, 즉 '마니푸라'를 들여다보면서 횡격막 위에 서 있을 것이다. 그러나 '마니푸라'가 변하고 있다. '마니푸라'는 어떤 행동에 의해 견제되고 구속되는가?

그녀의 생명력을 아이에게 주고, 자신의 개인적 삶을 포기하는 것이 그런 행동에 해당한다. '마니푸라'는 철저히 이기적인 센터이며, 거기서 사람은 "나의 감정은 이렇고 저렇다. 나는 증오한다. 나는 사랑한다. 나는 분노한다."라고 말한다. 거기서 사람은 조각조각 찢어지고, 자신을 불태우고, 폭발하는 용광로가 된다. 그러나 그 모든 불을 이용할 수 있다면, 당신은 그 불을 속박하는 것이나 마찬가지다. 그런 것이 바로 희생적인 행위이다. 또한 당신은 원 안으로 들어감으로써 인간이 되고 더 이상 '마니푸라'에 있을 때의 그 야생적인 동물이 아니다. 그래서 그녀는 지금 보다 높은 관점에 도달했으며, 우리는 그녀가 '아나하타'의 어디엔가 있을 것이라고 짐작할 수 있다. '마니푸라'와 비교할 때, '아나하타'의 특징은 무엇인가?

'아나하타'는 객관적인 의식의 첫 번째 센터이다. 거기선 당신이 어떤 감정을 느끼고 있는지를 스스로 볼 수 있다. 그저 시무룩하거나 기분이 언짢은 사람들은 '마니푸라'에 있지만, "나에게 말을 걸지 않았으면 좋겠어. 오늘 기분이 언짢거든."이라고 말하는 사람들은 '아나하타'에 있다. 차이는 바로 그것이다. 전자의 경우에는 사슬에 묶이지 않은 '마니푸라'가 불쑥 튀어나와서 모든 것들 위로 확산되며, 후자의 경우에는 그 인간 존재가 '마니푸라' 주위를 맴돌며 아래를 내려다보면서 "이 친구가 오늘 기분이 아주 좋지 않은 상태구나."라고 말한다. 그 사람은 주변 사람들에게 정중하게 정보를 전할 수 있다. "제가 불꽃을 뿜고 있으니, 가까이 오지 마십시오." 이렇게 처신할 수 있는 사람은 보다 탁월한 존재이다. 이 같은 사실은 당신이 차크라들에서 푸루샤를 볼 수 있다는 사실에 의해 상징적으로 표현된다. 그것이 위에 위치한 3개의 차크라의 두드러진 특징인 반면에, 아래쪽 3개의 차크라에서 당신은 기본적인 힘들에 사로잡혀 있는 자아에 지나지 않는다.

횡격막 위에서 당신은 푸루샤를, 신인(神人)을, 최초의 인간을 자각하게 된다. 그리스도가 자신은 인간의 아들이라고 말했을 때, 그것은 신인의 아들이라는 뜻이었다. 일부 종파들은 신인, 즉 인간의 모습을 한 신을 믿었다. 신의 아들로 불린 그리스도가 자신을 인간의 아들이라고 불렸다는 것은 대단히 흥미롭다. 그것이 푸루샤 사상과 똑같기 때문이다. 기독교가 인도의 영향을 받았을지 모른다는 의문을 품는다면, 그 영향을 뒷받침하는 증거는 아마 이것일 것이다. 그리스도가 자신을 푸루샤의 아들로 지칭했으니 말이다. 지금 그녀의 이야기는 이렇게 이어진다. "하늘에서 환한 빛에 둘러싸인 어떤 존재의 형상이 보였다."

이 형상은 분리된 의식이다. 지금 여기서 내가 차크라에 대한 지식을 강조하는 이유는 그것이 이런 것들을 제대로 정리할 기회를 주기 때문이다. 이 형상은 '물라다라' 센터에서 처음 나타난 초록의 새싹이다. 아이는 시작이고, 아이는 처음에 씨앗 또는 알의 형태로 있다. 이어서 물에서, 말하자면 '스바디스타나'에서 아이가 자라고, 불에서 아이가 발달한다. 그리고 불 또는 연기로부터, 다시 말해 '마니푸라'로부터 '신비체'인 푸루샤가 올라온다. 그것은 또 연금술과 매우 비슷한 상징이다. "그는 불 붙은 활을 두 손으로 높이 들고 겨누고 있다." 이것은 또 무슨 뜻인가?

이 대목에서 힌두교 심리학과 신화학도 고려해야 한다. 그 형상은 온갖 종류의 장비와 무기를 갖고 다니는 인도 신들 중 하나를 닮은 것 같다. 시바처럼 보이기도 한다. 나에겐 힌두교의 사랑의 신 카마의 활을 갖고 다니는, 양성의 특징을 지닌 춤추는 시바의 조각상이 하나 있다. 이 시바 신도 에로스처럼 활을 갖고 있다. 활을 쏘는 것은 그가 나름으로 어둠을 극복하는 방식이다. 광선을 어둠 속으로 쏘는 것으로 보면 된다. 그 다음 텍스트를 보자. "별들이 그의 머리에서 떨어졌다." 이것은 그의 우주적인 특성을, 그가 정말로 우주적인 존재라는 것을 보여준다.

푸루샤는 당연히 그런 우주적인 측면을 갖고 있다. 인도인들이 푸루샤와 관련해 제시하는 전형적인 설명은 이렇다. "작은 것보다 더 작은 그는 인간의 가슴에 거주하며, 엄지손가락 크기 만하다. 그럼에도 위대한 것보다 더 위대한 그는 두 뼘 높이로 이 땅을 두루 덮고 있다." 푸루샤는 모든 것을 덮는다. 그는 홍수처럼 온 세계를 덮고 있는 그런 일종의 층(層)이다. "그의 아래쪽 몸은 끓고 있는 땅 속에까지 닿는 뱀이었다."

이 형상은 괴상한 존재이다. 위쪽은 인간이고 아래쪽은 가장 깊은 곳까지 닿고 있는 뱀이다. 차크라를 빌려 표현한다면, 요가 트리와 비슷하다. 아이는 위는 인간이고 아래는 뱀인 그런 특별한 나무로 성장했다. 그것은 쿤달리니이기도 하다. 횡격막 아래는 전부 뱀이다. 그것은 연동(蠕動) 운동[80]을 하는 창자이며, 깊은 곳까지 닿는 벌레이다. 아래쪽이 벌레인 그것의 위쪽은 신성하다.

쿤달리니 체계는 특별히 인도적인 산물이라는 점을 잊지 말아야 한다. 여기서 우리는 어디까지나 서양인의 자료를 다뤄야 한다. 그러니 당분간만 이 상징 안에서 움직이도록 하자. 쿤달리니는 '아즈나'로 올라가면서 변화한다. 푸루샤가 나타나지 않는 어둠의 부분, 즉 낮은 부분은 검은 뱀이며, 거기선 사람이 자연과 감정에 완전히 삼켜지며, 감정 그 너머의 모든 것은 지각될 수 없기 때문에 지각되지 않는다.

나는 복부에 감정을 일으키는 그런 종류의 감각만을 인식하는 흑인 부족에 대해 자주 이야기했다. 복부에 감정을 느끼지 않는 경우에 그들은 존재하지 않는 것이나 마찬가지이다. 그들은 무엇인가에 의해 흥분되지 않거나 전율을 느끼지 않을 때면 전혀 아무런 목적을 추구하지 않는 상태에서 아무 생각 없이 몇 시간이고 그냥 웅크리고 앉

80 근육의 수축으로 인해 생긴 잘록해진 곳이 물결처럼 퍼져나가는 운동을 말한다.

아 있었다. 또 어느 에스키모에 얽힌 이야기도 있다. 이 에스키모는 멍하니 앉아 있다가 다른 사람으로부터 생각하고 있는지를 묻는 질문을 받고 꽤 심하게 화를 냈다. 이유는 그에게 생각은 걱정을 의미했기 때문이다. 그것은 생각하는 사람은 생각 때문에 매우 슬퍼지거나 분노하거나 매우 나빠진다고 단정하는 것이나 마찬가지이다.

부르제(Paul Bourget)[81]의 책 『레탑』(L'Etape)에도 그런 예가 나온다. 어느 소시민 부부가 공공교육부 장관실의 대기실에서 기다리고 있다. 그 사이에 그들은 사무실을 들락거리는 사람들을 관찰하면서 그곳의 엄숙함과 장엄함에 강한 인상을 받는다. 부인은 강한 흥분을 느꼈으며, 그곳에 들어오는 사람은 모두 외교관, 아마 대사일 것이라고 생각했다. 그런 곳이라면 매우 위대한 사람들만이 찾을 것이니까! 그러나 장관이 어느 철학자에게 사무실을 찾아주도록 부탁했다. 이 철학자는 은둔자였으며 시골에서 매우 조용한 삶을 영위하던 사람이었다. 장관은 어떤 문제와 관련해서 이 철학자의 조언을 구하기를 원했다. 그리고 그 남자는 생각하는 사람의 특징을 지녔으며, 외양이 다소 쓸쓸해 보였다. 그래서 그가 대기실로 들어와서 기다릴 때, 소시민인 그 여인은 그를 응시하면서 "저 사람은 비밀경찰임에 틀림없어. 저렇게 사악한 눈길을 가졌으니."라고 말했다. 그렇듯 원시인에게 생각하는 사람은 더없이 불가사의하고 매우 나쁜 사람이며, 틀림없이 해를 끼칠, 증오로 가득한 마법사이다. 그런 식으로 생각하는 사람은 '마니푸라' 상태에 있다. 그런 관점을 갖고 있을 때, 당신은 괴물의 안에 있다.

그러나 당신이 횡격막을 통과하고 나면 그곳은 괴물의 밖이다. 그러면 당신은 당신을 붙잡고 있던 그것이 안쪽에서 볼 때 거대한 뱀으

....

81 프랑스 소설가(1852-1935).

로 보였던 그 신성한 존재였다는 것을 확인할 수 있다. 그것이 바로 이 존재가 기괴한 이유이다. 당신은 윗부분은 인간 또는 태양이고 아래는 검은 뱀인 상징과 비슷한 것을 아는가?

영지주의 상징에 아브라크사스(Abraxas)라는 것이 있다. 365를 의미하는 다소 억지스런 이름이다. 그 글자들의 숫자 값이 1년 365일에 해당한다. 그노시스파 사람들은 그것을 자신들의 최고 신의 이름으로 사용했다. 그 신은 시간의 신이다. 베르그송의 철학 '창조적 지속'은 이와 똑같은 사상을, 즉 시간과 창조력은 절대적으로 동일하다는 사상을 표현하고 있다. 그 사상은 베르그송이 창조한 것이 아니다. 베르그송은 자신의 철학을 직관 철학이라고 부르지만, 그는 그것을 "시간이 있는 곳에 창조가 있다"고 말한 신플라톤주의자 프로클로스로부터 물려받았다. 시간과 창조는 같은 것이다.

아브라크사스는 기독교 시대 이전에 시작해 그 후에도 몇 세기 동안 이어졌던 철학적 운동인 그노시스의 창조물이다. 그노시스는 기독교의 최대 경쟁 상대였으며, 그노시스가 최종적으로 사라진 것은 교회의 결사적인 노력에 의해서였다. 그노시스의 일부 요소들은 기독교에 통합되었다. 처음에 그노시스파였던 성 바오로의 편지를 보면, 그노시스의 흔적이 많이 보인다. 예를 들면 '트로노이 카이 아르카이'(thronoi kai archai), 즉 주권과 권력이라는 개념이 있다. '트로노이'는 물론 왕관을 의미하지만, 여기서 그것은 지배적인 사상들을 의미하고 '아르카이'는 원리들을 의미한다. '아르카이'는 '아이온테스'와 비슷한 존재들로 이해되었다. '아이온테스'는 영원히 살아 있는 원리를 의미하는 '아이온'의 복수이다. 미트라 석굴의 제단 가까운 곳에서 대체로 뱀에 감긴, 사자 머리를 가진 신의 조각상이 발견되었다. 이 신은 '아이온'이라 불렸으며, 그는 그 옛날의 페르시아 조로아스터 교에서 비롯된 '제르반 아카라나'(Zervan Akarana)와 동일했다. '제르반 아카라나'의 뜻은 상상 불가능할 만큼 긴 기간이다. '아르카이'는 또한 지배하는 자들이라는 뜻인 '아르콘테스'(archontes)라 불렸다. '아르카이'는 아이온테스처럼 일종의 형이상학적 원리였으며, 다소 의인화되었고, 우리가 말하는 원형(元型)이나 힌두교의 '삼스카라'(samskara)[82]와 많이 닮았다.

그렇다면 아브라크사스라는 사상은 원형적인 세계의 이 모든 삼스카라 힘들의 총합일 것이다. 집단 무의식의 이런 원형적인 세계가 대단히 역설적이고 언제나 긍정과 부정인 것과 똑같이, 아브라크사스의 형상은 시작과 끝을, 삶과 죽음을 의미하며, 그래서 귀신같은 형상으로 그려진다. 그것이 괴물인 것은 그것이 한 해 동안에 일어나는 식물의 삶, 즉 봄과 가을, 여름과 겨울, 자연의 긍정과 부정이기 때문이다. 그렇다면 아브라크사스야말로 정말로 세계의 창조자 데미우르고스(Demiurgos)와 동일하다. 그리고 그런 존재로서 아브라크사스는 푸루샤나 시바와도 확실히 동일하다. 왜냐하면 시바가 결국엔 푸루샤이고 창조자이기 때문이다.

그러므로 우리 환자가 여기서 묘사하는 형상은 아래쪽은 검은 뱀이고 위쪽은 빛인, 말하자면 인간이면서 신성한 그런 원리에 대한 직관적 통찰일 것이다. 바꿔 말하면, 사람이 횡격막 위에 닿을 때 처음 느끼게 되는 신성한 존재를 그리고 있다고 할 수 있다. 횡격막의 정신도 마찬가지로 신들을 갖고 있지만('횡격막'이라는 뜻을 가진 단어 'phren'은 정신을 의미하는 그리스 단어의 뿌리이다), 그리스의 신들은 인간의 형태를 취하고 있다. 사고방식 자체가 감정적이었던

....

82 '행'(行)으로 번역되는 산스크리트어 단어로, '많은 것이 함께 모여 형성된 것' 또는 의도적 행위를 의미한다.

호메로스의 시대에, 신들은 대단히 인간적이고 아름다웠으며 매우 긍정적인 특징들을 갖고 있었다. 그러다 기독교 시대가 시작될 무렵, 이 옛날의 신들이 점차 쇠약해지기 시작하면서 그냥 사라져 버렸다. 그 신들은 허약하고 터무니없어 보였다.

이어서 인위적인 철학적 창조물이라고 부를 수 있는 아브라크사스 같은 개념이 생겨났다. 아브라크사스라는 사상의 요람은 아마 알렉산드리아의 철학 학교일 것이다. 우리가 아는 최초의 그런 시도는 아브라크사스보다 앞서는 세라피스(Serapis)이다. 세라피스는 아주 복잡한 이야기이지만, 세라피스라는 것이 나온 과정만 알아두기만 해도 유익하다. 세라피스는 철학적이고 종교적인 정신이 만들어낸, 철저히 인위적인 산물이다. 그 당시에 신들은 현시라는 원래의 성격을 잃은 상태였다. 아시다시피, 옛 신들은 스스로 모습을 드러냈으며, 그 신들은 그냥 완성된 아름다운 형상들로서 인간 사회로 들어왔다. 그들은 창조되지 않았다. 그들은 스스로 나타났다. 그들은 일종의 환상으로 마음에 그려졌다. 반면에 이 신들, 말하자면 아브라크사스뿐만 아니라 알렉산드리아의 그리스인들의 세라피스도 인간에 의해 만들어졌다는 점을 분명히 보여주고 있다.

아브라크사스라는 명칭 자체가 그 점을 보여준다. 365라는 숫자가 하나의 신이 될 수 있다는 생각은 현대인에겐 거의 상상 불가능하지만, 그 숫자의 깊은 뜻을 신들의 현시로 받아들이는 열정적인 철학적 마음에는 불가능하지 않았다. 그 당시에 관념들은 신성한 특징들을 지녔다. 그 전에는 관념들은 단순히 인간들의 생각이었으며, 올림포스 산에서 행복하고 경이로운 삶을 살고 있던 아름다운 신들을 통해 구체화되었다. 그러나 그리스 철학이 시작되자, 이 올림포스의 신들은 창백해지다가 마치 해가 뜰 때 희미해지는 별처럼 사라졌다. 그리하여 그 다음 형태의 신은 인간의 창조물이 되었다.

신인(神人)도 그런 철학적인 관념이다. 그것은 전혀 그리스적이지 않았다고 말할 수 있지만, 신인을 소개한 사람들은 이집트의 그리스인들이었다. 그리스인의 정신이 그런 변화를 겪는 과정에, 그리스인들은 원래 형태의 신을, 말하자면 도시에 살지 않고 올림포스 산 정상에 살고 있는 인간처럼, 인간들의 밖에서 하나의 완성된 존재로 있던 원래 형태의 신을 잃어버렸다.

기독교 신이 나타난 것이 바로 그때였다. 그러나 기독교 신은 지적 또는 철학적 관념을 표현하지 않고 하나의 감정인 사랑의 관념을 표현했다. 그리스도는 철학적인 신들과 비슷했다. 신은 곧 사랑이라고 했을 때, 그리스도는 감정의 한 조건에 신성한 특성을 부여하고 있었다. 반면에 그노시스파와 그 비슷한 숭배들, 그리고 스토아학파와 신(新)플라톤주의자들은 철학적 개념들을 숭배했다. 플로티노스를 포함한 신플라톤주의자들은 신이 불이거나 빛, 또는 창조와 시간이라고 생각했다. 이런 것들은 모두 철학적이거나 지적이며, 감정과 아무런 관계가 없다.

기독교는 감정을 강조했고, 감정의 원리가 승리를 거두었다. 기독교 교도들은 신성을 지적으로 해석하는 것을 박해했다. 그 때문에 신성을 지적으로 해석한 개념들은 사실상 사라지고 말았다. 예를 들면, 바오로가 일부 측면에서 베드로의 교회보다 더 지적이었고, 그노시스의 영향이 성 요한과 성 바오로의 복음서들에서 특히 두드러지게 나타남에도 불구하고, 기독교에서 그노시스의 성향을 다소 파괴한 것은 베드로의 교회였다. 지금 이 아브라크사스라는 관념이 기독교 시대 초기를 지배했던 조건을, 말하자면 횡격막의 정신 상태에서 '아나하타' 상태로 넘어가는 과정을 정확히 보여주고 있다.

우리 환자는 신성한 형상과 자신을 동일시할 것이고, 그런 형상을 통해 자신을 표현하려고 노력할 것이다. 그녀는 위쪽은 신성하고 아래쪽은 짐승인 그런 괴물이 될 것이다. 그녀는 사실 지금까지의 모습을 그대로 보일 것이며 어쩌면 약간 더 나빠진 모습을 보일 것이다. 왜냐하면 사람이 완벽하게 훌륭한 존재란 것이 어떤 것인지를 모르는 한에서만 훌륭한 존재가 될 수 있지만, 그것을 아는 순간에 끔찍한 존재로 전락하기 때문이다.

아시다시피, 의식은 그림에 빛이나 돋을새김의 효과를 더한다. 그래서 당신의 나쁘거나 선한 자질이 아주 두드러지게 드러나기 시작한다. 그리고 상반된 자질들이 서로 직접적으로 작용하면서도 서로 결합할 수 없기 때문에, 그 차이는 더욱더 두드러진다. 당신의 의식은 너무나 명료해지기 때문에 그 차이를 보지 않을 수 없다. 그러면 당신은 더 이상 말을 하지 못하는 상황에 처하게 된다. 왜냐하면 당신이 희다고 말하면서 거의 동시에 검다고 말해야 하기 때문이다. 그럴 수는 없는 노릇이다. 당신은 구분해야 한다. 그래서 당신은 "지금 이것은 희며, 희어야만 한다."고 강조하고 고집하게 된다. 그러면 당신은 이상과 원리를 창조하게 된다. 그건 검은 것이 될 수 없어. 흰 것은 흴 뿐이야. 그것을 검다고 하는 것은 죄이고 모독이야! 그리하여 언제나 싸움이 있고 혼돈이 일어난다. 그 어떤 것도 완전히 희지는 않기 때문이다. 흰 것에도 적어도 검은 점 하나는 있기 마련이다. 그래서 당신이 실제 상태를 의식하게 될 때 사태는 더욱 나빠진다. 만약 당신이 실제 상태를 의식하지 않는다면, 흰 것도 검고 검은 것도 희며 사람은 그것이 정확히 어떤지를 모른다. 지나치게 면밀히 들여다보지 마라. 그러면 모든 것이 꽤 괜찮아 보일 것이다. 그것이 원시인이 평생 동안 해 온 방식이다. 원시인은 지나치게 깊이 들여다보지 않는 태도를 취할 때에만 존재할 수 있다. 그러나 만약에 의식적인 존재라면 당신은 더 이상 그런 태도를 취하지 못하며, 자연히 당신은 더없이 무시무시한 혼란에 빠져들 것이다.

그래서 만약에 우리의 환자가 그 환상과 융합하는 데 성공한다면, 그녀는 아브라크사스가 될 것이고, 위쪽은 여자이고 아래쪽은 뱀인 '7일간의 경이'[83] 같은 것이 될 것이며, 기괴스런 존재가 될 것이다. 그러면 빛도 빛이 아닐 것이고, 뱀도 적절한 뱀이 아닐 것이다. 무시무시한 혼란이 일어날 것이다. 만약에 누구라도 이 상태에 이른다면, 그것은 대체로 광기와 비슷할 것이다. 왜냐하면 상반된 것들의 짝이 서로 너무 가까이 있을 때엔 사람들이 방향 감각을 잃고, 아래위가 뒤바뀌었다는 사실을 모를 것이기 때문이다. 사람들은 가치 감각의 완전한 상실로 힘들어 할 것이고 자신에게 일어나는 일에 대해 아무것도 모르게 될 것이다. 그리고 그런 환상이 매우 명확하거나 뚜렷할 필요가 없다는 것을 알아야 한다. 당신이 아브라크사스 형태를 취하게 될 때조차도, 당신은 그것을 효과를 통해서만, 다른 사람들에게 나타나는 효과뿐만 아니라 당신 자신의 내면에 나타나는 효과를 통해서만 느낀다. 지금 다른 무언가가 따르고 있다. "그 형상이 사라지고, 불꽃이 땅으로 떨어져 길을 따라 굴렀다. 가느다란 불의 실처럼 보였다." 어떻게 보면 그녀가 성공했음에 틀림없다. 그녀가 푸루샤의 환상을 끄고 있으니까.

거리를 구르고 있는 불꽃은 리비도가 떨어지고 있다는 것을 의미한다. 그것은 팽창이 꺼지는 것이 아니라, 당신이 피하길 원하는 바로 그런 상황이다. 불꽃이 마법의 원을 빠져나오고 있는 것이다. 만다라는 사물을 함께 묶어둘 수 있어야 한다. 그래야만 어떠한 불도

....

83 오직 짧은 기간 동안만 관심을 불러일으키는 사람이나 사물을 일컫는다.

도망치지 못한다. 그러나 환상이 붕괴할 때, 불이 거리로, 말하자면 집단성 쪽으로 달려간다. 그러면 당신은 이전의 상태로 돌아간다. 불꽃은 당신이 원하지 않는 곳에서, 마법의 원 밖에서 갑자기 나타난다. 그러면 당신은 집단성과 융합하며, '마니푸라'로 떨어진다. 불꽃이 밖에 있어서 대상들과 진정으로 접촉하지 못할 때 일어나는 효과가 바로 그것이다. 당신은 더 이상 당신 안에 있지 않다. 그녀의 환상을 보자.

> 이어서 나는 나의 밑으로 많은 작은 생명체들을, 개미 같은 것들을 보았다. 그것들은 가느다란 불의 실을 지우고 있었다. 한 번 더, 나는 절벽에서 돌아섰다. 나는 홀로 앉아 기다렸다.

이 환상은 여기서 끝난다. 무슨 일이 일어났는가? 그녀가 '아나하타'를 시도하다가 실패했다. 개미처럼 생긴 작은 곤충들은 갑자기 어디서 왔는가? 이 환상은 매우 크며, 그것은 어떤 보편적인 신이다. 개미는 아주 작지만, 세상에는 개미가 수없이 많다. 그렇다면 그것은 수많은 작은 것들에 맞서는 어떤 큰 하나이다. 악마는 빈대와 쥐를 포함한 온갖 종류의 해충 같은 작은 생명체들을 지배하는 주인이다. 이 환상은 신은 하나가 아닐 때 온 곳에 걸쳐 존재한다는 것을 의미한다. 더욱이, 개미는 곤충이고 교감신경계만을 갖고 있다. 그렇기 때문에 '마니푸라'로 떨어지는 것은 사람이 교감신경계의 법칙 아래에 놓인다는 것을, 교감신경계가 상황을 지배한다는 것을 의미한다. 교감신경계가 불을 꺼버릴 것이다. 교감신경계는 불을 물에, 말하자면 '스바디스타나'에 빠뜨릴 것이다.

아프리카에서 가장 사악한 개미는 작은 붉은 개미이다. 이 개미가 물면 불에 덴 느낌이 든다. 그곳 흑인들은 이 개미를, '불의 물'이라는 뜻으로 '마드지 야모토'(madji yamõto)라고 부른다. 붉은 개미들이 당신의 몸 위를 기어 다닐 때면, 뜨거운 물이 흘러내리는 느낌이 든다. 거기서 당신도 이런 이미지를 떠올릴 것이다. 그래서 모든 것이 갑자기 물로 바뀔 수 있다. 차크라 체계에서 보다 깊은 곳으로, 말하자면 '스바디스타나'로 들어가면 불이 꺼질 것이다.

24강

1932년 11월 23일

우리 환자의 경우에 뇌 세포의 붕괴 같은 것이 일어나는 것 같지는 않지만, 그 경계선상에 있는 것 같다. 이 같은 판단은 나의 경험에 의해 강력히 뒷받침된다. 경험에 따르면, 어떤 심리적 발달 단계에 이른 경우에, 퇴행이 더욱더 위험해진다.

집을 짓는 중에 어떤 사람이 지상에서 겨우 1m 높이의 비계에서 떨어질 경우에 그런 사고는 그다지 위험하지 않다. 그러나 집이 어느 정도 올라가 10m 높이에서 떨어지게 된다면, 그 사람은 그 일로 죽을 수도 있다. 집을 높이 지을수록, 당연히 추락도 그 만큼 더 위험해진다.

그렇듯, 심리에도 어떤 성취가 이뤄지면, 말하자면 사람이 어떤 통찰이나 지식에 이르게 되면, 그때엔 비교적 작은 실수도 처음에 매우 큰 실수가 야기했던 피해보다 훨씬 더 큰 피해를 낳을 수 있다. 그 피해는 단지 그 사람이 나아간 거리 때문에 일어나는 무서운 결과일 수 있다. 그러나 사람이 모르고 있는 한, 아무리 큰 실수라도 모르게 지나가면서 아무런 결과를 낳지 않을 수 있다.

우리 환자는 어느 정도 개성화의 단계에 이르렀으며, 만약에 그런 그녀가 자신이 창조한 원을 깨뜨린다면 그것 자체가 초반에 일어났을 경우와는 비교도 되지 않을 만큼 위험할 수 있다. 이 같은 돌발적인 사건, 즉 돌연 집단성 속으로 빠지는 사건은 초반이었다면 특별한 의미를 지니지 않을 수 있다. 아마 당신도 그녀의 초기 환상에서 이것보다 더 심한 퇴행을 보았을 것이다. 그래도 그 퇴행에는 이런 식으로 이해될 수 있는 상징들이 수반되지 않았다.

그러나 지금은 퇴행이 위험해 보인다. 내가 말한 바와 같이, 보다 높은 단계의 발달에서 뇌에 특별한 장애가 일어날 수 있는 것은 사실이다. 마치 뇌의 구조가 변화하거나 어떤 뇌 세포들이 파괴되는 것처럼 말이다. 그런 장애가 매우 깊어질 수 있는데, 이것이 바로 그런 현상을 암시하는 것일 수 있다. 지금 그런 일이 일어났다는 뜻은 아니다. 다만 그런 일을 상징하는 것이 나타나고 있다는 뜻이다. 이것은 진짜로 일어난 일이 아니라 예상이다. 그럼에도 이것은 현실로, 분열로 이어질 수 있다.

불은 돌연 일어나는 감정인데, 그녀는 불꽃이 땅에 떨어졌다고 말한다. 불꽃은 언제나 똑바로 위로 타지만, 이 불은 땅 쪽으로 퇴행하고 있다. 불꽃은 땅에 떨어져 거리를 따라서 달리는 불의 실이 된다. 이것은 불꽃이 집단성 속으로 굴러간다는 것을 의미한다. 그리고 불꽃이 땅의 표면을 따라 달리는 것이 완전히 비정상이기 때문에, 불꽃은 불의 물이 되고, 화끈거리는 변성 알코올처럼 사람의 몸 위를 흐르는 거미들의 강이 된다.

퇴행적인 리비도는 마약과 비슷하다는 것은 내가 경험을 통해 확인한 사실이다. 퇴행하는 리비도는 마치 독처럼, 독성 물질처럼 작동한다. 사람이 눈을 뜨지 못할 정도로 졸음을 심하게 느끼고 전반적으로 언짢은 기분을 느낀다. 육체의 전반적인 기능이, 특히 위의 기능이 엉망이 되고, 창자에 특이한 마비 현상이 일어날 수 있다. 퇴행하는 리비도는 정말로 화학적인 독처럼 몸에 영향을 미친다. 물론, 그 모든 것은 교감신경계의 기능이 방해를 받고 있다는 사실에서 비롯된다. 그런 상태에서 당연히 각종 선(腺)들은 독성을 내는 무엇인가를, 일상적인 분비물의 변형을 만들어낸다. 이 변형에 대한 이해는 매우 낮은 수준이지만, 우리는 우울한 기분에 빠지면 혈액의 점착성이 상당히 떨어진다는 것을 알고 있다. 혈액에 나타나는 변화는 당연히 몸 전체에 영향을 미치게 되어 있다. 그러면 잠재되어 있던 병이 갑자기 드러날 가능성이 있다.

예를 들면 그런 조건에서 몸의 저항력이 떨어지는 탓에, 잠복해 있던 감염이 불쑥 나타날 수 있다. 그래서 심리적인 조건에서 협심증이 자주 일어난다. 최근에 내과 교수와 대화를 한 적이 있는데, 그 자리에서 그 교수도 그런 식으로 말했다. 그는 협심증을 거의 심리적인 병으로 보았다. 우리는 대체로 감기에 걸렸다거나 감염되었다는 식으로 말하고 또 그것이 사실이지만, 사람들은 어떤 심리 상태에서 협심증을 보인다.

미세스 소여가 제기한 질문을 보도록 하자. "팽창의 긍정적인 가치를 옹호하고 싶습니다. 이 환자가 동일시 과정을 거치지 않는 것보다 동일시 과정을 거치면서 더 많은 것을 배우는 것이 사실이지 않아요? 만약에 우리 환자가 현재 상황에서 전적으로 객관적인 태도를 취한다면, 그녀는 아마 미온적이고 감정을 느끼지 않는 상태로 남을 것입니다. 그러나 자아의 팽창과 수축을 통해서, 그녀는 자신의 자아가 어디에 속해 있는지를 배울 수 있을 뿐만 아니라 그녀의 자아에 속하지 않는 것들의 내적 의미까지 이해할 수 있습니다. 달리 말하면, 그녀가 한동안 비아(非我)와 동일시할 경우에 비아에 대해 훨씬 더 많은 것을 배울 수 있다는 뜻이지요."

완벽하게 맞는 말이지만, 팽창이 규칙적으로 일어나면서 압도적인 힘을 발휘할 것이기 때문에 굳이 팽창을 옹호하고 나설 이유는 없다. 그것은 당신이 궂은 날씨를 도와주고 싶은데 궂은 날이 너무 잦은 상황과 비슷하다. 궂은 날씨의 영향이 너무나 강하기 때문에, 위로의 차원이 아니고는 그런 날씨를 옹호할 필요가 전혀 없다. 비가 올 필요가 있다거나, 궂은 날씨도 나름의 가치와 미덕을 지닌다거나, 비 때문에 식물이 살아나게 되었다는 식으로 말할 수 있지만, 이런 위로의 말은 우울한 분위기 때문에 특별히 가라앉아 지내는 사람들에겐 거의 아무런 의미를 지니지 못한다. 팽창도 마찬가지다. 팽창은 규칙적으로 일어나는 일이며, 팽창이 일어나지 않을 확률보다 팽창이 일어날 확률이 훨씬 더 높다. 당신이 어떤 사물에 대해 의식하지 않고 있는데 그 사물이 당신에게 작용하고 있다면, 당신은 분명히 팽창을 겪고 있음에 틀림없다. 당신은 팽팽해지면서 팽창을 피하지 못한다. 왜냐하면 당신이 알기도 전에 팽창이 먼저 일어나기 때문이다.

물론 팽창도 제대로 활용할 수만 있다면 모든 불행과 마찬가지로 나름의 특별한 미덕을 지닌다. 극히 부정적인 경험인 오류도 당신에게 진리를 볼 기회를 주기 때문에 매우 높은 가치를 지닐 수 있는 것과 똑같다. 그럼에도 오류에 빠지지 않고 오류가 없는 진리를 보는 것이 훨씬 더 바람직할 것이다. 그런데 불행하게도 먼저 오류에 빠지지 않으면 절대로 진리를 보지 못할 가능성이 아주 크다.

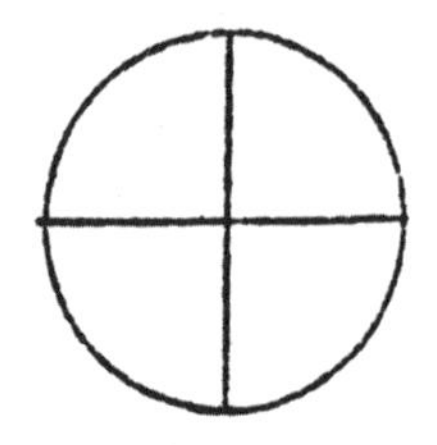

이제 두 번째 환상으로 넘어갈 것이다. 첫 번째 환상의 결과는 부정적이다. 그래서 우리의 환자는 그것을 다시 시도하겠지만 다소 변화된 조건에서 시도하게 될 것이다. 다음 환상은 "위대한 바퀴"라는 제목을 달고 있다. 바퀴는 물론 만다라의 형태이다. 우리는 만다라 안에 있다. 바퀴는 아마 이런 모양일 것이다. 우리 환자의 텍스트는 이렇게 이어진다. "나는 땅바닥에 앉아서 계곡을 내려다보았다." 그렇다면 그녀는 다시 똑같은 장소에 있다. 그녀가 실패했던, 그 유명한 공장들의 계곡이다.

> 두 개의 얼굴이 나의 양쪽에 나타났다. 하나는 완전히 하얀색이고, 다른 하나는 붉은색이고 피를 흘리고 있다. 그들은 이빨로 나의 옷을 찢으려 들었다.

그녀가 상반된 것들의 짝들로부터 공격을 받고 있는데, 이 공격은 그 전의 환상 중 어느 부분에서 시작되었는가? 아브라크사스라는 형상과 동일시할 때였다. 위쪽은 태양신이고 아래쪽은 검은 뱀인 그 형상은 어떤 측면에서 보면 화해의 상징이다. 태양신과 검은 뱀은 괴물 같은 형태일지라도 함께 있다. 그녀는 상반된 것들의 짝을 괴물 같은 신성의 형태로 외면화하고 그것들을 살아 있는 하나의 사물로 결합시키는 데 성공했다. 이것은 틀림없이 위대한 성취이다. 그렇게 함으로써 그녀는 상반된 것들의 짝이 인간을 고려하지 않는 신의 문제라는 점을 선언한다. 인간은 상반된 것들의 짝 밖에 존재해야 하며, 오히려 그 짝을 자신에게 반대하는 것으로 여겨야 한다.

그러나 여기서 상반된 것들의 짝은 다시 분리되었다. 그 짝은 다소 인간의 형태를 취하고 있으며, 얼굴들이다. 그 짝은 신성한 형태를 버리고 퇴행했다. 지금 그것들이 그녀를 괴롭히고 있다. 그녀는 상반된 짝의 공격을 받고 있다. 그것들은 더 이상 그녀에게 반대하지 않으며, 그녀는 둘 사이의 희생자이다.

그러나 그녀는 만다라를 깨뜨리고 나왔다. 아시다시피, 만다라 개념은 보호하는 것이다. 만다라는 마법사의 원이다. 그녀는 상반된 것들이 밖에 있는 가운데 안에서 보호를 받아야 한다. 동양에서 이런 만다라들은 대체로 반은 땅에 묻혀 있고 반은 하늘에 걸려 있으며 중앙에 지평선이 있다. 그것은 천국과 지옥과 비슷하며, 자비로운 신들과 위대한 스승들은 천국에 있고 아래쪽은 극악무도한 악마들의 세계다. 이것은 인간은 반은 악마의 세계에 있고 반은 천상의 세계에 있지만, 마법의 원에 의해 양쪽 세계의 유입으로부터 보호를 받는다는 것을 의미한다. 왜냐하면 우리 인간은 아래에서 올라오는 것들로부터 보호를 받는 것 못지않게 위로부터 내려오는 것들로부터도 보호를 받아야 하기 때문이다. 왜 그럴까?

진정한 위험은 당신이 악한 것에 의해서 파멸될 수 있을 뿐만 아니라 선한 것에 의해서도 파멸될 수 있다는 사실에 있다. 위에 있는 형상들은 너무나 크다. 그래서 그런 형상들과 동일시하게 되는 경우에 당신은 팽창을 겪으며 그 일로 인해 악마에 의해 망가지는 것 못지않게 망가진다. 효과가 선한 쪽에서 오는가 아니면 악한 쪽에서 오는가 하는 것은 중요하지 않다. 사람은 양쪽 모두의 영향에 의해 파멸할 수 있다.

그러나 실제로 보면 영향이 어느 쪽에서 나오느냐에 따라 결과가 크게 달라진다. 지나치게 선하지도 않고 지나치게 나쁘지도 않은 것이 최선이며, 최악의 상황은 팽창 속에 용해되어 균형을 잃어버리는 것이다. 그래서 오늘날 사람들은 어떤 것이 나쁘거나 품위 없는 것은 그다지 중요한 문제가 아니라고 생각한다. 그보다는 어떤 것이 균형을 이루지 못하는 것이 훨씬 더 심각한 문제이다. 미덕을 두루 갖춘 영웅은 온갖 종류의 악덕에 굴복한 사람 못지않게 불쾌하게 다가올 수 있다. 그런 영웅 앞에서 사람들은 유쾌한 기분을 느끼지 못한다. 악덕에 무딘 사람과 함께 있는 것도 싫은 일이지만, 미덕의 영웅과 함께 있는 것도 열등감을 불러일으키기 때문에 마찬가지로 싫은 일이다. 그러므로 극단적인 사람은 어쨌든 피하는 것이 상책이다. 일들을 적절히 관리하는 것이 탁월한 윤리적 원칙이라는 사상은 세계 역사에서 여러 차례 나타났다. 그런 사상을 택할 경우에 사람이 선한 일을 기피하기 힘든 만큼 나쁜 일도 기피하기 어렵게 되기 때문이다. 그러니 미덕과 악덕을 똑같이 적절히 갖추도록 하라. 그러면 어느 정도 완전한 인간 존재가 될 것이다.

여기서 우리 환자는 다시 상반된 것들의 짝 사이의 오랜 갈등에 얽히고 있다. 인디언이 물과 불 사이에 서 있던 환상의 내용이 기억날 것이다. 처음에 그녀의 아니무스도 그런 상태에 있었고, 그녀도 그런 상황에 있었다. 화살들이 양쪽에서 똑같이 그녀를 겨누고 있었다. 그녀는 불과 물 사이에 있었다. 지금 상황이 그때와 아주 비슷하다. 그 얼굴들이 이빨로 그녀의 옷을 찢으려 드는 것은 무엇을 뜻하는가?

그것들은 쥐나 개미처럼 옷을 갉아먹으려 한다. 그것들은 무엇이든 먹어치우는 개미처럼, 옷이나 껍질을 먹으며 자신의 길을 내고 있다. 그것은 일종의 비유적인 표현이다. 그녀는 옷에 의해 보호를 받고 있지만, 상반된 것들의 짝은 쥐처럼 그녀의 옷을 서서히 갉아먹고 있으며 그러다 결국엔 그녀의 살점에 닿게 될 것이다. 이어 그녀는 이렇게 말한다. "그것들이 나의 바깥쪽 베일을 찢었을 때, 나는 그래도 나에겐 옷이 많다고 말하면서 일어섰다." 그녀는 자신과 자신을 갉아먹으려 드는 상반된 것들의 짝 사이에 보호의 옷을 몇 겹 놓으려고 애쓰고 있다. 그녀가 옷을 많이 갖고 있다는 것은 상반된 것들의 짝이 그녀에게 닿기까지 시간이 꽤 걸릴 것이라는 뜻이다. 이것은 다시 마법의 원을 창조하려는 시도이며, 이 마법의 원에 의해 그녀는 위쪽 세계와 아래쪽 세계의 영향으로부터 보호를 받을 것이다. 그녀는 갈가리 찢어지지 않기 위해 가운데를 지켜야 한다.

옷이 나오고 베일 이야기가 나오지만, 그것들은 페르소나와 아무런 관계가 없다. 여기서 문제가 되고 있는 것이 그녀와 세상의 관계가 아니기 때문이다. 그것은 내면적인 문제, 즉 그녀와 그녀 자신의 관계에 관한 문제이다. 왜냐하면 당신이 당신 자신에게도 일종의 페르소나 같은 것을 가질 수 있기 때문이다. 당신은 당신 자신에 대해 망상을 품고 있으며, 당신은 당신 자신에게 어떤 특정한 모습으로 보이기를 원한다. 당신이 원하는 모습은 옷으로, 일종의 환상의 베일로 표현될 수 있으며, 당신은 자신의 진정한 모습을 보지 않기 위해 그 베일 뒤로 숨을 것이다. 베일은 그녀 자신과 그녀 자신의 눈 또는 의식 사이에 처져 있다. 그것은 그녀 자신에 관한 사실을 직시하지 않으려는 의도이다. 왜냐하면 그녀의 내면에서는 그녀도 당연히 꽤 발가벗고 있을 것이기 때문이다. 그래서 만다라의 중심에 사람이 있을 경우에 대체로 그 사람은 벌거벗은 몸이 된다. 거기선 사람이 현재의 됨됨이 그대로 있기 때문이다.

예를 들어, 당신은 아마 중세에 사지(四肢)의 위치를 의미하는 소위 '멜로테시아'(melothesia)를 보았을 것이다. 힐데가르트 폰 빙엔(Hildegard von Bingen)[84]의 그 유명한 루카 코덱스에도 그 예가 나온다. 어느 영국인도 멜로테시아에 관한 책을 출간했지만, 다른 책들에서도 그런 그림이 발견된다.

그것은 다섯 개의 빛줄기를 가진 별, 인간 별, 오각 별 모양으로 종종 그려진다. 이 그림은 대우주 안에 들어 있는 소우주를 보여주는 목적에 아주 적합하다. 따라서 그것은 대체로 황도대의 상태 또는 달의 상태들을 나타내는 기호에 둘러싸여 있다. 황도대나 달의 상태는 인간이 우주 안에서 어떤 위치에 놓이는지를, 인간과 별 또는 기본적인 힘들의 관계는 어떤지를 보여준다. 그것은 어떠한 베일도 가리지 않은 인간을, 진정한 인간을 보여주고 있기 때문에 언제나 발가벗은

....

84 독일의 수녀로, 로마 가톨릭교회의 성인(1098-1179)이기도 하다.

모습으로 그려진다. 그러나 우리의 환자는 여전히 옷을 걸치고 있고 자기 자신에 대해 망상을 품고 있다. 마치 그녀가 자신 앞에서 어떤 역할을 연기해 온 것처럼 말이다.

우리 모두 그렇게 하고 있다. 당연히, 자기 자신 앞에서 어떤 역할을 연기하고 있는 사람은 절대로 개성화되지 못한다. 사람이 자기 자신에게 품고 있는 확신은 가장 미묘한 형태의 페르소나이며, 진정한 개성화를 아주 교묘하게 방해한다. 사람은 사실상 모든 것을 인정할 수 있다. 그럼에도 사람의 마음 어딘가에 자기는 이러이러한 존재라는 생각이 숨어 있다. 이것은 겉보기에 언제나 플러스로 작용하는 것처럼 보이는 일종의 최종적 주장임에도 불구하고 하나의 영향으로서 진정한 개성화를 방해한다.

베일들을 찢는 것이 대단히 고통스런 과정이지만, 심리적 발달에서 앞으로 나아가는 걸음 하나하나는 바로 새로운 베일을 찢는 것을 의미한다. 우리 인간은 수많은 껍질을 가진 양파와 비슷하다. 우리는 진정한 핵심에 닿기 위해 스스로를 거듭해서 벗겨내야 한다. 탄트라 요가에서 차크라들의 길은 곧 베일을 찢어내는 것이다. 사람이 핵심에 닿은 것처럼 보일 때에도, 거기에 대체로 또 다른 망상의 베일이 있다. 이 베일도 마찬가지로 찢어야 한다. 사람이 마침내 스스로에 대해 편안하다고 느끼는 상태에 이를 때까지, 베일이 찢어질 때마다 그 사람의 가슴도 찢어지는데, 그것은 매우 중요한 경험이다. 첫 번째 환상이 그 시도에서 실패한 이유는 거기에 그런 망상의 베일들이 있었기 때문이다. 따라서 그녀는 핵심에 닿을 필요가 있기 때문에 어떻게든 그 베일들에서 벗어나야 한다. 그러나 옷들은 보호에 유익하다. 양파가 껍질들을 필요로 하듯이, 우리에게도 망상의 베일들이 필요하다. 이제 그녀는 이렇게 말한다.

나는 초록색 혈관이 쫙 퍼져 있는 그런 검은 옷을 입고 서 있었다.

두 개의 얼굴은 이것을 보고 사라졌다.

그렇다면 그녀는 자신의 피부가 지금 초록색 혈관이 있는 검정색이라는 것을 발견한다. 그러나 이것이 진짜 그녀의 살갗인지 여부는 전혀 확실하지 않다. 그것이 여전히 옷일 가능성이 크다. 한동안 최종적인 베일이다. 그것은 그것까지 찢어 없애거나 다른 것으로 바꿔야 할 시간이 될 때까지 그녀가 입어야 하는 옷이다.

이 옷을 태도라고 부를 수도 있다. 또 그녀가 상반된 것들의 짝을 직시하길 거부하는 것을 퇴행으로 보는 견해도 있는데, 이 부분은 더 두고 보도록 하자. 만약에 환상의 추가적인 전개가 방해를 받거나 그녀가 새로운 재앙을 만난다면, 그녀의 태도가 진정한 태도가 아니었다고 확신해도 좋다. 그런 경우엔 그녀가 곤경에서 빠져나오도록 도울 일이 일어나야 한다. 그러나 지금까지 우리는 상반된 것들의 짝이 사라졌다는 것만 알고 있다. 그래서 이 옷이 옳다고 짐작해도 된다. 옷이 옳은 이유에 대해서는 나도 알지 못한다. 아마 매우 합당한 이유가 있겠지만, 우리가 그것을 발견해낼 수 있을지 잘 모르겠다. 초록색이 있는 이 검정색은 무엇을 암시하는가?

도덕적 관점에서 보면, 거기엔 검은 구석이 아주 많지만, 그런 한편으로 희망의 빛도 있다. 혹은 검정색은 움트는 초록색 싹을 품고 있는 시커먼 흙이라고 볼 수 있다. 비옥해지기 시작하는 검은 흙을 의미한다. 그렇다면 초록색 무늬를 가진 검은 뱀은 땅과 아주 잘 어울린다. 모든 뱀이 땅 속에 살기 때문이다. 나의 개념을 따른다면, 가장 훌륭한 해석은 그녀가 지하의 태도를 갖고 있고 그녀가 봄이 막 시작할 시기의 땅이라는 것이다. 왜냐하면 우리가 만다라 심리학의 시작 단계에 있기 때문이다. 지금 무엇이 시작 단계에 있는가? 그것을 인도 철학의 용어로 표현한다면?

초록 새싹은 시바이다. 그래서 그 옷은 아마 상징성이 대단히 강할 것이다. 초록색 혈관이 있는 검정색이 대리석을 떠올리게 한다는 점에 대해 언급하는 것을 잊어버렸다. 대리석은 상반된 것들의 짝의 공격을 버텨내는 데 필요한 견고함과 냉철함을 암시한다. 당신은 어떻든 변덕스러워서는 안 된다. 당신은 상반된 것들의 짝의 희생자가 될 때 시작되는 그 움직임에 버틸 수 있기 위해선 돌처럼 무거워야 한다. 이런 상황에서 그 짝이 사라지는 것은 충분히 이해가 된다. 이어서 그녀는 "한 번 더 나는 계곡으로 내려가려고 애썼다."고 말한다. 그런 태도로 그녀는 다시 시도할 수 있다. "나는 양쪽에 높고 검은 바위가 서 있는 좁은 길을 걸어 내려갔다." 아래로 내려가는 길은 언제나 무의식으로 내려가는 것을, 아니면 미지의 것을 향해 나아가는 것을 의미한다. 왜냐하면 무의식은 과거뿐만 아니라 미래에 숨어 있는 것까지 포함하기 때문이다. 그래서 그녀의 미래 또는 그녀의 발달의 목적은 알려져 있지 않으며, 미지의 것 쪽으로 움직이는 것은 어둠 속으로 내려가는 것이다.

그렇다면 양쪽의 바위들은 다시 상반된 것들이다. 여기에도 얼굴들이 있지만, 형태가 다르며 더 이상 활동적이지 않다. 얼굴들은 지금 바위 얼굴들이며, 화석이 되어 있다. 바위들은 단지 그녀가 가야 할 길을 표시하고 있다. 그녀는 바위 사이를 걷고 있다. 상반된 것들의 사이로 난 길은 도(道)의 길이며, 이것은 그녀의 옷이 당분간 옳을 것이라는 우리의 생각을 뒷받침한다. 그녀는 "땅 속으로 자란 어떤 여자를 보았다."고 말한다. 이것은 우리가 방금 말한 내용이 옳다는 것을 말해준다. 이것은 지하의 태도이다. 그것은 무엇을 상징하는가?

반쯤 땅에 묻힌 여자는 당연히 '물라다라'를 암시하고 땅에 묻혀 있는 라마교의 만다라를 암시한다. 그녀는 성장을 암시하는 나무처럼 땅 속으로 자랐는데, 이것도 다시 조금 전에 초록색 싹에 대해 한 말을 뒷받침한다. "그녀의 머리카락은 물이 거의 정지하다시피 해 있는 연못에 풀어헤쳐져 앞뒤로 서서히 일렁였다." 지금 이것은 꽤 어려운 모티프이다.

머리카락은 원시 심리학에서 초자연적 힘을 지닌다. 머리에서 방사되는 초자연적인 힘이 바로 머리카락이고, 머리카락은 종종 생각을 의미한다. 그래서 머리를 자르는 것은 그 사람의 힘을 빼앗는 것으로 여겨졌다. 삼손이 델릴라에게 머리를 잘리고 나서 힘을 잃은 것처럼. 분석가는 종종 환자의 꿈에서 이발사로 표현된다. 왜냐하면 분석가가 사람의 머리를 씻어주기 때문이다. 그것은 이 나라의 속담에도 표현되고 있다. 누군가를 혼내준 것을 두고, "그 녀석의 머리를 멋지게 씻어줬어."라는 식으로 표현한다. 그러면 머리카락을 빗는 것은 생각을 정리하는 것을 의미하고, 머리를 감거나 머리를 손질하는 것은 마음을 정리하는 것을 의미한다. 원시인의 심리에서 머리카락은 마법의 효과를 지닌다. 원시인들은 자른 머리카락을 매우 조심스럽게 다루며, 마법사가 그것을 손에 넣고 나쁜 짓을 하는 것을 방지하기 위해 깊은 곳에 숨기거나 불에 태운다. 원시인들은 손톱을 자를 때에도 마찬가지로 한 조각이라도 잃어버리지 않으려고 신경을 많이 쓴다.

물이 거의 고여 있다시피 하고 있는 연못은 단순히 정지를 의미한다. 그녀의 생각들은 그 같은 정지 속에서 이리저리 느릿느릿 움직이고 있다. 이것은 특별한 생각이 없다는 뜻이다. 생각에 목표도 없고, 방향도 없는 것이다.

우리는 '물라다라'에 있었는데, 지금 갑자기 완전히 새로운 모티프가 나타나고 있다. 또 다른 형태의 무의식인 '스바디스타나'를 가리키는 연못이 돌연 나온 것이다. 지금까지 땅만 나왔는데, 여기서 지금 새로운 요소가 등장하고 있다. 그녀의 생각은 이미 '스바디스타나'에서 지향 없이 이리저리 떠돌고 있다. 그래서 그녀의 사고 활동은 진정한 것이 아니라고 단정해야 한다. 그녀의 활동은 다른 어딘가에 있음에 분명하다. 그처럼 게으르게 이리저리 움직인다는 것은 대체로 매우 전형적인 심리적 조건을 의미한다. 아마 당신은 무엇인가에 아주 바쁘게 매달리고 있는데도 어느 순간에 자기도 모르게 생각이 똑같은 지점으로 돌아가는 것을 깨닫게 될 것이다. 바로 그 지점으로 떠났다가 돌아오기를 수없이 반복할 것이다.

그냥 기다리는 형국이다. 누군가가 거리에서 같은 자리를 왔다 갔다 하고 있다면, 그 사람은 아마 누군가를 기다리고 있을 것이다. 그렇다면 그것은 그냥 시간을 보내는 것이다. 실제로 그녀의 생각들은 전적으로 목적 없이 떠돌고 있다. 그녀는 지적인 유형으로, 자신의 예리한 정신을 끊임없이 이용해 왔다. 그녀는 또 능동적인 아니무스를 두고 있다. 그래서 그녀가 자신의 생각을 그냥 내버려둘 수 있을 때, 그것은 상당히 큰 성취이다. 내가 말한 바와 같이, 그런 경우에 진정한 행위는 다른 곳에서 일어나고 있다. 당신은 언제나 당신 자신이 무의식에서 움직이고 있는 무엇인가를 자각하지 않는다는 것을 발견한다. 당신의 무의식 안에 당신이 닿지 못하는 중요한 내용물이 있는 것이다. 당신이 닿으려 아무리 노력해도 허사다. 당신의 생각은 겉에서만 왔다 갔다 할 뿐이지만, 당신이 내면의 그것에 닿지 못하기 때문에 당신에겐 겉으로 아무 일도 일어나지 않는다. 진정한 행위는 안에서 일어나고 있는 것이다. 두 개의 건초 더미 사이에 서 있는, 뷔

리당(Jean Buridan)[85]의 당나귀가 직면한 문제와 비슷하다. 이 당나귀는 어느 쪽을 먼저 먹어야 할지 몰라 고민하다가 그만 굶어 죽고 말았다고 한다. 나는 환자들 앞에서 이 예를 종종 이용하는데, 그 이유를 당신은 충분히 상상할 수 있을 것이다. 그런 기이한 행동을 하는 진짜 이유는 무엇인가? 그런 행동을 보인 환자는 어느 것도 진정으로 원하지 않았다. 그것들보다 더 중요한 것이 있었던 것이다. 죽음이었다. 실제로 어떤 환자는 자살을 택했다.

이런 질문이 제기되었다. "우리 환자는 일인칭으로 말하고 있는데, 여기선 그 부인에 대해 말하고 있어요. 왜 그러죠? 그 여자가 그녀 자신이 아니거나 그녀에게 낯선 존재인가요?"

그것은 그녀에게 낯설게 느껴지지만, 당연히 그것은 그녀 자신의 투사임에 틀림없다. 거울에 비친 자신의 얼굴이 이상하게 보일 때가 종종 있다. 자신의 얼굴을 새로운 측면에서 보기 때문이다. 그렇듯, 그녀는 거기서 자기 자신을 새로운 측면에서, 땅에 뿌리를 박고 있는 것으로 보고 있다. 그것은 그녀도 예상하지 않은 새로운 것이다. 이제 당신은 그 다음 문장을 이해할 것이다.

> 그녀는 산고를 치르고 있었고, 그녀가 아이를 낳는 동안에 나는 서 있었다. 하얀 태반으로부터 아이 모양의 어떤 생명체가 나왔다.

생각이 나태했던 이유는 지금 완전히 다른 일이 벌어지고 있기 때문이다. 아이 출생이라는 일이 벌어지고 있는 것이다. 생각들, 즉 머리카락의 움직임은 자아 정신에서 나오고, 다른 그 여자의 활동은 자기의 활동일 가능성이 크다. 그것이 바로 '물라다라'와 '스바디스타

....

85 코페르니쿠스 혁명의 기반을 닦은 프랑스 신부이며 교육자(1300?-1358?).

나'의 차이이다.

이 모든 것을 정신적인 것으로, 사람이 생각할 수 있는 그 무엇으로 상상할 수 있다. 사람은 자기 마음대로 생각할 수 있다고 상상할 수 있는 것이다. 머리를 자기 마음대로 손질할 수 있듯이 말이다. 마음은 사람이 자기 하고 싶은 대로 할 수 있는 영역처럼, 온갖 종류의 공상을 펼 수 있는 영역처럼 보인다. 그것이 사람들이 마음을 신뢰하지 않는 이유이다. 사람들이 마음을 갖고 장난을 치기 때문이다. 그래서 우리가 이 공상들에 관심을 두는 것은 완전히 정신적인 일이며, 따라서 자의적인 영역에 해당한다는 단정이 나온다. 사람들은 생각이 아이와 비슷한 그 무엇일 수 있다는 사실을, 생각을 낳는 것이 진짜 출산과 비슷하다는 사실을 아직 깨닫지 못하고 있다. 사람들의 눈에 생각을 만드는 것이 아주 쉬워 보이기 때문에, 그들은 마술쟁이의 요술처럼 생각이 보따리에서 저절로 풀려나온다고 생각한다.

예를 들어, 학창 시절에 언젠가 학교에서 어떤 주제로 글을 쓴 적이 있었다. 대단히 부드럽게 읽히는 글이었다. 사실 꽤 괜찮은 글이었는데도, 나는 나쁜 점수를 받았다. 내가 그 글을 쓰면서 어려움을 전혀 겪지 않았다는 이유에서였다. 사실은 그 전 어느 때보다도 더 큰 어려움을 겪으면서 쓴 글이었는데.

정말로 상징적인 생각들이 있다. 이런 생각들은 사실들과 똑같은 가치를, 예를 들어, 아이의 출생과 비슷한 가치를 지닌다. 그리고 이런 생각들만이 진정으로 설득력을 지닌다. 정신적인 생각들은 설득력을 발휘하지 못한다. 그런 생각들은 그냥 흩어지는 숨결에 지나지 않는다. 그러나 상징성이 강하고 무거운 생각들은 돌처럼 단단하고 영원하다.

인간의 역사가 시작할 때 생겨나서 지금까지 영원히 이어지고 있는 생각도 있다. 그런 생각은 여전히 강하다. 또 수백만 년 된 신념들도 있으며, 그런 것들은 화강암 같다. 지금도 여전히 훌륭하며 전혀 흔들림이 없다. 그러나 그런 생각들이나 확신들은 절대로 정신적인 작용에 의해 나온 것이 아니다. 뇌에 의해 만들어진 것이 아니라고 말할 수 있다. 그 생각들이나 확신들은 위(胃)나 다른 곳에서 나왔다. 말하자면, 육체에서 태어난 확고한 사실들이다. 분석에서 그 차이를 확실히 확인할 수 있다. 분석이 정신적 차원에서만 지속되는 한, 거기선 아무 일도 일어나지 않는다. 당신이 그냥 하고 싶은 말만 하게 되고, 그러면 차도가 전혀 나타나지 않는다. 그러나 당신이 표면 아래에 있는 무엇인가를 건드리고 나서기만 하면, 어떤 생각이 경험의 형태로 올라와서 당신 앞에 떡하니 선다. 그러면 그 생각은 당신의 대상이 된다. 대상이라는 단어 'object'는 당신에게 던져지는 그 무엇, 당신의 반대편에서 던져지는 그 무엇이라는 뜻의 라틴어 'objectum'에서 비롯되었다. 대상을 경험하게 될 때, 당신은 즉시 그것이 하나의 사실이라는 것을 알게 되고 그것을 더 이상 의심하지 않게 된다. 그것은 마치 당신 자신의 일부처럼, 당신 몸의 일부처럼 거기에 있다.

그것은 여성의 심리에서 특별히 두드러지는 사실이다. 여성의 심리에서 놀라운 예들이 보인다. 여자들은 몇 달 동안, 가끔은 몇 년 동안 겉보기에 육체의 생리학에 해당하는 육체적 증후로 고통을 겪는다. 그러다가 그 증후가 고통스럽게 겉으로 나오고 있는 어떤 생각에서 비롯된다는 것이 서서히 드러난다. 그러면 증후가 사라지고 거기에 그 생각이 자리 잡는다. 그 생각은 마치 육체의 피와 뼈, 근육에서 어렵게 추출되어 나오는 것처럼 보이며, 그 생각은 육체를 갖고 있다. 그것은 기본적으로 하나의 사실이다. 남자들에게선 그런 현상이 그다지 명확하게 나타나지 않는다. 이유는 남자들의 생각이 뇌와 관계가 깊기 때문이다.

여자의 경우에 생각이 육체에 뿌리를 내리고 있는 것처럼, 남자의 경우에 에로스가 육체에 뿌리를 내리고 있다. 잘 아시겠지만, 남자도 갖고 놀 감정들이 있고 감정을 적용하지만, 남자는 대체로 육체에 뿌리를 박고 있는 감정에 대해선 잘 모른다. 남자는 그런 감정을 겪는 경우에 그냥 거꾸로 뒤집어져 버린다. 여자의 경우엔 생각이 그런 효과를 낸다. 생각이 여자를 완전히 어지럽혀 놓을 수 있지만, 그런 효과를 내는 생각은 육체에서 생겨난 상징적인 생각임에 틀림없다. 그것이 우리 환자가 여기서 경험하고 있는 것이다. 이것은 머리를 감는 일이 자주 일어나야 하는 분석의 첫 부분과 관계있다. 그녀는 아마 지금도 다소 그런 식으로, 분석이 순전히 정신적인 일이라고 생각하고 있을 것이다. 그러나 지금 그녀는 상징적인 생각의 탄생을 경험하고 있다.

지금 그녀는 그 생명체의 출생에 대해 하얀 태반에서 나오고 있다는 식으로 말하고 있다. 이 대목은 대단히 기이하다. 아이가 절대로 태반에서 나오지 않기 때문이다. 태반에 관한 원시적인 미신이 있다. 원시인들은 인간은 언제나 더블(double)을 갖고 있다고 믿는다. 더블이 태반의 생명이었던 어떤 유령 같은 형제이기 때문에, 해산 뒤에 태반과 난막이 나오는 후산(後産)도 마찬가지로 출생이지만, 그것은 어디까지나 귀신의 출생이다. 그러므로 많은 원시 부족들은 태반을 서양인처럼 아무렇게나 처분하지 않고 꽤 정성 들여 의식을 치르면서 묻어준다. 이유는 그것이 그림자 형제의 시신이기 때문이다. 지금 태반에서 어떤 종류의 아이가 나오고 있는가?

태반은 어머니의 자궁의 뿌리와 비슷하다. 식물처럼 자란다. 태반에서 아이의 혈관이 어머니의 혈관과 결합한다. 그렇다면 태반은 물과 영양이 있는 흙의 틈을 파고드는 나무의 뿌리와 비슷하다. 아이는 태반을 통해서 어머니의 육체로부터 영양을 끌어들인다. 태반은 모양이 원이고, 거기서 나오고 있는 아이는 만다라를 암시한다. 이 같은 해석이 지나치다고 말할 수 있지만, 당신은 곧 나의 가설이 옳다는 것을 확인하게 될 것이다. 태반은 귀신 아이이며, 더불이고, 후산(後産)의 귀신이다. 당신은 아마 그녀가 "아기 모양의 생명체"라고 말했다는 사실에 주목했을 것이다. 그 말은 좀 특이하게 들린다. 사랑스런 아기를 볼 준비가 아직 되어 있지 않다는 뜻으로 들린다. 그리고 그녀는 "아기의 머리에서 4개의 눈이 툭 튀어나와 있었다."고 말한다. 그렇다면 그건 절대로 사랑스런 장면이 아니다. 다시 그것은 어떤 괴물이다. "손은 곤봉이었고 발엔 갈고리 발톱이 있었다." 정말 괴물처럼 생긴 아이이다. 그 아이는 절대로 정상일 수 없다. 태반이 정상적인 인체가 아니기 때문이다. 태반은 곧 사라질 하나의 상징적인 육체이다. 후산 아이의 생명은 일상적인 생명이 될 수 없으며, 그것은 사람을 따라다니는 정령이고, 그림자이고, 신비이다. 그것을 표현하는 그리스 단어는 '시노파도스'(synopadós)이며, 그 뜻은 어떤 사람과 함께 태어나 그 사람의 뒤를 바짝 따르는 존재라는 뜻이다. 말하자면 평생 사람을 동행하는 귀신인 것이다.

지금 탯줄은 원형의 태반 속에 박혀 있으며, 일종의 모체인 그 원으로부터 태반의 정신인 아이가 자란다. 태반의 흰색은 여기서 정신의 특성을 암시한다. 사실 태반은 붉은 피이며, 그래서 흰색은 그것이 빛의 아이라는 점을 암시한다. 그것은 의식과 관계있는 정신이어야 하고, 그것은 빛을 포함해야 한다.

여기서 다시 만다라 상징이 나타난다. 중앙에 있는 것은 아이일 것이고, 아이는 거기서 사방을, 양 옆과 아래 위를 보고 있다. 그것은 모든 측면에서 보고 있는 전면적인 의식을, 완전한 의식을 의미한다. 의식의 범위는 시야만큼 확장된다. 그래서 우리 뒤에 무의식의 왕국이 있다. 그러나 눈이 4개라면, 그 중 2개로 전면의 180도 안에 있는 모든 것을 보고 나머지 두 개로 뒤쪽 180도를 볼 것이다.

야누스도 그런 괴물이다. 에스겔(Ezekiel)의 환상에 나타난, 사방을 보는 4개의 얼굴을 가진 치품(熾品)천사[86]도 비슷한 부류이다. 3개의 머리를 가진 삼위일체 그림은 17세기 초에 교황의 칙서에 의해 금지되었다. 삼위일체를 그런 식으로 그리는 것은 허용되지 않았지만, 아직도 라인 강을 끼고 있는 도시 슈타인에 있는 성 게오르기우스(St. George) 수도원에는 그런 금지된 그림이 한 점 있다. 또 파우스트가 던진 질문도 생각난다. "3개가 있다. 그러면 네 번째는 어디에 있는가?" 이 네 번째는 당연히 악마이다.

손은 곤봉이고 발엔 갈고리 발톱이 있다. 여기서 우리는 지난번 환상으로 돌아가야 한다. 활이 나온 대목이다. 지난번 환상에서 아브라크사스는 무장을 하고 있었으며, 힌두교의 신들은 언제나 상징이나 도구를, 대부분 무기를 소지하고 있다. 여기서도 똑같은 사상이 보인다. 갈고리 발톱은 동물의 자연적인 무기이고, 곤봉은 인간이 만든 것이다. 그렇다면 이 아이는 틀림없이 호전적인 생명체이다. 그녀는 아이의 팔이 몇 개인지에 대해서는 말하지 않고 있다. 그러나 팔은 4개의 눈과 관계가 있으며 손들은 어쨌든 특성들이다.

이런 존재는 공격적이고 전투적이고 폭력적이다. 이 같은 사실은 곧 아이가 위험한 존재라는 뜻이다. 이런 생각은 그녀가 그 전에 보였던 의식적인 태도와 정반대이다. 그 전의 생각들은 장난이었고, 그

....

86 천사 9계급 중 가장 높은 계급의 천사.

녀 자신의 발명품이었으며, 자의적인 소원 성취였다. 그러나 이 출생은 생각들이 보다 공격적이고 위험하다는 점을 보여준다. 이전에 아브라크사스 환상이 암시한 것처럼. 지금 역사를 되돌아보면서 아브락사스 같은 형상이 언제나 채찍이나 칼, 방패 같은 것을 가진 모습으로 그려지는 이유가 무엇인지 생각해 보라. 그러면 신은 정말로 호전적이며, 신의 무기들은 권력의 신호이며, 신이 당신에게 채찍을 휘두를 수 있다는 것을 발견할 것이다. '성경'에도 그와 비슷한 것이 있지 않은가?

예수는 신전을 끔찍이 싫어했으며, 신전에서 다소 공격적으로 행동했다. 그리고 예수는 "나는 너희들에게 평화를 주러 온 것이 아니라 칼을 주러 왔다."고 말했다. 그는 호전적이었다. 그는 열매를 맺지 못하는 무화과나무를 저주하면서 불 쏘시개로 쓰여야 한다고 말했다.

미트라도 군인들의 신이었다. 미트라는 매우 유능한 남자였으며, 투우사, 기마 투우사였으며, 경기장의 전형적인 영웅이었다. 그 시절에 투우사들은 긴 칼로 수소의 목을 찌르지 않고 소의 등에 뛰어오른 뒤 단검으로 소의 옆구리를 찔러 죽였다. 정신적이고 대단히 상징적인 신들이, 심지어 인간들이 의식적으로 만들어낸 신의 개념들까지도 폭력적이고 호전적인 악마의 장비들을 두루 갖추고 있었다는 것은 매우 인상적이다.

나는 인간이 만든 인공적인 신들, 말하자면 철학적으로 다듬어진 신들마저도 지나칠 정도로 위험하다는 점을 특별히 강조하고 싶다. 그 위험은 인간이 만든 무기에 의해 표현되고 있다. 옛날의 위험은 악어나 뱀 등 동물이었으나, 신(神)의 속성들을 나타내는 무기들은 모두 인간이 만든 것이다.

25강

1932년 11월 30일

지금까지 기이한 출생에 대해 많은 이야기를 했다. 그 출생은 특별한 중요성을 지닌다고 단정해도 좋다. 그럼에도 우리가 아기 출생의 특이점에 대해 특별히 많은 시간을 쏟게 된 이유가 궁금해진다. 우리 환자의 텍스트에선 아이 출생이 전혀 강조되지 않고 있다. 그럼에도 우리는 본능적으로 그 문제에 많은 시간을 할애했다. 새로운 전개는 사실 아이의 출생으로 시작한다. 그러나 괴물처럼 생긴 생명체의 출생으로는 새로운 발달이 일어나지 않는다. 우리의 환자는 아이가 자신과 관계있다는 식으로 생각하지 않는다.

그녀는 양쪽에 바위가 늘어선 길을 따라 걸어 내려가 연못에 닿는다. 거기서 그녀는 땅 속에 깊이 박힌 상태로 성장한 여자가 아이를 낳는 것을 본다. 그런 다음에 그녀는 좁은 길을 다시 걷는다. 현장에 참여하지 않고 장면만을 보고 있는 것이다. 마치 그런 일에는 전혀 관심이 없다는 듯이. 그것은 그녀가 진행 상황을 그저 보기만 한다는 뜻이다. 전체 일이 마치 벽에 그려진 그림 같다. 거기엔 피가 전혀 없다. 또 다른 특이점은 출산은 다소 정상적이지만 하얀 태반이 아주 기이하다는 점이다. 당연히 아이는 기괴스러우며, 일상적인 상황이라면 태반은 피를 포함하고 있을 것이다.

흰색은 의식(意識)의 색깔이다. 그렇다. 의식과 피가 대조를 이루고 있다. 피는 언제나 따뜻하고, 진정으로 생리적인 생명의 액체이며, 육체의 액체이다. 반면에 흰색은 육체의 생명이 아니며, 그것은 추상적이며 차갑게 빛난다. 흰색은 빛의 성격을 갖고 있다. 그래서 이 여자는 붉은 것과 흰 것 사이에서 자신을 발견하면서 자신이 피, 즉 육체의 진리와, 정신이라고 부를 수 있는 추상적인 흰색 사이에 서 있다는 것을 깨닫는다. 흰색을 정신이라고 부를 수 있는 이유는 정신이라는 개념이 인간의 의식에서 나오고, 정신의 본질은 피와 아무런 관계가 없기 때문이다. 생각은 범위가 전혀 없으며, 공간도 전혀 필요로 하지 않으며, 무게도 전혀 없다. 생각은 절대로 비교가 불가능하며, 생각은 어떤 면으로도 불가해하다. 그리고 공간을 전혀 차지하지 않는 것이 스스로를 자각하는 것, 즉 통찰은 기적적이다. 그래서 생각은 수많은 비유로 표현되고 있다. 예를 들면, 인간 내면의 의식의 빛이 생각이라는 표현이 있다. 어둠의 한가운데에 불을 밝히고 있는 집과 같이, 마치 인간이 안에서부터 불이 켜지는 것처럼 말이다.

그렇다면 하얀 것들의 세계와 붉은 것들의 세계 사이에 어떤 갈등이 빚어지고 있음이 분명하다. 하얀 태반은 그 하얀 얼굴이며, 둥근 표면이고, 원반이고, 만다라이며, 거기서 태어난 아이는 매우 기이한 아이이다. 아이는 눈이 4개여서 사방으로 공간을 볼 수 있으며, 일종의 정신이다. 정신의 아이임에 틀림없으며, 피의 아이는 아니다. 그런 기괴한 존재는 피와 살점으로 이뤄진 태반에서 자연스럽게 태어나지 못한다. 아이는 영혼의 물질로, 특이하게 하얀 정신의 물질로 이뤄져 있다.

이와 비슷한 것이 바로 성찬식에 쓰이는 빵 오스티아이다. 오스티아는 우주적 의미를 지니는 하얀색 원반이다. 오스티아는 십자가가 새겨진 태양의 빵이며, 그것은 빛, 태양으로 이뤄져 있다. 그래서 미트라 숭배에서 '불멸의 약'이라 부른 빵에도 십자가 표시가 새겨져 있다. 그 빵이 태양이고 태양의 바퀴이고 만다라라는 뜻이다. 그래서 기독교 성체 조배 시간에 신자들이 자신의 내면에 정신적 삶을 낳을 그 하얀 육체를 먹을 때, 그것은 곧 태양을 먹는 것이나 마찬가지이다. 거기서 정신적 부활, 정신적 탄생이 시작된다.

이와 비슷한 사상이 마니교에도 있다. 마니교의 경우에 태양과 가장 비슷한 것으로 여겨지는 것은 멜론의 노란 몸통이다. 마니교 신자들에게 멜론은 가장 신성한 과일이다. 그것이 빛의 입자들을 가장 많이 포함하고 있고 사람들이 그것을 먹으면 자신의 빛의 육체를 강화하는 것으로 여겨졌기 때문이다. 그것은 오스티아를 먹거나 내면에 그 하얀 태양의 육체를, 하얀 태반을 갖고 있는 것이나 마찬가지이다. 거기서 불멸의 아이가 자란다.

하얀 원반이라는 개념이 빛을 먹는 것에서부터 시작되었는지, 아니면 빛을 먹는다는 개념이 원반에서 시작되었는지 나는 모른다. 그것은 꽤 흥미로운 질문이다. 중국 요가의 만다라는 금강체(金剛體)의 출생지로 불리고 일종의 태반으로, 즉 불멸의 소년이 나오는 곳으로 이해되며, 따라서 만다라는 생명의 대(臺), 말하자면 금강체가 성장할 수 있는 평평한 토대로도 불린다. 우리의 목적을 위해서 이 하얀 태반을 비현실적인 정신의 태반으로 이해하고 거기서 나온 아이를 정신의 아이, 심리적인 아이 정도로 이해하면 충분하다. 그러면 아이는 의식의 방향성을, 말하자면 의식의 4가지 기능을 갖게 된다.

지금 이 정신의 아이는 위험한 특성들을 갖고 있으며, 아이의 손은 곤봉이고 발은 갈고리 발톱을 갖고 있다. 이 속성들이 방어적인 무기가 될 것인지 공격적인 무기가 될 것인지 아무도 모른다. 이 아이가 무서운 존재, 이를테면 골렘[87] 같은 것으로 자랄지 모르지만, 어쨌든 아이는 대단히 의문스러워 보인다.

사람들은 대체로 보다 높은 상태로 발달하는 것을 아주 이상적이고 바람직한 일이라고 생각하는 경향이 있다. 그것이 위험한 일이라는 사실을 망각해 버리는 것이다. 발달은 대체로 희생을 의미하기 때문에 위험하다. 의식의 발달은 많은 피를 요구한다. 인류 역사에서 의식에 큰 변화가 일어날 때마다 거의 언제나 엄청난 희생이 따랐다. 기독교 시대 초기의 기독교 혁명은 대단히 파괴적인 현상이었다. 그리고 7세기의 아랍인들이 의식을 발달시키기 시작했을 때, 이슬람의 분출은 등골을 오싹하게 만든 사건이었다. 그리고 종교 개혁에 대해서도 생각해 보라.

그렇듯이 개인의 심리적 발달이 개인의 파멸을 부르는 예도 있다. 그런 사람들은 극단적인 긴장을 견뎌내지 못하는 예이다. 그러므로 이 아이는 어떤 위험한 획득이며, 그것이 시작이라서 특히 더 위험하다. 그 일이 어떤 식으로 끝날지 아무도 모른다. 그것이 모든 신비 숭배나 요가의 가르침이 숙련자들에게 조심하라고 경고하는 이유다. 신비 숭배나 요가 수행에는 특별히 조심해야 할 것이 많다. 사람은 스스로를 보호하기 위해서 모든 법칙을 준수해야 한다. 사람은 온갖 규칙과 조건으로 에워싸여 있다. 그런 것이 없으면 아주 위험한 상황에 처할 것이다. 당연히, 합리주의자는 심리적 발달이 위험할 수 있

....

87 '탈무드'에서 태아 상태에 있거나 완성되지 못한 상태인 물체를 일컫는다.

다는 것을 믿으려 하지 않는다. 합리주의자들은 심리적 발달의 위험을 부정하면서도 새로운 사상은 몹시 싫어한다.

예를 들어 보자. 언젠가 꽤 유명한 과학자를 만난 적이 있다. 그 사람에게 나는 원시인들의 심리에 대해 약간 설명을 했다. 우리 현대인의 의식에 그와 똑같은 일이 어떤 식으로 일어나는지를 보여주기 위해서였다. 그는 아주 깊은 관심을 보이면서 나의 의견에 꽤 동의했다. 그런데 훗날 그와 나를 같이 알고 있는 어느 학생이 나에게 자기 교수가 나의 사상이 흥미롭긴 하지만 위험하다고 하더라는 이야기를 들려주었다. 그는 심리적 발달에 위험이 따르기 마련이라는 점을 당연히 부정했을 것이다. 그러나 새로운 사상이 그에게 닥쳤을 때, 그 사상은 정말로 그에게 위험했다. 그렇기 때문에 당신은 진지하게 읽지 않는 한 니체를 읽고 동양의 지혜를 읽어도 무방하지만, 진지하게 읽으면 니체나 동양의 지혜는 대단히 위험해진다. 진지하게 읽을 경우에 당신이 그걸 진정으로 느끼게 되기 때문이다. 이런 온갖 일이 지금 우리 환자의 밖에서 일어나고 있다. 그녀는 지금 이 정신의 아이의 출생과 전혀 아무런 관계가 없다. 환상은 이렇게 이어진다.

> 여자의 젖이 말랐다. 이어 생명체(아이)는 근처에 서 있던 철(鐵) 늑대에게로 기어갔으며, 그러자 늑대가 생명체에게 젖을 물렸다.

그렇다면 정신의 아이는 어머니의 젖을 먹을 수 없다. 아이에게 젖을 물린 철 늑대의 전설은 무슨 뜻인가? 인간 어머니 대신에 동물 어머니가 있지만, 그것은 살아 있는 어머니가 아니라 철로 이뤄져 있다. 이 철 조각상이 어떻게 아이에게 젖을 줄 수 있는가? 이 조각상은 로물루스와 레무스 쌍둥이에게 젖을 주는 어머니 늑대의 조각상과 비슷하다.

정신적인 아이는 그런 조각상에 의해 길러질 수 있다. 전혀 아무 문제가 없을 것이다. 그러나 철은 매우 흔하고, 매우 무겁고, 매우 유용한 금속이다. 그것은 일종의 땅의 핵심이며, 그 정신의 아이는 그 금속을 통해 영양을 섭취할 것이다. 물질이 아이를 기를 것이라는 뜻이다. 만약에 아이가 철로 된 어머니의 젖을 빤다면, 아이는 철 먹이를 받게 될 것이다. 예를 들면, 아킬레스가 어린 사자의 골수를 먹고 자란 것으로 전해지듯이. 어린 사자의 골수는 아킬레스를 매우 강력한 존재로 만드는 영양분으로 여겨졌다. 그렇듯 정신의 아이는 철로 된 늑대 어머니로부터 영양을 받아먹으면서 초자연적일 만큼 강해질 것임에 틀림없다. 철은 매우 물질적이며, 따라서 그것은 물질주의나 기계의 시대를 암시하지만, 여기서 철은 유기적인 물질처럼 행동하고 있다. 그래서 정신의 아이는 살아 있는 철, 철의 영혼으로부터 젖을 빨고 있다고 볼 수 있다. 매우 특이한 생각이 아닐 수 없다.

아이는 철의 아들이 될 것이고, 아이는 철의 영양을 섭취했기 때문에 철만큼 강한 어떤 정신이 될 것이다. 여기서 전체 상황을 볼 때, 아이는 꽤 기적적인 아이임에 틀림없다는 결론이 가능하다. 이 아이는 영웅 아이임에 틀림없다. 어떤 자연적인 어머니도 그에게 젖을 주지 않았으며, 영웅 아이는 일반적으로 기적적인 방식으로 길러진다. 그런 이야기는 아주 많다. 여기서 늑대가 개입하는 이유가 바로 이 아이가 영웅이기 때문이다. 아이는 신화 속의 영웅 아이와 똑같이 행동하고 있으며, 늑대는 일종의 신성한 동물이다. 늑대의 젖으로부터 아이는 늑대의 호전적인 특징을 물려받을 것이며, 아이는 일종의 늑대 인간이 될 것이다. 아이는 이미 야생동물처럼 갈고리 발톱을 갖고 있다. 말하자면 손 대신에 무기를 갖고 있는 것이다. 아이는 대단히 호전적인 정신이 될 것이다. 이제 아이는 매우 위험스러워 보인다. 그것은 영웅의 탄생이지만, 우리가 익히 알고 있는 것과는 매우 다른 성격의 영웅이다.

우리의 마지막 영웅 탄생은 그리스도였으며, 매우 점잖은 정신이었다. 반면에 우리 환자의 무의식은 호전적이고 아주 위험한 정신의 탄생을 가리키고 있다. 철의 젖을 갖고 있는 늑대에게 길러질 그런 정신이다. 이것은 다소 혼란스런 생각이다. 우리 환자가 이 아이에게 어떤 반응을 보이는지 보자. 그녀는 "나는 동정심에 울면서 좁은 길을 계속 걸었다."고 말한다. 그런 배경에 대한 깨달음이 전혀 보이지 않는다. 지금 그녀가 자신이 눈으로 본 것들의 의미를 깨닫지 못하는 이유는 무엇인가?

그녀는 이 모든 것을 이해하지 못했다. 우리가 이해하지 못하는 것과 똑같다. 처음에 당신은 그런 이야기의 터무니없음에 충격을 받았다. 도무지 말이 되지 않는 이야기였다. 그러나 당신이 텍스트의 감정 속으로 빠져들 때, 말하자면 당신이 그 텍스트를 상형문자로 쓴 신성한 텍스트로 받아들일 때, 당신은 그 의미에 닿을 수 있다. 그런데 우리는 단순히 그 텍스트를 번역만 했을 뿐 그것을 깨닫는 것과는 거리가 한참 멀었다. 그 텍스트가 아무 의미를 지니지 않는다는 말은 누구나 쉽게 할 수 있다. 그것이 도대체 어떤 의미를 지닐 수 있겠어? 그것은 하나의 관점이다. 그게 전부다. 당신이 싫다면 무시할 수도 있다. 물론, 그런 공상들은 특이한 분위기를 풍기며, 그런 분위기가 그녀 가까운 곳 어딘가에 있기 때문에 그 공상들이 그녀의 내면에 나타난다는 것을 우리는 알고 있다. 그리고 우리가 그 공상을 해독하는 데 그렇게 큰 어려움을 겪는 것은 우리의 내면에 그와 비슷한 무엇인가가 있고 또 각자의 무의식에 이상한 예감이 있기 때문일 수 있다. 우리의 무의식에 있는 이 예감을 해석하면 아마 매우 비슷한 결과가 나올 것이다.

아시다시피, 우리 시대에 세상이 이상해 보인다. 인류 역사상 가장 많은 피를 흘린 전쟁에서 이제 막 빠져나오고 있는 우리는 분명히 장미 침대에 누워 있지 않으며, 새로운 정신이 어떤 모습으로 나타날지 아무도 모른다. 정신이 바뀔 때, 대체로 보면 매우 불쾌한 질문들이 제기되고, 우리는 그 질문들을 다뤄야 한다. 그래서 나는 이 아이에게 꽤 큰 관심을 기울이고 있다.

26강

1932년 12월 7일

지난 시간에 괴물의 탄생에 대해 설명했다. 지금 논하고 있는 이 환상은 만다라를 형성하려는 첫 번째 노력이 실패로 끝난 뒤에 만다라를 다시 형성하려는 시도이다. 일종의 괴물이었던, 타는 듯 붉은 신은 이미 만난 적이 있다. 그때와 정말로 똑같은 상황이다. 그러나 그때는 그 신 자체가 그녀가 만다라를 형성하지 못하도록 방해하는 것처럼 보였다. 그것이 그녀가 추가 발전을 꾀하면서 길을 막고 있는 커다란 바퀴를 마주하게 되는 이유이다.

> 나는 길을 막고 있는 커다란 바퀴에 닿았다. 바퀴의 바깥쪽 테두리에, 바퀴와 함께 빠른 속도로 회전하고 있는 남자들과 여자들이 매달려 있었으며 그들의 머리가 보였다. 지나갈 길이 전혀 없을 것처럼 보였다.

이번에는 그녀가 바퀴에 닿는 것이 불가피한 것 같다. 바퀴는 당연히 다시 만다라이다. 지금 흥미로운 사실은 "바퀴의 바깥쪽 테두리에, 바퀴와 함께 빠른 속도로 돌고 있는 남자들과 여자들이 매달려 있다"는 점이다. 이 바퀴는 운명의 수레바퀴이다. 옛날의 그림들을 보면, 사람들은 운명의 수레바퀴를 놓지 않으려고 필사적으로 매달리고 있다. 처음에 사람들은 맨 꼭대기까지 끌어올려진다. 그곳은 소망이 완전히 성취되는 곳이다. 그런 다음에 사람들은 반대편으로 다시 아래로 내려간다. 운명의 수레바퀴는 생명의 바퀴이며, 올라가면서 정점을 찍은 뒤에 다시 내려오는 것이 꼭 태양의 길을 닮았다.

종교에서 이와 비슷한 것을 찾는다면, 바퀴는 불교에서 핵심적인 상징이다. 불교 기념물이나 그림을 보면 어디나 바퀴가 있다. 불교에서 바퀴는 두 가지 의미를 지닌다. 하나는 법의 바퀴이다. 완벽한 존재인 부처가 바라나시의 사슴 동산에서 법의 바퀴를 처음 굴리자, 모든 것이 법칙을 지키는 그 바퀴의 경로를 따른다. 똑같은 개념 또는 그림이 생사의 바퀴, 즉 윤회의 바퀴에서 이용되고 있다. 여기서 말하는 윤회는 망상의 또 다른 단계일 뿐이다. 그래서 회전하고 있는 운명의 수레바퀴를 놓는 사람은 누구나 다시 태어나지 않을 수 있으며, 그 사람은 절멸할 것이며, 성취를 이룬 존재로서, 완전한 존재로서 다시는 이 세상으로 돌아오지 않을 것이다. 그는 니르바나에서, 확실한 비(非)존재에서 자기 자신을 완전히 소멸시킬 것이다.

특히 라마 불교에서 만다라는 종종 바퀴로 묘사된다. 그래도 라마 불교에 그려지는 바퀴는 불교의 바퀴 상징에서 비롯된 것이 아니라 불교보다 역사가 더 깊고 불교와 꽤 많이 다른 탄트라 교의 시바 숭배에서 비롯되었다. 그럼에도 이 바퀴들도 마찬가지로 만다라의 의미를 갖고 있다. 또 이 바퀴들은 삶의 그림들이고 살아 있는 존재의 그림들이다. 그리고 당신은 『황금꽃의 비밀』에서 중국에는 회전하는 만다라라는 개념이 있다는 내용을 읽었다. 그것은 회전하는 바퀴 같은, 일종의 소용돌이이다.

그렇다면 이 환상에 등장하는 생명의 바퀴는 생명 자체이며, 운명의 바퀴이고, 법의 바퀴이다. 그것은 모두가 매달리고 있는 피할 수 없는 바퀴이며, 당연히 거기에 매달린 사람들은 바퀴의 운동 때문에 빙빙 돌고 있다. 그 바퀴를 지나칠 수 있는 길은 없다고 말할 것 같은데도, 우리 환자는 이렇게 말한다.

> 마침내 나는 바퀴 한쪽에서 억지로 비집고 들어갈 수 있는 공간을 보았지만, 그렇게 하기 위해선 철갑을 입어야겠다는 생각이 들었다. 그래야만 빠른 속도로 회전하는 사람들의 손이 나에게 상처를 입히지 않을 것이고 나의 가슴에서 나온 작은 불꽃을 꺼뜨리지 않을 터였다.

이 단락은 수수께끼처럼 들린다. 의미가 아주 모호하다. 그녀는 그 바퀴를 건드리기만 하면 위로나 아래로 갈 것이다. 그 같은 상황을 한 번 그려보라. 좁은 길의 양옆은 바위이고, 앞에 커다란 바위가 길을 완전히 막고 있다. 그럼에도 그녀는 그곳을 통과해야 한다. 아니면 그 상황에 무슨 조치를 취해야 한다. 이 대목에서 어떤 사람은 그녀가 바퀴를 타야 한다고 생각한다. 가장 쉬운 길은 그녀가 바퀴를 잡고, 그러면 그곳의 손들이 그녀를 끌어당길 것이기 때문에 그녀도 따라서 함께 도는 것이라고 생각하는 것이다. 바퀴를 올라타는 데엔 전혀 아무런 어려움이 없을 것이다.

이상한 점은 바퀴가 길을 직각으로 막고 있다는 점이다. 그렇지 않다면, 바퀴가 길을 막지 못할 것이다. 그것은 교착 상태다. 그녀는 바퀴의 문제에 직면해 있으며 그것을 피하지 못한다. 그녀는 바퀴를 붙잡으면 엄청난 회전 속으로 빨려들어갈 것이고, 바퀴 안으로 들어가지 않으면 퇴행하거나 정지 상태에 이를 것이다. 그때 문득 몸을 벽 쪽으로 한껏 압착하면 바퀴 안으로 빨려 들어가지 않고 바퀴 옆으로 빠져나갈 수 있겠다는 생각이 든다.

이 대목에서 우리의 환자가 운명의 수레바퀴를 올라타야 하는가 하는 문제를 놓고 의견이 다양할 수 있다. 그러나 운명의 수레바퀴에 오르는 즉시, 사람은 현기증을 느끼다가 의식을 잃고 말 것이다. 그 운명의 바퀴에 수백만 명의 사람이 매달려 있다. 그렇기 때문에 어떤 사람이 그 소용돌이 속으로 자신을 던진다면, 그 사람도 쉽게 자기 자신을 잃고 무리 속에서 무의식적인 존재가 된다. 운명의 바퀴를 피해가는 것이 그리 간단한 일이 아닌 것이다.

이 환상에서 불꽃이 매우 중요한 요소이다. 그녀의 가슴에 있는 불꽃은 무엇인가? 그것은 어디서 오는가? 무의식에서 시작되었다. 우리는 지금 '마니푸라'에서 올라오면서 보다 높은 센터들의 심리를 형해 나아가고 있다. 이 여자는 땅과 물, 불 속에 있었으며, 정열의 불을 막을 마법의 원을 형성하는 데 성공할 때, 만다라의 심리가 시작된다. 당신이 "나는 지금 열정의 상태에 있어."라고 말할 수 있을 때, 그때 감정과의 동일시에 따른 파괴적인 영향으로부터 당신을 보호해줄 마법의 원이 창조된다. 만약에 당신이 그런 상태에 있다는 것을 깨닫지 못하고 감정에 휩싸인다면, 당신은 한 사람의 인간 존재로서는 파멸하고, 단순히 하나의 동물로서만 기능하게 될 것이다. 만약 당신이 모든 사람이 감정적이기만 한 매우 낮은 문명에서 살고 있지 않다면, 바로 그런 것이 당신을 신경증 환자로 만드는 조건이다. 낮은 문명에 살고 있다면, 당신은 다른 동료들과 다르게 처신하라는 요구로 상처받는 일이 없을 것이다. 그러나 당신이 도덕적으로 감정과 동일하지 않을 것을 요구하는 문명에서, 당신은 마법의 원을 만들지 않을 수 없으며, 이 마법의 원 안에서 당신 자신을 '아나하타'의 관점으로 끌어올릴 수 있다. 거기서 당신은 그 조건 자체보다 탁월하고, 다소 다르고, 그 조건보다 위에 있다.

실제 분석에서, 분석가가 환자로 하여금 "나는 이런저런 상태에 있는 것 같아요."라고 말할 수 있도록 한다면, 이미 상당한 진전이 이뤄졌다고 보면 된다. 예를 들어 보자. 어떤 여자 환자가 나에게 와서 눈물을 쏟으면서 전체 상황을 모호하게 만들어 놓기만 한다. 그런 상황은 대단히 파괴적이고 어리석다. 왜냐하면 그녀가 나를 따분하게만 만들기 때문이다. 그럴 때면 나는 신문을 읽는다. 정말로 나는 그렇게 한 적이 있다. 어떤 여자가 눈물로 진료실을 흠뻑 적셨다. 손수건을 무려 6장이나 갖고 온 여자였다. 그래서 나는 "아, 당신은 홍수로부터 자신을 보호하기 위해 심리적 우산까지 갖고 왔군요."라고 말했다. 그녀는 자신을 억제하지 못하고 거의 반시간 동안 울었다. 그래서 나는 신문을 읽고 담배를 피웠다. 45분 동안 운 끝에야 구름이 걷히는 것 같았다. 그래서 한 15분 동안 대화를 하다 보니 다시 그녀의 울음이 시작되었다. 이런 환자는 자신을 감정과 동일시하고 있다. 그렇기 때문에 사람이 "제가 이런저런 상태에 있으니 이해바랍니다."라는 식으로 말할 수 있을 때, 큰 전진이 이뤄졌다고 보는 것이 타당하다. 그것이 인간적이고, 그것이 완전한 파괴 또는 '마니푸라'로부터 보호하는 첫 번째 마법의 원이다.

우리 환자는 지금 '마나하타' 심리에 관심을 두고 있다. 그렇다면 그녀가 이전에 '마니푸라'와 동일했으며, 그때엔 그녀가 어떠한 한

계도 갖지 않은 상태에서 상황의 희생자가 되어 위아래로 마구 던져졌지만, 여기서 그녀는 위험한 상황을 다루기 위해 마법의 원을 형성하려고 노력하고 있다. 이런 조건에서, 돌고 있는 거대한 바퀴에 합류하는 것은 단순히 그 바퀴의 움직임과 다시 동일해지고, 감정의 먹이가 되는 것과 비슷할 것이다. 그러면 그 상황이 아마 매우 파괴적인 것으로 드러날 것이다. 따라서 삶에 관한 우리의 온갖 이상(理想)에도 불구하고, 나는 언제나 "늘 조심해요."라고 말하곤 한다. 그런 식의 접근이 다소 소심하고 절대로 영웅적이진 않지만, 만약에 당신이 영웅이 아니라면 보통 인간처럼 행동할 것이며, 회전하는 바퀴로부터 안전거리를 유지하는 것이 바람직하다. 그렇게 하지 않으면 곤경에 처할 것이다. 그래서 그녀가 어떻게 해서라도 통과할 수 있는 길을 찾고 있다는 사실이 더 바람직해 보이며 정상적이다. 더욱이, 그녀는 자신의 앞에 놓여 있는 위험을 해결하기 위해 갑옷을 입을 필요성까지 느끼고 있다. 그러면 빠른 속도로 돌고 있는 손들이 그녀에게 상처를 입히지 않을 것이고, 그녀의 가슴에서 나온 작은 불꽃도 꺼뜨리지 않을 것 같다.

이전에도 작은 불꽃이 자주 등장했다. 뜨겁고 감정적인 무엇인가가 지금 작은 불꽃이며, 그것은 더 이상 뜨겁게 타며 폭발하는 화산이 아니다. 그것은 '마니푸라'였으나 지금은 '마니푸라'의 파생물이다. '아나하타'에서 빛을 발하고 있는 열기가 이것이며, '아나하타'에서 열기는 불꽃이 된다. 말하자면 꺼지지 않도록 보호해야 할 뿐만 아니라, 그것으로부터 사물들을 보호해야 하는 그런 무엇인가가 되는 것이다. 그 불꽃은 이를테면 랜턴 같은 것에 의해 보호되어야 한다. 그 불이 다른 불들을 붙여 대화재를 일으킬 수 있기 때문이다. 아니면 그것이 아주 작기 때문에 꺼지지 않도록 보호하기 위해서라도 랜턴 같은 것이 필요하다. 그것은 '마니푸라'에서 나오지만 그 다음 차크라에서 결합할 그녀의 생명의 불꽃이다. 그 불꽃은 파괴되면 안 된다. 그녀는 그것을 철갑 안에, 즉 랜턴 같은 것 안에 넣음으로써 가장 효과적으로 보호할 수 있다. 그래서 그녀가 삶의 수레바퀴 속으로 들어가지 않는 것이 현명한 처사다. 그녀는 차라리 삶 자체에 조심해야 한다. 왜냐하면 그녀가 아직 삶을 감당할 수 있는 단계에 이르지 못한 탓에 충분히 보호를 받을 수 있는 상황이 아니기 때문이다. 이 같은 사실은 다음 문장에서 확인된다. "나는 갑옷을 찾았지만 어디서도 발견하지 못했다. 그래서 나는 앉아서 기다렸다." 잘 아시다시피, 지금 그녀는 정지 상태에 있다. 그녀는 계속 앞으로 나아가지 못하고 있다. 그녀의 환상은 이렇게 이어진다.

> 내 발 밑에서 땅이 갈라졌다. 아래를 내려다보니 4명의 신이 붙잡고 있는 사각형 철판이 보였다. 철판의 모서리를 잡고 있던 신은 오시리스와 그리스 여신, 멕시코 신, 인도 신이었다. 이 신들로부터 붉고 푸른 불이 튀어 나왔다.

매우 전형적인 환상이다. 이와 비슷한 예가 많다. '구약 성경'에서 에스겔도 이런 환상을 경험한다. 에스겔은 자신의 경력 초기에 그 환상을 본다. 먼저 이 네 신은 무슨 뜻인가? 오시리스, 그리스 여신, 멕시코 신, 인도 신이라니 무슨 국제적인 모임 같다. 그녀에게 영향을 미치고 있는 4가지 신화를 나타내고 있다. 이집트, 그리스, 멕시코, 인도는 동시에 4개의 위대한 고대 문명이다. 이 문명들이 고대 문명의 전체성을 나타내고 있다고 해도 무방하다. 특별한 점은 여신이 하나이고 남신이 셋이라는 점이다. 이 남신들은 매우 유익할 수 있는 아니무스들이다. 이집트와 멕시코, 인도 신화를 한쪽에 놓고 그리스 신화를 다른 한쪽에 놓는다면, 이 둘 사이의 차이는 무엇인가?

그리스 신화가 훨씬 더 인간적이고 다소 합리적이라는 점이다. 최초의 합리적인 철학적 문명은 그리스에서 일어났다. 따라서 그리스 신화는 다른 신화들과 꽤 많이 다르다. 그리스의 신들은 대단히 인간적인 반면에, 다른 문명들의 신들은 인간과 거리가 아주 멀다. 세 남신은 확실히 아니무스 형상이며, 여신은 어떻게 보면 환자 본인이지만 고양된 신의 형태이다. 지금 신들은 사각형의 철판을 들어 올리고 있다. 이 철판은 갑옷을 만들 재료이며, 그것은 이어지는 사건들에 의해 확인된다. 여기서 '에스겔서'의 그 단락(1장 4절-26절)을 보도록 하자.

> 거기에서 그는 야훼의 손에 잡혔던 것이다.
>
> 그 순간 북쪽에서 폭풍이 불어오는 광경이 눈앞에 펼쳐졌다. 구름이 막 밀려오는데 번갯불이 번쩍여 사방이 환해졌다.
>
> 그 한가운데에는 불이 있고 그 속에서 놋쇠 같은 것이 빛났다. 또 그 한가운데는 짐승 모양이면서 사람의 모습을 갖춘 것이 넷 있었다.
>
> 각각 얼굴이 넷이요 날개도 넷이었다.
>
> 다리는 곧고 발굽은 소 발굽 같았으며 닦아 놓은 놋쇠처럼 윤이 났다.
>
> 네 짐승 옆구리에 달린 네 날개 밑으로 사람의 손이 보였다. 넷이 다 얼굴과 날개가 따로따로 있었다.
>
> 날개를 서로서로 맞대고 가는데 돌지 않고 곧장 앞으로 움직이게 되어 있었다.
>
> 그 얼굴 생김새로 말하면, 넷 다 사람 얼굴인데 오른쪽에는 사자 얼굴이 있었고 왼쪽에는 소 얼굴이 있었다. 또 넷 다 독수리 얼굴

도 하고 있었다.

날개를 공중으로 펴서 두 날개를 서로 맞대고, 두 날개로는 몸을 가리우고.

돌지 않고 앞으로 나아가는데, 바람 부는 쪽을 향해 곧장 앞으로 움직이게 되어 있었다.

그 동물들 한가운데 활활 타는 숯불 같은 모양이 보였는데 그것이 마치 횃불처럼 그 동물들 사이를 왔다갔다하고 있었다. 그 불은 번쩍번쩍 빛났고, 그 불에서 번개가 튀어 나왔다.

그 불은 번개처럼 이리 번쩍 저리 번쩍 하였다.

그 짐승들을 바라보자니까. 그 네 짐승 옆 땅바닥에 바퀴가 하나씩 있는 게 보였다.

그 바퀴들은 넷 다 같은 모양으로 감람석처럼 빛났고 바퀴 속에 또 바퀴가 있어서 돌아가듯 되어 있었는데

이렇게 사방 어디로 가든지 떠날 때 돌지 않고 갈 수 있게 되어 있었다.

그 네 바퀴마다 불쑥 솟은 데가 있고 그 둘레에는 눈이 하나 가득 박혀 있었다.

그 짐승들이 움직이면 옆에 있던 바퀴도 움직이고 짐승들이 땅에서 떠오르면 바퀴도 떠올랐다.

그 짐승들은 바람 부는 쪽으로 움직였는데, 바퀴에는 짐승의 기운이 올라 있어서 바퀴도 함께 떠올랐다.

그 바퀴에는 짐승의 기운이 올라 있어서 짐승들이 움직이면 바퀴들도 움직이고 짐승들이 멈추면, 바퀴들도 멈추었다. 짐승들이 땅에서 떠오르면, 바퀴들도 함께 떠올랐다.

그 짐승들의 머리 위에는 창공 같은 덮개가 수정같이 환히 빛나며

머리 위에 펼쳐져 있었다.
그 창공 밑에서 짐승들은 날개가 서로 맞닿게 두 날개를 펴고 나머지 두 날개로는 몸을 가리우고 있었다.
짐승들이 나느라고 날개를 치면 그 날개 치는 소리가 큰 물소리 같았고 전능하신 분의 음성 같았으며 싸움터에서 나는 고함소리처럼 요란하였다. 그러다가 멈출 때에는 날개를 접었다.
머리 위 덮개 위에는 청옥 같은 것으로 된 옥좌 같이 보이는 것이 있었다. 높이 옥좌 같은 것 위에는 사람 같은 모습이 보였다.〈국제가톨릭성서공회 편찬 '성서'〉

물론, 우리 환자가 '에스겔서'를 읽었다고 할 수도 있지만, 그녀의 환상이 단순한 반복이 아니라는 점을 보여주는 것이 많다. 이것은 분명히 똑같은 원형적인 생각에서 나온 그녀의 창작이다. 이와 비슷한 공상이 전혀 없다면 그녀의 환상이 에스겔서의 영향을 받았다고 할 수도 있겠지만, 이것이 유일한 예는 아니다. 예를 들면, '구약성경'에 등장하는 예언자들을 전문적으로 연구하는 한 독일 신학자가 최근에 클럽[88]에서 한 강의가 있다. 또 우리는 기본적으로 똑같은 재료로 이뤄진 인도인 예언가의 환상을 놓고도 논의했다. 지금 우리는 백인이 아직 인도에 들어가지 않았던 시대를 산 이 인도인 예언가가 '에스겔서'를 읽었을 것이라고 단정하지 못한다. 그 환상을 경험했을 때 이 인도인 예언가의 나이는 겨우 9세였으며, 그 모든 것은 그 사람 본인에게서 나온 것이었다. 더욱이, 우리는 역사적인 증거도 갖고 있다. 그래서 이런 환상들이 '에스겔서'의 영향을 받았다고 단정할 필요가 없다.

....

88 칼 융이 세미나를 열었던 사이콜로지 클럽을 말한다.

이 환상들은 역사 깊은 원형적인 패턴으로 지금까지 거듭 되풀이 되었으며, 앞으로도 아마 영원히 나타날 것이다. 왜냐하면 그것들이 전적으로 근본적인 무엇인가와 일치하기 때문이다. 그렇다면 치품천사라 불리는 괴물의 환상은 정말로 바빌로니아의 이미지이며, 바빌로니아의 날개 달린 악마 또는 신들과 비슷하다.

이런 이미지들은 투탕카멘의 석관에 아주 아름답게 묘사되어 있는데, 그 이미지들은 보호의 여신들이며, 석관 주위로 보호의 날개를 펴고 있는 사랑스런 형상들이다. 그들은 인간의 형상이지만, 4명의 복음전도사처럼 한 개의 사람 얼굴과 3개의 동물 얼굴을 갖고 있다. 그 4명의 복음전도사들은 호루스의 네 아들이며, 그 중 하나는 인간의 머리를 갖고 있고 셋은 동물의 머리를 갖고 있다. 그렇다면 그것은 대단히 원시적인 환상의 문제이다. 말하자면, 시대와 장소를 불문하고 전통과 별로 상관없이 영원히 일어나는 환상인 것이다. 어떤 전통과 연결시키려고 노력하는 것은 대단히 억지스럽다. 만약에 무엇인가가 그처럼 오래되었거나 널리 퍼져 있으면서 완전한 연결을 이루고 있다면, 우리는 그것이 전적으로 근본적인 것이라고 단정해야 한다. 4명의 신과 바퀴가 그런 예이다. 그래서 우리가 이런 환상에 대해 논하면서 거창한 단어들을 사용하거나 신성에 대해 이야기할 때, 그 바탕에 깔린 생각은 터무니없지 않다. 왜냐하면 에스겔 본인이 이미 자신의 환상이 야훼와 비슷하다고 느꼈기 때문이다. 권좌에 오른 남자의 겉모습은 당연히 야훼의 훌륭함을 묘사하려는 시도이다. 그래서 장엄한 모습으로 에스겔에게 나타났던 그 환상에 대해 우리가 '숨은 하느님'(Deus Absconditus)이라고 말한 것은 크게 틀리지 않은 반면에, 여기서는 애석하게도 똑같은 존재의 그림인데도 영광이 빠진 그런 부정적인 그림만 있다. 그 영광은 지금 괴물과 바퀴에게로 헛되이 돌려지고 있는 것이 아니라 네 신에 의해 들어올려진 철판에게로 돌려지고 있다. 이 철판이 그녀에게 갑옷의 역할을 하는 금속이기 때문에 이 환상에서 대단히 중요한 부분이다. 그녀의 환상은 이렇게 이어진다.

> 나는 금속 조각을 받아들였다. 땅이 다시 닫히고, 땅이 갈라졌던 곳에, 피의 연못이 나타났다. 나는 철판으로 나를 가리며 철판이나 자신과, 내가 안전하게 통과해야 할 바퀴 사이에서 벗어나지 않도록 꼭 잡았다. 내가 바퀴를 통과할 때, 바퀴를 붙잡고 있던 손들이 철판에 부딪치며 팅 팅 둔탁한 소리를 냈다.

이제 강의를 끝내야 할 시간이다.

27강

1933년 1월 18일

지난 시간에 다뤘던 갑옷 상징에 대해 다시 이야기하고 싶다. 그것은 4명의 신이 잡고 있던 사각형 금속판이었으며, 모서리마다 신이 하나씩 있었다. 오시리스와 그리스 여신, 멕시코 신, 인도 신이었으며, 남신이 셋이고 여신이 하나라는 점에 주목해줄 것을 부탁했다.

이것은 좀 이상한 조합이다. 그러나 꿈에 한방에 여자 하나와 남자 셋이 있거나 남자 하나와 여자 셋이 있는 장면이 종종 나온다. 이 그림 중 맨 위가 여자이고, 나머지 셋은 남자이며, 이들은 사각형을 이루고 있다. 이 경우에 사각형은 모서리를 3명의 남신과 1명의 여신이 잡고 있는 그 사각 철판일 것이다. 그리고 환자가 여자라는 것을 알고 있기 때문에, 나는 그것을 원으로 둘러싼다.

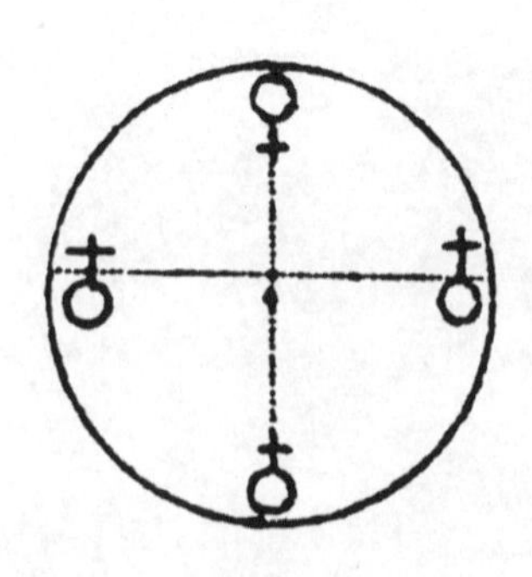

위쪽은 그녀의 의식이다. 의식적으로 그녀가 대단히 여성적이기 때문이다. 그러면 남자들은 당연히 무의식을 나타낸다. 그렇다면 구분선이 가운데보다 약간 위에 있는 그런 4가지 기능의 시스템이 될 것이다. 위의 한 가지 기능은 직관이든 감각이든 사고든 감정이든 불문하고 의식적이며, 다른 3가지 기능은 무의식에 있다. 다른 이 3가지 기능은 무의식에 있기 때문에 아니무스와 함께 있으며, 따라서 남성적이다. 한 가지 의식적 기능을 갖고 있는 여자는 무의식에서 3가지 남성적 기능에 의해 균형이 맞춰지고 있다. 지금 그것은 어떤 종류의 상태를 암시하는가? 그들은 어떤 종류의 신인가?

이방인 신이다. 무의식에 3명의 이방인 신을 두고 있는 품위 있는 여자 기독교 신자에 대해, 또 그런 상태가 야기할 끔찍한 혼란에 대해 생각해 보라! 선교사들도 충격을 받으며 즉각 그녀를 보살피고 나설 것이다. 꿈에 사람이 죽어가면서 부활하는 오시리스로 나오는 것은 흔한 일이다. 다른 두 신에 대해서 우리는 거의 아무것도 알지 못한다. 그러나 그녀의 실제 정신 상태를 진단하게 하는 다른 무엇인가를 우리는 알고 있다.

이 모든 것에도 불구하고 그녀는 틀림없이 기독교적이며, 따라서 무의식에 전적으로 이교도적인 균형추가 있기 마련이다. 그렇다면 이 무의식 속의 신들의 심리학에 대해 뭘 더 말할 수 있을까? 그 중 하나는 틀림없이 죽으면서 부활하는 신일까? 그렇다면 그 신은 어디서 들어오는 것일까? 말하자면 어떤 기능을 갖는 신일까?

발달이 가장 적게 이뤄진 기능의 역할에 주목할 필요가 있다. 가장 뒤처진 기능이 언제나 부활이 시작되는 곳이며, 그것이 부활하는 신이다. 그래서 우리는 앞의 도표에서 자아를 위에 놓고, 오시리스를 그 반대편인 아래에 놓는다. 오시리스의 기능, 즉 죽어가며 부활하는 기능을 발달이 가장 덜 된 기능이라고 불러도 좋을 것이다. 그 점은 구세주가 인간들에게 멸시당하고 거부당할 것이라고 한, 또 전혀 뜻밖의 장소에서 올 것이라고 한 이사야의 예언에 의해 잘 설명된다. "나사렛에서 무슨 선한 것이 나올 수 있는가?" 인간 존재가 내적으로 가장 심하게 억압하면서 수치스러워했던 바로 그것이 지금 어떻게 구원의 기능이 될 수 있는가? 그것이 생명의 부활을 낳아야 하는 이유는 무엇인가?

단순히 경제적인 이유 때문이다. 말하자면, 열등 기능의 리비도가 사용되지 않고 축적되어 있기 때문이다. 자아 기능은 완전히 고갈되었으며, 어떤 사람의 확신과 사상이 다 소진되고 나면 그 사람의 심리는 자연히 위아래가 바뀌게 된다. 그러면 다른 면이 위에 나타난다. 그 면이 사용되지 않았기 때문이다. 그 면은 자아 기능에 없는 원초적 생명으로 넘친다. 사람이 보지 않았거나 받아들이지 않았거나 살지 않은 것은 봄처럼 파릇파릇하고 신선하다. 아시다시피, 그것은 정말로 끔찍한 일이다. 왜냐하면 아래에 있던 것이 올라온다는 것은 전체 인격이 완전히 뒤집어진다는 뜻이기 때문이다. 그 전복(顚覆)에서 나오는 성격은 생명의 부활을 의미하고, 따라서 그 성격은 특별히 위험하고 매력적이다.

그렇다면 오시리스 형상은 절대로 우연적인 사실이 아니다. 오시리스 형상은 의미로 가득하며, 그것은 일반적인 법칙과 일치한다. 우리 환자도 텍스트에서 오시리스를 가장 먼저 언급한다. 그녀는 "오시리스와 어느 그리스 여신"이라고 말한다. 마치 오시리스와 그리스 여신이 주요 형상인 것처럼. 그 다음에 멕시코 신과 인도 신이 나온다. 이 인도 신(Indian god)이 혹시 인도 신이 아니라 인디언 신을 의미한다면, 이 두 신은 모두 아메리카 대륙에 기원을 두고 있기 때문에 서로 비슷하다. 인디언 신이라면 아마 레드 인디언일 것이다. 확실하지 않지만, 어쩌면 인도 신을 의미할 수도 있다. 힌두 신이라면, 두 신 사이의 거리는 엄청 멀다. 멕시코는 서양을 상징하고, 힌두 신은 동양을 상징할 것이다.

당신은 갑옷을 만드는 것이 이 여자의 전체성, 즉 무의식과 의식의 결합이라는 것을 알고 있다. 그렇다면 4개의 귀퉁이가 있는 금속판인 갑옷은 개성화를 상징한다. 이어 우리는 그 금속에 대해 단단하고 보호용으로 쓰인다는 점에 대해 이야기했다. 우리는 또 다른 속성, 즉 신들의 형상에서 튀어나오는 빨간색과 초록색의 불에 대해서도 이야기해야 한다. 지난 시간에 나는 이와 비슷한 환상으로 에스겔의 환상에 대해 읽어주었다. 거기에 불을 암시하는 표현이 여럿 있었다는 것을 기억할 것이다.

우리 환자의 경우에 레드 인디언의 환상은 정말로 그녀와 가깝다. 인디언의 전설 속의 신들은 대체로 불이나 번개와 연결되어 있다. 지금 불 또는 번개가 신들로부터 나오는데, 그 상징적 의미는 무엇인가? 그런 장면은 그런 환상의 매우 일반적인 특성이다.

불과 번개는 강렬함을 의미한다. 만약에 의식을 상징한다면, 그것은 빛이었을 것이지만, 불과 번개는 주로 에너지 현상이다. 말하자면 그 형상 안에 엄청난 양의 리비도가 들어 있다는 뜻이다. 바꿔 말하면, 그 형상들은 의미로 가득하다. 여기서 일어나고 있는 것은 하나의 개성화 상징이다. 손들이 악착같이 달라붙어 있는 바퀴로부터 제대로 보호하는 것이 개성화일 것이다. 개성화가 그녀를 공격 불가능한 존재로 만들 것이다.

레드 인디언들은 개성화 상징을 질병의 위험 등으로부터 보호하는 수단으로 이용하는 특별한 의식을 실제로 치른다. 그 의식을 보면 병든 사람은 만다라 안에서 치료되는 것으로 여겨진다. 미국 민속학 사무국(U.S. Bureau of Ethnology)의 보고서들을 보면, 애리조나 주와 뉴멕시코 주의 유목 부족인 나바호 족 사이에 행해지는 그런 치료 의식에 관한 설명이 나온다. 그 보고서 중 하나에 부유한 인디언을 치료하는 과정이 상세하게 묘사되어 있다. 그것은 대단히 정교한 의식이었으며, 필자인 제임스 스티븐슨(James Stevenson)은 그들이 부족의 한 구성원의 건강을 회복하는 데 많은 인원과 시간을 들인 데 대해, 병에 걸린 사람이 그 의식을 위해 꽤 많은 비용을 지출할 수 있었으며, 그래서 주술사와 그의 수행원들이 수고를 아끼지 않았다고 설명하고 있다.

이 의식은 '하스젤티 다일지스'(Hasjelti Dailjis)라 불렸다. 그들의 신들 중에서 가장 중요한 신인 하스젤티의 춤이라는 뜻이다. 의식은 9일 동안 이어졌다. 먼저 땅바닥에 사각형 모양의 평행사변형을 표시하고, 주술의(呪術醫)의 오두막을 정확히 한가운데에 설치한다. 그런 다음에 4일 동안, 둘째 날 새벽에 시작해서 소위 한증 오두막들을 동서남북 방향으로 짓는다. 각 오두막은 가운데의 주술의 오두막으로부터 15m 떨어진 지점에 모두 동쪽으로 향하도록 지어진다. 그렇다면 이 의식의 바탕에 깔린 것은 하나의 토대로서 만다라 형태이다. 한증 오두막들과 주술의 오두막은 막대기들을 세우고 그 위에 잣나무 가지와 산쑥을 얹은 다음에 굵은 모래를 덮어 만들었다. 돔 형태였으며, 푸에블로 인디언들의 마을에서 이따금 보이는, 빵 굽는 데 쓰이는 어도비 오븐을 아주 많이 닮았다. 한증 오두막의 크기가 더 클 뿐 모양은 같았다. 한증 오두막은 직경이 2m 정도로, 한 사람이 겨우 기어들어가 있을 만한 크기였다. 안에 뜨겁게 단 돌을 넣었으며, 그러면 오두막 안이 대단히 뜨거워지는데 그때 환자는 거기서 땀을 많이 쏟아낸다. 바꿔 말하면, 환자가 굽히는 것이다.

이어서 이 오두막들 위로 무지개를 그리는데, 이것은 어떤 여신의 형상을 나타낸다. 한쪽에 머리와 팔을 그리고, 반대편 쪽에 치마와 다리와 활을 그린다. 무지개 여신의 몸통은 오두막의 돔 꼭대기 위로 대단히 길게 늘어진 모습으로 그린다. 그러면 오두막 안에 들어가 있는 사람은 하늘 아래에, 혹은 하늘에 있는 것처럼 된다. 그 사람은 무지개에 덮인 상태에서 빵 굽는 오븐에 들어가 있는 셈이다. 가장 중요한 것은 그 사람이 다시 만들어지기 위해서 오븐 안에 있다는 사실이다. 그것은 당연히 재생의 상징이다.

첫날은 의식에 쓸 상징적인 물건들을 조심스럽게 만들고 준비하는 일로 채워진다. 예를 들면, 나뭇가지로 직경 15㎝짜리 고리를 12개 만든다. 이것은 첫날 밤에 환자를 주술의 오두막으로 데려오는 의식에 쓰인다. 이 고리들은 환자에게 힘과 선한 마음과 선한 가슴을 주는 것으로 여겨진다. 그 과정이 끝나면 고리 중 3개는 동쪽으로, 3개는 서쪽으로, 3개는 북쪽으로, 나머지 3개는 남쪽으로 갖고 가서 잣나무 밑동에 놓는다. 그 의식에 쓰이는 또 다른 것은 버드나무 굵은 가지로 만든 사각형 물건이다. 이 물건의 네 귀퉁이에는 독수리의 꼬리 쪽 깃털을 앞쪽을 향하도록 꽂았다. 이것은 사방의 바람을 모으는 것을 상징한다. 그런 다음에 3명의 사람이 멜로디가 느껴지는 이름인 '하스젤티'와 '호스트조그혼'(Hostjoghon) '호스트제보켄'(Hostjoboken)으로 불리는 세 신의 역할을 맡고, 네 번째 사람은 여신 '호스트조보아르드'(Hostjoboard)의 역할을 맡는다. 이 신들은 모든 치료 의식에 실질적으로 다 참여하지만 한꺼번에 참여하지는 않는다.

병든 사람을 두고 온갖 종류의 주문(呪文)과 촉진(觸診)이 행해진다. 그 내용은 날짜에 따라 완전히 달라지며, 전체 절차와 복잡한 상징은 전통을 정확히 따른다. 숫자 4와 사방(四方)의 개념이 끊임없이 나타난다. 다른 성직자와 보조자들이 많이 있음에도 불구하고, 복잡한 과정의 모든 디테일은 주술사 본인이 직접 주도한다.

5일째 되는 날, 한가운데의 주술의 오두막 안에 첫 번째 모래 그림이 그려진 뒤로 3일 연속해서 새로운 그림이 그려졌다. 여러 명의 예술가들이 동시에 작업했으며, 물감으로 그 지역의 밝은 색 바위에서 얻은 색깔 모래를 이용했다. 가장 두드러진 그림을 보면, 흔한 노란색 모래 바닥에 등변(等邊)의 검은색 십자가가 그려져 있으며, 그런 그림에서 바탕색은 노란색이다. 한가운데엔 비가 고이는 웅덩이를 나타내는 청색의 작은 원이 그려져 있다.

십자가의 네 개의 팔은 통나무들로 여겨지며, 그 위에 4명의 신이 아내와 함께 균형을 이루며 앉아 있다. 이 신들의 북쪽과 남쪽, 동쪽과 서쪽에는 서로 다른 상징적인 형상이 있다. 그 모든 것들 위로 무지개 여신의 아치가 그려져 있다. 이 그림도 개성화의 상징이고 만다라이다.

그런 것들과 우리 환자의 상징 사이의 차이는 앞의 것이 수많은 세월 동안 전통으로 굳어져 언제나 똑같은 방식으로 되풀이되고 있다는 점이다. 동양에서 그런 것들이 정해진 방식으로 행해지는 것이 극히 중요한 것처럼 말이다. 그러나 우리가 꿈과 공상에서 발견하는 만다라는 개인적이다. 그 만다라들도 법칙을 따르지만 언제나 개인적인 편차를 크게 보인다. 인디언의 의식과 비슷한 의식은 개성화의 상징이 오래 전부터 질병을 치료하거나 특별한 위험을 피하는 수단이었다는 점을 보여준다. 그런 상징적 의식은 삶에서 위험이 따르는 상황에, 예를 들면 전쟁에 나서기 전이나 사냥에 나서기 전에도 이용되지만, 특별히 치료나 액막이에 이용된다. 치료나 액막이는 사실상 똑같다. 왜냐하면 질병이 악령에 홀린 결과로 여겨지기 때문이다.

이제 환자의 환상 중에서 신들에게서 나오는 붉은색과 초록색의 불을 보도록 하자. 초록색은 신록의 상징이고, 붉은색은 불이나 피와 연결되고 열정적인 색이거나 불타는 색이다. 시적으로 표현한다면, 사랑과 생명과 희망의 불이라 할 수 있다. 리비도가 있는 곳에 언제나 희망이 있다. 리비도가 지옥을 향한다 하더라도, 그것은 적어도 생명이다. 사람들은 아무 곳으로도 움직이지 않는 것보다는 뜨거워도 지옥이 더 낫다는 식으로 종종 생각한다.

우리의 여자 환자는 철판을 받아들이고 그것을 자신을 잡아당기려 드는 무서운 손들을 막는 갑옷으로 이용하려 한다. "이어 땅이 닫혔다." 말하자면 땅이 그녀의 비밀을 포기했다는 뜻이다. "그리고 땅이 열렸던 곳에 피의 연못이 나타났다." 무엇인가가 어머니 대지로부터 올라온 뒤에 거기에 피의 연못이 생겼다. 이것은 개인의 탄생 또는 자기의 탄생, 즉 개인의 전체성이며, 당연히 피의 연못을 남기게 되어 있다. 그러나 그것은 물론 상징적이다. 그것은 자기 탄생의 상징을 완성한다. 피는 무엇을 의미하는가?

이 피는 희생의 피다. 땅은 치료하고 유익하고 구원하는 무엇인가를 내놓았지만, 거기에 피의 연못이 남는다. 현실 속에서 피의 연못을 남기는 무슨 일이 벌어졌다면, 재앙이 일어났거나, 누군가가 피를 흘리고 있거나, 생명의 본질이 상실되었다고 단정해도 무방하다. 땅에 있는 피의 연못은 땅이 상처를 입고 피를 흘리고 있다는 뜻일 것이다.

육체 속의 피는 땅의 생명이다. 만약에 그런 피를 잃는다면, 그것은 그보다 더 값진 무엇인가를, 말하자면 완전한 개성화를 보호할 갑옷을 만들어내기 위한 희생일 것이다. 지금 그것은 만약에 땅의 자연스런 기능이 아니라면 어떤 부상을 의미할 것이다. 그것은 아이의 탄생과 비슷하다. 아이는 곧 어머니의 생명력이며, 아이는 어머니의 생명력을 빼앗는다. 출생 후에 남은 피는 아이를 위해 희생되고, 그 피는 어떻게 보면 하나의 상처이고 파괴이다. 그래서 땅, 즉 살아 있는 육체의 희생이라는 대가로 치르고 일어나는 자기의 탄생은 자연적인 생물학적 생명력의 희생을 상당히 요구한다. 생물학적 생명력이라는 측면에서 보면, 자기의 탄생은 낭비다. 살아 있는 육체가 피를 필요로 하기 때문이다. 그런 피가 사용된다면, 그것은 일종의 상실이다. 육체에게 갑옷과 네 신들은 전혀 아무런 의미를 지니지 않는다. 그것들은 단지 육체에게 거북스런 그 무엇일 뿐이다. 그럼에도 육체가 없이는 개성화가 성취되지 못한다. 개성화는 육체에서 나오는 것이다. 육체는 개성화에 대한 대가를 치러야 한다. 그것은 곧 생명력이 지출된다는 것을 의미한다. 그러므로 개성화의 과정을 거치는 사람들은 그 과정을 끝낼 때 이전보다 젊은 모습을 보이지 않는다. 대체로 사람들은 상당히 늙어 보이고, 그 경험을 거치는 사이에 흰머리를 얻게 된다.

우리 환자는 갑옷을 걸치고 운명의 수레바퀴를 안전하게 통과했다. 그녀는 "내가 통과할 때, 바퀴를 붙잡고 있던 손들이 금속을 치면서 둔탁한 소리를 냈다."고 말한다. 만다라 그림에 등장하는 형상들로 인해서 뭔가 잘못 돌아가고 있다는 인상이 느껴진다. 여자 형상이 하나이고, 나머지는 모두 무의식이니 말이다. 숨어 있는 세 신은 삼위일체의 본질을 무의식 속에서 지키고 있고 또 삼위일체는 3명의 이교도 신으로 이뤄져 있다. 상황은 기독교 상황과 꼭 맞아떨어지고 있다. 무의식에 대해 모르는 사람의 경우에 삼위일체가 천국에서 이뤄진다고 믿는 차이밖에 없다. 당신은 당연히 그렇게 믿지 않겠지만, 그런 믿음을 아직도 생생하게 간직하고 있는 사람들이 많다. 그들도 그런 식으로 믿지 않는다고 생각하지만 실제로는 그렇지 않다.

물론, 인간이 닿을 수 없는, 이 세상 밖의 절대적인 신을 믿는 사람은 모두 매우 단순한 심리를 갖고 있다. 그들은 무의식에 대해 모르며, 그들은 천국의 삼위일체는 결코 사랑하는 아버지와 사랑하는 아들, 사랑스런 비둘기가 아니라는 것을 알지 못한다. 실제로 삼위일치는 다소 무섭고 지하의 측면을 상당히 갖고 있다. 나는 나의 친구인 어느 신학자가 쓴 자그마한 책에 관심을 기울여달라고 부탁하고 싶다. 아직 영어로 번역되지 않았지만 언젠가는 번역되기를 희망한다. 『알려지지 않은 신에 대하여』(About the Unknown God)라는 제목으로, 켈러(Adolf Keller) 교수[89]가 제노스라는 필명으로 발표한 책이다. 이 책에서 켈러 교수는 알려지지 않은 신에 대해 잠정적으로 말한다. 거기서 그는 삼위일체 뒤에 무엇이 있는가 하는 문제에 관심을 보이고 있다. 내가 그런 생각을 품었다면 전혀 관심사가 될 수 없겠지만, 신학자가 그런 생각을 품었다면 이야기는 달라진다.

우리 환자의 공상에 나타난 조건에서, 말하자면 여신이 하나이고 남신이 셋인 상황에서, 전체성의 상징이 진정으로 일어날 수 있을 것인지 매우 의문스러우며, 그 상징이 다시 하나의 직감으로 남을 가능성이 크다. 갑옷이 운명의 바퀴를 지나칠 때, 아마 갑옷 안에 아무도 들어 있지 않을 것이고, 일종의 유령 같은 것만 통과했을 것이다. 만약에 어떤 사람이 개성화되었다면, 그 사람은 운명의 바퀴를 통과할 수 있었을 것이다. 그러면 개성화 자체가 하나의 갑옷이 되고, 그 사람은 보호를 받을 것이다. 그러나 그 사람이 갑옷을 걸칠 것인지 여

....

89 프로테스탄트 성직자이며 정신분석학자(1872-1963).

부는 또 다른 문제이다. 우리 대부분은 그와 비슷한 상황에 처해 있으며, 그 상황에서 우리 대부분은 "좋아, 저것이 나를 건너게 해줄 바로 그것일 거야."라는 식으로 생각하지만 본인이 그 안으로 들어갈 것인지는 상당히 불확실하다.

여기서 다음 환상으로 넘어간다. 제목은 "화강암 위의 알"이다.

> 나는 바퀴를 통과해서 커다란 알에 닿았다. 뱀들이 알의 받침대를 지키고 있었다. 나는 알 쪽으로 다가가 알 앞에 섰다.

알은 매우 안정적이고 대단히 무겁다. 그녀가 커다란 바퀴를 통과한 뒤에 어떻게 갑자기 알이라는 생각을 떠올리게 되었는지를 설명하기가 어렵다. 그녀가 무겁고 옮길 수 없는 무엇인가에 대한 생각을 품게 된 것은 에난티오드로미아의 측면에서 보면 꽤 자연스럽다.『역경』의 괘가 언제나 반대 방향으로 변하듯이. 그러나 그것이 알이어야 하는 이유는 아직 이해되지 않는다.

알은 만다라에 자주 나타나지만, 그것이 개성화 과정의 상징 일부를 포함하고 있을지라도 나는 그것을 개성화의 상징이라고 부르지는 않는다. 그것은 개성화의 초기 단계이다. 알은 잠재적인 상태를 상징한다. 알로부터 무엇인가가 부화되어 나올 수 있지만 부화되지 않을 수도 있다. 알은 가능한 생명이라는 의미를 지니지만, 그 출생은 아직 성취되지 않았다. 물음은 이것이다. 알 전체가 화강암이라고 단정해야 하는가, 아니면 안쪽은 화강암이 아니고 비어 있어서 무엇인가가 살고 있다고 봐야 하는가? 그것은 매우 단단한 껍질일 수도 있다. 알의 내용물에 대해 들은 바는 전혀 없지만, 알은 우리가 바퀴를 통과하는 행위의 유효성에 대해 품고 있는 의문과 연결이 있어 보인다. 알은 언제나 개성화나 재탄생 과정의 일부이지만, 구체적으로 보면 재탄생으로 이어질 수도 있고 그렇지 않을 수도 있는 정지 상태를 상징한다. 알은 늘 그 상태로 남아 있을 수도 있다. 특히, 알 전부가 화강암으로 이뤄져 있다면 그렇게 남을 수밖에 없다. 알을 보호하고 있는 뱀은 또 무슨 뜻인가?

알은 틀림없이 오르페우스 교단의 상징이고 거기서 세상이 나오게 되어 있지만, 알은 지금 정지 상태에 있다. 거기엔 오직 근원만 들어 있으며, 알은 뱀들로 둘러싸여 있다. 뱀에 의해 알로부터 무엇인가가 부화될 것이다. 쿤달리니 요가에서 '물라다라'의 링감[90]은 뱀에 둘러싸여 있지만 우리 환자의 텍스트는 이렇게 말하고 있다. "뱀들이 알의 받침대를 지키고 있었다." 쿤달리니 요가에 따르면, 알 하나에 뱀이 한 마리여야 한다. 그러나 여기선 알은 하나인데 뱀은 여러 마리이다. 이 알의 특성은 무엇인가? 세상을 품은 그 알은 진짜로 살아있는 생산적인 알로 여겨지지만, 거기에 뱀이 여러 마리 있다는 것은 무엇을 가리키는가? 예를 들어, 어떤 개인이 꿈에서 여러 명의 개인에 의해 표현되고 있다고 가정해 보라.

알에 생명력이 부족하다. 만약 그것이 진짜 알이라면, 아마 살아 있는 뱀이 한 마리 있었을 것이다. 그러나 그것은 반드시 살아 있는 알은 아니며, 그런 경우에 남은 생명력은 뱀들에게 넘어갈 것이다. 어떤 심리적인 내용물에 지나치게 많은 리비도가 투입될 때, 그 내용물은 즉시 분열된다. 그것은 어디서나 적용되는 하나의 법칙이다. 과도한 힘이 있을 때마다, 그 힘은 분열한다.

관념이나 확신도 마찬가지이다. 그런 사례를 역사와 정치에서 아주 많이 볼 수 있다. 독일 사회민주당의 역사를 보면, 사회민주당이

....

90 인도 시바 신의 숭배에 사용되는 남근상.

권력을 잡는 즉시 당이 분열되었다. 혹은 위대한 제국들의 역사를 보면, 몇 세기에 걸쳐 점진적으로 권력을 키워가다가 정점에 이르면 분열이 시작된다. 권력이 너무 커지고 비대해지면, 그 상태에서 무엇인가가 분리된다. 이 무엇인가는 에너지로 충만하며, 따라서 각 부분이 각자의 힘으로 나아간다.

만약 인간 존재가 비정상적인 양의 에너지로 충만해 있다면, 육체의 모든 부분이 저절로 떨어져 나갈 것이고, 그러면 일종의 기능의 폭발 같은 것이 일어날 것이다. 그런 분열은 진정으로 하나가 되어야 할 무엇인가가 여러 개 있다는 것을 암시한다. 한 마리의 뱀이면 충분하다. 알 하나에 뱀 한 마리면 그만인 것이다. 만약에 그 뱀이 뚜렷한 이유도 없이 증식되었다면, 그것은 어떤 분열을 의미하고 뱀이 너무나 많은 생명력과 에너지로 충만해 있다는 것을 의미한다. 그래서 뱀이 스스로 증식하면서 많은 복제를 만들어낸 것이다. 어쩌면 뱀의 과다한 생명력은 알의 생명력 부족에서 비롯되었을 수 있다. 지금 그것은 상징일 뿐이며, 그것이 심리학적으로 무엇을 의미하는가 하는 것은 다른 문제이다. 환자의 환상 속에서 알은 분명히 생명력을 잃은 상태인데 반해 뱀 상징은 리비도로 충만한 이유를 파고드는 것도 가치 있는 일일 것이다.

지금 뱀의 세계는 틀림없이 장(腸)의 삶이며, 장의 삶은 심리학적으로 무의식적 삶이 지나치게 많다는 것을 의미한다. 그리고 우리 환자의 텍스트에도 무의식적 삶이 지나치게 많다는 내용이 나온다. 그렇다면 뱀의 상징이 지나치게 강조되고 있고, 발달을 진정으로 수행해야 할 부분인 알 자체는 생명력을 결여한 것처럼 보인다. 우리 환자의 환상을 보자.

> 엄청난 수의 군중이 위협하며 나에게로 다가서고 있었다. 그래서 나는 외쳤다. "이건 알이에요!" 그러자 그들은 "화강암일 뿐이야!" 라고 대답했다.

엄청난 수의 군중은 여론을 의미한다. 이런 경우에 집단 무의식은 자연스런 형태로 나타나지 않고, 많은 사람들에게 투사된 형태로 나타난다. 집단 무의식은 종종 인류 자체의 태도를 보이고, 그러면 자연의 현상과 연결되는 온갖 작용들이 인간 존재들과 연결된다. 그런 경우에 인간 존재들은 거의 바다의 파도나 바람, 번개, 지진처럼 행동하는 것처럼 보인다. 그때 개인은 매우 특이한 방식으로 반응한다. 집단에 압도당하며 집단에 완전히 묻혀 버리는 것이다. 다른 사람들이 마치 자연의 정령처럼, 사악한 정령처럼 보인다. 이 경우에 집단 무의식이 여론으로 투사되고 있는 것이 분명하며, 타인들이 그녀를 협박하고 있다. 지금 그녀를 위협하고 있는 것은 무엇인가?

"화강암일 뿐이야!"라는 말이 협박으로 작용하고 있다. 집단 의견은 그것이 화강암일 뿐이라고, 물질일 뿐이라고 말하고 있다. 그것이 알의 모양을 하고 있을지라도 알이 아니라는 것이다. 그러나 그녀는 그것이 화강암에 지나지 않는다는 반대 여론에 맞서면서 그것이 진짜 알이라는 희망 또는 확신에 거의 절망적으로 매달리고 있다. 그녀는 이렇게 말한다.

> 그들이 나를 조롱하며 점점 가까이 다가왔다. 나는 그들이 나를 알 위로 내동댕이치고 나의 가슴의 불꽃을 꺼버릴까 겁이 났다.

이 상징은 그녀가 정말로 집단성을, 전체 인간을 일종의 근본적인 힘으로, 사람을 바위로 내동댕이치는 파도나 사람을 그냥 으깨어 버리는 그런 구르는 돌 같은 것으로 인식하고 있다는 점을 보여주고 있다. 군중은 밀려드는 파도 같다. 군중은 그녀를 알 위로 내동댕이치고 그녀의 가슴에서 타고 있는 불꽃을 꺼뜨려 버리겠다고 위협하고 있다.

이 불꽃은 의식의 시작이고 개성화의 시작이며, '아나하타' 차크라의 중심에 있는 삼각형의 바닥에서 보는 그 작은 빨간 불꽃이다. 바로 거기서 의식이 단순히 의식적인 반응으로서가 아니라 자체의 권리로서 시작된다. 나는 종종 감정과의 관계 속에서 이 점에 대해 설명했다. 사람이 감정에 압도당하면서 감정과 동일해질 때, 그 사람은 '마니푸라'에 있다. 그러나 만약에 그 사람이 "난 지금 화가 났어."라거나 "난 지금 슬퍼."라고 말하면서 그 같은 감정을 바탕으로 결론을 내린다면, 그 사람은 감정이라는 엄연한 사실에도 불구하고 행동을 하고 있다. 그때 그 사람은 '아나하타'에 있으며, 그것은 독립적인 의식의 시작이고 인간적인 자유의 시작이다. 그렇지 않으면 사람은 희생자이고 단순히 나쁜 기질이나 좋지 않은 분위기의 먹잇감이다. 그런 사람은 한 마리 동물과 다를 바가 없다. 오직 자신의 감정에 맞서 버티면서 자신의 존재를 단언할 수 있을 때에만, 사람은 한 사람의 인간이 될 수 있다.

횡격막 위에서, 사람은 아무리 동물처럼 굴더라도 자신이 하는 행동을 의식하게 되고 자신이 아는 만큼 자유로워진다. 바로 거기에 최초의 기미가, 의식의 최초의 작은 불꽃이 있다. 그러므로 그 불꽃은 대단히 소중하다. 이 여자는 언제나 불꽃을 보호해야 한다. 그 불꽃은 세상의 바람에 너무나 심하게 위협받고 있기 때문에 언제라도 한 순간에 꺼질 수 있다. 그래서 그녀는 '마니푸라'의 힘들의 무서운 공격에 맞서 언제나 그 불꽃을, 의식을 지키기 위해 노심초사한다.

'아나하타'는 또 사람이 완전의 상징인 이슈바라(Ishvara)[91]를 처음 보는 곳이다. 심리학적으로 말하면, 그녀는 '아나하타'에 머물려는 희망을 고집하고 있지만 '마니푸라'의 불을 결코 제거하지 못하며 언제든 분화구의 불 속으로 다시 떨어질 가능성이 있다. 그렇다면 그 불꽃은 그녀의 개인적이고 독립적인 의식이며, 탄트라 요가에 따르면 이 의식은 독립과 분리의 상태에서 증대되게 되어 있다. 그러다 의식은 최종적으로 인과응보의 법칙으로부터, 단순한 사건들로부터 해방될 수 있다. 그것은 가장 높은 센터인 '아즈나'에서 일어나는 의식의 초월에 해당한다. 당신도 『황금꽃의 비밀』에서 그런 내용을 읽었을 것이다.

지금 만약에 여론이, 다시 말해 다수의 사람들에게 투사된 집단 무의식이 그녀를 압도한다면, 횡격막 아래의 영역들이 그 불꽃을 꺼뜨릴 것이다. 그녀의 의식은 독립적인 요소였으므로 복부에 집중된 불들에게 삼켜질 것이다. 그 협박은 어떤 목적을 갖고 있다. 예를 들면 거기에 의문스런 점, 속이 빈 소리를 내는 갑옷이 있었고, 따라서 그녀에게도 알은 확실히 살아 있는 것은 아니었다. 그녀는 그것이 알이라고 말하는데, 그것은 그녀가 그것이 알이었으면 하고 바라고 있다는 뜻이다. 그러나 집단적인 의견은 항상 그것은 화강암일 뿐이라고, 그것은 죽은 물질이라고, 그것에 대해선 신경을 끊으라고, 그것은 가망 없는 것이라고 말하고 있다. 그리고 만약에 그녀가 집단적인 의견을 믿게 된다면, 무의식이 그녀 위로 닫히며 그녀를 다시 동물적인 삶이 영원히 남아 있는 '마니푸라'의 영역으로 데려갈 것이다.

모든 원시인들은 '마니푸라'에 머물고 있으며, 통제 불가능한 감정

....

91 힌두교에서 신, 종국적 존재, 개인적 신, 특별한 자기 등의 의미를 지닌다.

과 분위기의 먹이가 되는 사람, 또 감정적 삶의 지배를 받는 상태에서 그런 삶에서 도망치고 있는 사람은 모두 '마니푸라'에 있다. 그래서 그녀에게 이 생명의 불꽃을 꺼뜨리지 않는 것이 절대적으로 필요한 일이다. 그 불꽃이 위협을 받고 있는 것은 그녀가 이 같은 이치를 깨닫도록 하기 위함이다. 그녀는 여기서 이 알이 화강암으로 만들어지지 않아야 하는 것이, 알의 속이 비고 거기에 생명이 있는 것이 얼마나 중요한지를 배울 기회를 갖고 있다. 그녀는 이렇게 말한다.

> 나는 알에 달려 있는 실들 중 하나를 잡고 그것을 채찍 삼아 군중을 내리쳤다.

이 부분은 매우 특이하다. 정상적인 알에는 그런 실이 전혀 없다. 그러나 물고기의 알에는 그런 실이 있다. 예를 들면, 상어의 알이 그렇다. 이것은 상어 알을 대략적으로 그린 그림이다. 이 꼬리 또는 실은 채찍이라 불린다. 그리고 작은 뱀처럼 생긴 미생물도 있다.

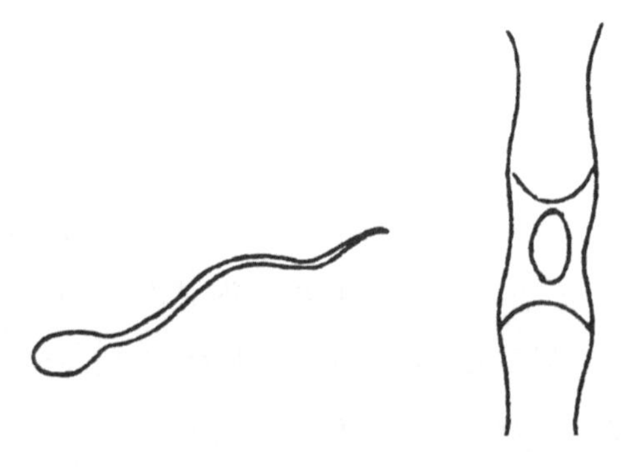

그것들은 독일어로 'Geissel-tierchen'이라 불린다. 작은 채찍 동물이라는 뜻이다. 우리 환자는 동물학 교육을 잘 받았다. 그래서 그녀는 물고기의 알에 대해 당연히 잘 알고 있다. 이 알은 왜 실들을 달고 있어야 하는가?

그것이 무의식인 바다의 내용물이기 때문이다. 그것은 집단 무의식의 바다에서 해안으로 밀려 나왔다. 그녀의 환상을 보자.

> 사람들이 뒤로 물러났다. 나는 다시 알 쪽으로 몸을 돌리며 "저 사람들을 물리쳤어. 그러니 다시 내 앞에서 열려다오."라고 말했다. 그러자 알이 네 부분으로 나뉘었다. 노른자가 밖으로 쏟아지면서 나의 몸 전체로 튀었다. 그때 나는 나 자신은 상처를 입을 수 없다는 것을 알았으며, 나는 전혀 분노를 느끼지 않은 가운데 사람들 쪽으로 몸을 돌렸다.

그렇다면 그녀는 자신의 신념을 옹호하고 있으며, 군중에 맞서 알 또는 자기 자신을 방어하고 있다. 알이 화강암일 뿐이라고, 물질일 뿐이라고 믿고 있는 군중의 신념에 맞서 그녀가 자신의 직관을 옹호한다는 뜻이다. 이 환상에서 그녀는 자신이 가장 소중하게 여기는 확신에 강하게 매달리고 있으며, 그 효과는 알이 즉시 생명력, 즉 자발적인 활동을 보이며 4개의 부분으로 나눠지는 것으로 나타나고 있다. 이것은 무엇을 의미하는가?

발달 과정이 바로 그런 식으로 시작한다. 그 과정은 하등 동물의 알에서 특히 더 두드러지게 나타난다. 고등 동물의 경우도 똑같지만, 동물학에서 그것을 보여주는 자료로 자주 이용되는 것이 성게의 알이다. 알이 매우 규칙적으로 분열되는 것이 잘 확인된다. 이런 내용은 그녀에게 완벽하게 알려져 있다. 그래서 알이 생명의 신호를 보이는 것은 그녀의 태도 변화 때문이다. 우선 그녀는 집단 의견에 다소 설득 당했지만, 지금 그녀는 자신이 그런 관점을 강조하면 '아나하타'의 불꽃이 꺼질 것이라고 느끼면서 불꽃에 강하게 매달리고 있으며, 따라서 알이 발달하기 시작한다. 그녀가 "내 앞에서 열려라."라고 말하자, 알이 열리면서 그녀를 노른자로 감싼다. 마치 그녀가 알에게 받아들여지는 것 같고, 그녀가 알 안에 있던 살아 있는 근원이 되어 알로부터 다시 태어나는 것 같다.

28강

1933년 1월 25일

이런 질문이 나왔다. "알을 물고기의 알이 아니라 새의 알로 보면, 이 화강암 알 환상이 더 쉽게 이해될 것 같습니다. 노른자를 갖고 있는 물고기 알을 생각하기가 어려워요. 새들의 알이 실을 갖고 있지 않은 것은 사실이지만, 알의 문제에서는 노른자가 줄보다 더 우선되어야 하는 것이 아닌가 하는 생각이 듭니다."

있어야 할 것이 많은데, 그런 것들이 없다. 사실 이 알은 매우 의문스런 알이다. 그것은 이 세상의 알이 아니다. 그래서 이 화강암 알이 노른자를 갖고 있고 물고기 알의 특성을 갖고 있는 것을 진기하게 여겨야 한다. 물론, 이 알이 새의 알일 수도 있다. 무의식에서는 무엇이든 가능하다. 알의 진정한 기원이 전적으로 신비에 싸여 있다는 사실은 특별한 의미를 지닌다. 그래서 우리는 그것을 환상 속의 내용 그대로 둬야 한다. 그것의 기원은 불확실하다. 이런 종류의 문제와 관련해, 나는 나폴레옹의 법전에 나오는 그 유명한 문구를 자주 인용한다. “부권(父權)을 조사하는 것은 금한다.” 그것은 물고기도 아니고 새도 아니다. 그것이 어느 과(科)의 동물에 속하는지 아무도 모른다.

이제 다시 환상을 해석하도록 하자. 마지막으로 언급했던 것이 화강암 알이 열리고 우리 환자가 노른자로 뒤덮였다는 내용이었다. 그녀는 “이어서 나는 나 자신은 상처를 입지 않는다는 것을 알았으며 화를 내지 않고 사람들 쪽으로 돌아섰다.”고 말했다. 노른자가 위협적인 군중으로부터 그녀를 보호하는 역할을 한다는 내용이 이해되는가?

상상하기가 좀 어렵지만, 그럼에도 그녀는 일종의 근원이다. 알이 열리면서 그냥 그녀를 삼킨다. 따라서 그녀는 알 안에서 안전할 것이다. 그녀는 다시 일종의 태아 같은 조건에, 자궁 속에, 아니면 재탄생의 상태에 있다. 매우 특이한 상태다. 그녀는 영웅적인 태도를 얻을 것이다. 그런 기적적인 재생은 언제나 영웅을 낳기 때문이다. 그것이 모든 부활 의식의 의미이다. 예를 들면, 인도에서 높은 계급의 명예로운 타이틀은 두 번 태어난다는 뜻을 갖고 있다. 기독교 신자들도 세례를 받으면 두 번 태어나며 영혼의 위험으로부터 특별한 보호를 받는다. 그들은 교회의 육체 안으로 받아들여지고, 어머니의 자궁 안에 영원히 머문다. 그래서 사람들은 교회 밖엔 구원이 절대로 없다는 식으로 말한다. 그렇다면 화강암 알은 건물이고 교회의 벽이며, 교회 안에 있는 사람은 누구든 노른자 안 또는 자궁 안에 있으며 어머니의 무릎에 안긴 아이처럼 보호를 받는다.

그러나 그런 상태에 있는 사람은 당연히 일반적인 인간 존재가 아니다. 두 번째 출생이 사람을 신의 아들로 만들기 때문이다. 잘 아시다시피, 그것이 바로 기독교인이 말하는 아들의 개념이다. 세례를 통하면 사람은 신의 아들이 되고 더 이상 인간의 아들이 아니다. 그 같은 뜻은 원시적인 신비 종교의 입교식에 명확히 담겨 있다. 소년들을 가족으로부터 떼어놓고 소년들에게 입교식 도중에 죽음을 맞거나 이미 죽었다고 일러준다. 그런 다음에 소년들은 다시 소생하며, 이젠 생물학적 어머니와 아버지의 아들이 아니라 신의 아들 또는 정령의 아들이 된다. 일부 부족의 소년들은 자신들이 토템 동물의 후손이라고 배우며, 그런 존재를 낳는 것으로서 그런 의식은 인간의 출생 그 이상의 의미를 지닌다.

고대 이집트인들도 똑같은 사상을 갖고 있었다. 어느 신전의 소위 산실(産室)에는 파라오의 두 번째 출생이 그려져 있다. 파라오가 태양신과 여신에 의해 잉태되고, 세상에 태어나고, 그래서 신의 아들이 되고 이 땅에서 신을 대신하게 되는 과정이 상세하게 그림으로 설명되고 있는 것이다.

그렇다면 이것은 원형적인 생각이며, 여기서 상징은 역사 깊은 상징을 다시 표현한 것에 지나지 않는다. 그것은 똑같은 사상이 개인적인 형태로 완전히 새롭게 표현되었다. 이 여자는 신비의 알 또는 세상의 알, 우주의 알 속으로 들어간다. 그것은 그녀가 군중의 공격으로부터 아주 부자연스럽게, 바꿔 말하면 형이상학적으로 보호를 받는 그런 매우 원초적인 조건이다.

지난 시간에 군중을 집단 의견을 상징하는 것으로 보았으며, 집단 의견은 언제나 사람들에게 평범한 인간 존재에게 불과하다는 점을 주입하려 노력한다. 그리고 집단 의견은 인간이 언제나 벗어나려고 노력했던 바로 그것이다. 왜냐하면 하나의 원자가 된다는 것은, 다시 말해 사하라 사막의 모래 한 알이 된다는 것은 어쨌든 터무니없어 보이기 때문이다. 단지 어떤 거대한 집합체의 일부가 되는 것은 어떠한 의미도 지니지 않는다. 그런 상황에서 사람은 살아가지 못한다. 그러므로 인간은 언제나 이 무서운 위험, 즉 개인의 표준화와 무효화로부터 자신을 보호하기 위해 관점을 발달시키는 경향을 보인다. 개인의 발달을 옹호하는 사람들은 지금 러시아를 지배하고 있는 사고방식으로부터 인류를 보호하려고 노력하고 있다. 그녀가 화를 내지 않고 사람들 쪽으로 돌아설 수 있었다는 것은 무슨 의미인가?

그녀는 자신이 더 이상 감정적이지 않다는 사실을 언급하고 있다. 군중이 보이는 그런 감정적 애착이 '신비적 참여'이며, 이 같은 참여는 사람을 단순히 덩어리의 한 부분으로 만드는 기이한 효과를 발휘한다. 차크라 시스템에 따르면, 그녀는 지금 적어도 횡격막 위쪽의 '아나하타'에 있으며, 더 이상 '신비적 참여'가 일어나는 센터인 '마니푸라'에 있지 않다. 이 순간에 그녀는 말한다. "나는 검은 베일을 쓴 어떤 여자가 군중으로부터 빠져나오는 것을 보았다." 이 여자가 바로 그녀이다. 그런데 그녀가 자신을 군중에서 빠져나오는 검은 베일을 쓴 형상으로 본 이유는 무엇인가? 그 형상은 그녀 자신의 '스툴라'(sthula) 측면이다. 그리고 알 안에서 그녀는 그녀 자신의 '수크슈마'(sukshma) 측면을 얻었다.

'스툴라'와 '수크슈마'는 탄트라 철학에서 사용되는 용어이다. '스툴라' 측면은 외적인 구체적인 양상이다. 예를 들어, 사람들의 무리를 단순히 사람들의 집합으로만 보는 것은 스툴라 측면, 즉 물질적 측면이다. '수크슈마' 측면은 인류의 내적 의미일 것이다. 말하자면 인류가 겉으로 보면 사람들의 집합에 불과하지만 우리 모두가 진정으로 하나라는 것을 깨닫는 것을 뜻한다. 내가 모든 사람의 내면에서 나 자신을 보는 것을 말한다. 그렇다면 이 상징의 내적 측면, 즉 알 안에서 정신적으로 보호를 받는다는 사상은 '수크슈마' 측면이다. 이 여자는 군중에서 빠져나와서 화강암 벽 뒤로 물러서며, 따라서 접근 불가능하고 공격 불가능한 존재가 된다. 그러나 다른 사람들은 그녀가 뻣뻣하고 냉담하고 비인간적이라고 말할 것이다. 바깥에서 보면, 다시 말해 '스톨라' 측면을 보면 그녀는 검고, 모호하고, 신비하고, 베일을 쓴 여자와 비슷하다. 그녀가 자신을 초연한 존재로 인식하는 바로 이때 갑자기 '스톨라' 측면이 끼어드는 이유는 무엇인가?

팽창을 겪지 않도록 하기 위해서다. 만약에 당신이 두 번째 출생의 과정을 겪는다면, 그래서 영웅 아이의 입장에 있다면, 틀림없이 자아 팽창의 위험이 따를 것이다. 그래서 그녀에게도 그녀의 '스톨라' 측면을 떠올리게 해 줘야 한다. 베일을 쓴 여자를 제대로 이해하기 위해선 환상에 대해 추가로 더 들어봐야 한다.

> 나는 그녀에게 물었다. "당신은 왜 이런 사람들과 함께 있는 나를 조롱하지 않죠?" 그러자 그녀가 "나는 무관심해요."라고 대답했다. 나는 그녀를 쓰러뜨린 다음에(그녀는 이 형상들을 유난히 폭력적으로 다루고 있다), 바위투성이 어두운 좁은 길로 계속 나아갔다.

그녀는 아직 바퀴로 막혀 있던, 바위로 에워싸인 좁은 길에 있다. 그리고 베일로 얼굴을 가린 여자는 자신은 무관심하다고 선언한다. 그녀의 사회적 감정이나 집단적인 상태에 문제가 있는 것이 분명하지만, 여기서 문제는 이것이다. 이 여자의 유령을 어떻게 평가할 것인가? 우리 환자가 그녀를 미워하는 것이 그녀가 무관심하기 때문이라는 생각이 들지 않는가? 우리 환자가 무관심을 혐오하는 것은 무관심이 초연함의 '스톨라' 측면이기 때문이다. 그녀는 초연함을 경험했지만, 이어서 관중의 관점인 '스톨라' 측면이 나타난다. 군중은 초연함을 두고 냉담한 게으름 또는 무관심이라고 부르면서 절대로 초연함으로 여기지 않는다. 그리고 우리가 늘 기억해야 할 것은 이 같은 깊은 의심이 그녀의 내면에 있다는 점이다. 그녀 자신도 그것이 무관심이 아니라고 자신 있게 말하지 못한다. 그래서 그런 폭력적인 몸짓이 나오게 되는 것이다.

약간의 비판에 대한 반응으로 나오는 그런 폭력적인 몸짓은 수상하다. 어떤 사람이 나에게 자신은 대단히 초연한 사람이라고 말하면, 나는 가끔 "혹시 당신이 냉담하거나 무관심한 것이 아닌가요?"라고 묻는다. 초연함이 대단히 값싼 그 무엇일 수 있는 것이다. 게으른 개는 매우 초연하다. 흑인은 절대적으로 초연할 수 있다. 흑인은 백인이 땀 흘리며 노력하는 것을 지켜보면서 자신의 배가 부른 한 꽤 초연할 수 있다. 그렇듯, 초연하다는 것이 단지 무관심한 것일 수 있다. 나는 그녀 자신이 "오, 어쩌면 그것이 무관심일지도 몰라."라고 말했을 가능성이 있다고 생각한다. 그런 경우에 그녀는 더 이상 보호받지 못하고, 알 밖으로 내던져지고, 군중에 붙을 것이다. 그러면 그녀는 취약해진다. 그 같은 의심이 그녀에게 화살처럼 박혀 있다. 따라서 그녀는 무관심한 모습을 보이는 형상을 때려눕힌다.

아시다시피, 누군가가 우리에 대해 정곡을 찌르는 말을 하면, 우리는 거의 틀림없이 "아니야! 절대로 그렇지 않아!"라고 힘주어 말한다. 예를 들어, 만약에 어떤 사람이 당신에게 "아마 이것이 당신 남편에게 저항하는 것이 아닐까요?"라고 말한다면, 당신은 "절대 그렇지 않아요. 그런 끔찍한 일은 상상도 하지 말아요!"라고 대답할 것이다. 그래서 그런 식의 질문을 던지는 것이 실제 분석에서 하나의 원칙이 되다시피 했다. 그러면 분석가는 자신이 정곡을 찔렀다는 사실을 확인할 수 있다. 거기엔 의심의 여지가 전혀 없다. 분석가가 정곡을 찌르지 않았다면, 환자의 방어는 불필요했을 테니까.

'프라하의 학생'이라는 제목으로 영화화된 작품(아델베르트 폰 샤미소(Adelbert von Chamisso)의 단편 소설 '페터 슐레밀의 신기한 이야기'(Peter Schlemihl's Miraculous Story)를 말한다/옮긴이)이 있다. 주인공인 학생은 자신의 그림자가 마법의 거울로부터 빠져나가는 것을 본다. 그가 악마에게 돈을 받고 자신의 그림자를 판 것이다. 그림자는 온갖 사악한 짓을 다 했다. 마침내 그림자는 학생의 비극적 종말까지 부른다. 이 그림자는 모든 것의 '스툴라' 측면이다. 그리고 '물라다라'인 그림자나 '스툴라'의 세계에서 살고 있는 한, 우리는 적어도 '스툴라' 측면에서 사물들이 어떻게 보이는지 알고 있어야 한다. 우리는 '수크슈마' 측면에서 위대하고 아름다운 것들 대부분이 '스툴라' 세계에서 보면 오히려 흉해 보인다는 사실을 잘 알아야 한다. 이것은 재미있으면서도 비극적인 사실이다.

이 같은 사실은 내가 워싱턴의 정신병동에서 상담했던 어느 늙은 흑인 여자가 한 말을 떠올리게 한다. 그녀에겐 신과의 특별한 만남이라는 종교적 경험에 대해 할 말이 많았다. 그녀는 이렇게 말했다. "신은 저기 위에 있지 않아요. 사람들은 늘 그런 식으로 말하지만, 내가 그 사람들보다 더 많이 알아요. 신은 내 안에 있어요. 신은 내 안에서 시계처럼 재미있고 진지하게 작동하고 있어요." 그렇듯, 가장 위대한 종교적 경험 중 하나인 부활 또는 재생의 경험은 매우 진지하고 강력하고 아름다운 것이다.

그런데 이 경험마저도 매우 다르게, 매우 어둡게 보이는 '스툴라' 측면을 갖고 있으며 그 측면은 매우 우스꽝스럽게 보일 수 있다. 그 점이 심각한 문제가 될 수 있다. 일부 사람들의 경우에 안이 아름다운 것은 바깥도 마찬가지로 아름다워야 한다는 의견을 갖고 있기 때문이다. 그러나 여기서 아름다운 것은 저기서는 아름답지 않으며, 모든 것에는 두 가지 측면이 있다. 그래서 정신적 아름다움이 '스툴라' 세계에서 언제나 특별히 마음에 드는 것이 아닐 수 있다.

이를 보여주는 예는 아주 많다. 당신도 아마 종교들의 역사에서 그런 예를 확인할 것이다. 예를 들어, 사도들이 두 번째 탄생을, 그러니까 성령강림절에 성령의 강림을 경험하고 거리로 쏟아져 나왔을 때, 군중은 그들이 달콤한 포도주에 취해 있었다고 말했다. 그것이 정신적 기적의 '스툴라' 측면이었다. 정신적 기적도 '스툴라' 측면을 갖고 있는 것이다. 그래서 어떤 사물의 가치를 정확히 파악하기 위해서는 언제나 그것의 속이 어떤지, 말하자면 '수크슈마' 측면이 어떤지를 알아야 한다. 지금 우리의 환자가 '스툴라' 측면을 쓰러뜨렸다는 사실은 단순히 그것이 매우 강력하다는 것을 의미하며, 그래서 우리는 그 측면으로부터 장애가 될 무엇인가를 예상할 수 있다. 그것이 뒤에 뜻하지 않은 장애로 불쑥 나타날 것이다. 그녀는 지금 좁은 길을 계속 가고 있다고 느끼고 있다.

> 나는 장벽에 닿았다. 어떤 남자가 자기 위와 아래에 여자를 하나씩 둔 상태에서 길을 가로막고 있었다. 남자는 두 손 대신에 두 개의 남근상을 갖고 있고 남근 대신에 하나의 손을 갖고 있었다.

아시다시피, 그것은 진짜 사람이 아니었다. 그는 모든 부분이 남근의 상징이다. 남근으로 상징하는 프리아포스 신의 조각처럼 생겼다.

> 그가 나에게 자신을 묶고 있는 사슬을 풀어달라고 간청했다. 이어 그는 땅바닥으로 쓰러졌고, 나는 그를 넘어 나의 길을 재촉했다.

이 방해물은 틀림없이 성욕이다. 그런데 여기서 이런 상징이 등장하는 이유가 궁금하다. 우리가 앞에서 '스툴라' 측면에 대해 이야기한 것이 도움이 될 것 같다. 이것은 완전히 상징적이며, 남근 상징이다. 남자 위에 여자가 있고 남자 아래에 여자가 있는 것이 주신제(酒神祭)의 분위기를 강하게 풍긴다. 여기서 우리는 다시 장벽처럼 보이는 상징을 만난다. 그녀는 더 이상 순조롭게 움직이지 못한다. 첫 번째 장애는 그녀를 붙잡으려 드는 바퀴와 손이었으며, 지금 장애는 이 모호한 상징이다. 그녀가 두 번 태어난 상태에, 말하자면 정신적으로 보호받을 수 있고 초연할 수 있고 아무것도 그녀에게 닿지 못하는 그런 상태에 집착하고 있다는 것을 기억하라. 그리고 인간에게 닥칠 수 있는 최악의 것이자 가장 효과적인 것이 바로 성욕이다. 왜냐하면 모든 것이 진짜가 되게 하는 힘이 성욕임과 동시에 인간을 끊을 수 없는 사슬로 세상과 묶는 것이 성욕이기 때문이다. 지금 만약에 어떤 사람이 애착에 면역이 되어 있다면, 그 사람은 마찬가지로 성욕에도 면역이 되어 있을 것이다.

따라서 두 번째 탄생이라는 지극히 정신적인 사건에 뒤이어 가장 먼저 일어나는 문제가 뜻밖에도 성욕 방출의 문제이다. 만약에 사람이 면역이 되어 있는 상태라면, 그래서 더 이상 세상에 접근하지 못하고 더 이상 '신비적 참여'에 의해 세상과 묶여 있지 않다면, 성욕을 묶어 둬야 하는 이유가 무엇인가? 섹스도 두 번 태어난 존재를 묶어 놓지 못한다. 그렇다면 성욕을 위험한 악마로 여겨 단단히 묶어두는 것은 터무니없다. 두 번 태어난 존재에겐 모든 것이 허용되어야 한다. 그것이 불가피한 결과이다. 따라서 두 번 태어난 존재는 언제나 니체가 '주인 도덕'(Herren Moral)이라고 부른 것의 특권을 누렸다. '주인 도덕'은 다른 사람에게 전혀 아무런 책임을 지지 않는, 절대적으로 독립적인 영주(領主)의 도덕을 의미한다. 동양에는 두 번 태어난 사람들, 특히 매우 신성한 존재들의 행실에 관한 재미있고 외설스런 이야기가 많다. 예를 들면, 티베트를 찾은 프랑스 여행가 다비드넬(Alexandra David-Neel)이 들려주는 위대한 라마승에 관한 이야기가 있다. 다소 품위가 떨어지지만 아주 심하진 않다.

어린 소녀가 물을 길으러 샘으로 갔다. 한적한 곳이었는데, 갑자기 매우 천박해 보이는 남자가 숲에서 튀어나와 그녀를 겁탈하려 들었다. 그녀는 힘껏 반항했다. 그녀는 정말 심각했으며, 아시다시피 자기 자신을 진정으로 방어하려 드는 여자는 절대로 강간당하지 않는다. 그래서 그녀는 남자를 물리쳤고, 옷이 찢긴 상태로 어머니에게 달려가 자초지종을 털어놓았다. 소녀가 그 남자의 생김새에 대해 설명하자, 그녀의 어머니가 소리를 질렀다. "얘야, 네가 큰 잘못을 저질렀구나. 그 사람이 위대한 라마승이란다. 넌 그에게 몸을 줘야 했어. 지금 당장 샘으로 가서 준비가 되어 있다고 그러렴." 그래서 크게 놀란 아이는 샘으로 다시 갔다. 승려는 거기 앉아서 깊은 명상에 빠져 있었다. 그녀는 승려에게 그를 받아들일 준비가 되어 있다고 말했다. 그러나 승려는 이렇게 말했다. "너무 늦어 버렸어. 저기 우리에 당나귀 두 마리가 보이는가? 저들이 방금 교미를 했어. 그래서 내가 막으려 했던 일이 일어나고 말았네. 매우 부유하고 사악했던 인간이 조금 전에 죽었는데, 나는 그에게 부활이 필요하다는 것을 알았어. 네가 내가 만난 첫 번째 여자였고, 그래서 내가 즉각 너를 원했던 것이었어. 그의 영혼이 너의 육체로 들어가서 해방의 기회를 누리게 하려고 했지. 그러나 네가 거부했고, 그의 영혼은 당나귀에게 들어갔어. 그는 지금 당나귀로 태어날 거야." 아시다시피, 바로 그런 것이 형편없고 범죄이기도 한 '스툴라' 측면이다. 이것은 동양에서 내려오고 있는 이야기이다.

그렇다면 그 장애물의 더없이 외설스런 측면에 지나치게 놀라서는 안 된다. 이 환상에 음란한 상징은 무척 드물다. 지금까지 딱 한 번 흐릿한 암시가 있었던 것을 제외한다면 그런 상징은 전무했다. 그래서 조금만 신경을 쓴다면, 그런 상징에 대한 이야기를 피할 수 있다. 그러나 그것이 그녀의 길에 나타난 장애물이기 때문에, 우리가 그것을 논하지 않는다면 그것이 우리의 길에도 장애로 작용할 것이다.

그 상징의 특이성은 그것이 진짜 사람이 아니라 남근 상징이고 또 그 남근 상징이 두 명의 여자 사이에 위치해 있다는 점이다. 한 여자는 그 상징 아래에 있고 다른 한 여자는 그 상징 위에 있는데, 이것은 격한 감정이 표출되고 있는 대단히 비도덕적인 무엇인가를 암시한다. 그러나 남근상이 하나의 상징으로 이용되고 있다는 사실은 이것이 '수크슈마' 측면도 갖고 있다는 점을 암시한다. '스툴라' 측면에서 보면 남근상은 대단히 꼴사납지만, 그것이 상징이기 때문에 우리는 그것이 중요한 '수크슈마' 측면을 갖고 있다고 확신한다. 지금 이 장애는 실제 삶에서 어떤 식으로 작용할까?

그녀는 재탄생의 경험을 거치고 있으며, 따라서 재탄생에 상응하는 문제에 봉착하게 되어 있다. 정신적 재탄생에 의해 보다 높은 차원으로 올라간 사람에게 무슨 일이 일어날 수 있을까? 정신적 재탄생에 대해 이야기할 때, 사람들은 언제나 높은 차원으로 옮겨진다는 기독교의 편견을 본능적으로 적용한다. 말하자면, 서른 살 나이에 요르단 강에서 두 번째 출생을 맞았던 예수의 삶의 상징과 동일시하는 것이다.

예수에게 그것은 신성한 소명이라는 경험의 시작이었다. 그가 신의 아들로 선언되었을 때, 신성한 인간, 즉 푸루샤가 그의 안으로 들어가서 그를 신으로 만들었다. 이 푸루샤는 그리스도가 겟세마네 동산에서 죽기 전에 그의 몸을 떠난 것으로 여겨졌다. 이것이 예수 가현설(假現說)이라는 가르침인데, 이 이론은 그 후 교회로부터 이단으로 낙인이 찍혀 박해를 받았다. 이 기독교 전설은 자연히 그리스도가 재탄생을 통해서 보다 높은 영역으로, 말하자면 죄로부터 자유롭고 악마의 기만으로부터 자유로운 영역으로 올라갔다는 사상으로 이어진다. 그러나 그 시대에 바리새인으로 불렸던 경건한 유대인의 관점에서 그리스도의 삶에 일어난 사건들을 본다면, 완전히 다른 그림이 나타난다. 바리새인들은 이런 식으로 말하곤 했다. "그 두 번째 출생이 무엇을 의미하는지, 그리고 우리 종교가 허용하지 않거나 예상하지 않은 그런 마법을 실행한 결과가 어떤 것인지를 사람들은 알고 있어. 그 인간은 선동적이고, 저급한 폭도들과 음모를 꾸미고, 매춘부나 로마의 세리들이나 어부와 어울리고, 소란을 피우는 어리석은 자들과 함께 돌아다니고, 더없이 역겨운 것을 가르쳤어."

당신도 그리스도가 안식일에 일하던 사람을 만났을 때에 관한 이야기를 들었을 것이다. 무서운 죄를 저지른 그 사람에게 그리스도는 "그대가 지금 하고 있는 일을 알고 있다면, 그대는 축복을 받을 것이고, 그대가 지금 하고 있는 일을 모르고 있다면, 그대는 저주를 받을 것이다."라고 말했다. 그때까지 들어보지 못한 말이 아닌가! 얼마나 끔찍한 말인가! 만약에 그런 일이 우리 시대의 도덕에 되풀이된다면, 예를 들어 어떤 사람이 당신의 시계를 훔치면서 그 같은 행위를 하고 있다는 사실을 알고 있다는 이유로 축복을 받는다면, 그 같은 가르침은 대단히 위험한 가르침으로 여겨질 것이다.

또 다른 무서운 가르침은 그리스도가 "악에 저항하지 말라."고 한 것이다. 그리고 부당한 청지기 우화에서, 그리스도는 사람들에게 속이고 기만하고 훔치라고 가르치고 또 돈이 떨어지면 부유한 사람들이 피난처를 제공할 것이라면서 부유한 사람들과 사이좋게 지내라고 가르쳤다. 마지막으로 그리스도는 로마의 세계가 상상할 수 있는 방법 중에서 가장 경멸스런 방법으로 죽음에 처해졌다. 반항적인 노예처럼 십자가형에 처해진 것이다. 그래서 당연히 경건한 로마인들조차도 이렇게 말하곤 했다. "그것이 당신이 부활이라고 부른 거잖아!" 또 니고데모(Nicodemus)가 다 성장한 사람이 자기 어머니의 자궁 속으로 들어가는 것이 어떻게 가능한가 하고 물었다. 니고데모는 그것을 매우 구체적으로 이해했다. 당연히 그리스도는 터무니없는 것을 가르치고 있는 것으로 여겨졌다. 그리스도는 홍해에서 공산주의 사상을, 대단히 비도덕적인 내용을 고무하고 있던 세례자 요한과 비슷한 존재로, 따라서 그런 운명을 맞을 수 있는 존재로 여겨졌다. 이 모든 것이 '스툴라' 측면이었다. 우리는 '수크슈마' 측면에 대해서만 알고 있으며, 거기선 진정한 정신적 부활은 사람을 대단히 경이롭고 높은 영역으로, 죄로부터 자유롭고 세상으로부터 초연하고 사악한 일이 절대로 일어나지 않는 그런 곳으로 끌어올리는 것으로 여겨진다.

그러나 무의식의 전개는 우리 환자의 경우에 우리가 다음에 직면하게 되는 것이 바로 외설이라는 점을, 예를 들면 어둡거나 사악한 측면의 성욕의 방출이라는 점을 보여주고 있다. 기독교 전설에서 일어난 것과 똑같다. 요한이 그리스도에게 세례를 베풀고 난 뒤에 가장 먼저 나타난 결과가 무엇이었는가? 사탄과의 조우였다. 그리스도는 성적 방탕의 유혹을 받지는 않았지만, 무제한적인 권력의 유혹을 받았다. 권력의 방종도 성욕 못지않게 격한 감정을 불러일으키는 악이다. 아시다시피, 그리스도는 난봉꾼의 심리를 갖고 있지 않았을 것이다. 아주 가난한 집안의 사생아였던 그리스도는 자연히 입교의 결과

야망이라는 악령을 만났다. 다시 태어나 신의 아들이 된 그리스도에게 그 다음에 일어난 일은 사탄과의 조우였다. 바로 그 일이 지금 이 환상에서 나타나고 있다. 이것이 우리 환자의 사탄인 것이다.

우리 환자는 두드러진 존재가 되려는 무서운 야망을 품은 사생아가 아니다. 그녀는 부유하게 태어난 바리새인에 속하며, 바리새인의 유일한 문제는 자신의 리비도를 갖고 무엇을 할 것인가 하는 것이다. 이 여자가 그런 장애를 만나는 것은 불가피하며, 그 장애는 그녀의 특별한 심리와 잘 맞을 것이다. 지금 나는 심리적 유형에 대해 말하고 있는 것이 아니라 사회적 유형에 대해, 말하자면 그녀가 갖고 있을 가능성이 큰 심리의 종류에 대해 말하고 있다. 권력을 소유한 사람들은 더 많은 권력을 갖는 문제에 대해 걱정하지 않는다. 그런 사람들은 이미 권력을 갖고 있기 때문에 자신이 가진 것을 쓰는 방법에, 리비도를 쓰는 방법에 더 많은 관심을 보인다. 그래서 정욕이라는 악마는 언제나 권력을 가진 사람의 문제이다. 그러나 권력을 갖지 않아 무력한 상태에 있는 사람의 경우에는 언제나 권력이라는 악마가 문제이다. 그런 사람은 두드러진 존재가 되고 영향력을 행사하는 존재가 되기 위해 권력을 추구하고, 그 외의 모든 것은 그에겐 부차적인 것이 된다.

이 두 가지 유형의 심리는 정신분석의 방법에도 그대로 반영되고 있다. 프로이트는 정욕의 문제를 대표하고 있다. 그는 권력을 소유하고 있으면서도 그것을 쓰는 방법을 모르는 막강한 아버지일 것이다. 가난한 프롤레타리아 집안 출신인 아들러는 자기주장의 문제에, 어떤 역할을 맡는 방법에, 주위 사람들에게 강한 인상을 주는 방법에 관심이 많다. 그러므로 아들러는 프로이트와 달리 '쾌락 원리'에 대해서는 말을 한 마디도 하지 않고 오로지 권력을 손에 쥐는 방법과 사람이 권력을 갈망할 때 저지를 수 있는 실수에 대해서만 논한다. 아들러의 주요 개념은 권력을 가진 사람의 수준에 이르는 방법을 말하는 사회적 적응이다. 그것이 최종 목표이다. 아들러는 권력에 닿기만 하면 세상이 완전히 달라진다고 생각하고 있는 것 같다. 권력을 손에 넣은 사람들이 어떤 식으로 느끼는가 하는 문제에 대해서는 고민을 조금도 하지 않기 때문이다.

오늘 점심 한 끼를 해결할 돈조차 없는 가난한 인간은 그 돈을 얻을 수 있는 곳을 아는 것에만 관심을 둘 것이며, 100만 달러를 유산으로 물려받을 경우에 그것이 어떤 느낌으로 다가올지에 대해서는 관심이 전혀 없다. 이 사람은 거금을 유산으로 받는 상황이라면 전혀 아무런 문제가 없을 것이라고 꿈꾸지만, 그가 거금을 유산으로 받는다 하더라도 지금보다 더 많은 악마에 시달리지는 않을지 몰라도 비슷한 수의 악마에 시달리게 될 것이다. 실제로 경험해 보지 않은 상태라 절실히 다가오지 않을 수도 있지만, 스위스 속담에 이런 말이 있다. "모든 부유한 사람의 뒤에 악마가 하나씩 있고, 모든 가난한 사람의 뒤에는 악마가 둘씩 있다." 이것은 철학적으로 깊이 고려해볼 만한 소재이다.

그렇듯, 그런 환상을 근거로 당신은 어떤 개인의 사회적 지위 또는 사회적 심리에 관한 결론을 끌어낼 수 있다. 우리 환자는 그런 장애를 만나게 되어 있다. 예수의 삶에는 이미 권력을 가진 자의 문제는 나타나지 않는다. 만약에 예수가 바리새인이었다면, 예수의 문제는 이 환상과 비슷했을 것이고 성적 방탕이 장애로 나타났을 것이다.

지금 방탕으로 나타난 장애는 앞으로 나아가기 위해선 언제나 이런 특별한 유혹을 다뤄야 한다는 것을 의미한다. 그것은 진짜 문제이다. 사람이 정신적 부활을 그저 추구하는 것이 아니라 어떤 명확한 목적을 갖고 추구하기 때문이다. 그래도 두 번 태어나는 것이 천국으로 올라가기 위한 것은 아닐 것이다. 거길 가봐야 모두가 두 번 내지 세 번 태어난 존재들일 것이기에 전혀 아무런 차이가 느껴지지 않을 테니까 말이다. 만약에 당신이 빛의 집단 속으로 받아들여져 하나의 작은 촛불이 된다면, 당신은 아무것도 아닌 존재가 된다. 당신이 하나의 촛불로 다시 태어난다면, 당신은 어둠 속으로 보내질 것이다. 당신의 부활 의식이 끝나자마자, 당신은 정의로운 자들과 정의롭지 못한 자들이 섞여 있는 지옥으로 갈 것이다.

그래서 이 여자는 즉시 자신의 정신적 부활과 극단적으로 배치되는 것을 직면하게 된다. 그녀는 그런 상황에 노출될 것이다. 물론 나는 우리 환자의 개인적 역사를 파고들지 못하지만, 그럼에도 나는 그녀가 한 사람의 인간 존재이기에 모두가 직면하는 문제에 봉착할 것이라고 단언할 수 있다. 만약에 구체적인 예가 필요하다면, 당신 자신의 일을 예로 들면 된다. 당신에게도 그런 곤란한 문제가 충분히 많다. 그러니 당신이 권력이라는 악마의 축복을 아직 받지 못했다면, 이 여자가 다소 외설스럽게 굴더라도 그냥 내버려두고 당신 자신의 문제를 찾도록 하라. 어느 쪽의 문제가 더 나쁜지 나는 모르겠다.

논리적 결론은 이렇다. 그녀가 다시 태어나서 영적으로 보호를 받고 있기 때문에, 남근 신을 묶어 놓아 봐야 아무런 소용이 없으며, 그녀는 그를 풀어놓을 수 있다. 니체가 말하는, 베일을 쓴 그 슬픈 신들은 베일을 벗을 수 있고, 당신은 상처를 입지 않고 그 진리를 직시할 수 있다. 당신은 초연한 상태에서 신들이 사슬에 묶이지 않을 경우에 무엇을 하게 되는지를 객관적으로 볼 수 있다. 그러나 당신이 어딘가에 묶인 상태에서 '신비적 참여'를 하고 있는 한, 당신은 공포를 강하게 느낄 것이다. 이유는 무슨 일이 일어날 것인지를, 그 남근 신이 무슨 짓을 할 것인지를 모르기 때문이다. 그래서 남근 신은 묶여 있었다. 그렇다면 당신은 이 문제를 다룰 때 자신이 영적으로 보호를 받고 있다는 확신을 강하게 품어야 한다. 그녀는 지금 그를 사슬에서 풀어준 뒤 이렇게 말한다. "그가 땅바닥으로 쓰러졌고, 나는 그를 넘어 나의 길을 재촉했다." 그가 장애물이었고, 그녀는 지금 장애물을 지나서 길을 걷고 있다.

> 그가 나를 따르려 했다. 그래서 나는 "저 두 명의 여자에게로 돌아가서 그들과 화해하라. 그런 다음에 나를 따르도록 하라."고 말했다. 그 남자는 돌아갔다. 나는 깊고 좁은 길을 내려갔다.

이것은 다시 바퀴와 비슷하며, 똑같은 심리이다. 그녀는 몸에 걸친 갑옷에 의해 바퀴로부터 보호를 받을 수 있었으며, 이 경우에 그녀는 영적인 알 안에 있다. 보호의 아우라 안에 들어 있는 것과 비슷하다. 그러므로 그녀는 건드릴 수 없고, 공격할 수 없는 존재가 되어 난관을 극복했다. 그가 그녀를 따르려고 한다는 사실은 그 문제가 그녀에게 달라붙어 있다는 것을 의미한다. 그는 아직 확실히 분리되지 않았으며, 여전히 어떤 연결이 있다. 왜냐하면 '스톨라' 측면에서 보면 그녀가 어쨌든 이 문제의 영향 아래에 있기 때문이다. 그러므로 그녀는 객관성을 확보하고 그 문제로부터 어느 정도 거리를 유지하기 위해 다시 태어나야 했다. 그녀가 마치 그와 두 여인의 연결에 아무런 관심이 없는 것처럼 의식적으로 남자에게 돌아가라고 말하고 있을지라도, 그럼에도 불구하고 거기엔 그를 그녀의 뒤로 잡아끄는 어떤 은밀한 관계가 있다. 그래서 그녀가 그에게 두 여자와 화해한 다음에 자기를 따르라고 조언한다. 그것은 언제나 큰 문제가 되는, 두 여자 사이의 한 남자일 것이다. 아니면 두 남자 사이의 한 여자일 수 있다. 틀림없이 그것은 그런 문제일 것이며, 그녀가 알 안에 있으면서 정신적으로 다시 태어난다면 그 문제는 자연스레 해결될 것이다.

지금 자연스레 해결될 문제라고 하니 아주 쉬운 문제처럼 들릴 수 있지만, 현실 속에서는 그런 문제도 대단히 불쾌한 측면을 갖고 있을 수 있다. 당신이 그 문제에 대해 직접 신경을 쓴다고 가정해 보라. 그러면 당신은 그 문제를 깊이 분석하며 해결할 것이다. 그러나 그 문제가 저절로 해결된다면, 당신은 희생자가 되고, 그러면 당신은 맷돌 밑에 깔려 있는 것이나 마찬가지일 것이다. 그렇듯 현실에서는 그 문제가 그렇게 간단하지 않다. 당신이 그 문제에 등을 돌리고 있다 할지라도, 당신이 그 문제에서 완전히 벗어날 길은 어디에도 없다. 당신이 그 문제에 의해 분쇄될 위험이 더 크다. 그래서 나는 그녀가 여기서 그 문제를 꽤 가볍게 받아들이고 있다는 점을 강조해야 한다. 나를 만족시키지 못하는 무엇인가가 있다는 뜻이다. 그녀는 그 장애물이 아무것도 아닌 것처럼 넘어가지만, '스툴라' 측면과 인간적인 측면에서 보면 그것은 어느 누구도 도망가지 못하는 중대한 문제다. 틀림없이 그녀는 마치 자신이 여신이라도 된 듯이 그 문제를 우아한 몸짓으로 다룬다. 거의 자아 팽창처럼 보인다.

프리아포스 같은 남자는 당연히 아니무스 형상이다. 그런데 아니무스는 그림자와 함께 남으면 안 된다. 왜냐하면 그렇게 될 경우에 아니무스가 그림자와 결혼하게 되고, 그러면 2대 1의 형국이 전개되기 때문이다. 그것은 이론적으로 매우 위험한 상황이다. 이유는 인간의 인격 중 작은 부분인 그림자가 아니무스의 영향 아래로 떨어지면서 그림자의 특별한 에너지를 아니무스에게 전부 주기 때문이다. 남자에게도 똑같은 일이 벌어진다. 그의 그림자가 막강한 여자인 아니마의 먹이가 되고, 그러면 그가 아니마에게 홀리는 사태가 벌어지게 되는 것이다.

그림자를 아니무스나 아니마로부터 분리시켜야 하다. 그래서 분석의 중요한 부분 중 하나가 바로 환자 자신의 부정적인 측면을, 환자가 가진 부정적인 특성들을 이해하는 것이다. 이 재탄생의 경험에서 재탄생이라는 사실의 부정적인 측면 또는 '스툴라' 측면을 보는 것이 절대적으로 필요하다. 그 측면은 우리의 감정에 크게 반하며, 우리의 기독교적인 편견을 훼손시킨다. 왜냐하면 우리가 재탄생은 매우 경이롭고, 매우 고상한 그 무엇이라고, 말하자면 부정적인 측면이 전혀 없는 그 무엇이라고 생각하기 때문이다. 그러나 재탄생의 경험은 부정적인 측면을 갖고 있으며, 우리는 그 측면을 꼭 봐야 한다. 만약에 자신이 하는 일과 우리라는 존재의 부정적인 측면을 보지 않는다면, 우리는 쉽게 홀리게 된다. 대체로 보면, 무의식적인 측면을 이해함으로써만 홀림으로부터 자유로울 수 있다.

물론, 언제나 자신이 가진 역량을 발휘하지 않는 상태에 살면서 자신에게 있는 선한 것을 보지 않는 사람들도 있다. 그런 사람들은 무의식에 홀린다. 왜냐하면 그들이 자신들의 선한 특성들을 보지 않기 때문이다. 그들은 부정적인 측면에서 자신을 보는 데 너무나 익숙한 나머지 자신의 훌륭한 측면에 대해 그냥 둘러댄다. 그들은 그림자 속에서 살고 있는 것이다. 그들은 언제나 앞으로 나아가는 첫발을 잘못 내딛는 불행한 새들과 비슷하다. 그들은 자신이 하는 모든 것을 품위 없는 무엇인가로 왜곡시켜놓고는 "당연히 난 개돼지 같은 인간이야. 그러니 하는 일마다 엉터리일 수밖에 없어."라고 말한다. 이런 사람들의 예는 다소 다르지만, 그들도 홀려 있기는 마찬가지이다.

이 환상에서 우리 환자는 아니무스에 홀려 있다. 왜냐하면 아니무

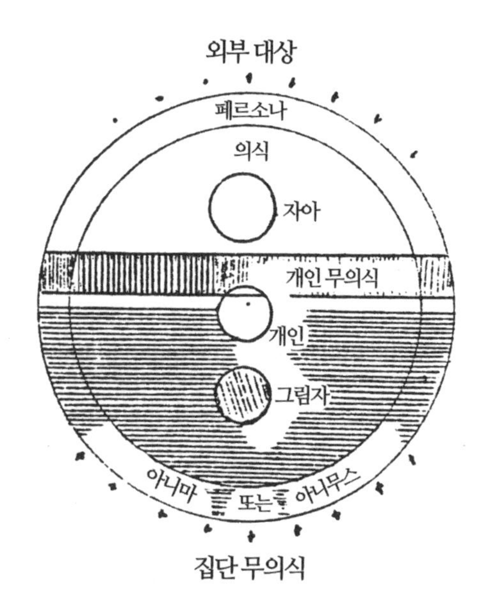

스가 그림자와 연결되어 있고, 따라서 아니무스가 절대로 여기서 보이는 것만큼 무력하지 않기 때문이다. 그렇다면 이것은 하나의 예상이며 진짜가 아니다. 이유는 그녀가 다른 여자를 처분하고 그 그림자를 동화시킬 때에만 아니무스와 연결될 수 있기 때문이다. 남자의 위에 있는 여자와 남자의 아래에 있는 여자는 정신의 세계를, 위는 의식이고, 아래는 그림자이고, 그 가운데는 아니무스인 그런 정신의 세계를 그대로 비추고 있다. 그것은 홀림의 전형적인 도식이다.

1925년 세미나 자료나 존 코리(Joan Corrie)의 자그마한 책을 보면 이를 설명하는 도표들이 있다. 위쪽은 낮이고 의식이며, 아래는 밤이고 우리 심리의 무의식적인 측면이다. 의식의 중앙에 자아가 있고, 무의식은 검은 선으로 그려져 있다. 우리의 의식의 바깥에 있는 일종의 껍질 같은 것은 복잡한 적응 체계이다. 그것을 우리는 페르소나라고 부르며, 무의식에서 그것에 해당하는 부분, 즉 우리가 집단 무의식 쪽으로 시선을 돌릴 때 마주하게 되는 표면은 아니무스나 아니마의 기능일 것이다.

우리 환자처럼 주로 의식적으로 생각할 때, 자아가 맨 위에 있고 자아의 아래나 뒤에 그림자가 있어야 하지만, 우리 환자의 경우에 그림자가 전혀 없다. 아니무스가 그림자를 삼켜버렸기 때문이다. 환자는 그림자와 연결되어 있지 않으며, 따라서 아니무스가 들어오면서 그림자를 둘러싼다. 그러면 아니무스가 자아를 지배하게 된다. 그렇다면 그녀의 상태는 자아, 아니무스, 그림자의 순서일 것이다. 그때 그 특이한 장애물이 나타난다. 이것은 잘못된 상황이다. 정상적인 조건은 자아, 그림자, 아니무스이다. 아시다시피, 여기엔 의심할 만한 이유가 많다. 다시 불만스런 상황이다. 우리는 특별한 어려움에 직면할 것이라고 예상해야 한다. 그녀는 홀림에서 벗어나기 위해서 '스툴라' 측면의 문제로 돌아가야 한다. 지금까지 그녀가 본 것은 대부분 직관적인 것이었고 실제보다는 예상이었다고 단언해도 별 무리가 없다.

29강

1933년 2월 1일

마지막 환상의 끝부분은 우리 환자가 그 특이한 환상을 지나치게 가볍게 넘기고 있다는 인상을 주었다. 적어도 그녀의 말은 그렇게 들린다. 그녀는 장애를 뛰어넘고 마치 그것이 상대적으로 단순하고 쉬운 일이었던 것처럼 앞으로 나아간다. 그러나 사실은 그녀가 꽤 중대한 문제를 뒤에 하나 남기고 있다. 그녀가 그 지점에서 멈출 것으로 예상되었지만, 그녀는 바퀴를 만났을 때와 마찬가지로 그곳을 통과했다. 바퀴에 매달린 손들이 갑옷을 칠 때 그녀가 들었던, 속이 빈 둔중한 소리와 그녀가 이 장애물을 통과하는 방식 사이에 비슷한 점이 있다. 그런 태도의 결과 어떤 것을 예상할 수 있을까?

당연히 모든 결과는 상징적이고 과도적이며, 이 세상에 영원히 남을 수 있는 것은 아무것도 없다. 우리는 최종적이고 명확한 성격을 지닌 것을 만나지 못한다는 사상에 익숙해져야 한다. 우리는 단지 역사 깊은 상징들로부터 영원할 것 같다는 인상을 받을 뿐이다. 그러나 그 상징들은 결코 영원하지 않으며, 시대에 따라 의미의 변화를 보였다. 어떤 상징은 짧은 기간 동안 이어졌고 또 어떤 상징은 비교적 긴 기간 동안 이어졌다.

교리의 생명에 관한 한 엄격하기로 유명한 가톨릭교회 안에서도 마찬가지였다. 교리는 절대로 죽지 않는다는 것이 가톨릭교회의 입장이지만, 그런 입장과 상관없이 교리는 언제나 살아 있으면서 변화하고 발달한다. 그러나 상징의 경우에 변화 빈도나 속도가 훨씬 더 빠르다. 그것이 개별적인 생성의 과정이기 때문이다. 그래서 우리는 이 상징들이 오랫동안 버티거나 완전히 만족스러울 것이라고 기대하지 못한다. 만약에 상징들이 만족스럽다면, 생성의 과정이 종지부를 찍게 될 것이다. 그러나 이 환상들이 전개되는 과정에, 우리는 무엇인가를 대단히 분명하게 포함하고 표현한 상징들을 만났다. 당신도 이 일련의 환상에서 나와 같은 감정을 느끼고 있는지 궁금하다. 여기에 새로운 사상이나 새로운 공식, 또는 만족스러워 보이는 무엇인가가 있는가?

알이 열리고, 노른자가 쏟아지면서 그녀를 덮치는 것이 중요한 내용인 것 같고, 나는 이것이 그다지 중요하지는 않다는 점을, 그리고 재탄생의 상징으로는 만족스럽지 못하다는 점을 인정한다. 그러나 그녀가 그 장애를 발견하는 것은 결정적으로 중요하다. 그것이 무엇인가를 전달하고, 그 장애에 포함된 특별한 상징은 중요할 수 있다. 앞에 소개한, 세 명의 남신과 한 명의 여신을 그린 그림(592페이지)에서, 우리 환자의 의식과 무의식의 실제 구조를 다뤘다. 그리고 여기서 두 명의 여자와 한 명의 남자를 암시하는 대목을 보고 있지만, 사실은 여자가 3명이다. 그녀도 그림 안에 있기 때문이다. 그래서 그녀는 여기서 새로운 조건에 직면하고 있으면서도, 그 조건이 두드러지지 않기 때문에 그 중요성을 보지 못하고 그냥 넘어간다. 그러나 우리는 이 상징에, 그러니까 남자 하나와 여자 둘, 그리고 그녀 자신이 등장하는 상징에 특별한 관심을 기울여야 한다.

지금 자아 쪽에 여자 한 사람이, 즉 그녀가 있다. 비아(非我) 쪽에는 여자가 둘이고 남자가 하나이다. 남자는 남근상으로 표현되는 악령이기 때문에 비정상적이고, 다소 과도한 상태에 있으며, 너무 많은 리비도를 품고 있다. 앞에서 논한 배열은 이와 완전히 달랐다. 그때엔 세 명의 남신과 한 명의 여신이 무의식 쪽에 있었으며, 자아만 다른 쪽에 있었다. 그러나 이번에는 비아의 숫자가 하나 줄어들었고, 남녀 성별의 성격이 변했다. 남신은 더 이상 3명이 아니며, 남신은 하나뿐이다. 대신에 여자가 둘이다. 따라서 형상이 하나가 부족하다. 무의식적 기능들은 자율적이며, 따라서 독립적인 존재로 의인화된다. 무의식적 경향, 즉 개별적인 자질은 자율적인 생명력을 가지며 인간처럼 활동한다. 옛날의 신이나 악령처럼 말이다.

지금 두 여자는 신이나 악령과 비슷한 속성을 전혀 갖고 있지 않지만, 남자는 일종의 악마이다. 이것이 이전의 상황보다 더 정상적인 것 같은가? 그 대목에서 3명의 남신과 1명의 여신은 전형에서 꽤 벗어나 있다는 점에 대해 말한 바 있다. 무의식의 남자 형상이 아니무스인 상황이 훨씬 더 정상적이다. 왜냐하면 아니무스가 매우 혼합적인 형상이기 때문이다. 말하자면, 부분적으로만 인간적이고 부분적으로 집단 무의식의 자율적인 내용물이라는 뜻이다. 페르소나가 부분적으로만 정상적이거나 인간적인 것과 똑같다.

페르소나와 동일한 인간 존재를 다뤄야 하는 상황이라면, 당신은 그것이 얼마나 비인간적인지를 금방 이해할 것이다. 페르소나는 하나의 기능적 시스템이며, 오직 겉으로만 인간적일 뿐이다. 그런 페르소나에 의해 인간 존재는 숨겨지고 질식당하고 짓이겨진다. 가면 뒤에 숨어 있는 인간 존재에게 닿는 것은 대단히 어려운 일이다. 페르소나라는 가면을 뚫는 것은 절대로 장난이 아니다. 그리고 무의식의 측면에서 여자의 페르소나에 해당하는 것이 아니무스이다. 의식 쪽에, 개인의 정신적 존재가 구체적인 대상들의 세계와 접촉함으로써 일어나는 정신적 기능이라는 층(層)이 있다. 개인의 정신적 존재가 대상에 영향을 미치듯이, 대상의 세계도 개인의 정신적 존재에 영향을 미친다. 그렇다고 개인의 정신적 존재를 완전히 변화시킨다는 뜻은 아니다. 개인의 정신적 존재는 원래의 법칙과 결정 요인들을 그대로 포함하고 있다. 그러나 표면은 변할 것이다. 그 같은 변화를 우리는 적응이라고 부른다. 예를 들어, 외국에 나가면 당신은 새로운 예절을 익히고 다른 언어를 말하고 다른 옷을 입는다. 당신의 표면은 대상의 세계의 영향 때문에 변화할 것이다. 이런 식으로 생기는 층(層)이 페르소나라고 불리는 바로 그것이다. 그 층은 하나의 객관적인 사물이다. 이미 말한 바와 같이, 그것은 하나의 기능 체계이며 전혀 인간적이지 않다. 그리고 집단 무의식에도 똑같은 일이 벌어진다.

그것을 객관화한다면, 집단 무의식이 어떤 상황의 무의식에 나타난다는 식으로 말할 수 있다. 예를 들어 보자. 지금 이곳의 상황은 의식적이다. 우리가 이 자리는 분석 심리학에 관한 세미나를 여는 곳이라는 것을 알고 있고 또 이곳에 모인 사람이 어떤 부인이고 어떤 신사라는 것을 알고 있기 때문이다. 그럼에도 이곳에 모인 우리 모두에게 절대적으로 무의식적인 것은 수없이 많으며, 그것이 민감한 일부 사람들에게 감지되는 어떤 분위기를 엮어낸다. 아주 둔한 사람들도 있지만, 분위기의 영향을 심하게 받는 사람도 있다. 그 분위기가 집단 무의식, 즉 어느 집단의 무의식이며, 그것은 우리 모두의 내면에서 특이한 무의식적 반응을 불러일으킬 수 있다. 그러면 그 즉시 우리 모두는 상황에 따라서 거기에 맞는 보호적인 기제를 창조하거나 그 분위기에 우리를 적응시킨다.

당신은 이 자리에 참석하면서 수영복 차림으로 나오지 않는다. 상황에 맞게 단정하게 옷을 차려 입는다. 세미나에 어울리는 페르소나를 걸침으로써 상황에 반응하는 모습을 보인다. 당신은 분위기에 호응하거나 반대하기 위해서도 그 같이 행동한다. 분위기에 맞는 어떤 종류의 아니무스나 아니마를 걸치는 것이다.

여자들의 경우에 이 자리에서 어떤 종류의 아니무스와 연결되어 있을 것이다. 그 아니무스를 당신은 종종 눈으로 볼 수 있다. 그리고 남자들의 경우에는 어떤 아니마와 연결되어 있을 것이며, 이 아니마 역시 눈에 보인다. 그렇다면 아니무스와 아니마는 페르소나에 해당한다.

내가 지금 이런 식으로 설명하는 이유는 당신이 그런 변화가 의미하는 바를 확실히 이해하도록 하기 위해서이다. 마지막 환상이 나타난 뒤로, 무슨 일이 일어났기 때문이다.

그 당시에 우리가 관심을 두고 있었던 상황은 3명의 남신과 1명의 여신이 자아에 맞서고 있는 것이었다. 자아는 다소 단순할 것이며, 동시에 자아는 하나의 기능이나 집단 무의식의 어떤 형상과 동일시될 수 있다. 바꿔 말하면, 사람이 다소 팽창되거나 수축될 수 있다는 뜻이다. 이전의 예에서 우리 환자는 인간 존재의 전체성을, 그러니까 4가지 기능을 보여주는 어떤 그림을 마주하고 있었지만, 이 기능들이 매우 특이한 방식으로 표현되었다. 남성적인 요소가 꽤 분명하게 지배하고 있었기 때문에, 이것이 옳지 않다는 점에 대해선 이미 말한 바 있다. 그녀의 무의식에 그렇게 많은 남성 형상이 있어서는 안 되며, 남성적 요소가 많다는 것은 무의식이 그녀를 지배하고 있다는 점을 보여준다. 그렇다면 우리는 그녀가 그것에 의해 팽창되어 압도당했다고 결론을 내릴 수 있다. 적어도 같은 수, 다시 말해 남자 둘에 여자 둘은 되어야 한다.

여기서 팽창에 대해 논해야 한다. 지금 다루고 있는 공상은 완전히 다른 그림이다. 3명의 여자 형상과 1명의 남자 형상이다. 앞의 그림과 이 그림 사이에 어떤 일이 벌어졌을까?

에난티오드로미아가 있었다. 그것은 『역경』의 괘들의 순서에 나타나는 바로 그 움직임이다. 거기엔 정반대 방향으로의 변화가 있다. 따라서 상반된 것으로 넘어간다는 뜻을 지닌 '에난티오드로미아'라는 단어는 반대쪽으로의 전환을 의미한다. 여기서 바로 그런 현상이 나타났다. 한쪽으로 무엇인가가 과장되고 과도했으며, 따라서 반대쪽이 너무 약해졌다. 여기서 다시 무엇인가가 잘못되었다. 정상적인 수준이 아니다. 남성적인 요소가 기이하게 왜곡되고 있다. 그것이 남근으로 표현되는 그런 악마 같은 존재로 나온다. 고대의 형상이라고 할 수 있지만, 남근이라는 단어의 고대적 의미에서 말하는 그런 고대의 형상이 아니다. 그것은 기본적이며, 하나의 신체 기관 그 이상은 아니며 인간적이지도 않다. 그러니 신성한 측면에 대해서는 말할 필요도 없다. 테니르스(David Teniers)나 브뤼겔(Pitter Breughel) 같은 네덜란드 화가들이 그린 지하의 세계를 보면 반쯤 형성된 그런 생명체들이 나올 것이다. 그런 기괴함은 그녀가 닿은 새로운 조건이 정상적이지 않다는 점을 가리킨다. 그 비정상성이 지나치게 많은 여자들로 표현되고 있다. 여성적인 요소가 지배하고 있으며, 남자는 인간의 요소로서 사실상 배제되고 있다. 두 가지 환상 사이에 에난티오드로미아가 일어났으며, 그 결과 이쪽이 잘못되었던 것이 지금은 저쪽이 잘못되고 있다. 또 다른 암시가 있다. 아니무스가 있을 적절한 위치를 기억하는가?

자아, 그림자, 아니무스가 적절한 순서다. 그렇다면 이것은 자신의 그림자를 보지 않는 자아의 예이다. 이 말이 무슨 뜻인지 아직 이해하지 못하는 사람이 있을 것 같다. 매우 추상적인 표현이지만, 그것은 현실 속에서 자신이 열등한 자질을 다수 갖고 있다는 사실을 자각하지 못하는 그런 개인을 의미한다. 바로 이 열등한 자질들이 그 사람의 그림자를 형성하고 있다. 그림자는 부정적이고 어둡다. 그래서 사람들이 그런 그림자 같은 특성들을 나타내기 위해 비유적으로 그림자라는 단어를 쓰고 있다. 자신의 그림자를 자각하지 못하는 사람은 너무나 멋지고 너무나 선하다. 그런 사람은 자기 자신에 대해 엉터리 생각을 품고 있으며, 그만큼 홀려 있다. 만약에 그 사람이 남자라면, 그는 선한 양심이나 우월감을 암시하는 자신의 아니마에게 홀려 있을 것이다. 만약에 그 사람이 여자라면, 그녀는 그녀의 귀에 대고 그녀가 특별히 옳다고, 사교적으로 찬란한 빛이라고, 더없이 존경스런 존재라고 속삭이는 아니무스에게 홀려 있을 것이다. 그녀가 그런 식으로 아니무스에게 홀리는 이유는 그녀가 자신의 불미스러운 측면을 자각하지 못하고 있기 때문이다. 그런 경우에 자아 바로 옆에, 그림자가 있어야 할 자리에 아니무스나 아니마가 있다. 남자는 그 아니마 착각, 즉 아니마가 불러일으키는 착각에 의해 자신의 그림자로부터 분리되어 있다. 여자는 아니무스나 아니무스가 경이롭게 여기는 의견에 의해 그림자로부터 분리되어 있다. 그녀가 그녀 옆에서 봐야 하는 온갖 어두움은 아니무스 형상에 의해 숨겨져 있다. 그래서 아니마나 아니무스는 자아와 그림자, 즉 무의식 사이에 있다.

그러므로 우리 환자가 너무나 가볍게 넘고 있는 이 장애는 실제로 그녀에게 그녀가 분열되어 있다는 점을 알려주고 있다. 어떤 남근 악령이 그녀 자신과 그녀의 그림자 사이에 서 있으며, 그녀는 그것을 가볍게 넘어가서는 안 된다는 것을 깨달아야 한다. 그것이 그녀의 무의식이 실제 처한 조건에 대해 중요한 진술을 하고 있기 때문이다. 남근 악령은 무엇을 의미하는가?

남근 악령은 그림자 같은 그녀의 열등한 측면 앞에 서 있는 고귀한 남자가 아니다. 그것은 더없이 외설스런 형상이다. 잘 아시다시피, 대체로 아니무스는 일종의 양심처럼 행동한다. 그래서 아니무스는 교구 목사나 아버지로 인격화되며, 사람들은 그런 사람에 대해 특별히 외설스럽다고 생각하지 않는다. 여자들은 대체로 완벽하게 존경할 만한 아니무스들을 갖고 있다. 아니무스가 그런 존재로 나타나는 것은 매우 기이한 예이다. 그래서 그것은 매우 특별한 예임에 틀림없다.

무엇인가에 대해 판단을 내릴 때에는 매우 조심해야 하지만, 우리는 언제나 의식적인 태도로 돌아와야 한다. 최종 결정은 어떻든 의식에서 일어나기 때문이다. 의식의 불꽃이 아무리 작고 약하더라도, 그것은 중요한 것이며 우리의 세상이 존재하는 데 반드시 필요한 조건이다. 의식이 전혀 없다면, 세상은 전혀 존재하지 않을 것이다. 전체 세상은 우리의 고려 대상이 되는 한 의식의 작은 불꽃에 좌우되며, 그 불꽃이 결정적인 요소이다. 무의식에서는 어둠 때문에 결정이 이뤄지지 못하지만, 의식에는 빛이 있고, 따라서 차이가 있고 기준이 있다. 바로 이 기준이 우리에게 판단할 척도를 제공한다. 지금 그 형상을 깊이 가슴에 담도록 하자. 당신은 언제 자신이 외설스런 아니무스를 갖고 있다고 단정하는가? 아니면 당신은 언제 어떤 남자가 외설스런 아니마를 갖고 있다고 단정하는가? 아마 후자의 질문에 대답하는 것이 조금 더 쉬울 것이다. 사람은 언제나 다른 사람에 대해 더 잘 알고 있기 때문이다.

어떤 사람이 성욕을 자각하지 않고 있다면, 성욕이 무의식에 있을 가능성이 있다. 하지만 그런 상황에서 아니무스가 외설스럽다고 단정할 수 있는가? 그렇지 않다. 정반대다. 여자는 검정색 코트를 걸치고 하얀 넥타이를 맨 멋진 아니무스를 두고 있는 까닭에, 다시 말해 그녀가 무의식적 성욕을 자각하지 않도록 막기 위해 최선을 다하는 매우 존경스런 개인을 두고 있는 까닭에 성욕을 자각하지 않을 수도 있다.

무의식이 공상이나 꿈에서 어떤 그림을 그릴 때, 무의식이 진정으로 그렇게 하기를 원했다고 단정하는 것이, 말하자면 무의식이 실수를 저지르지 않았다고 보는 것이 합리적이다. 프로이트의 낡은 이론은 무의식이 실수를 저지른다고 본다. 더 노골적으로 표현하면, 어떤 종(種)의 동물은 다른 종이 되었어야 했다는 식으로 주장한다. 지금 우리는 엉터리 공상을 떠올린다거나 엉터리 꿈을 꾼다는 식으로 말하지 못한다는 것을 알고 있다. 사실 공상이나 꿈은 의도된 대로 떠오르거나 꿔진다. 의도되지 않았다면 공상이나 꿈이 나타나지 않을 것이다. 어떤 상징이 아무리 터무니없고 잘못되어 보인다 할지라도, 그것은 어떤 명확한 의도의 표현임에 틀림없다. 그렇듯, 우리 환자의 무의식은 남근 악마를 그릴 의도를 갖고 있었음에 분명하다. 그러므로 우리는 그 외설스런 것이 그녀에게 어떤 인상을 안겨주었다고 단정한다. 그런 외설이 존재한다는 것이 그녀에게 분명하게 느껴졌음에 틀림없다.

지금 이 세미나에 참석하고 있는 미세스 베인스가 고려해 볼 만한 가치가 있는 아이디어를 제안했다. 이교도 신 셋, 즉 오시리스와 멕시코 신, 짐작컨대 힌두교 신이 등장하는 환상에 외설에 대한 언급이 없었다는 것이다. 그러나 우리는 우리와 거리가 먼 그 이교도 신들이 종종 외설스럽다는 것을 알고 있다. 이 여자는 이교도의 종교와 문화에서 성욕은 완전히 다른 방식으로 다뤄지고 있다는 것을, 또 성욕이 우리 기독교 시대와 똑같은 도덕적 잣대로 평가받고 있지 않다는 것을 망각했을 수 있다. 그래서 무의식이 그녀에게 그녀가 다루고 있는 그 이교도 신들도 그런 남근적인 측면을 갖고 있다는 인상을 주려는 경향을 갖고 있을 수 있다. 이 이교도 신들의 남근적인 측면은 서양인이 신에 대해 품고 있는 생각과 완전히 다른 관능성과 방탕을 의미한다. 사실 그 관능성과 방탕은 고대의 취향에도 이미 불쾌감을 안겨주었다. 올림포스 신들의 수치스런 특성은 그들의 권위를 많이 파괴했다. 그들은 무수히 많은 위반 행위로 인해 터무니없는 존재가 되었다. 그 시대의 사람들조차도 그 신들을 놓고 농담을 하기 시작했다. 예를 들어, 제우스는 반신(半神)인 소녀들을 유혹하기 위해 온갖 묘기를 다 부렸다. 백조로, 수소로, 심지어 비로까지 변신했다. 이런 변신이야말로 정말 터무니없다. 이런 이야기들을 듣고 또 그런 내용의 그림이 벽에 그려진 것을 본 사람은 최종적으로 그런 부류의 신은 사라져야 마땅하다고, 인간은 더 품위 있는 무엇인가를 가져야 한다고 생각했을 것이다. 그래서 신의 영적 개념이 들어설 토양이 최종적으로 준비되기에 이르렀다.

남근적인 요소를 이런 식으로 강조하는 것도 중요하지만, 우리는 이 요소가 지금 그녀에게 인상을 남겨야 하는 실질적인 이유를 찾아야 한다. 마치 신들의 도덕성이 역사를 내려오면서 어떻게 변했는지를 다룬 논문처럼 들린다. 그녀의 경우에 남근의 요소가 특별히 강조되어야 하는 이유는 무엇인가?

그녀는 서양의 다른 모든 사람들과 마찬가지로 기독교적인 태도를 갖고 있다. 그녀가 특별한 어떤 교리를 인정하는지 여부는 중요하지 않다. 그것은 기독교 2,000년 역사의 결과이다. 그런 의미에서 본다면, 그녀는 선한 기독교인이다. 그러나 그녀는 과학적 훈련을 받고 우리 시대의 사상을 품고 있기 때문에 선한 기독교인이 아니기도 하다. 그녀는 매우 개화되어 있고 합리적이다. 그래서 고대의 신들과 그런 장난도 가능하다. 왜냐하면 진정한 기독교 교리의 권위에서 벗어나는 즉시 당신은 더 이상 기독교 상징을 기준으로 살지 않기 때문이다. 만약에 교회의 울타리 밖에 있다면, 당신은 상징의 터부 밖에 있게 되고 따라서 다시 자연스럽게 자연의 악령들의 이웃이 된다. 당신은 기독교 권위가 더 이상 통하지 않는 정신의 영역으로 들어가고, 거기서 당신은 새로운 것들과 조우하게 될 것이다. 그것은 특이한 모험이며, 사람들은 자신의 행동이 진정으로 의미하는 바를 모르는 상태에서 그런 영역으로 들어간다. 교회의 교리 안에 있으면 당신은 격려를 받고, 당신이 거기서 조우하는 것은 무엇이든 보살핌을 받게 된다. 거기엔 전적으로 이해 불가능하거나 비인간적인 것은 아무것도 없다. 모든 것이 다소 합리적이다.

그러나 교회의 교리를 벗어나는 순간, 당신은 터무니없는 세상에 살게 된다. 당신은 카오스 속으로 떨어지고, 당신 자신이 어디로 가고 있는지조차 모르게 된다. 당신이 교회로부터 뒷걸음질을 치고 있기 때문이다. 당신은 언제나 교회를, 교리를 바라보면서 거기서 멀어지고 있다. 유명한 작품 '스위스 패밀리 로빈슨'(Swiss Family Robinson)[92]에 그와 아주 비슷한 이야기가 나온다. 이 가족은 난파당했지만, 사용할 모든 것을 그 배에서 얻는다. 무엇인가가 필요할 때면, 예를 들어 망치나 집게, 못 같은 것이 필요할 때면 그런 것이 난

....

92 스위스의 작가 다비드 위스(Johann David Wyss: 1743-1818)의 작품.

파선에서 둥둥 떠온다. 그러면 그들은 언제나 신에게 감사하면서 눈물을 흘렸다. 그러던 어느 날 그들이 당나귀를 필요로 하자, 하느님이 난파선에서 당나귀를 보내주었다. 그러나 당나귀는 말을 듣지 않았다. 이 가족이 당나귀에게 아주 부드럽게 대하자, 당나귀는 더욱더 무례하게 굴었다. 여기서 선한 사람의 영향이 확인된다. 어느 날 가족이 당나귀를 불렀는데, 이 당나귀는 아예 올 생각조차 하지 않았다. 그때 멀리서 거대한 파이톤(왕뱀)이 보였다. 거대한 파이톤이 기다리고 있는데도, 말을 듣지 않는 당나귀는 등을 돌린 상태에서 그것을 보지 못했다. 가족들이 당나귀를 부를수록, 당나귀는 더욱 심하게 비웃으면서 가족 쪽으로 오기를 거부했다. 가족들이 그를 붙잡으려고 다가서자, 당나귀는 정통으로 파이톤 쪽을 향해 뒷걸음질을 쳤다.

그것은 교회를 빠져나가는 사람의 모습을 그린 탁월한 그림이다. 그 사람은 교회를 나와서 뒷걸음질 친다. 자신이 가고 있는 곳이 어디인지를 보지 않는 것이다. 그 사람은 오직 자신이 떠나고 있는 교회만을 보고 있다. 그것이 소위 무신론자들, 말하자면 일신론에 반대하면서 사는 사람들의 심리이다. 만약에 일신론이란 것이 없다면, 무신론자들은 자신이 표현하려는 조건이 어떤 종류인지를 모르게 될 것이다. 프로테스탄트들에게도 똑같이 적용된다. 프로테스탄트들은 가톨릭교회에 반항하면서 살고 있으며, 그 같은 반항이 무한한 분열로 이어질 것이라는 것을 보지 못하고 있다. 현재 프로테스탄트 종파는 400개에 이른다. 프로테스탄트는 지금 가지를 대단히 활발하게 뻗고 있는 나무와 비슷하지만, 빠르게 쇠퇴하고 있다. 게다가, 성직자 없는 교회는 절대로 교회가 아니다. 예전에는 성직자 없는 교회는 절대로 없었다. 프로테스탄트 교구 목사가 왜 필요해? 목사는 이따금 일요일에 할 말이 있는 사적인 개인이다. 우리는 스위스 패밀리

로빈슨의 당나귀처럼 뒷걸음질을 칠 때 정작 우리가 가고 있는 곳이 어딘지를 깨닫지 못한다. 그때 우리는 무엇이든 가능하고 질서가 확립되지 않은 그런 원초적인 세계로 들어가고 있다. 말하자면 이제 막 정신적 경험을 하기 시작한 혈거인의 정신세계로 들어가는 것이다.

우리 환자는 환상 초반부에 세월을 거슬러 올라가면서 원시인의 단계로까지 내려갔다. 그런 다음에야 그녀는 앞으로 움직이기 시작했다. 말하자면, 그녀는 정신적 경험을 증대시키면서 최종적으로 고대인의 조건에 도달했다. 그래서 지금 우리가 고대의 신들을 만나고 있는 것이다. 그녀는 당분간 거기에 갇혀 있을 것이다. 그런 상태에서 깨달음의 한 조각이 나오고 있다. 그녀가 기독교의 신의 개념과 비교하면서 고대의 신들이 의미하는 바를 깨닫고 있는 것이다.

이미 말한 바와 같이, 사람은 교리의 보호적인 벽들로부터 뒤로 물러설 때 언제나 자신이 빠져나온 그림을 볼 뿐이며 미래를 보지 않는다. 그것은 시선을 과거에 주고 있는 상태에서 미래로 들어가는 것이나 마찬가지이다. 우리는 이따금 실수하듯이 미래를 보지만, 미래의 그림은 온갖 화려한 색으로 채색된 과거에 비하면 아무것도 아니다. 모두가 잘 알다시피, 우리는 어느 방향으로 발달을 꾀하든 대체로 불필요하게 자신의 출신을 의식하는 실수를 저지른다. 또 우리는 미래에 우리가 닿을 땅에 대한 그림을 좀처럼 그리지 못한다. 그러나 무의식은 매우 다른 길을 걷는다. 우리의 의식이 저지르는 실수는 무의식이 의식과 똑같은 방식으로 작용할 것이라고 단정하는 데에 있다.

무의식이 작동하는 방식은 의식이 작동하는 방식과 정반대이다. 무의식은 뒤를 돌아보지 않는다. 무의식이 전적으로 과거의 언어로 말한다는 사실에도 불구하고, 무의식은 미래를 예견하며 그림으로 그리려 노력한다. 무의식은 언제나 미래 속으로 몇 걸음 앞서 들어가지만 언제나 과거의 언어로 말한다. 우리는 미래에 대해, 내일 또는 10년 후에 일어날 일에 대해 논하기를 원하지만, 미래를 예측하거나 구축하는 일에는 유난히 무능하다. 우리는 미래에 관심을 두고 있으면서도 과거밖에 보지 못한다. 반면에 우리의 무의식은 과거에 대해 말하면서 실제로는 미래에 대해 말하고 있다. 무의식은 언제나 미래를 예측하고 구축하고 있다. 꿈이 진정으로 미래를 예측한다는 이론은 맞다. 그런 것이 꿈의 본질이다.

당신이 어떤 신경증적인 조건에서, 다시 말해 너무나 많은 의식의 문제를 무의식에 넘기고 있는 상황에서 이제 막 벗어났다고 가정해 보라. 그러면 당신은 의식적으로 잘 다룰 수 있는 문제로 무의식에 과중한 부담을 안겼다는 사실을 쉽게 깨달을 것이다. 당신이 문제를 의식적으로 처리하지 않는 이유는 그것이 너무 어렵고 또 당신이 자신감을 느끼지 못하고 두려워하기 때문이다. 따라서 무의식은 의식에 속하는 문제 때문에 방해받고 질식하게 된다. 그러면 당연히 무의식은 적절히 작동하지 못하게 된다.

이런 조건에서 당신은 미래에 대한 예상을 기대할 수 없다. 그럼에도 불구하고 미래를 예측하는 꿈은 온갖 쓰레기 같은 것들을 뚫고 이따금 나타난다. 그렇다고 당신이 그런 문제들을 의식적으로 억누르는 것은 아니다. 그냥 무시할 뿐이다. 자신도 모르는 사이에 불쾌한 내용의 편지가 신문지 뭉치에 끼어 어디론가 사라져 버린 경우에 사람이 내심 기뻐하는 상황과 비슷하다. 사람이 불쾌한 일을 피하는 것은 바로 그런 식이다.

그러나 당신이 온갖 성가신 문제들을 당신의 의식 안에 담아 놓을 수 있다고 가정해 보라. 그러면 당신은 무의식을 편안하게 만들 것이고, 무의식은 미래를 예측하는 능력을 더욱더 발달시킬 것이다. 그러나 고대의 꿈 이론과는 다르다. 고대인들에게 꿈은 미래를 그대로 그리는 것으로 여겨졌다. 그렇기 때문에 고대인들은 꿈에 그려진 일이 현실에서 분명히 일어날 것이라고 믿었다.

무의식은 우리의 관심사에는 정말로 관심이 없다. 무의식은 우리가 먹고 마시는 것에 대해, 또는 어느 신사가 뭘 할 것인지에 대해 관심이 없다. 무의식은 정신적으로 중요한 일이 아닌 이상 별로 관심을 두지 않는다. 그러나 무의식은 우리의 삶의 원리들에는 지대한 관심을 보인다. 예를 들면, 우리의 육체적 건강은 무의식에서 어떤 역할을 하고 있으며, 우리의 심리적 태도는 대단히 중요하다. 왜 그런 것이 중요한 문제인가 하는 것은 철학적으로 탐구할 소재이다. 사실 무의식은 심리적 미래를 그리면서 당신이 훗날 취해야 할 태도를 준비시킨다. 그런 것이 무의식의 중요한 기능이다.

무의식이 역할을 적절히 수행하고 있는 사람들의 꿈들을 추적하면, 미래의 태도를 준비시키는 매우 흥미로운 꿈들이 발견된다. 그런 태도가 필요한 이유를 전혀 모르는 상황에서 말이다. 그 개인이 그런 태도를 준비해야 했던 이유는 시간이 한참 흐른 뒤에야, 간혹 매우 객관적인 사건들이 일어난 뒤에야 드러난다. 그런 측면에서 무의식이 작동하는 과정을 지켜보는 것은 매우 흥미로운 일이다.

이런 꿈을 두고 예언적인 꿈이라 부를 수 있지만, 거기에는 당연히 특이한 심리적 굴절이 있다. 고대의 예언적 꿈에서, 만약에 당신의 집이나 당신 아버지의 집이 붕괴되는 꿈을 꾸었다면, 그것은 집이 진짜로 붕괴할 것이라는 의미였다. 그것은 하나의 구체적인 사건이었다. 그러나 만약에 우리가 어떤 집이 붕괴되는 꿈을 꾼다면, 만에 하나는 꿈에 나온 집이 진짜 집을 의미할 수도 있지만 대체로 집을 의미하지 않는다. 일반적으로 그것은 어떤 태도 또는 정신적 상태의 붕괴를 의미하는 심리적인 꿈이다. 왜냐하면 집이 인간의 정신적 구조와 태도, 믿음, 삶을 사는 방식 등을 상징하기 때문이다. 예를 들어, 가구들은 자주 의식 또는 무의식의 내용물을 의미한다. 그리고 짐 가방은 자주 콤플렉스를 의미한다. 그러므로 당신이 열차를 갈아타려고 서둘다가 옮겨야 할 짐이 너무 많아서 열차에 다 싣지 못한다는 사실을 발견하는 꿈은 당신이 콤플렉스를 극복하려 하지 않는다는 뜻이다. 콤플렉스가 너무 많아서 무의식에 부담을 주고 있다는 말이다. 그런 꿈들을 장면 그대로 해석하면 안 된다.

그런 의미에서 본다면 그 꿈들은 예언적이지 않지만, 심리적 예측이라는 성격을 지니고 있다. 아니면 누군가가 죽어가고 있는 꿈을 꾼다고 가정해 보자. 그런 경우에 반드시 죽음이 예측되고 있는 것은 아니다. 왜냐하면 무의식에서는 어떤 사람이 살아 있느냐 죽었느냐 하는 것이 그다지 중요하지 않고, 따라서 죽음이 무의식에 거의 아무런 인상을 남기지 않기 때문이다. 그러나 죽음을 대하는 당신의 태도는 중요하다. 또 당신이 죽음을 어떤 식으로 받아들이는가, 당신이 불멸을 믿는가 믿지 않는가, 당신이 그런저런 사건에 어떤 식으로 반응하는가 하는 문제도 무의식에 중요하다. 인간의 삶 중에서 심리적인 측면은 모두 꿈에 의해서 예상되고 구축된다고 봐도 별로 무리가 없다.

여기서 교회에서 나와 뒷걸음질치고 있는 그 사람의 이야기로 돌아가자. 그는 자신이 교회로부터 빠져나올 수 있다는 사실에 너무나 기뻐한 나머지 자신이 가고 있는 곳이 어딘지를 모르고 또 자신이 시간적으로 거꾸로 돌아가고 있다는 사실을 보지 못하고 있다. 그가 가고 있는 곳을 멀찍이 떨어져서 둘러보는 것은, 이미 내가 말한 바와 같이, 의식이 할 수 없는 일이다. 왜냐하면 의식은 언제나 과거의 방식대로 인식하기 때문이다.

그러나 무의식은 미래를 내다보며 말한다. 조심해! 지금 당신이 깨닫지 못하고 있는 무엇인가가 다가오고 있어. 그래서 꿈을 연구하는 것이 대단히 중요해진다. 혹은 꿈과 똑같은 방법으로 형성되는 이런 무의식적 환상을 연구하는 것도 중요하다. 환상도 미래를 예측한다.

아시다시피, 우리 환자가 시대를 거슬러 원시인까지, 심지어 동물의 차원까지 내려간 것은 전혀 예측되지 않았다. 그녀는 자기 자신에게 확신에 찬 목소리로 "지금 나는 교회로부터 2마일 떨어져 있어. 지금은 3마일 떨어져 있어. 교회가 점점 작아지며 가물가물하고 있어. 이제 거의 사라지고 있어. 지금 나는 상당히 계몽되었어."라고 말하면서도 여전히 교회를 바라보고 있었다.

그때 무의식은 이렇게 말한다. 당신은 곧 B.C. 2000년으로 돌아갈 거야. 지금은 B.C. 6000년이야. 지금 이건 동물이야. 그때 그녀는 충격을 받으며 더 이상 뒤로 물러서지 못한다. 거기서 의식이 종말을 고하기 때문이다. 그래서 의식을 잃지 않기 위해서, 그녀는 지금 그녀가 온 길을 봐야 한다. 왜냐하면 그녀가 동물의 단계로까지 멀어지는 동안에, 그녀의 앞에 기독교 교회들이 있었을 뿐만 아니라 로마와 그리스의 신전도 있었고 그녀가 이 모든 것을 다 보았기 때문이다. 이어서 그녀는 앞으로 움직이기 시작했으며, 그녀는 지금 기독교가 시작하는 고대의 영역에 다다랐다. 그녀는 지금 기독교를 새롭게 발견할 것인지, 아니면 고대의 노선을 그대로 지킬 것인지를 놓고 심한 갈등을 겪고 있다.

그것은 정말 굉장한 문제다. 전적으로 역사적인 문제라고 할 수도 있다. 그러나 그렇지 않다. 그것은 미래의 문제다. 엄청난 수의 사람들이 지금 교회를 떠나고 있으며, 그럼에도 불구하고 그들은 무의식적으로는 교회를 다니던 때와 똑같은 길을 따를 것이다. 러시아에서 교회는 심지어 박해까지 받고 있다. 그리고 수백만 명의 사람들이 교회에 완전히 무관심하다. 유교도 마찬가지다. 중국에서 가장 강력하고 존경받던 교육 제도인 유교가 지금 약해지고 있다. 중국인들은 역사적인 형식들을 포기하고 있으며, 그들도 똑같은 길을, 역사 속을 거꾸로 거슬러 올라가는 길을 밟을 것이다. 그러나 그런 식으로 역사 속으로 거꾸로 돌아가는 것, 즉 무의식 속으로 들어가는 것은 미래에 우리를 기다리고 있는 것을 상징한다.

그래서 이 여자는 돌아서 나오는 길에 원시적인 종교들과 고대의 신들이 현실 속에서 무엇이었는지를, 그것들이 의미하는 바가 무엇이었는지를 배운다. 이것은 단지 역사적인 공상만은 아니다. 왜냐하면 그녀가 그것을 실제로 경험하고 있기 때문이다. 그녀에게 문득 이런 생각이, 말하자면 고대의 신들에 사로잡히지 않고는 그들과 장난을 치지 못한다는 생각이 떠오른다. 왜냐하면 모두가 알고 있듯이 고대의 신들이 엄청난 기만이고 추문을 많이 뿌렸기 때문이다. 그래서 고대의 신들과 접촉을 갖게 되면, 그녀도 당연히 그에 대한 죗값을 치르게 될 것이다. 그래서 그녀의 무의식은 그녀로 하여금 그 신들에게 숨겨져 있는 남근 악령을 깨닫도록 하려고 노력하고 있다. 왜냐하면 남근 악령이 고대의 숭배에 고유한 한 요소였기 때문이다.

프랑스 계몽주의가 등장한 후, 1730년이나 1740년쯤 백과전서파로 시작된 고대에 대한 관심은 그 이후에도 계속되어 고전 시대를 낳았다. 고대에 대한 관심은 영국에서 조지 양식의 건축으로 이어졌고, 프랑스에서 제정(帝政) 양식을 낳았으며 유럽 전역에 걸쳐 문학에 큰 영향을 끼쳤다. 그 관심은 겉보기엔 기독교 범위 안에 포함되었지만, 당연히 사람들은 고대가 아무렇게나 다룰 수 없는 어떤 요소를 포함하고 있다는 사실에 직면했다. 그것이 실러(Friedrich Schiller)의 그 유명한 교육적 편지로 이어졌다. 이 편지에서 실러는 처음으로 이런 질문을 던지며 상반된 것들의 문제에 대해 걱정하기 시작했다. "어떻게 하면 내가 원시인을 동화시킬 수 있는가? 원시인은 무엇을 의미하는가? 고대 문명은 진정으로 무엇을 의미하는가?" 그러나 실러는 충실한 깨달음에 이르지 못했다. 그가 고대의 아름다움에 경탄했음에도 불구하고 여전히 기독교의 영역 안에 있었기 때문이다.

괴테는 완전한 깨달음에 훨씬 더 가까이 다가갔다. '파우스트'를 읽으면 그런 갈등이 보인다. 그러나 그에 대한 해답은 내세의 삶으로 넘겨졌다. 파우스트가 그 문제에 대답하기 위해 죽어야 했던 것이다. 니체는 그 깨달음에 더욱더 가까이 다가갔다. 그가 보다 현대적이었기 때문이다. 그의 초인(超人) 사상은 그 갈등에 대한 해답을 제시하려는 시도였다. 그래서 그는 "가치의 서판(書板)"을 파괴해야 했다. 그는 철학하기 위해 망치를 필요로 했다.

아시다시피, 도덕성, 즉 진리의 도덕적 측면은 언제나 행동으로 발전하는 측면이다. 당신이 주머니에 넣고만 다닐 그런 진리로 남는 진리는 아무런 의미를 지니지 못한다. 당신은 거짓도 마찬가지로 주머니에 넣고 다닐 수 있다. 그러나 만약에 그 진리가 당신의 내면에서 작동하기 시작한다면, 만약에 어쩌다 진리가 당신이 행동하도록 만든다면, 그것은 현대적인 측면이다.

처음 고대를 숭배하던 때에, 도덕적인 문제는 전혀 문제가 되지 않았다. 물론 르네상스는 여기에서 예외이다. 내가 지금 말하고 있는 고전 시대, 즉 1790년부터 1830년까지의 시기에, 도덕적 문제는 상자 안에 들어 있던 진리였고 아무도 방해하지 않는 진리였다. 그 후에 등장한 괴테와 실러는 진정한 예언자였다. 통찰력이 있고, 미래를 보는 눈이 있었다. 두 사람은 도덕적 문제로 약간 고통을 겪었다. 세월이 흐르면서, 그 진리는 매우 실질적으로 작용하기 시작했다. 미스터 둘리(Mr. Dooley)[93]가 말하듯이, 진리는 작동하기 시작할 때에야 비로소 진리가 되기 시작한다. 그래서 그때까지 상자 안에 간직되어 있던 진리가 갑자기 불가사의한 생명력을 얻어 작동하기 시작했다. 이어서 진리가 하나의 도덕적 문제가 되었다. 그 다음 효과는 니체가 망치를 들고 모세의 율법과 기독교 도덕의 원리를 깨뜨리고 나섰다. 그 점에서 보면 니체도 미래를 예언한 존재였다.

바로 그런 문제가 지금 겉으로 표현되고 있다. 당신은 이미 유럽에서 무슨 일이 일어나고 있는지 보고 있다. 러시아가 한 예이다. 당신은 자신을 교리로부터 분리시킴으로써 더욱 혼란스럽고 원시적인 세계로 들어간다. 거기선 당신이 방향성을 새로 발견하거나 창조해야 한다. 당신은 기독교 교회를 떠나면서 떨어졌던 그 카오스로부터 새로운 우주를 창조해내야 한다. 지금까지는 교회가 우주였지만 이제 더 이상 우주가 아니다.

우리는 카오스 속에 살고 있다. 그래서 혼동과 방향 감각 상실이 전반적으로 팽배하다. 우리는 지금까지 익숙했던 틀에 집어넣을 수 없는 경험을 하면서 대단히 당황하고 있다. 예를 들어, 지금까지 논한 환상들을 보라. 예전이었다면 그것들은 히스테리 증세가 있는 여자의 병적인 공상으로 불렸을 것이다. 그러나 지금 나는 그 환상 속에 담겨 있는 무엇인가를 찾아내서 이해하려고 정말로 머리를 싸매고 있다. 그리고 예전 같았다면 꿈에 의미를 부여하는 것이 미신으로 불렸겠지만, 지금 우리는 꿈들을 매우 진지하게 고려하기 시작했다. 꿈은 단지 원시적인 세계를 표현하는 것일 뿐이며, 그 원시적인 세계에

....

93 미국 저널리스트 피터 핀리 던(Peter Finley Dunne: 1867-1936)이 창조한 만화 캐릭터.

서 우리는 우리 자신을 발견하고 원시림에 발을 들여놓고 정글의 과학을, 말하자면 꿈의 해석과 환상을, 낡아빠진 것들을 다시 발견하고 있다.

그러나 그것은 결코 낡아빠진 것이 아니다. 그것은 지금 우리가 맞닥뜨리고 있는 당혹스럽고 위험한 세계에서 새로운 질서를 만들어내고 새로운 방향 감각을 발견하기 위해 반드시 발달시켜야 하는 직관적인 감각이다.

우리 환자의 환상은 적어도 그녀가 원시적인 세계로 들어갈 때 반드시 깨달아야 할 측면에 대한 힌트를 준다는 점에서 매우 중요하다. 사람들은 익숙하지 않은 원시 세계에 실제로 존재하는 힘들의 본질을 깨달아야 한다. 여기선 코끼리 무리를 두려워하는 것이 터무니없고 비상식적인 것으로 통하지만, 아프리카 중부에는 코끼리 무리를 두려워하는 것이 꽤 합리적이다. 왜냐하면 거기엔 코끼리 무리가 실제로 있기 때문이다. 그렇듯 전면의 합리적인 세계에선 아무것도 일어나지 않으며 코끼리 무리나 독사 같은 것은 전혀 존재하지 않는다. 그러나 우리가 가고 있는 원시적인 세계는 그런 무서운 것들로 가득하며, 우리는 교회 안에 있을 때엔 불필요했던 이 기능을 다시 배워야 한다. 교회 안에 있을 때엔 특별한 직관이 전혀 필요하지 않았다.

19세기 전까진 아무도 직관에 대해 이야기하지 않았다. 19세기 말에 이르러서야, 그런 것이 있다는 사실이 확인되었다. 교회의 울타리 안에서는 직관을 갖지 않는 것이 차라리 더 나았다. 직관을 갖는 사람은 성직자들과의 관계에서 곤경에 처했을 것이다.

그러나 오늘날엔 직관 철학도 있다. 비판적이고 체계적인 철학이 더 이상 제대로 작동하지 않기 때문이다. 체계적인 철학은 오직 옛날 수단만을 이용한다. 그래서 철학자들조차도 새로운 무엇인가를, 모퉁이의 뒤를 보거나 어둠을 뚫어보는 데 도움을 주는 기능을 고안할 필요성을 느끼고 있다. 우리는 심지어 인식의 직관적 바탕에 대해서까지 말한다.

그래서 나는 지금까지 교회에 의해 전적으로 금지되었던 꿈 해석에 대해 말하고 있으며, 그것은 우리가 교회로부터 벗어날 수 있었기 때문에 가능하게 되었다. 만약에 우리가 관심을 두고 있는 사건이 진정한 것이 아니라면, 우리가 그런 일로 신경을 쓸 필요가 전혀 없을 것이다. 만약에 그 사건이 단순히 공허한 장난이나 공상에 불과하다면, 그것들을 분석할 필요가 전혀 없을 것이다.

그러나 우리를 위협하고 있는 도전들이 정말로 진짜이기 때문에, 우리는 직관 쪽으로 관심을 둘 필요가 있다. 우리는 꿈이나 공상에서 얻는 암시를 이해하려고 진정으로 노력해야 한다. 그래서 우리 환자는 그런 원시적인 신들의 남근적인 측면이 정말로 매우 진지한 것이라는 점을 배워야 한다. 만약에 그녀가 그것을 깨닫지 못한다면, 고대의 신들은 바로 성욕으로 그녀에게 닿을 것이고, 그러면 그녀는 남근 악령에게 홀리고 말 것이다. 사실 우리는 지금 모두 성적인 문제에 사로잡혀 있으며, 성적 악령에게 홀린 현상을 우리의 맹목성에 대한 어떤 해답으로 보는 프로이트의 이론도 있다.

교회를 떠날 때, 우리는 원시적인 신들이 살았던 영역으로 들어갔다. 그 결과 우리가 갑자기 어떤 원시적인 성 이론에 사로잡히게 되었다. 권력 이론에도 똑같은 현상이 나타나고 있다. 권력은 우리를 사로잡는, 원시적인 삶의 또 다른 측면인데, 권력에 사로잡히는 현상은 우리가 원시적인 심리의 권력들이 닿는 범위 안으로 들어서고 있다는 것을 모르고 있다는 사실에서 비롯된다. 왜냐하면 원시적인 심리에는 자율적이고 막강하고 충동적이고 진지한 정신적 내용물이 있는데, 인간이 이 내용물의 희생자이기 때문이다.

30강

1933년 2월 22일

새로운 시리즈의 환상이 시작된다.

> 좁은 길이 확 트였다. 거대한 우상이 보였다. 우상의 머리는 여자였으며, 남자의 손들이 위로 뻗고 있었다. 우상의 아랫부분은 형태가 없는 금덩어리였다.

"좁은 길이 확 트였다"는 표현은 기능에 관한 언급이다. 그녀가 보다 넓은 관점을 갖게 되었다는 뜻이다. 그녀는 이제 막 좁은 길을 통과했다. 좁은 길을 걷는 동안에 그녀는 울타리로 둘러싸여 있다는 느낌을 받았으며, 시야도 전혀 없었다. 시야가 보다 넓은 곳에 이르자마자, 그녀는 자연히 그에 걸맞은 안도감을 느꼈을 것이다. 그런 문장은 단순히 안도감을 표현하고 있다. 상황이 점점 나아지고 있다. 지평선도 더욱 넓어지고 있다. 그때 그녀가 우상을 본다.

이 우상은 남자와 여자의 결합이다. 그 전까지 남성의 요소와 여성의 요소는 서로 분리되어 있었으며, 상징은 남성적이고 또 남근 숭배의 성격이 강하다. 지금 우상은 여자의 머리와 남자의 손을 가진 어떤 존재이다. 그렇다면 무의식이 남자와 여자를 자웅동체의 상징 속으로 함께 모았다고 할 수 있다. 그것은 남녀 양성의 특징을 가진 우상이다.

그것은 틀림없이 남자의 특징과 여자의 특징을 모두 가진 그런 존재를 만들려는 시도이다. 분명히 우상은 인간 존재가 아니다. 그래서 이것이 자연의 도착(倒錯)이라고 말하지 못한다. 그리고 우상 자체는 상징적이다. 그래서 이 자웅동체는 남자와 여자 그 너머에 있는 탁월한 어떤 존재를 의미한다. 이 우상은 두 가지 요소를 다 갖고 있기 때문에 남자도 아니고 여자도 아니라고 할 수 있다. 그것은 육체의 도착(倒錯)일 것이지만, 하나의 상징으로 그것은 초월적인 어떤 상태를 암시한다. 그것은 단순히 성적 심리를 넘어선다. 그것은 성별 편견으로부터 자유로운 어떤 심리적 상태를 나타내려는 시도이다. 그래서 과거에도 그런 형상이 창조되었다. 종교의 역사에 그런 예들이 보인다.

그리스의 헤르메스와 아프로디테도 그런 예에 속한다. 우리가 헤르메스를 하나의 아니무스 신으로, 아니무스의 다양한 등급을 나타내는 도표에서 가장 높은 위치를 차지하는 그런 신으로 보았다는 사실을 당신도 기억하고 있다. 헤르메스는 신들의 사자(使者)이다. 헤르메스는 이집트에서 신들의 필경사로 통하는 토트 신과 동일시된다. 아프로디테는 우리의 사랑을 받는 옛날의 사랑의 여신 베누스이다. 그렇다면 이것은 남성의 정신적 요소와 여성적인 에로스의 요소의 결합이다.

그러나 헤르메스도 남근 숭배와 관련 있으며 그리스에서 그의 조각상은 처음에 그냥 남근을 상징하는 기둥에 지나지 않았다. '스텔레'(stele: 석비)는 일종의 사각형 기둥이며, 머리를 가진 기둥은 '헤르마'(herma: 두상)라 불렸다. 그리고 고대의 전통에서 이 기둥들은 가운데에 남근이 있는 것이 특징이었다. 고대의 유명한 헤르마들은 모두 남근의 상징을 보여주었으며, 그것이 옛날 스타일이었다. 그렇다면 헤르메스는 도둑들과 상인들과 현자들의 신일 뿐만 아니라 원래 링감이나 남근으로 숭배되었다. 지금 이 형상의 머리가 여자라는 점이 흥미롭다. 왜 여자의 머리와 남자의 손을 갖고 있는 것일까?

손은 권력이나 행위를 의미한다. 예를 들어, 행위는 독일어로 'handeln'이며, 그것은 손으로 무엇인가를 하고 있다는 뜻이다. 그렇다면 남자의 손을 가진 우상은 남자처럼 행동하거나 집행한다는 의미이다. 여자의 머리는 머리 속에 자리하고 있는 것으로 여겨지는 정신을 의미한다. 간혹 정신이 정말로 머리에 있는가 하는 의문이 들기는 하지만, 대체로 정신은 머리에 있는 것 같다. 그렇다면 그 우상은 여자의 정신과 남자의 활동을 의미할 것이다.

형태가 없는 아랫부분의 황금 덩어리에 대해 말하자면, 무엇보다 황금은 귀중한 물질이다. 돈이나 보석, 귀금속 등 귀중한 물질은 언제나 가치를 의미한다. 그것은 심리학적으로 곧 리비도이다. 예를 들어, 돈은 주화로 만들어진 에너지이다. 이것은 식량이나 자동차, 전기, 석탄 등 다른 형태의 에너지로 교환될 수 있다. 그렇다면 형태 없는 이 금덩어리는 단순히 형태 없는 리비도의 총합, 즉 심리학적 에너지의 축적 또는 응축을 의미한다. 실용적인 측면에서 본다면, 그것은 그녀가 그 상징을 팔 경우에 많은 돈을 챙길 수 있을 것이라는 의미이다. 그만한 황금 덩어리는 엄청난 부(富)의 축적이고, 따라서 대단히 중요하다. 그래서 이 자웅동체의 상징은 대단한 가치를 지니고 대단히 중요하다. 만약에 대단히 훌륭한 이유가 없다면, 지금 그런 에너지의 축적은 일어날 수 없다. 또는 그것은 어떤 목적을 암시할 수 있다.

황금 덩어리가 나타나는 이유가 명확히 보이지 않는다. 상징은 언제나 그런 식으로 나타난다. 어떤 상징의 존재를 두고 인과적으로 설명하는 것은 불가능한 일이다. 어떤 상징이 반드시 나타나야 한다는 점을 입증할 수 있는 원인들의 사슬 같은 것은 절대로 없다. 상징들은 그 점에서 자연 속의 대상, 즉 동물이나 식물, 광물과 비슷하다. 상징들은 그냥 거기에 있다. 그것들이 거기에 있는 이유를 당신은 절대로 증명하지 못한다. 예를 들어, 코끼리들이 존재해야 하는 이유를 증명할 원인들의 사슬은 전혀 없다. 그래서 우리는 어떤 민족이 어떤 원인으로 어떤 상징을 만들어야 하는 이유를 절대로 증명하지 못한다. 그런 노력은 쓸데없는 짓이다. 단지 이런저런 민족이 이런저런 상징을 만들어냈다고만 말할 수 있을 뿐이며, 상징들이 왜 그런지, 상징들이 왜 어떤 뉘앙스를 담고 있는지를 설명하는 것은 불가능하다.

상징은 그냥 생길 뿐이다. 사막이나 건조한 나라에 사는 사람들이 비나 천둥 상징을 많이 만들어낸다는 이유는 꽤 분명하다. 그러나 그 상징들이 특별한 형태를 취하는 이유나 비의 여신은 있는데 비의 남신은 없는 이유, 터무니없게 생긴 멕시코 신이나 힌두 신들 대부분이 그런 모습을 갖게 된 이유 등에 대해선 설명하지 못한다. 그런 특이성에 대한 원인을 찾으려 노력해 봐야 헛수고가 될 것이다.

그러나 어떤 상징의 목적이나 기능에 대해선 물을 수 있다. 코끼리가 자연 속에서 어떤 식으로 활동하는지에 대해 물을 수 있는 것과 똑같다. 그런 물음은 대답이 가능한 완벽한 질문이다. 모기가 어떤 식으로 작용하는가 하는 문제도 던질 수 있지만, 모기라는 존재에서 목적은 어떠한 것도 보이지 않는다. 모기가 왜 있어야 하는가 하는 질문은 대답 불가능한 질문인 것이다.

상징들이 인간의 정신에서 어떻게 작용하는가 하는 질문은 가능하다. 이 질문은 아주 흥미롭기도 하다. 그것이 상징의 생명과 어떤 관계가 있기 때문이다. 힌두 신들이 힌두 심리학에서 어떤 기능을 하는지, 예를 들어 힌두 신들이 팔을 아주 많이 갖고 있다는 사실과 뱀의 신들이 아주 많다는 사실이 힌두교 신자들에게 어떤 의미를 지니는지를 물을 수 있다. 아니면 십자가에 못 박힌 신이 서양인들의 내면에서 어떤 의미를 지는지에 대해서도 물을 수 있다. 그런 것들이야말로 대단히 흥미로운 질문이다. 그래서 우리는 여기서 자웅동체인 그 신이 우리의 내면에서 어떻게 작용하는지에 대해 질문을 던져야 한다. 그것보다 더 흥미로운 질문도 없다. 여기서 이 자웅동체의 신이 우리 환자의 심리에 어떤 기능을 하는지, 그 목적은 무엇인지를 보도록 하자.

이 환상은 어떤 진전이 일어나고 있다는 점을 보여주고 있다. 예전에 금은 원반으로나 연못의 표면으로 나타났다. 금이 다소 땅 위나 땅 아래에 있었다는 뜻이다. 반면에 여기서 금은 어느 정도 축적되어 있고 우상의 형태를 취하고 있다. 그것은 결정적인 진전을 의미한다. 그런 전진적인 상징은 그것이 어떤 식으로든 작용해야 한다는 점을, 그것이 이 여자의 심리에 있는 무엇인가에 유익해야 한다는 점을 암시한다.

상징은 대체로 어떤 심리적 상태를 나타낸다. 그리고 이 상징의 상태에 있는 특이한 삶은 여성적인 특징뿐만 아니라 남성적인 특징까지 포함할 것이다. 그래서 그것은 인간 존재들이 성적 또는 생물학적 관점을 넘어서는 어떤 상태를 상징할 것이다. 지금 생물학적 관점 그 너머에 있는 것은 무엇인가?

생물학적 관점은 당신이 먹고 마시고 종을 번식하고 잠자고 죽는 것이다. 그것은 자연이며 생물학적 삶이다. 자연의 반대편, 혹은 자연 그 너머는 문화적 관점, 즉 우리의 문명이다. 문명은 인간의 특별한 성취이며, 어떤 동물도 지금까지 문화를 꿈꾸지 못했다. 문명은 그 자체로 하나의 상태이며, 인간 의식의 증대에 따른 창조물이다. 의식의 증대가 완전히 새롭고 다른 세상을 만들어냈다. 세상의 표면이 변했다. 물이 전혀 없던 곳에서 물을 보게 되었고, 산을 관통하는 운하까지 생겼다. 모두가 자연의 법칙을 거역하는 것이다. 그리고 땅 위에서 그 전에 본 적이 없는 쭉 곧은 길을, 직선을 보게 되었다.

원시인들의 경우에도 문화가 있는 이상, 생물학적 태도가 제어되거나 아예 사라지기도 한다. 원시 부족에 가 보면, 더없이 부자연스런 것들이 발견되는데, 그런 것들 모두가 문화인 것이다. 문화는 자연에 반하는 사실들을 강조한다. 가장 위대한 현실주의자들이 원시인들임에도, 그들은 자연에 대해 대단히 흥미로운 단언을 내놓는다. 원시인들의 경험에 속하는 한 예를 든다면, 그들은 야생동물의 무리가 두 마리로 이뤄졌는지 스무 마리로 이뤄졌는지를 매우 잘 안다. 그럼에도 그들은 자신들이 20개의 마을에서 죽인 토템 새는 모두 똑같은 새라고 말한다. 실제로 그들도 마을이 20개이기 때문에 모두 20마리의 새가 죽었다는 것을 잘 알고 있다. 그러나 그들은 그 새가 한 마리라고 말한다. 우리가 각자의 집에 성 니콜라우스(St. Nicholas)[94] 상과 아기 예수 상을 하나씩 두고 있으면서도 성 니콜라우스는 하나

94 동로마 제국에서 활동한 성직자(A.D. 270-A.D. 343)로 산타클로스의 유래가 된 인물이다.

이고 아기 예수는 하나라고 말하는 것과 똑같다. 그렇듯 브라질의 일부 원주민들은 자신들이 붉은 앵무새라고 말한다. 그들은 날개도 없고 날지도 못하는데, 그런 것은 단지 우연적인 것일 뿐이고, 붉은 앵무새들이 인간의 특성들을 갖고 있지 않은 것도 단순히 우연일 뿐이다. 그들은 당신에게 인간 존재와 붉은 앵무새는 똑같다고 단언할 것이다. 그들은 지금 두 가지 종류의 새들 사이의 차이를 정확히 알고 있다. 왜냐하면 그들의 삶이 자연의 사실들을 정밀하게 관찰하고 구별하는 능력에 좌우되기 때문이다. 동물을 사냥하기 위해서는 동물들의 특별한 생활 조건에 대해 훤히 알아야 한다. 그래서 그들은 동물들에 대해 놀랄 정도로 세세하게 알고 있다. 예를 들면, 원주민들은 동물의 발자국을 보고 그것이 2시간 전의 것인지 10분 전의 것인지를 알아낸다. 그럼에도 불구하고, 그들은 그런 관찰과 완전히 모순되는 말을 한다.

그들이 그럴 수 있는 한, 거기에 문화가 있다고 할 수 있다. 문화는 상징으로 시작하고, 이 원주민들의 단언들 각각은 상징적이다. 그들이 붉은 앵무새라고 하는 것은 분명히 글자 그대로 받아들이면 진실이 아니다. 그래서 그것은 상징적인 진실일 수밖에 없다. 그것은 어떤 경이로운 방식으로 그들이 날 수 있는 붉은 앵무새라는 사실을, 또 어찌 보면 그 붉은 앵무새도 인간이라는 사실을 표현하고 있는 것임에 틀림없다. 그것은 토템과 관련 있는 단언이다. 그 사람들이 그런 단언을 통해 무엇을 전달하는가? 이와 비슷한 예가 생각나는가?

성령의 비둘기가 그런 단언이다. 성령의 비둘기는 영혼의 새이다. 영혼은 날개를 갖고 있어서 천국까지 날아간다. 간혹 나비가 그 역할을 할 때도 있다. '정신'(psyche)이라는 그리스어 단어는 나비도 의미한다. 그래서 옛날의 기념물을 보면 영혼이 나비의 날개를 가진 것으로 그려진다. 그리고 모든 천사는 날개를 갖고 있다. 천사들은 작은 새이다. 그래서 브라질의 인디오들이 자신들이 붉은 앵무새라고 주장할 때, 그것은 단순히 자신들의 영혼이 날개를 갖고 있다고 단언하는 것이나 마찬가지이다. 말하자면 그들의 안에 날개를 가진 어떤 존재가 있다는 뜻이다. 바로 그런 존재가 이 역사 깊은 상징의 원래 형태였다. 교회에서도 여전히 그 상징이 보인다.

상징적인 형태는 원시 시대에 자연에 맞서는 단언으로, 사실들의 증거에 맞서는 단언으로 시작되었다. 그것이 곧 생물학적 영역 그 너머에 있는 문화의 시작이다. 그래서 인간은 하나의 상징을 창조하면서 자연에 맞서거나 자연을 뛰어넘는 무엇인가를 창조하지만, 기이하게도 그것이 자연과 잘 맞아떨어진다. 자연과 아주 잘 어울리는 상징일수록 생명력이 길고, 생명력 강한 상징의 형태는 인간의 본능들을 잘 표현하고 있다.

그러므로 상징들의 창조는 세계 역사에 너무나 중요했다. 사람들은 상징들을 위해서 서로를 죽인다. 사람들이 국가 사회주의나 공산주의를 위해 서로 죽이든, 사람들이 초록색의 새든 붉은 새든, 그것은 브라질 원주민의 단언과 다를 것이 하나도 없다. 그리고 그런 상징들의 창조는 인류에게 대단히 중요하다. 왜냐하면 너무나 많은 것이 본능에 적절한 공식을 발견하는지 여부에 달려 있기 때문이다. 적절한 공식이 있는 경우에, 사람은 품위 있게 살 수 있으며, 본능의 대다수를 표현할 수 있다. 만약에 본능의 적절한 표현을 허용하지 않는 부적절한 상징이 있다면, 그것은 신경증적인 상태를 낳는다. 그러면 전 세계에 걸쳐서 일대 소동이 일어날 것이다. 사람들은 우리의 종교들이 파괴되었다고 말한다. 우리는 더 이상 "이즘"(ism)을 갖지 않고 있다고 말한다. 버나드 쇼(Bernard Shaw)의 희곡에서 무신론을 잃어버렸다고 투덜대는 그 인물처럼 말이다. 어떻게 이런 끔찍한 일이! 그런데 아는가? 무신론도 종교나 마찬가지라는 걸.

그러나 나에겐 아직 이 상징의 의미가 명쾌하게 다가오지 않는다. 이 상징은 성에 관한 매우 일방적이었던 단언과 정반대이다. 성이 일방적으로 주장될 때, 자연스런 결과는 사람이 즉시 성별 역할로만 축소되는 것으로 나타난다. 사람의 전체 삶이 그 특별한 형태로만 이뤄진다는 뜻이다. 여자는 여자의 역할만 할 것이고, 남자는 남자의 역할만 할 것이다. 자연 과학자의 관점에서 본다면, 그것은 완벽하게 만족스런 상식이다. 그것이 곧 생명이고, 그것이 곧 전체 사물의 의미이다.

분명히, 우리가 능력이 닿는 데까지 깊이 자연을 들여다본다면, 물론 우리가 얼마나 많은 것을 볼 수 있는가 하는 의문은 늘 있지만, 암컷 동물이 그냥 암컷 역할만을 하고 수컷 동물이 그냥 수컷 역할만을 하면 그것으로 끝인 것은 사실이다. 그것이 삶의 전체 의미라고 할 수도 있다. 그러나 인간의 경우엔 그런 식의 판단이 매우 의문스러워진다. 왜냐하면 인간이 단순히 상상 속에서만 존재하는 신들을 위해서 피라미드와 신전들을 지었기 때문이다. 이것은 전대미문의 행동이며, 우리는 그런 행동에 대해 아직도 경이를 충분히 표하지 않고 있다. 우리는 그것을 당연한 것으로 받아들이고 있다. 그런 것이 인간이라는 식이다. 그것이 진정으로 의미하는 바를 우리는 거의 평가하지 않고 있다. 그것은 한 무리의 얼룩말이 신전을 짓거나 신성한 의식을 치르기 시작하는 것과 비슷하며, 원숭이들이 편지를 쓰거나 책을 쓰기 시작하는 것과 비슷하다.

인간은 문화를 통해서 제2의 세상을 스스로 창조했다. 그리고 제2의 세상은 자연의 세계에서 볼 수 있는 것들 밖에 있기 때문에, 우리는 인간이 자연 속에서 만나지 않는 것들을 창조하는 본능을 타고났다고 단정해야 했다. 인간은 세상의 표면을 변화시켜가면서 사물들을 자연 속으로 투사한다. 그 본능이 너무나 강하기 때문에, 인간은 자연과 본질적으로 모순되는 것을 창조하려는 본능을 가진 것처럼 보인다.

예를 들어, 이 공상에서도 그런 어떤 사실이 보인다. 우리의 환자는 모든 증거에 반하는 무엇인가를 창조하고 있다. 이 상징은 틀림없이 자연에 반하는 어떤 단언이며, 생물학적 편견을 뛰어넘는 어떤 존재의 창조이다. 지금 그것이 꿈에 나타난다면, 그 기능적인 의미는 무의식에 그런 상태를 표현하려는 욕구가 있다는 뜻이다. 다시 말하면, 만약에 당신이 그런 상태를 창조한다면, 그것은 곧 당신이 그런 상태를 예상하고 있고 당신이 그런 상태를 초래할 수 있다고 생각하고 있는 것이나 마찬가지이다.

과거에 인간은 언제나 자연을 정복하거나 변형시키면서 자연에 반하는 심리 상태를 끌어내려고 노력했다. 그러는 과정에 온갖 종류의 주술적 또는 종교적 의식이 행해졌다. 혹은 단순한 관념, 즉 철학적 확신이 세상에 새로운 얼굴을 씌웠다. 우리의 인식 속에서만 아니라 실제로도 세상을 다르게 만들었다. 예를 들면, 비행(飛行)이나 산악 터널, 댐, 간척 등 인간의 온갖 시도는 정말로 자연 그 너머에 있는 무엇인가를 창조하려는 경향을 표현한 것이다.

그렇다면 이 상징은 자연의 편견이 존재하지 않거나 극복되는 그런 조건을 표현하는 것으로서 어떤 기능적 가치를 지닌다. 그런 상태라면 그녀가 마치 성별에 얽매이지 않는 존재인 것처럼, 마치 여자이면서 남자인 것처럼 이해하고 행동할 수 있을 것이다. 이것은 아주 분명하게 문화적인 조건이다. 지금 그녀의 무의식이 그런 상징을 창조할 필요성을 느끼고 있는 이유는 무엇인가? 그런 경우에 그녀의 무의식적 상태는 구체적으로 어떤 상태인가?

그녀는 지금 성적으로 일방적인 상태에 반대하고 있을 것이다. 그래서 무의식이 성별 구분이 없는 상태를 창조할 것을 강조하고 있다. 무의식이 먼저 어떤 사람이 성적 관점을 과도하게 갖도록 한 다음에 그것을 극복하는 조건을 강조하는 것은 모순처럼 보인다. 그럴 것 같으면 성적 관점을 강조하는 이유가 도대체 뭐란 말인가? 그것은 전적으로 서양 특유의 기독교 문명이 지닌 편견 때문이다.

서양인들은 어떤 것을 억압하고 근절하려고 노력하면서 그것이 존재하지 않는다고 선언한다. 또는 서양인들은 말없이 눈감아주면서 신경을 쓰지 않는 척 그냥 지나치면서 본능을 가만 내버려두는 법을 배웠다. 마치 본능이란 것이 건드리지 않고 그냥 내버려 두기만 하면 되는 것처럼. 우리 모두는 진짜로 그런 방향으로 교육을 받았다. 그래서 우리는 그렇게 할 수는 있지만, 그러면 자연히 신경증적인 상태에 빠지게 된다. 왜냐하면 우리의 육체와 우리 자신 사이에 어떤 분리가 생기기 때문이다. 그 결과, 무의식이 육체를 괴롭히게 된다. 역사적으로, 프로이트가 성욕을 주장하면서 말했듯이 말이다. 프로이트는 이렇게 강조했다. 지금 뒤돌아서서 당신이 남긴 것을 보라. 그것은 엄연히 존재하고 있다. 그것이 영원히 흘러갔다고 생각하는 것은 단순히 착각일 뿐이다. 그것은 사라지지 않는다. 당신은 그냥 그것을 의식하지 않지만, 그것은 여전히 당신에게 영향을 미치며 신경증을 야기하고 있다. 프로이트의 이 같은 주장은 곧 본능이란 것이 있으며 인간은 한 마리의 원숭이에 지나지 않는다는 뜻이다.

그러나 당신이 한 마리 원숭이라는 것을 깨닫는 순간, 무의식은 문화적 본능의 실체를 주장하고 나선다. 물론 문화적 본능이란 용어는 틀에 박힌 표현이다. 인간의 정신적 자질이라고 표현해도 무방하다. 자연과 일치하지 않는 것을, 자연의 사실과 정반대인 것을 그런 식으로 부르면 된다. 자연과 일치하지 않는 것의 예를 들자면, 브라질 원주민들이 자신을 붉은 앵무새라고 부르는 것만큼, 그리고 그들이 날개를 갖고 있지 않은 것이 단순히 우연적이라고 생각하는 것만큼 두드러진 것이 있을까? 그런 말을 하는 것이 그들의 현실주의적인 정신에 반하지만, 그들은 그런 단언을 하며 그런 상징적인 사실을 창조한다. 그것은 그들의 내면에 그런 욕구가 있다는 것을 보여준다. 아시다시피, 그 어떤 자연의 사실도 인간들로 하여금 자연에 명백히 반하는 개념을 만들어내라고 강요하지 않는다. 단순한 아이도 그런 개념 앞에서 엉터리라고 외칠 것이다. 안데르센의 동화에 나오는 새 옷을 입은 임금님 이야기와 비슷하다. 이 이야기 속에서 아이는 "임금님은 왜 옷을 안 입었지? 속옷만 입고 있잖아."라고 말한다. 사람들은 심지어 엉터리인 것이 너무나 분명한 그 진술이 터부시되는 사상이라고, 모든 진리들보다 더 위에 있는 진리라고 생각한다.

불멸에 대한 단언도 마찬가지이다. 우리는 모든 사람이 반드시 죽는다는 것을 알고 있다. 우리 모두는 죽어서 사라질 것이며, 아무것도 남지 않을 것이다. 그것이 명백한 진리이다. 합리주의자들은 인간이 영원히 살기를 원하는 것은 자연스러운 일이며 영원히 살 수 있는 다른 방법을 모르기 때문에 불멸이라고 단언한다고 말한다. 그러나 사람들이 불쾌하기 짝이 없는 개념인 악마나 지옥을 창조해내야 하는 이유를, 그리고 사람들이 수백 만 년의 고문을 예상하게 하는 그런 특이한 욕망을 품는 이유를 밝히는 작업은 대단히 어렵다. 그럼에도 인간들은 곧잘 그런 개념들을 만들어낸다.

"부조리하기 때문에 믿는다."라는, 테르툴리아누스(Tertullian)[95]가 남긴 유명한 라틴어 속담이 있다. 어떤 것을 믿는 것은 그것이 부조리하거나 모순되거나 역설적이기 때문이라는 것이다. 원래의 문장은 이보다 더 길다. 이 역설은 감각의 자료가 뒷받침하지 않는 것을 단언하려 드는 인간 정신의 특이한 경향을 정확히 포착하고 있다. 그것은 그런 정신적 사실의 실체를, 말하자면 상징의 실체를 단언한다는 뜻이다. 부조리하고 신뢰할 수 없는 것에 대한 이 같은 단언보다 정신이나 정신적 내용물의 실체를 더 잘 드러내는 것은 없다. 이것은 정신 자체의 힘을 보여주는 증거이다. 인간은 이런 단언들을 만들지 않을 수 없다. 단언들은 인간의 내면에서, 인간을 통해서 저절로 만들어지며, 인간은 단언들에 압도된다. 왜냐하면 단언들이 보통 어떤 계시 때문에 일어나고, 단언들이 그런 식으로 생겨나기 때문이다.

이 환상들 속에서, 심리적 사실들은 우리 환자에게 그냥 나타난다. 심리적 사실들이 그녀의 눈 앞에 나타나고, 그녀는 그것들을 그냥 볼 뿐이다. 그녀가 심리적 사실들을 발명하는 것이 아니라 그 사실들이 그냥 일어나는 것이다. 그 메커니즘은 똑같다. 예언가들의 환상보다 낮은 차원에서 일어난다는 차이밖에 없다. 에스겔의 그 위대한 환상과 우리 환자의 환상을 비교하면, 거기서 비슷한 점이 나타나지만 예언가에게 나타나는 환상 또는 계시는 뜻밖에 나타나는 반면에 우리 환자의 환상은 예상되었고, 그래서 처음부터 낮게 평가되는 차이가 있다.

어떤 사물이 다소 당신이 파악할 수 있는 범위 안에 있을 때, 그것을 제대로 평가하는 것은 불가능하며, 당신이 처분 가능한 것은 전혀

95 기독교 교부이자 평신도 신학자(A.D. 160-A.D. 220)이며 '삼위일체'라는 용어를 처음 사용한 인물로 전해지고 있다.

아무런 가치를 지니지 않는다. 당신이 모든 돌이 다이아몬드인 그런 다이아몬드 계곡에서 태어났다고 상상해보라. 그러면 당신은 다이아몬드를 거들떠보지도 않을 것이다. 그렇듯 만약에 이 환상들이 어떤 기술의 결과로 당신에게 나타난다면, 그것들은 당신을 사로잡지 못할 것이고 당신은 그것들을 높이 평가하지 않을 것이다. 그러나 당신이 준비가 되어 있지 않은 때에 그것들이 아주 강력한 힘으로 당신에게 다가온다면, 당신의 삶 전체가 변하게 될 것이다.

윌리엄 제임스(William James)[96]의 『종교적 경험의 다양성』(Varieties of Religious Experience)에 그런 예들이 아주 많이 제시되고 있다. 가장 유명한 예는 바오로가 다마스쿠스로 가는 길에 본 환상이다. 이 환상은 바오로의 돌연한 개종을 낳았다. 그러나 여기 수백 개의 예들이 있지만, 그것들은 거의 효과를 발휘하지 못한다. 이유는 그것들이 예상된 것이었다는 사실 때문이다.

이를테면 당신이 어떤 종교적 태도를 취할 수 있다. 위대한 통일성을 보이는 그런 태도를 말이다. 그러면 당신은 나무에서 떨어지는 잎을 신의 메시지로 받을 수도 있으며, 그 같은 믿음이 제대로 작동한다. 내가 만난 소말리아의 어느 추장이 풀잎을 하나 따면서 "신은 당신에게 이것으로 나타날 수 있다."고 말했듯이. 한 방울의 이슬에도, 한 송이의 꽃에도, 하나의 별똥별에도, 당신의 길을 가로지르는 동물에도, 심지어 야코프 뵈메에게 일어난 것처럼 주석 접시에 부서지는 햇살 속에도 당신의 심리를 완전히 바꿔놓을 요소가 있다. 그런 한편, 당신은 서로 별다른 차이가 없는 환상을 무수히 많이 볼 수 있다.

어떤 경우에는 당신은 절대적으로 복종하는 태도를 취하면서 아주 작은 것이라도 최대한으로 이용하려는 의지를 품을 수 있다. 더없이

....

96 미국 실용주의 심리학자이며 철학자(1842-1910).

위대한 것이 아주 작은 것으로 나타날 수도 있으니까. 그런 것이 당신의 기대이다. 그것이 근원이고 신의 암시이다. 신이 당신에게 고개를 끄덕이며 그냥 암시를 주지만, 그것으로 충분하다. 만약에 그것을 이런 식으로 받아들인다면, 당신은 경험을 모두 한 것이나 다름없다. 그러나 만약에 당신이 예를 들어 미학적 태도를 취한다면, 어려움이 시작된다. 왜냐하면 미학적인 태도가 당신이 그 순간의 즉시적 가치를 보지 못하도록 막는 편향적인 태도이기 때문이다. 미학적인 태도가 편향적인 것은 그것이 표면만을 보도록 허용한다는 데에 있다.

극단적일 만큼 미학적인 태도의 예를 하나 제시하고 싶다. 절대로 과장이 아니다. 눈 내리는 거리에서 자동차가 미끄러지면서 아이를 치었고, 불행하게도 아이가 머리를 크게 다쳤다. 그때 마침 당신이 그곳을 지나고 있었다. 사람들이 주변에 많이 서 있는 것이 보였다. 쌓인 눈에 핏자국이 선명하고, "아니, 어떻게 이런 일이! 아이가 죽었어!"라는 소리가 들린다. 당연히 당신도 강한 인상을 받을 것이다. 그러나 만약에 당신이 미학적 태도라는 재능을 타고났다면, 당신은 아마 "재미있는 그림이로군, 얼마나 아름다운가!"라는 식으로 생각할 것이다. 당신은 그 참상의 아름다움을 보며, 그것은 당신이 사건의 전체를 보는 것이 막혀 있고 당신은 표면만을 경험한다는 뜻이다. 재앙이 벌어진 곳을 에워싸고 있는 사람들은 매우 극적이며, 당신은 그 장면을 대단히 예술적이고 대단히 암시적인 그림으로 담을 것이다. 차가운 눈과 따스한 피, 죽은 흰색과 새빨간 색 사이의 대조는 아주 두드러지고 암시적이며, 당신은 그것을 그림으로 그릴 수 있다. 그러나 표면을 지각하는 일에 빠진 당신은 틀림없이 사건의 전모를 놓치게 될 것이다.

그렇듯, 이 환상들에서 당신은 표면에 닿지만 핵심을 반드시 경험하지는 않는다. 따라서 질(質)이 양(量)으로 대체된다. 당신은 어떤 상태에서는 자신을 보호하기 위해 미학적 태도를 취할 수 있다. 그러면 무의식이 당신에게 닿기 위해 어쩔 수 없이 상징들을 증식시킨다. 그때 당신은 당신 자신이 특별히 다산이라고 생각할지 모른다. 그것은 다산처럼 보이지만 빈곤이다. 이 환상들은 무의식에서 날아온 전보와 비슷하며, 핏기가 없다. 그래도 당신이 그것들을 놓고 곰곰 생각하며 그 속에 피를 주입한다면, 당신은 그 상징들과 대단히 중요한 것들 사이의 관계를 파악할 수 있을 것이다.

당신은 거의 모든 환상 시리즈에 대해 이렇게 말할 수 있다. 만약에 여기서 어떤 완전한 깨달음이 일어났다면, 만약에 환상 시리즈가 종교적인 태도로, 말하자면 하나의 완전한 경험 속에서 다뤄진다면, 환자는 모든 것을 깨달았을 것이라고. 나의 친구인 소말리아 추장이 "신은 풀잎 하나로도 나타난다"고 했듯이 말이다. 아니면 야코프 뵈메가 어느 날 중세의 어둑한 자기 방으로 내려가다가 테이블 한가운데에 놓인 주석 접시에 부서지던 햇살을 보고 "거기에 매료되어 본질의 한가운데로 들어갔듯이" 말이다. 그 경험이 그의 문제를 해결해 주었다. 그것은 완전했으며, 전체를 담고 있었다.

미학적 태도는 예술가에게 필요하다. 예술가가 대상이나 환상이나 경험을 표현할 수 있기 위해서는 자신을 그것들로부터 보호해야 하기 때문이다. 만약에 어떤 대상에 완전히 빠져버린 상태라면, 당신은 거기에 갇혀 파괴될 것이고 예술가가 아니다. 당신은 아마 개처럼 울부짖기 시작하겠지만, 그것은 예술적이지 않다. 당신은 당신 자신을 대상으로부터 제거할 수 있어야 한다. 따라서 예술가는 당연히 미학적 태도를 가져야 한다.

정신분석가의 경우에는 종합적인 태도를 취하지 않을 경우에 금방 미쳐버릴 것이기 때문에 객관적이어야 한다. 물론 그것은 미학적인 태도가 아니라 과학적이거나 전문가적인 태도다. 미학적 태도를 취하고 있을 때엔 어떤 일도 일어나지 못한다. 대조가 있고, 흰색과 초록, 빨간색 등이 있고, 멋진 형태와 추한 형태가 있지만, 그것은 즉시적으로 당신에게 가 닿지 않는다.

틀림없이 신의 개념이나 경험을 표현하고 있을 우상이 추하고 형태가 없고 자웅동체라는 것이 이 여자에겐 전혀 무서운 경험이 아니다. 그녀는 그런 끔찍한 사실에도 특별한 인상을 받지 않는다. 이유는 그녀가 그것을 깨닫지 못하고 있기 때문이다. 그녀가 형태를 보지만, 그 형태는 그녀에게 아무것도 전달하지 못한다. 그녀는 "이것이 나의 신이야!"라고 말하지 않는다. 그러나 그녀가 믿든 말든 그것이 최고의 원리이다.

우리의 삶은 분명히 우리 자신에 의해서 이뤄지지 않는다. 우리가 삶의 주인이라고 믿는 것은 큰 실수이며, 삶이 우리를 위해서 펼쳐진다. 만약에 내가 그런 환상을 보았다면, 당연히 나는 크게 무서워할 것이다. 왜냐하면 나의 태도가 매우 달라질 것이기 때문이다. 그것이 나로 하여금 무식할 만큼 열심히 일하게 할 것이고, 따라서 나는 아마 2년 동안은 다른 환상을 볼 시간을 갖지 못할 것이다.

그러나 우리 인간에겐 자신의 눈으로 보는 것도 제대로 깨닫지 못하고 그냥 흘려보내는 경향이 있으며, 이런 것들이 어떤 말이라도 한다면, 그것은 순전히 우리 자신의 노력 덕분이다. 그리고 그런 현상은 경험들이 충분히 이해되어 우리 자신과 하나되는 것을 허용하지 않는 미학적인 태도 때문이며, 그렇지 않았다면 그 경험들의 의미가 오래 전에 깨달아졌을 것이다. 판이 등장한 환상이나 수소가 등장한 환상에 대해 생각해 보라.

얼마 전에 나는 어느 여자로부터 수소가 신성한 하얀 태양의 수소로 변하는 꿈에 관한 이야기를 들었다. 이 태양 수소는 당연히 매우 아름다웠다. 이런 꿈은 무엇을 의미할까?

그녀가 인간적이지 않은 어떤 원리의 영향을 받고 있다는 뜻이다. 이 원리는 당연히 매우 신기한 효과를 낳게 되어 있다. 말하자면, 그 여자가 추구하는 것이 무엇이든 그것은 어떤 동물이 수행하는 것처럼 맹목적으로 행해질 것이다. 그런 사람에게 어떤 일이 벌어질까? 전형적인 그림을 그린다면?

본능에 압도당할 것이다. 그녀에게 일어나는 일이나 그녀가 하는 일은 모두 수소의 방식대로 일어나고 행해질 것이다. 울타리도 생각하지 않고 엄청난 힘으로 밀어붙일 것이다. 수소처럼 맹목적인 태도를 보이면서, 그녀는 자신의 길에 어떤 장애가 있든 똑바로 나아갈 것이다. 그녀가 어떤 일에 임한다면, 그 일은 마치 수소가 하는 것처럼 처리될 것이다. 그리고 흥분한 수소는 특별히 지적이지 않다는 것을 당신도 잘 알고 있다. 수소는 단순히 맹목적인 힘이다.

신이 인간에게 영향을 미치는 방식이 꼭 그렇다. 신은 언제나 우리의 심리에서 최고의 힘이며, 종국적이고 결정적인 요인이다. 만약에 신이 무엇이든 될 수 있는 까닭에 동물이 된다면, 그러면 우리 인간은 아마 동물처럼 행동하지 않을 수 없을 것이다. 인간이 자기애(自己愛)가 강하고, 맹목적이고, 배려가 없고, 단견이고, 본능적으로 행동하게 될 것이란 뜻이다.

동물이 당신의 등을 떼밀고 있을 때, 틀림없이 당신은 나름의 장점을 가진 모든 것을 본능과 함께 멀리 끌고 갈 수 있다. 그러나 그것은 인간적이지 않으며 인간의 최종적 목적, 즉 의식의 발달은 그로 인해 전혀 아무런 도움을 받지 못한다. 물론, 사람이 불운을 만나서 자신이 마치 동물에게 떼밀리듯 강요당하고 있다는 사실을 깨달으면서 뒤를 돌아보다가 수소를 보고는 그것이 길이 아니라는 것을 깨달을 수도 있다. 그땐 방향을 바꿔야 한다. 그러면 꿈은 다른 상징을 제시한다. 그러나 무의식이 변하기 시작할 때에만 다른 상징이 나타나지, 그 전까지는 그런 일이 일어나지 않는다.

31강

1933년 3월 1일

지난 시간에 자웅동체에 대해 이야기했다. 오늘은 이 자웅동체 형상이 중세의 연금술에서 한 역할에 대해 설명할 생각이다. 관련 자료도 몇 점 갖고 왔다. 연금술 철학은 일종의 무의식의 심리학이었으며, 무의식적 과정을 이해하려는 시도였다.

그 시대에 그런 주제를 파고드는 것은 매우 위험한 일이었다. 그것이 교회의 가르침을 위반하는 것이었기 때문이다. 이처럼 난해하고 신비한 것들을 다루는 사람은 자신도 모르는 사이에 위험한 상황에 처할 수 있었다. 이단자라 불릴 위험을 감수해야 했는데, 이단은 화형에 처해질 수도 있는 문제였다.

교회는 그런 문제에 특히 더 관대하지 않았다. 그래서 그 같은 특이한 현상을 이해하려는 시도는 모호하고 보통 사람들에게 쉽게 이해되지 않는 형식을 취해야 했다. 따라서 연금술사들은 아주 특별한 언어를 선택했으며, 이상한 화학적 상징과 점성술 상징을 이용했다. 주제 자체만으로도 충분히 모호한데, 교회의 박해에 대한 두려움 때문에 더욱더 모호해졌다.

그러나 나는 이 점을 밝혀야 한다. 나 자신이 연금술사들의 특이한 언어를 이해하려고 노력할수록, 온갖 두려움에도 불구하고 그들이 우리가 생각하는 것보다 훨씬 덜 모호한 방식으로 자신을 표현했다는 사실이 확인된다는 점을 말이다. 그렇다면, 그들이 자신의 의도를 숨기려 든 경향이 거기서 발견한 것을 이해하고 표현하려는 노력만큼 강하지 않았다고 할 수 있다.

중세의 연금술 철학을 다룬 책인 『영혼의 진화』(The Evolution of the Soul)를 갖고 왔다. 이 책에 담긴 그림들을 보면, 자웅동체의 상징이 상반된 것들의 결합이라는 사상에서 어떤 식으로 비롯되었는지를 알 수 있다. 연금술사의 용광로 쪽으로 액체를 토해내고 있는 사자와 늑대를 그린 작은 그림에 암시되어 있다. 이 용광로 안에서 상반된 원소들이 함께 끓여지거나 용해된다. 이 혼합으로부터 남자와 여자 두 가지 형태로 나타나는 상징적인 어떤 존재가 태어나고, 이어서 이 두 형태가 함께 녹여져 자웅동체를 만든다. 이 자웅동체는 종종 남자와 여자의 머리를 갖고 있는 것으로 그려진다. 그것은 상반된 것들의 결합을 이루려는 시도를 분명히 보여주고 있다. 우리에게 매우 잘 알려진 주제이다. 남자와 여자를 함께 녹이는 과정은 여기 갖고 온 다른 두 권의 책에도 나타난다.

자웅동체가 나타나는 또 다른 낯선 분야는 타로이다. 타로는 한 세트의 카드이다. 원래 집시들이 사용했던 것으로 전해진다. 내 기억이 정확하다면, 스페인에서 만들어진 타로는 그 역사가 15세기까지 거슬러 올라간다. 이 카드들이 우리가 즐기는 카드의 기원이다. 우리가 사용하는 카드의 경우에 빨간색과 검정색은 상반된 것을 상징하고,

4가지, 즉 클럽과 스페이드, 다이아몬드, 하트로 구분하는 것은 개성화의 상징체계에 속한다. 그것들은 사람이 갖고 노는 심리적 이미지 또는 상징들이다. 무의식이 그 내용물을 갖고 노는 것과 비슷하다. 그것들은 특정한 방식으로 결합하며, 다양한 결합은 인간의 삶에서 사건들이 장난스럽게 전개되는 것과 비슷하다. 무의식 속에서 일어나는 이미지들의 움직임은 인류 역사에서 사건들의 움직임과 일치한다고 할 수 있다.

오리지널 타로 카드는 킹과 퀸, 나이트, 에이스 등 보통 카드로 구성되어 있다. 다만 카드에 그려진 형상만 다소 다르다. 이런 보통 카드 외에, 상징이나 상징적 상황이 그려진 카드가 21장 더 있다. 예를 들면, 태양의 상징, 발이 묶여 거꾸로 매달려 있는 사람의 상징, 번개를 맞은 탑, 운명의 수레바퀴 등이 있다. 그런 것들은 일종의 원형적인 관념들이며 무의식의 일반적인 구성 요소들과 잘 어울린다. 타로 자체는 무의식의 흐름을 이루고 있는 요소들을 표현하려는 시도이며, 따라서 삶의 흐름을 이해하려는 목적을 가진 직관적인 방법에 적용 가능하고 어쩌면 미래의 사건을 예측할 수도 있겠지만, 어쨌든 현재 순간의 상태를 읽어내는 데 도움을 준다.

그런 점에서 본다면 타로는 중국의 점술로서 적어도 현재의 조건을 읽어내는 『역경』과 비슷하다. 아시다시피, 인간은 무의식을 통해서 자신이 실제로 처한 조건이 의미하는 바를 파악할 필요성을 늘 느꼈다. 이는 현실을 지배하고 있는 조건과 집단 무의식의 조건 사이에 유사성이나 일치하는 부분이 있기 때문이다.

타로에 '악마'라 불리는 자웅동체 형상이 있다. 아마 그것이 연금술의 금일 것이다. 바꿔 말하면, 상반된 것들의 결합을 이루려는 시도가 기독교 사고방식에는 악마 같은 것으로, 허용할 수 없는 사악한 것으로, 흑(黑)마술 같은 것으로 나타난다는 뜻이다.

자웅동체의 역사를 보여줄 자료도 일부 갖고 왔다. 그 개념이 생겨난 것은 중세가 아니었다. 고대에도 있었던 개념이다. 고대인들은 이미 '헤르마프로디토스'(Hermaphroditus)[97]에 대해 알고 있었다. 그 후의 전설들에서 헤르마프로디토스는 내가 말한 바와 같이 헤르메스와 아프로디테의 아들로 나오며, 바로 여기서 중세가 자웅동체의 개념을 발견했다. 그 후로 중세에 나오는 자웅동체의 형상은 언제나 헤르메스 또는 메르쿠리우스[98]와 베누스[99]의 결합이다. 이것은 연금술에서 서로 상응하는 금속들에 의해 표현될 수 있다.

각각의 신 또는 행성은 특별한 금속으로 표현되었다. 예를 들어, 토성은 납, 수성은 수은, 금성은 구리였다. 그래서 연금술에서 수성과 금성의 결합은 그에 해당하는 금속의 결합이었으며, 금을 만드는 것은 어떤 조건에서 상반된 것들을, 신들을 서로 섞음으로써 소중한 것, 즉 보석을 만들어 내려는 철학적 시도 또는 심리학적 시도였다.

고고학의 발견을 통해서, 지금 자웅동체의 고대 역사가 조금 알려지게 되었다. 이 숭배는 근동에서, 소아시아와 인접 국가들에서 전래되었다. 가장 오래된 유물은 키프로스에서 발견되었다. 거기서 남성적인 아프로디테를 숭배한 증거가 있으며, 수염을 기른 여자의 이미지도 있다. 이 특별한 신은 아프로디토스라 불렸으며, 제물을 바치는 의식에 참석하는 남자들은 여자 옷을 입어야 했고 여자들은 남자 옷을 입어야 했다. 이와 비슷한 숭배가 그리스의 아르고스에도 존재했으며, 그곳에서 행해진 의식은 그리스 단어 'hybris'에서 비롯된 '히

97 고대 그리스 신화에서, 헤르메스와 아프로디테 사이에 태어난 아들.

98 고대 로마의 신으로 그리스 신화 속의 헤르메스에 해당한다.

99 고대 로마의 사랑과 미의 여신으로 그리스 신화의 아프로디테에 해당한다.

브리스티카'(hybristica)라 불렸다. 우리는 일상의 영어에서 그것을, 두 개의 다른 종의 결합에서 얻은 결과물이라는 뜻의 'hybrid'로 알고 있다. 키프로스의 이 아프로디토스는 훗날의 헤르마포로디토스와 동일하다. 원래의 이름은 훗날의 전설처럼 설명되지는 않지만, 아프로디토스의 흉상에서 비롯되었다. 그 특별한 형태의 기둥, 말하자면 꼭대기에 두상이 있는 기둥이 이 특별한 신에게 이름을 주었던 것으로 여겨진다.

앞에서 말한 바와 같이, 훗날의 전설에서만 자웅동체가 헤르메스와 아프로디테의 아들인 것으로 설명되었다. 그렇다면 B.C. 5세기에 아프로디토스의 숭배가 키프로스에서 관찰된 것과 비슷한 의식과 함께 아테네로 유입되었을 가능성이 있지만, 그것이 특별히 중요하게 여겨졌던 적은 한 번도 없었다. 훗날 그 숭배는 공식 행사로 행해지지 않게 되면서 개별적으로 가정에서 치르는 일종의 가족 숭배가 되었다. 그때엔 하나의 헤르마프로디토스로 불리지 않고 복수인 헤르마프로디티라 불렸다. 그렇다면 다수의 헤르마프로디토스가 있었음에 틀림없다. 하나의 카브루스(cabrus)는 없고 '카비리'(cabiri)[100]로 표현되는 다수의 카브루스만 있는 것과 비슷하다. 그로 인해 그 숭배는 다소 모호해졌으며, 그것은 중세의 연금술처럼 매우 비밀스런 일이 되었던 것 같다.

고고학자들의 생각은 헤르마프로디토스의 이중적인 성격이 풍성한 어떤 성격을, 풍성한 초목을 비유적으로 표현하고 있으며, 따라서 그 신들이 자웅동체의 형태로 그려지고 있다는 쪽이다. 그러나 헤르마프로디토스가 특별히 비옥한 성격이나 무성한 초목을 상징한다고

....

100 그리스 신화에서 비중이 다소 떨어지는 신이다. 언제나 집단으로 표현된다. 바다의 배와 선원을 보호하는 신으로 여겨진다.

가정하는 것은 틀림없이 난센스이다. 왜냐하면 자웅동체가 특히 생식력이 없는 존재이기 때문이다.

인간 존재가 자웅동체인 것은 일종의 저주이다. 그런 사람들은 매우 불리한 처지에 놓인다. 물론 이런 사실은 그 시대에도 알려져 있었다. 오늘날 보통 사람들 사이에 알려진 것처럼. 그래서 우리는 자웅동체들을 뜻하는 천박한 이름을 갖고 있다. 그리고 초기 시대의 사람들은 그런 결함은 특별한 생식력의 신호가 결코 아니며 그와 정반대라는 것을 알았다. 고대인들에게 자웅동체는 심리적인 특성이었다. 그것은 정말로 신성의 한 속성으로, 남자도 아니고 여자도 아닌 어떤 특이한 조건을 말하는 무의식적 직관이었다. 그 자웅동체 상징은 그것이 남자와 여자를 동시에 포함하고 있다는 사실을 표현했다. 그것은 성욕은 이성들 사이의 끌림으로 느껴질 뿐만 아니라, 여자이기도 하고 남자이기도 한 어떤 신을 포함하고 있는 하나의 힘이라는 것을 뜻한다.

에로스 형상은 종종 자웅동체로 표현되었다. 순수한 성욕의 신인 프리아포스도 마찬가지다. 프리아포스는 들판의 신이었으며, 언제나 남근 형식으로 표현되었다. 이집트에 가면 지금도 프리아포스의 독특한 형상이 일종의 농작물 수호신으로 이용되고 있다. 나도 룩소르 근처에 있는 전쟁 신의 신전에 간 적이 있다. 그때 막 발굴을 끝낸 곳이었다. 관광객이 별로 찾지 않는 곳이었는데, 나는 프라아포스 형상을 만날 수 있었다. 거대한 남근을 가진 허수아비였다.

그와 똑같은 것이 고대 로마에도 있었다. 그때도 마찬가지로 프리아포스는 들판의 신이었다. 그 형상은 언제나 무화과나무로 깎았다. 무화과나무는 많은 씨앗 때문에 번식력이 특별히 강한 것으로 여겨졌다. 거기엔 당연히 거대한 남근상도 있었다. 그것은 들판의 경계를 표시했다. 그곳 사람들은 유럽인처럼 돌을 이용하지 않고 프리아포스 형상을 이용했던 것이다. 호라티우스(Horatius)의 어느 시를 보면 무화과나무로 깎은 프리아포스 형상을 아주 재미있게 묘사한 대목이 있다. 지금 너무도 확실하게 남근 신으로 통하고 있는 이 신도 가끔 자웅동체로 표현된다. 이것은 성욕에 남자이면서 동시에 여자인 어떤 무의식적 요소가 있다는 사실에 대한 직관적 깨달음을 나타내고 있다. 성욕의 심리학을 공부한다면, 아마 당신도 온갖 종류의 도착(倒錯)으로 발달할 수 있는 남성적인 특징과 여성적인 특징이 있다는 사실을 알게 될 것이다.

미학적 태도에 대한 설명이 명료하게 가 닿지 않은 것 같다. 이런 질문이 제기되었으니 말이다. "환상을 대하는 우리 환자의 태도가 미학적인 까닭에 환상 자체가 반드시 피상적인가요?"

예를 들어 보자. 당신이 어떤 사물이 중요하다는 사실을 알고 있으면서도 그 사물을 피상적으로만 보고 있다. 그런 경우에 당신은 훗날 그것에 대해 말할 때 당연히 그것의 중요성을 온전히 전달하지 못하게 된다. 또 다른 예를 보자. 당신이 성당에서 미사가 행해지고 있는 장면을 눈여겨본다. 사람들이 작은 종을 들고 걷고, 향로를 이리저리 흔들며 연기를 피우고, 무릎을 꿇고 앉았다가 일어서며 기도를 외우는 것이 보인다. 그래도 당신은 그것이 무슨 의미인지 알지 못한다. 그럼에도 미사 행사에 관한 당신의 설명은 그것이 미사 행사 중 어떤 특별한 부분을 말하는지를 알 수 있게 할 만큼 충분히 세부사항을 담고 있다. 그러나 이미 미사에 대해 아는 사람만이 그 같은 설명을 바탕으로 당신이 본 것이 무엇이었는지를 알 수 있을 뿐이다.

그렇듯이, 미학적인 태도는 어떤 지각을 제시할 수는 있지만 필요한 이해를 제시하지는 못한다. 왜냐하면 미사가 진정으로 경험되지 않았기 때문이다. 미사는 눈을 통해 들어갔고, 그것이 뇌의 후두부에 이미지를 일으키고, 거기에 색깔 같은 미학적 디테일뿐만 아니라 감정까지 더해진다. 만약 당신이 예술가라면, 아마 그것을 바탕으로 작품을 그리는 것도 가능할 것이다. 그러나 미사라는 의식을 근본적으로 이해했다는 뜻은 아니다. 그 모든 것은 어디까지나 표면에 머물고 있다.

내가 피상적인 환상이라는 표현을 쓴다면, 그것은 환상과는 전혀 아무런 관계가 없다. 사람이 사물을 인식하는 방식이 피상적이라는 뜻이다. 미학적인 태도는 절대로 표면 그 아래까지 깊이 침투하지 못한다. 따라서 관찰이 그 사람의 경험은 절대로 되지 못한다. 대상을 그냥 보는 것에서 그친다. 그러면 대상은 그 사람의 미학적 영역에만 닿을 뿐, 하나의 인간 존재 전체에는 닿지 않는다. 그것이 그렇게 많은 사람들이 단지 삶을 지탱할 만한 것으로 유지하기 위해서 미학적인 태도를 이용하는 이유이다. 니체는 한때 세상은 오직 미학의 문제일 뿐이라고 말했다. 그가 그렇게 말한 이유는 그가 그런 태도를 취하지 않을 경우에 자신의 세상으로부터 너무나 큰 고통을 받을 것이고 따라서 세상의 문제가 견딜 수 없는 것이 될 것이기 때문이다. 그래서 니체는 심연을 덮어버렸으며, 그는 반질반질 광이 나는 사물들의 표면에 꽤 만족했다.

지금 우리 환자는 위대한 것을 거듭 보고 있다. 우리 환자의 환상 중 아무것이나 하나 잡아서 보라. 그러면 그녀가 언제나 위대한 것을 보고 있다는 것이 확인될 것이다. 그녀는 무의식적으로 위대한 것의 특징을 떠올리는 일에 결코 지치지 않는 것 같다. 그럼에도 불구하고, 나의 설명을 듣지 않는 가운데 그 환상들을 연구한다면, 당신은 거기서 많은 것을 얻지 못한다. 만약에 내가 이 환상들을 책을 읽듯이 읽은 다음에 당신에게 들은 내용을 묻는다면, 당신은 단어들을 듣고 이미지를 보았을지라도 거기서 어떠한 의미도 전달받지 못할 것이다.

예를 들어, 내가 자웅동체에 관해 다음과 같은 내용을 읽었을 때 당신은 자웅동체의 원형적인 이미지를 떠올릴 수 있었는가? "머리는 여자이고 남자의 손이 위로 뻗어 있었다. 아랫부분은 형태가 없는 황금 덩어리였다." 문장들은 아주 짧다. 그녀가 형상을 제대로 알고 있다는 느낌을 주지 않는다. 그녀는 그런 형상에 놀라는 모습도 보이지 않는다. 그리고 내가 언급했던 그 흰색 수소가 나오는 꿈에서, 그 꿈을 꾼 사람은 그것이 받침대 위에 놓인 아름다운 흰 수소라는 사실에 완전히 만족했다. 그러면서 그녀의 신이 수소의 형태로 나타날 때 그것이 의미하는 바가 무엇인지에 대해 스스로 물어볼 생각은 전혀 하지 않았다. 만약에 내가 받침대 위에 놓인 상태에서 태양처럼 숭배되고 있는 신성한 존재에 대한 꿈을 꾸었다면, 그것이 사자든, 게든, 아메바든 불문하고, 나는 그것이 나에게 어떤 의미를 지니는지, 왜 내가 그런 것을 보아야 하는지에 대해 틀림없이 스스로 물어볼 것이다. 그러나 예술가는 사람들이 작품의 의미에 대해 물어올 경우에 상처를 받는다.

이 방 저쪽 끝에 있는 밝은 색의 자수 그림을 예로 들어보자. 사람은 그것이 별과 빛, 따스한 노란색과 빨간색으로 가득한 현대적 공상이라고 생각하면서 그것이 무엇을 의미하는지에 대해서는 조금도 생각하지 않고 그림을 지나칠 수 있다. 그런 것이 피상적인 환상이다. 그러나 그 그림은 내용물을 갖고 있으며, 그것은 엄청난 배경을 가리키고 있다. 그것을 충분히 오랫동안 들여다보면서 분석하려고 노력한다면, 당신은 어떤 결론에 닿고 그것으로부터 무엇인가를 얻게 될 것이다. 그러나 모든 사람들이 예술가들이 색과 빛 등으로 강한 인상을 주려 한다는 점을 알고 있으면서 예술가들에게 관대하게 대하고 있으며, 사람들도 동의하기 힘든 배경을 보길 원하지 않기 때문에 기꺼이 그 의견을 그대로 받아들인다. 사람들은 천박해지기를 원하고 그저 표면만을 부드럽게 스치듯 지나기를 원한다. 그러나 그런 식으로 접근하면 아무 일도 일어나지 않는다. 그래서 이 환상들을 읽을 때에도 단순히 겉만 핥고 지나치면 아무 일도 일어나지 않고 상징을 기억하지도 못한다.

나는 상징을 기억하려고 무척 노력한다. 왜냐하면 읽기를 끝내는 순간에 상징이 사라져 버릴 수 있기 때문이다. 만약에 내가 세미나가 있는 날 아침에 읽는다면, 여기에 도착할 때까지 모든 것이 사라져 버린다. 상징은 무의식과 연결되어 아래로 끌려 내려가 버리고, 그러고 나면 우리는 그곳 깊은 곳까지 보고 싶어 하지 않는다. 그래서 우리는 언제나 일들을 최대한 천박하게 만들고 있으며, 바로 그 목적에 미학적 태도가 아주 유익하다.

피상적이지 않은 환상으로 불릴 수 있는 것은 완전한 경험이 표현된 그런 환상일 것이다. 이를테면 당신의 발걸음을 잡아끄는 그림 같은 것이 그런 환상이다. 그럴 경우에 당신은 거기에 의미가 담겨 있다는 것을 보지 않을 수 없다.

예를 들어, 차크라는 미학적이며, 장식적이기도 하다. 그러나 차크라는 그런 것과 별도로 상징으로 당신의 관심을 즉시 잡아끈다. 그러면 당신은 차크라를 그냥 스치듯 지나치거나 보지 않고 지나치지 못한다. 당신은 그것을 미학적으로 이해하는 것만으로는 충분하지 않다고 느낀다. 그것은 당신에게 말하기를 원하는 무엇인가를 포함하고 있으며, 그것 뒤에 온갖 것이 숨어 있는 것처럼 보인다. 그것은 유쾌한 표면 아래에 심오한 어떤 의미를 감추고 있을 수 있으며, 그러면 당신은 그 의미에 주목하면서 그 아래로 파고들어야 한다. 그것은 이렇게 말한다. "당신에게 잠긴 문을 열 열쇠를 주겠노라." 그런 많은 사소한 형태들은 당신을 속이지 않고 당신을 어떤 과도적 즐거움으로 이끌 열쇠임에 틀림없다. 그 형태들은 어떤 의미를 전하기를 원한다. 예를 들어, 가젤과 작은 불꽃, 신들, 글자들을 보라. 그러나 나는 그것을 예술이라고 부르지 않을 것이다. 그것은 언어이고, 철학이다. 나는 미학적 태도가 예술에 꼭 필요하다는 점을 인정하지만, 이것은 환상이다. 이것은 예술이 아니고 상징체계이다.

우리 환자의 환상으로 돌아가기 전에, 마이링크(Gustav Meyrink)[101]의 『골렘』에 나오는 자웅동체의 상징에 관해 언급해야 한다. 이 작품에는 마이링크가 신비에 관한 연구를 통해 얻은 결과물인, 자웅동체에 관한 흥미로운 장이 있다. 당연히 그는 중세의 자웅동체 상징을 보게 되었으며, 이 작품에서 자웅동체 상징은 전형적인 연금술의 역할을 한다. 그리고 나는 자웅동체 형상의 아랫부분 또는 토대를 이루고 있는 황금 덩어리가 의미를 지닌다는 점을 언급해야 한다. 왜냐하면 자웅동체가 금을 만드는 기술에서 나타나기 때문이다.

자웅동체는 소중한 물질을 만들어 내려는 시도인 연금술에서 은밀한 작업의 어떤 단계를 상징한다. 심리학적인 용어로 표현한다면, 소중한 물질은 우리가 조화의 상징이라고 부르는 것들, 즉 진주나 보석, 아이 등을 의미할 것이다. 자웅동체는 그 소중한 물질로 나아가는 과정에 있으며, 그것은 상반된 것들의 짝이 인간의 형태로 결합하는 단계이다. 이는 곧 우리의 성격의 상반된 것들이 우리 내면에서

....

101 오스트리아의 소설가이며 극작가인 구스타프 메이어(Gustav Meyer: 1868-1932)의 필명.

하나의 인간으로 결합한다는 것을, 그래서 남성적인 것과 여성적인 것이 함께 있게 된다는 것을 의미한다.

이것은 기독교 전통에서도 중요한 상징이다. 물론 그것은 교회법으로 정해진 것은 아니지만, 그때까지도 존재하던 '이집트 복음서'에도 담겨 있었고 교부(敎父) 오리게네스도 그것을 보았다. '이집트 복음서'에 그리스도와 우리가 전혀 아는 바가 없는 살로메라는 여자 사이에 오간 대화가 담겨 있다. 이 살로메는 헤롯 왕의 딸이 아니다. 그녀가 그리스도에게 자신이 묻고 있는 것들이 언제 현실로 나타날 수 있느냐고 묻는다. 그러자 그리스도는 이렇게 대답한다. "그대가 수치심의 껍질을 발로 밟을 때. 둘이 하나가 되고, 남자와 여자가 하나가 될 때, 남자도 아니고 여자도 아니게 될 때."

그리스도가 말하고 있는 그것은 당신이 지금 보고 있는 것과 똑같은 상징이며, 단순한 성별 그 위나 너머에 있는 조건을 의미한다. 그러면 천년 왕국, 하늘의 왕국, 완벽한 조건, 최고로 고귀한 형태의 존재, 황금의 상태가 성취될 것이다. 위를 보면 그것은 자웅동체처럼 보이고, 아래를 보면 그것은 황금이다. 황금이 뒤에 오는데, 마치 황금이 땅에서 자라는 것처럼 보인다. 이를테면 자웅동체가 먼저 나오고, 그 뒤를 황금이 따른다. 그래서 우리는 자웅동체는 대체로 개성화에 앞서 나오는, 또 소중한 센터 또는 소중한 다이아몬드의 창조에 앞서 나오는 상징이라고 할 수 있다.

그러므로 그것은 아직 만족스런 상태가 아니다. 연금술사가 그린 그림에 나타나는 그대로이다. 두 개의 머리를 가진 형상은 아주 괴기스러워 보이며, 거기에는 상반된 것들의 짝으로부터의 해방은 전혀 없다. 상반된 것들을 조화시키는 상징은 완전히 새롭고 독립적인 것이어야 한다. 그렇지 않은 것은 조화시키는 상징이 아니다. 자웅동체는 인간이 여전히 둘로 갈라져 있다는 것을 보여주며, 그 인간은 단지 완전을 향해 나아가고 있을 뿐이다. 그래서 마이링크의 『골렘』에서 마법의 집 또는 내세의 땅으로 가는 문은 자웅동체의 모습으로 오시리스를 나타내는 것으로 되어 있으며, 문의 반쪽 중 하나는 남자이고 다른 반쪽은 여자이다.

사람은 완벽한 조건에 닿기 위해 먼저 그 문을, 말하자면 자웅동체의 단계를 통과해야 한다. 그 환상의 뒤에 이 같은 사상이 버티고 있다. 이 자웅동체는 심리학적으로 무엇을 의미하는가? 이 대목에서 우리는 절대로 만족하지 못하고 있으며 어떤 상징에 갇혔다는 느낌을 받으면서 거기에 남길 원할 수도 있지만, 그래도 우리는 모든 것을 실제 경험으로 녹여내야 한다. 그런 자웅동체의 경험은 실제로 어떨 것 같은가? 문제는 이 단계에서 사람이 두 가지의 영향을 다 받는다는 점이다.

대체로 우리는 상반된 것들의 짝들을 우리 자신의 밖에서 경험한다. 우리가 어떤 입장을 취한다고 가정하자. 그러면 우리는 옳고 상대방은 모두 틀리게 된다. 그러다 시간이 조금 지나면 우리는 아마 꿈을 통해서나 아니면 분석가가 제시하는 현명한 조언을 통해서 그 반대자가 우리 자신을 위한 상징일 수 있다는 것을, 예컨대 우리 자신의 그림자일 수 있다는 것을 깨달을 수 있다. 또 우리가 그 반대자에게 특별히 강하게 반대하는 것은 그가 우리를 너무나 많이 닮았기 때문이라는 점도 깨달을 수 있다. 프랑스 심리학과 독일 심리학처럼. 프랑스 심리학과 독일 심리학은 서로 적의를 품고 있는 형제이며, 서로 아주 많이 닮았다. 프랑스 심리학은 어떤 것을 프랑스어로 말하고, 독일 심리학은 똑같은 것을 독일어로 말하고 있을 뿐이다.

그래서 어떤 사람이 자기 자신이 자신의 최악의 적이라는 것을, 그가 외적으로 싸우고 있는 바로 그것을 자신의 안에 갖고 있다는 것을, 말하자면 그 사람이 자기 자신이면서 자신의 반대자이기도 하다는 것을 깨달을 때, 그 사람이 만약에 남자라면 싸우지 말아야 할 사람이 여자라는 것을, 또 그 사람이 만약에 여자라면 싸우지 말아야 할 사람이 남자라는 것을 최종적으로 인식하게 될 것이다. 최고의 인식은 남자도 여자이고 여자도 남자라는 것을 아는 것이다. 그러면 사람은 무엇을 해야 할지 몰라서 혼란스런 상태에 빠질 것이다. 더 이상 싸울 사람이 없어지는 것이다. 이제 자기 자신과 싸우는 일밖에 남지 않게 되는데, 그것은 그다지 재미있는 일이 아니다.

그렇다면 자웅동체의 상태 다음에 나타났을 상징은 무엇일까? 그 상징은 기독교에 호의적이지 않았던 연금술 철학에는 나타나지 않았을 것이다. 아시다시피, 사람은 그냥 저지당한다. 그러면 그 사람은 입을 꾹 다물고 있거나 스스로를 특별히 높은 위치로 밀어올리면서 거기서 자기 자신과 다른 사람을 뚜렷이 구분할 것이다. 그러나 그것은 일종의 '망아'(忘我) 같은 비정상적인 상태이다. 왜냐하면 그 사람이 자신이 반대자를 포함하고 있다는 것을 진정으로 알기 때문이다. 그 뒤에는 무엇이 따를까?

십자가이다. 십자가형의 상징에서, 사람은 그 외의 다른 무엇인가를 자각하게 된다. 신이 그리스도를 떠나는 순간이다. 옛날 사상에 따르면, 그리스도는 일종의 외관상의 육체를 갖고 있었을 뿐이며, 신은 이미 동산에서 그의 몸을 떠났다. 그러나 예수 가현설 전통에 따르면, 신은 십자가에서 그리스도의 몸을 떠났으며, 그래서 그가 "신이시어, 신이시어, 어찌하여 저를 버리시나이까."라고 외쳤다. 아시다시피, 십자가형의 상징은 상반된 것들의 짝으로, 말하자면 두 사람의 죄인으로 암시되듯이 오른쪽과 왼쪽으로 나눠질 뿐만 아니라 아래도 있고 위도 있다. 그것은 그 4를 의미하며, 그것이 곧 십자가이다. 거기에 만다라 상징도 있다. 4는 에덴동산에서 흘러나오는 4개의 강에 의해 상징되고 있다. 아니면 천상의 예루살렘의 4개의 문에 의해 상징되고 있다. 이 천상의 예루살렘은 메루 산에 지은 브라만의 도시처럼, 4를 바탕으로 세워졌다. 그렇다면 그것은 진짜 상황일 것이며, 자웅동체는 그 같이 공중에 뜬 상태에 이르는 한 단계이다.

32강

1933년 3월 8일

지난 시간에 소개한 자웅동체 상징을 명쾌하게 이해했는지 모르겠다. 그것을 충분히 이해하지 못했다 하더라도 나는 그 점을 이해한다. 그 상징의 경우에 무의식이 아주 훌륭한 형태를 창조하지 않았기 때문이다. "머리는 여자이고 손은 남자이며, 아랫부분은 형태 없는 황금 덩어리이다." 그것은 대단히 잡종적인 발명품이다. 그것은 암시로 넘친다. 나는 그 상징을 최대한 다뤘다고 생각한다. 그래서 그 상징에 대해선 더 이상 논하지 않을 것이다. 그보다 더 나은 무엇인가를 확보할 때까지 기다리는 것이 바람직하다. 당분간 우리는 가능성과 연상과 암시에 만족해야 한다.

이제 그 형상 주변에서 일어난 일을 보도록 하자. 당신은 그녀가 이렇게 말한 것을 기억하고 있을 것이다. "그것 주변에서 사람들이 무릎을 꿇고 뺑 둘러 앉아서 좌우로 몸을 흔들고 있었다." 우상은 홀로 있는 것이 아니라, 숭배자들의 무리에 둘러싸여 있었다. 이 숭배자들은 어디에 있는가? 집단 무의식에도 있고, 개인 무의식에도 있다.

그녀의 환상에는 금이 자주 등장한다. 그래서 우리는 그녀에게 금에 대한 관심이 있을 것이라고 짐작할 수 있다. 물론 금은 돈의 핵심으로, 온갖 인플레이션에도 끄떡없다. 그렇다면 여자의 머리와 남자의 손은 개인적으로 무엇을 암시할 수 있는가?

그녀가 여자의 의식을 갖고 있음에도 불구하고 그녀의 행동은 남자의 행동이 될 것이라고 말하는 것도 가능하다. 그것이 어떤 그림을 그리게 만든다. 당신은 이런 것들을, 특히 아직 형성되지 않았고, 발달되지 않았고, 개인적 콤플렉스들의 단순한 집합인 그런 그림들을 개인적인 각도에서 볼 수 있다. 그러나 조금만 더 깊이 들어간다면, 이 콤플렉스들이 어떤 집단적인 관념의 표현이라는 것이 드러날 것이다.

그녀가 지금 여기서 다소 유치한 방식으로 낳고 있는 관념은 일반적인 관념이다. 간혹 그런 창조를 개인적인 관점에서 볼 수도 있으며, 상상력을 조금만 확장하면 그 창조에 대한 해석을 꽤 설득력 있게 제시할 수 있다. 이 대목에서, 그런 것은 형태가 덜 형성되었을수록 더욱 개인적이라는 점을 말해야 한다. 이어서 이 개인적인 콤플렉스들은 서서히 함께 여과되어 일종의 덩어리를 형성하며, 이 덩어리는 최종적으로 하나의 이미지가 되거나 일반적인 관념의 표상이 될 것이다. 그러면 당연히 우리가 순수하다고 생각하는 우리의 개인적 콤플렉스들이 근본적인 집단적 관념들의 투사라는 결론이 나온다.

예를 들어, 많은 사람들은 자신이 어떤 콤플렉스들을 갖고 있다는 것을 충분히 알고 있으며, 당연히 그 콤플렉스들이 순수하다고 생각한다. 이를테면 사람이 돈 콤플렉스나 자존심 콤플렉스를 갖고 있으면서 그것이 전부라고 생각할 수 있는 것이다. 그러면 그 사람은 그 아래에 콤플렉스의 진짜 원인들이, 말하자면 집단적인 어떤 사실들이 있다는 것을 보지 못한다. 아시다시피, 거기에 일종의 간극이 있다. 우리는 어떤 사람이 돈 콤플렉스를 가질 수 있다는 것을 쉽게 이해한다. 그 콤플렉스가 우리의 합리적인 생각들과 맞아떨어지기 때문이다. 그러나 그 콤플렉스가 황금의 상징적 가치 때문에 생겼다고 말하는 것은 우리의 합리적인 생각과 맞아떨어지지 않을 것이다. 또 돈 콤플렉스를 일으키는 것은 사람이 돈으로 할 수 있는 것들이 아니라 황금의 매력이라고 말할 수도 있다. 두 가지 설명 모두 맞는 말이다. 돈을 거의 갖지 않은 사람들은 자신의 돈 콤플렉스를 돈이 부족하다는 사실로 설명할 수 있지만, 록펠러(John Rockefeller) 같은 사람들의 돈 콤플렉스는 돈이 충분하지 않다는 사실로 설명되지 않는다. 그런 사람들에겐 필요한 이상의 돈이 있기 때문이다. 그런 사람들이 돈 콤플렉스를 갖도록 만드는 것은 황금의 매력이다. 이런 경우에 돈 콤플렉스는 상징적이며, 거기엔 종교적인 요소도 있다.

록펠러는 개인적으로 대단히 종교적인 사람이다. 그의 신은 황금이다. 황금은 빛이 나고 광택이 나고 매우 무겁다. 록펠러는 매일 아침에 3시간 동안 그 신을 섬긴다. 그리고 일요일이면 그는 신을 잘 섬기고 있다는 것을 확실히 해 두기 위해 침례교 공동체로 기도서를 갖고 가서 거기서 숭배되고 있는 공허하기 짝이 없는 존재를 섬긴다. 만약의 경우에 대비해서! 세상사는 알 수 없으니까. 그러나 진정한 신은 노란색 신이다.

이 우상의 집단적 성격을 뒷받침하는 또 다른 증거는 다수의 사람들이 그것을 숭배하고 있다는 사실이다. 그 같은 사실 자체가 그 우상이 집단적인 상징임을 보여준다. 당신이 어떤 집단에 관한 꿈을 꾼다면, 그 집단이 군인이든 군중이든 가족이든 불문하고, 그것은 곧 당신이 집단적인 요소나 집단적인 것에 관심을 두고 있다는 것을 의미한다.

한 예로, 나는 어떤 남자가 최근에 들려준 꿈을 기억하고 있다. 그 사람은 다수의 남자들이 들어 있는 방에 있었다. 그 남자들은 그의 편인 것 같았다. 그런데 갑자기 문이 열리고, 다수의 다른 남자들이 들어왔다. 이 남자들은 그에게 적대적인 감정을 품고 있는 것이 분명했다. 이 침입자들도 그의 편인 남자들과 똑같이 생겼다. 그들은 같은 사회 계층에 속하는 것 같았다. 그들이 서로 대치하고 있다는 사실을 제외한다면, 그들이 하나가 되지 말아야 할 이유가 전혀 없었다. 이 꿈을 꾼 사람은 이 침입자들이 자신의 편에 선 사람들을 공격할 것으로 알았으며, 따라서 자기편 사람들을 보호하길 원했다. 그래서 그는 침입자들을 향해 연발 권총을 쏘기 시작했다. 그는 총을 쏘다가 그들이 어쩐지 자신에게 윙크를 하는 것 같다는 생각이 들었다. 마치 모든 일이 쇼일 뿐이라는 것을 알려주려는 듯이. 그의 편에 선 남자들은 꽤 심각했지만, 다수였던 반대편의 사람들은 그에게 그건 전혀 심각한 일이 아니라는 점을 알려주고 있다. 그래서 그의 아버지를 상기시키는 거구의 동료가 그의 어깨를 잡으며 "걱정하지 마."라고 말할 때, 그는 그와 함께 그곳을 빠져나갔다. 당연히, 이 꿈을 꾼 사람은 꿈이 어떤 갈등을 암시하는지 알고 싶어 했다.

이 꿈이 그의 개인적인 문제에 대해 말하는 것이 아니라는 점은 꽤 분명하다. 집단적인 문제와 개인적인 문제의 차이는 개인적인 문제는 전적으로 당신 자신에게서, 당신 자신의 개인적 불충분에서 비롯된다는 점이다. 그러나 집단적인 문제는 당신이 집단성 속에서 살고 있다는 사실 때문에 당신에게 나타난다. 이 꿈을 근거로 이 남자에게 무슨 일이 일어났는지, 그의 어려움이 무엇인지에 대해 결론을 내릴 수 있다. 그것은 매우 전형적인 남자의 문제이다. 우리는 지금 늘 여자의 문제들에 대해 이야기하고 있지만, 이것은 분명히 남자의 문제이다. 이 남자는 어떤 처지에 놓여 있기에 그런 꿈을 꿨을까?

그는 집단적인 문제를 지나치게 개인적으로 받아들이고 있다. 그는 편가르기를 지나칠 만큼 심하게 하고 있다. 그는 심지어 방해하는 사람에게 총까지 쏘고 있다. 그리하여 그는 자기 자신을 문제의 한쪽 편에 놓는다. 꿈을 꾼 사람은 집단적인 문제의 한쪽 편과 동일하지만, 그를 데리고 나가는 특별히 키가 큰 사람은 그 문제 너머에 서 있다. 그는 "걱정하지 마. 그냥 가만 내버려 둬. 그 일은 당신이 심각하게 볼 때에만 심각해질 뿐이야."라고 말한다. 당신도 잘 알지만, 집단적인 문제에 종종 이 말이 그대로 통한다. 역사를 되돌아보면, 사람들이 서로를 죽인 이유가 우리가 전혀 열정을 느끼지 못하는 그런 것이었다는 사실이 확인된다. 어리석기 짝이 없는 일이 아닐 수 없다.

이 꿈을 꾼 사람의 경우에 중요한 것은, 흔히 그렇듯이, 그가 분석을 통해 다른 생각을 얻게 되었다는 점이다. 그는 언제나 집단적인 삶을 살았다. 말하자면 집단에 충실한 사람이었다. 그는 자신이 다른 생각을 품게 되었기 때문에 주변 사람들이 더 이상 그를 이해하지 못한다는 것을, 그들이 그로부터 다소 거리를 두기 시작했다는 것을 눈치 챘다. 그는 그것을 아주 강하게 느꼈다. 즉시 그는 새로운 사상을 계속 지켜나갈 것인지, 아니면 예전처럼 주변 사람들의 확신을 공유할 것인지를 놓고 갈등에 빠졌다. 그도 당연히 다른 사람들처럼 자기 방어의 태도를 취하게 되었다.

새로운 사상이나 확신을 갖게 된 사람이 그 사람 혼자이기 때문에, 그는 공동체 밖에 놓이며 따라서 당연히 열등감을 품게 된다. 그는 아마 그것이 잘못이라고 생각할 것이다. 어쩌면 다소 길을 잃고 있다는 느낌도 받을 것이다. 그러면 그의 군집 본능이 그에게 공동체로 돌아가라고 속삭인다. 그래서 이 남자는 돌아가기를 원하지만, 그는 새로운 길이 어떤 진리를 포함하고 있다는 점을 부정하지 못한다. 그래서 그는 갈등에 빠졌다.

그 갈등의 해소는 그의 안에 있는 그 큰 사람, 말하자면 그의 조상의 영혼까지 포함하는 그의 존재의 완전성을 상징하는 사람이 그를 어딘가로 데리고 가는 것으로 표현되고 있다. 인간의 몸집보다 월등히 더 큰 사람은 그 사람 자신의 전체성을 상징한다. 그 사람은 그에게 "그냥 앞으로 나아가도록 해. 세부적인 것에 대해서는 신경을 쓰지 않아도 돼."라고 말한다. 새로운 사상을 의식의 표면을 통해서만 받아들이고 있다는 뜻이다. 새로운 사상은 그 사람 전체로 스며들지 않고 있으며, 그는 그 사상을 머리에만 간직하고 있다. 그래서 그 사람이라는 존재의 전체는 건드려지지 않고 있으며, 그의 무의식은 그 사상에 대해 전혀 알지 못하고 있다. 그래서 그의 무의식 전체가 그에게 맞서는 형국이 벌어지고 있다.

그러나 그는 양쪽 모두가, 말하자면 바깥쪽뿐만 아니라 안쪽까지도 새로운 사상을 알게 될 때까지 기다려야 한다. 시간이 조금 지나면, 다른 쪽도 그 갈등이 전혀 심각하지 않다는 것을 이해할 것이다. 만약에 이 남자가 남들의 이목을 그렇게 심하게 의식하지 않고 피상적인 세상과 폭넓은 연결을 맺지 않았다면, 그는 그런 곤경에 처하지 않았을 것이다.

지금 우상 앞에서 기도를 올리고 있는 사람들의 무리는 바로 그런 상징이며, 그 무리는 전체 문제의 집단적인 성격을 보여주고 있다. 몸을 좌우로 흔드는 숭배 방식도 아주 흥미롭다.

먼저, 다수의 사람들이 똑같은 행동을 하고 있다는 점에 주목해야 한다. 똑같은 행위에 집중하고 있는 집단은 구성원들 사이에 조화를 엮어내고 있다. 그들은 지금 '신비적 참여'의 상태에 있다. 이런 상태가 안겨주는 커다란 이점은 구성원 한 사람 한 사람이 곧 전체 세계가 된다는 점이다. 각 구성원은 저마다 신으로 충만하다. 그런 고양의 상태에 있는 사람들은 인류를 통해 흐르는 위대한 힘을 느낀다. 그들은 신과 동일해진다. 바로 그런 것이 그런 특이한 행위의 목적이다. 거기서 나타나는 생리적 효과는 현기증이다.

현기증을 느낄 때, 사람은 무의식 상태가 된다. 일종의 도취 상태에 빠지는 것이다. 춤도 마찬가지이다. 예를 들어, 데르비시(dervish)[102] 댄스는 일종의 황홀경을 야기하며, 집단적인 율동과 결합한 수행은 특이한 고양의 상태를 낳는다. 이런 종류의 행동을 무의식적으로 하는 군중은 의식에 어떤 영향을 미치게 되어 있다. 심지어 백인의 정신 체계에도 특이한 매력을 발휘한다. 그래서 의식이 그런 무의식적 수행에 의해 영향을 받을 것이다. 데르비시가 무리를 이뤄 춤을 추거나 흑인들이 북 장단에 맞춰 춤을 추는 장면을 본다면, 당신은 최면에 걸릴 것이다. 그런 현장에선 율동이 단조로운 북소리에 맞춰 몇 시간 동안 계속되는데, 의식이 흐릿해지고 부분적 도취가 일어난다. 그러면 무엇인가가 더욱 그럴듯해 보이고, 그러다 보면 당신은 최종적으로 바로 그 무엇인가의 속으로 빨려 들어가게 된다. 당신이 그것 안에 완전히 들어가면, 그때 당신은 의식을 잃게 된다. 그런 수행이 집단적인 무의식 속에서 계속될 때, 당신도 그 수행의 마법에 빠져들게 되고, 따라서 당신의 정신은 그 전만큼 명확하지 않게 된다.

그러므로 우리는 우리 환자의 의식에서 그런 효과를 찾아내야 한다. 그런 상황에서, 의식은 인위적으로 정상적인 수준보다 더 원시적

....

102 이슬람 신비주의 수피의 탁발 수도승을 일컫는다.

으로 바뀐다. 지금 그런 집단적인 상징은 언제나 진정으로 집단적인 것으로, 말하자면 모든 사람에게, 아니 백인 세계 전체에 적용되는 것으로 여겨져야 한다. 만약 우리 환자가 집단 무의식에서 그런 효과를 내는 무엇인가를 보았다고 가정한다면, 그것은 그녀에게만 통하는 것이 아니라 우리에게도 통하고, 우리 시대에도 그대로 통한다. 그래서 우리는 이 상징이 일반적으로 유효하다는 가정 하에서 우리의 실제 세계의 의식이 이상한 마력에 사로잡혀 기이하게 흐릿해졌다고 결론을 내릴 것이다. 그런 경우에, 우리가 어떤 종류의 정신적 증후를 일으킬 것 같은가?

피에르 자네가 '정신 수준의 저하'라고 부른 현상 때문에, 감정들이 위로 올라온다. 우리 문명은 '아나하타'의 상태에 이른 것으로 짐작되는데, 횡격막 바로 위에 있는 이 상태는 감정에 대한 통제를 상징한다. 우리는 감정에 맹목적으로 희생되지 않으려 노력한다. 그러나 만약에 그 수준이 더 낮아진다면, 우리는 횡격막으로 내려가서 감정 센터인 '마니푸라'에 가까워질 것이다. 그런 상태는 우리 문명에서 특히 맹렬한 감정 폭발이 두드러진 단계가 될 것이다. 전쟁이 우리 문명이 그런 단계에 있다는 점을 보여주는 증거이다. 전쟁은 세계적으로 일어나는 '마니푸라' 폭발이며, 우리의 발 밑에서 일어나는 화산 분출과 비슷하다. '아나하타'에서 우리는 감정 대신에 사고와 감각을 발달시키는데, 사고와 감각은 집단에 어떤 영향을 미치는가?

사고와 감각은 공손함을 낳는다. 모두가 서로의 감정을 배려하면서 서로에게 매우 친절할 것이다. 사람들은 상대를 화나게 하거나 모순되는 말을 하지 않으려 신경을 쓸 것이다. 사람들은 합리적으로 생각할 것이고, 그런 태도가 자연히 공동체를 만들게 될 것이다. 그러나 사람이 공동체에서 이탈하면 어떤 일이 벌어지는가?

전반적으로 부조화와 증오가 두드러질 것이다. 사람들이 서로 사랑을 해도 격하게 사랑할 것이다. 그런 것은 결코 평화를 의미하지 않는다. '아나하타'에서 빠져나오는 것은 전쟁과 무질서, 분열을 의미한다. 완전한 붕괴가 따를 것이다. 그렇다면 '마니푸라'에서의 붕괴는 서로 다소 적대적인 작은 단위들을 의미한다. 그러면 나는 나 자신이 동일시하는 무리와 함께 이쪽 계곡에 살게 되고, 저쪽 계곡에 사는 사람들은 모두 악마가 된다. '마니푸라'에 가까워지자마자, 우리에게 낯선 것은 모두 우리의 적이 된다. 우리가 매일 보지 않는 것은 적대적인 것이 되고, 우리는 그런 것들 앞에서 자신을 방어해야 한다. 오직 여기 있는 것만이 옳고, 여기 있지 않은 것은 모두 그르다. 그래서 흐릿한 의식은 언제나 종파를, 작은 집단을 형성하려는 경향을 보이며, 그 집단 안에서 완전한 동일시가 이뤄진다.

어떤 사람이 다른 사람들의 생각과 다른 생각을 품는 즉시, 거기엔 문제가 생기고 폭발이 일어난다. 큰 조직은 절대로 가능하지 않게 된다. 많은 사람들 사이의 의견 차이는 감정에 불을 지르게 되는데, 그것이 곧 전쟁을 의미하기 때문이다. '마니푸라'에는 작은 공동체들만 가능하다. 그 공동체 안에서는 완전한 '신비적 참여'가 이뤄지지만, 밖에서는 적대감과 감정적 대립만 일어날 뿐이다. 그런 혼란스런 상태는 당연히 존속 불가능하며, 따라서 강압적인 독재나 그런 비슷한 것이 일어나게 되어 있다. 어느 한 동료가 전체 군중을 노예화하는 것이다. 이 동료는 군중을 함께 묶으면서 "서로 밀착해. 그렇게 하지 않으면 쏴 버릴 거야."라고 말한다.

그렇다면 지하에서 그 숭배가 계속되는 한, 우리 환자의 의식은 약간 흐리고, 무아경에 빠질 준비가 되어 있으며, 감정적이고 혼란스러울 것이다. 그래서 우리는 표면에 나타나는 혼란을 진정시키기 위해 이런 것들을 의식적인 것으로 만들고 밝은 빛 속으로 드러내려고 노력하고 있다. 그런 혼란스런 상태에서 사람은 감정이 모두 정당하고 자연스럽다고 의식적으로 생각하지만, 다른 측면에서 보면 그 감정이 안에서 일어나고 있는 무의식적 숭배 때문이라는 것이 드러난다. 이 대목에서 우리 시대의 사고방식에 관한 결론을 내린다면, 지금과 같은 혼란 상태에 빠진 세계는 도대체 어떤 문제를 안고 있을까?

어떤 무의식적인 종교가 형성되고 있는 중이라는 결론도 가능하다. 우리의 정신 깊은 곳에서 어떤 숭배가 이뤄지고 있는데, 그것을 우리는 자각하지 못하고 있다. 그 혼란을 무기 개발의 일시적 중단이나 군축 같은 것으로 해결할 수 있다고 생각하지만, 그 어떤 것도 효력을 발휘하지 못하고 있다. 이유는 장애가 저 깊은 곳에서 일어나고 있기 때문이다.

지금 우리 환자는 그 숭배자들에게 뭔가 잘못된 점이 있다는 것을 직접 느끼고 있다. 그녀는 이렇게 말한다. "나는 숭배자들 중 한 사람이 나를 정면으로 보도록 하기 위해 그 사람의 목을 잡고 홱 돌렸다. 이어 나는 그를 유심히 살폈다." 여기서 보듯, 우리 환자의 환상에는 폭력적인 장면이 아주 많다. 그러나 그것은 여자들이 겉으로 아주 부드럽고 친절한 탓에 그들의 환상에 전반적으로 나타나게 된 특징이다. 그녀는 지하에서 벌어지고 있는 것을 알기 위해서 숭배 행위를 적극적으로 방해하고 있으며, 그녀가 숭배자들을 직시해야 하듯이 숭배자들도 그녀를 직시해야 한다. 그녀는 이렇게 말한다.

> 그의 얼굴은 추했으며, 눈은 유리였다. 내가 그에게 "이것을 숭배하는 이유가 무엇인가?"라고 물었다. 그러자 유리 눈이 나를 흘겨보았다.

여기서 그 사람의 특징이 드러난다. 그의 얼굴은 추하고 눈은 유리로 되어 있다. 영혼의 부재가 느껴진다. 무의식 속의 이런 형상들의 특징은 영혼이 전혀 없다는 점이다.

유리 눈을 갖고 있는 것은 인형이다. 인형은 아이를 상징적으로 그린 이미지이거나 일반적인 인간 존재를 그린 이미지이다. 그러나 소년에겐 양철 병정이 인형을 대신하며, 양철 병정은 아이를 의미하지 않고 군인을 의미한다. 인형들은 살아 있는 존재들을 나타내지만, 기본적으로 영혼이 없고 죽어 있으며 투사를 통해서만 생명을 얻게 된다. 아이는 자신의 영혼을 통해서 인형에 생명을 투사한다. 인형 자체는 죽어 있으며 따라서 유리 눈을 갖고 있다. 그리고 어른도 일종의 유리 눈을 갖고 있다. 카니발을 끝낸 뒤, 사람들의 눈을 보면 유리 눈 같다. 그런 눈에는 일종의 죽어 있는 응시가 있다.

물론 그 응시는 영혼의 부재를 보여준다. 이 눈은 우리가 말한 일종의 도취와 잘 맞아떨어진다. 무의식의 영혼 없는 형상들이 의식에 미치는 효과가 바로 그런 도취이다. 집단 무의식의 영향을 강하게 받는 사람들도 눈에 그런 특이한 유리 같은 응시가 있다. 그것을 보여주는 전형적인 예가 불의 혀들이 강림했을 때의 사도들이다. 사도들은 그때 집단 무의식의 엄청난 경험을 막 끝낸 터라 포도주에 취했다는 비난을 들었다. 이 형상은 틀림없이 집단 무의식과 전적으로 동일하거나 집단 무의식의 영향 아래에 있는 존재이다. 그녀는 이렇게 말한다.

> "이것을 숭배하는 이유가 무엇인가?" 유리 눈이 나를 흘겨보았다. 그는 이렇게 대답했다. "작은 문이 있는데, 그걸 당신에게 보여주겠어."

이 작은 문은 분명히 어떤 대답에 이르는 길이다. 이 문은 상황이 불쾌한 경우에 탈출의 길이 되거나, 이 이해 불가능한 것을 이해하는 길이 될 수 있다. 그녀의 환상을 더 들어보자.

> 우리는 숭배자들의 집단을 통과해서 우상의 받침대에 있는 작은 문으로 들어갔다. (그녀가 문에서 나오는 것이 아니라 문으로 들어간다는 점에 주목하라.) 그 안에는 책상다리를 한 원시인 여자의 조각상이 있었다. 여자는 가슴이 여러 개였으며 혐오감을 불러일으킬 만큼 원시적이다. 나는 안내자에게 이렇게 말했다. "참으로 끔찍하군. 이걸 낮의 빛 속으로 끌어내야겠어."

지금 그녀는 그 작은 문으로 들어감으로써 어떤 오래된 신의 형상을 발견하고 있다. 그것은 원시인 여자가 아니다. 왜냐하면 원시인 여자도 가슴을 여러 개 가질 수는 없기 때문이다. 거기에 기괴한 요소가 있다. 그렇다면 작은 구멍은 그것을 통과하지 않으면 절대로 접근하지 못했을 어떤 것에 다가설 기회를 주고 있다. 우상의 받침대까지 가지 않고는 우상에 접근할 수 있는 수단이 전혀 없고, 그 안에서 그녀가 그 이상한 상징의 핵심을 발견하기 때문이다. 이 우상이 그런 내용물을 갖고 있다는 것은 무슨 뜻인가? 말하자면, 이 우상이 속이 빈 상태에서 어떤 신의 형상을 포함하고 있다는 것은 무슨 의미인가? 우상 자체가 겉으로 보이는 것과 다를 수 있다는 생각을 전한다. 그것은 단순히 껍데기에 지나지 않으며, 이 원시적인 여신을 위한 일종의 관(棺)이다.

이 우상은 틀림없이 개인 무의식과 관계있으며, 그래서 진정한 무의식적 형상, 즉 신의 형상이 개인 무의식의 베일을 통해서 어렴풋이 지각되었다고 할 수 있다. 이것은 당신이 경험적으로 언제나 확인할 수 있는 그 무엇이다. 만약에 개인 무의식의 층이 꽤 축적되어 있는 상황이라면, 당신이 보는 집단 무의식의 내용물은 틀림없이 왜곡되어 있을 것이다. 왜냐하면 집단 무의식의 원시적인 형상들, 즉 원형들이 개인 콤플렉스들의 층을 통과해야 하기 때문이다. 따라서 집단 무의식의 공격이 일어나는 경우에 당신은 먼저 당신의 개인 콤플렉스들에서 어떤 소란을 지각하게 된다. 이는 신경증이나 광기의 예에 그대로 적용된다. 표면적으로, 어떤 환자의 성욕이나 관계나 생각 같은 완전히 개인적인 장애가 드러난다. 아마 꽤 차분한 정신에 대단히 터무니없는 생각이 돌연 떠오를 수도 있을 것이다. 그러면 분석은 그 생각을 구체적인 어떤 개인적 콤플렉스로 환원할 것이다. 그런 터무니없는 생각의 예를 든다면, 어떤 사람이 돌연 자기 부모가 진짜 자기 부모가 아니라는 생각이 있다. 그 사람은 그것이 말도 되지 않는 생각이라는 것을 잘 알고 있는데도, 어쨌든 그 생각이 그 사람을 사로잡는다. 그러면 분석가는 기본적으로 그것은 어머니 또는 아버지 콤플렉스라고 말할 것이며, 그것이 그 우상에 관한 생각이나 결론이 될 것이다. 우상은 다수의 그런 콤플렉스일 수 있으며, 그러면 당신은 그것이 전혀 터무니없는 그런 덩어리는 결코 아니라는 것을, 그 특별한 형태가 그 형태의 뒤나 그 너머에 있는 어떤 관념을, 훨씬 더 깊은 무엇인가를 가리킬 수 있다는 것을 발견할 것이다.

우상은 개인적인 콤플렉스들의 집합이지만, 그 콤플렉스들의 아래나 안에 오래된 여신, 즉 진짜 원형이 있다. 그것은 원형적인 어머니라고 할 수도 있다. 그것은 항상 여러 개의 가슴을 가진 것으로 그려진 에페소스의 아르테미스와 비슷하다. 이 가슴들은 그녀의 젖이 풍부하다는 것을, 자연의 비옥함을 뜻했다. 무의식에 적용한다면, 그것은 어머니의 측면에 속하는 무의식을 의미한다. 무의식은 아버지의 측면도 갖고 있기 때문이다. 무의식은 여러 개의 젖가슴을 가진 어머니와 비슷하다. 무수히 많은 자식들에게 영양과 양식을 무한히 공급하는 것이 바로 무의식인 것이다. 예를 들면, 무의식의 젖가슴으로부터 이 환상들이 나오고 있다.

동물들은 종종 원형적인 형상과 연결되는데, 우리는 그 연결을 쉽게 오해한다. 성욕과 관련된 경우에 그런 오해가 매우 흔하게 일어난다. 그런 원형들이 있는 까닭에 성욕이 방해를 받고 있는데도, 그 원형 자체가 성욕으로 여겨지는 것이다. 그렇듯, 로물루스와 레무스에게 젖을 물리는 늑대의 뒤에 이런 원형적인 형상이 있으며, 늑대는 단순히 그 형상을 제시하는 한 방식일 뿐이다. 예를 들어, 아르테미스는 곰과 연결되고, 아르테미스의 추종자들은 종종 자신들을 곰이라는 뜻으로 '아르크토이'라고 불렀다. 그것이 신들이 종종 동물의 상징으로 표현되고 있는 이유이며, 당신도 알다시피 기독교도 예외가 아니다. 성령은 비둘기로 표현되고, 그리스도는 양이나 물고기로 표현된다. 복음전도사들을 상징하는 동물들이 대표적인 예이다. 아시다시피, 이 원형적인 여신이 지금 우상보다 더 근본적이다. 여신은 다른 상징 아래에 숨어 있었다. 달리 말하면, 여신은 원인이었다. 그것은 머리가 여자이고 손이 남자인 이유를, 그리고 아랫부분이 황금 덩어리인 이유를 설명해준다. 지금 그런 개인적 콤플렉스들이 원시적인 이 여신의 영향을 어느 정도 받고 있는지를 확인하기는 매우 어렵다. 이 여신은 "혐오감을 일으킬 만큼 원시적이며" 솔깃해 할 구석이 하나도 없다. 당신은 혐오감이라는 단어를 사악하거나 지저분한 것에 쓸 것이다. 이 여신이 황금 콤플렉스를 불러일으키고, 여자의 마음과 남자의 행동 사이에 분열을 야기하는 원인임에 틀림없다.

아시다시피, 또 다른 원칙은 무의식에서 어떤 원형적인 내용물이 서로 무리를 짓게 될 때 겉으로 가장 먼저 나타나는 징후 중 하나가 어떤 특이한 분열이라는 것이다. 아마 당신은 지금까지 어떤 활동에 참여하면서 그 활동에 집중하며 그것이 옳다는 점에 대해 한 번도 의문을 품지 않았을 수 있다. 그러다 돌연 모든 것이 균열을 일으킨다면, 당신은 그 이유를 모른다. 당신은 의문을 품긴 하지만, 그럼에도 당신이 그처럼 심하게 무기력해져야 하는 이유를 이해하지 못한다. 그렇게 되는 이유는 당신의 안에서 어떤 원형이 활성화되었기 때문이다.

예를 들어, 정치 생활에서 국민에게 언제나 만족감을 주는 정부가 있을 수 있다. 그런데 갑자기 국민이나 정부 자체에 어떤 틈이 생긴다. 그러면 당신은 일종의 지하 운동 같은 것이 벌어지고 있는데 그것이 표면의 분열을 야기하고 있다는 것을 알게 된다. 그렇듯, 자기 자신과 조화를 이루지 못하는 사람들은 무의식에서 무엇인가를 활성화시키고, 이 무엇인가가 분열을 야기하고 있다. 의식은 호수의 표면을 덮고 있는 얼음과 비슷하다. 봄이 오면 물의 부피가 팽창하면서 운동에 돌입하고, 그러면 자연히 얼음이 깨어진다. 정신분열에서 이런 현상이 확인된다. 표면 전체가 내부에서 나오는 것들의 압력, 말하자면 원형적인 힘들의 총합에 의해 몇 개의 조각으로 깨어지는 것이 곧 정신분열인 것이다.

여기서도 그런 현상이 나타나고 있는 것이 분명하다. 추하게 생긴 이 원시적인 다산의 여신이 의식을 강압적으로 뚫고 들어가려 하고 있다. 우리는 이 여신이 의식에 닿을 수 있을지에 대해선 모르지만, 어쨌든 이 여신은 그런 콤플렉스들이 존재하도록 만들고, 그러면 이 콤플렉스들은 거꾸로 표면에 특이한 어떤 갈등을, 예를 들면 남자와 여자 사이의 갈등을 일으킨다. 물론 콤플렉스는 표면의 분열을, 신경증을 또는 더 나쁜 경우에 정신병을 의미한다. 틀림없이 흙으로 만들어졌고 혐오스런 모습을 하고 있는, 달리 표현하면 용인할 수 없는 모습을 하고 있는 여신이 이 현대적인 여자의 내면에 있어야 한다는 사실은 어떻게 이해해야 할까?

오늘날 세상이 여자들을 특별히 선한 존재로 여기고 있다는 점을 지적해야 한다. 그래서 무의식이 여기서 생각할 무엇인가를 만들어내고 있다. 나의 판단이지만, 논의할 가치가 충분하다는 생각이 든다. 그러나 그 배경은 무엇일까? 이것은 분명히 여자의 환상이다. 그래서 어머니 형상이 나타날 때, 그 형상은 기본적으로 여성적인 창조적 본질을 보여준다. 남자에게 그와 상응하는 것이 나타난다면, 그 형상 역시 똑같이 원시적일 것이다. 남자에게 떠오를 형상이 어떤 특징을 지닐 것인지에 대해서는 나는 깊이 논의할 필요성을 느끼지 않는다. 우리 환자가 남자라면, 당연히 그것에 대해 논해야 하겠지만 우리 환자가 여자이기 때문에 이 어머니 형상을 논해야 한다. 이것은 보상적인 형상이다. 의식의 표면에 나타나는 일반적인 의견은 여자들이 탁월하다는 것인데 반해, 무의식은 "이걸 보라구. 이건 뭐야?" 라고 말하고 있다. 이것이 장애를 야기하고 있다. 이것이 예를 들어 머리와 손 사이의 분열을 야기하고 있으며, 또 세속적 권리와 영향을 의미하는 황금 콤플렉스를 야기하고 있다. 갈등을 빚는 이런 경향들의 바닥에 혐오스럽고 원시적인 이 형상이 자리 잡고 있다. 지금 그것은 오늘날 꽤 현대적인 여성이 심리적 균형을 맞추기 위해서 자신의 본질에 추가해야 할 것의 핵심처럼 보인다. 표면의 상태가 어떤 균형을 필요로 하는데, 이것이 그 균형을 이루게 할 요소일 것이다. 어떤 여자가 그런 형상을 볼 때, 그것이 그녀의 의식에 어떤 효과를 미칠 것 같은가? 혹은 어떤 사람이 자기 자신에 대해 꽤 멋진 생각을 품고 있는데 동의할 수 없는 무엇인가를 발견하게 될 때 어떤 느낌을 받을 것 같은가? 나는 지금 머릿속으로 막연히 그리는 이론적인 효과가 아니라, 현실로 나타나는 효과에 대해 말하고 있다.

당연히 그 사람은 이런 식으로 생각하면서 그것을 피할 것이다. "나는 저런 것을 본 적이 없어. 혹시 보았다면 이웃사람에게서 보았을 거야. 그 여자가 그것을 갖고 있고, 따라서 그 여자가 나에게 나쁜 영향을 미치고 있는 거야." 사람은 대체로 그런 형상을 동화시키길 거부한다. 그 형상은 너무나 혐오스럽고 너무나 모순된다. 이 여자는 그것을 건드리려 하지 않을 것이다. 그럼에도 그 형상은 그녀에게 하나의 진리이며, 동시에 그것은 문명 전체에도 진리이다. 이제 우리는 그녀가 그것을 어떻게 받아들이는지 보게 될 것이다.

> 나는 나의 길잡이에게 말했다. "이건 끔찍해. 이걸 낮의 햇빛 속으로 끌어내야겠어." 그러자 나의 길잡이는 "아니오. 그것은 당신이 본 그 위대한 우상에 가려져 있어요. 그걸 밖으로 드러내면 안 돼요."라고 대답했다.

이 짧은 대화를 근거로, 우리는 그녀가 그 형상을 받아들이길 원하는 것 같다고 판단할 수 있다. 그녀는 "이걸 낮의 햇빛 속으로 끌어내야겠어. 모두가 볼 수 있도록."이라고 말한다. 이것은 "어쨌든 나는 그걸 받아들여야 한다"는 뜻이다. 그러나 그녀의 길잡이가 안 된다고 말한다. 유리 눈을 가진 이 남자는 물론 아니무스이다. 모두가 아니무스인 숭배자들의 집단에 속하는 영혼 없는 존재인 것이다. 아니무스는 갈등을 숭배하고 있으며, 그는 우상을 깨부수거나 그것이 근본적이지 않다고 선언하길 싫어한다. 아니무스는 갈등이 많이 벌어지는 곳에서만, 그리고 사람이 많은 의견을 품고 있으면서도 최종 결론을 내리지 않고 있는 그런 곳에서만 번창한다. 그러므로 당연히 아니무스는 우상을 좋아한다. 우상은 인간의 발명품이다. 갈등의 심리는 모두 인간에 의해 만들어지고 있다. 그런데 우리는 갈등을 숭배한다. 이유는 갈등이 우리로 하여금 진리를 깨닫지 않도록 막아주기 때문이다. 아시다시피, 우리 환자는 여기서 꽤 적절한 방향으로 반응하고 있다. 그녀는 그것을 열린 공간으로 끌어내길 원한다. 물론 그것은 지나치게 과격한 태도이며, 사람은 그런 얼룩을 좀처럼 보여주지 못한다. 먼저 그것을 놓고 어떤 조치가 취해져야 한다. 그것을 당장 끌어낼 수는 없는 것이다. 그러나 그녀가 과격한 한, 아니무스는 그 반대편에 서서 말한다. "아니오. 그것은 우상에 가려져 있어요. 우상을 간직해요. 그게 덜 위험해요." 대지의 어머니를 겉으로 공개해서는 안 된다는 말처럼 들린다. 이어서 결정적인 순간이 온다. 그녀가 이런 것들을 의식 속으로 끌어올려야 한다는 원래의 결심을 고수해야 하는가 하는 문제가 제기되는 것이다. 그녀는 이렇게 말한다. "그것 참 혐오스럽군. 당신 뜻대로 해. 난 그냥 지나칠 거요." 그것은 똑같은 속임수이다. 그것을 깨우지 않고 그냥 통과하는 것이 상책이다. 그래서 그녀는 이렇게 말한다.

> 나는 다른 문을 통해 밖으로 나가서 깊고 좁은 길을 따라 내려갔다. 그러다 절벽에 닿았다. 나는 절벽을 내려다보았다. 절벽 아래 계곡에서, 남자들이 전차(戰車)를 타고 건너편 절벽 위로 맹렬하게 달리고 있었다. 남자들과 말들이 거대한 허공 속으로 떨어지고 있었다.

저 아래에서 벌어지고 있는 것은 아니무스의 전투이다. 이것은 그 원시적인 어머니 그 너머에서 아니무스들의 맹렬한 돌진이 일어나고 있다는 것을 의미한다. 그런데 그 아니무스들이 모두 허공 속으로 떨어진다. 그것은 목적 없는 아니무스 전투이며, 그 전투는 당신이 그림자 형식으로 모습을 드러내고 있는 근본적인 사실을 직시하지 않고 그냥 지나칠 때에 당연히 일어나게 되어 있는 결과이다. 당신의 그림자를 보기를 원하지 않는다면, 자연히 당신은 그 그림자를 지나치게 되어 있다. 그러면 당신은 아니무스들 속으로 추락하고, 따라서 그림자를 받아들이지 않고 기존의 의견을 계속 고수할 것이다.